珍藏本
纪念版

汉译世界学术名著丛书

希罗多德
历史

希腊波斯战争史

上册

王以铸 译

商务印书馆
SINCE 1897
The Commercial Press
2017年·北京

Herodoti

HISTORIAE

希罗多德

汉译世界学术名著丛书
（120年纪念版·珍藏本）
出版说明

2017年2月11日，商务印书馆迎来120岁的生日。120年前，商务印书馆前贤怀揣文化救国的理想，抱持“昌明教育，开启民智”的使命，立足本土，放眼寰宇，以出版为津梁，沟通中西，为中国、为世界提供最富智慧的思想文化成果。无论世事白云苍狗，潮流左右激荡，甚至战火硝烟弥漫，始终践行学术报国之志，无改初心。

迻译世界各国学术名著，即其一端。早在20世纪初年便出版《原富》《天演论》等影响至今的代表性著作，1950年代后更致力于外国哲学和社会科学经典的译介，及至1980年代，辑为“汉译世界学术名著丛书”，汇涓为流，蔚为大观。丛书自1981年开始出版，历时三十余年，迄今已推出七百种，是我国现代出版史上规模最大、最为重要的学术翻译工程。

丛书所选之书，立场观点不囿于一派，学科领域不限于一门，皆为文明开启以来，各时代、各国家、各民族的思想与文化精粹，代表着人类已经到达过的精神境界。丛书系统译介世界学术经典，引领时代思想，为本土原创学术的发展提供丰富的文化滋养，为推动中国现代学术和现代化进程做出了突出的贡献。

为纪念商务印书馆成立120周年，我们整体推出“汉译世界学术名著丛书”120年纪念版的珍藏本，寄望既利于文化积累，又便于研读查考，同时向长期支持丛书出版的译者、编者和读者致以敬意。

两甲子后的今天，商务印书馆又站在了一个新的历史时间节点上。我们不仅要铭记先辈的身影和足迹，更须让我们的步伐充满新的时代精神。这是商务人代代相传的事业，更是与国家和民族的命运始终紧密相连的事业。我们责无旁贷，必须做好我们这代人的传承与创造，让我们的努力和成果不仅凝聚成民族文化的记忆，还能成为后来人可以接续的事业。唯此，才能不负前贤，无愧来者。

商务印书馆编辑部

2017年10月

出版说明

《历史》一书是公元前五世纪希腊历史学家希罗多德（'Ηρόδοτος，拉 Herodotus，公元前 484—前 430 或前 420 年）所撰述的记述公元前六至前五世纪波斯帝国和希腊诸城邦之间战争的一部历史名著。此书在西方一向被认为是最早的一部历史著作，因此罗马著名政治活动家西塞罗称希罗多德为“历史之父”。

希罗多德虽然写了这样一部大作品，但是对于他本人的生平，并无详细文献记载，我们只能根据有限的资料，结合他本人的作品作一个十分粗略的叙述。据十世纪的《苏达辞书》（Σοῦδα，拉 Suidas）的介绍，他出生在小亚细亚多里斯人的城市哈利卡尔那索斯的一个名门，父亲吕克瑟司，母亲德律欧，还有一个兄弟铁奥多洛斯。他由于反对本城的僭主吕戈达米斯而被迫移居萨摩司岛；在这里他学会了伊奥尼亚方言。后来他从亡命中返回故乡，赶跑了僭主，但又因同国人不合而再次离乡背井。这之后，他还参加过建立图里伊的殖民活动（公元前 443 年），最后就死在那里。

从其他史料和他本人的作品，我们还知道他到过许多地方：除小亚细亚诸城市外，还可以举出希腊本土（特别是雅典）、马其顿、埃及、腓尼基、叙利亚、黑海沿岸、意大利南部和西西里等地。就当时条件而论，他见闻之广应当说是罕见的，所以后来又有人称他为

"旅行家之父"。至于他为什么要走这样多地方,后人根据他的作品作过种种推测。有人说他可能像早期的埃伦那样,是一个到各地采办货物的行商;有人认为他是想仿照他的前辈海卡泰欧斯的样子写一部更加翔实的地理作品;还有人认为他到各地去是为了搜集写作材料,比如,他在雅典就朗诵过自己的作品并得到了异常丰厚的报酬。

《苏达辞书》没有提他到过雅典的事情,但从《历史》本身并证之以其他资料,我们知道他不但到过雅典,而且同以伯里克利斯为首的雅典民主派和一些著名作家(例如著名悲剧诗人索波克列斯)有过交往。他在雅典的时期大概在公元前447—前443年间。没有史料说明他为什么到雅典,但从他的作品为雅典民主派辩护这一点来看,他可能是应邀来到雅典为之宣传并参加他们的殖民活动的。

希罗多德虽然是小亚细亚的希腊人,又为雅典民主派作过宣传,但他并不是站在泛希腊爱国主义的立场上来写他的《历史》的。他赞扬的是雅典人,而不是整个希腊民族;他对波斯人也是公正的,并无肆意诋毁之处,相反,他承认东方民族具有比希腊更古老、更高的文明。这同后来的希腊人把异族一概都视为"蛮族"的观点迥然不同。后来罗马统治时期的希腊作家普鲁塔克为此对他有所指责,这应当说是一种偏见。

此外,希罗多德在为雅典民主派宣传时,虽然也承认民主制度的若干优点,但这并不说明他本人始终具有奴隶制民主思想。且不说他本人具有波斯臣民出身的这一局限性,即使从他的作品中对波斯的态度也可以看出,他毋宁更希望有一个开明的统治者。

希罗多德虽然自称要用他的作品保存人类的功业，但他从来不是一个说教者，他更不想用他的作品来教训别人，他好像无动于衷地记述了恶人善终、好人受罪的事实，而且他笔下的神又都是专横而又嫉妒的。霍瓦尔德说他无视一切道德准则，是小亚细亚城市商人文化(Kaufmannskultur)的典型代表，这实际上恰好误解了作者作为史家的诚实和公正。

尽管《历史》记载了不少荒诞无稽的传说，并因此受到比希罗多德略晚的希腊史学家修昔底德的讪笑，但它仍然有很高史料价值。他的记述有不少是亲自调查得来的。其中有许多为后世的发掘和研究所证实；对于史料，他基本上采取了实事求是的态度。时代和阶级的局限性当然使他无法摆脱唯心主义的历史观点，但他却和他以前仅仅记录了干巴巴事实的纪事散文家(Logographer)不同，他对史料开始有了某种批判的态度。在本书开头处他用的ἱστορίη一词(后世西方语言之History、Histoire等等便从此词演变而来)便有“研究”、“探索”之意，这已渐渐地接近于我们后世所理解的历史了。因此克罗瓦塞说ἱστορίη一词在这里标志着一次文体上的变革，实在是有见地的。

《历史》全书可以明显地分成两部分。前半部只是以希腊波斯战争的历史为骨架，用它来贯串许多同正文关系不大的传说、故事、地理、人种志方面的记述等等(其中有关埃及的部分几乎可以独立成书)，后半部才开始叙述战争本身，而插笔叙述退居次要地位。总的看来，不少材料是硬凑到一起的。苏达辞书说《历史》是作者在萨摩司岛写的，但我们只能理解为他在这里有过写作活动。从全书内容来看，前半部分的材料显然不是供战争史使用的，后来作者决定写战争史，才把这部分材料也塞了进去。可以认为，全书非一时一地写成，甚至他在世时可能未最后定稿，因为后人在此书中发现有前后不协调之处，而且结尾也显得突然，未能在适当处告一段落。

《历史》传世抄本有十几种，大多是十到十五世纪时的。全书传统分为九卷，每卷各冠以一位缪司女神的名字，因此后世又把它称为《缪司书》。这种分法大概出自后来编订此书的亚力山大里亚学者之手，未必是原书的本来面貌。

按照传统的分卷法，第一卷在开宗明义之后，首先讲克洛伊索斯对波斯的进攻作为引起波斯人侵犯希腊的第一个诱因；作者在这里还记述了吕底亚和波斯的情况，特别是居鲁士进行的征服；第二卷主要介绍埃及的情况；第三卷主要记述冈比西斯和大流士时期的情况，并插入了有关萨摩司的事情；第四卷介绍了斯奇提亚和利比亚的情况和大流士对它们的进攻；第五卷主要记述伊奥尼亚起义；第六卷记述马拉松之役；第七卷从克谢尔克谢斯的出征希腊记述到阿尔铁米西昂和铁尔摩披莱之役；第八卷记述决定性的撒拉米司一役；第九卷记述普拉塔伊阿和米卡列之役，而以雅典军队攻陷赛司托斯（公元前478年）为结束。

原来使用多里斯方言的希罗多德是用伊奥尼亚方言，也就是荷马的方言写作他的《历史》的。他和荷马的继承关系十分明显，他使用了不少荷马的语词和表现手法，因此后人说他的文字有浓厚的荷马味道（'Ομηρικώτατος）。他的文字生动流畅，富于文采，所以在拜占庭的司蒂芳所报道的希罗多德在图里伊的墓铭上就指出："他是用伊奥尼亚方言写作的历史学家中最优秀的。"希罗多德又是一个讲故事的能手，他从人民群众中间吸收营养，学到了许多民间创作的手法。他的著作在两千多年后的今天，即使通过译本，仍有其不可磨灭的魅力。它是一部历史，同时又是一部能给读者以美好享受的文学读物。

《历史》一书从十六世纪初出版以来，几乎在各文化比较发达的国家都有译本。这个译本于1959年由我馆出版，这次重印，又由译者覆阅一次并对一些明显的错误作了修订。

译者的说明

（一）本书所用原本是牛津古典丛书中修德（C. Hude）编订的《希罗多德：历史》（*Herodoti*，*Historiae*；两册，1926 年，第 3 版），同时参考了洛布希英对照本古典丛书中所用的施泰因（H. Stein）编订本。豪乌（W. W. How）和威尔斯（J. Wells）二氏为修德本所编的《希罗多德注释》（*A Commentary on Herodotus*；两册，上册 1912 年牛津版，下册 1928 年牛津订正版）和若干选本的注释（如 Abicht，Waddell 诸氏为第 2 卷所作的注释），在翻译过程中为译者解决了不少困难。

（二）在翻译时曾参考下面五个全译本：

1. 塞威林·汉梅尔（Seweryn Hammer）的波兰文译本（Herodot：Dzieje），1954 年版。

2. 青木岩的日文译本，两册，上册 1940 年版，下册 1941 年版。

以上两个译本的特点是较新，又都是以修德本为主要依据的。

3. 乔治·劳林逊（George Rawlinson）的英译本。这是长期以来在英译本中被认为是一部标准译本，原来分四册，在 1858—1860 年间发表。我所用的则是经过哥多尔芬（Francis R. B. Godolphin）订正的全译本，收入他编的《希腊历史学家》（*The Greek Historians*）的上册（1942 年版）。

4. 亨利·凯里(Henry Cary)的英译本,1852 年版。

5. 顾德雷(A. D. Godley)的英译本,收入洛布希英对照本古典丛书,四册:第一册 1946 年修订版,第二册 1950 年修订版,第三册 1950 年版,第四册 1946 年版(以上版次都指译者个人所用的)。

以上几个全译本或以文采长,或以准确胜,可说是各有千秋,对我都有很大的帮助,起了集思广益的作用。

(三)我介绍此书的目的是给对历史、文学有兴趣的广大读者提供一部值得一读的世界古典名著,不是供专家研究之用,故在注释方面力避烦琐,而以简要为原则,凡牵涉考证、研究性质的注释均不收。我的注释主要选择有关各书中的注释再加精简,并作了核对和适当的补充。本书所述历史事件都是公元前的事,为了简明起见,译注中年份都不再注明“公元前”了。

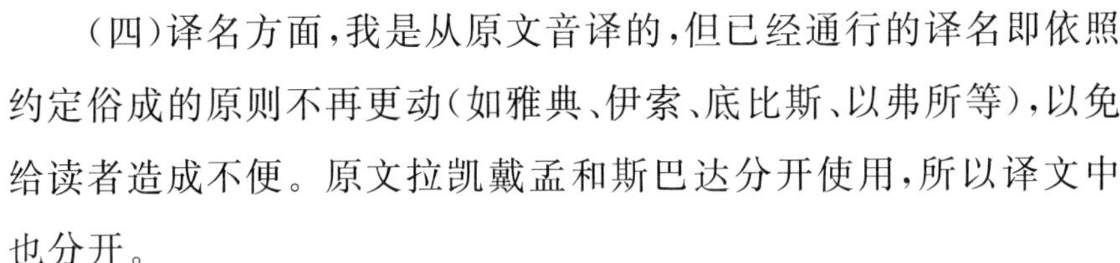

(四)译名方面,我是从原文音译的,但已经通行的译名即依照约定俗成的原则不再更动(如雅典、伊索、底比斯、以弗所等),以免给读者造成不便。原文拉凯戴孟和斯巴达分开使用,所以译文中也分开。

书末所附重要译名对照表的外文,我用英译名代替了原文,这样做一则是由于用原文一般读者不习惯,再则会造成排版上的困难。但在希腊专名的翻译方面,英文也不完全统一,这里我用的是比较通行的一种。

(五)书中度量衡单位,有些译本折合成译者本国的通用单位,我的译本则保留了音译的原名,只有一个尺字是原文 πους 的意译。书末所附折算表是根据波兰文译本的附录改编的。

(六)要目索引主要据日文译本的索引并核对其他有关索引改

编而成。排列方法是按笔画(简化字按简化后的笔画),同笔画的按部首顺序。

(七)书中地图我只从豪乌和威尔斯二氏《希罗多德注释》中借用了可以表现原著特色的两幅。其他有关地图,因为很容易在希腊史或一般历史地图中找到,就不再附到本书里面了。

(八)原书是一部篇幅大而内容又比较复杂的古典名著,尽管许多前辈的辛勤劳动成果为我提供了有利的条件,但以译者的微薄能力来说,本书的翻译仍然是一件十分吃力的工作。特别是在遇到原著中过去的研究者或译者对之有不同理解的那些地方,需要我斟酌取舍的时候,就尤其感到吃力了。我知道我自己做得离要求还很远,我恳切希望读者指正。

译者　1958年9月　北京

(1978年10月修改)

重印附记

这个译本是二十年前的旧译了。从1959年出版后到1962年，这之间重印过几次，但印数都不多；经过林彪、“四人帮”毁灭文化的浩劫，而这恰好又是既大又洋且古的一部书，估计在读者手中而能够幸存下来的更不会多了。这次重印，我作了出版之后二十年来的第一次订正，但由于要尽量利用旧纸型的关系，这只能是一次有限的修改。此外还换上了一篇出版说明对此书作了简单的介绍，这是和旧版不同的地方。至于更全面的校订，那只有等到条件许可的时候了，这一点是要请读者鉴谅的。

译者　1978年11月　北京

目　　录

第　一　卷

在这里发表出来的，乃是哈利卡尔那索斯人希罗多德的研究成果，他所以要把这些研究成果发表出来，是为了保存人类的功业，使之不致由于年深日久而被人们遗忘，为了使希腊人和异邦人的那些值得赞叹的丰功伟绩不致失去它们的光彩，特别是为了把他们发生纷争的原因给记载下来。

（**1**）根据有学识的波斯人的说法，最初引起了争端的是腓尼基人。他们说，以前住在红海[①]沿岸的这些人，在迁移到我们的海这边来并在这些人现在还居住着的地方定居下来以后，立刻便开始走上远途的航程；他们载运着埃及和亚述的货物，曾在许许多多地方，就中也在阿尔哥斯这样一个地方登陆。阿尔哥斯在今天通称为希腊的地区中，是在任何方面都优于其他国家的。他们来到阿尔哥斯这里，便陈设出他们的货物来进行交易。到第五、六天，等几乎所有的货物都卖完的时候，又有许多妇女来到海岸这里；其中有国王的一个女儿。他们说她的名字和希腊人的名字一样，叫做伊奥，她的父亲就是国王伊那柯斯。妇女们站在船尾的地方挑选他们最称心的物品，但这时腓尼基人却相互激励

① 不是今天的红海，这里指波斯湾及其附近的水域而言。

着向她们扑过去。大部分的妇女跑开了，伊奥和其他一些妇女却给腓尼基人捉住，放到船上并给带到埃及去了。

(**2**)和希腊人的说法不同，根据波斯人的说法，伊奥就是这样地来到了埃及，而从这件事开始，也就惹下了祸端。他们说，在后来，又有某些希腊人（他们说不出这些希腊人的名字）在腓尼基的推罗登陆并把国王的女儿欧罗巴劫了去。在我看来，这些人多半是克里地人。这样一来，他们就报复了先前所受的损害。可是后来，他们说，希腊人又犯下了第二次的不义之行。原来他们（指希腊人——译者）乘着一只长船[①]到科尔启斯的埃阿城和帕希斯河那里去[②]；在他们把到那里去应办的事情办完以后，却从那里劫走了当地国王的女儿美地亚。科尔启斯的国王派了一名使者到希腊去，要求赔偿损失并送回公主，但是希腊人回答说，既然阿尔哥斯的伊奥被劫后，他们都不曾从对方得到赔偿，故而这次他们也不准备给科尔启斯人任何赔偿了。

(**3**)他们还说，后来，临到下面的一代，普利亚莫斯的儿子亚历山大这个人知道了这件事之后，就想从希腊给自己强夺一个妻子，因为他深信，希腊人过去既不曾赔偿，他自己当然同样是不会赔偿的了。因此他便劫走了海伦。希腊人起先决定把使者派出去，要求送回海伦并赔偿因掠夺而引起的损失。但是在希腊人提出了这个要求时，对方却提到了美地亚被劫的事情作为口实；他们提醒希腊人说，希腊人只是要求别人赔偿，而自己却不赔偿别

① 长船是战船，当时的商船是圆形的。

② 指传说中雅孙和阿尔哥号船员出征的事情。

人，又不在别人要求时把自己劫走的人送还。

(4)直到现在为止，问题只不过是在于双方相互进行掠夺而已。但是到后来，波斯人认为希腊人应受到的指责可就大了，因为在他们侵略欧罗巴之先，希腊人就率领着一支军队入寇亚细亚了。他们说，劫夺妇女，那是一件坏人干的勾当，可是事情很明显，如果不是妇女她们自己愿意的话，她们是决不会硬给劫走的，因此在被劫以后，想处心积虑地进行报复，那却未免愚蠢了，明白事理的人是丝毫不会对这样的妇女介意的。波斯人说，在希腊人把妇女拐跑时，他们亚细亚人根本就不把这当作一回事，可是希腊人却仅仅为了拉凯戴孟的一个妇女而纠合了一支大军，侵入亚细亚并打垮了普利亚莫斯的政权。自此以后，他们就把希腊人看成是自己的仇敌了。原来在波斯人眼里看来，亚细亚和在这个地方居住的所有异邦民族都是隶属于自己的，但他们认为欧罗巴和希腊民族跟他们却是两回事。

(5)以上就是波斯人对这一事件的经过的叙述。他们认为希腊人攻略伊里翁(即特洛伊——译者)，是他们敌视希腊人的开端。然而在谈到伊奥的事件的时候，腓尼基人的说法和波斯人的说法不同。他们否认在带她到埃及去的时候曾使用任何强暴的手段；他们说，伊奥本人在阿尔哥斯便和停泊在那里的一只船的船主有了来往，而在她发现自己已经怀孕的时候，羞于把这事告诉自己的父母并害怕给他们发觉，便在腓尼基人离开的时候心甘情愿地随着他们一同乘船走了。以上便是波斯人和腓尼基人的说法。这两种说法中哪一种说法合乎事实，我不想去论述。下面我却想指出据我本人所知是最初开始向希腊人闹事的那个人，然后再把我所要叙述的事情继续下去，不管人间的城邦是大是小，我是要同样地加以叙述的。因为先前强大的城邦，现在它们有许多都已变得默默无闻了；而在我的时代雄强的城邦，在往昔却又是弱小的。这二者我所以都要加以论述，是因为我相信，人间的幸福是决不会长久停留在一个地方的。

(6)吕底亚地方的人、阿律阿铁斯的儿子克洛伊索斯是哈律司河以西所有各个民族的僭主，这条把叙利亚和帕普拉哥尼亚分隔开来的哈律司河是从南向北流而最后流入所谓埃乌克谢诺斯（黑海）的。据我们所知道的，这个克洛伊索斯在异邦人中间是第一个制服了希腊人的人，他迫使某些希腊人向他纳贡并和另一些希腊人结成联盟。他征服的有亚细亚的伊奥尼亚人、爱奥里斯人、多里斯人，但是他却和拉凯戴孟人缔结了盟约。直到克洛伊索斯君临的当时为止，所有的希腊人都是自由的。因为比克洛伊索斯更早地进攻伊奥尼亚的奇姆美利亚人，他们不是为了征服各个城邦，而只是为了打劫才入寇罢了。

(7)在海拉克列达伊族手里掌握着的主权转到被称为美尔姆纳达伊族的克洛伊索斯一家的手里来了，事情的经过是这样。一位名字叫做坎道列斯的、撒尔迪斯的僭主，希腊人称他为密尔昔洛斯。他是海拉克列斯的儿子阿尔凯峨斯的后裔。海拉克列达伊家的最初的撒尔迪斯国王阿格隆是尼诺斯的儿子，是阿尔凯峨斯的儿子倍洛斯的孙子；密尔索斯的儿子坎道列斯则是最后的国王。在阿格隆以前，那个地方的国王是阿托斯的儿子吕多斯的后裔。由于吕多斯这个人的缘故，当地以前被称为美伊昂人的全部民族便获得了吕底亚人的名称。以海拉克列斯与雅尔达诺斯的一名女奴隶为祖先的海拉克列达伊族禀承神意从他们那里取得主权并保持了它。他们父子相承，从阿格隆到密尔索斯的儿子坎道列斯共统治了二十二代，计五百零五年。

(**8**)但是，这个坎道列斯宠爱上了自己的妻子，他把她宠爱到这样的程度，以致认为她比世界上任何妇女都要美丽得多。在他的侍卫当中有他特别宠信的一个人，这就是达斯库洛斯的儿子巨吉斯。坎道列斯把所有最机密的事情都向这个人讲。既然他对于自己妻子的美丽深信不疑，因此他就常常向这个巨吉斯拼命赞美自己妻子的美丽。在这以后不久的时候，终于有一天，命中注定要遭到不幸的坎道列斯向巨吉斯这样说："巨吉斯，我看我单是向你说我的妻子美丽，那你是不会相信的(人们总不会像相信眼睛那样地相信耳朵的)。你想个什么办法来看看她裸体时的样子吧。"巨吉斯听到这话便大声地叫了起来，他说："主公，您要我看裸体时候的女主人么？您说的这话是多么荒唐啊。您知道，如果一个妇女脱掉衣服，那也就是把她应有的羞耻之心一齐脱掉了。过去我们的父祖们已经十分贤明地告诉了我们哪些是应当做的，哪些是不应当做的，而我们必须老老实实地学习古人的这些教诲。这里面有一句老话说，每个人都只应当管他自己的事情。我承认您的妻子是举世无双的丽人。只是我恳求您，不要叫我做这种越轨的事情。"

(**9**)巨吉斯这样说，是打算拒绝国王的建议，因为他心里害怕自己会因此而招来什么可怕的后果。然而国王却回答他说："别害怕，巨吉斯，不要疑心我说这话是打算试探你的忠诚，也不要害怕你的女主人会把什么危害加到你的身上。要知道，我会把这件事安排得要她根本不知道你曾经看见过她。我叫你站在我们卧室的敞开的门的后面。当我进来睡觉的时候，她是会跟着进来的；在入口附近的地方有一把椅子，她脱下来的每一件衣服都放在这个椅子上。这样你就可以逍遥自在地来看她了。等她从椅子走向床而她的背朝着你的时候，那你就可以趁着这个机会注意不要被她看见，从门口溜出去了。”

(**10**)巨吉斯这时既无法逃避，就只好同意这样做了。于是坎道列斯在夜间要就寝的时候，便把巨吉斯引进了自己的卧室，过了一会儿，他的妃子也跟进来了。她进来之后，就把衣服脱掉放到椅子上面，而巨吉斯就在门后面望着她。而当她到床上去，她的背朝着巨吉斯的时候，他就从房中偷偷地溜出去了。可是，当他出去的时候，她是看见了他的，于是她立刻猜到了她丈夫所做的是怎么一件事。可是，由于害羞的缘故，她并没有叫了出来，甚至装作什么都没有看到的样子，心里却在盘算着对她的丈夫坎道列斯进行报复了。原来在吕底亚人中间，也就是在几乎所有异邦人中间，在自己裸体的时候被人看到，甚至对于男子来说，都被认为是一种奇耻大辱。

(**11**)在那个时候，她一语不发装作若无其事的样子。然而到早晨天刚亮的时候，她便从自己的仆从当中选出了一些她认为对她最忠诚的人来，对他们作了部署，然后派人把巨吉斯召到她面前来。巨吉斯做梦也没有想到王妃已经知道了昨夜发生的事情，所以就遵命来见王妃了。因为在这之前，每逢王妃派人召唤巨吉斯来的时候，他都会前来见她。巨吉斯来到的时候，她就向他说：“巨吉斯，现在有两条道路摆在你跟前，随你选择。或者是你必须把坎道列斯杀死，这样就变成我的丈夫并取得吕底亚的王位，或者是现在就干脆死在这间屋子里。这样你今后就不会再盲从你主公的一切命令，去看那你不应当看的事情了。你们两个人中间一定要死一个：或者是他死，因为他怂恿你干这样的事情；或者是你死，因为你看见了我的裸体，这样就破坏了我们的惯例。"巨吉斯听了这些话，一时茫然自失地站在那里什么话也讲不出来；过了一会儿之后他就恳求王妃不要强迫他作一个这样令人为难的选择。但是当他发现他恳求无效而且他确是有必要明确说出是杀死主公还是被别人杀死的时候，他就选择了一条给自己留活命的道路；于是他便请王妃告诉他："既然你强迫我违反着自己的意志把我的主公杀死，那么告诉我，你想叫我怎样向他下手呢？"她回答说："向他下手的地方最好就是他叫你看到我的裸体的那个地方。等他睡着的时候下手吧。"

(**12**)当阴谋的一切全都准备停妥，而夜幕又降临下来的时候（巨吉斯看到自己既无法脱身又根本不能逃跑，而是非要把坎道列斯杀死或是他自己被杀死不可），巨吉斯便随着王妃进入了寝室。她把一把匕首交给巨吉斯并把他藏在同一个门的后面。而过了一会儿，当坎道列斯睡着的时候，巨吉斯便偷偷地溜出来把坎道列斯杀死了，这样巨吉斯便夺得了坎道列斯的妃子和王国；大约与巨吉斯同时代的人、帕洛斯的阿尔齐洛科斯在一首抑扬三步格的诗里，便曾经提到这个人。

(**13**)巨吉斯这样便取得了王位，而后来他之所以能够稳稳地统治了全国，乃是由于戴尔波伊的一次神托。在吕底亚人激愤于他们国王的被杀而拿起了武器之时，巨吉斯一派的人们便和这些吕底亚人达成了一项协定，即如果戴尔波伊的神托宣布他为吕底亚人的国王，他就可以做国王而统治下去，不然的话，王权应当还给海拉克列达伊家。神托的话既然是这样命令的，所以巨吉斯就成为国王了。不过佩提亚（传达神托的女巫——译者）又说，巨吉斯的第五代的子孙将要受到海拉克列达伊家的报复。实际上，在这个预言应验之前，不拘是吕底亚人还是他们历代的国王根本就没有把它记在心上。

（**14**）这样美尔姆纳达伊家便灭掉了海拉克列达伊家而取得了僭主的地位；巨吉斯做了国王之后，便向戴尔波伊神殿献纳了不少东西，可以说戴尔波伊的那些银制的献纳品大部分都是他送来的；在这些银制品以外，他还献纳了大量的黄金，在这当中特别值得提一提的是那六只黄金的混酒钵。它们的重量总计有三十塔兰特，并且被放置在科林斯人的宝库[①]里面。我虽称它为科林斯人的宝库，但是老实讲，这并不是科林斯人民的宝库，而是埃爱提昂的儿子奇普赛洛斯的宝库。除去先前戈尔地亚斯的儿子、普里吉亚的国王米达斯以外，巨古斯是在我们所知道的异邦人当中第一个向戴尔波伊神殿献纳礼物的。原来米达斯所献纳的是他经常坐下来进行审判的那个十分精美的宝座，这个宝座便和巨吉斯所献纳的混酒钵放在同一个地方。于是戴尔波伊人便按照献纳者的名字而称巨吉斯所献纳的金银器皿为巨伽达斯。在巨吉斯掌握了国家大权以后，他也立刻向米利都和士麦拿进

① 许多希腊的城邦在戴尔波伊的神殿圣域内都有分配给它们的专门的“宝库”，而他们奉献的东西就保存在里面。

犯，攻陷了科洛彭城，此后，他虽然统治了三十八年，却再也没有做出什么大事情，因此关于他的事情我就说到这里了。

(15)下面我要谈的是关于他的儿子和继承人阿尔杜斯的事情。阿尔杜斯攻占了普里耶涅并向米利都进攻。而正当他作撒尔迪斯僭主的时候，给游牧的斯奇提亚人从家乡的土地驱逐出来的奇姆美利亚人进入了亚细亚，把除了卫城以外的全部撒尔迪斯给占领了。

(16)阿尔杜斯在位凡四十九年，继承他的是他的儿子萨杜阿铁斯，萨杜阿铁斯在位十二年。萨杜阿铁斯死后，继承他的是他的儿子阿律阿铁斯。这位国王曾和戴奥凯斯的后人库阿克撒列斯与美地亚人作战，把奇姆美利亚人驱出亚细亚，征服了科洛彭人的殖民地士麦拿并进攻克拉佐美纳伊。但是在进犯克拉佐美纳伊的时候，他并没有得到他原来所希望得到的东西，而是遭到了惨重的失败。然而在他统治的期间，他仍然成就了一些颇足以使人注目的事业，下面我想就这方面谈一下。

(17)既然他继承着自己的父亲对米利都人作战，他便用这样的进攻方式来对这座城进行围攻。在田地上谷物成熟的时候，他就把自己的大军开进米利都的土地，进军时有笙管、竖琴和高高低低的音的横笛伴奏着。在进入敌人领土的时候，他并不捣毁和烧掉田野上的房屋，甚至连门都不打破，而是让它们原封不动地留在那里。但是另一方面，他却把这个地方的全部树木和庄稼铲除得一干二净，然后便退回自己的国土。由于米利都人是海上的霸主，因此他的军队纵然把这个地方封锁住也是无济于事的。至于他不破坏他们的房屋的原因，是为了使当地的居民用这些房屋作为栖身之地以便播种和耕耘他们的土地；这样每次在他侵略这个地方时，就不致没有可以劫夺的东西了。

(**18**)用这个办法他对米利都人进行了十一年的战争；在这期间，他使他们受到了两次惨重的打击；一次是在他们国内里美奈昂地方，另一次则是在迈安德罗司原野上。在这十一年的六年中间，阿尔杜斯的儿子萨杜阿铁斯还统治着吕底亚人，而这个第一个燃起了战火的人便对米利都的土地进行了征伐。在这之后的五年里面，是萨杜阿铁斯的儿子阿律阿铁斯的统治时期，而正像我前面已经指出的，这个人从自己的父亲那里继承了战争并且拼命地进行了战争。在这个战争当中，米利都人除了从歧奥斯人那里之外，根本没有从伊奥尼亚人那里得到任何帮助来减轻战争的负担；歧奥斯人出兵帮助他们是作为先前他们帮助歧奥斯人的一种回报，因为在歧奥斯人和埃律特莱亚人作战的时候，米利都人是帮着歧奥斯人的。

(**19**)在战争的第十二个年头里，由于吕底亚的军队焚烧田地上的谷物而发生了这样的一场灾难。在谷物刚刚燃烧起来的时候，就有一阵强风把火焰吹到了那座被称为阿赛索斯[①]的雅典娜的、雅典娜神的神殿上去，于是神殿在火焰当中给烧光了。当时没有一个人把这件事放在心上。但是后来，在大军返回撒尔迪斯之后，阿律阿铁斯跟着就病倒了。他的病一直总是不好，不知是别人的劝告，还是自己想到的这一点，他派遣使者到戴尔波伊去请示神托，询问关于他的病情的事情。但是在这些使者到达

① 这是米利都附近的一个小镇。

的时候，佩提亚说，如果他们不把吕底亚人在米利都烧掉的阿赛索斯的雅典娜神的神殿重建起来，是不能得到神托的。

(**20**)我从戴尔波伊人那里所听到的事情就是这些，后面的事情是米利都人添上去的。奇普赛洛斯的儿子培利安多洛斯是当时米利都的僭主特拉叙布洛斯的一个极其亲密的朋友，他听到了神托对阿律阿铁斯的回答，便立刻派出了一名使者把神托告诉了特拉叙布洛斯，以便要特拉叙布洛斯预先了解情况，从而可以更好地对当前的事态拟定对策。根据米利都人的说法，事情就是这样。

(**21**)阿律阿铁斯这里在听到关于神托的回答的报告时，立刻就派了一名使者到米利都去，建议在重建这样一座神殿所必需的时期中间，和特拉叙布洛斯与米利都人缔结一项休战协定。使者向米利都出发了；但这时特拉叙布洛斯却早已清楚地了解到了全部情况，他心里知道阿律阿铁斯会怎样做，于是便想出了这样一个计策。他把城内的全部食物，不管是属于他自己的还是属于私人的都集合到市场上来，并发出命令要米利都人准备在他发出信号时，所有的人都立刻应当尽情地饮酒狂欢。

(**22**)特拉叙布洛斯所以要这样做和发出这样命令的原因是这样。他的意思是希望当撒尔迪斯的使者看到这样多的食物堆积在地上而全市的人们又是这样地欢乐的时候，他会把这件事报告给阿律阿铁斯。实际上也正和他所希望的一样。使者亲眼看到了这一切，而在他把吕底亚人的命令传达给特拉叙布洛斯以后，就回到撒尔迪斯去了。据我所知道的，只有这种情况才引起了后来的和解。原来阿律阿铁斯本来认为米利都非常缺粮并认为它的人民已经困苦不堪了，但当他在使者从米利都回来之后听到和他所料想的完全相反的消息时，不久他便和米利都人缔结了一项条约；由于这项条约，两个国家成了密友和联盟。阿律阿铁斯在阿赛索斯给雅典娜神不是建造一座，而是两座神殿，他的病也好了。阿律阿铁斯对特拉叙布洛斯和米利都人所进行的战争的情况就是这样。

(**23**)把神托告诉给特拉叙布洛斯的这个培利安多洛斯是奇普赛洛斯的儿子。培利安多洛斯又是科林斯的僭主。然而根据科林斯人的说法(列斯波司人的说法也是这样)，在他活着的时候发生了一件极为离奇的事情。他们说美图姆那的阿利昂是乘着海豚给带到塔伊那隆来的。阿利昂这个人在当时是个举世无双的竖琴手，而据我们所知道的，是他第一个创作了狄图拉姆波司歌[①]，给这种歌起了这样的名字，后来并在科林斯传授这种歌。

(**24**)根据传说，在培利安多洛斯的宫廷中住了多年的这个阿利昂，计划渡海到意大利和西西里去；而他在那里发了大财之后，又想回到科林斯来。他从塔拉斯[②]出发时，雇了一艘科林斯人经营的船，因为他最放心的便是科林斯人。然而这些水手等船行驶到大海上来的时候，就阴谋把阿利昂抛到海里去并且夺取他的财富。他发觉了他们的阴谋，就恳求他们留他一条性命，金钱则随便由他们处理。但是这些水手并不听他的话，而是要他或者是立刻自杀，如果他还想在陆地上要一个坟墓的话，或者是毫不

① 祭祀酒神狄奥尼索斯时所唱的颂歌。

② 即塔连顿。

犹豫地跳到海里去。进退两难的阿利昂于是请求他们，既然他们已经这样决定，那么就要他们允许他盛装站在后甲板上，在那里弹唱，并保证唱完之后即行自杀。他们也很高兴听一听世界上最好的歌手的歌唱，便从船尾退到船的中部去。于是阿利昂便穿起当行的盛装，拿起了竖琴，站在船尾的地方尽情地歌唱奥尔提欧斯歌（阿波罗的赞歌——译者）。曲终的时候，他一下子就全身盛装地投到海里去了。他们的船于是向科林斯方向行驶。至于阿利昂，则据说有一匹海豚驮着他，把他带到了塔伊那隆；他在塔伊那隆登岸以后，就从那里穿着乐师的服装到科林斯去，而在到达之后叙述了他经历的全部事情。但是培利安多洛斯不信他所说的话，把他监视起来不许他到别的地方去，并留心地等待着水手们的归来。在水手们到达的时候，他便把他们召到自己这里来，问他们是否可以告诉他关于阿利昂的任何消息。他们回答说，他很健康地在意大利生活着，他们把现在过得很好的阿利昂留在塔拉斯了。可是这时阿利昂在他们的面前出现了，就和他从船上跳下去的时候一模一样：吓得目瞪口呆而且谎言又全被识破的这些人再也不能否认自己的罪行了。这就是科林斯人和列斯波司人所说的故事。而且，在塔伊那隆就有阿利昂的一件不大的献纳品，这是一个骑着海豚的人的青铜雕像。

(25)吕底亚的阿律阿铁斯结束了对米利都人的战争之后，又把吕底亚统治了五十七年才死。他在他的一家中，是向戴尔波伊奉献礼物的第二位国王。他在病愈时所献纳的礼物是一只银制的大混酒钵，下面附着一个锻接的铁托儿，这是戴尔波伊的全部奉献物当中最值得一看的东西。它是歧奥斯人格劳柯斯的制品，这是世界上第一个发明了铁的锻接法的人。

（**26**）阿律阿铁斯死的时候，他的儿子克洛伊索斯继承了王位[①]，那一年克洛伊索斯是三十五岁。他最初进攻的希腊人是以弗所人。当他围攻以弗所人的时候，以弗所人在自己的城墙和阿尔铁米司女神神殿之间系上了一根绳子，这样就把这座城献给了阿尔铁米司女神；这座神殿和当时被围攻的古城之间的距离是七斯塔迪昂。他们是最先受到克洛伊索斯攻击的希腊人。后来，在各种不同的托词之下，他又依次向伊奥尼亚人和爱奥里斯人的各个城邦进攻：在他能够做到的时候，他便给对方加上重大的罪名，如果这一点他做不到，便向对方提出某些无足轻重理由作为口实。

（**27**）这样他就成了亚细亚的一切希腊人的主人并且迫使他们向自己纳贡；在这之后，他又打算造船来进攻岛上的居民。但是，当有关造船的一切都已准备停当的时候，根据某些人的说法是普里耶涅的比亚斯、根据另一些人的说法是米提列奈的披塔柯斯把这个计划给打消了。因为国王问这个到撒尔迪斯来的人，在希腊方面有什么动静没有，而这个人便回答说："国王啊，岛上的居民打算进攻撒尔迪斯来对你作战，因此他们正在雇佣一万名骑兵。"克洛伊索斯把这个人的话信以为真，于是说："愿诸神使这些岛民竟想用骑兵来攻打吕底亚人的儿子们吧。"但是那个人却回答说："国王啊，看来您是热心期望能在大陆上拿捕马背上的岛民的，这个想法当然有道理。然而在岛民们听到您想造

① 克洛伊索斯的统治时期大概是开始于五六〇年。

船以便攻打他们的时候，您想那些岛民所最期望的不正是在海上拿捕吕底亚人并在那里为您在大陆上奴役的那些希腊人报仇吗？”克洛伊索斯对于这样的说法深以为然，认为他说的话很有道理，于是就同意他的意见而停止造船并和岛上的伊奥尼亚人成了朋友。

（**28**）后来，克洛伊索斯逐渐把哈律司河西边的几乎所有民族全都平定了。继续保有自由的只有奇里启亚人和吕奇亚人，因为全部其他的部落都给克洛伊索斯征服并成为他的臣民了，这些部落是吕底亚人、普里吉亚人、美西亚人、玛利安杜尼亚人、卡律倍斯人、帕普拉哥尼亚人、杜尼亚的和比提尼亚的色雷斯人、卡里亚人、伊奥尼亚人、多里斯人、爱奥里斯人和帕姆庇利亚人。

（**29**）当克洛伊索斯把这些民族征服，并把他们变成和吕底亚人一样的臣民的时候，当时正好生活在希腊的一切贤者都得以相继来到了富强如日中天的撒尔迪斯，而其中就有雅典人梭伦。他托词视察外界而离开雅典出游十年，但实际上他是想避免自己被迫取消他应雅典人之请而为他们制定的任何法律。原来雅典人发过重誓在十年中间必须遵守梭伦给他们制定的法律，故而他们是不能任意取消这些法律的。

（**30**）由于这样的理由并且为了到外面去视察，梭伦便出发外游；在这期间，他访问了埃及的阿玛西斯，又到撒尔迪斯访问了克洛伊索斯。在他到达以后，克洛伊索斯便把他当作客人来接待，要他住在自己的宫殿里。在他来后三四天，克洛伊索斯就命令自己的臣仆领着梭伦去参观他的宝库，把那里所有一切伟大的和华美贵重的东西都给他看。在他看完并且非常仔细地检视了这一切之后，克洛伊索斯就趁着这个机会问他道："雅典的客人啊，我们听到了很多关于您的智慧，关于您为了求知和视察外界而巡游列国的事情。因此我很想向您请教一下，到目前为止在您所遇到的所有的人中间，怎样的人是最幸福的？"他所以这样问，是因为他认为自己是人间最幸福的人；然而梭伦却正直无私，毫不谄媚地回答他说："国王啊，我看是雅典的泰洛斯。"听到这话时感到惊讶的克洛伊索斯紧接着插上去问："到底为什么您认为泰洛斯是最幸福的人呢？"梭伦回答说："第一，因为泰洛斯的城邦是繁荣的而且他又有出色的孩子，他在世时又看到他的孩子们也都有了孩子，并且这些孩子也都长大成人了；其次，因为他一生一世享尽了人间的安乐，却又死得极其光荣。当雅典人在埃列乌西斯和邻国人作战的时候，他前来援助本国人，击溃了敌人并极其英勇地死在疆场之上了。雅典人在他阵亡的地点给他举行了国葬并给了他很大的荣誉。"

(**31**)梭伦列举了关于泰洛斯的幸福的许多情节，这样便促使克洛伊索斯要继续问下去。在他说完之后，克洛伊索斯又问他，除去泰洛斯之外在他看来谁是最幸福的，心里以为无论怎样自己总会轮到第二位了。梭伦回答说："克列欧毕斯和比顿，他们都是阿尔哥斯人，他们不但有十分充裕的财富，他们还有这样大的体力，以致他们二人在运动会上都曾得过奖；特别是关于他们两个人有这样的一个故事：当阿尔哥斯人为希拉女神举行一个盛大的祭典时，他们的母亲一定要乘牛车到神殿那里去。但那时他们的牛并没有及时地从田地里给赶回家里来，于是害怕时间赶不上的青年人就把轭驾到自己的肩头，亲自把母亲乘坐的车拉来了。他们把母亲拉了四十五斯塔迪昂的路程直到神殿的跟前。全体到神殿来朝拜的人都亲眼看到了他们所做的事情之后，他们就极其光彩地结束了他们的一生。从他们两个人身上，神也就清楚地表示出，对一个人来说，死是怎样一件比活着要好的事情。原来阿尔哥斯的男子们围住了这辆车并称赞两个青年人的体力；而阿尔哥斯的妇女则称赞有幸而生了这样一对好儿子的母亲；母亲对于这件事，以及对于因这件事而赢得的赞赏也感到十分欢喜，她于是站立在女神的神像面前，请求女神把世人所能享受到的最高幸福赐给她那曾使她得到巨大光荣的儿子克列欧毕斯和比顿。她的祈祷终了之后，他们就奉献牺牲和参加圣餐，随后，他们便睡在神殿里面。他们再也没有起来，而是就在这里离开了人世。阿尔哥斯人认为他们俩是非常优秀的人物，因此就给他们立了像，献纳到戴尔波伊神殿里去。”

(32)这样，梭伦就把这两个青年人放到幸福的第二位上去了。克洛伊索斯发火了，他说：“雅典的客人啊！为什么您把我的幸福这样不放到眼里，竟认为它还不如一个普通人？”梭伦这样回答说：“克洛伊索斯啊，你所问的是关于人间的事情的一个问题，可是我却知道神是非常嫉妒的，并且是很喜欢干扰人间的事情的。悠长的一生使人看到和体验到他很不喜欢看到和很不喜欢体验到的许许多多的东西。我看一个人活到七十岁也就算够了。在这七十年中间，若不把闰月计算在内的话，共有两万五千二百天。若是像季节准时到来那样地每隔一年再加上一个闰月，则在七十年以外，还要有三十五个这样的月份，这样就得再加上一千〇五十天。这样在七十年当中的总的天数就是两万六千二百五十天了;然而可以说绝对没有一天的事情是会和另一天的事情完全相同的。这样看来,克洛伊索斯,人间的万事真是完全无法逆料啊。说到你本人,我认为你极为富有并且是统治着许多人的国王;然而就你所提的问题来说,只有在我听到你幸福地结束了你的一生的时候,才能够给你回答。毫无疑问,纵然是豪富的人物,除非是他很幸福地把他的全部巨大财富一直享受到他临终的时候,他是不能说比仅能维持当日生活的普通人更幸福的。因为许多最有钱的人并不幸福,而许多只有中等财产的人却是幸福的。拥有巨大财富的不幸的人只在两方面优于幸福的人;但幸福的人却在许多方面都超过了前者。有钱的人更有能力来满足他的欲望,也更有能力承受大灾难的打击。后者当然不能像前者那样地满足自己的欲望并且也经不住这样的灾难,然而他的幸运却使这些灾难不会临到自己身上,此外,他还会享受到这样的一些幸福:他的身体不会残废,他不会生病,他不会遇祸,有好孩子,又总是心情愉快的。如果在这一切之外,他又得到善终的话,这便正是你所要寻求的人,也就是够得上称为幸福的人了。然而这样的人,在他死之前,毋宁应当称他为幸运的人,而不是幸福的人。诚然,很少有人能够兼备所有这些优点,正仿佛没有一个国家能在自己的国内充分取得它所需要的一切东西,而是每个国家都有某种东西,却又缺少另一种东西;拥有最多的东西的国家也就是最好的国家了。同样,没有一个人是十全十美的,他总是有某种东西却又缺少另一种东西。拥有最多的东西,把它们保持到临终的那一天,然后又安乐地死去的人,只有那样的人,国王啊,我看才能给他加上幸福的头衔。不管在什么事情上面，我们都必须好好地注意一下它的结尾。因为神往往不过是叫许多人看到幸福的一个影子，随后便把他们推上了毁灭的道路。”

(**33**)这就是梭伦向克洛伊索斯所讲的一番话，这一番话并未得到国王的欢心。国王完全不把他放到眼里地送他走了，因为国王认为像这样一个忽视当前的幸福并要他在每件事上等着看收尾的人，是个不折不扣的大傻瓜。

(**34**)但是，在梭伦走后，克洛伊索斯从神那里受到了一次可怕的惩罚，神之所以惩罚他，多半就是由于他自视为世界上最幸福的人。不久他就在睡着时做了一个梦，这个梦确确实实地向他预言，他将要在他儿子身上遇到惨祸。克洛伊索斯有两个儿子，一个儿子既聋且哑是个天生的残废，另一个儿子在与他同岁的人们当中，在任何一方面却都要比其他人突出得多。后面这个儿子的名字叫做阿杜斯。在梦里向克洛伊索斯提起的，就是关于这个儿子的事情；梦里告诉说他的这个儿子将要被铁制的尖器刺死。等他醒来的时候，他独自认真地把这个梦思考了一番，就不由得对这个梦感到毛骨悚然了。于是他首先给这个儿子娶了个妻子；同时由于这个儿子在先前经常指挥吕底亚军作战，现在便不叫他担任这样的职务了。一切长枪、投枪和人们在战时使用的诸般兵器，都从男子居室运了出来而堆放到后房里去，因为他怕挂起来的这样一件兵器保不定会掉下来刺着他的儿子。

(**35**)正在他给自己的儿子张罗着婚事的时候，一个样子看来很惨而且有着血污的双手的人来到了撒尔迪斯。他是一个普里吉亚人，并且是一个王族。这个人来到克洛伊索斯的住所之后，就请求根据这个国家的习惯给他洗净血污。克洛伊索斯就给他洗净了。吕底亚人的洗净的仪式是和希腊人的洗净的仪式差不多的。在按照习惯执行了洗净的仪式以后，他就问这个人是什么地方来的，是什么人，他说："这位客人，你是谁，你是从普里吉亚的什么地方到我这里来请求庇护的？此外，你杀了怎样的男子或是妇女？"这个普里吉亚人回答说："国王啊，我是米达斯的儿子戈尔地亚斯的儿子。我的名字是阿德拉斯托斯。由于我并非出于本心而杀死了我自己的兄弟，我的父亲就把我赶出了来并剥夺了我的一切，因此现在我就逃到你这里来了。"克洛伊索斯回答说："你是我的朋友的儿子，因此现在你是到朋友的家来了。只要你留在我们这里，任何东西也不会亏待你的。尽量不要把你的惨遇放到心上吧，这样你就可以更好地保重你自己了。"

(36)阿德拉斯托斯就这样地在克洛伊索斯的家里住下来了。正是在这个时候，在美西亚的欧林波斯山出现了一个大猪怪，这个怪物常常从山里跑出来破坏美西亚人的田地。美西亚人多次出来想猎取这个怪物，但结果不仅丝毫不能加害于它，反而总是自己受到损失。终于他们派使节到克洛伊索斯这里来，向克洛伊索斯说："国王啊，一个非常庞大的猪怪出现在我们的国土，损害了我们的庄稼地。我们虽尽一切力量来捕捉它，但全都失败了。因此我们请求你让你的儿子，精选的壮丁们和狗跟我们一同回去，以便使我国摆脱掉这个怪物。"这就是他们的请求的大意。

但是克洛伊索斯想起了梦中的预言，于是他就回答说："不要再谈关于我的儿子的事情了。我不想要他去帮你们的忙。他刚刚结婚，这件事也就足够他操心的了。但我可以选派一部分吕底亚人并放出我的全部猎犬跟着你们去，而且我还要命令他们尽一切力量帮助你们把这个野兽从你们的国土上打跑。"

(**37**)美西亚人对于他的这个答复是满意的。然而克洛伊索斯的儿子听到了美西亚人的请求后却进来了，而在克洛伊索斯拒绝要他和美西亚人同去的时候，他就向他的父亲说："父王，在先前，对我们来说，最美好和崇高的事情总不外是征战和狩猎，并在这些事情上面为自己赢得荣誉；现在您却不许我干这两样事情的任何一种，而您当然又决不会看出我是卑怯或是缺乏活力的。现在我到市场上去或是从那里回来的时候，我必须带着怎样的面色呢？市民们以及我的新婚妻子会怎样看我呢？她又会认为她是和怎样的一个丈夫生活在一起呢？所以还是叫我去打这个猪怪吧，否则就请您说明理由，为什么您认为我最好是服从您的意旨。"

(**38**)于是克洛伊索斯回答说："儿啊，并不是因为我以为你卑怯或是有其他什么不相宜的地方才把你留住，而是因为在我睡觉时我做了一个梦，梦里，在我跟前我看到一个幻象，它警告我说你是会短命的，因为你注定要在年轻时为铁制的尖器刺死。正是为了这个幻象，我才先赶紧安排你的婚事，而现在当然又使我不能把你送出去办这件事情。我是愿意看守着你的，为的是不管怎样，在我自己活着的时候我总可以看着你也侥幸地活下来。你哥哥聋了，我已不把他当做自己的儿子，因此你就是我仅有的一个儿子了。"

(**39**)这个年轻人回答说:“啊,父亲,您在这样一个可怕的梦之后对我加以注意,我认为是有道理的。如果您弄错了,如果您没有把这个梦圆对,我想我是应当指出您的错误来的。既然您说这梦预言我将会被铁制的尖器刺死,可是这猪又有什么手呢?它能够使用什么叫您害怕的铁制尖器呢?倘若梦里说我会被野兽的牙或是什么类似的东西刺死的话,那您不叫我去办这件事是完全有道理的。然而这里说的是一支铁枪。何况现在我们又不是向人,而是向野兽作战。所以我求您还是让我和他们一同去吧。”

(**40**)克洛伊索斯说:“儿啊,你对于梦的判断我看是有些道理的。既然你的解释比我的更要好,现在我就相信你的话,我改变了我的主意,准许你和他们去打猎了。”

(**41**)既然这样说了,国王就派人把普里吉亚人阿德拉斯托斯找了来,向他说:“阿德拉斯托斯,当你因痛苦不幸的遭遇而感到苦恼的时候,当然,在这一点上我不是对你有什么责怪,那时我洗净了你,把你接待到我家里来住,并且任何事情都不难为你。既然我先待你十分亲切,那你也就应该加以回报,故而请你同意和我的儿子出去打猎以便照料他,注意在道上不要受到会向你们袭击的那些不逊的匪徒的危害。即使没有给你这样的任务,你的确仍然有必要到你可以因自己的事业而使自己享名的地方去看一看。这是你从你父亲那里继承来的传统,而且你自己也是非常茁壮的。”

(**42**)阿德拉斯托斯回答说:“国王啊,若不是您之所请,我是不会参加这一次的狩猎的。因为像我这样一个遭遇不幸的人陪伴着他的处于顺境的伙伴们出去打猎是不适宜的，而且我也无心做这件事情。而且我有许多理由使我留在这里，但既然您要我去，那我就一定不会使您扫兴（因为我实在是有义务来回报您的亲切款待的），因此我愿意按您所要求的去做。至于您付托给我来照料的令郎，请确信我将尽我这个保护者的力量，把他安全地送回来。”

(**43**)在他向克洛伊索斯作了这样的保证之后，他们就出发了，随他们出发的是若干精选的壮丁和猎犬。当他们到达欧林波斯山的时候，他们就四下里搜寻这个野兽；这只怪兽被发现以后，猎士们便排成圆阵，从四面八方用投枪向它抛去。那时那位客人，就是那位被洗净了杀人的血污并且叫做阿德拉斯托斯的人也把投枪向猪抛去，但是这支投枪刺到克洛伊索斯的儿子的身上了。这样，阿杜斯便被铁枪刺死，而梦中的警告也就应验了。于是便有一个人跑到撒尔迪斯去把这个消息带给克洛伊索斯，他到这里来向国王报告了战斗的情况和他的儿子所遭受的命运。

(**44**)听到自己的儿子被刺死，父亲的心已经是乱成一团了，尤其使他更加痛心的是，刺死他的儿子的人又正是他自己一度为之洗净了杀人的血污的人。在他因惨祸而悲痛之极的时候，他高声呼叫清净之神宙斯的名字，要他见证他因客人之手而遭到的惨剧。随后他又祈求同一位宙斯神，称他为炉灶之神和友情之神。他称呼炉灶之神的名字是因为他无意中竟把现在杀死了他的儿子的人留住在自己的家里；他称呼友情之神的名字是因为被当作自己儿子的保护人而派出去的客人，结果却被发现是他的最可恨的敌人。

(**45**)吕底亚人很快地就来了,他们运回了这个年轻人的尸骸,而那个杀人犯便跟在他们后面。他站到尸骸的前面来,向克洛伊索斯表示任凭对方怎样处置自己,他伸出双手十分恳切地请求克洛伊索斯,说他自己愿意被杀死在克洛伊索斯的儿子的尸骸之旁,因为他以前的悲惨遭遇已经够他受的了,现在又加上了新的不幸,那就是使洗净了他的杀人的血污的人陷入破灭绝望的境地,故而他也无法再活下去了。克洛伊索斯听了这话之后,尽管自己所遭到的不幸使他非常痛苦,却深受感动而对阿德拉斯托斯起了怜悯之心。于是便回答说:"客人啊,既然你对你自己宣告了死刑,那我便已经从你那里得到我所需要的充分的赔偿了。而且,除非只能说你无心地干了这样的事情以外,实际上在我看来还不是你惹下了这个祸。惹祸的是一位神,他在很久之前便预言要有这样的事发生了。"在此之后不久,克洛伊索斯便适如其分地埋葬了他的儿子。米达斯的儿子戈尔地亚斯的儿子阿德拉斯托斯,过去杀死了自己的亲兄弟,现在又毁了给他洗净血污的人,他认为他自己在他所知道的人中间是最不幸的人了,因此当人们散去而坟墓的四周寂静无人的时候,他便在墓地上自杀了。

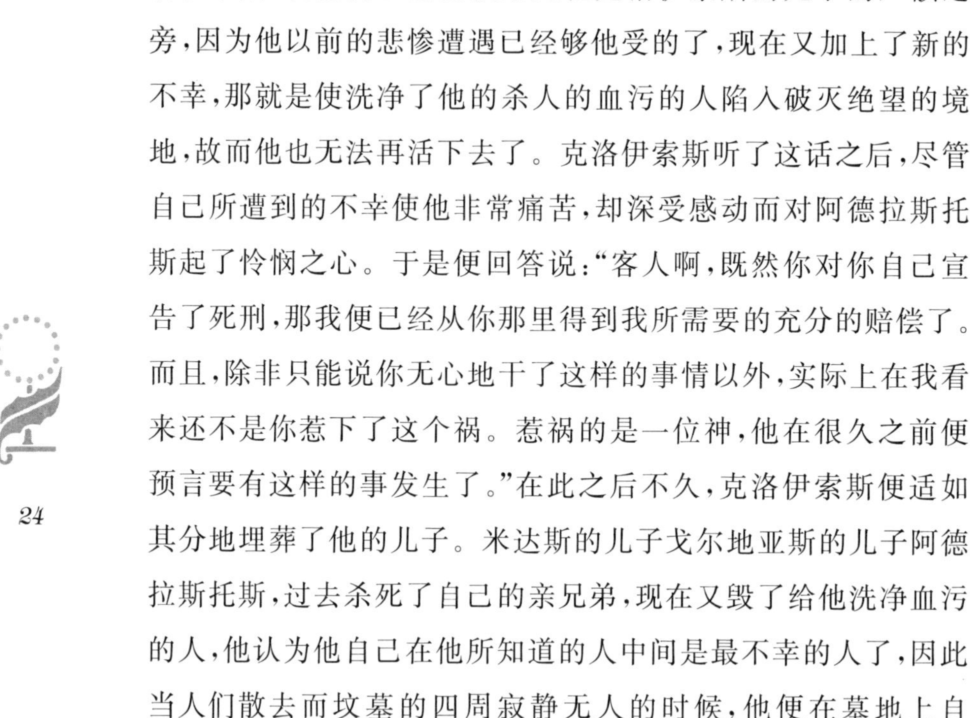

(**46**)死了儿子的克洛伊索斯整整两年都沉浸在非常的悲痛之中,什么事情也没有做。在这之后,从海外来的一个消息中止了他的悲伤情绪。他听说,刚比西斯的儿子居鲁士摧毁了库阿克撒列斯的儿子阿司杜阿该斯的霸权,而且波斯人也一天比一天地强大起来了。这种情况使他专心致志地考虑,他是否有可能在波斯人的实力还不曾十分强大的时候,想办法阻止他们那日益加强的力量。在这样的意图之下，他立刻想到希腊和利比亚的神托所那里去试卜一下。于是他分别向各方面派遣使者，有的到戴尔波伊，有的到波奇斯的阿巴伊，有的到多铎那。有一些人到阿姆披亚拉欧斯的神托所，另一些人到特洛波尼欧斯的神托所，再有一些人则是到米利都的布朗奇达伊家去。克洛伊索斯派人去问卜的这些神托所都是希腊的神托所。他还派遣了另一些人到利比亚去向阿蒙神请示。他把这些使节派出去，是要试一下神托到底讲的都是些什么，而如果他发现神托所回答的是真话，那么他就可以再派人去，请示他是否可以对波斯人发动一次远征。

（**47**）被派到各地去试验神托是否灵验的使节们，都得到了如下的指令：从他们离开撒尔迪斯的那一天起，他们要把日子记住，到第一百天的时候，他们再去请示神托，问它们吕底亚国王、阿律阿铁斯的儿子克洛伊索斯那时正在做什么。他们要把神托的回答记下来，然后带回给克洛伊索斯。除去戴尔波伊的神托之外，任何神托所的回答都没有给人记载下来。而在戴尔波伊，当吕底亚人刚一走进圣堂向神请示他们奉命询问的问题时，佩提亚就用六步格的诗回答他们说：

我能数沙，我能测海；
我懂得沉默并了解聋人的意思；
硬壳龟的香味触动了我的心
它和羊羔的肉一同在青铜锅里煮着：
下面铺着青铜，上面盖着青铜。

（**48**）在佩提亚口述预言的时候，吕底亚人把她的话记了下来，随后就起程返回撒尔迪斯了。当派往各地的所有其他的使者都带着他们取得的回答返回的时候，克洛伊索斯便打开他们所记的文卷一一阅读。这些神托完全不能使他满意。但是他一看到戴尔波伊的神托上面的话，就立刻把它肯定下来，对它表示满意和信服，他认为戴尔波伊是唯一可靠的神托所，因为只有它才发现了他实际上做的是什么事情。原来从他的使节出发去请示神托的那时候起，他就想他做什么事情才是最不可能为任何人所猜到的，于是在他约定的那一天到来时，他便按照他自己所决定的做了。他拿来一只龟和一只羊羔，亲手把它们切成碎块，一起放在青铜锅里煮，上面还加上一个也是青铜的盖子。

(**49**)从戴尔波伊带回给克洛伊索斯的回答就是这样的。至于到阿姆披亚拉欧斯的神托所去并且在神殿那里履行了例行仪式的吕底亚人从那里得到了什么回答我就没有办法说了(因为关于这一点，实际上，人们是没有传说过的)，人们所知道只是，克洛伊索斯相信他从那里得到的神托也是真实的。

(**50**)此后，克洛伊索斯便决定举行大规模的奉献以取悦于戴尔波伊的神。他奉献了各种适于作牺牲的牲畜三千头，又烧掉了堆积如山的包着金银的卧床，黄金杯和紫色的长袍和内衣。他焚烧这些东西就是为了使神对他更加眷顾。他还下令给所有的吕底亚人，要他们按照他们自己的财力来向神奉献。在牺牲奉献式结束的时候，国王熔化了大量黄金，把它铸成金条，每条长六帕拉斯提，宽三帕拉斯提，高一帕拉斯提。金条的总数是一百十七个，其中的四条是纯金铸成的，每条的重量各为两个半塔兰特；其余则是金与银的合金，每条重两个塔兰特。他还下令造一座纯金的狮像,重十塔兰特。当戴尔波伊神殿被烧掉之时,这个金狮子就从金条上掉了下来(因为它是放在金条上面的),现在它被火烧掉了三个半塔兰特,剩下的只有六个半塔兰特了。现在它是放置在科林斯人的宝库里。

(**51**)在要献纳的这些东西都准备停当以后,克洛伊索斯便把它们送到戴尔波伊去,与这些东西同时送去的还有下列诸色礼品。金的和银的大混酒钵各一个,先前在人们进入神殿的时候就可以看到金钵放在入口的右手,银钵在左手。但这两个钵在失火之际移开了;重有八个半塔兰特又十二姆那的金钵,现在藏在克拉佐美纳伊人的宝库里;银钵则是放置在神殿前庭的一个角落里,它的容量有六百阿姆波列欧斯。我们知道这件事是因为,在铁奥帕尼亚祭[①]的日子里,戴尔波伊人就是用这个钵来混酒的。戴尔波伊人说这是萨摩司人铁奥多洛斯制造的,我认为他们的话是对的,因为我看这个混酒钵确是出自非凡的匠师之手。克洛伊索斯此外还送了现在在科林斯人的宝库之内的四只银制酒瓮,还有金的和银的净水瓶各一只,金的净水瓶上面刻着"拉凯戴孟人奉献"的字样,他们硬说这是他们奉献的礼物,然而他们的这种说法是不对的,真正的奉献者是克洛伊索斯。这上面的铭文是一个想取悦于拉凯戴孟人的戴尔波伊人刻上去的。这个人是谁我是知道的,但我还是不必讲他的名字了。手里有水流出来的那个少年像确是拉凯戴孟人奉献的,然而他们根本就没有奉献任何一个净水瓶。在这一切的奉献物以外,克洛伊索斯

① 这是戴尔波伊的一个祭日,在这一天里,神像都陈列出来。

还把许多没有题词的不大重要的礼品奉献到戴尔波伊去，其中有一些银制的圆盘。他还奉献了一座三佩巨斯高的金制妇女像，而根据戴尔波伊人的说法，这好像是克洛伊索斯的烤面包的女郎的雕像；此外，他把妻子的那些项链和腰带也都献纳了。

(**52**)上述的一切就是克洛伊索斯奉献到戴尔波伊去的东西。对于他知道这个人(指后面的阿姆披亚拉欧斯——译者)的勇气和不幸遭遇的阿姆披亚拉欧斯(阿尔哥斯的预言者。他是一位虽预知自己不能生还，但仍然敢于去作战的英雄——译者)，他奉献了纯金的盾牌和枪头以及枪杆都是黄金制造的长枪。在我的时代里，二者还都在底比斯地方奉祀伊兹美尼亚的阿波罗的神殿里。

(**53**)把这些礼物护送到各个神殿去的使者们得到克洛伊索斯的命令，要他们请示一下神托，问克洛伊索斯可以不可以去和波斯人作战，而如果可以的话，他是否可以找一支同盟军和他一齐出动。因此，在这些人到达目的地并奉献了礼物之后，便请示神托，说了下面的话："吕底亚和其他各民族的国王克洛伊索斯相信这里的神托是世界上唯一真实的神托，而由于你的灵验，他把你应得的礼物奉纳在你的面前。现在他向你请示，他是否可以对波斯人作战，如果可以的话，他是否可以要一个同盟者也出兵来帮助他。"这就是他们请示的话。对于他的回答，两方面神托的说法是相同的，每个神托都向克洛伊索斯预言说，如果克洛伊索斯进攻波斯人，他就可以灭掉一个大帝国并且忠告他看一下在希腊人中间谁是最强的，然后就和他们结成同盟。

(**54**)克洛伊索斯在接到带给他的神托的这些解答以后，真是大喜过望了，他深信他一定可以摧毁居鲁士的王国，于是他便再一次派人到佩脱去，在打听到了戴尔波伊的人数之后，便赠给戴尔波伊人每人两斯塔铁尔的黄金。为了报答，戴尔波伊人把请示神托的优先权、免税权、在祭日中占最优等席位的特权给予克洛伊索斯和吕底亚人，他们还把如果愿意的话，任何时候都可以归化戴尔波伊的永久权利给予克洛伊索斯和吕底亚人。

(**55**)克洛伊索斯把这些礼物送给戴尔波伊人以后，便第三次请示神托；因为既然他确信神托是可靠的，他就想充分利用它了。他想要得到回答的问题是，他的王国的国祚是否长久。佩提亚给他的回答是这样的：

一旦在一匹骡子变成了美地亚国王的时候；
那时你这两腿瘦弱的吕底亚人就要沿着沿岸多石的海尔谟斯河逃跑了；
快快逃跑吧，也不要不好意思做一个卑怯的人物吧。

(**56**)在克洛伊索斯接到这个回答时，他高兴得无以复加了，因为克洛伊索斯认为一个骡子是绝对不可能代替他做美地亚国王的，因此他就认为他和他的后裔是永远也不会丧失主权的。随后他就十分慎重地研究神托要他与之结盟的那个最强大的希腊民族，而在调查之后便可以看到，希腊城邦中最强大的，在多利斯族里是拉凯戴孟人而在伊奥尼亚族里则是雅典人。原来这两个民族从古老的时候起就在希腊占着十分突出的地位了。后者是过去的佩拉司吉民族，前者是希腊民族；佩拉司吉人从来还没有离开过自己的居住地；但希腊人却是非常富于流动性的。原来在戴乌卡里翁王统治的时代，希腊人住在称为普提奥梯斯的地方，然而在海伦的儿子多洛斯统治的时代，他们便移住到欧萨山和奥林波斯山山下一个叫做希斯提阿伊欧提斯的地方去了。他们被卡德美亚人赶出了希斯提阿伊欧提斯地区以后，就定居在品多斯，称为玛凯德诺姆人（意为身量高的人——译者）。从那里再一次迁移到德律欧披司；而最后又从德律欧披司进入了伯罗奔尼撒，结果他们就变成了多里斯人。

（**57**）佩拉司吉人所讲的是什么语言我是不能确定的。如果从今天还残留的佩拉司吉人所讲的语言我们可以提出一个假设来的话，如果从这些佩拉司吉人可以进行判断的话，则可以说，佩拉司吉人是讲着异邦话的（指希腊语之外的语言——译者）。今天在佩拉司吉人当中有一些人，他们过去曾是今日被称为多里斯人的邻人（当时住在今日的所谓帖撒里奥提斯地方）而现在则住在第勒塞尼亚人上方的克列斯顿市；有一些人在先前和雅典人同住过一个时期并在海列斯彭特建立了普拉启亚和斯奇拉凯两个地方；有一些人则住在其他那些现在名称虽已改变，但过去实际上是佩拉司吉人的城市的城市里。果若任何一个佩拉司吉族都真是这样，而全部佩拉司吉族又都讲同样语言的话，则属于佩拉司吉族的阿提卡人在他们成为希腊族之后，必定是忘掉了自己的语言而学习了另一种语言。克列斯顿人所讲的话和他们四周居民的话都不相同，普拉奇亚人的情况也是这样，可是这两个地方的人所讲的话却是相同的；从这一点便证明，他们都仍旧保留了他们语言的特点，而他们又把这种特点带到他们现在住的地方来。

（**58**）然而希腊族自从他们出现以来就一直是使用着同一种语言

的。至少在我来看这一点是十分明显的。在他们起初从佩拉司吉人分出去的时候,他们的人数是不多的,然而他们却从一个弱小的开端成长扩大成一个各民族的集合体,这主要是由于佩拉司吉人和其他许多异邦民族加入了他们的队伍的缘故。然而,另一方面,我却认为佩拉司吉人是一个异邦的民族,他们在任何地方也不曾大大地膨胀过。

(**59**)但是,克洛伊索斯打听了这两个民族的情况,从而得知其中的阿提卡人(雅典人)由于当时雅典的僭主、希波克拉铁斯的儿子佩西司特拉托斯的缘故而正在受到压制并被弄得四分五裂。当希波克拉铁斯只是一个普通公民的时候,有一次他到奥林匹亚去看比赛,而遇到了一件完全是不可思议的事情。他奉献了牺牲之后,附近满装着水和肉的大锅下面没有火就沸腾起来,直到水溢出了大锅。当时正在那里并亲眼看到了这一奇迹的拉凯戴孟人奇隆就忠告希波克拉铁斯说,如果他还没有结婚,那么就不要把会给他生孩子的妻子娶到家里来;如果他已经有了一个妻子,那么作为第二个手段,就必须和她分离,而如果他有的是一个儿子,那么便和这个儿子断绝关系。奇隆的忠告根本就没有叫希波克拉铁斯听进去,他不听奇隆的话;不久之后,他就得了一个儿子,就是前面提到的那个佩西司特拉托斯。这个佩西司特拉托斯,在雅典人内部发生由阿尔克美昂的儿子美伽克列斯所领导的海岸派和由阿里斯托拉伊戴斯的儿子里库尔哥斯所领导的平原派之间的斗争的时候,想出了一个成为僭主的办法,他乘着这个党派之争的机会纠合了一个第三党。他集合了一批党员并自称为山地党的领袖以后,便想出了下面的这样一个策略。

他弄伤了他自己和他的骡子,赶着车进了市广场,(扬言)敌人想在他驱车回乡下的路上把他杀死,而他是刚刚逃脱了敌人的毒手的。他要求民众拨给他卫兵来保护他;他要他们记起他过去享有的光荣,因为他在先前曾指挥对美伽拉人的进攻,而那时他曾攻占尼赛亚城,还立下了其他许多的伟大战功。被他的花言巧语所欺骗的雅典人就给他选出了一队市民作为他的卫兵,佩西司特拉托斯不使这些卫兵拿枪而使他们拿棍棒,在他到任何地方去的时候他们都拿着棍棒伴随着他。佩西司特拉托斯便和他们一道发动了政变并占领了卫城。这样,他便取得了雅典的统治权,他毫不弄乱先前已有的各种官职,也不改变任何法律。他根据既定的制度治理城邦,他的措施是贤明和巧妙的。

(**60**)然而不久以后,美伽克列斯一派和里库尔哥斯一派就重新携起手来把他赶跑了。这样一来,佩西司特拉托斯虽然用上述的办法使自己成了雅典的主人,可是他的统治权在这里还没有根深蒂固,他便把它失掉了。在佩西司特拉托斯被赶跑之后,这两派立刻就再度争吵起来了。美伽克列斯终于对这一斗争感到不胜其烦,便派了一名使者到佩西司特拉托斯那里去,向对方表示如果对方愿意娶他的女儿,他便准备使佩西司特拉托斯登上雅典僭主的宝座。佩西司特拉托斯同意了,于是在这样的条件下二人缔结了一项协定。在这之后,他们便着手研究使佩西司特拉托斯复位的办法。而他们在这里所想出的办法在我看来是历史上最愚蠢的办法(特别是考虑到希腊人从远古的时候起,便以较大的智慧和远非愚蠢简单而有别于异邦人),何况我们更应记起,他们所玩弄的这个花样的对象又不是一般希腊人,而是希腊人中间素称是最聪明伶俐的雅典人。在派阿尼亚这个戴美[①]里有一个叫做佩阿的妇人，这个妇人在其他方面可以说是非常标致的，就是身高差三达克杜洛斯就要四佩巨斯了。他们把这个妇女全副武装起来，并且预先教给她要怎样做才能把她这个角色扮演得最好，然后就叫她乘上战车到城里去。在她出发以前，曾派了报信的人到那里去，这些人进城后，便按照给他们的指示宣告了下面的话："哦，雅典人啊！热烈欢迎佩西司特拉托斯吧，把人间的最高荣誉给予他的雅典娜神亲自把他带回卫城来了。"他们跑到四面八方去宣告这个消息，这个消息立刻又传遍了各个戴美，人们都说雅典娜女神正在把佩西司特拉托斯带回来。城里的人也深信那个妇人是真正的女神，便向她这个凡人膜拜并且欢迎了佩西司特拉托斯。

(61)用这样的办法恢复了自己的统治权的佩西司特拉托斯便按照协定娶了美伽克列斯的女儿为妻。可是，他既已经有了一些长大成人的儿子，而阿尔克美昂的子孙又被认为是受到了咒诅，他便打算在他和新婚的妻子之间不生子女，因此之故，他便和他的妻子进行并不正常的交合。起初他的妻子没有把这件事情告诉别人，但是过了一段时候以后，不知是否她的母亲问了她还是什么别的原因，她把这事情向母亲说了。而她的母亲也自然便把这件事告诉了她的父亲。美伽克列斯觉得在佩西司特拉托斯的这样一件事上受到了侮辱而非常激愤，于是在盛怒之下，他立刻便和敌对派言归于好而携起手来。佩西司特拉托斯知道了对他

① 阿提卡的地方单位。

会有什么举动，他便完全离开了那个地方，来到埃列特里亚，以便和他的儿子们会商对策。希庇亚斯的意见取得了胜利，这个意见就是他们要拿回统治权。于是他们便从曾受到他们的某种恩惠的那些城邦收取捐款。他们用这种办法从许多城邦得到了大宗的金钱，特别是底比斯人，他们所捐献的金钱比其他的任何城邦要多得多。简言之，过了若干时候，为回国所作的一切准备都已经办理停妥了。原来从伯罗奔尼撒来了一队阿尔哥斯人的雇佣兵，又有一个叫做吕戈达米斯的那克索斯人自愿地来为他们服务，他在这件事上特别热心，不但提供人力，而且提供了金钱。

(**62**)于是，在他们逃亡的第十一年，佩西司特拉托斯一家便从埃列特里亚出发回家了。他们在阿提卡首先占领了马拉松，在那里登岸之后便扎下了营，市内的同党前来应援，地方上各戴美的人们也都前来应援，因为他们爱僭主政治是甚于爱自由的。当佩西司特拉托斯正在搜集资金，而后来甚至在他登陆占领马拉松时，雅典市内根本没有一个人注意到他的所作所为。直到已经知道他离开了马拉松并且正在向雅典推进的时候，才出来作了抵抗的准备。他们集合了全部军队，挥戈指向返国的亡命者。这时，从马拉松出发进击雅典，而在走到帕列尼斯的雅典娜神殿附近与敌人相会的佩西司特拉托斯的军队则与敌人面对面地扎了营。一个名为阿姆庇律托斯的阿卡尔那尼亚人，是一个通晓占卜术的人，他禀承神意来见佩西司特拉托斯，在走向佩西司特拉托斯的时候，他就口诵六步格的两句预言：

网投了下去，网在水里张开了，

在月夜里，鲔鱼将游入网罗。

(63)这就是他在神的感召之下说出的预言。佩西司特拉托斯懂得它的意思，就宣布他接受这个预言并立刻率军进攻。这时雅典的市民军刚刚用完了他们的午饭，饭后他们就各自干起自己的事情来，有的人玩骰子，有的人睡觉，所以当佩西司特拉托斯的军队一经进攻，他们就被击溃了。在他们溃逃的时候，佩西司特拉托斯想出了一个极其高妙的策略，用这个策略可以把雅典人分散，再也不会使他们团结到一起。他叫他的儿子们都骑上马，先派他们去赶上逃散的雅典人，再按照佩西司特拉托斯的命令，劝告他们不要垂头丧气并返回各人自己的家。

(64)雅典人接受了这个劝告，这样佩西司特拉托斯便第三次成为雅典的主人。于是借助于一支庞大的卫兵并借助于部分取自雅典当地、部分取自司妥律蒙河一带的国库收入而得以巩固地树立了他的主权；此外，他还使用这样的一个办法：他从在他进攻时没有立刻逃走而仍旧留在雅典的许多人那里取得他们的儿子作为人质，并把这些人质送到那克索斯岛去（这个岛也是佩西司特拉托斯用武力占领的，但是他把它委托给吕戈达米斯去治理）。他还根据神托的指示，净祓了狄罗斯岛，净祓的方式则是这样：神殿四周目力所及的范围内所埋葬的尸体都给他掘出来，移到该岛的另一个地方去。这样佩西司特拉托斯的僭主之治便在雅典建立起来了；但有的雅典人已经战死在疆场上面，有的雅典人则和阿尔克美欧尼达伊族一道从祖国逃亡了。

(65)克洛伊索斯打听雅典人的时候，雅典人当时的情况就是这样。另一方面，谈到拉凯戴孟人，则他听到说，在经过一个非常困难的时期以后，目前在对铁该亚人作战时已经取得了胜利。因为在列昂和海该西克列斯联合统治斯巴达的时候，拉凯戴孟人尽管在所有其他的战争中取得胜利，却接二连三地总是败在铁该亚人的手里。而且从来他们在几乎全部希腊人当中都是治理得最坏的国家；他们内部相互之间，以及和外国人都无交往。使他们的政治变好的原因，是由于下列的情况：斯巴达人中间的一位知名人士吕库尔戈斯到戴尔波伊来请示神托。他刚刚进入了神殿，佩提亚就立刻对他说：

你来了吗？哦，吕库尔戈斯，你到我的富有的神殿来了，
宙斯和奥林波斯诸神都加爱于你，
我不知道应当称你为神或者只是一个人
但是我相信你结果将会是一个神，哦，吕库尔戈斯啊。

此外还有一些人说，佩提亚还向他宣托了一整套斯巴达人到今天还遵从着的法制。可是，拉凯戴孟人自己却说，当吕库尔戈斯是他的侄子、斯巴达国王列欧波铁司的摄政的时候，他就把这套法制从克里地采用过来了；因为他刚一担任摄政的职务，他立刻就改变了现行的全部法制，并注意使所有的人都来遵守他制定的新制度。在这之后，他又安排了有关军事的一些事情，如建立埃诺莫提亚[①]、托里阿卡斯[②]和共餐团制（叙希提亚）等等，此外，吕库尔戈斯又设置了五长官和元老院。

(66)由于这样的改革，他们就成了一个享有良好法制的民族。在

---

① 它的意义是“发誓的团体”，指陆军的小队而言。

② 指“三十人的小队”而言。

吕库尔戈斯死后，他们给他修造了一座神殿，并给他以极大的尊敬。他们既然拥有肥沃的土地和众多的人口，他们很快地就强大起来，变成了一个繁荣兴盛的民族。结果，他们就不能满足于安静不动地待在那里了。他们认为自己比阿尔卡地亚人要强，于是他们便派人去请示神托，问是否能够征服全部阿尔卡地亚，佩提亚给他们的回答是这样：

> 你们向我请求阿尔卡地亚吗？你们向我请求这样大的一件东西，我不能满足你们。
>
> 在阿尔卡地亚那里住着许多以橡子为食的男子，
>
> 他们会不许你们这样做的。但这并非是我吝啬。
>
> 我要把铁该亚送给你们，要你们在那里踏足而舞。
>
> 并要你们用绳索来测量肥沃的田野。

而在拉凯戴孟人得到这个回答以后，他们便没有触动阿尔卡地亚的其余的部分，而是向铁该亚人发起攻击，他们随身带着枷锁，因为他们相信那不可靠的神托，以为他们将会使铁该亚人变成他们的奴隶。然而在这次战争中他们失利了；变成了敌人俘虏的那些人被迫给铁该亚人耕地，他们带上了他们自己带去的枷锁，并用绳索来测量土地。他们干活儿时所戴的枷锁在我那时还保存在铁该亚，它们在那里挂满在阿列亚·雅典娜神殿的墙壁。

(**67**)这样看来，先前在对铁该亚人作战时，拉凯戴孟人一直是吃着败仗的。但是在克洛伊索斯的时候，也正是当阿那克桑德里戴斯和阿里司通这两个国王统治着拉凯戴孟的时候，斯巴达人却取得了胜利。下面我就要说一说他们是怎样取得胜利的。既然他们在每次和敌人交锋的时候总是给对方打败，于是他们便派人到戴尔波伊去，请示神托他们要讨到哪一位神的欢心才能够在对铁该亚人作战时取得胜利。佩提亚回答说，他们必须把阿伽美姆农的儿子欧列斯铁斯的遗骨运回来。然而他们找不到欧列斯铁斯的墓，于是他再一次派人来，向神请示这位英雄的遗体埋葬在什么地方。佩提亚对他们的回答是这样的：

阿尔卡地亚的平坦的原野上有铁该亚这样一个地方；
在那里绝对无可避免地有两股风在吹着，
一个打击打过来另一个打击必定打过去，祸与祸重叠无已。
万物之母的大地就在那里包藏着阿伽美姆农的儿子。
把他带到你们的城里来，那样你就成了铁该亚的主人。

在得到这样的回答以后，虽然拉凯戴孟人到处用心搜求，但仍然和先前一样地茫无头绪。直到最后，这个墓地才终于被称为阿伽托埃尔戈伊[1]的斯巴达人当中的一个名叫里卡司的人给发现了。阿伽托埃尔戈伊是每年在市民当中刚刚辞去骑士职务的最年长的五个人。每年里这五名骑士退休后，他们不能无所事事而必须立即带着托付给他们的任务到斯巴达国家派他们分头前往的那些地方去。

(68)里卡司便是这样的人物之中的一个人，他当时在铁该亚。由于好运气，也是由于自己的才智，他竟找到了这个墓地。由于那时和铁该亚人有交往，他到铁该亚去，走进了一个铁匠的铺子，

① 意为善行者。

看见这个铁匠在打铁。正当他站在那里赞赏铁匠的高超手艺时,铁匠看到了他的惊讶表情,于是就放下了自己的工作向他说:"拉科尼亚的客人啊,既然你看到我在这里打铁你都感到惊讶,那么如果你要看到我所看过的东西,那你一定更要大吃一惊了。原来我想给自己在这个院子里打一口井,可是在我掘地的时候,我却看到一个七佩巨斯长的棺材。我以前从来不会相信在古代人们长得比现在的人高,所以我就把它打开了。果然里面的尸体和棺材一样长;我把它量了一下之后就把这个土穴照原来的样子封上了"。

这个铁匠这样就把他所看到的叙述了一遍。但是里卡司把这件事仔细地考虑以后,就从神托的话推定这个尸体正是那个欧列斯铁斯的尸体。他所以这样地猜想,是因为他注意到这个铁匠有两个风箱,这就等于说有两股风,而铁锤和铁砧正相当一击和对这一击的反击,而锻铁也正是要使祸与祸相重叠了。他所以这样猜想,是因为铁的发现是会引起对人的伤害的。他作了这样的推论之后,就回到斯巴达把这一切事情向拉凯戴孟人说了。在这之后不久,他们就故意捏造了一个借口,对他提出责难,把他追放出去了。里卡司于是来到了铁该亚,把他的不幸遭遇告诉了这个铁匠并想使铁匠把院子租给他。铁匠不肯同意,但里卡司终于说服了他,于是他便搬到那里去住了。他掘开了坟墓,把遗骨搜集起来之后,就带着它返回了斯巴达。从此以后,每当拉凯戴孟人和铁该亚人较量实力的强弱时,拉凯戴孟人总是要得到极大的胜利的;而且他们已经把伯罗奔尼撒的较大部分征服了。

(**69**)克洛伊索斯听到这一切情况之后,便派遣使者携带着礼物到斯巴达去,使者的使命则是请求斯巴达和他结成联盟。他们到斯巴达时应当讲的话,都是克洛伊索斯亲自规定的。因此他们在到达斯巴达时就这样说:“派遣我们到这里来的是吕底亚人和其他民族的国王克洛伊索斯,他要我们前来向你们说:‘哦,拉凯戴孟人啊,神在神托中命令我和希腊人做朋友;既然知道你们执希腊之牛耳,因此我遵照着神托的命令,向你们提出这样的建议,我诚恳而老实地希望成为你们的朋友和同盟。’”

克洛伊索斯通过自己的使者所提出的建议便是这样。拉凯戴孟人在先前早已经知道了神托给他的回答,因而欢迎使者的到来,并与克洛伊索斯立誓缔结了友谊与同盟:实际上,在这之前他们便受过克洛伊索斯的某些好处,故而他们就更得这样做了。原来有一次,拉凯戴孟人曾派人到撒尔迪斯去购买黄金,打算把它用在阿波罗的神像上面,这座像今天就立在拉科尼亚的托尔那克司山①上,当时克洛伊索斯听到了这件事,便把他们要买的黄金当做礼品送给他们了。

(**70**)拉凯戴孟人愿意与克洛伊索斯结为联盟这是一个理由,另一个理由则是因为克洛伊索斯在全体希腊人当中,特别选他们做自己的盟友。所以他们就宣布说准备在他要求的时候立刻出动,不仅如此,为了回报克洛伊索斯,他们更制作了一个巨大的青铜混酒钵给他送去;混酒钵外缘满刻着各种图像,它的容量足足有三百阿姆波列欧斯。但是这个混酒钵瓶却没有送到撒尔迪

① 斯巴达东北的一座山,俯临埃乌洛塔司谷地。

斯去。所以没有送到，是由于下面两个原因。根据拉凯戴孟人的说法，当它在向撒尔迪斯起运的途中到达萨摩司附近的时候，萨摩司人知道了这件事，于是便派了他们的战船前来把它劫走了。但是萨摩司人自己却说，负责搬运混酒钵的拉凯戴孟人由于耽搁得太久并且得知撒尔迪斯和克洛伊索斯均已陷入敌人之手，于是他们便把这只混酒钵在萨摩司卖掉；有几个私人把它给买了下来献到希拉的神殿去了。把混酒钵卖掉的人们说不定也许在回到斯巴达的时候，说萨摩司人夺去了他们的混酒钵哩。

(**71**)因此，关于混酒钵的事情就是这样了。但那时克洛伊索斯却误解了神托的意思，他竟率领着大军进攻起卡帕多启亚来，满以为可以摧毁居鲁士和波斯的军队。当他还在从事进攻波斯人的准备工作的时候，一个在当时以前已被视为智者，特别是在这件事以后在国人当中十分享名的吕底亚人叫做桑达尼斯的来见他，向国王这样谏言，说："国王啊，您准备进攻的对象是这样的一些人，他们穿着皮革制的裤子，他们其他的衣服也都是皮革制的，他们不是以他们所喜欢吃的东西为食，而只是吃那些在他们荒瘠贫苦的土地上所能生产的东西。而且还不仅如此，他们平常不饮葡萄酒而只是饮水，他们没有无花果或其他什么好东西。这样，如果您征服了他们，他们既然一无所有，您能从他们手里得到什么东西呢？再说，如果您被他们征服的话，我希望您想想看，您会失掉多少好东西。如果他们一旦尝到了我们的好东西，他们将紧紧地抓住这些东西，我们休想再叫他们放手了。至于我，那我要感谢诸神，因为诸神没有叫波斯人想到要来进攻吕底亚人。"

尽管他是这样说，克洛伊索斯却没有把这话听进去；实际上，诚然如他所说，波斯人在征服吕底亚人以前，是没有任何美好的和华贵的东西的。

(**72**)希腊人称卡帕多启亚人为叙利亚人。在波斯人的统治树立起来之前，叙利亚人是美地亚人的臣民；当时他们是在居鲁士的支配之下的。因为美地亚帝国和吕底亚帝国的国界就是哈律司河。发源于阿尔明尼亚山岳地带的这条河先是流过奇利启亚人居住的地方，然后从那里又流了一段，在它的右手是玛提耶尼亚人居住的地方，左手则是普里吉亚人的地方；在流过这些人的居住地以后，它更向北流，把右手的卡帕多启亚的叙利亚人和左手的帕普拉哥尼亚人划分开来。这样哈律司河便形成了从面临塞浦路斯的海到埃乌克谢诺斯(黑海——译者)的几乎全部下亚细亚的边界。这里正是这全部地区的颈部，一个轻装的人要穿过这个地方，需要五天的时间。

(**73**)克洛伊索斯之进攻卡帕多启亚是受着这样几个动机的驱使的：首先是他想得到领土加到自己的版图之内；然而主要的理由却是他想对居鲁士来给阿司杜阿该斯报仇，因为他相信神托的话而认为他可以做到这一点。原来美地亚的国王、库阿克撒列斯的儿子阿司杜阿该斯是克洛伊索斯的连襟，他曾为刚比西斯的儿子居鲁士所征服。他们二人成为连襟的一段经过现在让我来说一下。一队游牧的斯奇提亚人由于发起骚乱而离开自己的国土遁入美地亚。当时美地亚的国王是戴奥凯斯的儿子普拉欧尔铁斯的儿子库阿克撒列斯。库阿克撒列斯最初把他们看做是请求庇护的人，因此亲切地对待他们，而且他既然对他们表示十分重视，便把一些孩子委托给他们，要他们教给这些孩子他们的语言和射术。过了一些时候，经常出去打猎，而每次都带些猎物回来的斯奇提亚人恰好有一天他们什么也没有猎到。当他们空着手回来见国王的时候，库阿克撒列斯（从这件事来看，他显然不是个好脾气的人）对他们是非常粗暴无礼的。由于库阿克撒列斯这次他们认为对他们非常不当的待遇，斯奇提亚人便阴谋把委托给他们教育的男孩子中的一人杀死割碎，然后把他的肉块像通常调理野兽的肉块一样地加以调理，再当做猎获的野味献给库阿克撒列斯；在这以后，他们便决定尽快地投奔到撒尔迪斯，到萨杜阿铁斯的儿子阿律阿铁斯那里去。结果他们按照这个计划做了。库阿克撒列斯和他招宴的客人都吃了斯奇提亚人这样调理的肉；而达到了目的斯奇提亚人当然也就逃到阿律阿铁斯那里去成为他所保护的人了。

（74）后来，当库阿克撒列斯派人向阿律阿铁斯要求这些人，而阿律阿铁斯拒绝引渡他们的时候，吕底亚人和美地亚人之间就爆发了战争，这场战争继续了五年。在这期间，美地亚人多次战胜吕底亚人，而吕底亚人也多次战胜美地亚人。他们常常也相互进行夜战。然而，他们双方仍然分不出胜负来，不过在第六个年头的一次会战中，战争正在进行时，发生了一件偶然的事件，即白天突然变成了黑夜。米利都人泰利士曾向伊奥尼亚人预言了这个事件，他向他们预言在哪一年会有这样的事件发生，而实际上这话应验了①。美地亚人和吕底亚人看到白天变成了黑夜，便

① 根据天文学家的推算，这次日蚀发生在五八五年五月二八日。

停止了战争，而他们双方便都十分切望达成和平的协议了。在双方之间斡旋达成协议的是奇里启亚的叙恩涅喜斯和巴比伦的拉比奈托斯，他们做到使双方相互间立誓结成友谊并促成双方的联姻。也正是他们决定要阿律阿铁斯把自己的女儿阿里埃尼司许配给库阿克撒列斯的儿子阿司杜阿该斯，因为他们知道，如果没有强有力的确实保证，人们的协定是会变得无效的。这两个民族像是希腊人一样地宣誓缔盟，此外，他们在宣誓时，在臂上割伤一块，并相互吸吮了对方的血。

(75)这样，居鲁士便征服和俘虏了他的外祖父阿司杜阿该斯，他这样做的理由我在这部历史的后面还要谈到的。这次的俘虏成了居鲁士和克洛伊索斯不和的理由，于是克洛伊索斯便派人去请示神托，问他是否可以进攻波斯人，而且当他接到含糊其辞的回答时，却认为对自己有利，因此便把自己的军队开进了波斯人的领土。在克洛伊索斯到达哈律司河的时候，他便使自己的军队通过我认为他所架设的、到今天还在那里的桥渡过了河，但是根据希腊人的一般说法，他是借着米利都人泰利士的帮助才渡过了河的。这个说法是这样(总之，当时那些桥还没有造起来)：正当克洛伊索斯不知如何使自己的军队渡过河去的时候，当时在他营内的泰利士却说可以为他把河水分开，使那在营地左面流着的河水也在右面流。他的计划是这样实现的：以阵地的上手不远的地方作为起点，他挖掘一道新月式的深沟，这样，河水就离开了原来的河道，沿着沟通过营地后方，然后再经过营地的旁边而流入从前的河道。这样，河水就被分为二股水流，而这两股立刻便都可以徒步涉过了。也有的人说，原来的河道的水是完

全给疏干了的，但我的看法却不是这样。如果是那样的话，我不晓得他们在回来时又是怎样渡过了它的。

(76)克洛伊索斯率领着自己的军队渡过哈律司河以后，便进入了卡帕多启亚的一个叫做普铁里亚的地区（这是那个地方最强固的一个地点，位于黑海沿岸西诺佩城的近旁）。克洛伊索斯在这里扎下了营并且蹂躏了叙利亚人的田地。他攻占了普铁里亚人的城市，把城市的居民变为奴隶；他又占领了城市周边的一切村镇并把丝毫没有沾惹他的叙利亚人逐出自己的家园。这时居鲁士却纠合了一支军队并且使在他进军的道路上的所有的居民加入到自己的军队中来，这样来迎击克洛伊索斯。但是在出征之前，他派遣使者到伊奥尼亚人那里去，想叫他们叛离克洛伊索斯。但是伊奥尼亚人并没有听他的话。可是当居鲁士已经到来并且和克洛伊索斯面对面地扎下了营的时候，两军就在普铁里亚地方相互间拼命地较量了一番。战斗是非常激烈的，双方阵亡的人都很多；结果，在夜幕降临战场的时候，双方便未分胜负地分开了。

(77)两军就是这样地一决雌雄的。克洛伊索斯对于他自己的军队的数目是不满意的（因为他的作战的士兵比居鲁士的士兵要少得多），因此，等他看到第二天居鲁士不再来进攻的时候，他就返回撒尔迪斯去，打算根据协定取得埃及人的帮助（因为在和拉凯戴孟人结成联盟之前，他还曾和埃及的国王阿玛西斯缔结结盟），又派人去请巴比伦人（因为他和巴比伦人也缔结了联盟，而当时拉比奈托斯是巴比伦人的国王），并且还带信给拉凯戴孟人，要他们在约定的时期前来助他一臂之力。他的心目中是打算把所有这些军队和自己的军队集合到一起，等冬天过去而春天到来的时候，再向波斯人发动进攻。他带着这样的打算一回到撒尔迪斯，立刻便派遣使者到他的同盟者那里去，通知他们在第五个月集合到撒尔迪斯来。至于他手下曾对波斯人作过战的士兵，则凡是不属于他本族的雇佣兵他全部遣散，但他却根本没有料到，在一场如此不分胜负的激战之后，居鲁士竟还敢到撒尔迪斯来挑衅。

(**78**)克洛伊索斯正在这般打算的时候，城郊到处出现了大量的蛇，而当它们出现的时候，马便离开了它们常时所在的牧场而到那里去吞食这些蛇。克洛伊索斯看到了这一点，认为这是一种预兆，而实际上这也的确是一种预兆。于是他立刻派人到铁尔美索斯的占卜祭司那里去请示神托。虽然他的使者到了那里并且从铁尔美索斯人那里知道这种预兆是什么意思，但使者们却从未能把这话带给克洛伊索斯，因为在他们能够返回撒尔迪斯之前，克洛伊索斯已经被俘了。但是，铁尔美索斯人却认为，克洛伊索斯一定会等来一支侵略他的国土的外国军队，而当这支军队到来的时候，他们就会征服当地的居民，因为，他们说，蛇是大地的儿子，而马则是敌人和异邦人。当铁尔美索斯人这样回答克洛伊索斯的询问时，后者已经成了阶下囚，不过那时他们根本还不知撒尔迪斯所发生的事情和国王本人的命运。

(**79**)当克洛伊索斯在普铁里亚一役之后收兵转回之时，居鲁士打听到克洛伊索斯收兵是为了把自己的军队解散，于是在详细考虑之后而立刻注意到这正是尽快地进攻撒尔迪斯的良机，为的是不等到吕底亚人得以再一次把他们的军队集合起来。他这样

决定了，他进行得又是如此神速，他率军进攻吕底亚，而他本人竟向吕底亚国王通知了自己出征的消息。由于这一完全出于克洛伊索斯的意料之外的事件，国王陷入了极其困难的境地。尽管如此，他仍然率领吕底亚人出战了。这时在亚细亚，没有一个民族是比吕底亚人更加勇武好战了。他们通常是在马上作战的，他们手持长枪而且操纵战马的技术也非常高妙。

(80)两军于是在撒尔迪斯城前的平原上相会了，这是一个广阔的和没有树木的平原(叙洛斯河与其他的一些河流流经这个平原，它们又都流入一条叫做海尔莫斯的最大的河流中去。这条河发源于狄恩杜美奈母神的圣山而流入波凯亚城附近的海里去)。当居鲁士在这里看到吕底亚人列成战阵的时候，他害怕他们的马队的威力，因此便采用了美地亚人哈尔帕哥斯的献策，方法是这样的。他把所有随军载运粮食和行李的骆驼都集合起来，把它们背上驮的东西卸下来，叫打扮成骑兵模样的人们骑上去。这样打扮停当以后，他就下令要他们领着其他军队向着克洛伊索斯的骑兵队走去。他下令步兵跟随在他们的后面，而步兵之后才是骑兵队。当这些人全都准备好以后，他就下令给他的军队，要他们把道上所遇到的吕底亚人一个不留地杀死，但是只留下克洛伊索斯本人不杀死他，甚至在他反抗被俘的时候。以上就是他发布的命令。居鲁士所以用骆驼来和敌人的马队对峙是因为马害怕骆驼，它在看到骆驼或是闻到骆驼的气味时都是受不了的；他就想用这个策略使克洛伊索斯的马队变成无用，而马队却正是克洛伊索斯赖之以得到某些声誉的东西。两军接战的时候，吕底亚人的骑兵队一看到和闻到骆驼就回身逃窜，结

果克洛伊索斯的全部希望便化为泡影了。不过吕底亚人到底并非卑怯之辈。当他们看到当前发生的事态时,他们便跳下马来徒步和波斯人作战。双方阵亡的人很多,但吕底亚人终于被击溃而被赶到自己的城里去,于是波斯人就把撒尔迪斯城包围起来了。

(**81**)这样一来,他们就给对方包围起来了。克洛伊索斯认为这一围攻不会是短期的,因此从城内派使者到自己的联盟者那里去。他先前的使者是告诉他们在第五个月里在撒尔迪斯集合,但现在派出去的使者则是送信说他已经被围并请求他们尽可能快地前来援助。

(**82**)这样,他便派遣使者到他的其他同盟者那里去,特别是到拉凯戴孟人那里去。然而这时,斯巴达人自己正在为一块叫做杜列亚的地方和阿尔哥斯人发生争吵。这个地方本来是阿尔哥斯人领地的一部分,但是被拉凯戴孟人割占并据为己有了。所有西方的土地,直到玛列亚地方,当时确实是属于阿尔哥斯人的,而且不仅是本土上的土地,库铁里亚岛以及其他的岛屿也是这样。阿尔哥斯人出兵保卫国土不使杜列亚被割掉,然而在还没有开战的时候,双方进行谈判,约定双方各出三百人作战,胜者即取得这个地方。此外还约定,双方的其余的军队各自返回自己的国家,而不要留在这里观战,因为如果军队留下,不管哪一方面看到自己方面的军队战败时便有上去帮忙的危险。这些条件约定之后,两军便都撤走了,双方只把精选的士兵留下来进行战斗。战斗开始之后,哪一方面都不能占上风。结果在夜幕降临之时,六百个人当中,活着的只剩下三个人,两个阿尔哥斯人阿尔凯诺尔和克罗米欧斯和一个拉凯戴孟人欧特律刚戴斯。于是,两个阿尔哥斯人认为他们自己已经战胜便跑回阿尔哥斯去了。但拉凯戴孟人欧特律阿戴斯却留在战场上,从战死的阿尔哥斯人的身上剥下了他们的甲胄武器,把它们带回自己的营地并留在自己的地方上。第二天两军到战场上来检查战斗的结果。起初双方发生了争执,因为他们都自称是胜利者,一方说他们活着的人较多,另一方则说他们的人留在战场上并剥下了战死者的武器甲胄,而对方的两个人却逃走了;终于因争吵而交手打了起来,在一场战斗当中双方都遭受了巨大的损失,但最后是拉凯戴孟人得到了胜利。在这之后,先前按照一定的习惯留长头发的阿尔哥斯人便剃光了自己的头,并且规定了一条加上了咒诅的法律,约定他们在收复杜列亚以前,永远不再留头发并永远不许他们的妇女戴金饰。同时拉凯戴孟人却制定了一项与之相反的法律,那就是从此以后他们要留长头发,因为直到那时,他们是不留长头发的。在三百人当中仅存的欧特律阿戴斯自己,据说耻于在所有他的同伴战死之后返回斯巴达,便在杜列亚当场自戕了。

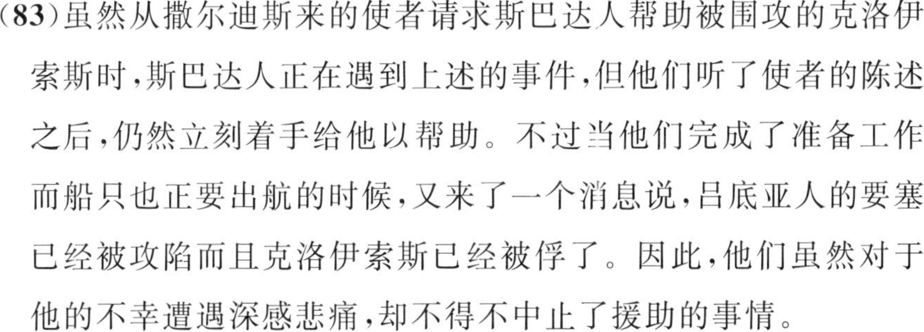

(83)虽然从撒尔迪斯来的使者请求斯巴达人帮助被围攻的克洛伊索斯时,斯巴达人正在遇到上述的事件,但他们听了使者的陈述之后,仍然立刻着手给他以帮助。不过当他们完成了准备工作而船只也正要出航的时候,又来了一个消息说,吕底亚人的要塞已经被攻陷而且克洛伊索斯已经被俘了。因此,他们虽然对于他的不幸遭遇深感悲痛,却不得不中止了援助的事情。

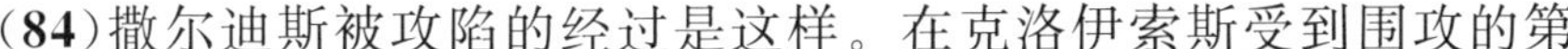

(84)撒尔迪斯被攻陷的经过是这样。在克洛伊索斯受到围攻的第

十四天，居鲁士派遣骑兵到自己的各个部队去，告诉全军说第一个爬上城墙的有赏。在这之后，全军发起了一次进攻，但是没有成功。于是，在其他的一切军队都无计可施地在那里观望的时候，一个叫做叙洛伊阿戴斯的玛尔多斯人[①]决定在没有设置守卫的那个地方试图攀登城砦。因为在这一面，城砦所在的山岩是如此陡峭而城砦看来又是难攻不落的，故而谁也不认为城砦会从这个地方被攻克。撒尔迪斯的前王美雷斯也只有在巡行这一部分的城壁时不带着他的侍妾给他生的狮子。因为铁尔美索斯人宣称，如果带着这只狮子环行城壁，萨尔迪斯便会成为金汤之固，于是美雷斯便带着狮子巡行城砦的其他可能会受到攻击的部分，但是他认为没有必要带着狮子到这一部分来，因为他认为这部分是在峭壁上，故而决不会受到攻击。城砦的这一部分面对着特莫洛斯山。但是，在这前一天，这个玛尔多斯人叙洛伊阿戴斯却看到一个吕底亚人从绝壁上下来拾取从城上掉下来的钢盔，他注意到这事，思考了一番，而现在他亲自攀上了绝壁，其他的波斯人则跟在他的后面。许多人爬到上面去，撒尔迪斯于是被攻克，全城都受到了洗劫。

(85)现在我再说一说城陷落的时候克洛伊索斯本人的遭遇。他有一个儿子，关于他我在上面已经提过了，他这个儿子除了是个哑巴以外，在其他方面可说是个不坏的少年。在克洛伊索斯以前的全盛时代，他为自己的这个儿子什么办法都想到了，在他想到的其他计划以外，他特别曾派人到戴尔波伊去请示神托问关于

① 游牧的波斯部落。

他的儿子的事情。他从佩提亚那里得到的回答是这样：

生而为吕底亚人的众民之王，你这非常愚蠢的克洛伊索斯啊！
不要希望和请求在你的宫廷里听到你儿子的声音吧；
你的儿子若像先前一样的哑巴那会好得多；
你第一次听到他讲话时，那将是不幸的一天。

当城砦被攻陷的时候，一个不知道克洛伊索斯是何许人的波斯人遇到他，打算把他杀死。克洛伊索斯虽然看见他过来，但是由于当前的不幸遭遇而无心去理会，他根本不介意这个人会不会把他打死。但这时他那不说话的儿子看到波斯人向克洛伊索斯那边去，便在既害怕又悲痛的心情中说出了话，他喊道："这个人不要杀死克洛伊索斯！"这是他说的第一句话，从此以后，他一辈子都能讲话了。

(**86**)这样，撒尔迪斯就给波斯人攻克，克洛伊索斯也给他们俘虏了；他已经统治了十四年并且被围攻了十四天，而到这时，正如神托所预言的，他便毁掉了自己的大帝国。于是，俘虏了克洛伊索斯的波斯人便把他带到居鲁士那里去。依照居鲁士的命令积起了一大堆木材，身戴枷锁的克洛伊索斯就给放置在这上面，在他之外还有十四名吕底亚的少年。我不知道居鲁士是打算把他的这些最初的掳获物呈献给某一位神，还是在这里还许下的心愿，还是他可能知道克洛伊索斯是一位畏神的人，因此他想看一下神灵是否会来救他使他不致活活地被烧死。不管怎样，据说他是这样做了；但是站在木堆上的克洛伊索斯却在自己的悲惨处境中想起了梭伦体会神意而对他讲出来的话，即活着的人没有一个是幸福的。当他想到这一点的时候，他便打破了保持到这时的沉默，深深地叹了一口气，发出了呻吟的声音，三次叫出了梭伦的名字。居鲁士听到了这个声音，便命令通译问克洛伊索斯，他叫的是谁的名字。他们走到他跟前来问他，但他一时却默然不愿回答他们的问题，过了一会儿在强迫他说话时，他便说："是这样的一个人，我宁愿付出我的巨大财富以便使所有的国王都能和这个人谈话。"通译不知道他这个回答是什么意思，便再请他自己解释；而当他们催他回答而等得不耐烦的时候，他才告诉他们，怎样在很久以前，一个叫做梭伦的雅典人到他那里去，怎样看到他的全部富贵荣华却不把这一切看到眼里（而说了这般这般的话），怎样梭伦对他所说的话结果又和他遭遇的完全相合，虽然，这话与其说是专对他讲的，毋宁说对所有的人讲的，特别是对那些自以为幸福的人们讲的。当克洛伊索斯说这话的时候，木堆已经点着，它的外部已经开始着火了。但居鲁士从通译那里听到克洛伊索斯所说的话以后，却后悔起来，他觉得他自己既然也是一个人，却正在活活烧死过去也曾和他自己一样幸福的另外一个人；此外，他还害怕报应并且深以为人间的事情没有一件不是无常的。他于是下令要他们赶快把火焰扑灭并把克洛伊索斯和与他在一起的人们从木堆上解救下来；他们虽然拼命这样做，但火焰已经无法制服了。

（**87**）于是，依照吕底亚人的说法，当克洛伊索斯看到居鲁士有悔恨之意并看到大家拼命扑火但已无效的时候，便高声向阿波罗神呼唤并恳求他说，如果神对他所呈献的任何礼品还中意的话，那么就请助他一臂之力使他免于当前的灭身之祸。正当他满眼含着泪求神的时候,突然,在到那时一直是晴朗并平静无风的天空上,乌云集合起来,刮起了暴风并下了豪雨,而火焰便给熄灭了。居鲁士看到之后,深信克洛伊索斯是一个好人并且是神所眷爱的人,便在他从木堆上被放下来之后问他说:"克洛伊索斯,是谁劝说你带着军队来攻打我的国家,不做我的朋友而做我的敌人?"克洛伊索斯这样回答说:"哦,国王啊,是我干的这件事,但它却给你带来了好运,给我带来了不幸。若说起它的原因来,那么应该说是希腊人的神,因为是他鼓励我出兵作战的。没有一个人愚蠢到爱好战争甚于和平,而在战争中,不是像平时那样儿子埋葬父亲,而是父亲埋葬儿子。但是我相信,诸神恐怕是欢喜这样的。"

(88)这就是克洛伊索斯所说的话。于是居鲁士就给他松了绑,叫他坐在自己的近旁,对他照顾备至,而居鲁士和他身边的一切人都以一种惊奇的目光注视着他。陷入深思之中的克洛伊索斯一句话也不说。过了一会儿他向四边望了望,看到波斯人正在劫夺吕底亚人的城市,于是他就向居鲁士说:"哦,国王啊,我可否告诉你我心里正在想的事情,还是什么话都不讲?"居鲁士请他毫无顾虑地把他要讲的话讲出来。于是他便提出这样一个问题:"那边的一大群人这样忙忙碌碌地在做什么?"居鲁士说:"他们正在掠夺你的城市并拿走你的财富。"但是克洛伊索斯说:"不是我的城市,也不是我的财富。这些东西已不再有我的任何份儿了,他们正在掠夺的都是你的财富啊。"

(89)居鲁士听到克洛伊索斯的话以后颇为有动于衷,于是便下令身边的人等一概退去,然后问克洛伊索斯,对于他的所作所为,有什么意见要提出来。克洛伊索斯回答说："既然诸神使我变成了你的奴隶，那么如果我看到什么对你有利的事情而把它告诉你，那将是我分内应做之事。你的臣民波斯人是秉性粗暴而又贫困的人民。如果你放任他们进行劫夺并且使他们自己拥有巨大财富的话，那我就要告诉你这些人会干出什么样的事情来。这就是说，那掠夺到最多财富的人就会背叛你。如果你听得进我讲的话，那么就请你这样做。把你的亲卫队设置在所有各个城门的地方担任岗哨，并要他们在士兵们离开城市时把士兵们身上的战利品留下并且告诉这些士兵他们这样做是为了必须用这些东西向宙斯缴纳什一税。这样，你虽用强力从他们身上夺走战利品，但是他们却不会恨你的，因为他们看到你做的公正，自然就会心甘情愿地拿出自己的战利品了。"

(90)听到这个意见，居鲁士真是大喜过望，因为他觉得这个忠告很好。他非常赞赏克洛伊索斯并命令他的亲卫队按照克洛伊索斯建议的办法行事。然后他向克洛伊索斯说："克洛伊索斯，我看你在言语和行动上都决心表现出你是一个正直的国王，现在立刻向我请求你所希望的任何赠品吧。"克洛伊索斯回答说："主公，如果你容许我把这副枷锁送到我最尊崇的希腊人的神那里去，并且问他一下他是否惯于欺骗那些经常向他进行奉献的人，这便是你能给予我的使我最欢喜的事情了。"于是居鲁士就问他对神有什么不满而提出了这个请求，克洛伊索斯便详详细细地叙述了他自己的全部想法，神托的回答，特别是他的奉献物，并且告诉居鲁士，他怎样从神托得到鼓励，结果竟使他对波斯人挑起了战端。他讲完了这一切之后，便立刻再一次恳求允许他对神的这种行动加以谴责。居鲁士微笑着回答他说:“克洛伊索斯,我很乐意答应你这样做,不管你要什么东西,任何时候你都可以来请求我的。”克洛伊索斯看到自己的请求得到允许,他便派一些吕底亚人到戴尔波伊去,嘱咐他们把他的枷锁放在神殿的入口并且问神,神激励他对波斯人开战,并说他一定会摧毁居鲁士的帝国,但结果这就是战争的最初成绩,这样做神是不是感到可耻。他们说这些话的时候,要指着这副枷锁,随后,他们还要问,希腊的神是不是惯于干这种忘恩负义的事情。

(91) 吕底亚人到了戴尔波伊,把他们带来的话传达了,据说佩提亚是这样回答的:“任何人都不能逃脱他的宿命,甚至一位神也不例外。克洛伊索斯为他五代以前的祖先的罪行而受到了惩罚。这个祖先当他是海拉克列达伊家的亲卫兵的时候,曾参与一个女人的阴谋,在杀死他的主人之后夺取了他的王位,而这王位原是没有他的份的。洛克西亚司神(即阿波罗神——译者)本来尽力想使撒尔迪斯不在克洛伊索斯生前的时候,而是要推迟到他的儿子的时候陷落,但是他不能改变命运女神的本意。凡是命运女神许给克洛伊索斯的,都已经做到并恩赐给克洛伊索斯了。让克洛伊索斯知道,洛克西亚司把撒尔迪斯的陷落推迟了整整三年,因此他变成囚犯的时期要比命中注定的日期晚得多了。此外,洛克西亚司还把克洛伊索斯从烧着的木堆上救了下来。克洛伊索斯也没有任何权利来抱怨他从神托那里得到的答复。因为当洛克西亚司告诉他如果他攻打波斯人他会摧毁一个大帝国的时候,如果想确实知道一下神的意旨的话,那么他就应该再派人来问一下这是指着哪一个帝国,是居鲁士的,还是他自己的

帝国。然而他既不懂得所讲的是什么话，又不肯再来问个清楚，那么今天的这个下场便只有怪他自己了。此外，他甚至不懂得洛克西亚司给他的关于骡子的那个最后的回答。因为那骡子实际上指的是居鲁士。居鲁士的父母属于不同的种族，不同的身份；他的母亲是一位美地亚的公主，美地亚国王阿司杜阿该斯的女儿，但他的父亲却是个美地亚人治下的波斯臣民，他虽然在一切方面都比他的妻子为低，却娶了自己的公主。”以上便是佩提亚的回答。吕底亚人返回撒尔迪斯并把他们听到的话告诉了克洛伊索斯，克洛伊索斯听了之后，才承认这是他自己的过错，而不是神的过错。

(**92**)伊奥尼亚最初就是这样被征服，而克洛伊索斯的帝国也便这样地结束了。除了前面已经提到的那些奉献品之外，克洛伊索斯在希腊还奉献了其他许多物品。在贝奥提亚的底比斯，他奉献给伊兹美尼亚的阿波罗神一座黄金的三脚架，在以弗所[①]，金牛和神殿的大部分的柱子都是他奉献的；在戴尔波伊的普罗奈阿神殿[②]，他奉献了一只巨大的黄金楯。这一切奉献物直到我当时还都有的；但是其他的若干奉献物却已经不复存在了。我听说，他奉献给米利都人的布朗奇达伊的礼物和献给戴尔波伊的礼物一样，分量也相等。献给戴尔波伊的礼物和献给阿姆披亚拉欧斯神殿的礼物都是他自己的财产，是他从他父亲那里继承来的财产中最初得到的东西。其他的奉献物则来自他的一个

① 以弗所的神殿大概是在阿律阿铁斯统治时开始修建的，但直到希波战争的时候才完成。

② 普罗奈阿神殿在阿波罗神殿的外部。

敌人的财产，这个敌人在他登上王位之前，曾领导过一个党派来反对他，目的则在于想使庞塔莱昂取得吕底亚的王冠。这个庞塔莱昂是阿律阿铁斯的一个儿子，和克洛伊索斯是异母兄弟；因为克洛伊索斯的母亲是一个卡里亚妇女，但庞塔莱昂的母亲却是一个伊奥尼亚妇女。当克洛伊索斯因父命而取得王位的时候，他曾把那阴谋反抗他的那个人放到刷梳器上去给刮死。随之克洛伊索斯便没收了他的财产，在这之后克洛伊索斯更把他的财产像上面所说那样地奉献给神殿。关于他的奉献品，我所要说的就是这些了。

(93)吕底亚和其他国家不一样，它没有那样多足以令人惊异的事物叫我来叙述，例外的只有从特莫洛斯山上冲洗下来的金砂。然而那里却可以看到一座比其他建筑物要大得多的建筑物，不过埃及和巴比伦的巨大建筑物却不算在内。这就是克洛伊索斯的父亲阿律阿铁斯的陵墓，陵墓的底座是大石砌成，其他部分则是很高的一个土堆。这是商人、手工业者和娼妓们共同修造起来的。陵墓顶上的五个石柱直到我的时代还有的。石柱上面刻有铭文，表明每一类的工人做了多少工作。根据计算来看，娼妓们所做的那部分工作是最多的。吕底亚普通人民的女儿们全都干这种卖淫的事情，以便存钱置办自己的妆奁，直到她们结婚的时候为止。她们通常是自己来照料自己出嫁的事情的。陵墓的周匝是六斯塔迪昂和二普列特隆，宽是十三普列特隆，在陵墓近旁有一个大湖。据吕底亚人说，这湖永远有活泉水作为源流，它的名称是巨吉斯湖。关于陵墓的事情就是这样了。

(94)吕底亚人的风俗习惯和希腊人的风俗习惯是很相似的，不同

的只是他们叫他们的女儿卖淫的一点。据我们所知道的，他们是最初铸造和使用金银货币的人，他们又是最初经营零售商业的人。依照他们自己的说法，那些在他们和希腊人中间通行的一切游戏，也都是他们发明出来的。他们说他们发明这些游戏，正是他们在第勒塞尼亚殖民的时候。关于这件事他们是这样讲的：在玛涅斯的儿子阿杜斯王当政的时代，吕底亚的全国发生了严重的饥馑。起初的一段时期，吕底亚人十分耐心地忍受这种痛苦，但是当他们看到饥馑持续下去毫无减轻的迹象时，他们便开始筹划对策来对付这种灾害。不同的人想出了不同的办法。骰子、阿斯特拉伽洛斯（羊蹠骨，俗称羊拐子——译者）、球戏以及其他所有各种各样的游戏全都发明出来了，只有象棋这一项，吕底亚人说不是他们发明出来的。他们便用这些发明来缓和饥馑。他们在一天当中埋头于游戏之中，以致不想吃东西，而第二天则只是吃东西而不游戏。他们就这样过了十八年。但是饥馑的痛苦仍然是压在他们身上，甚至变得越来越厉害了。最后国王只得便把全体吕底亚人分开，叫这两部分人抽签决定去留，而他将继续统治抽签后留在国内的那一半人。移居国外的人则归他的儿子第勒赛诺斯来领导。抽签之后，应当移居的人们就到士麦拿去，造了船舶，把他们一切可以携带的日用财物放到船上之后，便起程寻找新的生计和土地去了。直到最后，在他们驶过了许多民族的土地以后，他们到达了翁布里亚。他们就在那里建立了一些城市，从此定居下来了。他们不再称自己为吕底亚人，他们按照率领他们到此地来的王子第勒赛诺斯的名字，而称自己为第勒塞尼亚人。而吕底亚人这样便受到了波斯人的奴役。

(**95**)因此,我这部历史的后面的任务,就是必须考察一下摧毁了克洛伊索斯的帝国的这个居鲁士是个何等样的人物,而波斯人又是怎样称霸于亚细亚的。在这里我所依据的是这样一些波斯人的叙述,这些人并不想渲染居鲁士的功业,而是要老老实实地叙述事实,虽然,我知道,关于居鲁士的事情,此外还有三种说法。亚述人把上亚细亚统治了五百二十年之后[①],他们的臣民才开始起来反抗他们,在这中间首先就是美地亚人。他们为了争取自由而拿起武器来对亚述人进行战争,他们的英勇战斗使他们挣脱了奴役的枷锁并变成了自由的人民。美地亚人的成功榜样使其他民族也随着起来反抗了。

(**96**)这样,大陆上的各个民族便都获得了独立,然而他们却再一次回到了僭主的统治之下,经过的情况有如下述。一个叫做戴奥凯斯的美地亚人,是普拉欧尔铁斯的儿子。这个人非常聪明,他既然想取得僭主的地位,因此,便着手实行了下面的一个计划。当时的美地亚人是分成各个部落散居各处的,而且在全部美地亚又是一片无法无天的状态,因此当时在本部落中已经知名的戴奥凯斯便比以前更忠诚和热心地努力在他的同部落人中间执行正义。他相信正义和非正义是相互敌对的。因此,在他这样做以后,立刻同部落的人看到他的正直行为而推举他为一切争端的仲裁者。由于心中向往着统治权,他便表现出自己是一个忠诚和正直的人物。用这样的办法,他不单是博得本部落人们

① 从一二二九年到七〇九年。

的赞赏，甚至长期以来受着不公的审判的痛苦的其他诸部落的人们，在他们知道只有戴奥凯斯正直无私，能给以公正的审判的时候，他们便时常愿意到戴奥凯斯这里来请求他审判他们的争端。直到后来人们只相信他一个人，而不再相信其他任何人的裁判了。

(**97**)找他来帮忙的人越来越多了，因为人们都听说他的裁判是公正的。戴奥凯斯感到自己已得到一切人的信赖，便宣布说他不愿再出现于他经常坐下来进行审判的那个位子之上，并不想再做法官了。因为他认为整天用来调解邻人的事情而不去管自己的事情，这对他自己是毫无利益可言的。结果，在各部落之中，掠夺与不法的行为发生得甚至比以前更要猖獗了。于是美地亚人便集会到一处来讨论当前的局势。（我想，讲话的主要都是戴奥凯斯一派的人）他们说："如果事情这样继续下去，我们就不能在这个地方住下去了。让我们给我们自己立一个国王吧，这样这个地方才能治理得好，这样我们自己才能各安其业，不致由于无法无天的情况而被弄得家破人亡了。"在听到这样的话之后，他们便决定推立一个国王来统治他们了。

(**98**)随后他们立刻便提出了选谁担任国王的问题。大家一致愿意推举和拥戴戴奥凯斯，结果他们便同意由他来担任国王了。他要求他们给他修建一所与他的国王身份相适合的宫殿并要求拨给他一支保护他个人的亲卫队。美地亚人同意了他的意见，他们在他自己所指定的地方给他建造了坚固的大宫殿，并且听任他从全国人民当中给自己选一支亲卫兵。在他做了国王以后，他进而又强制美地亚人给他修建一座城寨，他要他们几乎不去管其他的城市而单是注意经营这个新都。美地亚人在这一点上也听从了他，给他建造了一座今日称为阿格巴塔拿的城市，这座城寨的城墙既厚重又高大，是一圈套着一圈建造起来的。这个地方的结构是这样：每一圈城墙都因为有女墙的关系而比外面的一圈要高（即内圈比外圈只高那一道女墙的高度——译者）。由于城寨是在平原上的一座小山之上，这种地势当然可以有一些帮助，但这主要还是由于人工的缘故才做到这一点的。城墙一共有七圈；皇宫和宝库是在最内的一圈城墙里面。最外面的一圈城墙和雅典城的城墙约略等长。最外面一圈女墙的颜色是白色的，第二圈是黑色的，第三圈是紫色的，第四圈是蓝色的，第五圈是橙色的；外部这五道城墙都是涂着颜色的，最后两圈女墙则是包着的，第六圈是用银包着的，最里面的一圈则是用金包着的。

(99)戴奥凯斯修筑这些城壁都是为了他自己和他自己的宫殿，人民则要定居在城寨的周边。而当一切都修建起来以后，戴奥凯斯首先便定出了一个规则，即任何人都不能直接进见国王，一切事项都要通过报信人来办理并且禁止臣民看到国王。他还规定，任何人在国王面前笑或是吐唾沫都特别被认为是一件可耻的冒渎行为。他所以小心地把自己用这种办法隔离起来，目的是在于保证自己的安全，因为他害怕如果和他一起长大，同出名门而且在一个男子的主要才能方面比起他来毫无逊色的同年辈的人经常见到他的话，他们会感到恼怒并且有可能暗算他；如果他们看不到他的话，那么他们就会以为戴奥凯斯已和先前判若两人了。

(100)在戴奥凯斯把这一切都办理停妥并且把王位稳稳地坐定之后，他便仍然像先前那样地一丝不苟地执行正义的审判。诉讼案件都要写下来交到国王那里去，国王根据所写的内容进行审判，然后把他的判词送还当事人；他便是这样地判案的，其他的事情他也管。在全国各地都有他的密探和偷听者：如果他听到有人横暴不法，他就把这个人召来对他的罪行给以相应的惩罚。

(101)这样，戴奥凯斯便只是把美地亚人这个民族统一起来，并统治了他们。美地亚人是由下述的一些部落构成的：布撒伊人、帕列塔凯奈人、斯特路卡铁斯人、阿里桑托伊人、布底奥伊人、玛果伊人。属于美地亚人的部落就是这些了。

(102)戴奥凯斯统治了五十三年之后死了[①]，他的儿子普拉欧尔铁斯继承了他。这个王子继承了王位之后不满足于单单统治美地亚人一个民族，便开始征伐波斯人。他先把军队开入波斯人的国土，这样首先便使波斯人变成了美地亚人的臣民。后来，他成了两个强大民族的主人以后，更进而征讨亚细亚，一个民族接着一个民族地把它征服了。直到最后，他竟和亚述人打了起来；亚述人是居住在尼诺斯（尼尼微——译者）城的，他们先前是整个亚细亚的霸主。现在，由于盟国的叛离，他们已经孤立了，然而除去上述的一点之外，他们国内情况仍旧是和先前一样繁荣的。普拉欧尔铁斯向这些亚述人进攻，但是在一次战役中他和他的一大部分的军队都战死了，这是他统治美地亚二十二年之后的事情。

① 戴奥凯斯死于六五六年。

(**103**)普拉欧尔铁斯死后，他的儿子，戴奥凯斯的孙子库阿克撒列斯继承了王位。据说他比他的任何先人都要好战得多。他第一个把亚细亚的士兵组成部队，把在他之前混成一团并非常紊乱的军队分成独立的组织，组成了枪兵、弓兵、骑兵等等兵种。在先前作战时白日突然变为黑夜的那一天里和吕底亚人交战的就是这个人。征服了哈律司河彼岸全部亚细亚领土的也是他。库阿克撒列斯把他治下的一切民族集合起来向尼诺斯进军，他这样做是想给父亲复仇和把这座城摧毁。在一场战斗中亚述人被打败了，库阿克撒列斯已经把这个地方包围起来，但这时在普洛托杜阿斯的儿子、斯奇提亚国王玛杜阿斯率领之下的一支斯奇提亚人的大军为了追踪被他们赶出了欧罗巴的奇姆美利亚人而侵入了亚细亚，因此便来到了美地亚的领土。

(**104**)对于一个轻装的人来说，从麦奥提斯湖[①]到帕希斯河和科尔启斯人居住的地方要走三十天。从科尔启斯走不多远便可以进入美地亚，因为在这中间只隔着撒司配列斯人住的一个地方，过去这个地方就到美地亚了。虽然如此，这却不是斯奇提亚人入寇的道路，他们迂回行进而走了比这要远得多的上方的道路，这条道路的右手就是高加索山脉。斯奇提亚人在那里曾遇到美地亚人的抵抗，美地亚人给他们战败，从而丧失了他们的帝国。斯奇提亚人就成了全亚细亚的霸主。

(**105**)此后他们更向前推进，打算进攻埃及。当他们到达叙利亚的一个叫做巴勒斯坦的地方时，埃及的国王普撒美提科斯来会见

①　亚速海。

他，用恳求的话和礼物请他们不要再继续向前推进。因此在他们返回的途中经过叙利亚的一个城市阿斯卡隆的时候，他们的大部分没有进行任何毁坏的活动便开过去了。但是被落在后面的少数人却把乌拉尼阿·阿普洛狄铁（意为上天的阿普洛狄铁——译者）的神殿给洗劫了。我打听之后知道，阿斯卡隆的神殿是这位女神的神殿中最古老的一座；因为塞浦路斯的那座神殿，正如塞浦路斯人自己所说，就是模仿着它建造起来的；而库铁拉的那座神殿则是出身于这同一叙利亚地方的腓尼基人建造的。洗劫了这座神殿的斯奇提亚人受到了女神惩罚，他们和他们的后裔都得了女性病。他们自己承认他们是为了这个原因才得了这种病的，而来到斯奇提亚的人则能够看到这是怎样的一种病。得了这种病的人被称为埃那列埃斯。

（**106**）斯奇提亚人这样就把亚细亚统治了二十八年。在这期间，他们的暴虐和横傲的行为使整个地方变成一片荒野；原来，除了他们榨取加到各地人民身上的贡赋之外，他们更骑着马到各地把人们的财物掠夺一空。于是，库阿克撒列斯和美地亚人一道，请他们大部分的人前来赴宴，把他们灌醉，然后便把他们全都杀死了。这样美地亚人就收复了他们的帝国和他们先前所有的一切。他们攻占了尼诺斯（攻占的情况我将在另一部历史中叙述）并且征服了除巴比伦地方之外的全部亚述。

（**107**）后来，库阿克撒列斯也死了；他一共统治了四十年，在这里面斯奇提亚人统治的年代我也算进来了。他的儿子阿司杜阿该斯继承了他的王位。

阿司杜阿该斯有一个女儿，名叫芒达妮。关于这个女儿，他曾经做过一个梦：他梦见她撒了大量的尿，这尿不仅仅涨满了全城，而且淹没了整个亚细亚。他把他的这个梦告诉了会占梦的玛哥斯僧，玛哥斯僧详细地向他解释了梦的意义，他听到后而大大地战栗了。因此，在芒达妮成年应当婚配的时候，他害怕梦会应验而不把她许配给任何门当户对的美地亚人，却把她嫁给他认为是出自名门而且性情温和的一个名叫刚比西斯的波斯人；因为在阿司杜阿该斯看来，刚比西斯比中等身份的美地亚人都要低得多了。

（**108**）但是在芒达妮嫁给刚比西斯的头一年里，阿司杜阿该斯又做了一个梦。他梦见从她的子宫里生出了葡萄蔓来，这葡萄蔓遮住了整个亚细亚。他把这个梦也告诉了占梦的人，随后就把当时有了身孕即将分娩的女儿从波斯人那里召了来。他的女儿来到之后，他就把她监视起来，打算把她生下来的孩子弄死；因为占梦的玛哥斯僧在占梦的时候预言说，他的女儿的后裔将会代替他成为国王。为了防止这一点，在居鲁士刚刚降生的时候阿司杜阿该斯就把哈尔帕哥斯召了来，这是他家里的一个人，是美地亚人当中他所最信任的一个仆人，同时又是代他管理一切家务的人；他向哈尔帕哥斯说："哈尔帕哥斯，我请你对我托付给你的这件事情万勿疏忽大意；也不要为着别人而出卖了你的主人的利益，不然的话你将会自食其毁灭的后果。把芒达妮生的这个孩子带到你家里去，就在那里把他杀死，然后，随你怎样把他埋起来好了。"哈尔帕哥斯回答说："国王啊，哈尔帕哥斯在过去从来不曾在任何事情上违背过你，而今后也请你放心，他一定小心谨慎不会冒犯你的。如果是你的意思要我这样做的话，那么

在我这方面，我是应当把这件事给你办理妥善的。”

(**109**)哈尔帕哥斯这样回答以后，孩子就给交到他的手里，孩子已经是给打扮得像是快死的孩子那样子的。于是他便哭着赶回自己的家里去了。在他到家的时候，他就把阿司杜阿该斯的话告诉了他的妻子。他的妻子对他说：“那么，你自己打算怎么办呢？”他回答说：“我不打算照着阿司杜阿该斯的话去做。不，纵使他神智颠倒，纵使他比现在更加疯狂，我也不会按他的意思去办事，或是代他干这种杀人的勾当。我有许多理由不杀死这个孩子。首先，他和我有亲属关系；其次，阿司杜阿该斯已经老了，又没有儿子。如果他死的时候，王位传给他的女儿，而他却想用我的手来杀死他女儿的儿子；那时我岂不要受到最大的危险吗？老实讲，为了我的安全，这个孩子是必须死的，不过这件事必须要由阿司杜阿该斯自己手下的一个人来干，而不是由我的人来干。”

(**110**)他这样说着，立刻就派遣一名使者去把阿司杜阿该斯的一名牧人召了来，因为他知道阿司杜阿该斯的这个牧人放牲的牧场是最适宜的牧场而那里的山又是野兽出没最多的地方。这个牧人的名字叫做米特拉达铁斯，他的妻子和他一样，也是国王的奴隶；她的美地亚语的名字是斯帕科，希腊语则称之为库诺，因为在美地亚语中，斯帕卡一词是希腊语的母狼的意思。牧人牧放牲畜的山麓地方是在阿格巴塔拿的北边，面临着黑海的。美地亚的和撒司配列斯人相邻的那个地方[①]，地势是高耸、多山并且

① 美地亚的西北部，今天阿捷尔拜疆。

覆盖着一片森林的，但是美地亚的其他地方则完全是一片平原。当着闻召而急忙赶来的牧人来到的时候，哈尔帕哥斯就说："阿司杜阿该斯命令你把这个孩子放到山中最荒鄙的地方去好叫他尽快地死掉。他并且嘱我告诉你，如果你不杀死这个孩子，却使他不管怎样保全了性命，那你将会遭到最可怕的死亡。我就是受命来看这个孩子被抛掉的。"

(**111**)牧人听了这话，便抱起了这个孩子，顺着原路回到了自己的小舍。在那里，好像是由于神意，他那眼看便要分娩的妻子正在他到城市去的时候生了一个孩子。牧人和他的妻子都为对方操心，牧人是因为妻子的临盆期近，妻子则不知道哈尔帕哥斯为何突然把自己的丈夫找去，而为这件不常见的事情担惊害怕。因此当他回到自己的妻子这里来时，她看到他出其不意地回来，没等他讲话便先问他为什么哈尔帕哥斯这样匆匆忙忙地把他召去。他说："妻啊，当我来到城里的时候，我看到和听到我决不愿意看到和不愿意发生在我们主人身上的事情。哈尔帕哥斯的家里是一片哭声；我大吃一惊，但是我走进去了。当我进去的时候，我立刻便看到一个全身金饰并穿着锦绣服装的婴儿躺在那里在喘气挣扎着和哭叫着。哈尔帕哥斯看到我，便命令我立刻把这个孩子抱走，要我把这孩子放到山中野兽最多的地方去。而且他告诉我说，是阿司杜阿该斯下令要我这样做的，如果我不按照他的话做，我便有身遭惨祸的危险。于是我便把孩子抱起来带走了，我以为这是家中一个奴仆的孩子，因为我是决不会猜出这孩子到底是谁的。但是在我看到金饰和华美的衣服时我是吃惊的，特别是不明白哈尔帕哥斯家中人们公然哭泣的原因。

然而很快的,在道上我便晓得了一切。他们派一个仆人给我引路出城并把孩子交付给我。这个仆人告诉我说,孩子的母亲是国王的女儿芒达妮,孩子的父亲是刚比西斯,刚比西斯是居鲁士的儿子;下令杀死这个孩子的就是阿司杜阿该斯。你看,这里就是这个孩子。"

(**112**)牧人这样说着,就打开了蒙着这个孩子的布,把它给自己的妻子看。当她看到这孩子是一个多么美丽可爱的孩子的时候,就哭了起来;她抱着丈夫的双膝,恳求他无论如何不要抛掉这个孩子。然而她的丈夫回答她说,他是没有任何别的办法的,因为哈尔帕哥斯会把密探派来打听情况回去报告,而如果他不从命的话,他是会遭到惨死的。既然无法说服她的丈夫,于是妻子又说:"既然我说服不了你,而人们又一定要你把孩子抛弃,那么至少这件事你总可以做到吧。你知道,我刚才生的那个孩子是死产。把它抱走放到山里去,而让我们把阿司杜阿该斯的女儿的孩子像我们自己的孩子那样地抚养起来吧。这样你就不会由于你对自己的主人不忠实而受到惩办,而我们也就不会商量出不利于己的主意来了。这样,我们的死掉的孩子将要得到王子一样的葬礼而活着的孩子又不会失去自己的性命。"

(**113**)牧人以为在当前的情况之下,他的妻子的办法最好不过,于是他立刻照办了。他把他带来打算杀害的那个孩子交给了自己的妻子,而把自己的死婴放到他带另一个孩子来时使用的篮子里,把另一个孩子的衣饰全给他穿戴上,然后把他放到山里最荒鄙的地方去了。在这孩子给放到那里去的第三天,牧人便留下他手下的一个助手在那里看着孩子,自己到城里,直奔哈尔帕哥斯的住所来，说他准备要人们去看孩子的尸体。哈尔帕哥斯派了他最亲信的卫兵去看了这个尸体，而在他们为他检查完毕之后，便把牧人的孩子埋葬了。孩子就这样地被埋葬了，而后来叫做居鲁士的另一个孩子，就受到了牧人的妻子的收留和抚养，但是牧人的妻子却给这个孩子起了别的一个名字。

(114)当这个孩子十岁的时候，这样一个事件却使人们看出他是怎样的一个人来了。事情的经过是这样。有一天他在村中牧人的畜舍的地方和与他年龄差不多的孩子们在街道上一起玩耍。和他一起玩耍的别的孩子们选这个被称为牧人之子的孩子做国王。于是他便开始分别向这些孩子发号施令起来：他叫一些孩子给他修造房屋，叫另一些孩子做他的亲卫队，叫其中的一个孩子担任大概是国王的眼目，又给另一个孩子以传奏官的任务，他们每个人都得到了适当的任务。在和他一起游玩的孩子当中，有一个孩子是美地亚的知名之士阿尔铁姆巴列司的儿子，这个孩子拒绝服从居鲁士的命令。于是居鲁士命令别的孩子把他捉了起来，当他的命令被执行的时候，他就狠狠地鞭打了这个孩子一顿而使他吃了很大的苦头。在阿尔铁姆巴列司的儿子被释放之后，这个孩子对于自己所受的残酷遭遇十分气愤，便立刻到城里他父亲那里去，向他父亲痛诉他在居鲁士手下所受到的待遇。这个孩子当然不说他是居鲁士（因为那时他还没有居鲁士的名字），而是称他为阿司杜阿该斯的牧人的儿子。阿尔铁姆巴列司在盛怒之下，就带着自己的儿子去见国王，控诉他的儿子所受到的粗暴待遇。他指着自己的儿子的肩头说："哦，国王啊，看一个牧人的儿子，你的奴隶的儿子加到我们身上的暴行吧。"

(**115**)阿司杜阿该斯听到和看到这一切之后,便打算为了照顾阿尔铁姆巴列司的身份而为他的孩子报仇,于是他把牧人和他的儿子召了来。当他们父子二人来到他面前的时候,阿司杜阿该斯便望着居鲁士说:"是你这样一个贱人的儿子竟敢对于我们国内最大人物的儿子施行无礼吗?"孩子回答说:"可是,国王,我对他的待遇本是他罪有应得的。我们村里的孩子在玩耍时选我做国王,因为他们认为我是最适当的人。这个孩子自己也是选我做国王的一个人。所有其他的孩子都按照我的吩咐去办事,可是他不听我的话,并且根本不把我放到眼里,因此最后他受到应得的处分。如果为了这个缘故我应受惩罚的话,我是愿意接受惩罚的。"

(**116**)当这个孩子讲话的时候,阿司杜阿该斯好像已经觉出他是何许人了,他看到这孩子的眉目之间有和自己相似之处,而且在回答的时候有一种和奴隶的身份相去甚远的气度;此外,他的年龄又和他抛弃他的外孙居鲁士的时期相合。阿司杜阿该斯因此大吃一惊,一时说不出话来。然而当他好容易清醒过来的时候,为了把阿尔铁姆巴列司打发开以便单独盘问一下这个牧人自己,他就向阿尔铁姆巴列司说:"阿尔铁姆巴列司,我要把这件事处理妥善,决不致叫你和你的儿子再来诉苦的。"阿尔铁姆巴列司退下去了,而侍从便遵照着阿司杜阿该斯的命令把居鲁士引进了内室。阿司杜阿该斯这时只和牧人在一起了,于是他便问牧人他从哪里得到的这个男孩子,是谁把这个孩子给了他的。牧人回答说,这个男孩子是他自己的亲生子,孩子的亲生母还活着并且就在家里。阿司杜阿该斯对他说,如果他想自寻这样天大的麻烦实在是太没有脑筋，同时阿司杜阿该斯向他左右的侍卫示意，要他们把牧人捕了起来。牧人在被带去拷问的时候，便从开头起，把事情的原原本本的经过情况全都讲出来了，最后则是恳请和哀求国王宽宥他。

(**117**)阿司杜阿该斯从牧人这里弄清楚事情的真相之后，对于牧人倒不很介意，但对于哈尔帕哥斯，他却是十分生气的，于是他便派卫兵去把哈尔帕哥斯召来见他。在哈尔帕哥斯到来的时候，他就问哈尔帕哥斯说："哈尔帕哥斯，我交给你的我的女儿的孩子，你到底是怎样把他杀死的呀？"哈尔帕哥斯看见牧人也在室内，便不敢说谎话，恐怕他自己会被别人问倒，露出马脚因之而获罪。于是他说："哦，国王啊，当你把孩子交到我手里来的时候，我立刻就开动脑筋，以便想出办法怎样能不违背你的意旨，怎样能不对你有所冒犯，但是又不被你的女儿和你本人看成是一名凶手。于是我便想出了下面的办法。我把这个牧人召了来，把孩子交给了他，告诉他是国王下令要处死这个孩子的。而在这里我并没有说谎，因为你是这样命令的。此外，在我把孩子交给牧人时，我还嘱咐他把这孩子放到荒鄙的山地去并留在那个孩子的身旁直到那孩子死的时候；而且我怕他做不到这件事，因而用各种惩罚恐吓他。后来，当他按照我所吩咐的一切办理完毕，而孩子也死掉的时候，我便派最亲信的几名宦官去检查孩子的尸体，并把它埋掉了。哦，国王，事情的经过就是这样，孩子就是这样死的。"

(**118**)这样，哈尔帕哥斯便坦白地把全部经过说出来了。阿司杜阿该斯听了后丝毫不显露他心中对哈尔帕哥斯的所作所为所感

到的愤怒，他先是把刚才从牧人那里听到的向哈尔帕哥斯说了一遍，而在他重述之后，最后他说这个男孩子还活着，而一切事情结果也十分顺利。他说："对于这个孩子的处置使我感到很大的痛苦，而我的女儿对我的责怪也使我的心头十分沉重。现在，命运既然有了一个可庆幸的转机，那么回到家去，把你自己的儿子送到新来的孩子这里来并且到这里来和我一同进餐（因为为了孩子之得以保全，我打算向应当得到这种光荣的神奉献牺牲）。"

(119)哈尔帕哥斯听了这话之后便向他拜了拜，然后回到家中；他非常高兴地看到，他的违命对他竟成了一件有利的事情，而且他不单没有受到惩罚，反而应约赴宴来庆祝这一幸运的事件。在他到家之后，他就把他的一个大约十三岁的独生子叫了来，嘱咐他到宫中去，并按照阿司杜阿该斯所吩咐的一切去做。然后，他满心欢喜地到妻子那里去，把经过的一切告诉了她。但阿司杜阿该斯却在哈尔帕哥斯的儿子到来时把他杀死，把他的肢体割成碎块，烤了其中的一些，又煮了一些。等这一切都弄好之后，便把它准备起来待用。在赴宴的时间哈尔帕哥斯来了，其他的客人也都来参加了宴会。在阿司杜阿该斯和其他客人的面前摆的是大量的羊肉，但是在哈尔帕哥斯的桌上所摆的却是他儿子的肉，不过他的儿子的头、手和脚却放在一边的篮子里用东西盖着。当哈尔帕哥斯仿佛已经吃饱了的时候，阿司杜阿该斯便问他是不是中意他吃的菜。哈尔帕哥斯回答说他十分满意。于是那些要把装着他的儿子的头和手脚的盖着的篮子带给他的人便到他面前来，叫他掀开篮子并把他所喜欢的东西取出来。哈尔

帕哥斯依照所吩咐的掀开了篮子，于是他便看到了他的儿子身上所剩下的东西。然而，他看了之后并没有被吓住，也没有失去自制力。在阿司杜阿该斯问他，他方才所吃的是什么兽类的肉的时候，他回答说他知道并且说他对于国王所做的任何事情都是感到满意的。这样回答之后，他便把吃剩下的肉块带回家中去了，我想他是打算把他儿子的全部遗骸收集起来埋葬掉的。

(120)阿司杜阿该斯便用这样的办法惩罚了哈尔帕哥斯。后来，在考虑到如何处理居鲁士的问题时，他便把以前像我所说那样地解释了他的梦的玛哥斯僧召了来，并且问他们如何解释他的梦。回答和先前并没有什么两样，他们说如果这个孩子还活着而那时没死的话，他是一定会成为国王的。阿司杜阿该斯于是对他们说："这个孩子遇了救而且现在还活着，他在乡下的时候，他那村里的孩子们要他做了国王，而他的所作所为就跟真正的国王的所作所为完全一样。他分别任命他的亲卫队，他的哨兵，他的传奏官，他还任命其他的官职而且像国王那样地统治。你们告诉我，你们以为这一切都是什么意思？"玛哥斯僧回答说："如果这个孩子还活着并且没有什么预谋而成了一个国王的话，那么你就应当欢喜而不要为这个孩子担心害怕了。他是不会第二次成为国王的。因为我们知道，在请示神托的时候预言常常表现为不重要的小事情，而梦兆之类的东西是否全部应验其意义就更加微乎其微了。"阿司杜阿该斯说："玛哥斯僧啊，我的意思也正是这样，这孩子既然做了国王，梦就算应验了，而我也就再没有什么怕他的了。不过仍请好好想一想并告诉我怎样做对于我的全家和对于你们才是最安全的。"玛哥斯僧回答说："国王啊，

我们也是非常关心你的王国的巩固的；不然的话，如果王国到了这个孩子的手里，它就是到外国人手里了，因为他是一个波斯人：这样一来，我们美地亚人就要受到奴役，被波斯人当作异族而肆意蔑视。但如果是你，我们的同国人，当国王的时候，则国家的政权也有我们的一份，而且我们可以从你那里得到很大的光荣。因此，我们无论如何也应当为你本身着想，为你的王位着想。现时如果我们看到有什么使你害怕的理由，请放心，我们一定会要你知道的。但是如今这梦既已经毫无害处地应验了，我们便已不再害怕，因此我们也劝你不要再害怕了。至于这个孩子，我们的意见是不要他留在你的面前，而把他送到波斯他的父母那里去。"

(121)阿司杜阿该斯听到这个回答心中很是欢喜，于是便把居鲁士召了来，向他说："我的孩子，由于我做了一个没有什么关系的梦，而对你干下了一件错事。但是由于你自己的幸运，你从我的手下活过来了，现在欢欢喜喜地到波斯去吧，我还要派人护送你去。你到那里的时候，你就会看到你的父母，他们和牧人米特拉达铁斯跟他的妻子是完全不一样的人。"

(122)这样说了之后，阿司杜阿该斯便把他的外孙送走了。当居鲁士回到刚比西斯的家里时，他受到了父母的接待。而等到他们知道居鲁士是谁的时候，便十分亲切地欢迎他，因为他们以为很早以前他便在生下来的时候立刻给杀掉了；于是他们就问他，他的性命是怎样得救的。因此居鲁士就告诉他们说，直到目前为止关于这件事他根本什么都不知道而是受到了很大的蒙混；而在他从美地亚阿司杜阿该斯那里来的路上，他才知道了他的全部不幸遭遇。他说他原来以为他是阿司杜阿该斯的牧人的儿子，但是在他从城里来的路上，护卫他的人把一切经过告诉了他。随后，他又提到牧人的妻子抚养他的事情，在谈话中，他对她是赞不绝口的。而且在他谈话的时候，他总是提到库诺，什么事情也离不开库诺。他的父母听到这个名字，为了想使波斯人相信居鲁士的得救是由于特别的神意，因此便把一个说法传播开去，硬说他在被抛弃之后，曾受到母狼的抚养。

(**123**)以上便是这个传说的根源了。等后来居鲁士长大成人，并且成了同辈当中最勇武和最有声望的人的时候，哈尔帕哥斯想对阿司杜阿该斯报复杀子之仇，便开始向居鲁士致意并送礼。他看到像他这样地位的臣下是不可能希望不借外力之助来向阿司杜阿该斯报仇的。因此当他看到不幸遭遇和自己的遭遇很相似的居鲁士很快地成长为他所需要的复仇者的时候，他便着手设法在这件事上和居鲁士结合起来。对于自己的计划，他竟然已经做了这样的一些工作；他分别和受过阿司杜阿该斯的无礼待遇的美地亚权贵商议并说服他们拥戴居鲁士为他们的领袖和贬黜阿司杜阿该斯。现在在作了发起叛乱的一切准备之后，哈尔帕哥斯便很想把自己的心思告诉给还住在波斯的居鲁士；但是由于美地亚和波斯之间的道路受到监视，他只得想这样一个秘密的送信办法。他是这样做的：他巧妙地把一只兔子的肚子剖开却不拔去它的毛，把一封写上了他的意见的信塞到里面去，再把腹部照旧缝上，然后他便把这只兔子交给对他最忠实的奴隶，把他打扮成带着网的猎人。这个人奉派到波斯去作为给居鲁士去送野兔。哈尔帕哥斯嘱咐这个奴隶亲口告诉居鲁士，要居鲁

士亲手剖开兔腹，不许别的任何人在场观看。

(**124**)一切都按照他的意思办了。居鲁士把兔子剖开之后，便看到了里面的信。信里面的话是这样："刚比西斯的儿子，诸神对你是非常嘉护的，否则的话，你就不会遇到你的那些幸运的事情了，现在是你自己可以对屠杀你的凶手阿司杜阿该斯进行报复的时候了。要知道，如果依照他的意思你早已经死了。由于诸神以及由于我的缘故，所以你到今天还活在世上。我想你早就会知道他对你干下了什么事情，也早就会知道由于我没有把你弄死，把你交给牧人而我自己在阿司杜阿该斯手中所遭到的惨祸。如果你听我的话，按照我的话去做，现在阿司杜阿该斯统治下的全部帝国就会变成你的。说服波斯人起来叛变，并率领着他们的大军来讨伐美地亚人吧。不拘阿司杜阿该斯是任命我率领他的军队和你对抗，还是任命美地亚的其他知名之士，都是会使你完全称心的。因为他们一出马就会叛离阿司杜阿该斯并投到你的一方面来，从而试图把他的统治推翻。既然我们这方面一切都已准备好了，望你依照我的劝说毫不踌躇地也动起来吧。"

(**125**)居鲁士接到在这封信里传来的消息之后，便着手考虑如何能用最好的办法说服波斯人起来造反。在他反复思考以后，认为下面的做法是最妥当的。于是他便这样做了。他把他认为应当做的事情写在一卷纸上面，然后把波斯人召集起来开了一个会，在会上他把纸卷打开诵读，说阿司杜阿该斯任命他为波斯人的将军。于是他说："既然如此，波斯人啊，我命令你们每人都去把自己的镰刀带来。"居鲁士便这样地发布了命令，至于波斯人，则他们是由许多部落结合而成的。居鲁士召集来并说服使之叛离美地亚人的那些人，是所有其他波斯人所依附的一些部落。他们是帕撒尔伽达伊人、玛拉普伊欧伊人、玛斯庇欧伊人。在他们当中玛斯庇欧伊人最尊贵。阿凯美尼达伊族就是它的一个氏族，而波斯的国王便都是从这个阿凯美尼达伊族出身的。其他的波斯部落则有：潘提亚莱欧伊人、戴鲁希埃欧伊人、盖尔玛尼欧伊人，他们都是务农的。达欧伊人、玛尔多伊人、多罗庇科伊人和撒伽尔提欧伊人则是游牧者。

(126)当全体波斯人遵照着他们所受到的命令，拿着镰刀集合起来的时候，居鲁士(便率领他们到波斯的一块大约十八到二十斯塔迪昂见方的、长满了荆棘的土地上去)，命令他们在一日之内把这块地方开垦出来。他们完成了指定给他们的这个任务，随后他便向他们发出了第二道命令，要他们第二天在沐浴之后再到他那里去；这时居鲁士便集合了他父亲所有的全部绵羊、山羊，全部的牛，屠宰了它们，准备犒劳波斯全军。同时还准备了酒和最珍美的食品。第二天，波斯人来到了，他就要他们坐在草地上尽情饮宴。在大家吃完之后，他就问他们，他们最喜欢的是什么，是今天这样的情况还是昨天的事情。他们回答说二者的差别实在是大极了。昨天带给他们的一切都是痛苦，但今天带给他们的一切又都是快乐。居鲁士立刻捉住了他们的回答而用下面的话坦白地讲出了自己的心事：“各位波斯人啊，你们各位当前的情况就是这样。如果你们愿意听我的话，那你们就可以享受这样的一些以及无数其他的幸福，且丝毫不会遭受那些奴役之苦，但如果你们不肯听我的话，那你们就要受到无数像昨天那

样的苦役。因此，听我的吩咐而取得自由吧。至于我个人，则我觉得我是因神意而生来干这件事情的，而你们，我相信，在任何方面，当然也在军事方面，都是丝毫不比美地亚人差的。因此你们应当毫不犹豫地起来反抗阿司杜阿该斯。”

(**127**)波斯人早已经就不满意美地亚人的统治了，这时既然有了一个领袖，他们当然是乐于摆脱这个桎梏的。这时阿司杜阿该斯听到了居鲁士的所作所为，便派了一名使者召他到自己的地方来。居鲁士要使者告诉阿司杜阿该斯说，他将要比阿司杜阿该斯所希望的时候更早地到那里去。阿司杜阿该斯接到这个消息之后，即刻把他治下的全体美地亚人给武装起来，并且好像是迷了心窍一样，他竟忘记了他多么残酷地惩罚过哈尔帕哥斯，而任命哈尔帕哥斯担任统帅。因此当美地亚人和波斯人两军相会和交锋之时，只有一部分不曾参与机密的美地亚人作战了；其他的那些人则公开地投到波斯人一方面去；而大部分的人则故作害怕的样子临阵脱逃了。

(**128**)阿司杜阿该斯一听到美地亚的军队可耻地被驱散和逃跑之后，立刻就威吓居鲁士说：“尽管如此，居鲁士也决不会就这样安然无事的”；紧接着他便逮捕了劝说他把居鲁士放跑的、占梦的玛哥斯僧并把他们刺杀了。在这之后，他便把留在城内的一切美地亚人不分老少一律武装起来。他率领他们和波斯人交战，但结果他被打败，他率领出战的军队被歼灭，他本人也被敌人俘虏了。

(**129**)哈尔帕哥斯看到阿司杜阿该斯被俘，便来到他的面前，非常神气地把他奚落嘲弄一番。在其他辛辣的嘲笑词句中间，他特别提到他被款待以自己的儿子的肉的那次宴会并且问阿司杜阿该斯，在做了国王之后再做奴隶时心里是什么滋味。阿司杜阿该斯凝视着他，反问他为什么把居鲁士的这次成功看成是他自己的。哈尔帕哥斯说正是由于他送了这封密函，因此这件事当然便是他的事业了。于是阿司杜阿该斯说，这样哈尔帕哥斯便成了世界上最愚蠢和不义的人；他所以是最愚蠢的人，是因为他把本来是自己的王位给了别人，如果这件事是他自己的事业的话；他所以是最不义的人，是因为由于那次的宴会而奴役了美地亚人。原来假如他必须把王权给予另一个人而不是留在自己手里的话，那么正义也要求一个美地亚人，而不是一个波斯人来取得这种荣誉。然而现在，对你并未做任何亏心事的美地亚人却被你变为奴隶而并未成为主人，但原来是奴隶的波斯人现在却成了美地亚人的主人。

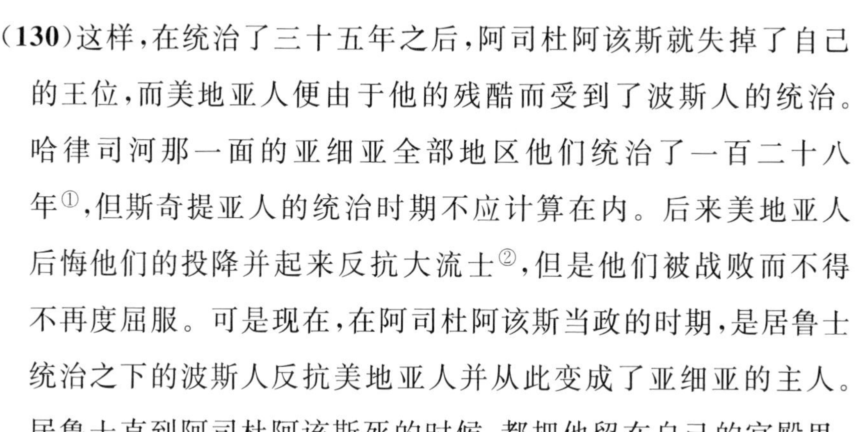

(130)这样，在统治了三十五年之后，阿司杜阿该斯就失掉了自己的王位，而美地亚人便由于他的残酷而受到了波斯人的统治。哈律司河那一面的亚细亚全部地区他们统治了一百二十八年[①]，但斯奇提亚人的统治时期不应计算在内。后来美地亚人后悔他们的投降并起来反抗大流士[②]，但是他们被战败而不得不再度屈服。可是现在，在阿司杜阿该斯当政的时期，是居鲁士统治之下的波斯人反抗美地亚人并从此变成了亚细亚的主人。居鲁士直到阿司杜阿该斯死的时候，都把他留在自己的宫殿里，

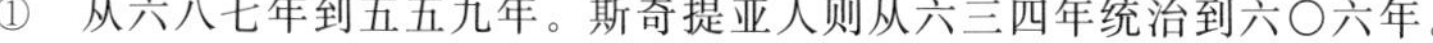

① 从六八七年到五五九年。斯奇提亚人则从六三四年统治到六〇六年。

② 这是五二〇年的事情。

再没有对他有什么伤害。居鲁士诞生和成长的情况以及他如何成为国王的经过便是如此。后来，他又打垮了无端向他发动进攻的克洛伊索斯，这件事我已经在本书前面说过了。把克洛伊索斯打垮以后，居鲁士就成了整个亚细亚的主人。

(131) 波斯人所遵守的风俗习惯，我所知道的是这样。他们不供养神像，不修建神殿，不设立祭坛，他们认为搞这些名堂的人是愚蠢的。我想这是由于他们和希腊人不同，他们不相信神和人是一样的。然而他们的习惯是到最高的山峰上去，在那里向宙斯奉献牺牲，因为他们是把整个穹苍称为宙斯的。他们同样地向太阳和月亮，向大地、向火、向水、向风奉献牺牲。这是他们从古来就向之奉献牺牲的仅有的一些神。后来他们又崇拜乌拉尼阿·阿普洛狄铁，这是他们从阿拉伯人和亚述人那里学来的。亚述人称这个女神为米利塔，阿拉伯人称之为阿利拉特，而波斯人则称之为米特拉。

(132) 波斯人是用下列的方式向以上所说的那些神奉献牺牲的：在奉献牺牲的时候，他们不设祭坛，不点火，不灌奠，不吹笛，不用花彩，不供麦饼。奉献牺牲的人把他的牲畜牵到一个洁净的场所，就在那里呼叫他要向之奉献牺牲的那个神的名字。习惯上这个人要在头巾上戴一个大概是桃金娘的花环。奉献牺牲的人不允许只给自己祈求福祉，他要为国王，为全体波斯人的幸福祷告，因为他自己必然就在全体波斯人当中了。随后他把牺牲切成碎块，而在把它们煮熟之后便把它们全部放到他能够找到的最新鲜柔软的草上面，特别是车轴草。这一切办理停妥之后，便有一个玛哥斯僧前来歌唱一首赞美诗，这首赞美诗据波斯人说，是详述诸神的源流的。除非有一个玛哥斯僧在场，任何奉献牺牲的行为都是不合法的。过了一会儿之后，奉献者就可以把牺牲的肉带走，随他怎样处理都可以了。

(**133**)在一年的各天当中，他们最着重庆祝的是每个人的生日。他们认为在这一天吃的饭应当比其他的日子更要丰盛些。比较有钱的波斯人要在炉灶里烧烤整个的牛、马、骆驼或驴作为食品，较穷的人们则用较小的牲畜来替代。他们的正菜不多，却在正菜之后有许多点心之类的东西，而且这类点心又不是一次上来的。这就使得波斯人说，希腊人在吃完饭的时候仍然是饿着的，因为在正菜之后并没有很多点心上来，但如果把什么点心之类的东西给他们的时候，他们又会吃起来没有个完。他们非常喜欢酒并且有很大的酒量。他们不许当着别人呕吐或是小便。在这些事上他们的习惯便是如此。

此外，他们通常都是在饮酒正酣的时候才谈论最重大的事件的。而在第二天当他们酒醒的时候，他们聚议所在的那家的主人便把前夜所作的决定在他们面前提出来；如果这个决定仍得到同意，他们就采用这个决定；如果不同意，就把这个决定放到一旁。但他们在清醒的时候谈的事情，却总是在酒酣时才重新加以考虑的。

(**134**)如果他们在街上相遇的话，从下面的标志人们可以知道相遇的两个人的身份是相等的。即如果是身份相等的人，则他们并不讲话，而是互相吻对方的嘴唇。如果其中的一人比另一人身份稍低，则是吻面颊；如果二人的身份相差很大，则一方就要俯拜在另一方的面前。他们最尊重离他们最近的民族，认为这个民族仅次于他们自己，离得稍远的则尊重的程度也就差些，依此类推；离得越远，尊重的程度也就越差。这种看法的理由是，他们认为他们自己在一切方面比所有其他的人都要优越得多，认为其他的人住得离他们越近，也就越发优越。因此住得离他们最远的，也就一定是人类中最差的了。在美地亚人的统治时期，在各民族当中一个民族便这样地统治另一个民族，美地亚人则君临一切民族；他们统治他们边界上的民族，这些民族又统治和他们相邻的人们，而这些人们再统治与他们接壤的民族。美地亚人这个民族既然用这种循序渐进的统治和管理办法，那波斯人也便用同样的办法评价其他民族了①。

(**135**)像波斯人这样喜欢采纳外国风俗的人是没有的。他们穿美地亚人的衣服，因为他们认为这种衣服比他们自己的衣服要漂亮；而在战时他们所穿的又是埃及的铠甲。他们只要知道有任何奢华享乐的事情，他们立刻把它们拿过来变成自己的东西。在其他各种各样的新鲜玩意儿当中，他们从希腊人那里学来了鸡奸。他们每个人不单单有好几个妻子，而且有更多数目的侍妾。

(**136**)子嗣繁多，在他们眼中看来乃是男性的仅次于勇武的一项最大美德。每年国王都把礼物送给子嗣最多的那个人。因为他们认为人数就是力量。他们的儿子在五岁到二十岁之间受到教育，他们教给他们的儿子的只有三件事情：骑马、射箭和说老实

① 这大概是说，从属的民族住得越远，他们便越不直接受美地亚人的统治，波斯人则认为离帝国越远的臣民越没有价值；二者所根据的原则是一样的。

话。孩子在五岁之前不能见到自己的父亲，而是要和母亲生活在一起。这样做的原因是由于一旦这孩子不能养大，父亲不致受到亡子的痛苦。

(**137**)在我看来，这确乎是一项贤明的规定。而下面的一种规定也是值得推荐的，即国王不能由于某人只犯了一个错误而把他处死，而任何一个波斯人也不能用无法治疗的伤害来惩罚自己仆人的仅有的罪过。但如果在计算一下之后而看到犯罪者的过错多于和大于他所做的好事情的时候，则主人是可以惩罚他以泄愤的。波斯人认为还没有人曾经杀死过自己的父亲或是母亲。而如果有这样的事情发生的话，他们就确信：一旦把这件事情弄清楚，就会发现干了这样的事情的孩子不是假儿子就是私生子。因为他们认为，儿子杀死自己的亲生父母，那是无法置信的事情。

(**138**)而且，凡是他们认为不能做的事情，他们是绝对不许讲的。他们认为说谎是世界上最不光彩的事情，其次就是负债了；他们对负债之所以抱着这种看法，有其他多种的理由，特别是因为负债的人不得不说些谎话。如果市民得了癞病或者白癞病[①]，他就不许进城，也不许和其他的波斯人打交道。他们认为他所以得癞病，是因为他一定有了冒犯太阳的罪行。外邦人若有得了这样的病的，在许多地方必须被迫离开当地：甚至白鸽子得了同样的病也要被逐出境。他们对河是非常尊重的：他们决不向河

① 根据亚里士多德的说法，白癞病和一般癞病没有什么大的区别，就是症状轻一些。

里小便、吐唾沫或是在河里洗手,也不容许任何别的人这样做。

(139)此外,还有一件事常常发生在波斯人中间,这件事波斯人自己虽不曾注意到,然而我却观察到了。他们的名字凡是和他们的仪表与高贵的身份相符合的,其末尾的那个字母都是一样的,这个字母多里斯人称为桑(σὰν),而伊奥尼亚人则称为西格玛(σίγμα)。任何人只要注意一下,就可以发现波斯人的名字,不管是哪一个都毫无例外地是有着同样语尾的。

(140)关于波斯人,从我个人的知识而能够完全确实断言的就是这些。还有一些关于死者的风俗则是人们秘密地,而不是公开地谈论的。据说波斯人的尸体是只有在被狗或是禽类撕裂之后才埋葬的。玛哥斯僧有这种风俗那是毫无疑问的,因为他们是公然实行这种风俗的。但我还可以确定,波斯人是在尸体全身涂蜡之后才埋到地里面的。玛哥斯僧是非常特别的一种人,他们在许多方面和埃及的祭司,当然也和其他任何人完全不同。除去当作牺牲的畜类之外,埃及祭司不杀任何动物,这乃是他们的教规,否则即是亵渎神明;但相反地,玛哥斯僧却亲手杀害除人和狗以外的任何生物。他们不管是蚂蚁,是蛇,不管是爬虫类,还是有翅的东西一律加以杀害,甚至在这件事上引以自豪。但既然这种风俗在他们那里一向如此,因此我说到这里也就够了。现在我再翻回来把我以前说的事情接下去。

(141)在波斯人征服了吕底亚人之后,伊奥尼亚和爱奥里斯的希腊人立刻派遣使节到撒尔迪斯的居鲁士那里去,请求他以与克洛伊索斯相同的条件接受他们为自己的臣民。居鲁士倾听了他们的建议,并且给他们讲了一个寓言作为回答。他说,有一次一个吹笛的人在海边看到了鱼，于是他便对它们吹起笛子来，以为这样它们就会到岸上他的地方来。但是当他最后发现自己的希望落空的时候，他便撒下了一个网，而在合网之后打上了一大批鱼来；他看到鱼在网里跳得很欢，就说："我向你们吹笛子的时候，你们既然不出来跳，现在你们也就最好不要再跳了。"居鲁士所以这样答复伊奥尼亚人和爱奥里斯人，是因为当他派使者到他们那里去敦促他们背叛克洛伊索斯的时候，他们拒绝了；但现在，当他已经大功告成的时候，他们却又来表示归顺之意。他在回答他们的时候是很生气的。伊奥尼亚人听到这番话之后，就各自着手防御自己的城壁，并在帕尼欧尼翁集会[①]，而除了米利都人之外所有的人都参加了这次的集会，因为米利都人和居鲁士缔结了一项单独条约，条件和他们对吕底亚人的完全相同。其他的伊奥尼亚人则一致决定派遣使节到斯巴达去请求援助。

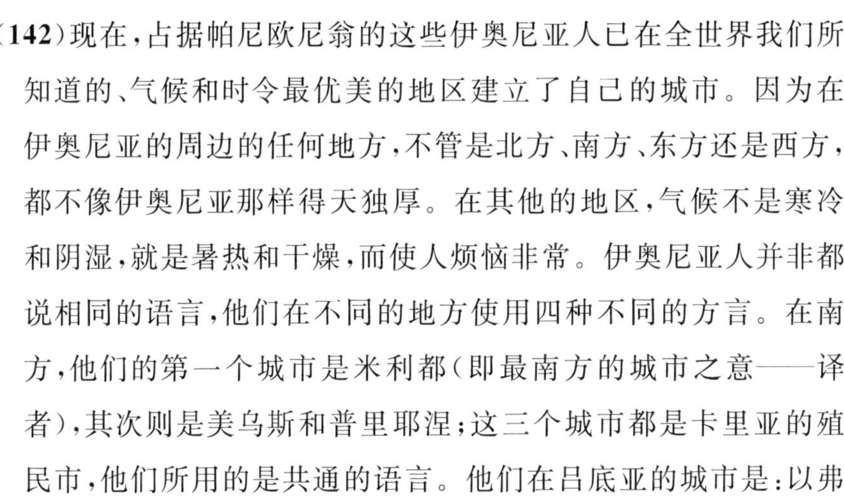

(142)现在，占据帕尼欧尼翁的这些伊奥尼亚人已在全世界我们所知道的、气候和时令最优美的地区建立了自己的城市。因为在伊奥尼亚的周边的任何地方，不管是北方、南方、东方还是西方，都不像伊奥尼亚那样得天独厚。在其他的地区，气候不是寒冷和阴湿，就是暑热和干燥，而使人烦恼非常。伊奥尼亚人并非都说相同的语言，他们在不同的地方使用四种不同的方言。在南方，他们的第一个城市是米利都（即最南方的城市之意——译者），其次则是美乌斯和普里耶涅；这三个城市都是卡里亚的殖民市，他们所用的是共通的语言。他们在吕底亚的城市是：以弗

① 参见第一四八节。

所、科洛彭、列别多斯、提奥斯、克拉佐美纳伊、波凯亚等。这些城市的居民在语言上和上述的三个城市是完全不同的,在他们之间使用着一种共同的方言。此外还有三个伊奥尼亚的城市,其中的两个是在岛上,即萨摩司和岐奥斯;一个是在大陆上即埃律特莱亚。岐奥斯人和埃律特莱亚人所讲的话是相似的,然而萨摩司人所讲的却是自己所特有的话而和别人的不同。这样看来,我所提到的方言便有四种之多了。

(**143**)因此在这些伊奥尼亚人当中,有一个民族即米利都人是没有受攻的危险的,因为他们已经和居鲁士缔结了协定。岛上的居民也完全没有可以顾虑的事情;这是由于腓尼基人还没有臣服于波斯,而波斯人本身又不是一个海上的民族。亚细亚的伊奥尼亚人之和其余的伊奥尼亚人分离开来只能有一个原因,那就是,当时整个希腊族是十分弱小的,而伊奥尼亚人在所有他们希腊人当中,又是相去悬殊地最弱,最不受重视的。他们除去雅典之外,没有一座比较像样的城市。因之雅典人和其他地方的伊奥尼亚人都不喜欢被人称为伊奥尼亚人,而是回避这个名称,不,甚至现在,他们的大部分人在我看来还是耻于用这个名称的。但是,上面所提到的亚细亚的十二个城市却给这个名称增添了光彩,他们给自己建造了一座圣堂,称之为帕尼欧尼翁,他们还规定不许任何其他地方的伊奥尼亚人利用这座圣堂(但实际上,除去士麦拿人之外,也没有人要求进入这个圣堂)。

(**144**)同样,现在被称为"五城",但以前被称为"六城"的地区的多里斯人也不许与他们相邻的多里斯人进入他们的特里欧庇昂圣堂,他们甚至不许他们内部在圣堂的规章方面有所违犯的人进

入圣堂。在古昔为特里欧庇昂·阿波罗举行的运动会中，他们给予优胜者的奖品是青铜的三脚架；但是他们规定这些三脚架不能拿出圣堂之外，而当时就要把它们在那里奉献给神。但是，哈利卡尔那索斯地方一个叫做阿伽西克列斯的男子在比赛获胜时却公然不把这个规定放在眼里，他把三脚架带回了自己的家，挂在墙壁上面。为了惩罚这个过错，其他的五个城市林多斯、雅律索斯、卡米洛斯、科斯和克尼多斯剥夺了第六个城市哈利卡尔那索斯进入圣堂的权利。这便是他们对哈利卡尔那索斯的惩罚。

(145)伊奥尼亚人在亚细亚只建立了十二座城市并拒绝再扩大这个数目，这原因在我看来是当他们居住在伯罗奔尼撒的时候，他们是分成十二部分的，正如同把伊奥尼亚人逐出的阿凯亚人今天的情况一样。在阿凯亚的城市当中，如果从希巨昂算起的话，第一是佩列涅，其次是埃伊盖拉和在流着无尽的水并且使意大利的克拉提斯河因而得名的克拉提斯河河上的埃伊伽埃，以次是布拉、伊奥尼亚人被阿凯亚人战败时逃避所在的赫利凯，再次是埃吉翁、律佩斯、帕特列斯、帕列埃斯、临着巨大的佩洛斯河的欧列诺斯、杜美和特里泰埃斯。最后的这个城市是仅有的一个内地城市。

(146)这便是以前伊奥尼亚的，而现在阿凯亚的十二部分。正是由于他们是从这样区分的国土来的而不是有什么别的原因，所以伊奥尼亚人在到达亚细亚之后，便在他们中间也建设了十二个城市。如果认为这些人是比其他伊奥尼亚人更纯正的伊奥尼亚人，或是认为他们不管在任何方面比其他伊奥尼亚人有着更高贵的血统，那就太愚蠢了，因为实际上他们的一个不小的部分是埃乌波亚出身的阿邦铁斯人，这些人甚至在名字上和伊奥尼亚人都是风马牛不相及的；此外和他们混血的有欧尔科美尼奥伊的米尼埃伊人、卡德谟司人、德律欧普司人、从本国分裂出来的波奇司人、莫洛西亚人、阿尔卡地亚的佩拉司吉人、埃庇道洛斯的多里斯人以及其他许多别的部落。甚至在他们中间，那些从雅典的普利塔内翁（市会堂——译者）来并自认是最纯正的伊奥尼亚人的人们，也不把妻子带到新的地方而是娶父亲被他们处死的卡里亚的妇女。因此之故，这些女子发誓遵守一条规定，并且把这条规定传给自己的女儿，即她们决不和自己的丈夫一同吃饭，也不称呼他们的名字，因为这些人是屠杀了她们的父亲、丈夫和儿子之后强行娶了她们的。这样的事件发生在米利都。

（**147**）他们之中有一些人选身为希波洛科斯的儿子格劳柯斯的子孙的吕奇亚人做国王，有一些人选身为美兰托斯的儿子科德洛斯的后裔的、披洛斯的考寇涅斯人做国王，又有一些人选这两方的人做国王。然而由于这些伊奥尼亚人比其他任何伊奥尼亚人都重视自己的名字，因此我们不妨说，他们是血统纯正的伊奥尼亚人。虽然，老实讲，所有的伊奥尼亚人都是起源于雅典的，都是举行阿帕图利亚祭的①。这是全体伊奥尼亚人都庆祝的一个祭日，只有以弗所人和科洛彭人是例外，据他们说，是因为这些

① 在雅典和大多数伊奥尼亚的城市中每一胞族（φρᾱτρία）的成员们，在十月末和十一月初这个时期里举行的祭典，每次继续三天。在最后一天里，正式接受成年的青年为胞族的成员。

人犯了某种杀人罪的缘故。

(**148**)帕尼欧尼翁是北向的一个米卡列的圣地,这块地方是伊奥尼亚人共同选定来呈献给赫利凯的波赛东的。米卡列是大陆的一个地岬,它向西方伸到萨摩司方面,各城邦的伊奥尼亚人通常都在那里集合,举行称为帕尼欧尼亚的祝祭。不单是在伊奥尼亚人中间,就是在全体希腊人中间,祭日的名称,和波斯人的名字一样,都是以同一字母为结尾的①。

(**149**)上面所说的是伊奥尼亚人的城邦。爱奥里斯的城邦则有下列这些:也称为普里科尼斯的库麦、雷里撒伊、涅翁・提科斯、铁姆诺斯、启拉、诺提昂、埃吉洛埃撒、庇塔涅、埃伊盖伊埃、米利纳和古里涅阿。这是爱奥里斯人的十一座古老的城市。其实他们在大陆上本来是有十二座城市的。然而伊奥尼亚人却使他们失掉了其中的士麦拿这样一座城市。爱奥里斯的土壤比伊奥尼亚的土壤肥沃,然而气候却不像伊奥尼亚那样好。

(**150**)爱奥里斯人失掉士麦拿的经过是这样。在科洛彭有一些人在内部斗争中失败并被从自己的城市给放逐出来了,但是士麦拿却收容了这样的一些人。科洛彭的这些亡命者伺机发动变乱,而在不久之后士麦拿的人们到城外去庆祝狄奥尼索斯祭的时候,便关上了城门,因而取得了这个城市。别的城邦的全部爱奥里斯人都来帮他们的忙,结果双方取得了协议,伊奥尼亚人同意送回一切的财物而爱奥里斯人则放弃了士麦拿这个地方。被逐出的士麦拿人则给分配到爱奥里斯人的其他十一个城邦中

① 这句话可能是后人的注掺入正文的。

去，他们在各城邦中都取得了公民权。

(**151**)因此，这就是大陆上的全部爱奥里斯城邦，例外的只有在伊达山中的人们，他们是和这些人分开的。至于在岛屿上的城邦，则在列斯波司岛上有五个城邦(列斯波司岛上的第六个城邦是阿里斯巴，但是这个城邦被与他们同血统的美图姆那人所占领而该城的居民也就被变成了奴隶)。提涅多斯岛上有一个城邦，另外还有一个城邦是在“百岛”群岛[①]上面。列斯波司和提涅多斯的爱奥里斯人和伊奥尼亚的岛上居民一样，这时并没有任何可以害怕的东西。而其他的爱奥里斯人则在他们集会商讨的时候，却总是盲从伊奥尼亚人的任何意图的。

(**152**)在伊奥尼亚人和爱奥里斯人的使者到达斯巴达的时候(他们是不分昼夜兼程赶路的)，他们便推选了一个叫做佩铁尔谟斯的波奇司人作为他们的发言人。为了使尽可能多的斯巴达人聚拢来听他讲话，他穿上了一件紫色的外袍，然后就站起来对他们发表了一篇长长的演说，向他们要求对己方的援助。但是拉凯戴孟人并不听他们的话，他们竟决定不给伊奥尼亚人以任何援助。因此使者们只好回去，可是拉凯戴孟人这一方面，他们虽然回绝了伊奥尼亚人派来的使者，却派出了一艘五十桡船；他们所以这样做，我认为是想看一看居鲁士和伊奥尼亚的动静。这些人在到达波凯亚之后，便把他们中间最有名望的一个叫做拉克利涅斯的人派到撒尔迪斯去代表拉凯戴孟人告诉居鲁士说，不要触动任何希腊的城邦，否则他们是决不会袖手旁观的。

① 这是在列斯波司岛和大陆之间的一群小岛。

(**153**)在听到使者的这番话的时候，据说居鲁士曾打听在他身旁的那些希腊人，对他发出这样的通知的拉凯戴孟人是怎样的人，他们的人数又有多少。当他听完了回答之后，他便向斯巴达的使者说：“我从来没有害怕过这样的一些人：他们在城市的中央设置一块地方，大家集合到这块地方来互相发誓，却又互相欺骗。如果我好好地活着而不死掉的话，那么我相信这些人将会谈论他们自己的灾难，而不必再多管伊奥尼亚人的事情了。”居鲁士讲这番话的目的，是要给全体希腊人看一看他的颜色，因为他们自己有用来进行买卖的市集，但波斯人却没有这样的习惯，波斯人从来不在公开的市场上进行买卖，而全国实际上也没有一个市场。在这次会见之后不久，居鲁士就离开了撒尔迪斯，把这个城市委托给一个名叫塔巴罗斯的波斯人，又任命一个当地的吕底亚人帕克杜耶斯来保管属于克洛伊索斯和其他吕底亚人的黄金财富，而他自己则带着克洛伊索斯到阿格巴塔拿去，起初并没有把伊奥尼亚人放到自己的眼里。原来，他近旁有巴比伦阻碍着他，巴克妥利亚人、撒卡依人和埃及人对他来说也是这样。因此他打算亲自去征讨这些民族，而把征服伊奥尼亚人的事情委托给他的一个将军去做了。

(**154**)居鲁士刚刚离开撒尔迪斯，帕克杜耶斯立刻便鼓动吕底亚人公然起来叛变他和他的代表塔巴罗斯。他既然取得了撒尔迪斯的全部黄金财富，于是他便到海岸地带去，用这巨量的财富雇佣了军队并说服海边的居民参加他的军队。随后他便向撒尔迪斯进军，围攻塔巴罗斯并把他困在卫城里。

(**155**)居鲁士在到阿格巴塔拿去的途中听到了这个消息，于是他对克洛伊索斯说:"克洛伊索斯,我应当如何处理这件事情呢?好像这些吕底亚人根本不想停止给他们自己以及给我惹麻烦。我以为最好是把他们都变卖为奴隶。我想目前我的做法就仿佛是一个人杀死了父亲却又留了孩子们的活命。完全同样的,你在吕底亚人看来是比父亲更重要的人物,但是我捉住了你并把你带在身边,却又把吕底亚人的城市委托给他们自己。因此对于他们之竟然谋叛,我着实感到十分惊讶!"居鲁士向克洛伊索斯说出了自己心中的话,但是克洛伊索斯深恐居鲁士会把撒尔迪斯城变为一片废墟,因而回答说:"哦,国王啊,你的话是很有道理的。但是我恳求你,不要使你的怒气一发而不可收拾,也不要想摧毁对过去和现在都是无辜的古城吧。过去的事件我是罪魁,故而现在我本人理应担起这赎罪的惩罚。另一次的罪魁是你曾委托以撒尔迪斯的帕克杜耶斯,因此还是让他个人承当这次的惩罚吧。让吕底亚人得到宽恕吧。为了保证他们永远不会再叛变你或是威胁到你的安全,我看可以派人去这样命令他们,不许他们保存任何武器,要他们在外衣下面穿紧身衣,下身要穿半长筒靴子并且要他们教他们的孩子弹奏七弦琴和竖琴以及经营小买卖。这样,哦,国王啊,不久你就会看到他们不再是男子而成了女子,那时你再也不必害怕他们会叛变你了。"

(**156**)克洛伊索斯认为甚至这样对于吕底亚人来说,也比被卖为奴隶要好,因此他对居鲁士作了如上的忠告。因为他知道,除非他提出有理由而值得充分考虑的建议来,他是不能说服居鲁士使他改变主意的。而且他还害怕,即使吕底亚人免了当前的危险,他们将来难保不再起来反抗波斯人从而给自己带来灭身之祸。

居鲁士听了这个意见之后心中甚是欢喜，于是他缓和了气愤情绪并表示愿意按照克洛伊索斯所说的办法去做。因此，他便把一个叫做玛札列斯的美地亚人召了来，要这个美地亚人根据克洛伊索斯所谈的那些条件向吕底亚人颁布命令；随后又命令他把随同吕底亚人一道攻打撒尔迪斯的其他人等都卖为奴隶，特别是命令他不管用什么办法必须在返回时把帕克杜耶斯活着带到自己的面前来。

(157)在途中发布了这些命令以后，居鲁士就向着波斯的领土进军了。帕克杜耶斯听到征讨自己的军队业已开近的消息之后，便吓得逃到库麦去了。因此，美地亚人玛札列斯率领着居鲁士的一部分军队到达撒尔迪斯，而发现帕克杜耶斯和他的军队已经逃走时，他首先就迫使吕底亚人实行他的主人居鲁士的命令；这样，由于他的命令，从那时起他们也便改变了他们的全部生活方式。随后，他就把使者派到库麦去，要求库麦当局把帕克杜耶斯引渡过来。于是库麦人便决定派人到布朗奇达伊去请示神的意见。布朗奇达伊是在米利都的领域之内，在帕诺尔摩斯港的上方。那里有一个自古老的时期修建起来的神托所，而伊奥尼亚人和爱奥尼亚人都是经常到那里去请示神托的。

(158)故而库麦人便把他们的使者派到布朗奇达伊这里来请示神意，来问一下在帕克杜耶斯这件事上应当如何处理才最得神的欢心。神托回答他们，要他们一定把他交到波斯人的手里去。使者带着这个回答回来之后，库麦的人民因此也就准备把他引渡出去了；然而正当他们的多数人准备这样做的时候，海拉克利戴斯的儿子阿里司托狄科斯，一个在市民中间声誉很高的人物，却出来阻碍库麦人这样做。他说他不相信这个回答,并且认为请示神托的使者的报告是不正确的。直到最后,一个有阿里司托狄科斯本人参加的使团再一次被派出去,向神请示有关帕克杜耶斯的事情。

(**159**)在他们到达布朗奇达伊的时候,由阿里司托狄科斯代表全体使团向神托问话,他说:"哦,神啊,吕底亚人帕克杜耶斯由于有横死在波斯人手中的危险而逃避到我们这里来,可是他们却要求我们把他引渡过去,而命令库麦人把他交出来。然而我们尽管很害怕波斯人的权势,在我们还不能确实知道你的意思是要我们如何做的时候,我们是不敢引渡请求我们保护的这个人的。"阿里司托狄科斯这样问了,但是受到请示的神托给了和先前一样的回答。神托命令他们把帕克杜耶斯引渡给波斯人。于是阿里司托狄科斯便故意按照他早已打算好的做法行事;他绕行圣堂一周,把那里的麻雀和栖息在圣堂四周的所有其他鸟类的巢全都拿走。当他正在这样做的时候,据说从内堂发出了呼叫声,而对阿里司托狄科斯这样说:"你这最不敬神的人啊,你怎么竟敢这样做?你要把我所保护的鸟类从圣堂劫走么?"阿里司托狄科斯立刻应声回答说:"哦,神啊,你这样挽救你自己所保护的东西,却命令库麦人放弃他们的被保护人么?"于是神又回答说:"是的,我是这样吩咐他们的,而由于你的不敬,你很快地便会死去,再也不会到我这里来请示关于引渡被保护人的神托了。"

(**160**)接到了这个回答以后,库麦人既不愿意为了引渡他而使自己有遭到毁灭的危险,又害怕因继续收留他而受到围攻,于是便把

帕克杜耶斯送到米提列奈去。玛札列斯知道这件事之后，又派人到米提列奈那里去向他们要求引渡帕克杜耶斯，米提列奈人准备把他交出来，但是要求一些报酬。我不能确实说出这笔报酬的数目有多少，因为这笔交易结果并未实现。而当库麦人听到米提列奈人要怎样做的时候，便派一只船到列斯波司去，把帕克杜耶斯载运到岐奥斯去。帕克杜耶斯便是从那里被交出去的。岐奥斯人把他从雅典娜・波里乌科司（护城的雅典娜——译者）的神殿中拖了出来，将他交付给波斯人了。引渡的代价是得到了阿塔尔涅乌斯这块地方，这块地方是属于美西亚的，和列司波斯相对峙。这样帕克杜耶斯便落到追索他的人们的手里，他们把他监视起来，以便把他带到居鲁士那里去。在这之后很长的一段时期中间，没有任何一个岐奥斯人用阿塔尔涅乌斯出产的大麦粉奉献给任何神，也不用生产在那里的作物制造上供的糕饼，而当地生产的一切都不用来当作供物的。

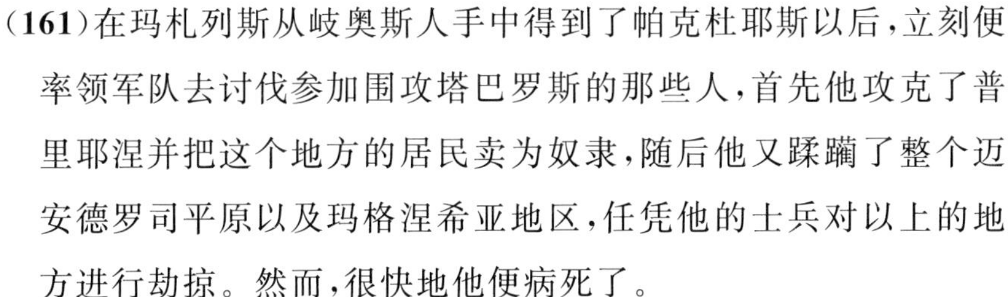

(161)在玛札列斯从岐奥斯人手中得到了帕克杜耶斯以后，立刻便率领军队去讨伐参加围攻塔巴罗斯的那些人，首先他攻克了普里耶涅并把这个地方的居民卖为奴隶，随后他又蹂躏了整个迈安德罗司平原以及玛格涅希亚地区，任凭他的士兵对以上的地方进行劫掠。然而，很快地他便病死了。

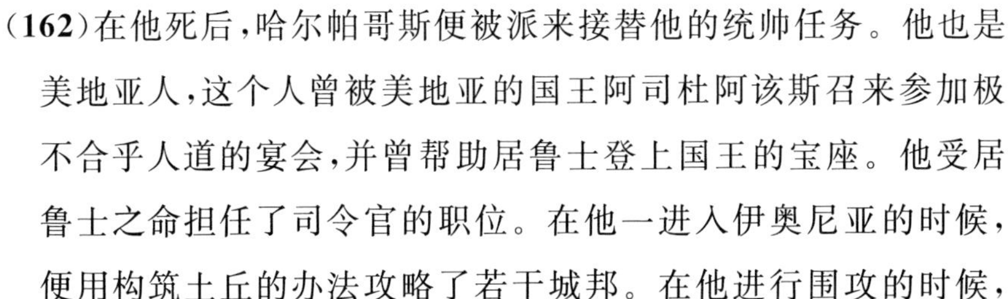

(162)在他死后，哈尔帕哥斯便被派来接替他的统帅任务。他也是美地亚人，这个人曾被美地亚的国王阿司杜阿该斯召来参加极不合乎人道的宴会，并曾帮助居鲁士登上国王的宝座。他受居鲁士之命担任了司令官的职位。在他一进入伊奥尼亚的时候，便用构筑土丘的办法攻略了若干城邦。在他进行围攻的时候，先把敌人逼入城内，然后再沿着城墙构筑土丘而攻克城池。

(**163**)他所攻略的伊奥尼亚城邦第一个是波凯亚。在希腊人当中波凯亚人是最初进行远洋航行的人，他们又是发现了亚得里亚海、第勒塞尼亚、伊伯利亚和塔尔提索斯城的人。他们在航行时所用的船只不是圆形的商船而是五十桡船。在他们到达塔尔提索斯的时候，塔尔提索斯的一个名叫阿尔甘托尼欧斯的国王和他们做了朋友。这个国王在塔尔提索斯统治了八十年而他一直活了一百二十岁。他和波凯亚人变成这样亲密的朋友，以致他在开头的时候竟请求他们离开伊奥尼亚而随便移住到他国内的什么地方来。后来，他发现他并不能说服他们同意这一点，又听到他们说美地亚人的势力如何强大起来，他便给他们金钱在他们城邦的周边构筑城墙。他给钱的时候实在是毫不吝惜的。因为城周长达许多斯塔迪昂，而城墙完全是由砌合得很好的大石筑成的。

(**164**)波凯亚人的城墙就这样地全部修筑起来了。哈尔帕哥斯率领军队前来进攻波凯亚人，包围了他们的城；但是他向他们提出建议说，如果他们只毁掉城上的一座棱堡，并献出一所住宅来，他便满足了。但是波凯亚人非常不愿意受到奴役，于是他们便请求给以一天的时间来仔细考虑如何答复，并且请求哈尔帕哥斯在他们商议的这一天里把兵撤离城墙。哈尔帕哥斯回答他们说他很晓得他们打算如何做；虽然如此，他仍然准许了他们的请求。因此哈尔帕哥斯的军队撤退下来了，而这时波凯亚人便把他们那只五十桡的大船放下了水，把他们的妇女和小孩，以及他们的全部财物器具，此外还把从神殿搬出来的神像，把石制或青铜制品以及绘画之外的一切供物都搬上了船。随后他们自己也上了船，放海驶到岐奥斯去了。等波斯人回来的时候，他们所占领的只不过是一座空城罢了。

(165)波凯亚人到达岐奥斯之后，便设法购置称为欧伊努赛①的一些岛屿，但是岐奥斯人不肯卖，因为他们害怕波凯亚人会在那里设立市场，从而本国的商人便被排斥到当地的海上贸易之外去。波凯亚人在这里既然遭到拒绝，便到库尔诺斯②去；在那里，他们遵照着二十年之前神托的意旨建立了一个称为阿拉里亚的城邦。阿尔甘托尼欧斯在这时已经死了。可是，在出发到这个地方之前，他们再一次先返回波凯亚，而把奉哈尔帕哥斯之命留驻在那里的波斯卫戍部队完全杀死。在这之后，他们又狠狠地诅咒了不和他们一齐乘船撤退而是可耻地留下的人。此外，他们还把灼热的铁块投入海中，发誓说除非这铁块重新出现于海面，他们决不返回波凯亚。但是当他们准备航行到库尔诺斯去的时候，一半以上的市民是这样地感到哀愁，是这样地怀念他们的城邦和他们的故国生活，他们竟然违背了誓言而返回了波凯亚。那些遵守誓言的人则从欧伊努赛岛扬帆出海了。

(166)当他们到达库尔诺斯的时候，他们五年间和先来的人们在一起生活并且在那里修建了神殿。然而在这期间，他们却不断掠夺和蹂躏他们的所有的邻人，因此最后第勒塞尼亚人和迦太基人不得不联合起来反对他们，而各派出一支由六十只船组成

① 位于岐奥斯和大陆之间。

② 即今日的科西嘉岛。

的舰队去攻打他们的城市。波凯亚人这方面也把他们所有的六十只船装备起来，在称为萨地尼亚海的海面上与敌人会阵。在双方接战之后，波凯亚人胜了，然而他们的胜利只是一种卡德美亚的胜利[①]。因为他们在战斗中损失了四十只船，而剩下的二十只在战斗之后，船头的部分已扭曲得不成样子，无法使用了。因此波凯亚人便驶回阿拉里亚，把他们的妇女、儿童以及他们的船所装得下的一切财物载运上船，驶离库尔诺斯而到列吉昂去了。

(167)迦太基人和第勒塞尼亚人得到了被破坏的四十只船上的人员的大部分，他们在战斗之后把这些俘虏引下了船，便用石头把他们给砸死了。后来，阿吉拉地区的绵羊、驮兽，甚或是人，凡是经过被砸死的波凯亚人所在的地方的，他们不是身体扭曲得不像样子，不是成了跛子，就是变得半身不遂。因此阿吉拉的居民便派人到戴尔波伊去请示神托，问神如何能赎他们的罪业。佩提亚的回答是要他们执行阿吉拉人到今天还举行的仪式：给波凯亚人的死者举行隆重的祭仪，举办盛大的运动会和赛马会。波凯亚人中间被俘的这一部分所遭到的命运便是如此。逃到列吉昂去的那些波凯亚人，他们又从那里离开而取得了欧伊诺特里亚地区的一个称为叙埃雷的城市。他们之所以殖民于这个城市，是因为他们从一个波西多尼亚的人那里听说，佩提亚的神托要他们建设库尔诺斯这件事的意思并不是要他们在库尔诺斯岛上建立一座城市，而是要修造一座神殿来奉祀英雄库尔诺斯。

① 结果两败俱伤的胜利。

关于伊奥尼亚的波凯亚人的事情就是这样了。

(168)提奥斯人的所作所为和他们差不多是同样的:当哈尔帕哥斯修筑土丘来攻略城塞的时候,他们也都全部乘上了船,驶往色雷斯。他们在那里建立了阿布戴拉城。克拉佐美纳伊人提美西奥斯以前曾建了这座城,但是他并没有得到什么好处,就给色雷斯人赶了出来。不过今天在阿布戴拉住的提奥斯人却仍然是把他当作英雄来崇拜的。

(169)在所有伊奥尼亚中间,只有这两个城邦,不甘愿沦为奴隶而离开了他们的故土。其他的伊奥尼亚人,除去米利都人之外,和逃离故土的那些人同样英勇地抵抗了哈尔帕哥斯并且为了各自的城邦立下了许多战斗的功业,但是他们相继地失败了;他们的城池被攻克,居民投降而各自留居在他们原来居住的城市,任凭他们的新主人的摆布。正像我已经说过的,米利都曾和居鲁士本人缔结了协议,因而得以安宁无事。这样爱奥尼亚便再度遭到了奴役:而当哈尔帕哥斯征服了大陆上的爱奥尼亚人的时候,岛上的爱奥尼亚人害怕受到同样的厄运,因此也就投降居鲁士了。

(170)正当伊奥尼亚人虽然陷于悲惨的境地,但他们仍然和往常一样在帕尼欧尼翁举行集会的时候,我听说普里耶涅人比亚斯曾向伊奥尼亚人提出了一个极其有益的意见,而他们如果采纳这个意见,就可以使伊奥尼亚人成为希腊人中最幸福繁荣的人。原来他劝告他们一致团结起来,一同出海到萨地尼亚去,并在那里建立一个全伊奥尼亚人的城邦。这样一来,他们就可以避免遭受奴役并达到巨大的繁荣,因为他们已经掌握了世界上最大的岛并且统治了其他的人们;但如果他们仍旧留在伊奥尼亚,他认为他看不出有什么重新获得失去的自由的希望。普里耶涅人比亚斯在伊奥尼亚人衰落之后向他们提出的意见便是这样。但是在他们遭受灾难之前,一个米利都人、又和腓尼基人有血统关系的人物泰利士曾向他们提出了另一个有益的意见。他劝告他们建立一个共同的政府并以提奥斯作为这个政府的所在地(因为它在伊奥尼亚的中心);而其他的各城邦则仍然按照往常的方式生活,就仿佛它们是郡区一样。

(171)这些人向他们所提供的意见就是这样。哈尔帕哥斯在征服了伊奥尼亚人之后,便迫使伊奥尼亚人和爱奥里斯人参加他的军队,一同去攻打卡里亚人、卡乌诺斯人、吕奇亚人。在上面所说的各族人当中,卡里亚人是从岛屿上到大陆上来的一个民族。在古昔的时代,他们是国王米诺斯的臣下,他们当时被称为列列该斯人,居住在岛屿上面。在据我所知道的最遥远的时代,他们从没有义务对任何人纳贡,只是在国王米诺斯需要的时候,供给他的船只以乘务人员。因此,既然米诺斯是一个征服了许多土地并且是一个在战争中经常取得战功的国王,卡里亚人在他的统治时代,是远比其他一切民族要著名的民族。他们还发明了三样东西,而希腊人就从他们这里学会了使用这三样东西;他们首先懂得把羽冠套到头盔上面,他们把纹章加到盾牌上面,他们还发明把把手加到盾牌上面去。原来在这以前的时候,盾牌是没有把手的,持盾的人只得用一条皮带,再把它套在脖颈上从左肩的地方挂下来。在米诺斯之后很长一个时候,卡里亚人被伊奥尼亚人和多里斯人逐出了海岛,于是便定居在大陆上了。上

面是克里地人关于卡里亚人的说法,但是卡里亚人本身却不同意这个说法,他们认为他们向来就住在大陆上他们现在所住的地方,而且他们也从来没有过和他们现在不同的名字。为了证明这一点,他们指出了美拉撒地方卡里亚·宙斯的一座古老的神殿;美西亚人和吕底亚人是卡里亚人的同胞民族,故而有权利进入这座神殿,因为他们说吕多斯和缪索斯是卡尔的兄弟;但是属于其他民族的人们,虽然他们也使用卡里亚的语言,却是不许进入这座神殿的。

(172)卡乌诺斯人在我看来乃是当地的土著,但是他们自己却说是从克里地来的。就语言而论,是卡乌诺斯人的语言和卡里亚人的语言相似,还是卡里亚人的语言和卡乌诺斯人的语言相似,这一点我不能确实断定。然而在风俗习惯上面,他们和卡里亚人相差很远,而且是和所有其他的人相差都很远。他们认为不分男女老幼,只要他们是好友或年龄相当而集会起来饮宴,这便是人生最快意的事情。他们先前是对某些外国的神也崇拜的,但有一次不知怎的他们却改变了主意(只崇拜他们自己祖先的神了)。于是全体壮年的卡乌诺斯男子便武装起来开到了和卡林达人接壤的地方;他们用枪向空中刺,这样,他们说,就把外国的神给赶出去了。

(173)他们所做的事情就是这个样子的。吕奇亚人从古以来便是出身克里地的(因为这个岛在先前完全是异邦人住着的)。欧罗巴的两个儿子撒尔佩东和米诺斯二人为了王位而在克里地展开了斗争,米诺斯的一派在相互的倾轧中占了优势,于是他便把撒尔佩东和他的一党给放逐出去了。被放逐的人们渡海到亚细亚去,在米律阿斯的地方登了陆。米律阿斯是吕奇亚人今天所住的地方的古名:今天的米律阿斯人在那时则被称为索律摩伊人。在撒尔佩东统治他们的时候,他的一派仍旧保留着他们从克里地那里带过来的名字而叫做铁尔米莱人,而吕奇亚人直到今天还是被他们邻近的人这样称呼的。但是被自己的兄弟埃盖乌斯从雅典驱出的吕科斯,即潘迪昂的儿子,在这些铁尔米莱人的土地上撒尔佩东的地方找到托庇场所之后,他们便渐渐地由于吕科斯的缘故而被称为吕奇亚人了。他们的风俗习惯,一部分是克里地人的,一部分是卡里亚人的。但是他们却有一个和世界上任何民族都不相同的风俗。那就是:他们不是从父方,而是从母方取得自己的名字。如果旁边一个人问一个吕奇亚人他是谁的话,他就会说他是自己的母亲某某人的儿子,这样按着母系推上去。而且,即使一个有充分公民权的自由妇女和一个奴隶结婚的话,他们的孩子也还是有充分公民权的。但如果一个有充分公民权的自由男子和一个异邦妇女结婚或者是与一个异邦的妾同居的话,即使他是国内的首要人物,他们的孩子也是没有任何公民权的。

(174)可是,卡里亚人在这些民族中间,直到被哈尔帕哥斯征服的时候,并没有做出任何突出的业绩来。而居住在卡里亚的其他希腊人也没有做出什么值得一提的事情。在他们中间有克尼多斯人,这些人是从斯巴达来的移民,他们占据着临海的一块叫做特里欧庇昂的地岬。这个地方和布巴索斯半岛相接;而且除了一小部分的领土之外,全部克尼多斯都是给海包围起来的(在北面是凯拉摩斯湾,在南面则是叙美岛和罗德斯岛方面的海域)。

因而正当哈尔帕哥斯征服伊奥尼亚的时候，克尼多斯人为了把自己的领土变成一个岛，就打算通过这一小块两海之间宽度大约有五斯塔迪昂的地方掘一道沟。这样，他们便使他们的全部领土划到地岬这面来了，因为克尼多斯的领地和大陆之间的界限就正是在他们所掘的那个地岬上面的。许多的克尼多斯人参加了这项工作。可是参加这项工作的人们受伤的数目多于平时而且受伤的方式也很奇怪，那就是给石头崩坏了眼睛的人特别多。于是克尼多斯人便派人到戴尔波伊去请示，是什么阻碍他们这样做。他们自己说，他们从佩提亚那里得到了用三步格的诗宣托出来的如下的回答：

既不要给地峡修墙，也不要给它掘沟；

如果宙斯愿意的话，他早就会使它成岛屿了。

因此克尼多斯人便停止掘沟，而当哈尔帕哥斯率领大军前来的时候，他们便丝毫不加抵抗地投降他了。

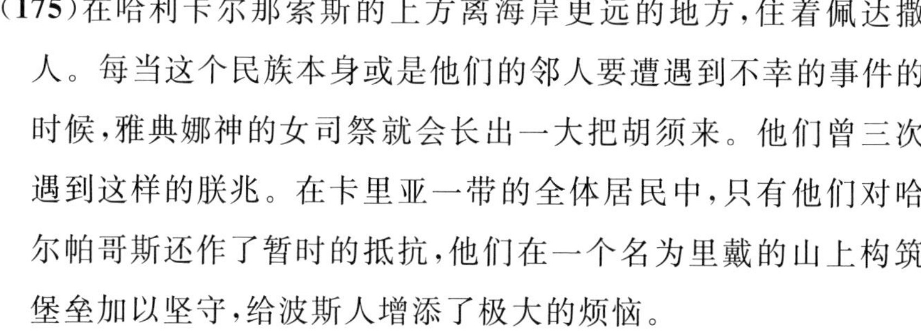

(**175**)在哈利卡尔那索斯的上方离海岸更远的地方，住着佩达撒人。每当这个民族本身或是他们的邻人要遭遇到不幸的事件的时候，雅典娜神的女司祭就会长出一大把胡须来。他们曾三次遇到这样的朕兆。在卡里亚一带的全体居民中，只有他们对哈尔帕哥斯还作了暂时的抵抗，他们在一个名为里戴的山上构筑堡垒加以坚守，给波斯人增添了极大的烦恼。

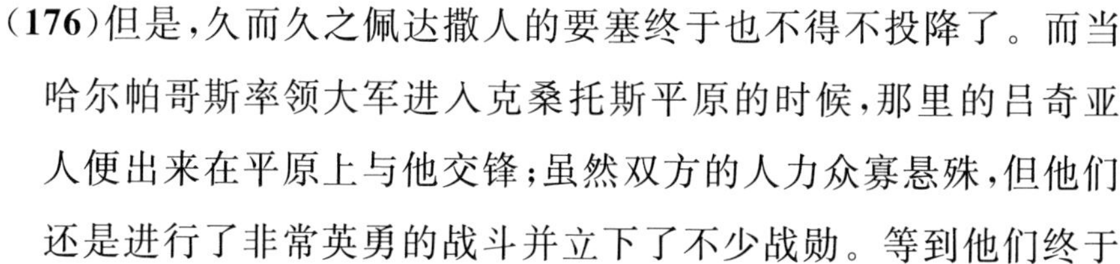

(**176**)但是，久而久之佩达撒人的要塞终于也不得不投降了。而当哈尔帕哥斯率领大军进入克桑托斯平原的时候，那里的吕奇亚人便出来在平原上与他交锋；虽然双方的人力众寡悬殊，但他们还是进行了非常英勇的战斗并立下了不少战勋。等到他们终于支持不住而不得不退入城内的时候，他们便把他们的妻子儿女，他们的全部财物和他们的奴仆全都集中到卫城之内，然后将卫城点起了火把它全部烧光了。在这之后，他们便相互立下了凄厉的宏誓大愿，而全部冲出了城出击敌人，结果他们就一个不剩地战死在疆场之上了。今天自称为克桑托斯人的那些吕奇亚人大半都是从国外移居来的，只有八十个家族是例外，因为他们正巧那时不在国内，故而他们残存下来了。哈尔帕哥斯便这样地取得了克桑托斯，卡乌诺斯大概也以同样的方式落到他的手里；因为卡乌诺斯人大体上是追随了吕奇亚人的榜样的。

(**177**)正当哈尔帕哥斯这样地蹂躏着亚细亚下方的时候，居鲁士本人在亚细亚上方把一切民族也都一个不留地给征服了。关于这些征服，大部分我将要略过去，只谈曾使居鲁士遇到最大困难和最值得一述的那些征服。

(**178**)在居鲁士把大陆上所有其他民族收归自己的掌握之后，他便向亚述人进军了。亚述拥有其他许多大城市；其中最有名、最强大的是巴比伦；在尼诺斯被毁[1]以后，首府便迁移到巴比伦去了。下面我就要叙述一下巴比伦这座城市的情况。这座城市位于一个大平原之上，形状是正方的，每一面有一百二十斯塔迪昂长，因此它的周围就一共是四百八十斯塔迪昂了。这座城市的幅员有这般大，而它的气派也是我们所知道的任何其他城市所难以相比的。首先，它的四围有一道既宽且深的护城河，河里满都是水，在护城河的后面则又是一道厚达五十王家佩巨斯，高达

---

① 尼诺斯毁于六〇六年。

二百佩巨斯的城墙。王家佩巨斯比一般的佩巨斯要宽三个手指。

(**179**)此外,在这里我必须提一提从护城河里掘出来的土有什么用项,还要说一说城墙是怎样修筑起来的。在他们从护城河里把土掘出之后,他们立即把它做成了大砖,而在大砖的数量做得够用的时候,他们就把这些砖放到窑里去烧。随后他们便着手建筑;起初是用砖砌筑护城河的河岸,然后用同样的方式修造城墙本身,他们把烧热的沥青当混凝土使用,并在每隔三十层砖的地方加上一层芦苇编成的席子。在上面,沿着城墙的两边,他们修筑了互相对峙的单间的房屋,在这中间则可以跑得开一辆四匹马的战车。四面的城墙总共有一百座城门,它们全都是青铜的,即使是柱与楣也不例外。工程中所用的沥青是从离巴比伦有八天路程的伊斯城运到巴比伦来的,伊斯城旁有一条流入幼发拉底河的小河,它同样被称为伊斯河。在伊斯河的河水里,人们可以取得大量的沥青块,沥青便从那里运来供巴比伦城墙之用。

(**180**)巴比伦的城墙便是这样修建起来的。有一道河从中间把全城分成两部分:这条河便是幼发拉底河,这是一条又宽又深,而且水流湍急的河流;它发源于阿尔美尼亚,流入红海。城墙在两面都一直修筑到河边:从那里城墙作了个直角的转弯,然后沿着河流的两岸构筑烧制的砖砌成的城壁。城市本身内部多是三层或四层的房屋。它们中间的街道都是笔直的,不仅仅是与河垂直的是如此,其他的也是如此。在每一条这样街道的临河的尽头地方,在河边城壁上都各有一个小门,这些小门也都是青铜制成并且也是面向河水的。

(**181**)外面的一道城墙是城市的铠甲。但是在内部还有另外的一道城墙,这道城墙比外部的要薄一些,但它的坚固比之外城却毫无逊色。在城市的这两部分的中心,各有一座要塞。一方面是有坚固和高大的围墙环绕着的王宫,另一方面则是倍洛斯·宙斯[①]的圣域,这是一块有青铜门的、二斯塔迪昂见方的禁地;这个地方在目前还存在的。在这个圣域的中央,有一个造得非常坚固,长宽各有一斯塔迪昂的塔,塔上又有第二个塔,第二个塔上又有第三个塔,这样一直到第八个塔。人们必须从外面循着像螺旋线那样地绕过各塔的扶梯走到塔顶的地方去。在一个人走到半途的时候,他可以看到休息的地方,这里设有座位,而到塔顶上去的人们就可以在这里坐一会儿休息一下。在最后的一重塔上,有一座巨大的圣堂,圣堂内部有一张巨大的、铺设得十分富丽的卧床,卧床旁边还有一张黄金的桌子。但是在那里并没有任何神像,而除了当地的一个妇女之外,也没有任何人在那里过夜;但是,根据担任这个神的司祭的迦勒底人的说法,这个妇女是这个神从全体妇女中选出来的。

(**182**)他们还说,神常常亲自下临到这座圣堂并在这个床上安歇,但我是不相信这件事的。这和埃及人所说的那个故事一样:在他们的底比斯城也有类似的事情发生(而且在那里的底比斯·宙斯的神殿中的确是也有一个妇女睡觉的,但据说不拘是埃及的,还是巴比伦的妇女都决不和男子同床)。这又和吕奇亚的帕

---

① 倍尔或巴尔,亚述神中最大者。

塔拉的风俗一样，那里的女司祭每在降神[①]的时候，便是这样做的；不过在那里[②]并不经常有请示神托的事情发生，可是等她要降神的时候，她却是一定要闭在圣堂中过夜的。

(**183**)在同一巴比伦的神殿的下手，还有另外一座圣堂；在这座圣堂里，安设着宙斯的一座巨大的黄金神像。神像的前面有一张黄金的大桌子，它的宝座和宝座下的足凳也是黄金的。听迦勒底人说，全部黄金的重量是八百塔兰特。神殿之外有两座祭坛，其中一个是黄金的，只有年幼的牺牲才能够在这个祭坛上奉献。另一个则是普通的较大的祭坛，成年的牺牲就在这个祭坛上奉献。迦勒底人还在这个大祭坛上每年奉献一百塔兰特的乳香，用来为这位神举行祝祭。在居鲁士的时代，在这个圣域里仍然还有一座人像，高达十二佩巨斯，而且是纯金的。我本人没有见过这座像，但我这里是照着迦勒底人告诉我的话写的。叙司塔司佩斯的儿子大流士曾企图把这座像拿走，但是他不敢这样做。但大流士的儿子克谢尔克谢斯把劝他不要移动这座像的司祭杀死并把它拿去了。除去上面我所说的装饰品以外，在这座神殿里还有许多私人的奉献品。

(**184**)巴比伦城曾经有许多统治者，他们都参与了修造装饰城墙和城内神殿的事业；关于这些人我在亚述史的那一部分里还要提到的。在这当中有两位妇女的统治者。在这两个人中间，前面的那个女王叫做谢米拉米司，她比后面的那个女王要早五代。

① 指阿波罗神而言。

② 人们认为阿波罗神只在冬天的六个月里住在那里。

她在巴比伦附近的平原上修建了相当壮观的堤防，因为在先前，这河水常常泛滥出来把附近一带的平原湮没。

(**185**)后面的那第二位女王，名字叫做尼托克里司，她比前面的一位女王要明智。在她身后，她不单单是留下了我就要叙述的，她在位时代的纪念物。另一方面，她看到攻略了包括尼尼微在内的大量城池的美地亚人的强大威力和不停的征讨，便尽一切的努力来加强她的帝国的防卫，以免受到强敌的攻击。首先，由于从正中穿过她的城市的幼发拉底河在先前是直贯巴比伦的，于是她便在河的上方挖掘河道，这样她便使河道弯曲，以致这条河竟三次流过亚述的同一个村落；幼发拉底河所流经的这个村落的名字是叫做阿尔代利卡。而直到今天，从我们的海[①]到巴比伦去的人，在他们顺着幼发拉底河向下航行的时候，在三天当中每天都要到达同样的一个村落。她所做的事情就是这样的。在幼发拉底河的两岸她还修筑了极高、极厚的堤岸。她在巴比伦上方很远的地方挖了一个人工湖，这个湖离河很近，她总是要掘到有水冒出来的那样的深度，湖的面积也相当大，四周有四百二十斯塔迪昂长。从人工湖挖出来的土便用来在河流的两边筑堤。当挖掘的工程结束的时候，她便把石头运了来，用这些石头把这个人工湖的四周砌筑起来。等到河道变得弯曲而人工湖又掘成这两件工作完成之后，她便达到了她所预想的目的：原来由于河道迂曲，水流便比以前缓慢了，而到巴比伦去的航路也就变得曲折不便了；而且，在这一切之后，还得要绕过人工湖而兜一

① 希罗多德所说的“我们的海”，一般指地中海和多岛海。

个大圈子。这全部工程的地点都是在巴比伦的那一方面，也就是有对外的通路，有通向美地亚的最近的道路的那一方面。而女王做这样的打算，也就是不要美地亚人和她的臣民混合到一起，不要美地亚人知道她国内的事情。

(186)正当尼托克里司用挖掘出来的土来保卫自己的城市的时候，她又想到了一件工程，当然，这只不过是上面所说的两件工程的附属工程而已。这个城原来是被河流从正中分成两部分的。在先前的国王当政时，如果有人要从这一半到另一半去的时候，他是必须乘船的。这在我来看，当然是件麻烦的事情。因此，在尼托克里司挖掘人工湖的时候，她便想到把它用来立刻消灭这种不方便的情况并使她能够在她统治巴比伦的时候留下另一项纪念物。她下令削切巨大的石块，而当她所需要的石块切好之后，人工湖也挖好了，于是她便把幼发拉底河的河道引导到挖好的人工湖处去。人工湖满了，原来的河道也干涸了。于是她便着手首先把城内河流的两岸用烧好的砖砌起来，又把河门前面引到河边的那些坡形的码头也砌上了砖，就和筑城砌砖的时候完全一样。在这之后，她便用已经掘出的石材，大约在城市正中的地方，修筑了一个石桥，石桥用的石块则是用铁和铅接合到一起的。在白天的时候，在桥座和桥座之间，放上方形的木块，以便使居民过河，在夜间，木块便撤了下去，好不叫人们在黑暗中过来过去相互间进行偷盗的事情。当河水灌满了人工湖而石桥也竣工的时候，尼托克里司便使幼发拉底河还归它的旧道；这样一来，变成了湖泊的那块挖掘的凹地既然已达成了她原定的目的，同时又因造桥而使居民得到了便利。

(**187**)此外,同一位女王又想出了这样的一个诡计。她在该城的往来最频繁的城门的上方修造了她自己的陵墓,陵墓的所在地点是很高的,上面刻着下列的铭文:"今后的任何一位巴比伦的国王,如果他需要金钱的话,他可以打开这个陵墓而得到随心所欲的金钱。但除非他真正需要金钱,他不要打开这个陵墓,否则他自己便会吃亏。"直到大流士在这里当政的时候,这个陵墓从来没有人动过。然而在大流士看来,他不能利用这个城门,一笔钱闲置在那里不用,上面的铭文引诱着他去取,可是他又不去触动它,这实在是一件奇妙不可理解的事情。现在他不能使用这个门,是因为如果他通过这个门,死尸就势必在他的头上面了。于是他便打开了陵墓,但发现里面并没有金钱,只有死者的尸体和写着的一行字:"如果对于金钱你不是贪得无厌,而在取得金钱时又不是不择任何手段的话,你是不会打开死者的棺材的。"据传说,女王就是这样的一个妇人。

(**188**)而居鲁士出征的目标便是尼托克里司的儿子,他和他的父亲拉比奈托斯同名并且是亚述的元首。大王在出兵作战的时候,总是带着在国内充分准备好的粮食和畜类。此外,他还带着专供波斯国王饮用的水,这水是从流经苏撒的科阿斯佩斯河中汲取来的。不管他到什么地方去,总有一批骡马拉着的四轮车跟随着;上面载运着储藏在银坛里面的、煮沸了备用的科阿斯佩斯河的河水,也便跟着他到这里那里去。

(**189**)在走向巴比伦的道路上,居鲁士到达了金德斯河的河畔,这条河发源于玛提耶涅山,流经达尔达尼亚人居住的地区而流入底格里斯河。而底格里斯河在接受了金德斯河的河水之后,便流经欧匹斯城而注入了红海。当居鲁士试图渡过这条只有用船才能渡过的河流时，在随他出征的白色的圣马中，有一匹非常鲁莽地冲到河里去打算涉水而过，但是这匹马被水流卷住冲跑，因此给淹死在河里了。对于这条河流的暴虐无礼，居鲁士感到十分愤怒；他威吓说他将要打垮这条河流的威力，而使甚至妇女都能够不湿到自己的膝盖而容易地渡过去。这样地进行威吓之后，他便停止了他对巴比伦的进军而把他的军队分成两部分，随后，他用绳从金德斯河的两岸向四面八方各量出了一百八十道壕沟的线记。他下令他的军队在两岸按着线记进行挖掘。由于人手众多，他的威吓的话实现了；但是，这样他们却把整整一个夏季的时光费在这件事上面了。

(190)这样，居鲁士便用挖掘了三百六十道泄水壕沟的办法对金德斯河进行了报复，到第二年的春天一经到来的时候，他又向巴比伦进军了。巴比伦人在城外列阵，等候着他的到来。到他来到离城不远的地方，双方打了一仗，在这一仗中，巴比伦人被波斯国王战败而退守到城内去了。过去当他们看到居鲁士把一个个民族相继征服，并相信他决不会就此罢休而最后将轮到他们自己的时候，他们便准备了可供多年食用的粮食以备一旦被围攻时之需。因此他们便把自己关在城内，丝毫不把居鲁士的围攻放到心上了。时光这样一天天地过着，但是围攻毫无进展可言，居鲁士于是不知以后怎样办了。

(191)不知道是有人在他感到无计可施的时候向他献策，还是他自己想出了办法，他采取了下列的步骤。他使他的军队留驻在河流流进城内的那个地方，使另一部分军队留驻在城市背面河流从城市流出的地方，并且命令他的军队，在看到幼发拉底河的河道可以徒步涉水的时候，立刻顺着河道攻入城内。这样安排停妥，并发出了这个命令之后，他自己便率领着他的军队中不能作战的那一部分撤退，到尼托克里司为幼发拉底河挖掘的人工湖那里去，在那里他做了和巴比伦女王尼托克里司先前所做的完全同样的事情。他用一道壕沟把幼发拉底河疏导到当时已变成一片沼泽地的人工湖里去，结果河水竟落到河道可以涉水而渡的程度。于是留驻在巴比伦城河边准备进攻的军队，便从幼发拉底河的河道进入了这座城市，那时河水已落到大约相当到大腿的一半高的地方。如果巴比伦人预先知道这件事，或者如果巴比伦人注意到居鲁士这种行动的意图的话，他们本来可以把波斯人放进城来然后再使对方遭到极为悲惨的结局；因为他们可以把临河的城门全部关闭，自己登上沿河的两道城墙，这样他们便可以居高临下利用十分有利的地位把敌人一网打尽。可是实际上，波斯人竟完全出其不意地出现在他们的面前。巴比伦城的居民说，由于城区的面积广大，城区靠外边的居民被俘虏了，城区中部的居民根本还不晓得这件事情（由于那时他们正在举行祝祭），而还在继续尽情地跳舞、寻欢作乐；直到最后，他们才确切地知道了事情的真相。巴比伦第一次被攻克的情况便是这样了。

（**192**）我可以举出许多事实来证明巴比伦人的富强，在这许多证据当中，下面的一点是特别值得一提的。在大王所统治的全部领土，除了缴纳固定的贡物之外，还被分划成若干地区以便在每年的不同时期供应大王和他的军队以粮食。但是在一年的十二个月当中，巴比伦地方供应四个月，亚细亚的所有其他地方供应另外八个月。从这一点就可以看出，就富足的一点而论，亚述是相当全亚细亚的三分之一的。在所有波斯太守的政府，即波斯人自称的萨特拉佩阿中间，这地方的政府比其他地方的政府要大得多。当阿尔塔巴佐斯的儿子特里坦塔伊克美斯奉国主之命统治这个地方时，他每天的收入有整整一阿尔塔贝的白银(阿尔塔贝是一种波斯的容量单位，它比一阿提卡·美狄姆诺斯还要多三阿提卡·科伊尼库斯)。在他私人的马厩里，除去军马之外，还有八百头种马和一万六千头牝马，即每二十头牝马有一头种马。此外他还拥有这样多的印度犬[1]，以致平原上的四个大村庄，由于供应这些印度犬的食物，而被豁免了一切贡税。巴比伦的统治者就是这样富有的。

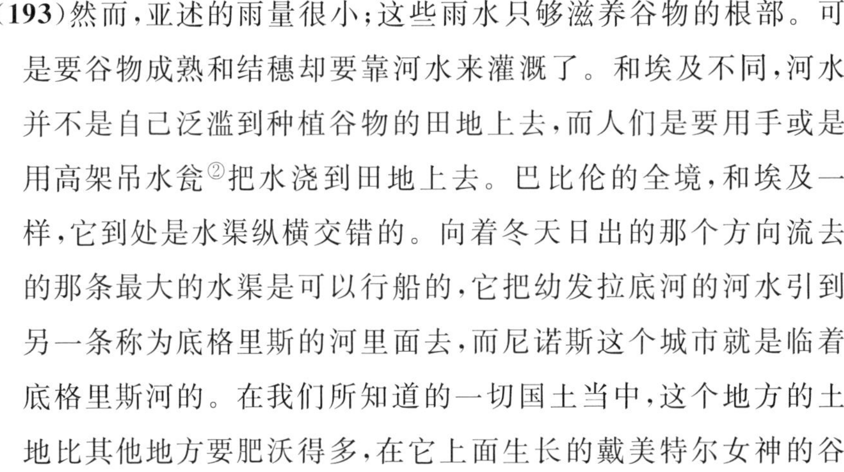

(**193**)然而，亚述的雨量很小；这些雨水只够滋养谷物的根部。可是要谷物成熟和结穗却要靠河水来灌溉了。和埃及不同，河水并不是自己泛滥到种植谷物的田地上去，而人们是要用手或是用高架吊水瓮[2]把水浇到田地上去。巴比伦的全境，和埃及一样，它到处是水渠纵横交错的。向着冬天日出的那个方向流去的那条最大的水渠是可以行船的，它把幼发拉底河的河水引到另一条称为底格里斯的河里面去，而尼诺斯这个城市就是临着底格里斯河的。在我们所知道的一切国土当中，这个地方的土地比其他地方要肥沃得多，在它上面生长的戴美特尔女神的谷

① 这里的印度犬所指的当然是猎犬。

② 这种高架吊水瓮在今天的尼罗河畔还可以看到。一个直立的杆子上有另一个可以旋转的横放的杆子，横杆的一端系着水桶。

物也断然是最好的。诚然,那地方看不出可以种植无花果、橄榄、葡萄或任何其他的树木,但是谷物却是生产得这样的丰富,一般竟达种子的二百倍,而在收成最好的时候,可达三百倍。那里小麦和大麦的叶子常常有四个手指那样宽。至于小米和芝麻,虽然我自己知道得很清楚,我也不必说它们长得有多大多高了,因为我很清楚,我写的关于巴比伦的谷物的丰足情况,对于没有亲身到过这里的人来说,实在是很难相信的。他们使用的油只有芝麻油[①]而不用别的油。在那里的全部平原上,生长着大量的枣椰子树,其中的大部分都长果子,而人们就可以用这些果子来制造面包,制造酒、蜜。他们培育这种树和培育无花果树一样,特别是在这方面,即当地的人们把希腊人所说的雄椰子的果实系到枣椰子树的树枝上面,这样没食子蜂就会钻到果实里面去,使它们成熟并使它们的果实不会掉下来。原来雄椰子完全和未熟的野生无花果一样,是有没食子蜂宿在它们的果实里面的。

(**194**)现在我就要说一下除了城市本身之外,在那个地方最使我感到惊异的东西是什么了。沿河下行通往巴比伦的船都是圆形的,而且都是用皮革做的。他们用在亚述上方阿尔美尼亚人居住的地方割取下来的柳枝制作船的肋骨,而在外面再蒙上一层皮革,这样便造成了船体;这种船既不把船尾弄宽,也不把船头弄窄,因而它是圆圆的和盾牌一样。然后这船便全部塞满干草,再放上运送的货物,这样就叫它们顺流而下了。运载的货物主

① 即我国北方所说的香油。

要是酒，酒是装在用棕榈木所造成的酒桶里。这种船有两个人站在上面操纵着，这两个人各拿着一个桨，一个人向前，一个人向后划水。船的大小各不相等，有的非常大，有的小；最大的上面可以装运五千塔兰特重的货物。每只船上都有一个活驴，大一点的船上驴的数目还要多一些。当它们下行到达巴比伦的时候，船上的货物便卸下来，然后人们把船给拆开，卖掉船的骨架和里面装的干草，再把皮革打点在驴背上，返回阿尔美尼亚去。由于河中的水流甚速，想叫船溯流而上是绝对不可能的，因此他们就不用木材而用皮革来造船。等他们赶着他们驴子返回阿尔美尼亚之后，他们便用同样的办法为下一次的航行而造其他的船。

(**195**)他们的船就是这个样子。巴比伦人穿的衣服是一种长到脚那里的麻布内衣，在这件内衣外面罩着另一件羊毛的内衣，在这外面他们又罩上一件白色的外衣。他们脚上穿的鞋是他们国家所特有的一种样子，和贝奥提亚人的鞋差不多。他们都留着长头发，头上裹着头巾，全身都涂香料。每个人都带着一个印章和一个雕制的手杖，杖头刻成一个苹果、一朵玫瑰、一朵百合、一只鹰或是诸如此类的东西。他们的习惯是每只手杖上必须要有一种装饰。这便是他们身上穿戴的东西了。下面我就要说一说他们的风俗习惯。

(**196**)在这些风俗习惯当中，在我来判断，下面的一种是最聪明的，听说伊里利亚的埃涅托伊人(后世的威尼斯人——译者)也有这样的习惯。这就是：每年在每个村落里都有一次，所有到达结婚年龄的女孩子都被集合到一处；男子则在她们的外面站成一个圆圈。然后一个拍卖人一个个地把这些女孩子叫出来，再把她们出卖。他是从最美丽的那个女孩子开始的。当他把这个女孩子卖了不小的一笔款子之后，他便出卖那第二美丽的女孩子。所有这些女孩子都出卖为正式的妻子。巴比伦人当中有钱而想结婚的，便相互竞争以求得到最美丽的姑娘，但是一般的平民想求偶的，他们不大在乎美丽，便娶那些长得不漂亮可是带着钱的姑娘。因为习惯上是当拍卖人把所有最美丽的姑娘卖完之后，他便把那最丑的姑娘叫出来，或是把其中也许会有的一个跛腿的姑娘叫出来，把她向男子们介绍，问他们之中谁肯为了最小额的奁金而娶她。而那甘愿取得最小额奁金的人便娶了这个姑娘，出售美丽的姑娘的钱用来偿付丑姑娘的这笔奁金。这样一来，美丽的姑娘便负担了丑姑娘或是跛姑娘的奁金。谁也不允许把自己的女儿许给他所喜欢的男子，任何人如果他不真正保证把他买到的姑娘当作自己的妻子，他是不能把她带走的。然而，如果发现他们二人不同意的话，则规定要把付出的钱退回。如果愿意的话，人们甚至可以从别的村落到这里来买姑娘。这乃是他们的风俗中最好的，但现在这个风俗已经废禁了。〔为了使妇女不致受到虐待并使她们不致给带到别的城市去〕（括弧是施泰因加的，因为他以为里面的话和下面的意思不大衔接——译者），最近他们又想出了一个新办法来；由于巴比伦之被征服使他们受到主人的虐待而家庭也趋于没落，所有贫穷的平民便叫他们的女儿经营丑业了。

（**197**）除去我刚才所称赞的那个风俗之外，下面一个在我看来要算是他们的风俗中最贤明的了。他们没有医生，然而当一个人生病的时候，这个病人便被带到市场上去；这样，曾经和病人得过同样病的，或是看过别人得过同样病的那些行人便来到病人面前，慰问他和告诉他治疗的办法，他们把或是曾经治好了自己的病或是他们知道治好别人的病的办法推荐给他。谁也不许一言不发地从病人身旁走过，而不去问他所得的是怎样的病。

(198)他们是先把死者浸在蜂蜜里然后再埋葬的。他们的葬仪和埃及人的葬仪相似。当一个巴比伦人和他的妻子交媾了以后，他们两个人便焚香对坐，到天明的时候，他们便沐浴。在他们沐浴之前，他们是不用手接触任何器皿的。阿拉伯人的做法也和这一样。

(199)[①]巴比伦人有一个最丑恶可耻的习惯，这就是生在那里的每一个妇女在她的一生之中必须有一次到阿普洛狄铁的神殿的圣域内去坐在那里，并在那里和一个不相识的男子交媾。许多有钱的妇女，她们自视身份高贵而不屑于和其他妇女混在一起，便乘坐着双马拉的带围帘的马车到神殿去，她们身后还要跟着一大群仆从。但是大多数的妇女是坐在神殿的域内，头上戴着纽帽；这里总是有大群来来往往的妇女。在妇女中间，四面八方都有用绳子拦出来的通路，而不相识的人们便沿着这些通路行走来作他们的选择。一经选好了位子的妇女在一个不相识的人把一只银币抛向她的膝头并和她在神殿外面交媾之前，她是不能离开自己的位子的。但是当他抛钱的时候，他要说这样的话："我以米利塔女神的名字来为你祝福"，因为亚述人是把阿普洛

① 有三个十五世纪的抄本删去了这一节。

狄铁叫做米利塔的。银币的大小多少并无关系。妇女对这件事是不能拒绝的,否则便违犯了神的律条,因为一旦用这样的方式抛出去的钱币便是神圣的了。当她和他交媾完毕,因而在女神面前完成了任务以后,她便回家去;从这个时候开始,不拘你再出多少钱,便再也不能得到她了。因此,那些颀长的美貌妇女很快便可以回去,但是那些丑陋的必须要等很长的一个时候才能够履行神圣的规定。有些人不得不在神殿的圣域内等上三四年。在塞浦路斯的某些地方也可以看到和这相似的风俗。

(200)一般说来,巴比伦人的风俗就是这样。此外,他们中间有三个部落的人除了鱼类以外是不吃任何东西的。他们打得鱼之后,把它们放在阳光之下晒干;在这之后,他们又把干鱼放到石臼里用杵捣碎,再用麻布筛过。于是按嗜好的不同,有的人用这种东西做成鱼糕吃,有的人则把它们做成面包那样的东西。

(201)当居鲁士把巴比伦人这个民族也征服了之后,他就想把玛撒该塔伊人也收归自己的统治之下。而玛撒该塔伊人据说是一个勇武善战的强大民族,他们住在东边日出的方向,住在阿拉克赛斯河对岸和伊赛多涅斯人相对的地方。有一些人说他们是斯奇提亚的一个民族。

(202)这个阿拉克赛斯河,有人说它比伊斯特(即多瑙河——译者)大,有人说它比伊斯特河小。在这个河上面有许多据说和列斯波司岛同样大的岛。这些岛上的居民在夏天是吃各种根类植物为活,这都是他们从地里掘出来的。但是在适当的季节他们把从树上摘下的熟果子储集起来以备冬天时食用。除去他们采集过冬果子的树木之外,据说他们还有一种结极特殊的果实的树木。当他们在一起集会的时候,他们便把这样的一些果实抛到他们所围坐的火堆上面去,而他们闻到在果实烧着时所发出的烟雾的香味,便立刻陶醉了,就和酒对希腊人所发生的作用一样。他们把更多的果子抛到火上去,他们也就变得更加陶醉,以致他们到最后竟站起来开始舞蹈和歌唱。关于这个民族的生活情况我所听到的便是这些。阿拉克赛斯河和被居鲁士泄到三百六十条壕沟里面去的金德斯河一样,也是发源于玛提耶涅人所居住的土地的。它有四十个河口,在这四十个河口中间,除去一个河口之外,都流入沼泽地带。据说居住在这些沼泽地上的人们是以生鱼为活的。他们通常穿的衣服据说是海豹皮制成的。这条河所剩下的另一个河口则是以清清楚楚通行无阻的一个河道流入里海的。里海是与其他的海不相通的、独立的海。不拘是希腊人往来航行的海,还是在被称为阿特兰提斯的、海拉克列斯之柱之外的海,还是红海,归根到底只是一个海。

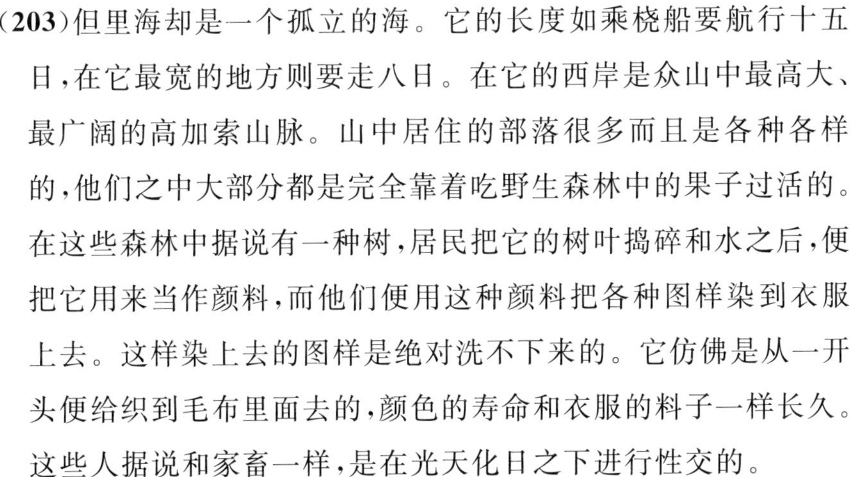

(**203**)但里海却是一个孤立的海。它的长度如乘桡船要航行十五日,在它最宽的地方则要走八日。在它的西岸是众山中最高大、最广阔的高加索山脉。山中居住的部落很多而且是各种各样的,他们之中大部分都是完全靠着吃野生森林中的果子过活的。在这些森林中据说有一种树,居民把它的树叶捣碎和水之后,便把它用来当作颜料,而他们便用这种颜料把各种图样染到衣服上去。这样染上去的图样是绝对洗不下来的。它仿佛是从一开头便给织到毛布里面去的,颜色的寿命和衣服的料子一样长久。这些人据说和家畜一样,是在光天化日之下进行性交的。

(**204**)我说过,这个被称为卡斯披亚海(即里海——译者)的海,它

的西方是高加索山脉。在它的东面日出的地方则是一片一望无际的平原。这一广阔的平原的大部分属于居鲁士现在很想征讨的玛撒该塔伊人。许多有力的动机使他感到非这样做不可,鼓励他这样做;首先是他的出生,他认为这件事似乎可以证明他并非凡人,其次是他在先前历次战争中的好运气,在那些战争中,他总是发现,不拘是他出征哪个国家,那个国家的人民就一定逃不出他的掌握。

(205)这时,玛撒该塔伊人的统治者是一个在丈夫去世之后即位的女王托米丽司。居鲁士派遣使节到她那里去,指示他们假装表示代他向她求婚,就是说想娶她为妻。但托米丽司知道他所要的不是她本人,而是玛撒该塔伊人的王国,于是便不许他们的任何人前来见她。居鲁士看到他的诡计未能得逞,便把大军开抵阿拉克赛斯河,公开地表示出进攻玛撒该塔伊人的意图。他着手在河上架桥,以便使他的军队开过去,并在渡河用的浮桥上修筑舫楼。

(206)但是正当居鲁士这样做的时候,托米丽司派了一名使者到他这里来,说:"美地亚人的国王啊,不要忙着干你打算干的这件事吧,因为你不能知道你干的这件事会不会对你真有好处。请满足于和平地治理你自己的王国并容忍我们治理我们所统治的人们吧。可是我知道,你必不肯听从这个忠告,因为你是最不喜欢安静无事地待着的。那么,如果你非常想与玛撒该塔伊人兵戎相见的话,你现在就不要再费事去架桥了。请容许我们从阿拉克赛斯河向后退三日的路程,然后你再率领军队渡河到我们国里来;否则,如果你愿意在你的河岸那边与我们作战的话,那你们也请退同样日程的道路吧。”居鲁士听到这个建议之后，便把波斯人的领袖人物召集起来并把这件事通知他们，要他们告诉他，他应当采取怎样的对策。所有的人都赞同要托米丽司渡河过来，在波斯的土地上对她作战。

(**207**)然而参加了这次会议的吕底亚人克洛伊索斯却不同意这个意见。于是他便起来表示了与它相反的意见，他说：“哦，国王啊，我在以前便向你说过，既然宙斯大神把我交到你的手里，那我将要尽我力之所及使你避免我所看到的逼临在王家之上的任何凶险之事。我自己身受的非常痛苦的灾祸已经使我得到了很大的教训。如果你自以为你并非凡人而你的军队又是天兵天将的话，那你毫无疑问可以不把我的忠告放到眼里。如果你觉得你自己是一个凡人，而你所统治的也还是凡人的时候，那么首先便要记住，人间的万事万物都是在车轮上面的，车轮的转动是决不容许一个人永远幸福的。现在，谈到目前的这件事情，我的意见是和你的其他顾问的看法相反的。因为倘若你同意你的敌人进入你的国土，那你要冒着多大的危险！如果你打了败仗的话，那你的帝国也就完了。可以肯定，如果玛撒该塔伊人战胜的话，他们不会撤回本国，而是要向你的帝国的所有的地区进军。如果是你得到胜利的话，那么你的战果就不会像你渡河作战时的战果那样大，因为到那边之后，你是可以乘胜直追的。当然，如果在你自己的土地上他们把你打败的话，他们会因你的损失而同样取得巨大战果的。如果在河的对岸你把托米丽司的军队打垮，那你立刻便可以冲击她的帝国的要害了。而且，且不说我方才所讲的那些，如果刚比西斯的儿子居鲁士向一个妇人屈服并

从她的领土之上退下来，那实在是一件不能容忍的可耻的事情。因此，按照我的意思，我们渡河并向前一直推进到他们所退的地方，然后设法用这样的办法来制服他们。我听人家说，玛撒该塔伊人对于波斯人生活上使用的好东西都没有见过，他们也从来没有尝过人间的至美之味。因此，让我们在自己的营地里给他们准备盛宴，你可以慷慨地切大量的羊肉来烹饪，同时在许多酒杯里斟上醇酒以及放上各种各样的菜肴。然后，把我们最不行的那部分军队留下，而我们退回河岸。除非是我的判断弄错，他们看到摆出好的东西，他们是会忘掉一切而尽情在那里饮宴的。那时我们便可以成就伟大功业了。”

(**208**)居鲁士看到他面前摆着的这两个相反的计划之后，便放弃了他先前的想法而愿意采取克洛伊索斯向他建议的那个计划，于是他便回答托米丽司，要她向后撤退而他本人渡河作战。托米丽司按她先前所约定的向后撤退了。于是他便把想使之继承他自己的王位的、他的儿子刚比西斯托付给克洛伊索斯，严厉地命令刚比西斯尊敬和厚待克洛伊索斯，如果他渡河攻打玛撒该塔伊人失败的话。在他发出了这样的命令并把他们二人送回波斯之后，就率领大军渡河了。

(**209**)当他在渡河之后的第一夜，睡在玛撒该塔伊人的土地之上的时候，他做了一个梦。在梦中他好像看见叙司塔司佩斯的长子在肩头上生长了翅膀，一只翅膀遮住了亚细亚，另一只翅膀遮住了欧罗巴。然而属于阿凯美涅斯家族的阿尔撒美斯的儿子叙司塔司佩斯，他的长子大流士那时也不过是二十岁上下的样子；由于还不到上阵的年龄，他给留在后方的波斯了。当居鲁士从睡梦中醒来的时候，他把梦中的情况回想了一下，觉得这不是闹着玩的事情。因此，他便派人把叙司塔司佩斯召了来，私下里向他说："叙司塔司佩斯，我发现你的儿子正在阴谋推翻我和夺取我的王位。我将要告诉你我是怎样地确实知道了这件事情的。诸神都在警卫着我的安全，因此如有任何危险，他们都会预先告诉给我的。既然是如此，故而我昨夜在睡着的时候，梦见了你的长子在肩头上长了翅膀，一只翅膀遮住了亚细亚，另一只翅膀遮住了欧罗巴。从这一点我可以确定，毫无疑问，他是正在对我发动阴谋了。因此你要尽快地回到波斯去，并且一定要在我征服了玛撒该塔伊人之后回来的时候，设法把你的儿子带到我的面前来，我好讯问他这件事情。"

(210)居鲁士这样讲，是因为他相信大流士正在阴谋反对他。但是他把神警告他的这个梦的真正含义理解错了，神的意思是告诉他说，他本人将要死在他所在的那个地方，而王国最后将要由大流士来继承。叙司塔司佩斯是这样回答居鲁士的："王啊，上天是不准任何活着的波斯人对你有什么阴谋的。如果有这样的一个人的话，那么就让他尽快地死掉吧。因为是你使被人奴役的波斯人变成了自由的人，是你使臣服于别人的波斯人变成了统治一切人的人。如果有一个梦告诉你说我的儿子正在阴谋反对你的话，那我就把他交给你任凭你来处理好了。"叙司塔司佩斯这样回答了居鲁士之后，便再一次渡过阿拉克赛斯河，赶忙回到波斯，为居鲁士把他的儿子大流士给监视起来了。

(211)这时，居鲁士从阿拉克赛斯河的河岸已经走了一日的路程，他按照克洛伊索斯的意见做了。他把他的军队中最无用的那一部分留在营地之上，而带着自己的精锐部队返回阿拉克赛斯河。但不久之后，玛撒该塔伊人的一支相当于他们全部人数的三分之一的部队，前来进攻给居鲁士留下的那部分军队，并在后者抵抗的时候把他们全都杀死了。而当这些人在歼灭了敌人之后看到了准备好的盛宴时，便坐下开始饮宴起来。当他们吃饱喝足了的时候，他们就睡着了。于是居鲁士所率领的波斯人便来到这里，杀死了他们许多人并俘虏了更多的人，其中就有统帅玛撒该塔伊人的斯帕尔伽披赛斯，他是女王托米丽司的儿子。

(212)当托米丽司听到她的儿子和她的军队的遭遇时，她便派了一名使者到居鲁士那里去，对他说："嗜血无厌的居鲁士啊，不要因为你做了这样一件事而得意起来吧：葡萄做的酒这种东西你们喝了就会失去理智，这种酒到了你们的肚子里面去，又会使恶言恶语涌出你们的口；而你们正是用这种毒物陷害他，而不是在公开的正正堂堂的战争中打败他；这样看来，这对你并不是什么光彩的事情。所以现在听我的忠告并相信这对你乃是良言，把我的儿子送还给我并且可以不受惩罚地离开这块国土。你已经蹂躏了玛撒该塔伊人的军队的三分之一，这也就差不多了。如果你不这样做的话，那我凭着玛撒该塔伊人的主人太阳起誓，不管你多么嗜血如渴，我也会叫你把血喝饱了的。"

(213)居鲁士根本就没有把她的这话放到心上；不过托米丽司女王的儿子斯帕尔伽披赛斯在醉后醒来时，知道自己身处于悲惨之境，便请求居鲁士给他解开绑绳。绳子是解开了，但是在斯帕尔伽披赛斯的双手刚刚得到自由的时候，他便自戕而死了。

(214)他便这样地结束了自己的生命。托米丽司知道了她的意见未被接受，便把国内的全部军队纠合起来和居鲁士交锋。这一场战争，根据我的判断，在夷人（即非希腊人——译者）所曾进行的一切战争当中，确实可以说是最激烈的一次了。而且，实际上我也听到了战争当时的情况。原来，据说在一开头的时候，他们双方在对峙的情况之下相互射箭，很快地在他们的箭全都射完的时候，他们便相互猛冲上来用枪、剑之类的武器进行了殊死的厮杀。据说，他们便这样地厮杀了很长的一个时候，哪一方面都不想退却。结果是玛撒该塔伊人取得了胜利。波斯的军队大部分都死在那里，而居鲁士本人也在统治了二十九年之后在这一场战争中战死了。托米丽司用革囊盛满了人血，然后便在波斯阵亡者的尸体中间寻找居鲁士的尸体。她找到了他的尸体，就把他的首级割下来放到她那只盛血的革囊里去，而且在蹂躏居鲁士的尸体时，她说："我现在还活着，而且在战斗中打败了你，可是由于你用奸计把我的儿子俘虏了去，则战败的毋宁说是我了。然而我仍然想实现我威吓过你的话，把你的头用血泡起来，让你饮个痛快吧。"关于居鲁士的死的传说的确是有很多的，但我只叙述了上面的一种，因为我认为这个说法是最可信的。

(**215**)玛撒该塔伊人穿着和斯奇提亚人相同的衣服，又有着同样的生活方式；他们拥有骑兵和步兵（二者是分开的），此外还有弓兵和枪兵，更有使用战斧的习惯。他们在一切的物品上都使用黄金和青铜，所有他们的枪头、箭头或战斧一类的东西全都用青铜制造，所有装饰在头部、腰带、胸甲上面的东西则都是黄金制造的。同样，他们给马的胸部戴上青铜的胸甲；马勒、马衔和颈甲的则是使用黄金的。他们那里有大量的黄金和青铜，但铁和银都没有，因此他们从来不使用铁和银。

(**216**)至于他们的风俗习惯，则他们是每人娶一个妻子，不过他们的妻子却是随便和别人交媾的。原来希腊人认为是斯奇提亚人做的事情，实际上不是斯奇提亚人，而是玛撒该塔伊人做的；玛撒该塔伊男子感到有性交需要时在妇女乘坐的车前挂上一个箭袋，他就可以不怕任何人在中间干涉而为所欲为了。对于年龄，他们当然是不会有什么限制的；但是，如果有年纪非常大的人的话，则他的族人便全部集合到他这里来把他杀死，并且燉他的肉用来大张饮宴。在这之外，家畜当然也是要和他一同被屠杀的。他们认为这乃是死者的最高的幸福；如果一个人病死，因此没有被人吃掉并给埋到土里，也就是没有一直活到被杀的时候，他们认为这是不幸的事情。他们不播种任何种子，而以家畜与鱼类为活，因为在阿拉克赛斯河里，鱼是非常多的。他们饮用牛乳。他们在诸神中间只崇拜太阳，他们献给太阳的牺牲是马。他们把马作牺牲来奉献的理由是：只有人间最快的马才能配得上诸神中间最快的太阳。

第 二 卷

(1)居鲁士死后,帕尔那斯佩斯的女儿卡桑达涅和居鲁士之间所生的儿子刚比西斯便继承了王位。卡桑达涅是在她的丈夫居鲁士之先死去的,居鲁士曾因她的死深为哀悼,并通告在他所统治下的一切人都为她服丧。这个妇女和居鲁士所生的孩子刚比西斯把伊奥尼亚人和爱奥里斯人看成是从父亲手里继承过来的奴隶;他率领着其他在他统治之下的人们,并在他所君临的希腊人的伴随之下,远征埃及去了[①]。

(2)直到普撒美提科斯成为埃及人的国王[②]的时候,埃及人相信他们是全人类当中最古老的民族;从普撒美提科斯一登上王位,而想知道一下哪里的人最古老的那个时候起,他们便认为他们自己比所有其他民族要古老。但是只有普里吉亚人却比他们还要古老。普撒美提科斯虽然探求哪里的人是最古老的,可是找不到任何头绪,于是他便想了这样的一个办法。他把普通人的两个新生的婴儿在一生下时交给一个牧羊人,叫他把他们放在羊群当中哺育,哺育的办法是命令不许任何人在他们面前讲任何

① 刚比西斯远征埃及的日期大概是在五二五年。

② 六六四年左右。

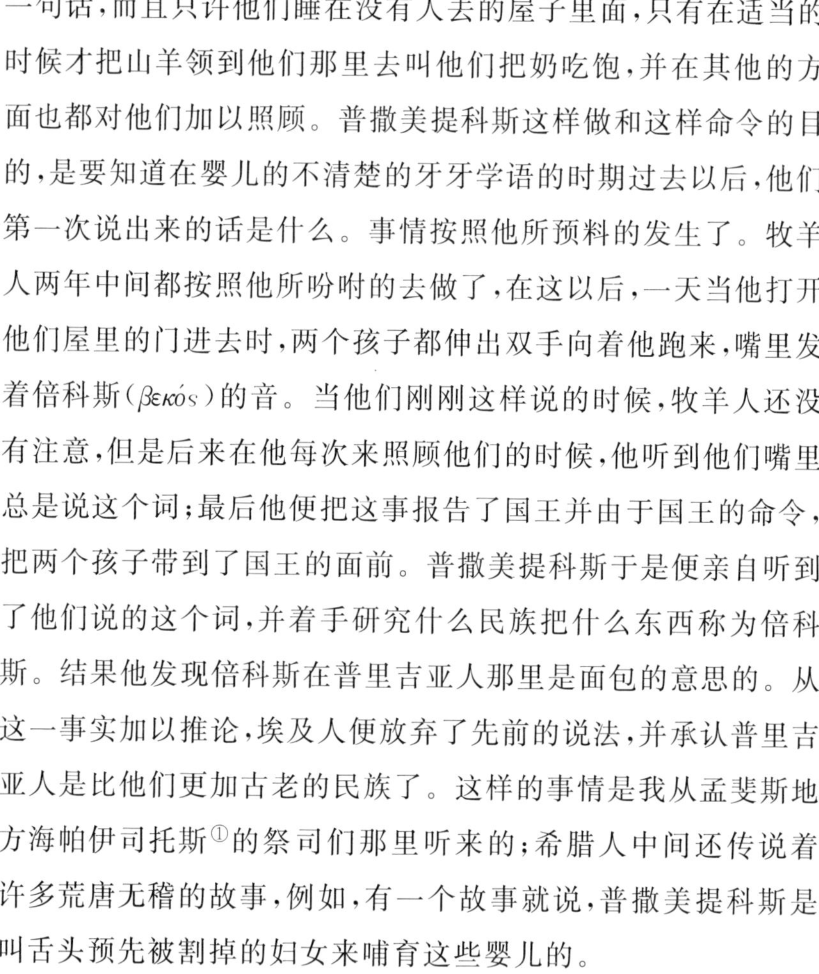

一句话，而且只许他们睡在没有人去的屋子里面，只有在适当的时候才把山羊领到他们那里去叫他们把奶吃饱，并在其他的方面也都对他们加以照顾。普撒美提科斯这样做和这样命令的目的，是要知道在婴儿的不清楚的牙牙学语的时期过去以后，他们第一次说出来的话是什么。事情按照他所预料的发生了。牧羊人两年中间都按照他所吩咐的去做了，在这以后，一天当他打开他们屋里的门进去时，两个孩子都伸出双手向着他跑来，嘴里发着倍科斯（βεκός）的音。当他们刚刚这样说的时候，牧羊人还没有注意，但是后来在他每次来照顾他们的时候，他听到他们嘴里总是说这个词；最后他便把这事报告了国王并由于国王的命令，把两个孩子带到了国王的面前。普撒美提科斯于是便亲自听到了他们说的这个词，并着手研究什么民族把什么东西称为倍科斯。结果他发现倍科斯在普里吉亚人那里是面包的意思的。从这一事实加以推论，埃及人便放弃了先前的说法，并承认普里吉亚人是比他们更加古老的民族了。这样的事情是我从孟斐斯地方海帕伊司托斯①的祭司们那里听来的；希腊人中间还传说着许多荒唐无稽的故事，例如，有一个故事就说，普撒美提科斯是叫舌头预先被割掉的妇女来哺育这些婴儿的。

（**3**）祭司们的关于哺育婴儿的说法就是我上面所介绍的了；除去上面所提到的之外，我在孟斐斯和海帕伊司托斯的这些祭司谈话时，还听到各式各样的许多事情。我甚至为了这个目的到底比斯和黑里欧波里斯去，专门要去对证一下那里的人们所讲的话

① 希腊人所说的海帕伊司托斯等于埃及的世界创造之神普塔。

是不是和孟斐斯的祭司们所讲的话相符合。黑里欧波里斯地方的人们素称对于埃及人的历史掌故是最熟悉的。除去他们的神的名称之外，我不打算重复他们告诉我的、关于他们的诸神的事情；因为我知道，关于神的事情，任何地方的人都是知道得很少的。除非在我后面的叙述中不得不这样做，关于这些事情我是不想再说任何其他的东西了。

(**4**)但是，关于人间的事情，他们下面所叙述的事情是完全一致的；他们说，埃及人在全人类当中第一个想出了用太阳年来计时的办法，并且把一年的形成时期分成十二部分。根据他们的说法，他们是从星辰而得到了这种知识的。在我看来，他们计年的办法要比希腊人的办法高明，因为希腊人每隔一年就要插进去一个闰月才能使季节吻合，但是埃及人把一年分成各有三十天的十二个月，每年之外再加上五天，这样一来，季节的循环就与历法相吻合了。他们又说，埃及人最初使用了十二位神的名字，这些名字后来曾被希腊人借用了去。他们又最先给某些神设坛、造像、修殿并且第一个把各种各样的图像刻到石头上去。在大多数的情形之下，他们都是用事实证明给我，他们所讲的话是真实的。而他们还告诉我说，埃及人的第一位国王的名字是米恩。在他的统治时代，除了底比斯省[①]之外，全埃及是一片沼泽，在今天莫伊利斯湖[②]以下的地方全部都是浸在水里的，而从莫伊利斯湖到海岸，则是七天行程的道路。

① 上埃及的南部。

② 在尼罗河以西现在的法雍地方。

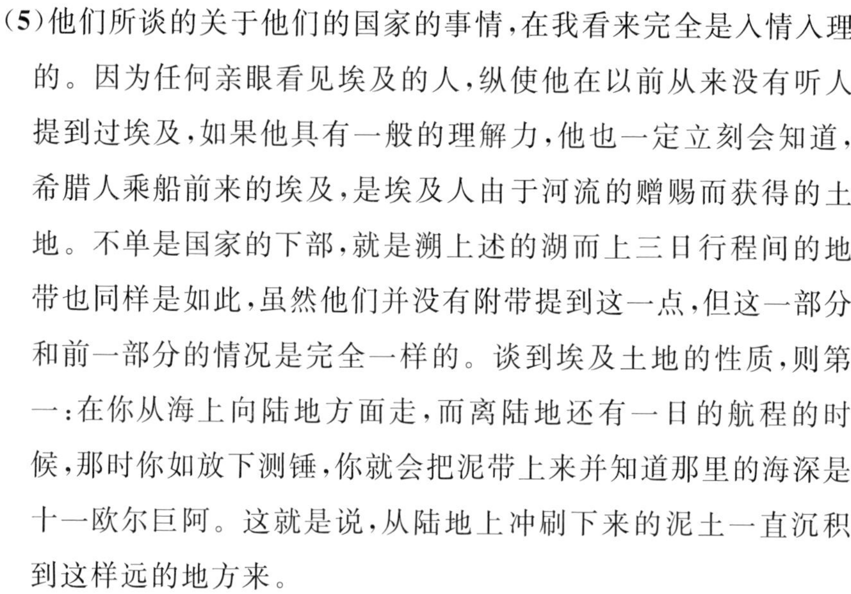

(5)他们所谈的关于他们的国家的事情,在我看来完全是入情入理的。因为任何亲眼看见埃及的人,纵使他在以前从来没有听人提到过埃及,如果他具有一般的理解力,他也一定立刻会知道,希腊人乘船前来的埃及,是埃及人由于河流的赠赐而获得的土地。不单是国家的下部,就是溯上述的湖而上三日行程间的地带也同样是如此,虽然他们并没有附带提到这一点,但这一部分和前一部分的情况是完全一样的。谈到埃及土地的性质,则第一:在你从海上向陆地方面走,而离陆地还有一日的航程的时候,那时你如放下测锤,你就会把泥带上来并知道那里的海深是十一欧尔巨阿。这就是说,从陆地上冲刷下来的泥土一直沉积到这样远的地方来。

(6)此外,埃及本土的海岸线的长度是六十司科伊诺斯;根据则是我们为埃及所定义的疆界,即从普林提涅湾到沿着卡西欧斯山而伸展开来的谢尔包尼斯湖。领土狭小的国家的人们用欧尔巨阿来测量土地;领土较大的国家的人们则用斯塔迪昂来测量土地;有大量土地的国家的人们用帕拉桑该斯来测量土地。而拥有极多土地的人们,则是用司科伊诺斯来测量土地了。一帕拉桑该斯等于三十斯塔迪昂,而埃及人的尺度司科伊诺斯是等于六十斯塔迪昂。这样看来,埃及的海岸线,便长达三千六百斯塔迪昂了。

(7)从海岸线向内陆直到黑里欧波里斯的地方,埃及是一片广阔的土地,这是一片平坦的、多水的沼泽地带。从海岸到黑里欧波里斯的路程相当于从雅典的十二神的祭坛到披萨的奥林匹亚·宙斯神殿的路程。如果计算一下的话,那就可以看到路程之间相差得不多，二者相差不超过十五斯塔迪昂；因为从雅典到披萨，是差十五斯塔迪昂不到一千五百斯塔迪昂，而从海到黑里欧波里斯却正是一千五百斯塔迪昂。

(8)从黑里欧波里斯再向里面走，埃及就成了一条狭窄的土地。因为它的一面是阿拉伯山脉，这山脉从北向南以及西南，一直伸展到所谓红海的地方。孟斐斯那里金字塔所用的石块，便是从这个山脉中的采石场开采出来的。山脉在这方面转折，而终止在我所说的那些地方。从东到西最宽的地方，我听说是要走两个月，而它们的最东部的边界是出产乳香的。山脉的情况就是这样。在利比亚的这一面，埃及有另一支岩石重叠的山脉屏障着，金字塔就在这中间。这支山脉上面全是沙砾，它的方向和阿拉伯山脉一样，也是向南走的。从黑里欧波里斯再向外去，埃及便没有多么大的地方了；溯河而上的那条狭窄的土地不过是〔十〕四(修德本原文“十”字有括弧，这是迪池加上去的，但并无版本上的依据——译者)天的路程。在上面所说的山脉之间，土地是平坦的，而在平原最狭窄的地方，在我看来，在阿拉伯山脉和人们所说的利比亚山脉之间是还不到二百斯塔迪昂宽的。过了这个地方，埃及又变成了一片广阔的土地。当地的形势便是这样了。

(9)从黑里欧波里斯到底比斯，从河道走是九天的路程，距离是四千八百六十斯塔迪昂或八十一司科伊诺斯。下面是用斯塔迪昂换算的，埃及全部距离的总和：海岸线的部分我已经说过，是三千六百斯塔迪昂长；现在我再说一下从海岸地带到内地的底比斯的距离，这是六千一百二十斯塔迪昂。在底比斯和称为埃烈旁提涅的城市之间的距离则是一千八百斯塔迪昂。

(**10**)这样看来,我所谈到的这个国家的大部分土地都是埃及人所获得的土地;埃及的祭司们这样告诉我,我自己也这样想。在孟斐斯以上两条山脉夹峙间的全部土地,在我看来一度曾经是个海湾,正和伊里翁和铁乌特拉尼亚和以弗所一带的土地和迈安德罗司平原一样,只不过是比较起来规模有大有小罢了。因为谈到用本身的河水冲积成这些土地的诸河流,在规模上没有一条河是可以和尼罗河的五个河口当中的任何一个河口相比的。此外还有一些河流,它们不像尼罗河那样大,却也造成了很大的后果;我可以举出它们的名字来,但是其中主要的是阿凯洛司河,这条河流经阿卡尔那尼亚而后入海,它已经使埃奇那戴斯群岛的一半变成大陆了。

(**11**)现在,在阿拉伯离埃及不远的地方,有一个从所谓红海伸出来的海湾,现在我就说一说这个海湾的长度和宽度:在长度方面,用划桨的船从它的最内部的一头到大海要走四十天;在宽度方面,最宽的地方要走半天。每天在那里都有潮汐起落。我以为现在埃及的地方过去曾是另一个这样的海湾;一个从北方的海伸到埃西欧匹亚;另一个我就要提到的阿拉伯湾则从南伸向叙利亚。这两个海湾的尽头都深入相互靠近的地方,它们之间只隔着很小的一块土地。而如果尼罗河想流入阿拉伯湾的话,有什么能使它在两万年中间不被这条河用冲积土给封闭起来呢。照我来看,一万年的时间也就够了。因此可以相信,我出生前,一个比这海湾大得多的海湾是可以被这样一条急流的大河变成陆地的。

(**12**)因此，关于埃及，我首肯这样说的人们的话，而且我自己也完全信服他们所说的话。因为我看到，尼罗河是在离相邻地区相当远的地方流到海里去的，在山上可以看到贝壳，地面上到处都蒙着一层盐，以致附近的金字塔都要受到损害，而埃及的唯一的沙山就是孟斐斯上方的那座山；此外，埃及既不像与之相邻的阿拉伯的土地，又不像利比亚，也不像叙利亚(因为在阿拉伯的海岸地带住着的是叙利亚人)，它是一片黑色碎土的土地，仿佛是从埃西欧匹亚那里的河流带下来的泥和冲积土。但是我们知道利比亚的土壤较红并且有一些沙子，而阿拉伯和叙利亚则毋宁说是黏土和岩石的土地了。

(**13**)我从祭司们听到的又一件事实，对我来说，是关于这个国家的一个有力的证据。根据他们的说法，当莫伊利斯做国王的时候，河水只要上升八佩巨斯，就会把孟斐斯以下的全部埃及土地泛滥了[①]。但当我从祭司们那里听到这件事的时候，莫伊利斯死了还不到九百年。不过现在，除非河水上升至少到十五六佩巨斯，它是不会使国土泛滥的。因此，在我看来，如果土地按着这样的比例不断增高而面积也同样地不断扩大，则居住在莫伊利斯湖下方其他地区的埃及人以及所谓三角洲上面的居民终有一天会因尼罗河中止泛滥而永久地受到他们常说希腊人在什么时候要经历到的苦难。在听到希腊人的全部土地都是用天上的雨水来灌溉，而不是像他们的土地那样，是因河水的泛滥而得到灌

① 如果这个说法不错的话，莫伊利斯做国王的时期一定远不止在希罗多德之前九百年。要使尼罗河的河床上升八佩巨斯，九百年太短了。

溉时，于是他们就说，总有一天希腊人会对自己的巨大期待感到失望，而那时他们（指希腊人——译者）便要陷入悲惨的饥馑之境了。这话的意思等于说，如果有一天神不愿意再降雨给希腊人，而使他们遭受长期旱魃的话，希腊人就会给饥馑消灭掉，因为他们除去指望从宙斯那里取得雨水之外，他们是没有任何其他的水源的。

（**14**）埃及人在这样谈到希腊人的时候，他们的话是非常真切的。现在让我再说一下埃及人本身的情况如何。正像我刚才所说的，如果孟斐斯下方的土地（这是一块不断在扩大的土地）继续以和过去一样的速度增高，则既然那个地方没有雨而河水又不能泛滥到他们的田地上去的时候，那个地方的居民怎么能够不遭受饥馑呢？现在必须承认，他们比世界上其他任何民族，包括其他埃及人在内，都易于不费什么劳力而取得大地的果实，因为他们要取得收获，并不需要用犁犁地，不需要用锄掘地，也不需要做其他人所必须做的工作。那里的农夫只需等河水自行泛滥出来，流到田地上去灌溉，灌溉后再退回河床，然后每个人把种子撒在自己的土地上，叫猪上去踏进这些种子，此后便只是等待收获了。他们是用猪来打谷的，然后把粮食收入谷仓。

（**15**）可是，如果我们采用伊奥尼亚人的关于埃及的看法的话，则就只有三角洲那块地方才是埃及了。他们说，三角洲从所谓培尔赛欧斯监视塔沿海岸到佩鲁希昂的腌鱼场有四十司科伊诺斯，而从沿海向内地则是直到凯尔卡索洛斯市[①]的地方；尼罗河便

① 在三角洲的南端离开罗不远的地方。尼罗河的两股主要河道便在这里分开。

在那里分成两股，分别在佩鲁希昂和卡诺包斯二地入海。他们说，其他被称为埃及的地方，或属于阿拉伯，或属于利比亚。如果我们同意这个说法，那我们就等于说在过去埃及人没有自己的领土了。但我们知道，三角洲，正如埃及人自己所说而我个人也深信不疑的，却是由河流冲积而成的，而可以说是在不久之前才出现的。倘若他们以前根本没有领土的话，他们怎么能无聊到竟自标榜为世界上最古的民族呢。而他们也确实没有必要用婴儿做试验来看一下婴儿最初说的是哪一种语言了。实际上，我倒并不相信埃及人是和伊奥尼亚人的所谓三角洲同时产生的。我想他们是从有人类以来便一直存在着；既然土地不断增加，他们中间的许多人便下降到新的低地上来，也还有许多人留在他们的旧日的土地上。在古昔的时代，底比斯是称为埃及的，这是一块周边长达六千一百二十斯塔迪昂的地方。

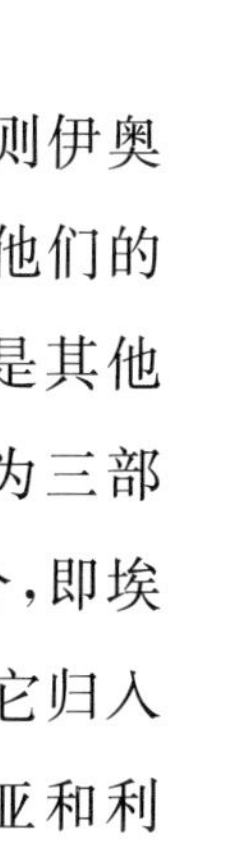

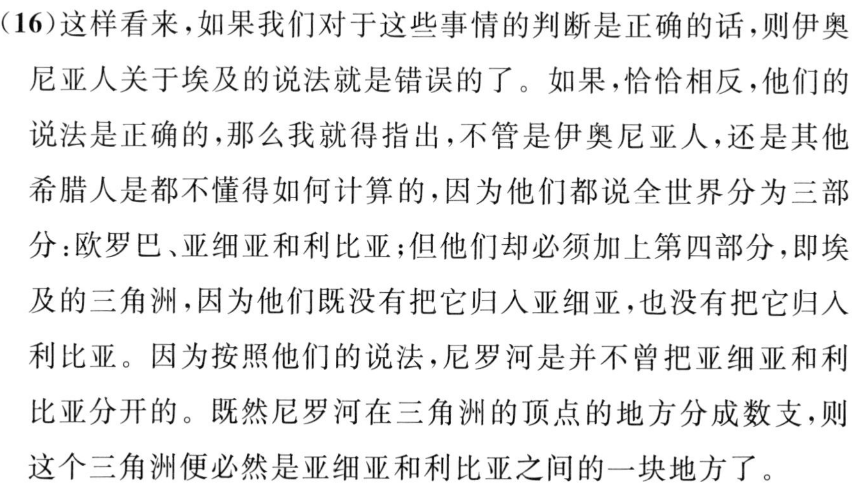

(**16**)这样看来，如果我们对于这些事情的判断是正确的话，则伊奥尼亚人关于埃及的说法就是错误的了。如果，恰恰相反，他们的说法是正确的，那么我就得指出，不管是伊奥尼亚人，还是其他希腊人是都不懂得如何计算的，因为他们都说全世界分为三部分：欧罗巴、亚细亚和利比亚；但他们却必须加上第四部分，即埃及的三角洲，因为他们既没有把它归入亚细亚，也没有把它归入利比亚。因为按照他们的说法，尼罗河是并不曾把亚细亚和利比亚分开的。既然尼罗河在三角洲的顶点的地方分成数支，则这个三角洲便必然是亚细亚和利比亚之间的一块地方了。

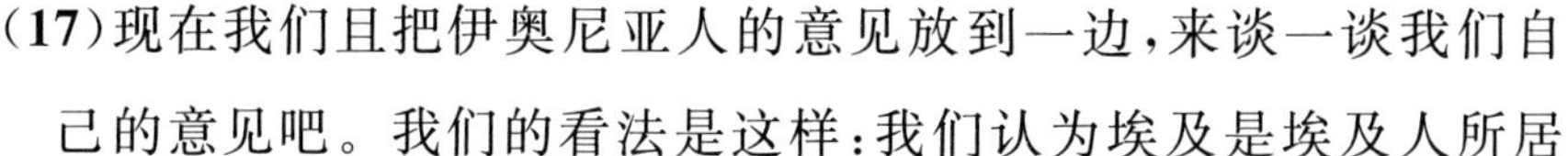

(**17**)现在我们且把伊奥尼亚人的意见放到一边，来谈一谈我们自己的意见吧。我们的看法是这样：我们认为埃及是埃及人所居

住的全部国土，正仿佛奇利启亚是奇利启亚人的居住的地方，亚述是亚述人居住的地方一样。而老实说，除去埃及的境界之外，我们也不知道有什么利比亚和亚述的边界。如果我们承认希腊人一般所承认的边界，那我们就必须认为全部埃及从埃烈旁提涅和瀑布起分成两部分，每部分又各属于世界的不同部分，一部分是属于亚细亚，另一部分是属于利比亚。尼罗河从瀑布到海把埃及从当中分为两部分，它直到凯尔卡索洛斯城都是一道河流，但是从那里起它分成了三支，向东的一支称为佩鲁希昂河口，向西的一支则称为卡诺包斯河口。同时尼罗河中间从上方一直流下来的那一支，到达尼罗河的顶点，继续前行，把三角洲从中间分开后而流注入海，这个河口和其他河口同样有名，又流着同样多的尼罗河河水，它的名字叫做赛本努铁斯河口。除去这些河口之外，还有从赛本努铁斯分出去的另外两个河口，它们一个叫做撒伊司河口，另一个叫做孟迭司河口。博尔比提涅河口和牧人河口（此系意译——译者）则不是天然的河口，而是人工挖掘的河渠。

(18)在前面我已经提出了我对于埃及的领土面积的看法，我的这个看法由于阿蒙神殿的一次神托而得到了证明；而我是在形成了我的关于埃及的看法以后，才听到了神的这一宣托的。事情是这样：住在埃及的邻接利比亚的那一部分领土上的两个城市玛列阿和阿庇斯的市民，认为自己是利比亚人而不是埃及人，并且不喜欢当地禁止他们吃牛肉的那种有关牺牲的宗教惯例，于是他们便派人到阿蒙那里去，说他们与埃及人没有共同的地方：他们说，他们不住在三角洲，又不讲埃及语，因而他们要求允许他们吃随便什么东西。但是神拒绝了他们的请求，神回答他们说，全部埃及是尼罗河泛滥和灌溉的一块土地，而全部埃及人就是住在埃烈旁提涅的下方并且饮用尼罗河的河水的那个民族。神给他们的宣托便是这样。

(**19**)尼罗河在泛滥的时候，它不仅泛滥到三角洲上去，而且也泛滥到被认为是属于利比亚和阿拉伯的那些地方上去；它泛滥到离两岸有两天的路程的地方，有时远些，有时则近些。关于这个河的性质，不管是从祭司们那里，还是从别的人那里，我都听不到任何东西。我特别想从他们那里知道，为什么尼罗河从夏至起便开始上涨并一直上涨一百天，为什么在这段时期过去以后，它的水位立刻就退落并减弱水流，这样在整个冬天一直保持着低的水位直到第二年夏至再来的时候。我曾向埃及人打听，尼罗河有怎样的性能而使自己具有和所有其他的河流相反的性质，但关于这件事，我从居民那里得不到任何说明。我想知道，并且打听人们对上面提到的那些事情怎样说法，我还问过他们，为什么尼罗河又与所有其他的河流不同，从它的上面没有微风吹出来。

(**20**)然而，有一些希腊人，为了取得富有智慧的令名，便试图对尼罗河的这些现象加以解释；他们对这些现象提出了三种不同的说法。其中有两种说法我认为是不值一谈的，只提一下它们是什么便够了。再有一种说法是认为季节风[①]阻止尼罗河河水入海，故而使河水高涨起来。但是，常常有这样的情形，那就是在

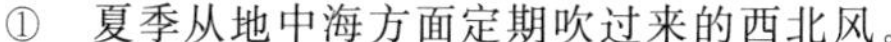

① 夏季从地中海方面定期吹过来的西北风。

不刮季节风的时候,尼罗河照旧是发生同样作用的;此外,如果季节风有这种效果的话,那么逆着这种风而流的其他河流也势必呈现和尼罗河相同的现象了,而且它们应当上涨得更要厉害,因为其他那些河流都比较小,水流也比较弱。可是,在叙利亚和利比亚都有很多这样的河流,但它们在这方面却是和尼罗河完全不同的。

(**21**)第二个说法比起刚才提到的那第一个说法来还要没有根据,尽管可以说它是更加耸人听闻的。根据这个说法,则尼罗河所以有这样奇异的现象发生,因为它的河水是从欧凯阿诺斯流出来的,而欧凯阿诺斯又是周流于全世界的。

(**22**)第三个说法比另外两个说法要动听得多,然而也就更加荒唐无稽了。这个说法实际上丝毫不比另外的两个说法有更多的真理。依照这个说法,尼罗河的河水是由于雪的融化而产生的。但是,既然尼罗河发源于利比亚,经过埃西欧匹亚的中央而流入埃及,则从世界上最热的地区流到大部分是较冷的地区的河流,怎么可能是融化的雪所形成的呢?任何对这样的事情能加以推理的人都可以提出最有力的论据来证明河水是不可能由积雪形成的;那就是从利比亚和埃西欧匹亚吹出来的都是热风。第二个论据是:那里从来没有过下雨和结霜的事情,而如果下雪的话,那在五日之内是一定要有雨的。第三个论据:当地的居民是由于太阳的热力而变黑的;此外,鸢和燕成年地留在那里不到别处去,而鹤每年却在斯奇提亚那边,严冬的时候飞到这边来避寒。因此,如果在尼罗河发源的那个地方,以及在尼罗河流过的那个地方居然还会下很少一点的雪的话,那么任何这类情况的发生都是绝对不可能的。

(23)至于把这些现象归之于欧凯阿诺斯的人,他的理由是以虚无缥缈的神话为依据的,因此完全没有反驳的必要。就我这方面来说,我从来不知道有一条叫做欧凯阿诺斯的河流。我想是荷马或者是更古老的一位诗人发明了这个名字,而把它用到自己的诗作里面来的。

(24)既然我都不同意上面所提出的意见,对于这些不明确的事情,现在我必须提出我个人的意见来了。因此,我便来着手解释一下看,为什么尼罗河的河水会在夏天的时候上涨。在冬季的时候,太阳被暴风吹出它原来的轨道而移转到利比亚的上方。如果要用最少的话来作出结论的话,问题的关键就在这里了。因为最容易明白的道理是这样:凡是离日神最近的地方,或日神直接通过的地方,那里便最缺水,而那里的河水也便最少。

(25)但如果解释得比较详细的话,实际的情况就是这样。太阳在经过利比亚上部的时候,对它们发生了这样的影响。那些地方的大气一年到头都是清朗的,土地是温暖的而且没有凛冽的寒风,因此太阳经过那里的时候,对它们发生的作用就和在夏天它经过中天时对其他任何地方通常发生的作用完全相同。这就是说,它把水吸了过来。在把水吸过来以后,它再把水驱到内部地区,而风便把这些水接过来,再把这些水分散,溶解;这样当然可以想象到,从这个地区吹出去的风,即南风和西南风,都是带着最多的雨的风。而我的看法是,太阳每年从尼罗河吸上来的水,它并不完全放出来,而是在它的身旁保留一些。当冬天变得暖和一些的时候,太阳便重新回到它在中天的旧轨道上面去并开始同等地从所有的河流吸收水汽。到那时为止，其他的那些河流由于大量流入的雨水而充满了汹涌的激流，因为当地落雨而土地又被冲出了沟壑。但是到了夏天，由于缺雨，而太阳又吸收了它们的水分，这些河流的水位便下降了。但尼罗河却恰恰相反，它并不曾得到雨水的供应，又是太阳在冬天才吸水的唯一的河流，因此它当然和其他的河流不同，它在冬天的水位比夏天要低得多；这是当然的事情。因为在夏天，它和所有其他的河流一样，河水同样为太阳所吸收，但是在冬天，只有它的水才被太阳所吸收。从而我以为上面的现象的唯一原因就是太阳。

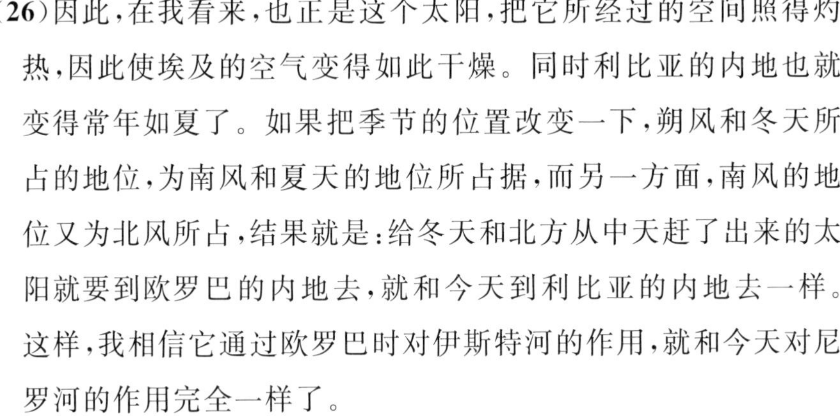

(**26**)因此，在我看来，也正是这个太阳，把它所经过的空间照得灼热，因此使埃及的空气变得如此干燥。同时利比亚的内地也就变得常年如夏了。如果把季节的位置改变一下，朔风和冬天所占的地位，为南风和夏天的地位所占据，而另一方面，南风的地位又为北风所占，结果就是：给冬天和北方从中天赶了出来的太阳就要到欧罗巴的内地去，就和今天到利比亚的内地去一样。这样，我相信它通过欧罗巴时对伊斯特河的作用，就和今天对尼罗河的作用完全一样了。

(**27**)至于为什么从尼罗河上没有微风吹出来这件事，我的意见是，从酷热的地方是不可能有风吹过来的，因为微风总是喜欢从十分寒冷的地方吹出来的。

(**28**)这样的事情就是这样的了，就和从一开头便是这样一样。至于尼罗河的水源的情况，和我谈过话的埃及人、利比亚人或希腊人都没有向我说过他们知道什么东西。例外的只有一个人，他就是埃及撒伊司城雅典娜圣库的主簿。当他说，他对于尼罗河的水源知道得十分清楚的时候,我觉得他是在跟我开玩笑。他的说法是这样:在底比斯的一个城市叙埃涅和埃烈旁提涅之间,有两座尖顶的山。一座山叫做克罗披山,另一座山叫做摩披山。尼罗河的水源便在这两山中间,这是一个深不知底的水源。它一半的水向北流入埃及,一半的水向南流入埃西欧匹亚。他说,这个水源据说是深得没有底的,因为埃及的一位国王普撒美提科斯曾经测验过它的深度,从而证实了这个事实。他制造了一根有好几千寻长的绳子,把它沉到水源里面去,然而却摸不到底。因此这个主簿便使我认识到,如果他所讲的话还有可信之处的话,在水源的这个地方有一些强力的涡旋和一股逆流,故而在水流冲击两山的情况之下,这个测锤是不能到达水源之底的。

(29)此外,从任何其他人那里我便没有听到任何东西了。由于我亲身上行直到埃烈旁提涅去视察并且对于从那里再向上的地区根据传闻来加以探讨;结果我所能知道的全部情况便是这样:当一个人再从埃烈旁提涅上行的时候,土地就升高了。因此人们就需要在河的这一部分,就好像人拉着牛的那个样子给船的每边系上一根绳子,这样溯河行进。如果绳子断了,船就会给水流的力量带回到河的下游去。航程在这样的河道上要继续四天,这里的尼罗河是与迈安德罗司河一样地曲折,这样必须走过的距离要有十二司科伊诺斯。在这之后你便走到一个平坦的原野上面了,尼罗河在这里分成两支,因为在河流中间夹着一个叫做塔孔普索的岛。埃烈旁提涅以上的地方就开始住着埃西欧匹亚人,他们占有这个岛的一半,而埃及人占另一半。在岛的附近又有一个大湖,而埃西欧匹亚的游牧民就住在这个大湖的周边。

过去这个大湖，你便又来到了流入这个大湖的尼罗河。在这里，你得登陆并沿着河岸步行四十日，因为尼罗河的河水中有突出水面的尖峰，而在那里的水面下又有许多暗礁，因此人们便不可能再乘船上行了。当你在四十天中间这样经过了河流的这一部分的时候，你便可以再乘船循着水路走十二天，到了这段时期的末尾的时候，你便来到了一个称为美洛埃的大城市。这个城市据说是其他埃西欧匹亚人的首府。当地的居民所崇拜的只有宙斯和狄奥尼索斯[1]两个神。他们对这些神是非常尊敬的。城中有宙斯神的一个神托所，这个神托所指挥着埃西欧匹亚人的战事：神托命令他们什么时候作战，向着什么地方出征，他们便立刻拿起武器来照办。

(30)离开这座城市再溯河上行，经过你从埃烈旁提涅到埃西欧匹亚人的这个首都所需的同样的时间，你便来到了称为"逃走者"的地方。这些逃走者被称为阿斯玛克('Ασμάχ)，这个词如果译成我们的语言（指希腊语——译者）的话，它的意义就是"侍立在国王左面的人"。这些逃走者是属于武士阶级的埃及人，人数有二十四万，他们是在国王普撒美提科斯的统治时代背叛了他而到埃西欧匹亚人这里来的。他们逃走的原因是这样的。普撒美提科斯当政时，在埃及有三支卫戍部队：一支驻在埃烈旁提涅城用来对付埃西欧匹亚人，一支驻在佩鲁希昂的达普纳伊用来对付阿拉伯人和叙利亚人，还有一支驻在玛列阿用来对付利比亚人。而直到我的时候，波斯人和在普撒美提科斯的时代一样，仍

① 指埃及的阿蒙和奥西里斯。

然守卫这些地点;他们在埃烈旁提涅和达普纳伊都设有卫戍部队。但是有一次埃及的卫戍部队在三年中间并没有被替换。于是士兵到三年末的时候,便共同进行了商议;在他们一致同意举行哗变之后,他们便叛离了普撒美提科斯,向埃西欧匹亚人那边去了。普撒美提科斯听到了这个行动,便在他们的后面追,而等他追着他们的时候,就说了许多话来恳求他们,请他们不要离弃他们父祖历代奉祀的诸神,不要离弃他们的妻子儿女。但是据说其中的一个人指着自己的生殖器说,不管他们走到什么地方,他们是不愁没有妻子儿女的。这样,在他们到达埃西欧匹亚之后,他们便把自己交给国王,任凭他来安置。国王为了答报,便赠给他们一块与他不和的某些埃西欧匹亚人的土地,办法是他命令他们把上面的居民赶跑而取得这块土地。自从埃及人归化而在这块土地上定居以来,埃西欧匹亚人学习了埃及的风俗习惯,这样就使得他们的性情比先前更加柔和了。

(**31**)这样,不仅仅是通过全部埃及,就是从埃及的疆界向上,陆路与水路四个月路程的地方,尼罗河行经的道路我们都知道了。计算一下便可以看到,从埃烈旁提涅到上述的逃走者的土地那里,就需要那样长的一段时间。在那里,河流的方向是从西、从日没的地方向东流的。从那里再向上,就没有人知道它流到什么地方去了。那个地方太热,因此那里也就成了一片无人居住的沙漠地带。

(**32**)然而我从库列涅当地的某些人那里却也听到一些话,现在我要把它们转述一下。他们说,有一次他们到阿蒙的神托所那里去,在那里和阿蒙人的国王埃铁阿尔科斯交谈,谈话中间他们偶然谈到了尼罗河，说不知为什么没有人知道它的水源。埃铁阿尔科斯听见这话之后就说，过去有一些纳撒蒙人曾到他的宫殿来，而当他问他们是否能提供关于利比亚的无人居住的地区的任何情报时，他们便向埃铁阿尔科斯讲了下面的故事。纳撒蒙人是利比亚的一个部落，他们占据在叙尔提斯和叙尔提斯东部的不大的一块地方。他们说，在他们中间有一些粗暴狂傲的少年，这些少年是领袖人物的子弟，当这些少年长大成人的时候，除去干出了各种各样无法无天的事情之外，他们还用抽签的办法选出他们中间的五个人到利比亚的荒漠地带去探险，试一试他们是否能够深入到比前人所曾到达的最遥远的地带更远的地方去探查。利比亚的北部海岸，从埃及直到利比亚的一端的索洛埃司岬的全部地带，住着许多不同部落的利比亚人；他们占据着整个地带，只有属于腓尼基人和希腊人的某些部分是例外。从海岸线和海边居民的地区向上，利比亚便是猛兽经常出没的地区了。从猛兽出没的地区再向上，便是一片沙砾的地区，是极其缺水的地区，是完完全全的荒漠之地了，因此，这些青年人他们说便为了这件事被他们的同伴们派了出来，而在出发时他们带了充足的水和食粮；他们起初是旅行在有人居住的地区，过了这个地区之后，他们便到了野兽出没的地区；从那里他们最后进入了一片沙漠，他们是按着从东到西的方向在沙漠上行进的。在一片广大的沙漠上行进了许多天之后，他们终于走到了一个平原，他们在平原上看到有树生长着。他们走到这些树跟前，看到有果子长在上面，便动手采集这些果子。正当他们采集果子的时候，他们看到一些比普通人要矮小的侏儒走过来，这些侏儒把他们捕获并给带走了。纳撒蒙人一点也不懂他们的话，他们也一点也不懂纳撒蒙人的话；他们被领过了一片的沼泽地带，最后到了一个城镇，那里的人都和带领他们的侏儒一样高，而肤色也是黑色的。有一条大河流过这个城镇，流向是从西到日出的方向，河里面可以看到鳄鱼。

(**33**)现在我就不再提阿蒙人埃铁阿尔科斯所说的故事了；我只是附带说一下，根据库列涅人的说法，他曾宣称，纳撒蒙人安全地返回了自己的国土，而他们所到达的那个城镇的人们是一个以巫师为业的民族。至于流经他们的城镇的那条河流，埃铁阿尔科斯猜想是尼罗河。这个看法很有道理。因为尼罗河从利比亚流出，一直流经这块地方的中央，而据我猜想，从已经知道的来推想不知道的，它是发源于和伊斯特河相同距离的地方。伊斯特河发源于凯尔特人居住的地方和披列涅城附近，流经欧罗巴的中部并将其分为两部。凯尔特人则居住在海拉克列斯柱之外，与居住在欧罗巴最西端的库涅西欧伊人为邻，因此伊斯特河在最后流入黑海之前，曾贯流整个欧罗巴，它的河口地方的伊司脱里亚则是米利都人的一个殖民地。

(**34**)既然这条河流过了有人居住的那些地区，所以人们对它的河道大体是知道得清楚的。但是尼罗河的河源却无人能说出来，因为它所经过的利比亚是一片杳无人迹的沙漠。关于这条河，我所作的叙述，是我尽全力所能探索到的东西了。它是从埃及以外的地区流入埃及的。埃及大体上是对着奇里启亚的山区的；一个轻装的旅人从那里可以在五天当中一直走到黑海上的西诺佩。西诺佩位于与伊斯特河入海处相对的地方。因此，我的看法是,尼罗河穿过整个利比亚的长度等于伊斯特河的长度。关于尼罗河,我所要谈的就是这些了。

(**35**)但是,关于埃及本身,我打算说得详细些,因为没有任何一个国家有这样多的令人惊异的事物,没有任何一个国家有这样多的非笔墨所能形容的巨大业绩。因此在下面我要仔细讲一讲。不仅是那里的气候和世界其他各地不同,河流的性质和其他任何河流的性质不同,而且居民的大部分风俗习惯也和所有其他人的风俗习惯恰恰相反。他们上市场买卖的都是妇女,男子则坐在家里纺织。世界上其他地方的人织布时把纬线推到上面去,但埃及人则拉到下面来。埃及的妇女用肩担东西,但男子则用头顶着东西。妇女小便时站着,男子小便时却蹲着。他们吃东西的时候是在外面的街上,但是大小便却在自己的家里,他们这样做的理由是凡是不体面但是必须的事情应当在秘密地来做,如果没有什么不体面的事情,则应当公开地来做。妇女不能担任男神或是女神的祭司,但男子则可以担任男神或是女神的祭司。儿子除非是出于自愿,他们没有扶养双亲的义务,但是女儿不管她们愿意不愿意,她们是必须扶养双亲的。

(**36**)在别的国家,诸神的祭司都是留着长头发的,但是在埃及,他们却是剃发的。根据别的地方的风俗,为了对死者表示哀悼,死者的最亲近的人都要剃发,但是在埃及,人们在别的时候剃发,而当他们有亲人死亡的时候,他们反而任他们的须发长长。所有其他的人一生是和畜类分开过活的,但埃及人却总是和畜类居住在一起。所有别的人们是以大麦和小麦做自己的食品的,但埃及人认为用这样的办法维持生活是最不体面的事情,因为在那里，他们借以为生的谷物是一种有人称之为宰阿的小麦。他们是用脚来和面的，但是他们却用手和泥土，拿粪便。他们至少是世界上仅有的割除包皮的民族，当然还要加上那些向他们学样的人。他们的每个男子有两件衣服，而妇女则只有一件。其他地方的人把帆的縢孔和帆脚索系在船的外侧，而埃及则是在内侧。在写算的时候，希腊人是从左向右运笔，但埃及人则是从右向左运笔的；尽管如此，他们还是说，他们是向右，而希腊人是向左的。他们使用两种完全不同的文字，一种叫做圣体文字，另一种叫做俗体文字。

(**37**)他们比任何民族都远为相信宗教。他们有着这样的一些风俗：他们用青铜杯饮水，这青铜杯他们每天都要磨洗干净；不是部分的人才这样做，而是没有人能够例外。他们穿麻布的衣服，这种衣服他们经常特别注意洗得干干净净。他们行割礼是为了干净；他们认为干净比体面更重要。祭司们每隔两天就要把全身剃一遍，而当他们在执行奉祀诸神的任务的时候，他们是不允许虱子或其他不净之物沾到他们的身上的。祭司们的衣服是麻制的，他们的凉鞋是纸草做的。他们是不许穿其他材料制成的衣服或鞋子的。他们每天在冷水里沐浴两次，每夜两次。在这之外，可以说，他们还要遵守成千上万的教规。然而他们也享受不少的特惠。他们既不消耗他们自己的物品，也不用花费自己的钱去买任何东西；每天他们都得到用谷物制作好的圣食，人们还分配给他们丰富的牛肉和鹅肉以及一份葡萄酒。他们不能吃鱼，至于蚕豆，则埃及人是不播种的，如果是天然长出来的，则不拘是生的还是煮熟的埃及人都不吃；那些祭司甚至连看它一眼

都不能忍受，因为在祭司们的心目中，蚕豆乃是一种不净的豆类。每个神都有一群祭司，而不是一个祭司来奉祀，这些祭司中间有一个人是祭司长。如果其中有谁死了的话，则这个人的儿子就被任命代替他的职务。

(**38**)他们认为牡牛是属于埃帕波司神的，因此他们用这样的办法来检验牡牛：为了这个目的而任命一个祭司来进行检查，看是否在这个牛身上有一根黑毛，如果有的话，这头牲畜就是不净的了。这个祭司检查它的全身，先是叫它站着，然后再叫它仰卧下来；在这之后，他又把牛的舌头拉出来，根据我要在本书其他的地方谈到的那些规定的特征来看一看是净还是不净。他还检查尾巴上的毛，看它是否自然成长的。如果这个牛在所有这些不同的方面都被宣布为洁净的话，祭司便把纸草卷到它的角上作为记号，把封泥抹到上面，然后再用他自己的指环上的印鉴在上面捺印。在这之后，这头牡牛便被他们领走了；凡是没有经过祭司这样鉴定的牛，如果用作牺牲的话，当事人是要受到死刑的惩罚的。畜类的检查方式便是这样。下面我再说一说他们的牺牲奉献式。

(**39**)他们把他们捺了印的牲畜领到将用来奉献的祭坛那里去，点上了火，然后把灌奠用酒洒在牺牲前面的祭坛上，并呼唤神的名字；然后他们便割断它的咽喉，把它的头给切了下来，进而更剥下它全身的皮。再后他们就拿着它的头，在这上面念一通咒；如果有市场而那里又有一批希腊商人的话，他们便把这头带到那里去立刻卖掉，如果在他们那里没有希腊人的话，他们便把这头抛到河里去。他们对着头念一通咒是为了这个：如果奉献牺牲的人们，或者整个埃及会遭到任何凶事的话，他们希望这凶事会转到牛头上面来。对牺牲的头念咒以及用酒来灌奠，这些仪式对埃及人都是一样的，而且同样用于各种各样的牺牲。由于这一习惯，埃及人是绝对不吃任何动物的头的。

(**40**)至于为牺牲剖腹和烧烤牺牲的方法，对于每一种牺牲却是各不相同了。我现在要说一下对于他们心目中最大的女神，也是用最隆重的节日来奉祀的女神，所使用的方法。在剥了牡牛的皮之后，他们就祈祷；在祈祷完毕之后，他们就把这头牛腹部内的一切全部取出，只把内脏和脂肪留在体内；然后他们再切掉它的四条腿、臀部、肩部和颈部。他们做完了这一步以后，便把牛的身体内部装满了洁净的(上供用的——译者)面包、蜂蜜、葡萄干、无花果、乳香、没药以及其他香料。这样装满之后，他们便用火烧烤这头牛，烧烤时并把大量的橄榄油浇到上面。在奉献牺牲之先，他们是断食的，而当牺牲的身体被烧烤着的时候，他们捶胸哀悼，而随后，当他们捶胸哀悼完毕的时候，便用牺牲的剩下的部分来举行宴会。

(**41**)因此，所有的埃及人都是使用洁净的牡牛和牡牛犊来当作牺牲的。但是，他们却不许用牝牛来当作牺牲，因为牝牛是伊西司的圣兽。这个女神的神像的外形像是一个妇女，但是有牝牛的一对角，因而和希腊人想象中的伊奥神一样。全体埃及人对于牝牛的尊崇，同样都是远远地超过其他任何畜类。这一点便说明，为什么没有一个埃及当地的人，不拘他是男人还是女人，会和希腊人接吻，或是用希腊人的刀子、铁条、锅，或是尝一下用希腊人的刀子宰割的、洁净的牡牛的肉。在牛死的时候，他们是这样处理的：牝牛是被投到河里去，牡牛则埋在城郊，但是把一只角或是两只角露在地面上以为标记。等牛的身体腐烂而指定的时期到来时，从一个叫做普洛索披提斯的岛那里来一只船，这只船依次到各个城市去收集牛骨。普洛索披提斯岛是三角洲地带的一个岛（实际上是三角洲的一部分——译者），周边有九司科伊诺斯长。在普洛索披提斯岛上还有其他许多城市，派船来收集牛骨的那个城市叫做阿塔尔倍奇斯。在那个城市里，有一座非常神圣的阿普洛狄铁神殿。许多人从这个城市出发分别到别的各个城市去挖掘牛骨，然后他们把这些牛骨带走并全部埋到一个地方去。对于其他家畜的埋葬，他们也是使用着和埋葬牛相同的办法。对于这些家畜他们有同样的规定，因为他们也是不能屠杀这些家畜的。

(42)在本地有底比斯·宙斯的神殿或是住在底比斯诺姆的埃及人是不用手摸绵羊，而只用山羊当作牺牲的。因为除了伊西司和他们说相当于狄奥尼索斯的奥西里斯以外，全部埃及人并不都是崇拜同样的一些神的。恰恰相反，那些有着孟迭司神神殿的人们，或是属于孟迭司诺姆的人们却不去触山羊，而是用绵羊为牺牲。底比斯人以及在本身行动上模仿他们，也不用手摸羊的人们，是这样地来解释这一风俗的起源的。他们说，海拉克列斯希望不管怎么样都要看到宙斯，但是宙斯不愿意自己被他看到。结果，既然海拉克列斯坚持请求，宙斯便想出了一个办法：他剥了一只牡羊的皮，而在他把它的头割掉以后，便把它的头举在自己的前面，而身上则披着剥下来的羊皮。他便在这样的伪装之下使海拉克列斯看到自己。因此，埃及人就给宙斯神的神像安上了一个牡羊的头，而这个做法又从埃及人传到阿蒙人那里去；阿蒙人是埃及人与埃西欧匹亚人的移民，而他们所用的语言也是介乎埃及语与埃西欧匹亚语之间的。因此，在我看来，他们所以自称阿蒙人，是因为宙斯在埃及人那里是叫做阿蒙。这就说明为什么底比斯人不把牡羊用来当作牺牲，而把它们当作圣兽来看待。然而，在每年却有一天，即在宙斯的祭日里，他们只宰杀一头牡羊，把它的皮剥去，把这皮来披到神像上面，就如同宙斯神曾自己披上羊皮一样；然后，他们再把海拉克列斯的一座神像抬到宙斯神像的面前来。当这一切做完以后，来到神殿这里的一切人便为这只牡羊捶胸哀悼，然后便把它埋到圣墓里去。

(**43**)关于海拉克列斯，我听说他乃是十二神之一。关于希腊人所知道的另一个海拉克列斯，我在埃及的任何地方都听不到的。实际上，海拉克列斯这个名字不是埃及人从希腊人那里得来的，而毋宁说是希腊人，即把海拉克列斯这个名字给予阿姆披特利昂的儿子的那些希腊人，从埃及人那里取得了这个名字；这件事我其实是可以提出许多论据来的，而在这些论据当中，特别可以提出这样的一个事实，即海拉克列斯的双亲阿姆披特利昂和阿尔克美涅都是出身于埃及的。而且埃及人又说他们根本不知道波赛东和狄奥斯科洛伊的名字，并且不把他们列到他们的诸神中间去。但是，如果他们从希腊人那里采用了任何神的名字，那么这些名字是最可能引起了他们的注意而念念不忘的；因为根据我的推测和判断，埃及人在当时是航海的，而一些希腊人也是航海的，因而这些神的名字会比海拉克列斯的名字更可能为埃及人所知。但埃及的海拉克列斯是埃及人的一位古老的神。他们说，在阿玛西斯当政时期之前一万七千年，便由八个神变成了十二个神，而这十二个神当中的一位就是海拉克列斯。

(**44**)而且，为了在这件事情上，我可以不管从什么方面得到确切的知识，我到腓尼基的推罗那里做了一次海上的旅行，因为我听说，在那里有很受尊崇的一座海拉克列斯神殿。我拜访了这座神殿，并发现那里陈设着许多贵重的奉纳品，其中有两根柱子，一根是纯金的，一根是绿柱石的，这是一根在夜里放光的大柱子。在我和那里的祭司谈话时，我打听这座神殿修建了有多久；由于他们的回答，我发现他们的说法也是和希腊人有所不同的。他们说修建这座神殿时，也正是建城的时候，而这座城的建立则是两千三百年前的事情了。我在推罗还看到另一座神殿，在那座神殿里供奉着以塔索斯为姓的海拉克列斯。因此我又到塔索斯去，在那里我看到了海拉克列斯的一座神殿，这座神殿是出海寻找欧罗巴时在这个岛上殖民的腓尼基人修建的。他们做这件事的时候比起阿姆披特利昂的儿子生在希腊的时候还要早五代。我的这些探讨很清楚地表明，海拉克列斯乃是一位十分古老的神。而我的意见则是：修建和奉祀海拉克列斯的两座神殿的希腊人，他们的做法是十分正确的；在一座神殿里海拉克列斯是欧林波斯的神，人们把他当作不死之神而向他呈献牺牲，但是在另一座神殿里，人们是把他当作一位死去的人间英雄来奉祀的。

(**45**)希腊人谈过许多没有适当根据的话，在这些话当中，有下面关于海拉克列斯的一段荒唐无稽的说法。他们说，当海拉克列斯

到达埃及的时候，当地的居民便给他的头上戴上一个花环，然后把他带到一个行列里面来，打算把他当作牺牲献给宙斯。在开头的一些时候，他一声不响地跟着走。但当他们把他领到祭坛前面而开始举行奉献牺牲的仪式的时候，他便施展出他的力量来自卫而把他们全都杀死了。然而在我看来，这种说法却证明希腊人完全不知道埃及人这个民族的性格和风俗习惯。埃及人除去限于清净的豚、牡牛和牡牛犊以及鹅之外，甚至连家畜都不用做牺牲的，怎么还能相信他们用人来作牺牲呢？而且，单是海拉克列斯一个人又怎么能够像他们所说的，能够以一个凡人的力量杀死成千上万的人呢？我说了这样多关于这件事情的话，我想神或是英雄不会因此而感到不愉快吧！

（**46**）上面我已经提到，埃及人是不用公山羊或是母山羊作牺牲的。理由是这样：称为孟迭司人的埃及人认为潘恩是十二神之先的八神之一。在埃及，画家和雕刻家所表现的潘恩神和在希腊一样，这位神长着山羊的面孔和山羊的腿。但是他们不相信他就真是这个样子或以为他与其他的神均有所不同，他们所以把他表现成这种形状的理由我想还是不说为好。孟迭司人尊崇一切山羊，对牡山羊比对牝山羊更加尊崇，特别是尊崇山羊的牧人。有一只牡山羊被认为是比所有其他的牡山羊都更要受到尊崇，当这只山羊死掉的时候，在整个孟迭司诺姆都规定要举行大规模的哀悼。在埃及语里，公山羊和潘恩都叫做孟迭司。在我当时，在这个诺姆里发生了一件奇怪的事情，一个妇女和牡山羊公然性交。这件事是大家都已经知道了的。

（**47**）在埃及人的眼里，豚是一种不洁净的畜类。首先，如果一个埃及人在走路时偶然触着了一只豚，他立刻就要赶到河边，穿着衣服跳到河里去。第二，即使牧豚人是土著的埃及人，也没有人愿意把自己女儿嫁给牧豚人，或是从牧豚人中间讨一个老婆，因而牧豚人不得不在他们中间相互结婚。他们认为不应把豚作为牺牲献给任何神，只有对狄奥尼索斯和月亮是例外；他们是在同时，同是在满月的时候向他们呈献作为牺牲的豚，随后便把这豚吃掉了。埃及人自己也有一个理由，来说明为什么在这个祭典中用豚作牺牲而在别的祭典中又非常憎恶它，这个理由我虽然知道的，但我觉得我是不适于在这里说到它的。下面我要说一说他们怎样把豚当作牺牲奉献给月亮：牺牲被屠宰之后，它的尾巴尖、脾脏和大网膜便被放到一起，并且用从牺牲的腹部掏出来的全部脂肪盖起来，继而用火把它烧光。至于牺牲其他部分的肉，他们便在奉献牺牲的当天吃掉，而那当天就是满月的一天；在其他的任何一天，他们是连尝也不尝一下的。没有钱奉献活豚的穷人就用面捏一只豚，用火烤之后再呈献给神。

(**48**)对于狄奥尼索斯，则每个人都在这位神的祭日的前夜，奉献一只小豚；这只小豚就在每个人自己的门口屠宰，然后把它交回给卖豚的牧豚人并由他带走。在别的方面，狄奥尼索斯的这个祭日的庆祝是几乎和希腊人的狄奥尼索斯的祭日完全相同的，所不同的只是埃及人没有伴以合唱的舞蹈。他们发明了另外一种东西来代替男性生殖器，这是大约有一佩巨斯高的人像，这个人像在小绳的操纵下可以活动，它给妇女们带着到各个村庄去转。这些人像的男性生殖器，和人像本身差不多大小，也会动。一个吹笛的人走在前面，妇女们在后面跟着，嘴里唱着狄奥尼索斯神的赞美诗。至于为什么人像的生殖器部分那样大，为什么又只有那一部分动，他们是有宗教上的理由的。

(**49**)然而，我以为，阿米铁昂的儿子美拉姆波司是不会不知道这个仪式的，而且我以为，他毋宁可以说是很精通这个仪式的。美拉姆波司就是把狄奥尼索斯的名字，他的崇拜仪式以及带着男性生殖器的行列介绍给希腊人的人。然而，我并不是确切地说他什么全都懂得，因此他还不能毫无遗漏地把一切教仪介绍过来，不过从他那时以来，许多智者却已经把他的教仪补充得更加完善了。但无论如何希腊人是从他那里学会在奉祀狄奥尼索斯时，举办带着男性生殖器的游行行列的，而他们现在所做的事也是他教给的。因此，我认为，智慧的并且懂得预言术的美拉姆波司，既然由于他在埃及得到的许多知识之外还精通狄奥尼索斯的祭仪，他便把它加以少许的改变而介绍到希腊来；当然，同时他一定还介绍了其他事物。因为我不能同意，认为希腊的狄奥尼索斯祭和埃及的同样祭典之十分近似，这只是一种偶合；如果是那样的话，希腊的祭仪便一定是希腊性质的，也不会是最近才给介绍过来的了。我还不能同意，这些风俗习惯或任何其他的事物是埃及人从希腊人那里学来的。我自己的看法是美拉姆波司主要的是从推罗人卡得莫斯以及从卡得莫斯自腓尼基带到现在称为贝奥提亚的地方来的那些人们那里学到了有关狄奥尼索斯祭典的事情。

(**50**)可以说，几乎所有神的名字都是从埃及传入希腊的。我的研究证明，它们完全是起源于异邦人那里的，而我个人的意见则是，较大的一部分则是起源于埃及的。除去我前面所提到的波赛东和狄奥司科洛伊，以及希拉、希司提亚、铁米斯、卡利铁司和涅列伊戴斯这些名字之外，其他的神名都是在极古老的时候便为埃及人所知悉了。我这样讲，是有埃及人自己说的话为依据的。他们说他们不知道名字的那些神，我以为除去波赛东之外，都是希腊人从佩拉司吉人那里才知道了名字的。至于波赛东这个名字，则他们是从利比亚人那里知道的。在古代的一切民族当中，只有利比亚人一直在崇奉这个神，而且也只有这个民族从一开头便有这样一个名字的神。埃及人在宗教上是不崇奉英雄的。

(**51**)这些风俗习惯以及我就要介绍的其他风俗习惯都是希腊人从埃及人那里学来的。但是海尔美士的那些猥亵的神像却不是从埃及人那里学来的。这种神像的制作是从佩拉司吉人那里学来的，而在希腊人当中，第一个学到的是雅典人，雅典人又把它教给其他希腊人。因为当佩拉司吉人来和雅典人住在一起的时候，雅典人已经被算作是希腊人了，因此他们也开始被认为是希腊人。萨摩特拉开人从佩拉司吉人那里学到了卡贝洛伊的仪式而到现在还实行着这种仪式，任何人如果被传授以这种仪式，他便会懂得我的意思。萨摩特拉开以前是由到雅典人这里来和他们住在一起的佩拉司吉人住着的，萨摩特拉开人就是从他们那里学到了仪式的。因此，雅典人便第一个制作了海尔美士的猥亵神像，他们这样做是因为佩拉司吉人教了他们。佩拉司吉人关于这件事曾讲过一个神圣的故事，这个故事在萨摩特拉开的秘仪中是曾经加以说明的。

(**52**)在先前的时候，佩拉司吉人呈献牺牲时向神呼号，但是他们并不呼叫任何一位神的名字；因为他们还没有听说过这样的名字。我知道这件事，是因为在多铎那有人告诉过我。他们称它们为神，因为一切事物和这些事物的适当分配都是由它们来安排的。然而，在一个长时期以后，他们从埃及学到了首先是其他诸神的名字，又过了很久，才学到了狄奥尼索斯的名字。于是他们立刻到多铎那的神托所去请示关于神的名字的事情。因为这个神托所被认为是希腊最古老的一个神托所，而在那时也是唯一的神托所。当佩拉司吉人那时在多铎那请示，他们应否采纳从外国传来的名字时，神托命令他们采纳这些名字。从那时起，他们便在他们奉献牺牲时使用这些神的名字；后来希腊人又从佩拉司吉人那里学到了这些名字。

(53)然而，从什么地方每一个神产生出来，或者是不是它们都一直存在着，它们的外形是怎样的，这一切可以说，是希腊人在不久之前才知道的。因为我认为，赫西奥德与荷马的时代比之我的时代不会早过四百年；是他们把诸神的家世教给希腊人，把它们的一些名字、尊荣和技艺教给所有的人并且说出了它们的外形。然而据说比赫西奥德与荷马更老的那些诗人，在我看来，反而是生得比较晚的。上述这一切当中开头的部分是多铎那的女祭司们讲的；关于赫西奥德的、后面的部分则是我自己说的。

(54)但是，关于希腊的神托以及利比亚的神托，这都是埃及人讲的。底比斯的宙斯神的祭司们告诉我说，腓尼基人曾从底比斯带走了两个女祭司；他们说他们后来打听到，其中的一个人被带走并且给卖到利比亚去了，另一个人则被卖到希腊去了。他们说，这两个妇女在上述两地第一次建立了神托所。当我问他们，他们何以知道得这样确实的时候，他们回答说，他们当地的人曾到处用心寻找这两个妇女，却根本未能找到她们，但是后来才听到他们现在告诉给我的这个故事。

(**55**)以上是我从底比斯的祭司们那里听来的；下面则是我从多铎那的巫女们那里听来的：这是说，两只黑鸽子从底比斯飞到了埃及，一只到利比亚，一只到多铎那；后面的一只落到一株槲树上，口出人言，说那里必须设立一座宙斯神的神托所；多铎那的居民知道这乃是神的意旨，于是他们便建立了一座宣示神托的神殿。他们说，到利比亚来的那只鸽子命令利比亚人建立阿蒙神的一座神托所；这也是奉祀宙斯神的。这便是多铎那的女祭司们所说的故事，在这些女祭司当中，最年长的是普洛美涅亚，其次是提玛列捷，最年轻的是尼坎德拉；多铎那神殿的其他执事也对此深信不疑。

(**56**)但是对于这件事，我个人的看法是这样。如果腓尼基人真的带走了巫女并且把她们一个卖到利比亚，一个卖到希腊去的话，那么，我想，现在称为希腊，但以前称为佩拉司吉亚的地方，即后面的一个巫女被出卖的地方，就是铁斯普洛提亚(铁斯普洛托伊人居住的地方)了；而且她在那里被奴役之后，她立刻便在那里长着的槲树下修造了一座宙斯的神殿。因为她既然在底比斯是宙斯神殿的一名侍女，她应该记得她的故土的那座神殿，这是理所当然的事情。在这之后，等她通晓了希腊语的时候，她便传授神托的法术；她说她的姊妹被同样也卖了她的腓尼基人卖到利比亚去了。

(**57**)我认为多铎那的人们是把这些妇女称为鸽子的，因为她们说外国话，于是当地的人们便认为这种话和鸟叫一样了；然而不久妇女便说出了他们可以懂得的话，这便说明了何以他们说鸽子讲出了人言；只要她用她的外国语讲话，他们就认为她的声音像是一只鸟的声音。要知道，鸽子怎么能讲人话呢？故事中所以说鸽子是黑的，这意思是说，妇女是埃及人。埃及的底比斯和多铎那的神托方式是相似的；而且从牺牲来进行占卜的方法也是从埃及学来的。

(**58**)埃及人又好像是第一个举行祭日时的庄严的集会、游行行列和法事的民族。希腊人从他们那里学到了这一切事物。我认为这是有根据的，因为埃及的仪式显然是非常古老的，而希腊的仪式则是不久之前才开始有的。

(**59**)埃及人在一年中间不是举行一次隆重的集会，而是好几次隆重的集会。在这些集会当中，最主要的同时也是举行得最热心的是布巴斯提斯市的阿尔铁米司祭。在重要性方面，次于阿尔铁米司祭的是布希里斯举行的伊西司祭。布希里斯城位于埃及三角洲的中央，在那里有伊西司神的一座最为巨大的神殿，伊西司在希腊语中是叫做戴美特尔。在撒伊司举行的雅典娜祭是第三个最大的祭日；第四是黑里欧波里斯的太阳祭，第五是布头的列托祭，第六是帕普雷米斯市的阿列斯祭。

(**60**)人们到布巴斯提斯市去集会时，经过的情况是这样：男子和妇女都在一起循水路前来，每只船上都乘坐着许多人，一些妇女打着手里的响板，一些男子则在全部的行程中吹奏着笛子。其他的旅客，不分男女，则都唱歌和鼓掌。当他们在往布巴斯提斯的途中到临河的两岸之上的任何市镇时，他们都使船靠岸；于是一些妇女继续像我上面所说的那样做,一些妇女高声向那个市镇的妇女开玩笑,一些妇女跳舞,再有一些妇女站起来撩起衣服来露出自己的身体。在他们这样地行过了全程的水路以后,他们便到了布巴斯提斯;在那里他们用丰富的牺牲来庆祝祭日。在这一个祭日里所消耗的酒比一年剩下的全部时期所消耗的酒还要多。参加祭日的人,单是计算成年男女,不把小孩计算在内,根据当地人的说法,便有七十万人。

(**61**)这便是他们在那里的行事。至于布希里斯城的伊西司祭的仪式,我已经说过了。在那里,成千上万的全体男女群众在牺牲式结束后捶胸哀悼。至于他们所哀悼的是谁,由于在宗教上害怕犯不敬之罪,我就不提了。住在埃及的卡里亚人在这个日子里做得比他们还要过火,这些卡里亚人甚至用小刀把自己的前额割伤。由于这样做,他们就可以使人知道,他们乃是异邦人,而不是埃及人。

(**62**)一个夜晚,当他们在撒伊司集会奉献牺牲时,那里所有的居民都在自己家周边的户外点上许多油灯。他们所用的油灯是满盛着油与盐的混合物的一种碟状器皿,灯芯就浮在那上面。这些油灯整夜都点着,因此这个祭日就称为灯祭。那些不参加祭典的埃及人,在祭日的那天夜里,也要和其他的人一样地小心守夜,不叫油灯熄灭。点灯不限于撒伊司一城,而是遍及于全埃及。有一段圣话可以说明为什么要特别奉祀这一夜,为什么在这一夜里要点油灯。

(**63**)在黑里欧波里斯和布头,他们到那里去集会只是为了奉献牺牲;但是在帕普雷美斯,则除了和别的地方同样地奉献牺牲和同样地执行仪式之外，人们还有下面的一种风俗。即当太阳下落的时候，只有几个祭司留下继续照管着神像，大部分的祭司则在手里拿着木棍，站在神殿入口的地方。站在这些人对面的又有一千多人，他们和另外那些人一样地拿着木棍并在那里发愿。原来保存在一个包着金箔的小木祠里面的神像，在祭日的前一天，便从一座神殿搬到另一个圣堂去。还负责照料神像的少数祭司把神像和那个小木祠一起放到一只四轮车上拖着。守在神殿门口的另外那些祭司不许它进去。于是发愿的那些人便走向前来站在神的一方面进行争执，他们向守门的人动武，这必然会受到抵抗。结果就发生了以木棍为武器的猛烈械斗，双方都有被打破了脑袋的，而且我相信，许多人会因伤殒命。虽然，埃及人说，在械斗中没有死过一个人。至于这个祭日是如何起源的，当地的人提出了这样一个说法。他们说，阿列斯的母亲过去曾住在这个神殿里；阿列斯并不是在自己母亲的跟前养大的，但是在他长大成人之后却想会见他的母亲。不过在他来的时候，由于侍者先前从来没有见过他而拒绝了他，结果没有使他进去。于是阿列斯便到另一个市镇去，纠合了一批人，借着这些人的帮助严惩了侍卫而得以进去见到了自己的母亲。因此，他们说，在这个祭日里便有了举行一场木棍斗争以奉祀阿列斯的风俗。

(64)此外，埃及人又第一个在宗教上作出规定，在神殿的区域内不得与妇人交媾，而在交媾后如不沐浴，也不得进入神殿的区域之内。几乎所有其他民族，除去希腊人和埃及人之外，在这件事上的做法都不大经心，他们认为在这件事上人和兽类一样不受任何的约束。他们说，人们可以看到各种兽类和鸟类在神殿和圣域之内交配，而如果神不喜欢它们这样做的话，这样的事是绝对不会发生的。这便是他们为这一行动辩护的理由，但我本人是不能同意这一理由的。

(65)埃及人在这一方面，和他们在关于神圣仪式的所有其他方面一样，是特别小心地注意不破坏神殿的宗教习惯的。埃及虽然和利比亚接壤，但不是一个有很多野兽的地方。这个国家里所有的一切兽类，不管是家畜还是其他，都被认为是神圣的。如果我要解释一下为什么它们要作为圣兽奉献给神的话，那我就势必要讲到宗教上的事情，而这却是我特别不愿意谈到的。到现在为止，我约略涉及的有关各点都纯乎是出于不得已我才加以介绍的。下面我再谈一下他们对待动物的习惯。每一种动物都指定一些看守人，男的女的都有，他们的任务就是喂养它们。这个职务是父子相传的。各个城市的居民在他们对任何一个神发愿的时候，他们都要向属于这个神的动物奉献一些东西，方式是这样：在他们发愿之后，他们便给自己的孩子剃发，或是全剃，或是剃一半，或是剃三分之一，然后把这头发放在秤上来称量以便确定同样分量的银子。不管头发的重量多少，都要把同等分量的银子交给这些动物的女管理人，女管理人便切下相当银子的价值那样多数量的鱼来喂它，因为这鱼就是用来喂它们的食物。如果一个人杀死了一只圣兽，如果他是故意的，他便要被处以死刑，如果是误杀，那他便要付出祭司规定的任何数量的罚金。如果有谁杀死了朱鹭或鹰，则不管是故意还是误杀，一律须处以死刑。

(66)埃及家畜的数目非常大，如果不是由于在猫的身上发生了这

样的事情,那数目就还要大。原来在母猫生小猫的时候,它们便不再和公猫住在一起,但是公猫想和母猫住到一处而又得不到母猫的同意,于是它们便想出一种办法来,这就是从母猫那里把小猫偷了出来杀死,但是不吃掉它们;母猫既然失去了小猫,便想再把小猫补上,因此它们就愿意与公猫同居了,因为它们是特别喜欢有小猫的。在埃及,每当起火的时候,在猫身上便有非常奇妙的事情发生了。居民们不去管火在那里大烧特烧,而是一个离一个不远地围立在火场的四周注意着猫,但是猫却穿过人们中间或是跳过人们一直投到火里去。如果有这样的事情发生,埃及人便要举行盛大的哀悼。如果在普通家庭中,一只猫自然地死去的话,则这一家所有家里的人都要把眉毛剃去,如果死的是一条狗,他们就要剃头和全身。

(67)死猫都要送到布巴斯提斯城的灵庙去,在那里制成木乃伊,而后埋葬起来。狗是各自埋葬在原来城市的圣墓里。埋葬猫鼬的情况也和狗一样。但是,鹰和野鼠却要送到布头城去埋葬,朱鹭则要送到海尔摩波里斯去。在埃及罕见的熊以及比狐狸稍大的狼都是被发现在什么地方死掉就在当地埋葬的。

(68)鳄鱼是怎样一种动物呢?它是这样的:在冬天的四个月里,它什么都不吃;它是水陆两栖的四足兽。母鳄在岸上产卵和孵化,它们一天当中大部分是生活在干地上,但是在夜里它们便退回河中,因为河里的水是比夜中的空气和露水温暖的。在我们所知道的动物当中,这是仅有的一种能够从最小的东西长成最大的东西的动物,因为鳄鱼卵只比鹅卵大不了许多,而小鳄鱼和卵的大小也相仿佛。可是当它长成之后,这个动物可以有十七佩巨斯长或者更长。它的眼和猪的眼相似，它有和它的身体大小相适应的巨大的牙齿和尖齿。它和所有其他的动物不同，它没有舌头。它的下颚不能动，在这一点上它也是非常奇特的，因为它是世界上唯一上颚动而下颚不动的动物。它还有强大有力的爪，背上有非常坚硬的穿不透的鳞皮。它在水里看不见东西，但是在陆地上它的目光是很锐利的。既然它住在水里，因此在它的口腔里满都是水蛭。所有的鸟兽看到它都会逃避，但是它却和一种叫做特洛奇洛斯的小鸟和平相处，因为这种小鸟可以给它做事情。原来每当鳄鱼从水里到岸上来的时候，它习惯于张开大嘴躺在那里（多半是向着西风张着），在这个时候，称为特洛奇洛斯的小鸟便到它的嘴里去啄食水蛭。鳄鱼喜欢小鸟对它的恩惠，因此它便注意不去伤害这种小鸟。

(69)有一些埃及人把鳄鱼看成是圣兽，但另一些埃及人则把它看成是敌人。住在底比斯附近的人们和在莫伊利斯湖周边居住的人们特别尊敬鳄鱼。在上述的每个地方，他们每人都特别养一只鳄鱼，训练它、要它听使唤。他们把熔化的石头（这里指玻璃——译者）或是黄金的耳环给鳄鱼戴在耳朵上面，把脚环套在它的前脚上面，每天给它一定数量的食物和一些活的东西；他们在它活着的时候尽最大的可能好好看待它，并在它死后把它制成木乃伊，然后埋到圣墓里面去。但另一方面，埃烈旁提涅市一带的人们却根本不把鳄鱼看成是圣兽，他们甚至以鳄鱼为食。在埃及语中，人们不称它们为鳄鱼，而称之为卡姆普撒。伊奥尼亚人称它们为鳄鱼（希腊语原音是克罗科狄洛斯——译者），是因为它的形状和出没在伊奥尼亚壁上并且被称为克罗科狄洛斯的蜥蜴相似之故。

(70)捉鳄鱼的办法是多种多样的。我现在只来谈在我看来是值得叙述的那一种。把一块猪脊骨肉放在钩上作饵并且让这块肉漂浮在河的中流。但这时猎人自己却在岸上带着一口活小猪,并打这口猪。鳄鱼听见猪叫就顺着叫声赶来,它碰到这块猪脊骨肉便把它吞了下去。这时岸上的人们便拉钓绳。当他们把鳄鱼拉到岸上来的时候,猎人们做的头一件事情,就是用泥糊上它的眼睛。这件事做到之后,这个猎获物便很容易控制了,否则的话,要控制它可不是一件容易的事情。

(71)在帕普雷米斯诺姆,河马是一种圣兽,但在埃及的其他地方则不是这样。它的形状是这样:它有四条腿,有像牡牛那样的双蹄,扁平的鼻子。它的鬃毛与尾巴和马一样,有向外突出的牙齿,叫的声音也和马嘶一样。在大小上,它和最大的牛相同。它的皮肤是如此的粗厚,而在干燥之后可以制造投枪的柄。

(72)在尼罗河里也有水獭,水獭也被埃及人认为是神圣的。在鱼类中,只有两种是被视为神圣的。它们是被称为列披多托斯的一种鱼和鳗鱼。这两种鱼以及禽类当中的鸭,都被认为是尼罗河的圣物。

(73)他们还有一种称为波伊尼克斯的圣鸟,这种鸟我本人除了在图画上以外,从来没有看见过,甚至在埃及,这诚然都是一种十分罕见的动物;而根据黑里欧波里斯人的说法,只有每隔五百年,当它的父鸟死的时候,它才到这里来一次。如果这种鸟和图上所画的一样的话,则它的大小和形状便是这样:它的羽毛大部分是红的,部分是金色的,而它的轮廓和大小几乎和鹰完全一样。埃及人有一个故事告诉我们这个鸟做些什么事情，但这个故事在我看来是不可信的。他们说，它是从阿拉伯带着全身敷着没药的父鸟来的，它把父鸟带到太阳神的神殿，并在那里埋葬了父鸟。他们说，为了带着这个父鸟，它首先用没药做一个它可以带得动的卵并把它带起来以便试一试它是否经得住这样的分量，然后它把这个卵掏空，把它的父鸟放进去，再把卵中空隙的地方用没药塞满。于是这个卵便又和起初的重量完全相同了。在这样地包裹完毕以后，它便把这个父鸟带到埃及，并把它安放在太阳神神殿里。这便是他们所传说的、关于这个鸟的所作所为的故事。

(**74**)在底比斯的附近，有对人完全无害的圣蛇。它们都是很小的，头顶上还长着两只角。在这些蛇死掉的时候，它们被埋葬在宙斯神的神殿里，因为这些蛇据说都是宙斯神的圣兽。

(**75**)我曾有一次到阿拉伯的几乎对着布头城的一个地方，去打听关于带翼的蛇的事情。在我到达那里的时候，我看到了不可胜数的蛇骨和脊椎：脊椎有许多堆，有些大，有些小，有些则更要小。蛇骨散在之地在山间狭窄山路的进入平原的入口处，峡谷开向和埃及的大平原相连接的一片广阔的平原。故事说，春天到来的时候，翼蛇便从阿拉伯飞到埃及来，但是在这个峡谷的地方遇到一种称为伊比斯的鸟，这种鸟禁止它们进入峡谷并把它们全部杀死。阿拉伯人说埃及人由于伊比斯鸟所做的事情而对之非常崇敬，埃及人也承认，他们是为了这个理由而尊敬这种鸟的。

(**76**)伊比斯鸟的样子是这样。它全身漆黑，两只腿和仙鹤的腿相似。它的喙部弯曲得很厉害而它的大小大约和秧鸡相等。这便是与翼蛇作战的伊比斯鸟的外形。(伊比斯鸟确实是有两种的)而人们比较习见的一种,头部和颈部是没有羽毛的;它们的毛色是白色的,除了头、颈、翅膀尖端和尾巴之外(这些部分全是漆黑的);鸟的腿和喙和其他伊比斯鸟的相似。翼蛇的样子和水蛇一样。它的两翼上没有羽毛,而是很像蝙蝠的两翼。关于圣兽这个题目的话,我就讲到这里了。

(77)至于埃及人本身,应当说,居住在农业地区的那些人在全人类当中是最用心保存过去的记忆的人,而在我所请教的人们当中,也从来没有人有这样多的历史知识。现在我要说一说他们的生活方式。在每一个月里,他们连续三天服用泻剂,他们是用呕吐和灌肠的办法来达到保健的目的的。因为他们相信,人之所以得病,全是从他们所吃的东西而引起的。甚至如果没有这个办法,埃及人也是世界上仅次于利比亚人的最健康的人。我以为它的理由是,那里一年四季的气候都是一样的;因为变化,特别是季节的变化,乃是人类致病的重大原因。他们吃面包,他们用一种小麦制造他们称为库列斯提斯的一块块的面包。在酒类方面,他们饮用一种大麦酒;因为他们国内是没有葡萄的。他们吃生鱼:或是太阳晒干的鱼,或是盐水腌起来的鱼。鹌鹑、鸭子和小禽类都是腌了生吃的;所有其他各种禽类以及鱼类,除去埃及人认为是圣物的以外,则都是烤了或是煮了之后才吃的。

(78)在富人的筵席上,进餐完毕之后,便有一个人带上一个模型来,这是一具涂得和刻得和原物十分相似的棺木和尸首,大约有一佩巨斯或两佩巨斯长。他把这个东西给赴宴的每一个人看,

说："饮酒作乐吧，不然就请看一看这个；你死了的时候就是这个样子啊。"这就是他们在大张饮宴时的风俗。

(79)他们遵守着他们的父祖的风习，并且不在这上面增加任何其他的东西。在他们其他值得一记的风俗习惯当中，还有这样一个：他们有一支歌，这就是在腓尼基、塞浦路斯以及其他地方所唱的里诺司歌。每个民族对这个里诺司歌都有他们自己的名字，但这就是希腊人唱的并称之为里诺司的同样的那一支歌。但埃及人从哪里得到这个名字，在我看来是埃及的许多奇怪的事情之一。他们显然是从太古以来便唱这支歌的；在埃及语中，相当于里诺司这个名字的是玛涅洛司①。埃及人告诉我说，玛涅洛司是他们第一个国王的独生子，他夭折了，因此埃及人便为他唱这首挽歌向他致敬；他们说，这是他们最早的，也是他们仅有的一首歌。

(80)还有一种风俗，在希腊人当中只有拉凯戴孟人和埃及人同样地有这种风俗。年轻人遇到年长的人时，要避到一旁让路，而当年长的人走近时，他们要从座位上站起来。但是他们还有另一种希腊任何地方都不知道的习惯，那就是路上的行人相互不打招呼，只是把手伸到膝头的地方作为行礼。

(81)他们穿着一种麻布的内衣，内衣的边垂在腿部的四周，这种内衣他们称为卡拉西里司；内衣上则罩着白色的羊毛外衣。但是毛织品不能带入神殿或是与人一同埋葬。他们是禁止这样做的。在这一点上，他们是遵从着与欧尔培乌司教和巴科司教的

---

① 可能自 ma-n-hra（意为"回到我们这里来吧"）这个叠句而来。

教仪相同的规定，但这规定实际上是埃及的和毕达哥拉斯的；因为凡是被传授以这些教仪的人，都不能穿着羊毛的衣服下葬。关于这件事，是有一个宗教上的传说的。

(**82**)我再来谈一下埃及人的其他发明。他们把每一个月和每一天都分配给一位神；他们可以根据一个人的生日而说出这个人他的命运如何，一生结果如何，性情癖好如何。这一点给作诗的希腊人提供了材料。他们给他们自己所提出的朕兆，比所有其他民族加到一起的还要多；当一件有朕兆的事情发生了，他们便注意到它所引起的后果并把它记载下来；如果同类的事情又发生了，他们便认为会发生相类似的后果。

(**83**)至于他们的预言术，那是几个神的事情，而决不是任何凡人的事情；在那里，有海拉克列斯、阿波罗、雅典娜、阿尔铁米司、阿列斯和宙斯的神托所，而最受尊崇的则是布头城的列托的神托所。尽管如此，他们仍有各种各样的占卜术，而不单单是一种。

(**84**)在他们那里，医术的分工是很细的，每一个医生只治一种病，不治更多种的病。国内的医生是非常多的，有治眼的，有治头的，有治牙的，有治肚子的，还有治各种隐疾的。

(**85**)下面我再说一说他们哀悼和埋葬死者的方法。任何时候当家中死了一个有名的人物的时候，则家中所有的妇女便用泥土涂抹她们的面部或是头部。随后，她们便和亲族中的一切妇女离开家中的尸体，到城中的各处巡行哀悼，她们的外衣束上带子，但胸部则要裸露出来。另一方面，男子也要在那里捶胸哀悼，衣服也同样要束上带子。等这一点做完之后，他们便把死者的遗体送去做木乃伊。

(**86**)有一些人是专门做这件事情的,他们有这一行的专门的手艺。当一个尸体送到他们那里去的时候,这些人就把涂画得逼真的木制尸体模型拿给送尸体的人们看。他们说,有一种最高明的制作木乃伊的手艺,掌握它的人的名字在谈到这类问题时,我是因禁忌而不能讲出来的。他们提到的第二个办法不如第一个完美,价钱也比较便宜,第三个办法则最便宜。他们给人看过这些之后,就问尸主他们希望用什么办法处理尸体。尸主和他把价钱谈妥之后就走开,而留在那里的工人们便动手把尸体制成木乃伊。如果他们使用最完美的办法来加工的话,他们首先从鼻孔中用铁钩掏出一部分的脑子并且把一些药料注到脑子里去清洗其他部分。然后,他们用埃西欧匹亚石制成的锐利的刀,在侧腹上切一个口子,把内脏完全取出来,把腹部弄干净,用椰子酒和捣碎的香料加以冲刷,然后再用捣碎的纯粹没药、桂皮以及乳香以外的其他香料填到里面去,再照原来的样子缝好。这一步做完了之后,这个尸体便在硝石当中放置七十日。超过了这个时间是不许可的。到七十天过去的时候,他们便洗这个尸体,并把尸体从头到脚用细麻布的绷带包裹起来,外面再涂上通常在埃及代替普通胶水使用的树胶,这之后尸体便这个样子送回给他的亲属,亲属得到这个尸体,便把它放到特制的人形木盒子里去。他们把木盒子关上,便把它保管在墓室里,靠墙直放着。

(**87**)这便是费用最贵的那一种调理尸体的方法。如果人们不愿意花费太多,而选择第二种,即中等办法的话,那么便是这样的:制作木乃伊的人先把注射器装满杉树制造的油,然后把它注射到尸体的腹部去，既不切开尸体，也不掏出脏腑。注射是从肛门进去的，但注射后肛门便被堵上以防流出。然后在规定的日子中间放在硝石里，而到了规定的日期，他们就叫杉树油再流出来。正是由于杉树油的作用的关系，整个内脏和肠子都被溶化而变成了液体。这时硝石已经分解了肌肉，因而这个尸体剩下的便只有皮和骨了。尸体便这样地归还给死者的亲属，再也不加什么工了。

(**88**)再穷一些的人是用第三种办法来制作木乃伊的。这种方法就是把腹部用泻剂清洗一下，然后把尸体放到硝石里浸七十日，再把它交给尸体的亲属带回去。

(**89**)有身份的人物的夫人以及非常美丽的和尊贵的妇女，在她们死后并不是立刻送到制作木乃伊的人那里去，而是在她们死后三四天再送到他们那里去。这样做的原因是防止木乃伊工匠和她们的尸体交配。据说有一次一个工匠被发现污辱了一个新死的妇女，因而被他们同行的工匠揭发了。

(**90**)不管是一个埃及人，还是一个外国人，只要他是被鳄鱼拉去咬死或是淹在河里而丧命的，则这个人被发现的地方的附近城市的居民，必须把他制成木乃伊并用尽可能隆重的礼节把它葬入圣墓。不许任何人摸这个尸体，甚至死者的朋友或亲属也不行，只有尼罗河的祭司才能够用手摸这个尸体。祭司们亲自料理这个人的丧事并埋葬他。因为他们认为这个尸体是属于超人的。

(**91**)埃及人避免采用希腊人的风俗习惯，而一般说来，也就是避免采用任何其他民族的风俗习惯。可是，虽然其他埃及人都很小心地遵守这一点，但是在底比斯诺姆涅阿波里司附近的一个大城市凯姆米司地方，有一座奉祀达纳耶的儿子培尔赛欧斯的方形神殿，神殿的四周满长着椰子树。这座神殿的前面的石造的柱廊是非常宏大的；有两座巨大的石像立在那里。在它的境内有一座圣堂，圣堂里有培尔赛欧斯的神像。根据凯姆米司人的说法，培尔赛欧斯常常在他们面前显现，有时在他们的土地上，有时在这个神殿里。人们还找到他穿的鞋子，足有二佩巨斯长。自从这只鞋被发现，全埃及便大为繁荣起来了。这便是他们的说法。在奉祀培尔赛欧斯的时候，他们使用了希腊的仪式，这就是说，为他举办包括各种比赛在内的运动会。会上以家畜、外衣和皮革为奖品。我曾问过凯姆米司人，为什么培尔赛欧斯只是对他们显现，而不在埃及的其他地方，为什么他们在举行运动会这一点上面，与其他埃及人不同。他们回答说，培尔赛欧斯是出身于他们的城市的。渡海到希腊去的达纳乌司和律安凯乌斯便是凯姆米司人，而培尔赛欧斯据说便是他们一系下传的后裔。在回溯家系的时候，他们还谈到，当培尔赛欧斯为了也是希腊人所说的理由，即从利比亚带着戈尔冈的头，而来到埃及的时候，他怎样到凯姆米司拜访了他们并承认他们是他的亲属，他怎样在他到达埃及之前便从他的母亲那里听到了他们的城市的名字。他们说这是根据他的命令，他们才为他举办了运动会的。

（**92**）以上所述，都是居住在沼泽地带上方的埃及人的风俗习惯。沼泽地带的居民，他们的风俗习惯，不拘是在其他各方面，还是在像在希腊那样每一个人只有一个妻子这一方面，都是和其他埃及人相同的。但是为了使食物的费用节省一些，沼泽地带的居民想出了这样的一些办法。当尼罗河上涨，而河水湮没了两岸平原的时候，在平原的水中生长大量的埃及人称为罗托斯的百合，他们把这种百合采下来放在太阳下晒干，然后他们便从百合的中央取出像是罂粟那样的东西捣碎并用它们做成面包。这种罗托斯的根也可以吃，它有一种甜美的味道；它是圆形的，大小和苹果差不多。河里另生长着一种百合，这种百合和蔷薇相似。它的果实长在从根部抽出的另一株茎上的花萼当中，外形几乎完全和蜂巢相似。它里面有许多和橄榄核大小差不多的种子，这些种子生吃或是晒干了吃都可以。每年在沼泽里生长的纸草都给他们拔出来，把它的上部割掉作为其他的各项用途，下面剩下的大约一佩巨斯长的部分则吃掉或是卖掉。凡是想享受一下纸草的最好的美味的人，就把它放到烧红了的瓦罐里去烘一下再吃。但其中也有一些人是完全以鱼类为活的。他们捉到鱼，并把它们的脏腑取出来之后，便把他们放在太阳下晒干，然后干着把它们作为食物。

(93)群居性的鱼并不是常常在河里生产的，它们都养在湖里，养育的情况是这样：当它们要产卵的时候，它们便成群地游到海里去，雄性的鱼领在前面，放出它们的精子，雌性的则跟在后面把这些精子吞下去，这样便受精了。当雌性的鱼在海里面受胎的时候，所有的鱼便游回自己的老家；但这一次领先的是雌性的鱼而不是雄性的鱼了，它们成群地游在前面，并且像雄性的鱼那样地，一点一点地放出它们那像小米那样的一些卵来，而跟在后面的雄性的鱼便吞食了这些卵。这些小米状的东西或卵，就是鱼。鱼就是从没有被吞食的那些留下来的卵成长起来的。那些在游向海中时被捉住的鱼，在它们的头部的左方有伤痕，在从海中游回时被捉住的鱼，则在它们的头部的右方有伤痕。所以有这样的现象发生，是因为它们向海的方面游去时，它们紧挨着左岸，而在游回的时候，仍旧紧挨着原岸，尽量地挨着它、触着它；而我想这是它们害怕水流会把它们冲出它们的道路的缘故。当尼罗河开始上涨的时候，在河流附近低洼的和沼泽的地带首先开始积满了水，这是从河里缓缓流出的水，而在这些地方涨满了水的时候，它们里面立刻就满都是小鱼了。它们可能是从什么地方来的，我想我是可以猜到的。当尼罗河河水下落的时候，鱼便在它们随着最后的水离开之前产卵在泥里；而时间转回来的时候，第二年的河水又泛滥了，从这些鱼卵里立刻便生出鱼来。因此，关于鱼的事情讲到这里也就够了。

(**94**)在沼泽地带周边居住的埃及人使用一种从蓖麻子制造的油，他们称这种蓖麻子为奇奇。他们在河岸与湖岸上播种这种植物；在希腊，这种植物是野生的；埃及种的蓖麻结子很多，但是气味很不好闻，人们把这种蓖麻子收集起来，或是捣碎和压榨，或是在焙过之后再煮，而把从里面流出的液体收集起来。这是一种不次于橄榄油的、富于油质的液体，它可以作灯油用并有一股浓烈的气味。

(**95**)蚊子是很多的；埃及人防蚊的办法是这样：住在比沼泽地带要高的那些人，他们可以很安全地爬到顶楼上去睡觉，因为风会使蚊子不能飞到那上面去；在沼泽地带四周住的人们则有另一种办法来代替顶楼。他们每个人都有一个网子，他们白天用这个网子打鱼，晚上就把这个网子张在他睡觉的床的四周，然后爬进去睡觉。如果他穿着外衣或裹着亚麻布睡,那蚊子会把它咬穿了的;但是它们甚至根本不试图穿过网子去咬里面的人。

(**96**)他们用来运货的船是用一种橡胶树制造的,这种树的外形很像库列涅的莲花,它的汁液便是树胶。从这种树他们切下两佩巨斯长的木板,把它们像是砌砖那样地排列在一起;然后他们便用把这些两佩巨斯长的木板紧系在长而又密排的木柱之上的办法来造船身。这样弄好了之后,他们便把大梁横着放到木板上。他们是不用肋材的。他们用纸草来填充里面接缝的地方。船的龙骨上有一个孔,舵就从这个孔穿过去。船桅是橡胶树做的,帆是用纸草做的。除非强力的阵风连续刮,这种船是不能逆流驶行的。它们要用岸上的人来拖;但是在顺流而下的时候,却可以这样办;他们用一个柽柳木制造的筏,系着两塔兰特重穿孔的石头和苇席:木筏放到水里要它漂在船的前面,用一根绳子把它和船系在一起,石头也用一根绳子系在船的后部。这样,给水流推动着,木筏便顺流迅速下行并拖着这个“巴利司”(这是这些船的名字),而垂到后面的河水里的石头,它的作用则是保持船行的进路笔直。这种船是很多的,有一些船载运着成千上万塔兰特重的货物。

(**97**)当尼罗河泛滥到地面上来的时候,只有市镇才可以被看到高高地在水面之上并且是干燥的,和爱琴海上的岛屿非常相似。只有这些市镇露在水面之上,而埃及的其他地方则完全是一片水。因此,当这种情况发生时,人们便不像寻常那样在河道中往来,而是往来于全部水域之上了。从纳乌克拉提斯到孟斐斯上行的船只实际上就是经过金字塔本身的近旁的;虽然通常的河道不是这样,而是经过三角洲的顶点和凯尔卡索洛斯市镇的。但是你如果从海和卡诺包斯到纳乌克拉提斯去的话,那你就会经过安提拉市附近的田野和那被称为阿尔康德洛斯的城市。

(**98**)安提拉是一个有名的城市,它是专门指定为统治埃及的国王的王后供应鞋子的。自从埃及被波斯人征服以来,事情一直就是这样的。另一个城市,我以为,是因阿凯亚人普提奥斯的儿子、达纳乌司的女婿、阿尔康德洛斯而得名的;因为这是被称为阿尔康德洛斯之城的。也可能有另一个阿尔康德洛斯;然而这个名字却不是埃及的名字。

(**99**)以上所述都是我个人亲自观察、判断和探索的结果。下面我再根据我所听到的记述一下埃及的历年事件,这上面再加上一些我自己看到的东西。祭司们告诉我说,米恩是埃及的第一位国王,他第一个修筑了一道堤坝把孟斐斯和尼罗河隔了开来。整个河流从利比亚那一面的沙山下面紧挨着流过去,但是米恩却在河上筑了一道堤坝而使它在孟斐斯上方一百斯塔迪昂左右远的地方开始折向南方流去了。这样他便使旧道干涸下来并用一道河渠引领河水使它经过山与山的中间。而直到今天,波斯人都非常注意河的这一个水曲,每年都加固它的堤坝,以便使它把河水保持在河道里。因为,如果尼罗河冲毁了堤坝并且湮没了这里的话,整个孟斐斯便有被湮没的危险了。但当这第一位国王米恩修堤而使这个地方成为干地的时候,他就第一个在那里建立了现在称为孟斐斯的一座城(甚至孟斐斯也位于埃及的狭窄部分),而在它的外部,他在它的北部和西部引出河水而挖掘了一个湖(而尼罗河本身就是这个地方的东界),第二,他在那里修建了一个最值得一记的伟大的海帕伊司托斯神殿。

(**100**)在他的后面有三百三十个国王，祭司们从一卷纸草把他们的名字念给我听。在所有这许多代里，有十八位埃西欧匹亚的国王和一位土著的王后；其他的便都是埃及人了。王后的名字和巴比伦女王的名字一样，也叫做尼托克里司。他们说，她是继承了她的哥哥的王位的，她的哥哥曾是埃及的国王并且为他的臣民杀死，然后臣民使她登上了王位。为了给她的哥哥复仇，她想出了一个狡诈的计划，而她便用这个计划杀死了许多埃及人。她修建了一间宏大的地下室，她借口庆祝这间地下室的落成，心中却想着完全是另外一件事：她召请她知道曾作为主要人物参加谋杀她的哥哥的那些埃及人来赴盛宴，但当他们正在饮宴的时候，她忽然把河水放了进来，这河水是从在他们头上秘密修建的大水道引进来的。关于她，祭司们所谈的只有这些，此外只还有这样一件事，即当她做完了我上面所说的事情时，她便投身到一间充满了灰烬的屋子里面去，以便逃避她可能会受到的报复。

(**101**)他们说，其他的国王都是没有什么业绩可言的人物，他们都是没有留下什么可以纪念的东西的不值得一提的人物。例外的只有最后的一个国王叫做莫伊利斯的。这个莫伊利斯在位的时候，留下了几个纪念物：海帕伊司托斯神殿的北门；他下令挖掘的湖，这个湖的四周有多少斯塔迪昂我下面就要谈到；此外还有他在湖中修建的金字塔，这些金字塔的大小将要在我谈到它们所在的那个湖的时候提一下。这便是莫伊利斯留下的业绩，其他的国王则谁也没有留下任何东西。

(**102**)我不谈这些国王了；因而现在我就要谈一谈在他们之后统治

的一个名叫塞索斯特里斯[①]的国王。祭司们说,他第一个率领着一队战船从阿拉伯湾沿着红海海岸向前推进,征服了他经过的沿岸的各个民族,直到他最后到达因浅滩而无法行船的一片海洋地带。因此他便从那里返回埃及,祭司们说,他又集合了一大支军队,通过大陆前进,把他在道上遇到的每一个民族全都征服了。凡是当地居民对他的进攻加以抗击并英勇地为本身的自由而战的地方,他便在那里设立石柱,石柱上刻着他的名字和他的国家的名字,并在上面说明他怎样用他自己的武力使这里的居民屈服在他的统治之下。但相反地,在未经一战而很快地便被征服的地方,则他在石柱上所刻的和在奋勇抵抗的民族那里所刻的铭文一样,只是在这之外,更加上一个妇女的阴部的图像,打算表明这是一个女人气的民族,也就是说不好战的、懦弱的民族。

(**103**)这样他便穿过了整个亚细亚大陆,从这里他又进入欧罗巴,征服了斯奇提亚人和色雷斯人。我以为他的军队就来到这里,而没有开到比这些人更远的地方去。因为在他们的国土上还看得到他树立的石柱,但是在更远的地方便看不到这样的石柱了。从色雷斯返回埃及的时候,他在途中到达了帕希斯河的河岸。在这里我不能确定发生的是什么事情。可能是国王塞索斯特里斯自己把他的一部分军队从他的主力分出来,把他们留在那里殖民,也可能是他的一部分军队在流浪的征途上感到厌倦而在这条河的河岸上定居下来了。

---

① 希腊人称拉美西斯二世为塞索斯特里斯。

（**104**）科尔启斯人是埃及人那是明显不过的事情了。在我听别人提起这个事实之前，我自己已经注意到这件事情了。在我开始想到这一点的时候，我便在科尔启斯和埃及两地对当地人加以探询。我发现科尔启斯人对于埃及人的记忆比埃及人对科尔启斯人的记忆更要清楚。然而埃及人仍然是说，他们认为科尔启斯人是塞索斯特里斯的军队的一部分。我个人这样推测的根据，首先是这样的一个事实，即他们的肤色是黑的，毛发是卷曲的（但是在他们之外的其他民族也有这样的，因此单是这一件事实确实是没有什么意义），但此外，也是特别重要的是这样一个情况，即科尔启斯人、埃及人和埃西欧匹亚人是从远古以来实行割礼的仅有的几个民族。腓尼基人和巴勒斯坦的叙利亚人自己都承认，他们从埃及人那里学到了这个风俗。而在铁尔莫东河与帕尔特尼欧斯河沿岸地带居住的叙利亚人以及与他们相邻的玛克罗涅斯人则说，这种风俗是他们最近从科尔启斯人那里学来的。要言之，这些人便是世界上仅有的行割礼的民族，而且非常明显，他们在这一点上面，是模仿埃及人的。至于埃西欧匹亚人本身，则我诚然还不能断定，是他们从埃及人那里学到了割礼，还是埃及人从他们那里学到了割礼，但这显然是一个十分古老的风俗了。然而和埃及人有交往的人们从埃及人那里学得了这一风俗，我却从这样一件事实而很清楚地得到证实：即当腓尼基人中凡是和希腊人有交往的，他们就不在这件事上模仿埃及人并且不给自己的孩子施行割礼。

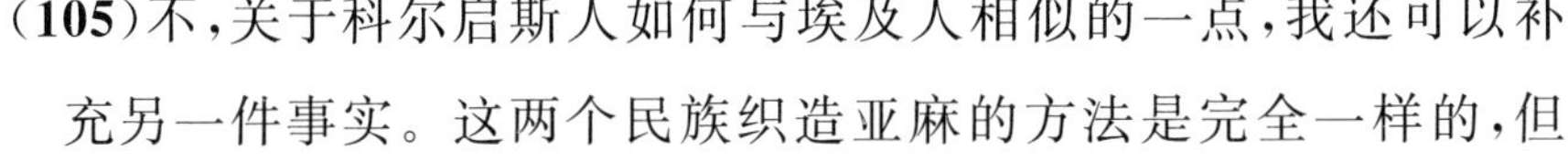

（**105**）不，关于科尔启斯人如何与埃及人相似的一点，我还可以补充另一件事实。这两个民族织造亚麻的方法是完全一样的，但

世界所有其他的人们则都完全不知道这种织造的方法。他们在全部生活方式上以及在他们的语言上也是相似的。希腊人称科尔启斯的亚麻为萨地尼亚亚麻，但称从埃及来的亚麻为埃及亚麻。

(**106**)埃及国王塞索斯特里斯在他所征服的各地所树立的石柱，大部分都已不复存在了。但是在叙利亚的，叫做巴勒斯坦的那一部分，我亲自看到它们仍然耸立在那里，石柱上面刻着我上面所说的词句和妇女的阴部。在伊奥尼亚也有这位国王的两个图像刻在岩石上，一个在从以弗所到波凯亚的道路上，另一个在从撒尔迪斯到士麦拿的道路上。每个地方的图像所刻画的都是一个四佩巨斯一斯披塔美高的男子，右手持枪，左手持弓，其余的装束则一部分像埃及人，一部分像埃西欧匹亚人。穿过胸部从肩到肩有一行铭文，这是用埃及的僧体文字写的，意思是说："我用我的肩部的力量征服了这个国土。"征服者没有说出他是谁，他是从什么地方来的；虽然，塞索斯特里斯在其他地方是记载着这些事项的。因此有一些看到这些图像的人便猜测说这是美姆农的像。不过这样想的人离开事实是很远的。

(**107**)祭司们又说，这个塞索斯特里斯在他带着他从被征服的各国得来的大批俘虏回国时，他的那个在他离开时曾被他任命为埃及总督的弟弟在佩鲁希昂的达普纳伊迎接他，并且请他参加宴会，他和他的儿子们都参加了这个宴会。于是他的弟弟便在那一建筑物的四周堆积了大量的薪材，这样做完了之后，就把它点着了。当塞索斯特里斯知道发生了什么事情的时候，他立刻便接受了陪他一道赴宴的他的妻子的忠告，把他们的六个儿子中的两个儿子投到火上作为火焰中的桥梁，这样就可以使他们其余的人踏过这两个人而逃跑了。塞索斯特里斯照着她的话做了，因此他本人和他其余的孩子便得了救。但他的两个儿子却活活地被烧死了。

(108)塞索斯特里斯于是返回自己的国土并对他的弟弟进行了报复，在这之后，他便着手这样地利用他从被征服的各国带来的大批俘虏；他使这些俘虏搬运大块的岩石，在他的治下，这些岩石都是被运到海帕伊司托斯神殿去的；他还迫使这些俘虏挖掘在埃及地方纵横交错的许多河渠。由于使用这些强制的劳动挖掘了河渠，国内的全部面貌无意中改观了。在以前埃及是一个适于马和马车行走的地区，但从此之后，它变得对二者都完全不适合了。虽然这时它的全境是一片平原，现在它却既不适于马，又不适于马车行走，因为它的全境布满了极多的、向四面八方流的河渠。国王这样做的目的是要把尼罗河的河水供应给内地不是临河的城市的居民，因为在先前，河水退下去以后，他们不得不饮用他们从井里吸取的发咸的水。就是为了这个原因，埃及才到处布满了河渠的。

(109)他们又说，塞索斯特里斯在全体埃及居民中间把埃及的土地作了一次划分。他把同样大小的正方形的土地分配给所有的人，而要土地持有者每年向他缴纳租金，作为他的主要的收入。如果河水冲跑了一个人分得的土地的任何一部分，这个人就可以到国王那里去把发生的事情报告给他；于是国王便派人前来调查并测量损失地段的面积；这样今后他的租金就要按着减少后的土地的面积来征收了。我想，正是由于有了这样的做法，埃及才第一次有了量地法，而希腊人又从那里学到了它。不过波洛斯（日钟——译者）、格诺门（日晷——译者）以及一日之分成十二部分，这却是希腊人从巴比伦人那里学来的。

(110)塞索斯特里斯不仅仅是埃及的国王，他还是埃西欧匹亚的国王。他是唯一的、治理埃西欧匹亚的埃及国王，作为他治下的纪念物，他留下了耸立在海帕伊司托斯神殿门口的那些石像，其中他自己和他的妻子的两座石像各有三十佩巨斯高，他的四个儿子的石像则各有二十佩巨斯高。在很多很多年之后，海帕伊司托斯神殿的祭司都不许波斯的国王大流士把自己的石像放在这些石像的前面，因为他们说，大流士的功业是不能够和埃及的塞索斯特里斯的功业相比的。因为他们说，塞索斯特里斯不单单是完全征服了和大流士征服的同样多的民族，他还征服了斯奇提亚人，这是大流士所未能征服的。因此，如果就功业而论，在他自己不能相比的国王的奉纳物面前，树立自己的石像，那是不公平的。据说，大流士在这一点上对祭司是谅解的。

(111)祭司们说，在塞索斯特里斯死的时候，他的儿子培罗斯登上了王位。他并没有进行战事上的征伐。他由于下述的情况而双目失明了。尼罗河的河水涨到了空前的高度即十八佩巨斯，淹没了全部的田地的河水这时给突然刮起的强烈的风，吹起了浪头。于是，据说，这位国王竟鲁莽到拿起枪来，冲到河中的大浪头里面去。这之后他立刻得了眼病，而变成瞎子了。这样他一直在十年中间不能看到东西。终于在第十一个年头，从布头城有一个神托带给他，大意是说，他的刑罚的期限就要满了，他可以用尿洗眼以便恢复他的视力。但这尿必须是属于一个忠于她的丈夫并从来没有和另外一个男人发生过关系的妇女的。因此培罗斯便首先用他的妻子的尿来试，但是丝毫没有效果，他照旧看不到东西。于是他又一个接着一个地用别的妇女的尿来试，直到最后他用这种办法恢复了视力的时候。于是除去最后使他恢复视力的这个妇女之外，他把所有的妇女集合在一处，把她们带到现在称为红土的一个城市去，在那里把她们连同那个地方全部烧死了。他娶了用尿给他治好了眼睛的妇女。而在他完全恢复视力之后，他便向一切有名的神殿奉献礼品，在这中间，最值得一记的便是他送给太阳神的神殿的两个石头的方尖碑。这是两件杰出的作品，每个碑都是一整块石头制造的，每个石碑都是一百佩巨斯长，八佩巨斯宽。

(**112**)他们说，继承培罗斯的是一个孟斐斯地方的人，他的名字用希腊语来说，叫做普洛铁乌斯。这个国王在孟斐斯有一个很美丽的而且装饰得漂亮的圣域，位于海帕伊司托斯神殿的南面。推罗地方的腓尼基人住在这个圣域的四周，而这整个地方便叫做推罗人营。在普洛铁乌斯的圣域里，有一座神殿，称为外国人阿普洛狄铁的神殿。我猜想这座神殿是给图恩达列乌斯的女儿海伦建造的。首先，我听到的，是因为她曾在普洛铁乌斯的宫廷里和他同居了一个时期；其次，是因为这个神殿是被称为外国人阿普洛狄铁的；原来在所有其他阿普洛狄铁的神殿中间，再也找不出另一座神殿，有带着这个外国人的头衔的女神了。

(**113**)在回答我的关于海伦的问题的询问时，祭司们向我叙说了下面的一段经过。亚历山大从斯巴达把海伦抢走之后，他便乘船返回故国了。在他经过多岛海的时候，起了一阵烈风，这阵烈风把他吹离了原来的航路并把他吹到埃及的海域上去；从那里，（由于风势未减）他便到了埃及，而他上岸的地点则是今日称为卡诺包斯河口的埃及河口的一个叫做塔里凯伊阿伊（盐地——译者）的地方。在这个地方的岸上有一座呈献给海拉克列斯的神殿，这座神殿到今天还存在着。如果一个奴隶从他的主人那里跑到这个神殿里来避难，把自己的一身献给神并在自己的身上打上神圣的印记，则不管他的主人是谁，也不能再动一下这个奴隶了。直到我的这个时候，这条法律仍旧是和太古以来一样有效的。因此，听到这个神殿的规定之后，亚历山大的侍从们便从他那里逃开，跑到神殿去请求庇护。在那里他们为了要加害于他们的主人，他们便向埃及人控诉他，把他掠夺海伦的全部情况，以及他对美涅拉欧司所做的不义之行都讲了出来。他们不单是在祭司面前，而且在尼罗河河口的守吏名叫托尼司的一个人面前控诉他。

(**114**)托尼司听到这个消息之后，他立刻送信给正在孟斐斯的普洛铁乌斯，大意是说："从希腊来了一名异邦人；他是一个铁乌克罗斯人，他在他所来自的希腊地方做了一件不义的行为。他欺骗了他的主人的妻子并诱拐了她以及一笔极大财富。但是风浪迫使他漂流到这里来。我们还是要他原样的回去呢，还是把他带来的东西给没收呢？"普洛铁乌斯回答说："不管是谁，凡是对自己的主人有不义之行的，就把他捉来见我，这样我可以知道他会说些什么。"

(**115**)托尼司得到这个命令之后，便逮捕了亚历山大并不许他的船舶离开；继而他便带着亚历山大、海伦、全部财宝以及那些逃跑的请求庇护的人们到孟斐斯来了。当所有的人都到达的时候，普洛铁乌斯便问亚历山大，他是谁，他是从什么地方来的。亚历山大在回答时叙说了他的身世，祖国的名字以及他是从什么地方开始航行的。于是普洛铁乌斯又问他是从什么地方夺到了海伦的。在回答的时候，亚历山大支吾其词了，他并没有把老实话讲出来。于是那些逃跑的奴隶们便插进来讲话，他们驳倒了他的叙述并且讲出了他的全部犯罪事实。终于在讲完之后，普洛铁乌斯作了这样的审判，"如果不是我极其慎重于使被风浪吹到我国来的任何异邦人不遭杀害的话，我是一定会把你杀死来给希腊报仇的；因为你这个最卑鄙的人在受到款待以后竟会做出这样不义的事情来。首先，你诱惑了你自己主人的妻子，可是你还不满足，你一定还要挑起她的情欲并把她拐走。但这一点你仍然不满足，在离开的时候，你还劫掠了你的主人的家财。现在，既然我极其慎重而不处死任何异邦人，因此我还是许你回去；但是我不许你带走这个女人和这些财富。他们必须留在这里，等希腊的那个异邦人亲自来把这个女人和财富带回去。至于你本人和你的同船伴侣们，我命令你们在三天之内离开我的国土到国外的什么地方去；此外，我还要警告你，如果你不这样做的话，三天过后，我就要拿你当敌人看待了"。

(116)根据祭司们对我讲的话，这便是海伦所以到普洛铁乌斯这里来的情况。而在我来想，荷马也是知道这件事情的。但是由于这件事情不是像他所用的另一个故事那样十分适于他的史诗，因此他便故意地放弃了这种说法，但同时却又表明他是知道这个说法的。从伊利亚特中他叙述亚历山大的漫游的一节，便很明显的可以看出来(他在诗中的其他任何地方都没有再提到这一点);在这一节里,他说到亚历山大和海伦怎样被吹出了他们的航路,而在他们所到过的其他地方当中,他们还到达了腓尼基的西顿。这是在叙述到狄欧美戴司的武功的那一段里;原诗是这样:

在他的家里有织成五颜六色的袍子,
这是西顿的妇女们做成的;天神一样的帕理司在先前
曾从东方的城市,带着这些妇女越过广大的海洋航行到这里,
甚至当他把血统高贵的,美丽的海伦从她的家乡给带出来的时候。

在奥德赛里,荷马也提到了这一点:

托恩的妻子埃及人波律达姆娜
曾把这样的有效的良药
送给宙斯的女儿;因为在那里的肥沃的土地上,
生长着许多配合起来能够治病的或是害人的药草。

而美涅拉欧司也向铁列玛科斯说:

我归心似箭,但诸神把我还留在埃及,
他们因我不崇奉他们,不为他们按时举行百牛大祭而震怒。

从上面的诗句看来,诗人表示他知道亚历山大流浪到埃及去的这件事;因为叙利亚就在埃及的旁边,而包括西顿人在内的腓尼基人又是住在叙利亚的。

(**117**)这些诗句和特别是这一节非常清楚地证明,塞浦路斯叙事诗

并不是荷马,而是另一位诗人写的。因为塞浦路斯的叙事诗说,亚历山大偕同海伦在三天之内从斯巴达到伊里翁,一路之上是顺风和没有浪头的。但是根据伊利亚特,他在带着她的时候,是迷失了道路的。现在我就不再谈荷马与塞浦路斯叙事诗了。

(**118**)但是当我问祭司们,希腊人所叙述的关于伊里翁(即特洛伊)的事情是真是假的时候,他们回答说他们研究过并且知道美涅拉欧司自己所讲的话,即在海伦被诱拐之后,希腊人的大军为援助美涅拉欧司到铁乌克罗斯人的国土上来。他们在那里上岸扎营之后,便派遣使者到伊里翁去,美涅拉欧司本人也是使者之一。这些人进城之后,便要求放回海伦,并交出亚历山大从美涅拉欧司那里偷出并带走的财宝,此外还要求对他们的不义之行加以赔偿;但是铁乌克罗斯人后来却一直发誓或是不发誓地宣称,他们那里并无向他们要求交出的海伦和财宝,人和财宝都在埃及了。他们说,他们还没有义务来赔偿现在在埃及国王普洛铁乌斯手里的东西。但是希腊人以为特洛伊人是在开他们的玩笑,于是便围攻他们的城,直到攻克了这座城。直到他们攻克了城塞,发现那里原来没有海伦并听到了和先前相同的说法,他们才相信了特洛伊人当初所说的话,而把美涅拉欧司本人派到普洛铁乌斯那里去。

(**119**)于是美涅拉欧司来到了埃及并溯河上行到达孟斐斯;在那里,把经过的情形如实讲了一遍之后,他受到了非常热诚的款待并且完全无伤地接回了海伦以及他的一切财富,但是,尽管他受到这样盛情的款待,美涅拉欧司却做了一件对不起埃及人的事情。原来当他要乘船离开的时候,由于天气不好而被留下;由于

这种阻碍长期无法解除，他便想主意而做了一件受到禁止的事情；他捉了当地的两个孩子，拿他们作了牺牲。当人们知道他做了这样的事情的时候，便憎恨并追赶他，于是他便乘船逃到利比亚去；而从那里他又到什么地方去，埃及人就不知道了。祭司们告诉我说，他们在打听之后才知道了这件事的若干情节，但是在他们自己国内发生的事情，他们却是言之确凿的。

（**120**）埃及祭司们告诉我的一切就说到这里为止了。至于我本人，我是相信他们关于海伦的说法的。我的理由是这样：如果海伦是在伊里翁的话，那么不管亚历山大愿意不愿意，她也要给送回到希腊人那里的。可以肯定，普利亚莫斯和他的最亲近的人们都不会疯狂到竟会使他们自己、他们的儿子以及他们的城市冒着危险而叫亚历山大娶海伦为妻子。甚至假如他们在开头的时候有意这样做的话，那么当不仅仅是许多特洛伊人在与希腊人作战时被杀死，而且普利亚莫斯本人在每次战斗中，如果诗人的叙事诗可信的话，都要死掉两三个，甚至更多的儿子的时候，在发生这样的情况之下，即使海伦是普利亚莫斯自己的妻子，我自己也必然会想到，他是要把她送回到希腊人那里去的，如果这样做他可以躲掉目前灾祸的话。但尽管普利亚莫斯上了年纪，亚历山大却不是最近的一个王位继承者，因此他不能成为一位真正的统治者。这样的一个人是海克托尔，这是一个比亚历山大年纪大而且比他更勇敢的人物，他是很有希望在普利亚莫斯死时取得王权的。海克托尔决不会同意他的兄弟的不义之行，特别是当这个兄弟是造成海克托尔本人以及整个特洛伊的巨大灾祸的原因的时候。然而事情的结果却正如他们所说的那样，

因为特洛伊人那里并没有海伦可以交回，而且尽管他们讲了真话，希腊人却不相信他们；因为，我相信并认为，天意注定特洛伊的彻底摧毁，这件事将会在全体世人的面前证明，诸神确是严厉地惩罚了重大的不义之行的。我是按照我自己所相信的来讲的。

(**121**)在普洛铁乌斯之后统治埃及的，他们说是拉姆普西尼托司。使人想到他的名字的纪念物是他留下来的海帕伊司托斯神殿的西面的前庭；在这前面他建立了两座有二十五佩巨斯高的像。这两座像靠北面的一座埃及人称之为夏，靠南面的一座埃及人称之为冬；对他们称之为夏的那座像，他们是崇拜并且善待的，但是对于称之为冬的那座像则给以相反的待遇。

(α)他们告诉我说，这个国王拥有这样大量的白银，以致后来的国王无人能超过他或几乎比得上他。为了他能够安全地保藏他的财富，他下令修建一间石室，这间石室的一面墙就和他的宫殿的外侧相接。但是修建这间石室的工匠却巧妙地想出一个办法，使墙壁上的一块石头砌得可以容易地给两个人，甚或一个人抽出来。因此当石室完工的时候，国王便把他的财富储藏在里面了。但是久而久之，当这个设计的工匠病得快要死的时候，他便把孩子们(他有两个儿子)召到自己的面前来，告诉他们怎样由于在他修建国王的财库时的技艺，而为他们安排了一个非常富裕的生计。他非常详尽地告诉他们移动石头的办法并且把寻找这块石头的尺寸也向他们讲了，并且说如果他们把这些记住的话，他们便可以随便支配国王的财富了。因此，当他死去的时候，他的儿子不久便着手干他们的这件事了：他们在夜里来到王宫,很容易地在石室上找到了那块石头并把它抽了出来,这样便盗窃了大量的财富。

(β)当国王在一天打开石室的时候,他非常惊讶地看到盛着财宝的容器有些已经不满了。但是他不知道这应当归咎于何人,因为封印毫无异状而石室也紧紧地关闭着。但是在他第二次、第三次打开石室的时候,他发现财宝更加减少了(因为盗贼并没有停止偷窃),于是他便下令设置陷阱并把它安置在他放置财宝的容器的四周。盗贼像先前那样地又来了,他们之中的一个爬了进来;当他走近容器的时候,他立刻便被陷阱捉住了。看到他自己遭到灾祸,他立刻喊他的兄弟并把发生的事情告诉了他,要他的兄弟尽快地进来割掉他的首级,以免他被人看见和认出从而也连累了他的兄弟。他的兄弟认为这是一个好的办法,便同意并这样做了。于是他便把石头又安放在原处,带着他的兄弟的首级回家去了。

(γ)等到早上的时候,国王又到石室来,他吃惊地看到了一名无头贼,但是石室仍然没有打开,也看不出出入的痕迹来。于是他不知道如何好了。但是他立刻下令把盗贼的尸体悬在外城并派卫兵守在那里,告诉这些卫兵,如果看到有人哭泣或是哀悼,就立刻把这个人捉来见他。但是当这具尸体这样给悬挂出来的时候,贼的母亲感到万分难过,她要她还活着的那个儿子想不管是怎样一个办法把那个尸首放下来并把它带回来;她并且威吓说如果他不从命的话,她就要到国王那里去报告,说他窝藏了偷来的财富。

(δ)因此当母亲痛斥了他,而他无论如何也不能说服她的时候，他便想出了这样的一个办法：他带着他的驴子，驴子背上载运着满盛着酒的皮囊，然后就赶着它们在自己的前面走，而一直来到看守着悬挂着的尸体的卫兵的近旁；于是他便拉两三只革囊上的脚[①]，这样就把它的口解开了；而在酒向外流的时候，他便高声喊叫并且打自己的脑袋，好像是不知道先对付哪一头驴子好的样子。卫兵看到酒这样大量地流了出来，他们便拿起器皿跑到大道上去接取流出来的酒并自认为是有运气的。这个人假装作生气的样子并把卫兵们都痛骂了一顿。但是卫兵却心平气和地向他讲话。于是他立刻像是受到宽慰并且平息了怒气，直到最后，他竟把他的驴子赶到大道旁边并着手重新整理他载运的东西。结果卫兵和他谈起话来，其中的一名卫兵竟和他开玩笑而使他笑了起来，这样他又送给他们一革囊的酒。于是不费什么麻烦卫兵们便坐了下来开始饮酒，他们要他参加进来和他们在那里共饮。他同意而留下了。他们跟他欢饮，而他又给了他们一革囊的酒，直到卫兵们由于喝得太多而酩酊大醉的时候，他们终于不得不睡着而在他们饮酒的地方卧倒了。当夜深的时候，这个贼便把他的兄弟的尸首放下来，然后为了愚弄的目的，他又剃了这些卫兵的右颊。他把这尸首放到驴背上驮着，赶回家里去，这样便完成了母亲交给他的任务。

(ε)当国王听到贼的尸首被盗走的时候，他真是愤怒万分了。因此为了不管用什么代价也要捉住做出了这样事情的人，他便用了这样的一个办法，这是埃及的祭司们的说法，但我个人

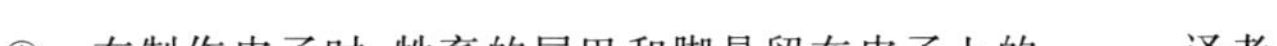

① 在制作皮子时，牲畜的尾巴和脚是留在皮子上的。——译者

是不相信这个说法的。他把自己的女儿给送到娼家去,命令她不拘任何人一律接待,但是在就衾之前先要每一个人告诉她,他本人在一生中所做的最聪明的和最邪恶的事情是什么。如果任何一个人在回答时告诉了她这个贼的故事,她必须立刻抓住他,不许他逃跑。她的女儿按照她父亲的吩咐做了,但贼是知道为什么国王要这样做的,于是他便想在计巧方面胜过国王。因此他又想出了下面的一个计划:他弄到了一具刚死的尸体并把它的一只手臂割下来藏到衣服下面,这样便到国王的女儿那里去。当她像她对所有其他的人一样地向他提问题的时候,他就告诉她说他所做的最邪恶的事便是在他的兄弟被国王财库中的陷阱捉住时,他割下了他兄弟的脑袋;而他的最聪明的事情便是灌醉了卫兵并把尸体带走。当他这样讲的时候,公主便想抓住他,但是贼却在黑暗当中把尸体的手臂给了她。公主以为这便是他的手臂,便紧紧地把它捉住。但贼在这时却把手臂留给她抓着,自己从门口溜掉了。

(ζ)在国王又得到这个消息之后,对这个人的狡猾和大胆深为惊服,于是便派使者到他统治之下的各个城镇去发布命令说,如果这个人前来谒见国王的话,国王将答应赦免他并给他重额的赏金。贼相信了他的话,到国王这里来了;拉姆普西尼托司非常称赏他,说他是人间最有智慧的人并把公主许配给他。因为国王说埃及人在智慧方面比所有其他的异邦人要优秀,而这个人又比所有其他的埃及人要优秀。

(122)祭司们还告诉我说,这位国王后来以肉身下降到希腊人称为哈戴司的冥府去,在那里和戴美特尔玩骰子,他有时胜、有时负;

在这之后，他便带着女神赠给他的一件礼物即金色的餐巾回到大地上来了。因此，根据他们的话，由于拉姆普西尼托司下降到冥府去并从那里回来，埃及人便制定了一个节日，而我知道在我的时代他们确实是还庆祝这个节日的。但为什么他们制定这个节日，是为了这件事情还是为了其他的事情我就不能确定了。节日那天的仪式是这样：祭司们织出一件衣服，用一条布带蒙上他们当中一个人的眼睛，然后他们把这件衣服披在这个人的身上领着他到通向戴美特尔神殿的大道上去；那时他们便和他分手并留他一个人在那里了。可是，他们说，被蒙上了眼睛的祭司却给两匹狼领到离城二十斯塔迪昂远的戴美特乐神殿去，再由狼从神殿领他回到原来的地点来。

(123)这些埃及的故事是为了给那些相信这样故事的人来采用的：至于我个人，则在这全部历史里，我的规则是我不管人们告诉我什么，我都把它记录下来。在埃及，人们相信地下世界的统治者是戴美特尔和狄奥尼索斯。此外，埃及人还第一个教给人们说，人类的灵魂是不朽的，而在肉体死去的时候，人的灵魂便进到当时正在生下来的其他生物里面去；而在经过陆、海、空三界的一切生物之后，这灵魂便再一次投生到人体里面来。这整个的一次循环要在三千年中间完成。早先和后来的一些希腊人也采用过这个说法，就好像是他们自己想出来的一样；这些人的名字我都知道，但我不把他们记在这里。

(124)祭司们告诉我说，直到拉姆普西尼托司的时候，埃及在一切方面都治理得很好并且十分繁荣，但是到下面的一位国王岐欧普斯当政的时候，人民却大倒其霉了。因为首先，他封闭了所有的神殿，以致任何人也不能在那里奉献牺牲；其次，他强迫所有的埃及人为他做工，指定一些人给他从阿拉伯山中的采石场把石头拉到尼罗河岸：而这些石头既然要装在船上运过河去，所以另一些人的任务就是接过这些石头来并把它们拉到称为利比亚山的山那里去。他们分成十万人的大群来工作，每一个大群要工作三个月。在十年中间人民都是苦于修筑可以使石头通过去的道路，这种道路的修筑，在我想来，只是比金字塔的修筑要轻一些（因为道路是五斯塔迪昂长，十欧尔巨阿宽，最高的地方要到八欧尔巨阿，而且它完全是用磨光并且雕刻上图像的石头修筑成的）。前面所说的十年是用来修筑这条道路和金字塔所在的那个山上的地下室；国王修造这些地方是打算用它们来作他自己的陵墓，他还用水把这些陵墓围起来，水是从尼罗河用一个水渠引过来的。金字塔本身的建造用了二十年，它的底座是方形的，每一面有八普列特隆长，它的高与之相等。金字塔是用磨光的石块，极其精确地砌筑成功的。每块石头的长度都超过三十尺。

（**125**）这个金字塔修造得像是有些人称为克罗撒伊，有些人称为波米戴司的楼梯。当它这个初步的工程完成的时候，工人们便用短木块制成的杠杆把其他的石块搬上去；他们把石块从地面抬到第一个级层上去；当石头这样抬上去之后，在第一级层上再放置另一个杠杆，而这个杠杆又把它从这一级层抬到另一级层上面去。可能在每一级层都有一个新的杠杆，也许只有一个可以移动的杠杆，而在石头搬下之后，他们便把杠杆依次拉上每一级层。我听的是这两种说法，但我无法确定。但可以确定的是，金字塔的上部是最先完工的，然后是下面的部分，而最后才是底座和最下面的部分。在金字塔上面，有用埃及字母写成的文字，表明为了给工人买萝卜、葱、蒜曾花了多少钱；而我记得十分清楚，通译者当时念给我上面所写的文字是花费了一千六百塔兰特的银子。而如果事实是这样的话，他们工作时所用的铁，以及工人的食品和衣服得要花费多少钱啊。看到上面说的建造时所花费的时间，则在开采和运送石头、挖掘地下部分这些方面，我想也是要很长的时间才可以做完的。

(126)岐欧普斯是这样寡廉鲜耻的一个人，由于没有钱，他竟然使自己的女儿去卖淫以便勒索酬报；但多少钱我不知道，因为他们没有告诉我。他们说，她在按着她父亲的吩咐去做时，曾打算也给她自己留下某种纪念物，因而请求每一个想和她交媾的人都要给她的营造物提供一块石头。而这些石头便用来修建了对着大金字塔的三座金字塔中间的一座；这个金字塔的每一面是一普列特隆半。

(127)埃及人说，岐欧普斯统治了五十年；他死的时候，他的弟弟凯普伦继承了王位。凯普伦的在一切方面的行为都和岐欧普斯相似。凯普伦也给自己修筑了一座金字塔，但是比他哥哥的那一座要小。我自己测量过它。它没有地下室，它也不像另一座金字塔那样有河渠把尼罗河的河水引过来，而是通过人工修建的一条水道把河水引进来的；河水绕流一个岛，而他们说岐欧普斯本人便埋在这个岛上。这座金字塔和另一座金字塔大小相同，只是高度差四十尺；它位于大金字塔附近的地方；它最下面的一层是用彩色的埃西欧匹亚石修筑的。两座金字塔都是耸立在同一大约有一百尺高的山丘上。他们说,凯普伦统治了五十六年。

(**128**)因此他们便认为,埃及曾有一百零六年是在水深火热之中,而关闭了如此长久的神殿也从来没有开过。人民想起这两个国王时恨到这样的程度,以致他们很不愿意提起他们的名字而是用牧人皮里提斯的名字来称呼这些座金字塔,因为这个牧人当时曾在这个地方牧放他的畜群。

(**129**)他们说,埃及再下面的一个国王,就是岐欧普斯的儿子美凯里诺斯了。他不喜欢他的父亲的所作所为,因而打开了神殿,并容许那时已处于水深火热之境的人民各人去做各人的行业,去奉献他们的牺牲。他是所有国王中最公正的审判者。正是因为如此,他比埃及的一切统治者都受到更高的赞扬。原来不仅仅是他的审判公正,而且,如果任何人不满意于他的判决,美凯里诺斯还会从他自己的产业中给这样的人一份礼物以偿还他的损失。他的行动便是这样的;他以仁政来治理他的人民,然而他仍然遭到了灾难:首先的一个灾难便是他家中唯一的孩子,他的独生女儿死了。他对他的这一不幸遭遇悲痛万分,因此他想给她举行比一般要隆重的葬仪。于是他用包金的木头做了一头空心的牛,把他的女儿的尸体放置到里面去。

(**130**)这只牛不是埋在土里,而在我那时候,人们还可以在撒伊司城看到它,它被安放在宫殿的一间华美的房间里。每天都给它烧各种的香,每夜都在它旁边点着一盏灯。在这个牛像近旁有另一个房间,在那里有美凯里诺斯的侍妾的像,这是撒伊司的祭司们告诉我的;而那里确实有大约二十座巨大的木像,都制作得像是裸体的妇女；但是我只听说过它们是何许人，我自己难肯定它们是谁。

(**131**)有人还说过关于牛和木像的事情，说美凯里诺斯怎样爱上了自己的女儿并把她强行奸污了；结果她悲痛得自缢了。因此，他们说，他便把她埋葬在这个牛像里；女孩子的母亲把引诱女儿跟她父亲通奸的那些侍女的手都砍掉了，因而据说现在她们的像的情况就和当时活着的那些妇女所遭到的命运一样。但我认为这乃是一种无稽之谈，特别是关于人像的手的事情。据我们自己来看，人像是因为年深日久，它们的手才脱落了的。甚至在我的时候，我还看见这些手放置在这些人像前面的地上。

(**132**)至于这个牛，则它的外部覆盖着一件紫色的袍子，露出的只有头部和颈部，它们都包着很厚的一层金。而在它的两角之间，安放着一个黄金的、日轮一样的东西；牛不是站着，而是跪着。它的大小和一个实物的大牛差不多。每年只要是在埃及人为了在谈到这些事情时我没有指出名字来的神而捶胸哀悼时，这个牛像就给从房间内抬出来一次。在那个时候母牛被抬出来见见太阳，因为他们说，美凯里诺斯的女儿在她死的时候曾恳求她父亲，使她每年能够见到一次太阳。

(**133**)在他的女儿的悲惨的死亡之后，美凯里诺斯随之又遇到了这样的一件事情。从布头城有一个神托送到他这里来，说他只还有六年的寿命，而在第七年一定会死。国王认为这太不公平了，于是便把一名使者派到神托所去谴责神，抱怨说他的父亲和叔父封闭神殿、不敬神明并蹂躏世人却活得很久，而他这样一个十分敬神的人却是短命的。但是从神托所却来了第二个神托，这个神托对他说，他所做的善事正是使他短命的原因，因为他是违反着天命行事的；埃及注定要受一百五十年的苦难，这一点他前面的两个国王知道，然而他本人却不知道。听到这话之后，他知道他的命运是确定了。于是他便下令制造许多烛灯，每到夜里就把它们点起来，饮酒作乐。他昼夜不停地饮酒作乐；不管是沼泽地带还是森林地带，只要是他听到有可以极尽欢乐的地方，他就漫游到那里去。他这样做的目的，是打算用把黑夜变成白天的办法，把他的六年变为十二年，从而证明神托的虚妄。

(**134**)这个国王也留下了一座金字塔，但是这座金字塔比他父亲的要小得多，它的正方形的底座的每一面是差二十尺不到三普列特隆，而且有一半的高度是用埃西欧匹亚石修建起来的。但是有一些希腊人说，这座金字塔是妓女罗德庇司修建的，不过这个说法是不对的。诚然，我知道得很清楚，当他们这样讲的时候，他们并不知道罗德庇司是谁（否则他们决不会把修造金字塔的事情算到她的身上，而说起来，要是修建一座金字塔，是要花费无数塔兰特的金钱的）。而且还有一件事可以证明他们的错误，即罗德庇司的全盛时代正是在阿玛西斯，而不是在美凯里诺斯当政的时候，因此她是在修建金字塔的这些国王之后许多年的人。她是一个色雷斯人，是萨摩司人海帕伊斯托波里斯的儿子雅德蒙的女奴隶。她又是和写作寓言的伊索在一起的奴隶，因为他也是雅德蒙的人。这一点的最主要的证据是，当戴尔波伊人遵照着一次神托的命令，作出多次的声明请对伊索之被杀而要求赔偿的任何人到他们那里去的时候，则除了只有前者的孙子，另一个雅德蒙之外，并没有任何人这样做。因此，伊索当然

也就是雅德蒙的奴隶了。

(135)罗德庇司是萨摩司的克桑托斯给带到埃及来的。她到这里本是想做妓女的,但是在她来到之后,司卡芒德洛尼莫司的儿子,闺秀诗人莎波的兄弟,米提列奈人卡拉克索斯用一大笔钱给她赎了身。这样罗德庇司便得到了自由并定居在埃及,在那里她那遐迩闻名的魅力使她有了对一个妓女来说是非常巨大的财富,然而决不会富到可以修建这样一座金字塔的程度。既然到今天,任何人只要愿意的话,都可以知道她的财富的十分之一是多少,因此她是不可能被认为拥有巨大财富的。由于罗德庇司想给自己在希腊留一件纪念品,她便定制了一件独出心裁的东西然后再把它献到神殿去,她是把它献给了戴尔波伊作为自己的纪念的;因此,她便花了他的财富的十分之一用来定制了尽可能多的烤全牛用的铁叉,然后把这些铁叉送到戴尔波伊去;这些东西到今天还堆在那里,地点在岐奥斯人所奉献的祭坛的后面,神殿本身的前面。纳乌克拉提斯的妓女好像是最会迷惑人的,首先,我们上面谈到的那个罗德庇司就是这样的一位知名人物,甚至全希腊没有人不知道罗德庇司的名字。到后来,阿尔启迪凯又成了全希腊人们所讴歌的人物,尽管她的名声不如罗德庇司大。卡拉克索斯在给罗德庇司赎身之后便回到米提列奈去了,但是莎波在她的一首诗歌里却狠狠地嘲骂了他。关于罗德庇司的事情,便讲到这里为止了。

(136)根据祭司们的话,继美凯里诺斯而后成为埃及国王的是阿苏启司,他给海帕伊司托斯神殿修造了向着日出方向的外门,这个门比之其他的任何的门都要美丽和雄伟得多。在所有的外门上

都有许多雕刻图像和无数建筑上的装饰，但在这个门上，这类的东西则要多得多。在这位国王的当政的时期，他们告诉我说，埃及的金融紧迫，因此定出一条法律，一个人可以用他自己父亲的尸体作抵押来借钱；法律还规定，债主对于债务人的全部墓地有财产扣押权，如果债务人还不了债的时候，对于提供这种抵押的人的惩罚就是，他死时自己不许埋入他的父祖的墓地或其他任何墓地，而在他生时，他也不许把他的任何死亡的家族埋入自己的墓地或其他任何墓地。此外，为了超过在他之前统治过埃及的历代国王，这个国王留下了一座砖造的金字塔作为自己的纪念，上面有刻在石头上的铭文。“不要因为和石造的金字塔相比而小看我。因为我比它们优秀得多，就好像宙斯与其他诸神相比一样。因为人们把竿子戳到湖里面去，并把附着在竿子上的泥土收集到一起做成砖。而我就是这样修筑起来的”。

(**137**)这一切便是阿苏启司所做的事情。继他而统治的，是一个叫做阿努西司的盲人男子，他所出身的城市也叫做阿努西司。在他统治的时候，埃及曾受到埃西欧匹亚的国王撒巴科斯所率领的一支埃西欧匹亚大军的进攻。盲人逃到沼泽地带去，埃西欧匹亚人于是统治了埃及五十年。在历史上记载到他的统治时说，他永不处死任何做了错事的埃及人，但是根据人们犯罪程度的大小，判处所有那些犯罪的人在他们本地城镇修筑堤坝。因而城镇的地势便比以前更要高了：这是由于它们起初，在塞索斯特里斯统治的时期，是被建筑在挖掘河渠的人们修造的堤坝之上，因此在埃西欧匹亚人的统治时期它们就更高了。我想，其他的埃及城镇也是这样对待的，但是布巴斯提斯却比任何地方升得都要高。在这个城市里有一座布巴斯提斯的神殿，这是非常引人注目的一个建筑物。其他神殿尽管比较大或花钱较多，但是却没有一座神殿比这座神殿更加悦目。希腊语称布巴斯提斯为阿尔铁米司。

(**138**)我现在要说一说这座神殿的外形：除去入口之外，它是在一个岛上；从尼罗河有两个互不交叉的河渠流过它的附近，这两个河渠的流向是相对的，都是一直流到神殿入口的地方，然后一个河渠从一方，另一个河渠从相对的一方绕过去。每一个河渠都有一百尺宽，两岸上树木成荫，笼罩在水面之上。外殿有十欧尔巨阿高，装饰着六佩巨斯高的精美人像。神殿位于城市的正中，城的四周俯视着这座神殿，因为城的地面升高起来，但神殿的地面却和先前一样，因此人们是可以从外面看到它的里面的。它的四周是刻着图像的石墙；里面是一丛非常高大的树木围绕在一座巨大神殿的四周长着。神殿里是女神的神像。神殿是方形的，每一面有一斯塔迪昂长。一条大约有三斯塔迪昂长的石铺的道路一直通到入口，然后折向东通过市集，再到海尔美士神殿。道路大概有四普列特隆宽，两旁长着参天的树木。神殿的情况就是这样的。

(**139**)他们说，埃西欧匹亚人离开的经过情况是这样的。他逃出了这个地方，是因为他梦见一个人站在他的面前，劝告他把埃及的全体祭司集合到一起并把他们腰斩。做了这样的一个梦之后，他就说他认为这可能是神给他的一个暗示，表示他可以做出有渎神明的事情，这样就会受到诸神或是人们的惩罚；他说他不愿这样做，再加上，在神托预言他统治埃及的时期期满之后他是要离去的，现在时期已经到了，他也应当离开了；因为当他还在埃西欧匹亚的时候，当地的人们请示的神托宣布说，他命中注定要统治埃及五十年。既然这个时期已经满了而且他又因他在梦中的所见而心中烦恼，于是撒巴科斯就自动地离开了埃及。

(**140**)这个埃西欧匹亚人既然离开了埃及，据说那位盲人便再度做了国王；他是从沼泽地带回来的，他在那里住了五十年，住的地方是他自己用灰和土筑成的一个岛。因为个别背着埃西欧匹亚人被派来给他送食物的埃及人，曾受国王之托在每次来的时候都带着灰，作为他们的礼物。在阿米尔塔伊俄斯的时期之前，从来没有人发现过这个岛；在他之前的所有的国王找了七百多年都没有找到它。它的名字是埃尔波，有十斯塔迪昂长，十斯塔迪昂宽。

(**141**)下面的一个国王就是海帕伊司托斯的祭司，名字叫做赛托司。他看不起并且毫不重视埃及的战士阶级，认为他根本不需要他们；他不仅是侮辱他们，而且把在前王时期送给他们每一个人的十二阿路拉上选土地收了回去。因此国王撒那卡里波司立刻率领一支阿拉伯人和亚述人的大军前来攻打埃及；但埃及的战士不愿对他作战。这个走投无路的祭司只得跑到神殿里去，在那里的神像面前为眼看便要到临他身上的危险而哀哭。当他正在哀哭的时候，他睡着了，在梦中他梦见神站在他的面前，命令他鼓起勇气来，因为在和阿拉伯人的大军相对抗时，他是不会受到什么损害的。神说他自己将要派军队来援助他。他相信了这个梦，因而便率领着还跟随着他的那些埃及人在佩鲁西昂扎下了营(因为这里是埃及的入口)；没有战士愿意跟着他去，愿意去的只有行商、工匠和小贩。他们的敌人也来到了这里，而在一个夜里有一大群田鼠涌入亚述的营地，咬坏了他们的箭筒、他们的弓，乃至他们盾牌上的把手，使得他们在第二天竟不得不空着手跑走，许多人又死掉了。而在这一天，在海帕伊司托斯神殿里有一个埃及国王的石像，手里拿着一只老鼠，像上还有一行铭文，大意是："让看到我的人敬畏神明吧。"

(142)埃及人和他们的祭司所告诉我的事情就是这些了。他们跟我说，从第一个国王到最后的那个海帕伊司托斯的祭司，中间总计是三百四十一世，而在这一段时间里，他们也就有相同数目的国王和祭司长。三百世是一万年，三世等于一百年。不把三百世计算在内，剩下的四十一世则是一千三百四十年。这样算来，全部时间就是一万一千三百四十年；他们说，在这全部时期当中，他们没有一个国王是人形的神，而在这段时期之前或之后的其他埃及国王当中，也没有这样的事情。因此他们告诉我说，在这一段时期里，太阳违反常规地升起了四次；两次它是在它现在下落的地方升起的，两次是在它现在上升的地方下落的；虽然如此，埃及现在却没有经受任何变化，不管是在河流和土地的生产方面，还是在疾病和死亡的事情上面都是如此。

(143)海卡泰欧斯[1]这位历史家曾有一次到底比斯，他在那里自己回溯了一下身世，结果发现他在十六代之前和神有血统的关系。宙斯的祭司对他所做的事和他们对我所做的事完全一样，但我并没有回溯我自己的身世。他们把我领到神殿的巨大内庭里

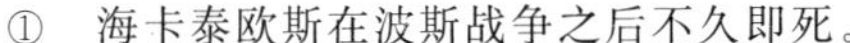

① 海卡泰欧斯在波斯战争之后不久即死。

去，在那里指给我看许多木像，他们数了一下，木像的数目正是他们刚才所说的那个数目，因为每一个祭司长在生前都给自己在那里立一座像；在数给我并指给我看这些像的时候，祭司们向我表示，每一个都是从他的父亲那里继承来的。他们数了全部的木像，从最近死的那个人一直回溯到最早的那个人。因此，当海卡泰欧斯回溯他的身世并宣布说在他之前第十六代的祖先是神的时候，祭司们根据他们的计算方法也回溯了他们的身世；因为他们不会相信他那认为一个人可以从神生出来的话；他们循着三百四十五个像来回溯全部的身世，却和任何祖先的神或英雄联系不上，他们宣布说每一个像都是一个披罗米司，都是另一个披罗米司的儿子，用希腊语来说，披罗米司就是一个在各方面都好的人物。

(144)于是他们便表示说，凡是有像立在那里的人都是好人，但他们和神却完全不同。他们说，在这些人之前，埃及的统治者是神，他们和人类共同生活在大地上，在每一代其中必定有一位神掌握着最高主权。他们之中最后统治埃及的是奥西里斯的儿子欧洛司，希腊人则称之为阿波罗；他废黜了杜彭[①]而成了埃及最后一代的神圣的国王。奥西里斯在希腊语中则称之为狄奥尼索斯。

(145)在希腊人当中，海拉克列斯、狄奥尼索斯和潘恩被认为是诸神当中最年轻的。但在埃及，潘恩[②]是诸神中最古老的，并且据

---

① 杜彭是埃及的毁灭之神赛特。

② 埃及的凯姆。

说是最初存在的八神之一,海拉克列斯是第二代的所谓十二神之一,而狄奥尼索斯则被认为是属于十二神之后的第三代的神。在海拉克列斯和阿玛西斯之间有多少年,我已经说过了。潘恩据说还要早一些;在狄奥尼索斯和阿玛西斯之间的年代最短,埃及人把这段年代算定为一万五千年。既然埃及人已经算出了年代来,而且又把它们加以记载,可以知道他们对这一切是知道得很清楚的。但据说卡得莫斯的女儿赛美列所生的狄奥尼索斯大约是在我当时之前一千六百年,而阿尔克美涅的儿子海拉克列斯则是在我之前九百年左右。而佩奈洛佩所生的潘恩(根据希腊人的传说,佩奈洛佩和海尔美士是潘恩的双亲)是在我之前八百年左右,因此比特洛伊战争还要晚了。

(146)关于潘恩和狄奥尼索斯这两个神,人们可以相信任何一个他认为是可信的说法;但是在这里我要说一下我自己关于他们的意见:如果赛美列的儿子狄奥尼索斯和佩奈洛佩的儿子潘恩在希腊很有名,并像阿姆披特利昂的儿子海拉克列斯那样一直在那里住到老年的话,那就可以说,他们和海拉克列斯一样,也不过是普通人,只是用比他们要古老得多的神潘恩和狄奥尼索斯的名字来命名罢了。但虽然如此,希腊的故事却说,宙斯刚刚把他缝在自己的股内并把他带到埃及之外埃西欧匹亚的尼撒去的时候,狄奥尼索斯便降生了;至于潘恩,则希腊人便不知道他降生后的情况如何了。因此,在我看来,很清楚的是希腊人在诸神的名字当中是最后才知道了这两个神的名字的,他们把这两个神的起源一直回溯到他们知道它们的时候去。

(147)以上我记述的都是埃及人自己所讲的话。下面我还要说一说埃及人和外国人异口同声所讲的有关在这个国家发生的事情的话,还要加上我亲眼看到的一些东西。在海帕伊司托斯的祭司的统治时期之后,埃及人便自由了。(但是他们不能没有一个国王而生活下去)于是他们便把埃及分成十二部分并立了十二位国王。这些国王相互结亲并同意结为亲密的朋友,他们之间谁也不应陷害另一个人,谁也不应取得比另一个人更多的东西。所以缔结他们努力遵守的这一协定的理由是这样:在他们刚刚开始分王而治的时候,有一个神托告诉他们说,他们当中在海帕伊司托斯神殿中用青铜器皿行灌奠之礼的那个人将会是全埃及的国王。就和在所有其他的神殿集会一样,他们也是常常在这个神殿中集会的。

(148)此外,他们还决定共同做一番事业以便把他们的名字保存在后人的记忆里;在这样决定以后,他们便修建了一所迷宫,迷宫在离莫伊利斯湖不远的地方,位于人们称为鳄鱼城的一个地方的附近。我个人看见过它,它的巧妙诚然是难以用言语形容的;把希腊人所修建的和制造的东西都放到一起,尽管以弗所和萨摩司的神殿也都是引人注目的建筑物,但总起来和它相比,在花费的劳力和金钱这点上,可说是小巫见大巫了。虽然金字塔大得无法形容而其中的每一座又足能顶得上希腊人修建的许多巨大纪念物,但这种错综复杂的迷宫又是超过了金字塔的。它有十二所有顶子的方庭,它们的门是相对的,六个朝北,六个朝南,并排为连续的两列,但它们都在一道外墙之内。它还有双套的房间,房间总数是三千间,一千五百间在地上面,一千五百间在地下面。我们自己看到了地上面的,所以现在只讲看到的部分;

地下面的那一部分我们只是听别人讲的。埃及的看门人无论如何不肯使我们看到它们。他们说，这是最初修建这一迷宫的国王们和圣鳄的墓窖。因此我们只能凭传闻讲一讲地下室。地上面的部分我自己见过，它们大得人们几乎不相信是人建造的。各室的出口和来往通过各方庭的令人为之心迷的道路，在我们从方庭进入内室，从内室到柱廊，从柱廊又到更多的房间，然后进入更多的方庭的时候，这对我来说，乃是无穷无尽的惊异。在这一切之上是一个屋顶，屋顶和墙一样是石造的；墙上刻着图像，每一方庭的四周则是拼砌得极其精确的白石柱廊。在迷宫尽头的一个角落附近，有一座四十欧尔巨阿高的金字塔，上面刻着巨大的图像。修造了一条道通到这地下面去。

(**149**)迷宫的情况就是这样。然而在它旁边的莫伊利斯湖却是更值得人们惊奇的。这个湖的周边长达三千六百斯塔迪昂或六十司科伊诺斯，这个长度相当于埃及全部海岸线的长度。它的长度是从北到南的；它最深的地方是五十欧尔巨阿。从湖的本身可以看出，这湖是人工挖掘的，人工造成的；因为几乎在它的正中有两座金字塔，它们修建得水上水下各有五十欧尔巨阿，在每一座金字塔的塔顶上，有一个坐在王座上的巨大石像。因此这些金字塔就是一百欧尔巨阿高；一百欧尔巨阿等于一斯塔迪昂即六普列特隆，一欧尔巨阿等于六尺或四佩巨斯，一尺等于四帕拉司铁，一佩巨斯等于六帕拉司铁。湖里的水不是天然的(因为这一带地方的水异常缺乏)，而是通过一道河渠从尼罗河引过来的；有六个月水从河流入湖，六个月从湖倒流入河。在向外流的六个月中间，每天捕得的鱼可使王室的国库收入一塔兰特的白银，而在向内流的场合之下，每日的收入是二十米那。

(**150**)此外，当地的人还说，这个湖还通过一道地下的水流通到利比亚的叙尔提斯，它是沿着孟斐斯上方的山脉向西方的内地流的。在任何地方我都看不到从这个湖里挖出来的土，这一点使我颇费思索，于是我便去问那些住得离湖最近的人们，从湖中挖出来的东西都在什么地方。他们告诉我这些东西运到什么地方去而我立刻便相信了他们的话，因为我听到了在亚述的尼诺斯城所发生的一件类似的事情。尼诺斯的国王撒尔丹那帕洛司拥有巨大财富，他把这些财富收藏在地下的财库里。有一些贼想偷走这个财库；于是他们计算通路并从他们所住的房子到皇宫挖了一条地道，而把挖出来的土在夜里抛到流经尼诺斯地方的底格里斯河，直到最后，他们达成了他们的愿望。我听说，挖掘埃及的湖的时候，情况也是这样，所不同的就是工程不是在夜里，而是在白天进行的。埃及人把挖出来的泥土带到尼罗河去，想来这样做是要河水把这些泥土冲走和散开。湖就是这样挖成的。

(**151**)这十二个国王的行动一直是公正的；过了若干时候，他们终于到海帕伊司托斯神殿来奉献牺牲了。在宴会的最后一日，当他们正要举行灌奠之礼的时候，祭司长拿出了他们通常用来行礼的金杯；但是他算错，而只给了他们十二个人十一个杯子。因此他们中间最后的一个人普撒美提科斯便没有得到杯子。于是他便摘下他的青铜头盔，拿着它来行灌奠之礼。所有其他的国王通常也戴头盔，而那时也是戴盔的；当时普撒美提科斯拿出他的头盔来并不是故意想出的什么谋略，但是其他的人看到普撒美提科斯的做法却想到神托所说的话，即谁用青铜器举行灌奠之礼谁便成为全埃及的国王的话。因此，虽然他们认为普撒美提科斯还不应当被处死，因为他们调查过他并发现他是在无意中这样做的；但他们却决定剥夺他大部分的权力并且把他赶到沼泽地带去，不许他和埃及的其他部分发生关系。

(**152**)这个普撒美提科斯以前是在叙利亚的，他是从杀了自己的父亲涅科斯的埃西欧匹亚人撒巴科斯那里逃到叙利亚去的。那时，当这个埃西欧匹亚人由于他在一次梦中的所见而离开的时候，撒伊司诺姆的埃及人便把他从叙利亚带了回来。而当普撒美提科斯由于使用青铜头盔的缘故而被十一个国王赶到沼泽地带去的时候，他已经是第二次做国王了。因此他认为他自己受到了他们的极其粗暴的对待，并想对把他赶出来的那些人进行报复，于是他便派人到布头城去请示列托的神托，因为这是埃及最确实可靠的一处神托所。神托回答说，如果他看到有青铜人从大海那方面来的时候，他就可以进行报复。普撒美提科斯心中暗里不相信青铜人会来帮助他。但是在不久之后，四方航行进行劫掠的某些伊奥尼亚人和卡里亚人被迫在埃及的海岸停泊，他们穿着青铜的铠甲在那里上了陆；于是一个埃及人便到沼泽地带来把这个消息带给普撒美提科斯说，青铜人从海的那方面来了，并且正在平原上掠夺粮草。至于普撒美提科斯，则他在先前是从来没有看见过穿着铠甲的人的。普撒美提科斯认为这样神托的话已经应验了；于是他便和伊奥尼亚人与卡里亚人结为朋友，并答应说如果他们与他联合起来的话，他将给他们以重大的酬谢；因而在争取到他们之后，他便借了愿意跟他站到一起

的埃及人以及这些联盟者的帮助,废黜了十一个国王。

(**153**)他做了全埃及的主人之后,他就在孟斐斯修造了海帕伊司托斯神殿的一个向着南风方向的门殿,并在这门殿的对面修建了阿庇斯的一个方庭,而无论什么时候阿庇斯出现,它都是在那里吃饭的。这个方庭内部四周都是柱廊,方庭还有许多雕刻的图像;屋顶是支撑在有十二佩巨斯高的人形的巨大石柱上。阿庇斯在希腊语里面称为埃帕波司。

(**154**)对于帮助普撒美提科斯取得了胜利的伊奥尼亚人和卡里亚人,普撒美提科斯给他们以在尼罗河两岸上相对峙的土地来居住,称为"营地";在这之外,他又把以前许给他们的一切都给了。此外,他又把埃及的孩子们交给他们,向他们学习希腊语,这些埃及人学会了希腊语之后,就成了今天埃及通译们的祖先。伊奥尼亚人和卡里亚人在这些地方住了很长一段时间;这些地方离海不远,在布巴斯提斯下方附近,尼罗河的所谓佩鲁希昂河口上面。在很久以后,国王阿玛西斯从那里把他们迁移开去并使他们定居在孟斐斯做他的侍卫以对抗埃及人。由于他们住在埃及,我们希腊人和这些人交往之后,对于从普撒美提科斯的统治时期以后的埃及历史便有了精确的知识,因为作为讲外国话而定居的埃及的人,他们要算是第一批了。直到我的时代,在伊奥尼亚人和卡里亚人移走的地方那里,仍然有他们的船舶的起重器和他们的房屋的废墟。普撒美提科斯成为埃及国王的经过就是这样了。

(**155**)在前面我常常谈到埃及的神托所,现在我要对它加以说明,因为它是值得一述的。这个埃及的神托所就是列托的神殿,从

海溯河而行，则它位于尼罗河所谓赛本努铁斯河口附近的一个大城市之内。神托所所在的那个大城市的名字是叫做布头。我在前面已经提过了这个名字。在布头有一个阿波罗和阿尔铁米司的神殿。神托所所在的这个列托神殿本身是非常大的，单是外门便有十欧尔巨阿高。但是我要说的是在这里看到的一切东西当中最值得惊叹的东西。在圣域之内的列托圣堂，它的墙的高和宽方面都是用一块石头造起来的；每一面墙的高和宽相等，即各四十佩巨斯。另一块石头用来做屋顶，它的檐板则有四佩巨斯宽。

(**156**)因此在这座神殿里面，这个圣堂是我见到的一切东西当中最值得惊叹的了；而其次，最值得惊叹的要算是称为凯姆米司的岛了。这个岛位于布头神殿附近的一个宽而深的大湖上面，埃及人说它是一座浮岛。在我来说，我从来没有看它浮起来过，根本也没有移动过，而我以为如果一个岛真地浮起来，那倒真正是一件奇闻了。不管怎样，在那上面有阿波罗的一座巨大的神殿，还有三座祭坛；岛上有许多椰子树以及其他的树，有的结果子，有的不结果子。埃及人用一个故事来说明为什么这个岛是会移动的：当杜彭在世界到处寻求奥西里斯的儿子的时候，身为最初的八神之一并住在有她的神托所的布头的列托受到伊西司的委托而接纳了阿波罗，并为了安全而把他隐藏在这座以前不动但现在据说是浮了起来的岛上。他们说，阿波罗和阿尔铁米司是狄奥尼索斯和伊西司的孩子，而列托则是他们的乳母和保护人。在埃及语中阿波罗是欧洛司，戴美特尔是伊西司，阿尔铁米司是布巴斯提斯。正是从这个，而不是从其他的埃及传说，只有埃乌

波利昂的儿子埃司库洛斯得到了在其他较早的诗人中间所找不到的一种想法，即阿尔铁米司是戴美特尔的女儿。埃及人说，岛是由于上述的理由而浮起来的。故事的内容便是这样了。

(**157**)普撒美提科斯统治埃及的时期是五十四年。其中有二十九年，他是在叙利亚的一座大城阿佐托司面前度过的，他把这座城市一直围攻到攻克的时候。这座阿佐托司城抗击围攻的时期，比我们所知道的任何被围的城市都要长久。

(**158**)普撒美提科斯有一个儿子涅科斯，涅科斯后来也成了埃及的国王。涅科斯第一个着手把一条运河修到红海去，但完成这项工作的却是波斯人大流士。这条运河的长度是四天的旅程，它挖掘的宽度足够两艘三段桡船并排行进。它的水是从尼罗河引来的，它的起点是布巴斯提斯稍上方的一个阿拉伯的帕托莫司城附近而一直流入红海。开始挖掘的地方是在埃及平原离阿拉伯最近的那一部分；向孟斐斯方面延展的山脉，也就是采石场所在的那个山脉，离这个平原是很近的；河渠就沿着这山脉的低低的山坡从西向东走很长的一段，然后进入一个峡谷，更折向南流出山区而通向阿拉伯湾。而从北向南方的海或红海的最短的和最便捷的道路，是从作为埃及和叙利亚的边界的卡西欧斯山到阿拉伯湾，这段路程不多不少正是一千斯塔迪昂；这是最直接的道路，但河渠则要长得多，因为它是比较曲折的。在涅科斯的统治期间，死于挖掘工程的有十二万埃及人。只是由于一次预言，涅科斯才停止了这项工作，因为预言指出他正在为一个异邦人操劳。埃及人称所有讲其他语言的人为异邦人。

(**159**)涅科斯于是停止挖掘河渠而从事于战争的准备工作了；他的

一些战船是在北海上修造的，有一些是在阿拉伯湾，红海的海岸上修造的。这些船的卷扬机现在还可以看到的。他在需要的时候便使用这些船，他还率领着自己的陆军在玛格多洛斯迎击叙利亚人并击败了他们，而在战后更攻取了叙利亚的大城市卡杜提司。他派人到米利都的布朗奇达伊家去，把他在取得这些次胜利时所穿的袍子在那里献给了阿波罗。在统治了十六年之后不久他便死了。他的儿子普撒米司继承了他的王位。

（**160**）当普撒米司统治埃及的时候，有一些使节从埃里司前来见他。埃里司人夸口说他们在人类当中最公正合理地和出色地组织了奥林匹亚比赛会，他们宣称尽管埃及人是人类中最有智慧的，可是甚至埃及人也不能对它有所改进了。当埃里司人到埃及来并说明了他们此行的目的时，普撒米司便召集了据说是埃及最有智慧的人们开了一个会。这些人集会在一起并向告诉他们那些他们必须遵从的比赛规则的埃里司人进行询问，埃里司人说了这些之后，便说他们这次来是为了这样做的：如果埃及人能够发明任何更加公正的办法，他们也会学习的。埃及人在一起商量了一下，然后就询问埃里司人，问他们当地的人是否也参加比赛。埃里司人作了肯定的回答：从埃里司和其他地方来的一切希腊人都可以比赛的。于是埃及人就说，这个规则完全不是公正的。他们说："因为，在比赛中你们不可能不偏袒你们当地的人和不公正地对待异邦人。而如果你们真地制定了公正的规则因而到埃及来的话，那你们便应只允许异邦人参加，而不是埃里司人参加比赛了。"这便是埃及人对埃里司人的意见。

（**161**）普撒米司在埃及只统治了六年。他进攻埃西欧匹亚，此后不

久便死在那里了，而他的儿子阿普里埃司继他而登上了王位。除去他的曾祖父普撒美提科斯以外，他在统治的二十五年中间比先前的任何国王都更幸运，在这期间，他派遣一支军队去攻打西顿并且和推罗的国王发生过海战。但是他注定要遭受不幸的，这原因现在我想简略地谈一下，而在谈到利比亚历史的那部分时再说得详细些。阿普里埃司曾派一支大军去攻打库列涅，但是吃了惨重的败仗。埃及人为了这件事责怪他，并起来叛变他。因为他们认为阿普里埃司是故意叫他们去送死的，他们认为由于他们这样一死，阿普里埃司便可以更加安稳地统治其他的埃及人了。那些对这件事极其恼怒的人们回来之后，就和战死者的朋友们公然地起来反抗了。

(162)听到这个消息之后，阿普里埃司便派阿玛西斯到他们那里去，劝他们回心转意。当阿玛西斯到埃及人这里来的时候，他便劝告他们不要做这样的事情。但是当他讲话的时候，一个埃及人从他后面走过来，把一顶盔头戴到他的头上，说这乃是王权的标志。而阿玛西斯对这种做法也并不表示反对，而既然被反叛的埃及人拥立为国王，他便准备向阿普里埃司进军了。当阿普里埃司听到这件事的时候，他便派遣他宫廷中一个受到尊重的、名叫帕塔尔贝米司的埃及人，来对付阿玛西斯；他命令这个帕塔尔贝米司生擒叛徒并把这个叛徒捉来见他。帕塔尔贝米司来了，他召唤（正在乘骑之上）非常不体面地抬起腿来和命令使臣拿回那个标志给阿普里埃司的阿玛西斯。虽然帕塔尔贝米司十分急于要阿玛西斯遵守国王的召唤并去见他，但故事说，阿玛西斯回答说他很早便一直准备这样做而阿普里埃司是会非常满意他的；他说他不但自己会来并且还要把别人也一同带来。帕塔尔贝米司听到这话，便明白了阿玛西斯的意思；他看到了他做的准备，于是赶忙地离开了，为的是想使国王尽快地知道什么事情正在发生。当阿普里埃司看到他没有带着阿玛西斯回来的时候，自己并没有好好考虑一下，却在盛怒之下下令割掉帕塔尔贝米司的耳朵和鼻子。到现在为止还拥护阿普里埃司的其他埃及人，看到在他们之间最受尊敬的人都受到了这样不道德的侮辱，便毫不迟疑地改变了自己的立场而投到阿玛西斯的那面去了。

(**163**)这件事情也被阿普里埃司知道了，于是他便把他的卫队武装起来，去攻打埃及人；他有由卡里亚人和伊奥尼亚人所组成的一支三万人的亲卫军，他的宫殿是在撒伊司城，这是一座极其豪华壮丽的巨大宫殿。阿普里埃司的军队进攻埃及人，阿玛西斯的军队也向异邦人进攻。两军在莫美姆披司相会，他们相互间就想在那里一试身手。

(**164**)埃及人分成七个阶级：他们各自的头衔是祭司、武士、牧牛人、牧猪人、商贩、通译和舵手。有这样多的阶级，每个阶级都是以它自己的职业命名的。武士又分成卡拉西里埃司和海尔摩吐比埃司，他们分别属于下列诸诺姆，因为埃及的一切区划是以诺姆为依据的。

(**165**)海尔摩吐比埃司是属于布希里斯、撒伊司、凯姆米司和帕普雷米斯诸诺姆，一个称为普洛索披提斯的岛和那托的一半。这些地方都是。他们的人数在最多的时候达十六万。他们谁也没有学过任何普通职业；他们是只能从事于军务的。

(**166**)卡拉西里埃司是属于底比斯、布巴斯提斯、阿普提斯、塔尼司、孟迭司、塞本努铁斯、阿特里比司、帕尔巴伊托司、特姆易斯、欧努披司、阿努提司、米埃克波里司诸诺姆的。米埃克波里司是在布巴斯提斯城对岸的一个岛上。这便是他们的全部地方。他们的人数在最多时有二十五万人。这些人也不能从事其他职业而只能打仗,打仗是他们的世袭职业。

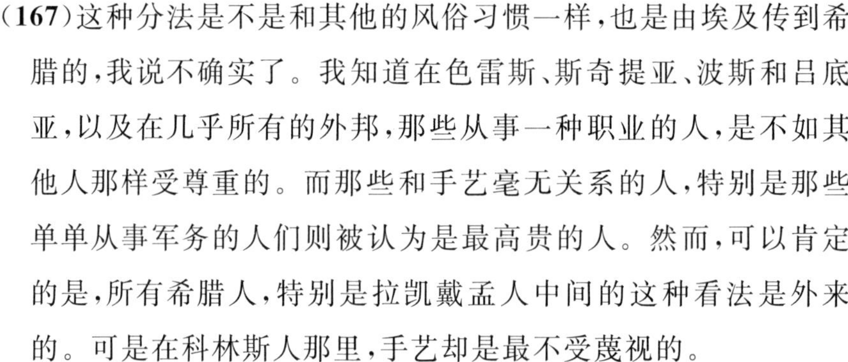

(**167**)这种分法是不是和其他的风俗习惯一样,也是由埃及传到希腊的,我说不确实了。我知道在色雷斯、斯奇提亚、波斯和吕底亚,以及在几乎所有的外邦,那些从事一种职业的人,是不如其他人那样受尊重的。而那些和手艺毫无关系的人,特别是那些单单从事军务的人们则被认为是最高贵的人。然而,可以肯定的是,所有希腊人,特别是拉凯戴孟人中间的这种看法是外来的。可是在科林斯人那里,手艺却是最不受蔑视的。

(**168**)在埃及人当中,除去祭司而外,武士是唯一拥有特权的人们,他们每一个人都被赋予十二阿路拉的不上税的土地,每阿路拉是一百埃及平方佩巨斯,而埃及的佩巨斯则与萨摩司的佩巨斯相等。这些土地是专为他们所有的人准备的,但这些土地却决不是由同样的一些人继续种下去,而是依次交替着耕种的。国王每年的亲兵是由一千名卡拉西里埃司和同样数目的海尔摩吐比埃司组成的。这些人除了他们的土地之外,每天还得到五米那的面包,二米那的牛肉和四阿律斯铁尔的酒。这是每一个亲兵一定可以得到的东西。

(**169**)当阿普里埃司率领着他的亲卫军,阿玛西斯率领着埃及人的全军在莫美姆披司城相会的时候,战斗立刻开始了。异邦人虽然善战，但他们的人数要少得多，因此他们被战败了。他们说，阿普里埃司认为甚至神都不能使他退位，他是这样深信他的地位是不可动摇的。现在，在战败和被俘以后，他就给带到撒伊司地方那曾一度属于他，但现在属于阿玛西斯的宫殿来了。他曾被拘养在宫殿里一个时期并受到了阿玛西斯的优遇。然而不久埃及人就抱怨说，叫他们和他们的国王的最可恨的敌人活着是一件很不公道的事情；因此，阿玛西斯便把阿普里埃司交到他们的手里；他们把他绞死并埋葬在他的历代父祖的茔地里。这茔地是在雅典娜神殿入口处左手离圣堂极近的地方。撒伊司地方的人民把他们本诺姆出身的一切国王都埋葬在神殿的圣域之内。阿玛西斯的墓离圣堂比阿普里埃司和他的祖先的墓离圣堂要远；但它也是在神殿境内的，这是一个装饰得富丽堂皇的巨大的石造柱廊，它的柱子被做成椰子树的样子。这个柱廊有两扇门，在这里面是停放棺木的地方。

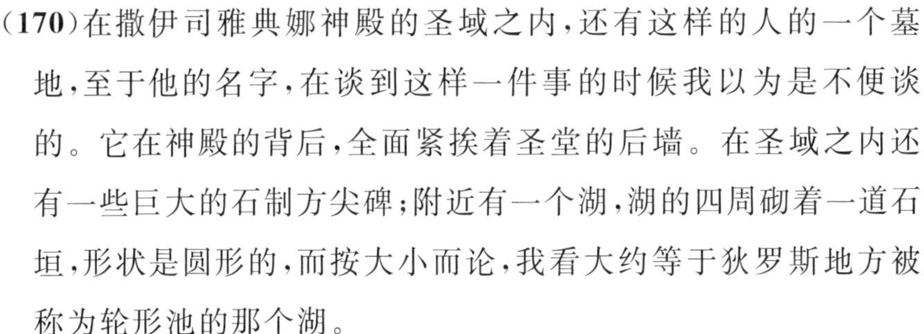

（**170**）在撒伊司雅典娜神殿的圣域之内，还有这样的人的一个墓地，至于他的名字，在谈到这样一件事的时候我以为是不便谈的。它在神殿的背后，全面紧挨着圣堂的后墙。在圣域之内还有一些巨大的石制方尖碑；附近有一个湖，湖的四周砌着一道石垣，形状是圆形的，而按大小而论，我看大约等于狄罗斯地方被称为轮形池的那个湖。

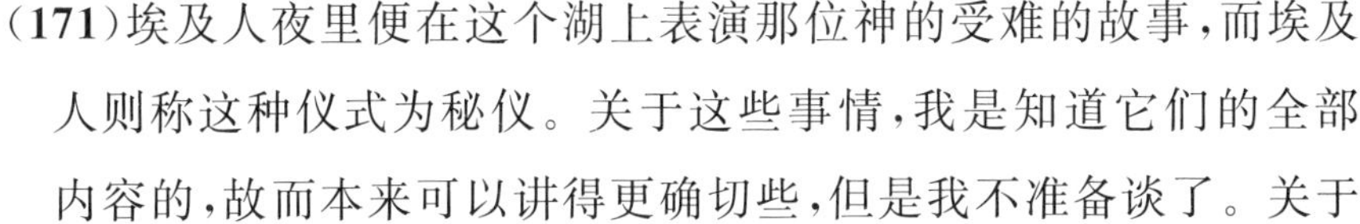

（**171**）埃及人夜里便在这个湖上表演那位神的受难的故事，而埃及人则称这种仪式为秘仪。关于这些事情，我是知道它们的全部内容的，故而本来可以讲得更确切些，但是我不准备谈了。关于希腊人称之为铁司莫波里亚[①]的戴美特尔的秘仪，除去允许我讲的部分之外，我也不准备谈了。那是达纳乌司的女儿们把这种秘仪传出埃及并把它教给了佩拉司吉亚的妇女们。后来，当伯罗奔尼撒人被多里斯人赶走的时候，这种秘仪也就随之失传了，只有阿尔卡地亚人还保存了它，因为他们未被驱出而是留在他们的家乡了。

(172)自从阿普里埃司像我上述那样地被废黜之后，阿玛西斯便统治了埃及。他是撒伊司诺姆西乌铺城的人。起初，由于他不是出身贵族，而是一个普通人，因此埃及人蔑视他并且丝毫不尊敬他。但是过了一些时候，他便用他的智巧，而不是用暴力，赢得了他们的拥戴。在他的无数财宝当中有一个金盆，他和所有与他共同饮宴的客人们常常用它来洗脚。他把这个器皿打碎，用它改铸成一个神像，放到城内最适当的场所。于是埃及人便常常到这个神像的地方来，对它表示了很大的尊敬。当阿玛西斯知道市民们怎样做以后，他便把埃及人召集到一起，告诉他们说这神像是用洗脚盆的金子铸造的；他说他的臣民曾用它洗脚、呕吐东西或是小便，但是现在他们却很尊敬它。于是他进而说明，现在他的情况便和这个洗脚盆的情况相同，他以前虽是一个平常人，但现在却是他们的国王了；因此他命令他们尊敬和重视他。他便用这样的办法赢得了埃及人的信任，使埃及人同意做他的臣民。

(173)下面是他的日常生活的情况：在早上，直到市场上挤满了人

① 雅典妇女在秋天举行的节日。

的时候，他热心地处理送到他面前来的事务；在这之后，他全天便都用来和他的好友饮酒作乐，吊儿郎当地和言不及义地排遣时间。但是他的朋友为他的这一点担心，于是劝谏地说：“哦，国王啊，你的这种轻佻的行动，是会损害你的国王尊严的。我们希望你终日严正地坐在威严的宝座之上处理国家大事。这样埃及人就会知道，他们的统治者是一个伟大的人物，那你在他们中间也就有了更好的声名；然而你现在的行动却是和国王完全不适合的。”阿玛西斯回答他们说：“要知道，有弓的人只有在需要的时候才拉开的；如果弓老是拉着，它们就会毁坏，而等人们需要它的时候，它已经没有用处了。人的道理也和这个道理一样。如果他们总是从事严肃的工作，而不把一部分的时间用来消遣，他们在他们不知不觉之中便会疯狂起来或是变成傻子。这一点我知道得很清楚，因此我轮流着分配这二者的时间。”这便是他回答他的朋友的话。

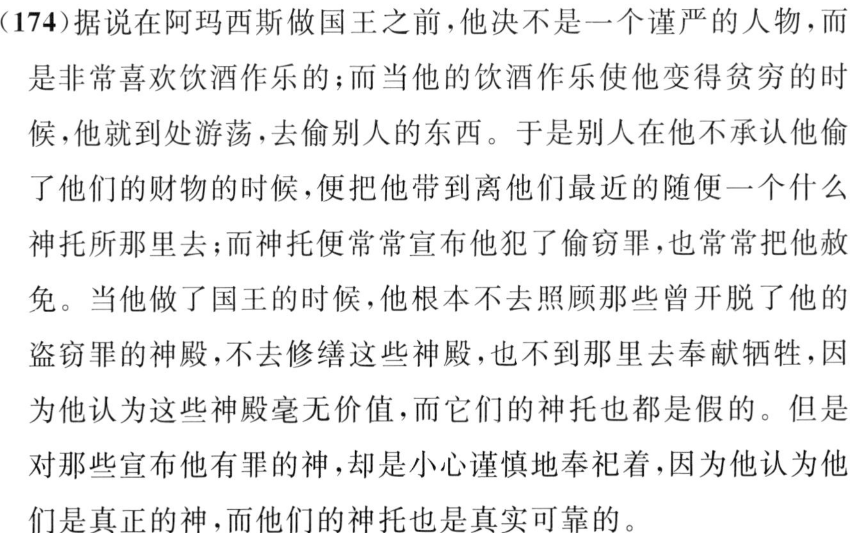

(**174**)据说在阿玛西斯做国王之前，他决不是一个谨严的人物，而是非常喜欢饮酒作乐的；而当他的饮酒作乐使他变得贫穷的时候，他就到处游荡，去偷别人的东西。于是别人在他不承认他偷了他们的财物的时候，便把他带到离他们最近的随便一个什么神托所那里去；而神托便常常宣布他犯了偷窃罪，也常常把他赦免。当他做了国王的时候，他根本不去照顾那些曾开脱了他的盗窃罪的神殿，不去修缮这些神殿，也不到那里去奉献牺牲，因为他认为这些神殿毫无价值，而它们的神托也都是假的。但是对那些宣布他有罪的神，却是小心谨慎地奉祀着，因为他认为他们是真正的神，而他们的神托也是真实可靠的。

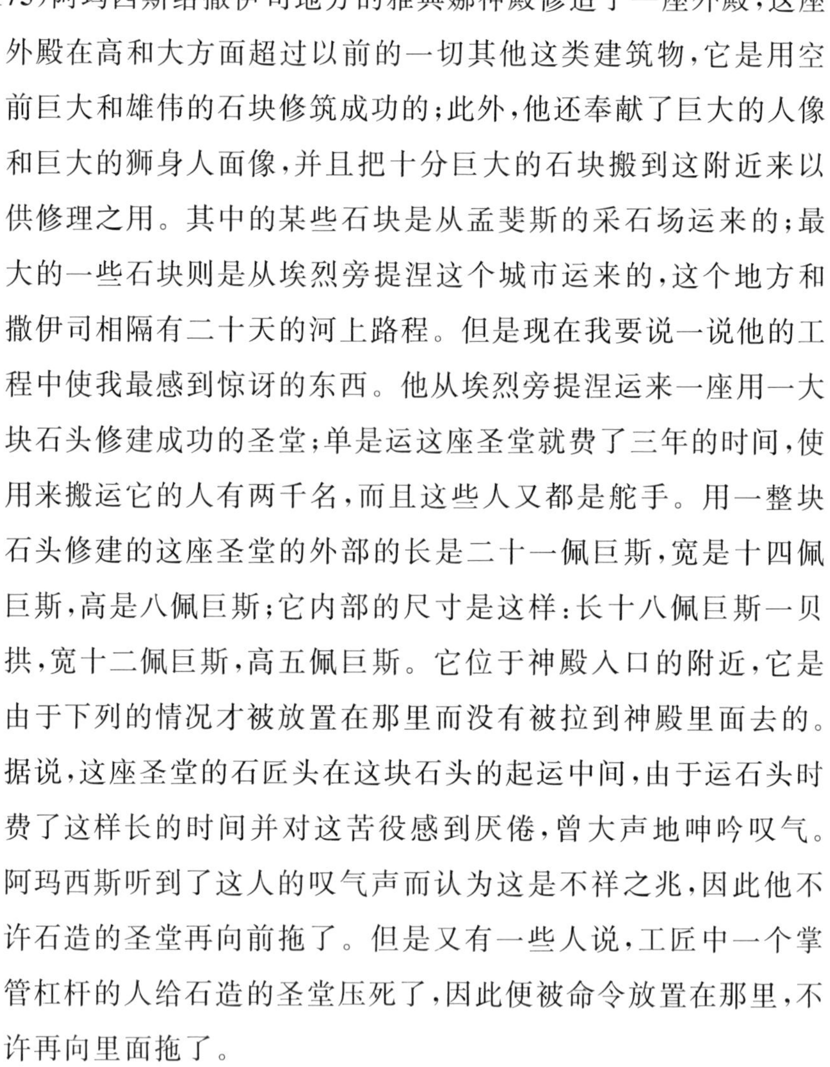

(**175**)阿玛西斯给撒伊司地方的雅典娜神殿修造了一座外殿,这座外殿在高和大方面超过以前的一切其他这类建筑物,它是用空前巨大和雄伟的石块修筑成功的;此外,他还奉献了巨大的人像和巨大的狮身人面像,并且把十分巨大的石块搬到这附近来以供修理之用。其中的某些石块是从孟斐斯的采石场运来的;最大的一些石块则是从埃烈旁提涅这个城市运来的,这个地方和撒伊司相隔有二十天的河上路程。但是现在我要说一说他的工程中使我最感到惊讶的东西。他从埃烈旁提涅运来一座用一大块石头修建成功的圣堂;单是运这座圣堂就费了三年的时间,使用来搬运它的人有两千名,而且这些人又都是舵手。用一整块石头修建的这座圣堂的外部的长是二十一佩巨斯,宽是十四佩巨斯,高是八佩巨斯;它内部的尺寸是这样:长十八佩巨斯一贝拱,宽十二佩巨斯,高五佩巨斯。它位于神殿入口的附近,它是由于下列的情况才被放置在那里而没有被拉到神殿里面去的。据说,这座圣堂的石匠头在这块石头的起运中间,由于运石头时费了这样长的时间并对这苦役感到厌倦,曾大声地呻吟叹气。阿玛西斯听到了这人的叹气声而认为这是不祥之兆,因此他不许石造的圣堂再向前拖了。但是又有一些人说,工匠中一个掌管杠杆的人给石造的圣堂压死了,因此便被命令放置在那里,不许再向里面拖了。

(**176**)对于所有其他有名的神殿,阿玛西斯也奉献了可称为伟观的献纳品。比方说,在孟斐斯,他就奉献了在海帕伊司托斯神殿前面的一座长达七十五尺的卧像。在同一个台基上还有两个巨大的像,每一座各有二十尺高,它们是用同样的石块雕成的,分别在巨像的两旁。在撒伊司还有一座同样大的石像,和孟斐斯那座石像的姿态一样。阿玛西斯最后在孟斐斯还建造了一座伊西司神殿,这也是一座极为精彩宏壮的巨大神殿。

(**177**)据说阿玛西斯的统治时代是埃及历史上空前繁荣的时代,不拘是在河加惠于土地方面,还是在土地加惠于人民方面都是如此。而在当时的埃及,有人居住的市邑有两万座。国王阿玛西斯还规定出一条法律,即每一个埃及人每年要到他的诺姆的首长那里去报告他的生活情况,而如果他不这样做或是不来证明他在过着忠诚老实的生活时,他便要被处以死刑。雅典人梭伦从埃及那里学到了这条法律而将之施用于他的国人中间,他们直到今天还遵守着这条法律,因为这的确是一条很好的法律。

(**178**)阿玛西斯对希腊人是抱着好感的。在他给予某些希腊人的其他优惠当中,他特别把纳乌克拉提斯这样的城市给予愿意定居在埃及的希腊人居住。对于那些愿意在沿海进行贸易,但不想定居在埃及国内的人们,他答应给他们一些土地,使他们用来安设祭坛和修建神殿。在这些地方当中,最大的和最有名的,也是参拜者最多的圣域是被称为海列尼昂的圣域。这是伊奥尼亚人、多里斯人和爱奥里斯人共同修建的;参加修建的城市属于伊奥尼亚人的有岐奥斯、提奥斯、波凯亚和克拉佐美纳伊;属于多里斯人的城市有罗德斯、克尼多斯、哈立卡尔那索斯和帕赛利斯;属于爱奥里斯人的城市则只有一个米提列奈。圣域便是属于这些城市的,而任命港埠监督的也是这些城市。如果任何其他城市也声明神殿有它们的一份的话,那它们便是要求根本不属于它们的东西了。但是有三个民族却奉献了自己的神殿:埃吉纳人修建了他们专有的宙斯神殿，此外萨摩司人修建了希拉神殿，米利都人修建了阿波罗神殿。

(**179**)纳乌克拉提斯古时是全埃及仅有的一个商港。如果一个人进入尼罗河其他河口之一的时候，他必须发誓说他不是故意到这里来的。这样发了誓之后，他就一定要乘船到卡诺包斯河口去。倘若由于逆风而不可能到那里去的话，他就必须把他的货物装载到船上绕行三角洲，最后来到纳乌克拉提斯地方。纳乌克拉提斯就是赋有这样大的特权的。

(**180**)当阿姆披克图欧涅斯以三百塔兰特的代价把现在戴尔波伊神殿包给人修建的时候(一直在那里的神殿纯乎是由于事故而被焚毁了)，戴尔波伊人要担负全部造价的四分之一。他们到各个城市去募集捐赠品，而在这件事上，他们从埃及得到的最多。因为阿玛西斯赠给他们一千塔兰特的明矾，而那里的希腊居民则捐献了二十米那。

(**181**)阿玛西斯和库列涅人缔结了友谊和同盟的协定。不仅如此，阿玛西斯还认为应当从那个城市娶一个妻子，他这样做不知这是表示他对这个城市的友情，还是他想娶一个希腊妇女做妻子。因此，他便娶了一个库列涅城的，名叫做拉狄凯的妇女，有人说她是巴托司的女儿，有人说她是阿尔凯西拉欧司的女儿，又有人说她是当地的一位知名的市民克利托布罗斯的女儿。当阿玛西斯与她将要合卺之时，他却不能与她交媾；虽然他和其他妇女并不是无能为力的。在这种情况继续下去的时候，阿玛西斯就向这个名叫拉狄凯的妇女说："女人啊，你一定对我使用了魔法。告诉你，你一定要死得比任何一个妇女都惨的。"不管拉狄凯如何否认这件事都不能平息阿玛西斯的怒气。于是她便在内心里向阿普洛狄铁许下了一个愿:如果在那一夜里能使她与他交配上,从而使她免遭灾祸的话,她便要献一座女神的像给库列涅的阿普洛狄铁神殿。结果,她竟如愿以偿,国王每次都能与她交媾了。阿玛西斯自此以后非常爱她。拉狄凯向女神还了愿。她制作了一座神像送到库列涅去,这座神像到我的时候还安全无恙地立在那里,从城里向外望着。刚比西斯在他征服了埃及并知道拉狄凯是何许人的时候,便毫无损伤地把她送还了库列涅。

(**182**)此外,阿玛西斯还奉献了许多东西给希腊地方的神殿。首先,他奉献给库列涅的是一个镀金的雅典娜神像和自己的一幅肖像。送给林多斯的雅典娜的是两座石像和非常漂亮的亚麻胸甲。送给萨摩司的希拉的是他自己的两座木像,这两座木像在我的时代还立在大殿的门后。献给萨摩司这些礼物是为了阿玛西斯和阿伊阿凯司的儿子波律克拉铁斯[①]之间的友谊,献给林多斯的礼物却决不是为了和任何人的友谊,而是因为有这样一个说法,即达纳乌司的女儿们在她们从埃吉普托司的儿子们手里逃脱时曾到过那里并建立了雅典娜的神殿。以上便是阿玛西斯所奉献的礼品,他还破天荒第一次攻略塞浦路斯并迫使它向他纳贡。

① 波律克拉铁斯的统治时期大概开始在五三二年。关于他和阿玛西斯之间的友谊参见第三章第三九节。

第　三　卷

(1)居鲁士的儿子刚比西斯率领在他治理之下的各个民族——其中包括属于希腊民族的伊奥尼亚人和爱奥里斯人——的军队进攻埃及的时候①,埃及的国王便正是上面所提到的那个阿玛西斯。事情的起因是这样的。刚比西斯派一名使者到埃及去,要娶阿玛西斯的女儿。他这样做是由于一个埃及人的怂恿;这个埃及人出了这样一个主意,是因为阿玛西斯使他离开了自己的妻子儿女而把他交到波斯人的手里来,因此他对阿玛西斯就怀恨在心了。原来这个埃及人是一个眼科医生,而当居鲁士派人到阿玛西斯那里去,请他送给自己一位埃及最好的眼科医生的时候,埃及国王便从全部的埃及医生当中把他挑选出来,强行把他送到了波斯。既然这个埃及人对阿玛西斯心怀不满,因此他教唆刚比西斯讨阿玛西斯的女儿做妻子;如果阿玛西斯同意,那他就会心中烦恼,如果他拒绝,那他就会使刚比西斯成为他的敌人。当信息送来的时候,非常害怕波斯的强大威力的阿玛西斯真是惊恐万状,既不能把女儿送给刚比西斯,又不能拒绝他;原来刚比西斯并不打算使他的女儿做自己的妻子,而只是使她做

① 一般公认的时期是五二五年。

自己的侍妾而已，这一点阿玛西斯是知道得很清楚的。于是他便仔细考虑了这件事情，而终于想出了他可以用来应付一下的一个办法。前面的国王阿普里埃司有一个名叫尼太提司的女儿，这是一个身材颀长而又美丽的女子，是这个王家当中唯一留下来的人。阿玛西斯把这个女子用衣服和金饰打扮起来，然后把她当作自己的女儿送到波斯去。但是过了不久，在刚比西斯拥抱她而按照她父亲的名字称呼她的时候，这个女子便向他说："国王啊，我看你还不知道阿玛西斯怎样地骗了你呢。他把我打扮一番之后，就当作他自己的女儿送来了，但我实际却是他的主人阿普里埃司的女儿；阿普里埃司是被他和其他埃及人在他们起来叛变时杀死的。"正是这样的一番话以及其中所揭露的原委使居鲁士的儿子刚比西斯十分激怒，从而率领军队进攻埃及。这便是波斯人的说法。

(2)但是埃及人却说刚比西斯是他们自己的人，他们说刚比西斯是阿普里埃司的女儿尼太提司的儿子。他们说，派人到阿玛西斯这里来要求他的女儿的是居鲁士，不是刚比西斯。但他们的这种说法是不正确的。首先，他们知道得很清楚(因为埃及人比任何人都更清楚地通晓波斯的风俗习惯)，在国王有嫡子的时候，庶子在习惯上是不能即波斯的王位的；其次，刚比西斯是阿凯美尼达伊家的帕尔那斯佩斯的女儿卡桑达涅的儿子，而不是这个埃及女人的儿子。可是，他们这样歪曲史实是为了和居鲁士家族攀亲。而事情的真实情况就是这样。

(3)还有这样的一个说法，不过这个说法我是不相信的。它说，有一个波斯的妇人前来拜访居鲁士的妻妾们并且大为赞美和叹赏站在卡桑达涅身旁的那些身材高大而又眉清目秀的孩子们。于是居鲁士的妻子卡桑达涅便说:“虽然我是这样的一些孩子的母亲,居鲁士仍然瞧不上我,却尊重从埃及新来的这个妇人。”她讲这话的时候,心里对尼太提司是很恼怒的。于是她的最大的一个儿子刚比西斯便说:“母亲,那么等我长大成人的时候,我会把整个埃及搅翻的。”当他说这话的时候,他大概是十岁的样子,妇女们听了他的话觉得很惊讶;但是从此他把这件事记在心里,因而等他长大成人做了国王的时候,他便出征埃及了。

(**4**)此外还发生了一件事,也促使他出征埃及。在阿玛西斯的外国佣兵当中有一个名叫帕涅司的哈利卡尔那索斯出生的人,这是一个判断力强,而在作战时又很勇敢的人。这个帕涅司对阿玛西斯心中有些不满,便乘船从埃及逃跑,想来见刚比西斯。由于这个人在外国佣兵当中远非等闲之辈并且对于埃及的一切事情都知道得清清楚楚,因此阿玛西斯便急于把他捉住。他派他最亲信的宦官乘着一艘三段桡船追他。这个宦官在吕奇亚把他捉住了,但是却决没有把他带回埃及来;因为帕涅司在智谋方面远远地超过了他;帕涅司灌醉了他的守卫,因而跑到波斯来了。在那里,他发现刚比西斯正在准备出征埃及,但是正拿不定主意,不知道在行军时如何穿过那干燥无水的沙漠;于是帕涅司便把阿玛西斯的情况告诉了他,并向他说明行军的方法;关于这一点,他建议刚比西斯派人到阿拉伯的国王那里去,向他请教安全行军的办法。

(**5**)而要想进入埃及,当前只摆着这样一条道路。这条道路从腓尼基一直通到卡杜提司市的边境,这块地方是属于现在所谓巴勒

斯坦的叙利亚人的。根据我的观察,卡杜提司市比撒尔迪斯小不了许多,从卡杜提司到耶努索司市的海岸上的港埠都是属于阿拉伯人的。从耶努索司市直到谢尔包尼司湖,又是属于叙利亚人的。而卡西欧斯山便是沿着谢尔包尼司湖的湖岸伸展到海边去的。从据说杜彭曾经隐身的这个谢尔包尼司湖起,便进入了埃及的领土。在一方面的耶努索司和另一方面的卡西欧斯山与谢尔包尼司湖中间,有一块不算小的地方,人们要走过这块地方得用三天的时间,这是一片干旱得可怕的无水沙漠地带。

(**6**)我现在要谈一件乘船到埃及来的人很少注意到的事情。从希腊各地以及从腓尼基每年有两次用土瓮把酒运入埃及,但是我们完全可以说,在国内任何地方你都找不到一个空酒瓮的。人们也许要问,这些酒瓮都是怎样处理了呢?这一点我也要说明的。原来,每一个地区的长官都必须把他的辖区之内的土瓮收集起来,然后把它们送到孟斐斯去;在孟斐斯,人们又得把这些土瓮装满了水,带到叙利亚的无水地区去。因此,每年不断地从国外带入埃及并在埃及倒空的土瓮再给带到叙利亚去和先前的那些土瓮汇合到一处了。

(**7**)在波斯人攻占了埃及之后,他们立刻便像我上面所说那样地把土瓮装满了水,以确保他们安全地进入埃及的通路。但是这时,却还没有现成的水源,于是刚比西斯便听从了哈利卡尔那索斯的客人的意见,派使者到阿拉伯人那里去,请求允许他们安全地过去。阿拉伯人答应了他的请求,双方并相互表示了信任。

(**8**)阿拉伯人是比世界上任何其他民族都尊重信谊的。他们用这样的办法来表示他们的信谊:一个人站立在缔结信谊的双方中间，用一块锐利的石头在双方的手掌上大拇指附近的地方割一下，然后他从每个人的衣服上切下一块毛布，并且把放在他们之间的七块石头都抹上血，这时口中并高呼狄奥尼索斯和乌拉尼阿的名字(用毛布蘸手上的血，再抹到石头上去——译者)。当他把这一切做完的时候，缔结信谊的人便把这对方的异邦人，如果是本国人，那就把对方的本国人，介绍给所有他的朋友，而这些朋友自己也便认为必须尊重这种信谊了。他们在神当中只相信有狄奥尼索斯和乌拉尼阿。他们说他们所留的发式和狄奥尼索斯的发式是一样的。现在他们的习惯是把头发剃成圆形，连颞颥的地方也都剃掉。在他们的语言里，狄奥尼索斯是叫做欧洛塔尔特[①]，乌拉尼阿是叫做阿利拉特[②]。

(**9**)阿拉伯人和刚比西斯派来的使节结了信谊以后，他立刻便想出了下面的办法：他把水装到骆驼的皮囊里面去，再叫他的所有的骆驼驮着这些水囊；这样安排了之后，他便把骆驼赶到无水的沙漠地带去，在那里等候刚比西斯的军队。这是在传说当中最为可信的一个说法，但是我必须还要说一下另一个不甚可信的说法，因为人们也提过它。在阿拉伯有一条叫做柯律司的大河，它是流入所谓红海的。据说，阿拉伯国王通过用生牛皮和其他皮革缝成的一条长度可达到沙漠地带的水管把水从河中引到干旱的地方去；而他又在那个地方挖掘了一些巨大的水池来承受和保存引过来的水。从河到沙漠地带是十二天的路程。他们说，

① 根据穆弗司的说法，欧洛塔尔特是“上帝之火”(ôrath êl)的意思。

② 穆弗司认为，阿利拉特是“晨星”(hêlêl)的女性名词，比较简单的解释是女神(Al Ilat)的意思。

水是通过三个水管引到三个不同的储水处的。

(**10**)阿玛西斯的儿子普撒美尼托斯是在尼罗河的所谓佩鲁希昂河口扎营列阵等候刚比西斯的。因为当刚比西斯向埃及出征的时候,他发现阿玛西斯已经死了。阿玛西斯统治埃及的时期是四十五年,在这期间,他并没有遭到什么巨大的不幸;而在他死后,他的尸体就被制成木乃伊并被放置在神殿中他自己所修建的墓地里。当他的儿子普撒美尼托斯做埃及国王的时候,人民看到了一个极为奇妙的景象,即在埃及的底比斯下了雨,而根据底比斯当地人们的说法,他们以前那里从来没有下过雨,迄来直到我的时代也没有看到那里下过雨;老实讲,在埃及的上部是根本没有雨的;但是那时在底比斯却有了蒙蒙的小雨①。

(**11**)波斯人穿过了无水的地区并且在离埃及人不远的地方扎下了营寨,准备战斗。于是埃及人的、由希腊人与卡里亚人组成的外国雇佣军便十分憎恨帕涅司,因为他把一支外国军队领进了埃及。他们自己想出了惩罚他的一个办法。帕涅司把儿子们留在了埃及;雇佣兵于是捉住了他的儿子们,把他们带到军营里来而使他们的父亲看到他们。在这之后,他们就拿出一只合酒钵来,把它放在两军之间的地上,随后他们便把帕涅司的儿子领来,一个一个地在钵跟前,斩断了他们的喉咙。当帕涅司的最后一个儿子被杀死的时候,钵里又掺上了酒和水,所有的雇佣兵每人饮了一口血以后,立刻便出战了。随后发生的战争是非常激烈的,直到双方都有了大量阵亡者的时候,埃及人才终于溃败

① 现在在底比斯(卢克索尔)在极偶然的情况下也下雨,不过雨量极少。

下去。

(**12**)在曾经进行了这场战斗的战场这里,我看到了当地人指给我的十分奇妙的现象。双方在这场战斗当中的战死者,他们的遗骨是分别地散在那里的(原来波斯人的遗骨在一个地方,而埃及人的遗骨则在另一个地方,因为两军在起初便是分开的);但如果你敲打一下波斯人的头骨,甚至只用一个小石子,它们都脆到可以打穿一个小孔;但埃及人的头骨却是十分坚硬,你甚至可以用石头来敲,也不大容易把它敲穿的。对于这种情况,他们讲述了下述的理由,这一点在我看来,是很可以相信的:他们说,埃及人从很小的时候便剃头,因而由于太阳光的作用,头骨就变得既厚且硬。在埃及人们可以不秃头,也是由于同样的原因。在埃及那里看到的秃头比其他任何地方都要少。因而这一点便说明为什么埃及人的头骨是这样的硬。但是在另一方面,波斯人的头骨之所以脆弱,是因为从一开头他们就在自己的头上戴一种称为提阿拉斯的毡帽。事情的实际情况便是这样。在帕普雷米斯地方我又看到一些波斯人的头骨,他们是和大流士的儿子阿凯美涅斯一道被利比亚人伊纳罗司杀死的。他们的头骨也是这样。

(**13**)埃及人在战斗中失败之后,便在混乱中逃走了;由于他们被赶到孟斐斯去,刚比西斯于是派遣了一名波斯使者乘着米提列奈的一只船溯河上行邀请他们缔结和约。但是当他们看到有船向孟斐斯驶来的时候,他们却全体从他们的城塞中向外出击,捣毁了这只船,像屠夫一样地肢解了上面的乘务人员,然后把它们带到城里面去。于是埃及人被包围在城里,但久而久之他们还是投降了；不过，邻居的利比亚人却被在埃及发生的事件吓住，未经抵抗便投降了，他们自愿纳贡并呈送礼品。库列涅人跟巴尔卡人和利比亚人一样害怕，因此也便这样做了。刚比西斯十分亲切地接受了利比亚人的礼物；但是他却拿库列涅人送来的礼物，亲手把它们分给了自己的军队。我想，他这样做是表示他并不喜欢他们送来的这样少的礼物（因为库列涅人送来的实际上只有五百米那的白银）。

(14)在孟斐斯城投降之后的第十天，刚比西斯便捉住了在埃及统治了六个月的埃及国王普撒美尼托斯，要他和其他的埃及人一同坐在城外以表示对他的轻蔑；在这样做了之后，他就用我下面所说的一个办法来考验普撒美尼托斯的心情。他给国王的女儿穿上奴隶的衣服并且给她一个水瓮叫她和跟她穿着同样衣服的女孩子去打水。这些女孩子也是显要人物的家庭中选出来的。因此，当这些女孩子痛哭着、悲号着走过她们的父亲面前的时候，其他所有的人看到自己孩子的悲惨遭遇，也便同样地报以痛哭和悲号；但是普撒美尼托斯亲眼看到并且懂得了这一切之后，却向着地把头低下去。当打水的女孩子们过去之后，刚比西斯随之又使普撒美尼托斯的儿子和与他儿子年纪相同的两千多埃及人一同从他面前走过去，这些青年人颈上系着绳子，嘴里面则咬着马衔子。他们是给带去赔偿在孟斐斯和船只同归于尽的那些米提列奈人的。因为这是王家法官的判决，即每一个人的死亡要用处死十名埃及贵族的办法来赔偿。当普撒美尼托斯看见他们经过并且看到他的儿子被领去受死，而和他一起坐在那里的埃及人都在哭泣和哀号的时候，只有他的态度依然和他看到

他女儿的时候相同。当这些人也走过去的时候，那里正好有他的一个饮酒作乐的伙伴；这是一个过了盛年的人，这个人失去了他的全部财产，而只有一个穷人所能有的东西并且向军队行乞。这个人现在正走过阿玛西斯的儿子普撒美尼托斯和坐在城外的那些埃及人的面前。当普撒美尼托斯看到他的时候，他便大声地哭了起来，用手打自己的脑袋并大声呼叫他的伙伴的名字。于是在旁边监视着普撒美尼托斯的人们便到刚比西斯那里去，把普撒美尼托斯看到什么过去的时候如何做等等全都告诉了刚比西斯。刚比西斯对埃及国王的举动十分惊讶，于是就派一名使者去问他："普撒美尼托斯，我的主公刚比西斯问你，为什么在你看到你的女儿受到虐待而你的儿子前去送死的时候，你既不高声喊叫，又不哭泣，可是刚比西斯听说，对于与你不沾亲不带故的乞丐却又这样尊敬？"使者就是这样问的。普撒美尼托斯回答说："居鲁士的儿子，我自己心里面的痛苦早已经超过了哭泣的程度；但我的伙伴的不幸遭遇却引起了我的同情之泪；因为一个失去了巨大财富和幸福的人在濒临老境的时候却又行起乞来了。"当使者这样报告的时候，据说刚比西斯和他的廷臣都认为这个回答很好。但是，埃及人说，那时克洛伊索斯哭了（因为他也是和刚比西斯一同到埃及来的）而在那里的波斯人也都哭了。刚比西斯本人也起了一些恻隐之心，他立刻下令把普撒美尼托斯的儿子从将要被杀的人们中间救了出来，而普撒美尼托斯本人也从城外被带到他的面前来。

（15）至于普撒美尼托斯的儿子，则为了救他而被派去的人们发现他已经死了，原来他是第一个被杀死的。但是他们却把普撒美尼托斯带了来见刚比西斯；此后他就一直住在那里，而没有受到任何虐待。如果他能安守自己的事业而不作非分之想的话，那他是会重新得到埃及而成为埃及的统治者的；因为波斯人习惯上对于国王的儿子是尊重的；甚至国王叛离了他们，他们仍然把统治权交还给国王的儿子。有许多例子可以说明他们这样做乃是他们的惯例，特别是把父亲的统治权交还给伊纳罗司的儿子坦努拉司，以及交还给阿米尔塔伊俄斯的儿子帕乌西里司；但没有人比伊纳罗司和阿米尔塔伊俄斯给波斯人以更大的损害了①。但是，事实却是普撒美尼托斯策划了不正当的行动并得到了自己的报应；原来他在埃及人中间煽动叛乱的时候被捉住了；而当这件事传到刚比西斯那里去的时候，普撒美尼托斯便喝了牛血②而立刻死掉了。他的下场就是这样的。

(16)刚比西斯从孟斐斯向撒伊司城行进，打算做他确实做到了的一件事情。在进入阿玛西斯的王宫之后，他立刻下令把阿玛西斯的尸体从他的墓地搬出来。当这件事做完之后，他便下令鞭尸，拔掉它的头发，用棒子戳刺并用各种办法加以侮辱。当他们把这件事干腻了的时候(因为被制成木乃伊的尸体仍然是整个的并没有被弄碎)，刚比西斯便下令把它烧掉，这是一个渎神的命令，因为波斯人认为火乃是神，因此没有一个民族认为烧掉死者是正当的事情。波斯人是由于上述的理由才这样的；他们说，把一个人的尸体给神是不对的。但埃及人却相信火是一个活的

① 埃及人伊纳罗司和阿米尔塔伊俄斯起来反对波斯统治者是从四六〇年到四五五年的事情。

② 牛血凝结的时候可能会把饮血的人堵死。

野兽，它吞食它捕捉到的一切东西，而在它吃饱的时候便和它所吃的东西一同死掉了。然而他们却绝对没有把死尸交给野兽吞食的习惯，这就说明为什么他们把尸体制成木乃伊，以便不致使尸体放置在那里给虫子吃掉。这样看来，刚比西斯下令所做的这件事是违犯两个民族的风俗习惯的。正如埃及人所说，尽管如此，他们这样处置的对象并不是阿玛西斯，而是另一个身量相同的埃及人，波斯人却以为这是阿玛西斯的尸体，因此便对它任意侮辱玩弄了。按照他们的讲法是，阿玛西斯从一次神托知道在他死后将会有何等的遭遇，因而为了逃避这一命运，便埋葬了这个受到鞭笞的人，这个人在死时是给埋在他的墓室的入口近旁；阿玛西斯还命令自己的儿子把他自己埋在墓室的最里面的一个角落里。我想阿玛西斯根本没有发出过关于墓地以及关于这个人的命令，埃及人不过是随意编造一个故事聊以自慰罢了。

(**17**)在这之后，刚比西斯便计划了三次征讨，一次是对迦太基人，一次是对阿蒙人，一次是对居住在南海的利比亚海岸之上的长寿的埃西欧匹亚人。在他考虑了自己的计划之后，便决定派海军攻打迦太基人，派他的一部分陆军去攻打阿蒙人。至于埃西欧匹亚，他首先是派一些间谍到那里去打听一下，在那个国家的太阳桌的传说当中哪些事情是真的，并侦察其他所有各种事物，借口则是送礼给埃西欧匹亚的国王。

(**18**)太阳桌的情况据说是这个样子的。在城市的郊外有一片草地，草地上满摆着所有各种四足兽类的煮熟的肉；在夜里的时候，市当局的人们小心翼翼地把肉放到那里去，而在白天的时候，凡是愿意的人，都可以来到这里吃一顿。当地的人们说，这些肉常常是从大地自然而然地产生出来的。关于太阳桌，人们的说法就是这样。

(**19**)当刚比西斯决定要把间谍派去的时候，他立刻派人到埃烈旁提涅城去把懂得埃西欧匹亚语的伊克杜欧帕哥斯人(意译则为食鱼者——译者)召了来。正当他们去找这些人来的时候，他又下令他的海军出航迦太基。但是腓尼基人不同意这样做，因为他们说，他们必须遵守一个严正的誓约，而不能不道德地攻击他们自己的子孙；腓尼基人既然不愿意，其他人等就没有资格担任战斗的任务了。这样，迦太基人便逃脱了被波斯人奴役的命运。原来刚比西斯并不愿对腓尼基人使用强力，因为他们是自愿前来投靠波斯人的。而且，全部海上力量也都得仰仗他们。塞浦路斯人也是自愿前来帮助波斯人征讨埃及的。

(**20**)当伊克杜欧帕哥斯人应刚比西斯之召从埃烈旁提涅前来的时候，他便把他们派到埃西欧匹亚去，告诉他们应该讲什么样的话，同时又要他们带着一些礼品，即一件紫色的袍子、一挂黄金项链、一副手镯、一个盛着香膏的雪花石膏匣和一瓮椰子酒。据说，刚比西斯的使者所要见的这些埃西欧匹亚人是全人类中最魁梧和最漂亮的人物。据说，他们的风俗习惯，特别是他们推选国王的办法，和其他一切民族大有不同。他们认为在国人中只有他们判定为最魁梧和拥有与身材相适应的膂力的人，才有资格当选为国王。

(**21**)这样，在伊克杜欧帕哥斯人到埃西欧匹亚人这里来之后，便把礼物呈献给他们的国王，并且这样说："波斯人的国王刚比西斯很想成为你的朋友和宾客，因此派我们前来向你致意，而且他把他最喜欢使用的一些物品作为礼品奉献给你。”但是埃西欧匹亚人看出他们是作为间谍而来的，便向他们这样说：“波斯国王派你们携带礼物前来，并不是由于他很重视他和我之间的友谊，你们所讲的话也不是你们的真心话（因为你们此来是为了侦察我的国土），你们的国王也不是一个正直的人；如果他是个正直的人，那么除了他自己的国土之外，他就不应当再贪求任何其他的土地，而现在也不应当再想奴役那些丝毫没有招惹他的人们。那么现在就把这只弓交给他并且把这个话传达给他：‘埃西欧匹亚人的国王忠告波斯人的国王，等波斯人能够像我这样容易地拉开这样大的一张弓的时候，他们再以优势的兵力前来攻打长寿的埃西欧匹亚人吧；但是在那样的时候到来之前，你应该感谢诸神，因为诸神是不会叫埃西欧匹亚人的儿子们想到要占领本国领土之外的土地的。’”

(**22**)他这样说完之后，便放松了这张弓的弓弦，把它交给了来人。随后他又拿起了紫色的袍子，问这是什么，是怎样做成的；而当伊克杜欧帕哥斯人把有关紫色颜料和染色方法的事情如实地告诉了他的时候，他就说他们人以及他们的衣服都是十分奸诈的。这之后他又问关于黄金项链和手镯的事情；而当伊克杜欧帕哥斯人告诉他这些东西是如何制造的时候，国王笑了；原来他以为这是枷锁，他说他们国内有比这更加坚固的枷锁。复次，他问有关香膏的事情；当他们告他香膏的配制法以及用法的时候，他的回答就和关于紫袍的回答一样。但是当他看到酒并问到酒的做法的时候，他是非常喜欢这种饮料的；他还问到他们国王吃什么东西，波斯人年纪最大的能活到多少岁。他们告诉他说国王吃面包，并向他说明了他们种植的小麦的情况。他们又告诉他说波斯人所能希望活到的最大年纪是八十岁。于是这个埃西欧匹亚人说，既然他们是以粪为食的[①]，所以他们的生命如此短促便毫不奇怪了。而如果不是这种饮料有恢复精神的作用，他们甚至这样的年龄也决不会活到的。这样说着，他就把酒指给伊克杜欧帕哥斯人看，因为在这一点上，他说，波斯人是胜过了埃西欧匹亚人的。

(**23**)于是，伊克杜欧帕哥斯人又回问国王埃西欧匹亚人可以活多久，他们吃的又是什么；国王回答说他们大多活到一百二十岁，有些人活得更要长些；他们吃的是煮肉，喝的是乳。间谍对他们所活的年龄表示惊异；于是，据说他便领他们到一个泉水的地方去，而在用那里的泉水沐浴之后，他们的皮肤就变得像是油那样，更加光滑了；而且它还有像是紫罗兰那样的香味。间谍们说，泉水是这样的稀薄，以致什么东西在它上面也浮不起来，不管是木材也好，比木材轻的任何东西也好，都要沉到水底的。如果这泉水果然如他们所说，那很可能的情况是：经常使用这种泉水的人是可以长寿的。当他们离开泉水的时候，国王又把他们领到监狱去看，所有那里的人的枷锁都是用黄金制造的。在埃西欧匹亚人中间，没有比青铜更稀罕和珍贵的了。在参观完了监狱之后，他们又参观了所谓太阳桌。

(**24**)在这之后，他们最后又看了埃西欧匹亚人的棺材。这种棺材

① 这是说，粮食是从上粪的土壤中生长出来的。

据说是用一种透明的石头[1]制造成功的，方法是我下面所说的这样：他们或是使用埃及人的办法，或是使用其他的什么办法使尸体干缩，在尸体上面涂上一层石膏，然后再在这上面尽可能与活着的人一样地描画一番。随后，他们就把它放到用透明在石头制成的空心柱里面去（这种石头可以从地上大量地开采出来，而且加工也很容易）；通过透明的石头可以看到柱子的内部的尸体，而且这尸体既不发恶臭，又没有任何观之不雅的地方。此外，尸体又没有一个地方看得不清楚，就好像尸体本身完全剥露出来一样。死者最亲近的族人把这柱子在自己的家中保存一年，向它奉献初上市的鲜果，奉献牺牲；然后，他们便把这柱子搬出来，安放在附近市郊的地方。

（25）看完了这一切一切之后，间谍们便起程返回了。当他们报告了这一切之后，刚比西斯十分震怒，并立刻对埃西欧匹亚人进行征讨，他既不下令准备任何粮食，又没有考虑到他是正在率领着自己的军队向大地的边缘处进发；由于他不是冷静考虑而是处于疯狂的状态，因而在他听了伊克杜欧帕哥斯人的话之后，立刻率领全部陆军出发，而命令随他来的希腊人留在原地等候他。当他在进军的道路上到达底比斯时，他又从他的军队中派出了大约五万人，要他们奴役阿蒙人并烧毁宙斯神托所；他本人则率领其他的大军向埃西欧匹亚进发了。但是在他的军队还没有走完他们全程的五分之一的时候，他们便把他们所携带的全部粮食消耗完了，而在粮食耗完之后，他们就吃驮兽，直到一个也不

① 也可能是水晶。

剩的地步。然而如果刚比西斯看到这种情况，改变自己的原意而率领军队返回的话，则他起初虽然犯了过错，最后还不失为一个有智慧的人物，但实际上，他却丝毫不加考虑地一味猛进。当他的士兵从土地上得不到任何可吃的东西的时候，他们就借着草类为活；可是当他们到达沙漠地带的时候，他们的一部分人却做了一件可怕的事情；他们在每十个人当中抽签选出一个人来给大家吃掉。刚比西斯听到这样的事之后，害怕他们会变成食人生番，于是便放弃了对埃西欧匹亚人的出征而返回底比斯，不过他已经损失了许多军队；他从底比斯又下行到孟斐斯，并允许希腊人乘船返回祖国。

(26)他对埃西欧匹亚的出征就这样地结束了。至于大军中被派出去攻打阿蒙人的那部分军队，他们是带着向导从底比斯出发进击的。人们知道他们到达了欧阿西司城[①]，居住在这个城市的是据说属于埃斯克里欧尼亚族的萨摩司人，隔着沙漠地带离底比斯有七天的路程。这个地方在希腊语里称为幸福岛。据说，军队就走到这里；在这之后，除去阿蒙人自己和那些听过他们讲的话的人之外，没有任何人能知道关于他们的任何事情了；因为他们既没有到达阿蒙人那里，也没有返回埃及。但是阿蒙人自己的说法则是这样：当波斯人从欧阿西司穿过沙漠地带向他们进攻并走到欧阿西司和他们的国土中间大约一半地方的时候，正在他们用早饭的当儿，起了一阵狂暴的、极其强大的南风，随

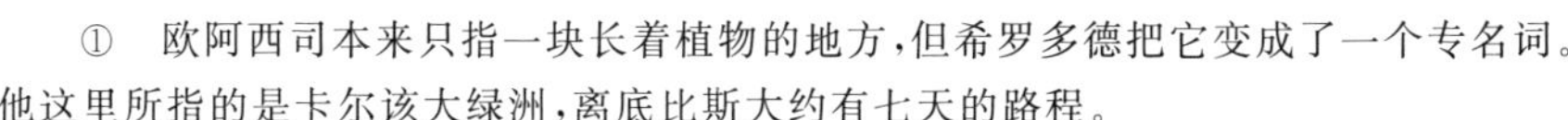

① 欧阿西司本来只指一块长着植物的地方，但希罗多德把它变成了一个专名词。他这里所指的是卡尔该大绿洲，离底比斯大约有七天的路程。

风而带过来的沙子便把他们埋了起来。这样他们便失踪了。以上就是阿蒙人关于这支军队的说法。

(**27**)在刚比西斯来到孟斐斯之后,在埃及的那个地方出现了阿庇斯[①],这阿庇斯在希腊人那里称为埃帕波司。由于他的出现,埃及人立刻穿上了他们最好的衣服并且举行盛大的祝祭。刚比西斯看到埃及人这样的做法时,深信埃及人的这样一些欢乐的表现正是针对着他的不幸遭遇的,于是他便把孟斐斯的领袖们召了来。当这些领袖来到他面前的时候,他便问他们为什么正当他在损失了大批军队之后返回的时候,他们竟会有这样的举动;虽然,当他以前在孟斐斯的时候,他们并没有过这样的表现。领袖们告诉他说,习惯上每隔很久很久才会出现一次的一位神现在已向他们显现。而每逢这位神出现的时候,全埃及便举国欢庆并举行节日。刚比西斯认为他们是在撒谎,因此便处死了这些人作为对他们说谎的惩罚。

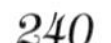

(**28**)在把这些人处死之后,他继而又把祭司们召到他跟前来。当祭司们所说的话也和前者相同的时候,他便说如果一个驯服的神到埃及人这里来的时候,他是愿意见识见识的;因此他不多废话,立刻命令祭司们把阿庇斯带来。于是他们就找到了它并把它带来了,原来这个阿庇斯或埃帕波司是一个永远不会再怀孕的一头母牛所生的牛犊。根据埃及人的说法,母牛是由于受到天光的照耀才怀了孕的,此后才生出了阿庇斯。称为阿庇斯的这个牛犊的标志是这样:它是黑色的,在它的前额上有一个四方

① 参见第二卷第三八节。

形的白斑,在它的背上有一个像鹰那样的东西;尾巴上的毛是双股的,在舌头下面又有一个甲虫状的东西。

(**29**)当祭司们把阿庇斯领进来的时候,当时几乎是处于疯狂状态的刚比西斯便拔出他的短刀来,向牛犊的腹部戳去,但是戳中的却是它的腿部;然后他笑着向祭司们说:"你们这些傻瓜,难道这些可以感觉得到铁制兵器的血肉动物就是你们的神吗?老实说,埃及人也只配有这样的神。但至于你们,你们使我变成你们的笑柄,在这件事上你们是会吃苦头的。"这样说了之后,他便命令有关人员痛笞祭司们一顿,并把他们看到庆祝节日的任何其他埃及人给杀死。埃及的节日便这样地给停止了,祭司们受了惩罚,阿庇斯则卧在神殿里,由于腿上的戳伤而死掉了,当它因伤而致死的时候,祭司们便背着刚比西斯偷偷地把它埋起来了。

(**30**)根据埃及人的说法,由于做了这样的一件错事,刚比西斯以前的缺乏理智立刻便转变到疯狂的地步。他的第一件罪恶行为便是剪除了他的亲兄弟司美尔迪斯,他是由于嫉妒才把他的兄弟从埃及送到波斯去的,因为只有司美尔迪斯一个人才把伊克杜欧帕哥斯人从埃西欧匹亚人那里带回来的弓拉开了两达克杜洛斯宽。此外便没有任何一个人拉得动它了。司美尔迪斯回到波斯之后,刚比西斯便做了一个梦,梦里他好像看见从波斯来了一名使者,这个使者告诉他说司美尔迪斯已经登上了王位,而司美尔迪斯的头则一直触着上天。他自己害怕他的兄弟因此会把他杀死而自己做国王,于是他便把普列克撒司佩斯、他所最信任的波斯人派到波斯去把司美尔迪斯杀死。普列克撒司佩斯到苏撒这样做了。有些人说他诱引司美尔迪斯出来打猎，又有一些人说，他把司美尔迪斯领到红海[1]，在那里把司美尔迪斯淹死了。

(31)他们说，这是刚比西斯的第一件罪行。继而他又剪除了他的亲姊妹；他曾把她带到了埃及并且和她结为夫妻。由于在这之前，波斯人中间决没有娶自己的姊妹为妻的风俗，因此他是用这样的办法娶了她的：刚比西斯爱上了他的一个姊妹并想立刻娶她为妻，但他的打算是违反惯例的，于是他便把王家法官召了来，问他们是否有一条法律，可以容许任何有这样欲望的人娶他自己的姊妹。这些王家法官是从波斯人中间选出来的人，他们的职务是终身的，除非他们被发现做了什么不正当的事情，他们是不会被解职的；正是这些人判决波斯的诉讼事件，并且解释那里的世世代代传下来的各种法律；一切问题都是要向他们请教的。这些人向刚比西斯作了一个既公正又安全的回答，这就是，他们找不到一条可以使兄弟有权娶自己的姊妹的法律，但是他们又找到一条法律，而根据这条法律则波斯国王可以做他所愿意做的任何事情。这样，他们由于害怕刚比西斯而没有破坏法律，然而为了不致由于维持这条法律而自己有性命的危险，他们又找到了另外一条法律来给想和自己的姊妹结婚的人辩护。因此刚比西斯立刻便娶了他所热恋的姊妹；但不久他又娶了另一个姊妹为妻。和他同来埃及的是姊妹中较年轻的一位，就是这个人被他杀死了。

---

① 不是今天的红海，可能是指波斯湾。

(**32**)和司美尔迪斯的死一样，关于她的死也有两种说法。希腊人说，刚比西斯叫一只小狗和一只小狮子互斗，这个妇人也和他一同观看；当小狗被打败的时候，它的兄弟另一只小狗挣脱了绳索上去帮忙，结果两只小狗就把小狮子打败了。他们说，刚比西斯看了十分高兴，但是坐在他身旁的妇人却哭起来了。刚比西斯看到这种情况之后便问她为什么哭，她便说她是在看到小狗帮助它的兄弟时才哭了起来的，因为她想到了司美尔迪斯，又想到何以竟没有一个人给他报仇。根据希腊人的说法，正是由于她讲了这样的话，她才给刚比西斯处死的。但埃及人的说法是：当他们二人坐在桌旁的时候，妇人拿起了一支莴苣并把它的叶子撕了下来，然后问她的丈夫他喜欢什么样的莴苣，带叶子的，还是不带叶子的。他说他喜欢带叶子的；于是她便回答说："可是你把居鲁士的一家弄得光光的和这支莴苣一样了。"他们说，他听了这话十分恼怒，便跳到她身上去，结果这位怀孕的妇女便由于他对她的伤害而流产死掉了。

(**33**)以上便是刚比西斯加到他家人身上的疯狂行动；这些疯狂行动也许是由于阿庇斯的缘故而干出来的，也许是由于人们经常遭遇到的许多痛苦烦恼当中的某些而产生出来的。诚然，据说他从一生下来的时候，他就染上了一种有些人称为"圣疾"的严重的疾病[①]。如果一个人的身体得了这样的重病，则他的精神也会受到这种病的影响，这一点并不是不可想象的。

(**34**)我现在要说一说他加于其他波斯人身上的疯狂手段。根据

① 指癫痫病。

他们的报道，他曾向普列克撒司佩斯说过这样的话；这个普列克撒司佩斯是他特别尊重的，奏章都要通过这个人传奏给他，而这个人的儿子又在刚比西斯的宫廷担任着行觞官这样一个非常尊荣的职务。于是，他便向普列克撒司佩斯说："普列克撒司佩斯，波斯人认为我是怎样的一个人，他们都谈论我一些什么？"普列克撒司佩斯说："主公，对于你其他的一切，他们都是非常称颂你的，但是他们说你嗜酒太过了。"普列克撒司佩斯便是这样地传达了波斯人的话。但是国王却恼怒地回答说："如果波斯人现在认为是由于好酒，我才发狂发疯的话，那么看来他们先前的说法也就是一个谎话了。"原来据说在这件事之前，当某些波斯人和克洛伊索斯侍坐在刚比西斯身旁的时候，刚比西斯曾问他们，他和他的父亲居鲁士比起来，他们认为他是怎样的一个人物。于是他们回答说："刚比西斯比他的父亲要好，因为他不仅取得了居鲁士的全部领土，此外他还取得了埃及和大海①。"波斯人的说法是这样的。但当时在场的克洛伊索斯不满意他们的说法，于是便向刚比西斯说："在我看来，居鲁士的儿子，你是比不上你父亲的，因为你还没有像你父亲那样，有你这样的一个儿子。"刚比西斯听了心中甚是欢喜，他称赞了克洛伊索斯的看法。

(**35**)在想起了这件事之后，于是他便愤怒地向普列克撒司佩斯说："那么你自己来判断一下，波斯人讲的是真话，还是他们在这样谈论我的时候已经丧失了他们的理智。你的儿子就站在门口

① 这显然是指东部地中海而言。

那边；现在如果我射这一箭而刺中了他的心的话，这就将会证明波斯人是错了；如果我射不中的话，那么就是他们说对了，而我是失去理智了。”说着他便拉起了他的弓向那个男孩子射去，并命令剖开那倒下去的尸体和检验他的伤口。箭正射中在心脏上，于是刚比西斯非常高兴地笑了，他对男孩子的父亲说：“普列克撒司佩斯，很明显，我很清醒而是波斯人疯狂了！现在告诉我，在世界上你还看见过什么人能射得这样准确？”据说，普列克撒司佩斯看到刚比西斯已经疯狂并害怕自己也会遭到杀身之祸，于是他回答说：“主公，我以为就是神本人也不能射得这样好。”当时，他所做的事情就是这样。还有一次，他拿捕了国内犯了微不足道的小过失的知名人士十二名，而把他们头朝下给活埋了。

(36)吕底亚人克洛伊索斯看到他的这些行径，认为应该向他进谏忠言，于是便向他说：“主公，不要太放纵你那少年的盛气和激情吧，克服和管制一下自己吧。谨慎是一件好事情，事先的考虑却是真正的智慧了。但是你怎么样呢？你为了一些微不足道的过错而处死了你的国人，而且被你杀死的还有男孩子。如果你总是这样做的话，那你便要当心波斯人会背叛你了。至于我，你的父亲居鲁士曾恳切地嘱告我向你提供自己的意见，并把我认为是好的忠告给你。”克洛伊索斯是出于自己的好意向他提出了这个忠告的；但是刚比西斯回答说：“你也竟敢来向我进谏吗？你在治理你自己的国家时是一个蛮有办法的国王，你又向我父亲提供很好的忠告；而在玛撒该塔伊人愿意渡河到我们国土来的时候，你却嘱告他渡过阿拉克塞斯河去攻打他们；因此，你由于错误地治理你的国家而招来了灭亡，又由于错误地说服了居鲁士而毁了居鲁士。老实说，你会后悔的，我早就等着找个借口来收拾你了。”说着刚比西斯便拿起弓来要把他射死。但是克洛伊索斯跳了起来而逃跑了；刚比西斯既然射不到他，便下令他的侍卫把他捉住杀死。侍卫们知道刚比西斯的脾气，于是把克洛伊索斯藏了起来。他们的意图是这样，如果刚比西斯后悔而寻找克洛伊索斯的话，那他们再把他送出来并会由于救他的性命而取得赏赐；但如果刚比西斯并不后悔，也不希望克洛伊索斯再回来的话，那时他们再把克洛伊索斯杀死也不迟。在这事发生之后不久，刚比西斯就真地想要克洛伊索斯回来了，侍卫们看到这一点之后，便告诉他说克洛伊索斯还活着。刚比西斯说他也是很高兴听到这话的。但是那些救了克洛伊索斯性命的人却不能逃脱惩罚而应当被杀死。于是他便真地这样做了。

(**37**)刚比西斯对波斯人以及对他的同盟者做出了许多这类疯狂的事情；他住在孟斐斯的时候，曾在那里打开了古墓并检验里面的尸体。他还进入海帕伊司托斯神殿并且对那里的神像倍加揶揄。海帕伊司托斯的这个神像和腓尼基人带在他们的三段桡船的船头上的、腓尼基人的帕塔依科伊（腓尼基的保护船的神——译者）极为相似。我要给那没有见过它的人说一说：它像是一个侏儒。他还进入了卡贝洛伊神殿，这原来是除祭司以外谁也不能够进去的；他甚至在大加嘲弄之后，烧掉了这里的神像。这些神像也和海帕伊司托斯的神像相似，并且据说是他的儿子。

(**38**)因此，不管从哪一点来看，我以为都可以肯定，刚比西斯是一个疯狂程度甚深的人物。否则他不会做出嘲弄宗教和习俗的事情。因此，如果向所有的人们建议选择一切风俗中在他们看来是最好的，那么在经过检查之后，他们一定会把自己的风俗习惯放在第一位。每个民族都深信，他们自己的习俗比其他民族的习俗要好得多。因此不能设想，任何人，除非他是一个疯子，会拿这类的事情取笑。在许多证据当中我只提出一个来，从这个证据就可以推想到，所有的人关于自己的风俗习惯都有同样的想法：当大流士做国王的时候，他把在他治下的希腊人召了来，问他们要给他们多少钱才能使他们吃他们父亲的尸体。他们回答说，不管给多少钱他们也不会做出这样的事情来的。于是他又把称为卡拉提亚人[①]并且吃他们的双亲的那些印度人召了来，问他们要给他们多少钱他们才能够答应火葬他们的父亲。这时他要希腊人也在场，并且叫通译把所说的话翻译给他们听。这些印度人高声叫了起来，他们表示他们不愿提起这个可怕的行径。这些想法是这样地根深蒂固，因此我以为，品达洛司的诗句说得很对，“习惯乃是万物的主宰”。

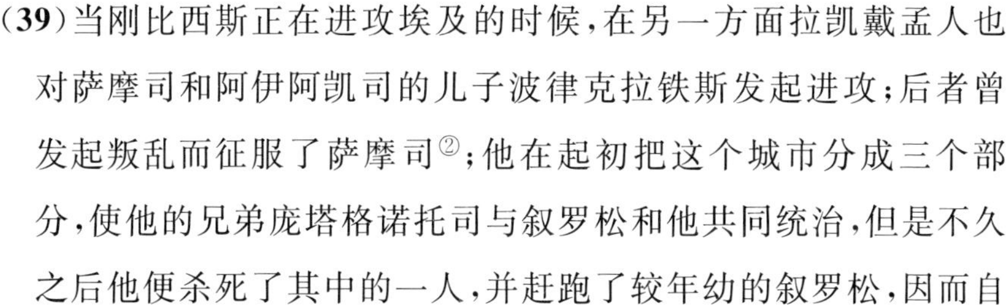

(39)当刚比西斯正在进攻埃及的时候，在另一方面拉凯戴孟人也对萨摩司和阿伊阿凯司的儿子波律克拉铁斯发起进攻；后者曾发起叛乱而征服了萨摩司[②]；他在起初把这个城市分成三个部分，使他的兄弟庞塔格诺托司与叙罗松和他共同统治，但是不久之后他便杀死了其中的一人，并赶跑了较年幼的叙罗松，因而自

① 卡拉提亚人的卡拉显然是源自梵文的 Kâla(黑色的)。

② 大概在五三二年。

己便成了全萨摩司的主人。他这样做了以后,便和埃及的国王阿玛西斯缔结了一项条约,还跟他交换了礼物。在这之后不久,波律克拉铁斯就强大到这样的程度,以致他驰名于伊奥尼亚和所有其他的希腊土地;因为他的军事征讨是无往而不利的。他拥有一百只五十桡船和一千名弓手,不管是什么人,他都是一视同仁地加以劫掠。因为他说过,比之他根本什么都不劫掠,则他把他劫掠的东西归还给一个朋友,这会得到更多的感激。他攻占了许多岛屿,还有大陆上的许多城市。在这中间,他也征服了列斯波司人;他们曾率领全军来援助米利都人,但是波律克拉铁斯在一次海战中把他们击败并俘虏了。而正是这些身戴枷锁的俘虏,挖掘了萨摩司城砦周边的壕沟。

(**40**)然而阿玛西斯却总是会注意到波律克拉铁斯的巨大的成功的,因此阿玛西斯感到不安了;波律克拉铁斯的幸运的事情不断大大增多,于是阿玛西斯便写信送到萨摩司那里去,信里面说:"阿玛西斯致书波律克拉铁斯告他下面的话。我很高兴地知道自己的朋友和盟友的兴盛。但是我并不为你的这些太大的好运感到高兴;因为我知道诸神是多么嫉妒的,而且我多少总希望我自己和我的朋友既有成功的事情,又有失意的事情,我宁愿意有一个成败盛衰相交错的生涯,而不愿有一个万事一帆风顺的生涯。根据我的全部见闻来看,我知道没有一个万事一帆风顺的人,他的结尾不是很悲惨,而且是弄得一败涂地的。因此,如果你肯听我的话,那么便请对你的成功采取这样的办法:想一想什么是你认为最珍贵的,什么东西是你丢掉时最心痛的,然后把它抛掉,以便使人们再也看不到它。如果在这之后,你的成功仍然不和失意交互发生的话，那么就按着我劝告你的办法再试一试吧。”

(41)波律克拉铁斯念了这封信，觉得阿玛西斯的意见是对的，因此便考虑在他的财富中什么东西失掉时是他最痛心的，考虑到最后他得出了这个结论：他戴着萨摩司人铁列克莱司的儿子铁奥多洛斯制造的、一个嵌在黄金上的珐琅质的指环印玺；他决定把这个东西抛掉，于是他便乘坐在上有水手的五十桡船之上并命令他们出海；而当他离岛很远的时候，他便当着船上所有的人摘下他的指环印玺来，把它投到海里去了。这样做了之后，他便回航并返回家中，在那里为这次的损失而表示痛心。

(42)但是在这之后第五或第六天，一个渔夫遇到了这样一件事。他捉到了一只又大又好的鱼，因而想把这条鱼献给波律克拉铁斯，于是他便把它带到王宫的门前，说他希望波律克拉铁斯接见他。当他得到允许见到波律克拉铁斯的时候，他就说：“哦，国王啊，我是一个靠打鱼为生的人，但当我捕到这条鱼的时候，我想最好是不把它送到市场上去；我看这条鱼是配得上您和您的威仪的；因此我把它带来呈献给您。”波律克拉铁斯听了渔夫的话心中欢喜，于是回答他说：“你这样做很好，我双重地感谢你的话和你的礼品。我邀你与我一同进餐。”渔夫对这一荣誉，感到非常自豪，于是回家去了。但是在仆人们把鱼切开之后，却在鱼腹中发现了指环印玺；他们看到指环印玺，就欢喜地把它带到国王那里去，并告诉他这件宝物是怎样找到的。波律克拉铁斯认为这是神的意旨；于是便写了一封信，派人带到埃及去；告诉他所做的一切和他所遇到的一切。

(**43**)当阿玛西斯念完了波律克拉铁斯的来信之后,他便看到,没有一个人能够把另一个人从他的注定的命运中挽救出来,而这样不断地得到幸福,甚至把自己抛掉的东西都找得回来的波律克拉铁斯,是一定会遇到不幸的结局的。于是他便派出了一名使节到萨摩司去声明与他绝交,他这样做的目的,是为了在波律克拉铁斯遇到什么可怕和巨大不幸的时候,他不致必须为他的朋友感到痛心。

(**44**)但现在拉凯戴孟人却向这常胜的波律克拉铁斯进军了,他们是给后来在克里地建立了库多尼亚的萨摩司人邀请到那里去的。波律克拉铁斯背着他的臣民,派了一名使者到当时正在出征埃及的、居鲁士的儿子刚比西斯那里去,要求刚比西斯也派人到萨摩司来并给他增援的人马。接到这个消息之后,刚比西斯立刻派人到了萨摩司,要求波律克拉铁斯派一支舰队来帮助他进攻埃及。波律克拉铁斯于是选出了他城内他最疑心会起来反叛他的人们,用四十只三段桡船送他们去,并告诉刚比西斯说不必再把这些人送回了。

(**45**)有的人说,波律克拉铁斯派出去的这些萨摩司人根本没有到达埃及,而是在他们渡海到卡尔帕托司的时候,他们便相互商议,决定不再继续向前走了;还有一些人说,他们确实是到了埃及,但是他们从那里避开守卫的耳目逃走了。不过当他们乘船回到萨摩司时,波律克拉铁斯的船邀击他们和他们打了起来。返回的萨摩司人得到了胜利并在岛上登了陆,但是在陆战中他们被击败,于是他们便出航到拉凯戴孟人那里去了。另外还有一个说法:从埃及回来的萨摩司人打败了波律克拉铁斯;但是在我看来，这个说法是不对的；因为，如果他们自己可以制服波律克拉铁斯的话，他们就没有必要去请拉凯戴孟人来了。再者，甚至下面的这种假定也是不合理的，即一个拥有大量佣兵和本国弓手的人竟会被回国的这样一些少数萨摩司人打败。至于国中波律克拉铁斯的臣民，则他把他们的妻子儿女都拘留到一所停船厂里，打算在他的人们投到返回的萨摩司人那里去时，把这个停船厂和里面的人一把火烧光。

(46)当被波律克拉铁斯赶跑的萨摩司人逃到斯巴达去的时候，他们就去见斯巴达的领袖们，说了很长的一篇话，表示非常需要他们的帮助。但拉凯戴孟人在最初接见时却回答说，他们忘了萨摩司人开头所讲的话，因而不能了解它的结尾。在这之后，萨摩司人便再一次带着口袋来，并且只讲了这样的话，说袋子需要面粉。于是拉凯戴孟人说不用再提什么袋子的事情了，不过他们却决定帮助萨摩司人了。

(47)于是拉凯戴孟人便装备了一支军队，并把它派出去讨伐萨摩司。萨摩司人说，这乃是拉凯戴孟人对他们的服务的回报，因为他们起初曾派了一支舰队去帮助拉凯戴孟人去反抗美塞尼亚人。但是拉凯戴孟人却说，他们派出军队与其说是帮助需要他们的萨摩司人，毋宁说是报复一件事情，即他们带给克洛伊索斯的混酒钵和埃及国王阿玛西斯赠给他们的胸甲都曾给这个民族劫夺了去。在萨摩司人夺走混酒钵的前一年，他们便把胸甲劫走了。这胸甲是亚麻制成的，上面绣着黄金与棉花，还织着许多图像。但这个胸甲使人感到惊异的是每一根线都有许多股，它虽然很细，但仍有三百六十股，每一股都可以看得清清楚楚。这和阿玛西斯献给林多斯的雅典娜的同类的那件，是可以媲美的。

(48)科林斯人也热心参加实现对萨摩司的出征。在这次出征的一代之前，大约在劫夺混酒钵的时候，他们也曾受过萨摩司人的侮辱。库普赛洛斯的儿子培利安多洛斯曾把柯尔库拉的名门子弟三百人送到撒尔迪斯的阿律阿铁斯那里去做宦官。率领着这些孩子的科林斯人曾在前往撒尔迪斯的途中停留在萨摩司；而当萨摩司人知道为什么这些孩子被带走的时候，他们便告诉这些孩子到阿尔铁米司的神殿去避难，这样他们便不会允许这些请求保护的人给从神殿中强拖出去了；但是当科林斯人想断绝这些孩子的粮食的时候，萨摩司人却创行了一种到今天还照样举行的祭典；在这些男孩子请求保护的时期之内，每到夜里便规定举行男孩子和女孩子的舞蹈，这时便规定要把芝麻和蜜制造的饼带给他们，这样柯尔库拉的男孩子们便可以夺过这些饼来充饥了。这样一直做到科林斯的监视人放弃他们而离开的时候，于是萨摩司人便把男孩子们送回柯尔库拉了。

(49)然而，如果科林斯人在培利安多洛斯死后与柯尔库拉人言归于好的话，则他们也就不会仅仅因为这一个原因而帮助对萨摩司的出征了。但实际上，自从这个岛被殖民之后，虽然他们有血统关系，却一直是相互不和的。由于这样的一些理由，科林斯人当然要对萨摩司人怀有敌意了。至于说为什么培利安多洛斯选择了柯尔库拉地方的名门子弟并送他们到撒尔迪斯去做宦官，这也是为了向柯尔库拉人进行报复的。原来柯尔库拉人在起初曾对他犯下了一件可怕的罪行。

(50)培利安多洛斯在杀死了自己的妻子梅里莎之后，在已经遭遇到的惨事之外，他又遭到了一件灾难。他和梅里莎之间有两个儿子，一个十七岁，一个十八岁。他们的外祖父普罗克列斯，埃披道洛斯的僭主曾派人把两个孩子接了去并且理所当然地善待他们，因为这是他的亲生女儿的儿子。当他们离开他的时候，他向他们告别说："孩子，知道杀死你母亲的那个人吗？"哥哥并没有把这话放到心上，但是那叫做吕柯普隆的弟弟在听到这话时却非常痛心，以致在回到科林斯的时候，他竟不理他那杀死了自己的母亲的父亲，而在父亲向他讲话或问他问题的时候，也是一语不发。终于培利安多洛斯感到十分气恼，而把这个孩子从自己家中赶了出去。

(**51**)在这样做了之后，他便问他的大儿子，他们的外祖父在和他们谈话时都说了些什么。这孩子告诉他说，普罗克列斯待他们很好；但是他并没有提到临别时外祖父所说的话；因为他根本没有注意到这句话。培利安多洛斯说，不可能普罗克列斯没有向他们提过一些什么事情；于是他便认真地问他的儿子，直到这个男孩子想了起来，并把这句话也告诉他的时候。培利安多洛斯知道了这件事之后，便决定不示弱。他送信给和他那被放逐的儿子一同居住的人们，命令他们不要把他的儿子招待到自己的家中去。因此这个从一家被逐的儿子到另一家去的时候，也同样遭到拒绝，因为培利安多洛斯威胁过一切接纳过他的人，并命令他们不得收容他。当他被逐的时候，他便到另外他的几个朋友家里去，他们虽然害怕，却还因为他是培利安多洛斯的儿子而收容了他。

(**52**)终于培利安多洛斯发出了一个布告，无论何人如在自己的家

中收容他或是向他讲话，都要向阿波罗神奉献罚金，罚金的数目由培利安多洛斯规定。看到这个布告之后，没有人再肯向这个孩子讲话或是把他接待到自己家里来了。这个孩子自己也不想去做那已明令禁止的事情，却横了心，孤单一人辗转睡在街头的门下。三天之后，培利安多洛斯看到他又饿又脏的样子，起了怜悯之心：他的怒气稍稍平息了一些。因此他走近他的儿子，对他说："儿啊，哪条道路好一些请你选择吧，是过你现在这样的生活呢，还是听父亲的话继承我现在有的权力和财富呢？你是我的儿子，你是富有的科林斯人的王子；但是你选择了一个乞丐的生涯，就是因为你反抗并且愤怒地对待了你最不应当这样违抗的人。如果在这件事上有什么惨事使你怀疑我的话，那么这惨事却是到临我的身上而且是我分得其中的更多的部分，因为做出这件事的正是我自己。你自己想一想受到羡慕比受到怜悯要好多少，想一想违抗双亲和在你上面的人要得到多么不好的结果，然后就回到我的家里来吧。"培利安多洛斯这样说，是想叫自己的儿子回心转意。但是这个男孩子回答说，既然培利安多洛斯和自己的儿子讲话，他自己也得受到奉献给神的罚款了。培利安多洛斯看到他的儿子的顽固是不可救药的，或是不可制服的，因而用船把他送到柯尔库拉去，以便不再看到他；因为柯尔库拉当时也是臣属于他的。这样做了之后，他便派出了一支军队去攻打他的岳父普罗克列斯，因为他认为普罗克列斯是使他招惹了当前这些麻烦的主要原因。他除了攻克埃披道洛司之外，又生俘了普罗克列斯。

(**53**)培利安多洛斯久而久之就过了自己的盛年时代，并且晓得他再也不能监督和管理他的全部事业了；于是他便派人到柯尔库拉去请吕柯普隆来做僭主，因为他认为自己的长子是一个愚钝无知的人，因此不把期望寄托在这个孩子的身上。吕柯普隆甚至拒绝回答使节。于是极希望这个年轻人会来的培利安多洛斯便作为次一个最好的办法，派他的女儿，这个少年的亲生姊妹去，以为他一定很愿意听她的话。她来到之后就说："兄弟啊，你难道愿意看到主权落到别人手里而咱们父亲的全家被劫，反而不愿回到家里去自己取得它么？回到家里去吧，不要折磨你自己了。矜持顽固是一种很不好的东西。不要干那种以毒攻毒的事情了。许多人是把道理放在正义之上的。也有许多人为了热心维护母亲的权利，却把父亲的财富失掉了。僭主之治是一个很难把持的东西；许多人都在贪求着它；咱们的父亲现在老了，盛年已经过去了；不要把你自己的财产奉送给别人吧。"她用她父亲教给她的话，陈述了很有可能打动吕柯普隆的心的理由；但是他回答说，只要他知道他的父亲还活着，他是绝对不回到科林斯去的。当她把这个回答带回去的时候，培利安多洛斯便派了第三位使者去，建议他自己到柯尔库拉去，以便在他到那里去的时候使吕柯普隆代他成为僭主。儿子同意这样做了；培利安多洛斯准备到柯尔库拉去，而吕柯普隆到科林斯来；然而当柯尔库拉人知道了这一切之后，他们便杀死了这个年轻人，因为他们怕培利安多洛斯到他们那里去。培利安多洛斯正是由于这件事才想对他们进行报复的。

(54) 于是拉凯戴孟人率领大军前来，包围了萨摩司。他们猛攻城塞并打进了海边城郊的塔楼；但是波律克拉铁斯很快地便亲自

率领大军向他们进攻并且把他们赶了出去。外国的雇佣兵和许多萨摩司人在位于山脊之上的上方塔楼附近向外出击并且在若干时期中间挡住了拉凯戴孟人的进攻。随后他们便向后逃退，拉凯戴孟人在后追赶和屠杀他们。

(**55**)但是，如果所有拉凯戴孟人那一天在那里都像是阿尔启亚斯和律科帕司一样英勇战斗的话，萨摩司就会被攻克了。只有这两个人和大群逃跑的萨摩司人进入了城塞，但他们的退路被截断，因而他们便在萨摩司城内被杀死了。我自己在庇塔涅地方(阿尔启亚斯就是这个地方的人)遇到了另一个阿尔启亚斯，他是萨米欧司的儿子，上面所说的那个阿尔启亚斯的孙子；他对萨摩司人的尊重在对任何外人的尊重之上，他告诉我说他的父亲起了萨米欧司这个名字，因为他是那个在萨摩司英勇战死的阿尔启亚斯的儿子。他说，他之所以这样尊重萨摩司人，是因为他们曾为他的祖父举行了国葬。

(**56**)因此，当拉凯戴孟人毫无结果地把萨摩司包围了四十天的时候，他们便到伯罗奔尼撒去了。外面还传说着一个荒唐无稽的故事，故事说波律克拉铁斯曾贿赂了他们要他们离开，他制造了他们当地流通的大量镀金铅币送给他们。这便是拉凯戴孟的多里斯人对亚细亚的第一次出征。

(**57**)当拉凯戴孟人正要离他们而去的时候，率军前来进攻波律克拉铁斯的萨摩司人也扬帆他去，到昔普诺斯去了。因为他们需要钱；而昔普诺斯人在那时非常繁荣，并且是最富有的岛上居民，因为在他们的岛上有金矿和银矿。他们是这样的富有，以致他们献纳给戴尔波伊的财富，即他们的全部收入的十分之一是最丰厚的献礼之一，而他们每年都要为他们自己分配当年的收入。而当他们不断发财的时候，他们便问神托，他们目前的幸福会不会长久；于是佩提亚便给了他们下面的回答：

在昔普诺斯的市会堂变成白色
而你们的市场也同样
有了白色门面的那一天；那时得有一个
有智慧的人来防备
一支木头的伏兵和一个红色的使者
前来进攻。

而这时昔普诺斯的市场和市会堂都是用帕洛司的大理石来装饰着的。

(**58**)不拘是在当时神托讲出来的时候，还是在萨摩司人前来的时候，他们都不懂得这个神托。萨摩司人在到达昔普诺斯之后，他们立刻用一只船把他们的使节送到城里去。原来在古时，一切的船都是漆成朱红色的；而这便是佩提亚警告昔普诺斯，要他们小心木头的伏兵和红色的使者的真意所在。于是使者们要求昔普诺斯人给予十塔兰特的借款。萨摩司人在遭到拒绝之后，便开始蹂躏了他们的国土。昔普诺斯人听到这个消息后便立刻出来想把他们赶跑，但是他们自己却战败了，他们许多人被萨摩司人驱离了故城，萨摩司人随即从他们身上勒索了一百塔兰特。

(**59**)于是萨摩司人用这笔钱从赫尔米昂人那里购买了叙德列亚岛并且把它委托给特罗伊真人管理；叙德列亚岛是离伯罗奔尼撒不远的。他们自己则定居在克里地的库多尼亚，虽然他们航行的原来打算并不是这样，而是想把扎昆托斯人驱出这个海岛。他们停留在这里，并在这里繁荣幸福地过了五年；诚然，现在在库多尼亚的那些神殿和狄克杜那的圣堂都是出自萨摩司人之手的。但是在第六个年头，埃吉纳人和克里地人来了；他们在一次海战中打败了萨摩司人并把萨摩司人变成了奴隶；此外，他们还砍掉了做得像是猪头一样的船头，并把它们呈献给埃吉纳地方的雅典娜神殿。埃吉纳人这样做是由于对挑起争端的萨摩司人心怀不满。原来当阿姆披克拉铁斯是萨摩司的国王时，他们曾派军队去攻打埃吉纳，结果萨摩司人和埃吉纳人双方都受了很大的损害。这便是不和的原因了。

(**60**)我所以这样比较详细地写到萨摩司人，是因为他们是希腊全土三项最伟大的工程的缔造者。其中的第一项是一条有两个口的隧道，它穿过高达一百五十欧尔巨阿的一座山的下部。隧道全长七斯塔迪昂，八尺高，八尺宽；而通过它的全长，另有一条二十佩巨斯深、三尺宽的河沟，而从一个水源丰富的泉水那里来的水便通过这里用管子引到萨摩司城里去。这一工程的设计者是美伽拉人、纳乌斯特洛波司的儿子埃乌帕里诺司。这是三项工程中的一项。第二项是在海中围绕着港湾的堤岸，它入水足足有二十欧尔巨阿深，二斯塔迪昂多长。萨摩司人的第三项工程是一座神殿，这是我所见到的神殿中最大的。第一个建筑者是一个萨摩司人，披列司的儿子罗伊科司。正是由于这个原因，我才比对一般人更加详细地来写萨摩司人的事情。

(**61**)在居鲁士的儿子刚比西斯既然已经精神失常，而仍然耽搁在埃及的时候，两兄弟的玛哥斯僧叛离了他[1]。其中的一个曾被刚比西斯留在家中掌管家务。这个人现在叛离了他，因为他看到司美尔迪斯的死保守秘密，很少人知道这件事，而人们大多以为他还在人世。于是他便想用这样的一个办法取得王权：他有一个兄弟，我已经说过，这是他的一个谋叛的伙伴；他的这个兄弟和居鲁士的儿子、刚比西斯的兄弟司美尔迪斯长得十分相似，而司美尔迪斯又是经他手杀死的；他们不仅长得一样，他们的名字也一样，都叫司美尔迪斯。这个玛哥斯僧帕提载铁司于是便说明了他这个兄弟，要他、帕提载铁司给他这个兄弟安排一切；他把他的兄弟领来，叫他坐在王位上，随后，他便派使者到各地去，其中的一人到埃及，去向军队宣布，从此他们不应听从刚比西斯，而要听从居鲁士的儿子司美尔迪斯的命令了。

(62)其他的使者都按照命令到各地传达了这个布告；但是指定到埃及去的这个使者(发现刚比西斯和他的军队在叙利亚的阿格巴塔拿)，便到他们大家的面前去，宣布了玛哥斯僧交给他的命令。当刚比西斯听到了使者说的话的时候，他以为这是真实的事情(以为那个被派去杀死司美尔迪斯的普列克撒司佩斯并没有这样做，而是欺骗了他刚比西斯)。于是他望着普列克撒司佩斯说："普列克撒司佩斯，你是不是按照我所吩咐的做了？"普列克撒司佩斯回答说："主公，这不是真的事情，你的兄弟司美尔迪斯是不会背叛你的，他也不可能和你有不论大小的任何纠纷；我自己做了你所吩咐的事情并且是我亲手埋葬了他。如果死者能

① 这是接着第三八节写的。

够复活的话，那你就可以看到美地亚人阿司杜阿该斯也会起来反对你了。但如果现在的大自然的规律和先前一样不能改变的话，那么可以肯定，司美尔迪斯是不会对你有任何伤害的。因此现在我的意见是这样，我们派人去追赶这个使者并且好好地打听他一下，是谁派他来传达说我们必须承认司美尔迪斯为我们的国王的。"

(**63**)普列克撒司佩斯的这一番话，(刚比西斯认为颇有道理)于是立刻派人追踪这个使节并且把他带了来；而当他来的时候，普列克撒司佩斯便问他说："喂，我来问你，你说你的命令是从居鲁士的儿子司美尔迪斯那里发出来的；那么现在告诉我，这样你就可以安全地回去：是不是司美尔迪斯亲自见到了你并给了你这个命令，还是只通过他的一个仆人？"使节回答说："自从国王刚比西斯到埃及去以来，我自己从来没有见过居鲁士的儿子司美尔迪斯；刚比西斯委托代他掌管家务的那个玛哥斯僧给了我这个命令，他说这是居鲁士的儿子司美尔迪斯的意旨，并说我应该把这个意思告诉你知道。"使节这番话，完完全全是老实话。于是刚比西斯说："普列克撒司佩斯，这件事我认为你是没有责任的。你非常忠诚地做了我吩咐你做的事情。但是背叛了我并且窃取了司美尔迪斯的名字的这个波斯人会是谁呢？"普列克撒司佩斯回答说："主公，我想我是知道事情的真相的。叛徒乃是那两个玛哥斯僧，一个是你委托掌管家务的帕提载铁司，另一个是他的兄弟司美尔迪斯。"

(**64**)刚比西斯一听到司美尔迪斯这个名字的时候，他立刻便领会了普列克撒司佩斯的话的真义，以及领会到他的梦已经实现了；

因为他曾经梦见有人告诉他，司美尔迪斯已坐上了王位，头一直触到天上去。而当他看到他无端地把自己的兄弟司美尔迪斯杀死，于是他为自己的兄弟而痛哭起来了。在他哭够了之后，由于十分痛心于他的全部不幸遭遇，他便跳到马上，打算立刻前去苏撒惩办玛哥斯僧。在他上马的时候，他所佩带的刀的那个刀鞘的扣子松掉了，于是里面的刀刃就刺中他的股部，正伤了他自己过去刺伤了埃及的神阿庇斯的同一地方；刚比西斯认为这伤乃是致命的，于是他便问他所在的那个城市的名字是什么。他们告他说是阿格巴塔拿。而且在这之前，从布头曾有一个预言告他说，他将要在阿格巴塔拿结束自己的一生；刚比西斯认为这等于说，他在老年的时候，将要死在美地亚的阿格巴塔拿，即他的主城。但是这个事件证明，神托所预言的乃是他要死在叙利亚的阿格巴塔拿。因此当他现在询问并且知道这个城市的名字的时候，因玛哥斯僧而他遭到的不幸事件和他受的伤这双重的震荡使他回复了正常的知觉；他懂得了神托的意思，并且说："居鲁士的儿子刚比西斯注定是要死在这里的了。"

(**65**)这时他不再讲什么话了。但是大约在二十天以后，他便把他身旁最主要的那些波斯人召了来，向他们说："波斯的人们啊！我现在不得不把我认为是最秘密的一件事情向你们宣布了。当我在埃及的时候，我做了一个我从来没有做过的梦；我梦见从家里来了一个使者，他告诉我说，司美尔迪斯已经坐上了王位，他的头一直触到天上去。于是我害怕我的兄弟会从我的手中夺走统治权，因此我不是贤明地加以考虑而是在仓促中动起手来。可是，我现在看到，没有一个人能够有力量扭转命运，我是多么愚蠢，我竟把普列克撒司佩斯派到苏撒去杀死司美尔迪斯。当这件大错铸成之后，我便觉得自己高枕无忧了，因为我从来没有想到，在司美尔迪斯被铲除之后，会有另一个人起来反抗我。因此对于将要发生的事情，我完全估计错了。我毫无必要地杀死了自己的兄弟，结果我仍旧失去了我的王位；因为上天在梦中所预言的反叛行为是司美尔迪斯那个玛哥斯僧。现在我既然做了这件事，故而我要你们相信，居鲁士的儿子司美尔迪斯已不在人世了；现在玛哥斯僧已经占有了我的王国，那就是我留在家里给我管理事务的人和他的兄弟司美尔迪斯。但是，因玛哥斯僧对我的侮辱而特别要为我报仇的那个人，已经凶死在他最亲近的人手里了。这个人既因死去而不在，我只得把我一生中最后的期望嘱告给你们这些波斯人。因此，以我的王家诸神为誓，我命令你们，你们全体，特别是在这里的阿凯美尼达伊家的人们，不要叫主权再落到美地亚人手里去；如果他们用策略取得了主权的话，那么就再用策略从他们那里把主权夺回来；如果他们是用强力夺走主权的话，那么你们也便同样用强暴的手段把它夺回来。而如果你们这样做，那你们的田地便会生产果实，你们的妇女和牲畜便会多产子嗣，你们也永远会享到自由；如果你们不把王权夺回的话，或是不试图把王权夺回的话，那我便祈祷要你们事事不顺利，而每一个波斯人都要落得和我一样的下场。”刚比西斯这样说着，便由于自己一生中命定的全部遭遇而痛哭起来了。

(66)当波斯人看到他们的国王哭泣的时候，他们便撕碎了他们穿的袍子并尽情地高声悲叹起来。但是在这之后骨头坏疽，大腿也紧跟着烂了，结果居鲁士的儿子刚比西斯便死掉了；他统治了一共七年五个月,身后男女的子嗣都没有。在场的波斯人心里完全不相信,那两个玛哥斯僧会是主人;他们认为刚比西斯是打算用司美尔迪斯的死亡的故事来欺骗他们,以便把整个波斯卷入对他的战争。

(67)因而他们相信做了国王的正是居鲁士的儿子司美尔迪斯。现在刚比西斯既然已死,普列克撒司佩斯便矢口否认他曾杀死司美尔迪斯,因为他亲手杀死居鲁士的儿子,这件事对他来说并不是安全的。刚比西斯既死,僭称居鲁士的儿子司美尔迪斯的那个玛哥斯僧司美尔迪斯便肆无忌惮地统治了七个月,这七个月正凑足了刚比西斯的八年的统治。在这个时期中间,他大大地加惠了他的全体臣民,以致在他死后,除去波斯人之外,没有一个亚细亚人不盼望他回来;因为他派人到他统治下的各地去宣布免除他们三年的兵役和赋税。

(68)这便是在他开始统治时所发出的布告;但是到第八个月的时候,他却被人识破了,原因是这样:一个叫做欧塔涅斯的人,是帕尔那斯佩斯的儿子,他是一个出身高贵而又富有的波斯人。这个欧塔涅斯是第一个怀疑玛哥斯僧不是居鲁士的儿子司美尔迪斯,而是玛哥斯僧本人的人。理由是他从来没有离开过他的城砦,也从来没有召见过任何波斯的知名人物;刚比西斯既然娶了欧塔涅斯的女儿帕伊杜美为妻,而玛哥斯僧现在也娶了她以及刚比西斯的其他妻妾,于是心中怀疑的欧塔涅斯便派人到他的女儿那里去,问她是和居鲁士的儿子司美尔迪斯,还是和另外的人同床。她送回一个信说她不知道,因为她说她从来没有见过居鲁士的儿子司美尔迪斯,也不知道和她同床的人是谁。于是欧塔涅斯便送了第二个信，大意是说："如果你自己不认识居鲁士的儿子司美尔迪斯，那么就去问和你一样嫁给这个人的阿托撒，因为她是一定会认识她的亲生兄弟的。"但是女儿的回答是："我不能和阿托撒讲话，我也看不到他家中的任何其他妇女。因为不管这个人是谁，在他做了国王之后，他立刻使我们各自分居在指定给每个人的地方。"

(**69**)当欧塔涅斯听到这话的时候，对于事情的真相便知道得更加清楚了。于是他就给他的女儿送了第三个信："女儿啊，你的高贵出身使你必须不惜冒任何危险做你父亲所吩咐你做的事情。如果这个人不是居鲁士的儿子司美尔迪斯而是另一个我心中怀疑的那个人的话，那么就不能轻轻地饶过他，而是要对他加以惩罚，因为他玷污了你并坐上了波斯的王座。因此当他与你同床而你看到他睡着了的时候，按照我吩咐的去做并且摸一摸他的耳朵；如果你看到他有耳朵的话，那你就可以相信与你同床的是居鲁士的儿子司美尔迪斯，如果他没有耳朵，那便是玛哥斯僧冒名司美尔迪斯的了。"帕伊杜美送了回信说，她这样做要冒着极大的危险；如果结果知道他没有耳朵，而她被发现去试探它们的时候，他是一定会把她弄死的。尽管如此，她仍然愿意一试。因此她答应按照父亲所吩咐的去做。因为人们知道，刚比西斯的儿子居鲁士在位时，曾由于这个玛哥斯僧司美尔迪斯所犯的某种重大过失而割掉了他的耳朵，至于什么过失，我却无从知道了。欧塔涅斯的女儿帕伊杜美履行了她答应她父亲做的事情。当轮到她去伴宿的时候(波斯的妃子们是定期轮流入宫伴宿的)，她便与他同床并在他熟睡的时候用手摸了玛哥斯僧的耳

朵,她容易地确定了他是没有耳朵的,于是到第二天早上,她立刻便派人把这件事告诉给她的父亲了。

(70)欧塔涅斯于是便把他认为是最可靠的两位地位极高的波斯人请了来,这两个人是阿司帕提涅斯和戈布里亚斯,他把事情的全部经过告诉了他们。实际上这两个人他们自己也怀疑到事情是这个样子了。于是他们立刻相信欧塔涅斯泄露给他们的事情。他们决定,他们每人再找一个他们所最信任的波斯人加入他们的同党;欧塔涅斯找来了音塔普列涅司,戈布里亚斯找来了美伽比佐斯,阿司帕提涅斯找来了叙达尔涅斯,因此他们便有六个人了。现在叙司塔司佩斯的儿子大流士又从波斯府来到了苏撒,因为他的父亲便是那个地方的太守。在大流士到来的时候,这六个波斯人立刻便决定把大流士也引入他们的一党。

(71)于是这七个人集会到一处,相互间作了忠诚的保证并共同进行了商谈。而当轮到大流士发表自己意见的时候,他是这样讲的:"我以为只有我一个人知道做国王是那个玛哥斯僧而居鲁士的儿子司美尔迪斯已经死了。而正是由于这个原因,我才赶忙地跑来,为的是我可以设法铲除这个玛哥斯僧。但既然你们,而不是我一个人,也都知道事情的真相,那么我的意见是不要耽搁而立刻动起手来。因为一耽搁就会坏事的。"欧塔涅斯回答说:"叙司塔司佩斯的儿子,你的父亲是一个勇敢的人,而我认为你会表示出你是一个和你父亲同样勇敢的人;但仍然不要这样不加考虑地忙于做这件事情,而是要更加谨慎来进行这件事情。我们必须等待到我们有了更多的人的时候再来动手不迟。"但大流士回答说:"列位,如果你们按着欧塔涅斯的意见去做,你们可要记着，你们的下场一定是会死得很惨的，因为有人会把这一切告诉给玛哥斯僧，以便使自己取得赏赐。但现在对你们来说最好的办法是你们自己不借外力而达成你们的目的；但既然你们喜欢把你们的计划告诉别人而且你们还这样地信任我而引我为你们的同党，因此我说，今天就动起手来；如果错过了今天，请你们相信，没有人会比我更早地控告你们，因为我自己就会把全部事情告诉给那个玛哥斯僧的。"

(72)看到大流士的性情是这样地急躁，于是欧塔涅斯回答说："既然你催促我们赶快动手行事而不要耽误，那么现在你自己告诉我，我们怎样进入皇宫向那玛哥斯僧进攻。皇宫四面都有守卫把守着，这一点你是知道的，因为你看到过或至少听到过他们；我们怎样突破守卫们的这一关呢？"大流士回答说："欧塔涅斯，许多事情虽用言语说不清楚，然而却可以用行动做出来；但有时容易解决的问题反而做得并不出色。你应当知道得很清楚，设置的岗哨是容易通过去的。因为我们既然有目前这样的身份，那就不会有任何一个人会不允许我们进去，这部分是由于尊敬，部分也是由于畏惧；此外，我自己还有一个进去的最好的借口，因为我会说我是不久之前才从波斯来的，并且有一个信从我父亲那里给国王捎来。在必要的时候，是可以说谎话的。不管是说谎，还是讲真话，我们大家都是为了达到同一个目标；说谎的人这样做是为了取得信任并由于他的欺骗而得到好处，说真话的人则希望真话会使他得到益处和更大的信任；因此我们只不过是用不同办法达到相同的目的罢了。如果没有得到利益的希望，则说真话的人也愿意说谎就和说谎话人愿意讲真话一样了。

而如果任何门卫愿意放我们过去的话，那在今后对于他是会更加有利的。但如果任何人想抵抗我们，我们就把他宣布为仇敌。因此我们就冲进去开始我们的工作吧。”

(**73**)继而戈布里亚斯说：“朋友们，在什么时候我们有一个更好的机会争回王位，或是在我们做不到这一点的时候便死去呢？而且现在我们波斯人又被一个美地亚人，一个没有耳朵的玛哥斯僧统治着。你们这些在刚比西斯病时和他在一起的人们一定会记得他在临终时加到波斯人身上的咒诅，如果波斯人不试图把王位夺回的话；尽管当时我们不相信刚比西斯，而认为他这样说是为了欺骗我们。因此我的意见是，我们按照大流士的计划行事，不要放弃这个意见去做其他什么事情，而是立即向玛哥斯僧进攻。”戈布里亚斯便是这样说的；于是他们完全同意了他所说的话。

(**74**)当他们正在这样集议的时候，发生了我下面所说的一些事件。两个玛哥斯僧经过商议，决定把普列克撒司佩斯笼络为自己的私党，因为他曾受到射死了他的儿子的刚比西斯的损害，因为只有他一个人由于亲自动手杀过人，才知道居鲁士的儿子司美尔迪斯确实已经死了。此外，还因为普列克撒司佩斯在波斯人中间享有崇高的威望。因此他们便把他召来，而为了取得他的友谊，要他自己做出保证并发誓他决不向任何人泄露他们对波斯人的欺骗行为，而只把这件事放在自己的心里；而他们则答应他把任何东西都大量地送给他。普列克撒司佩斯同意了，他答应按照他们的意思去做。于是两个玛哥斯僧又向他作了第二个建议，即他们要在宫墙前面召集一个波斯人大会，而他则要到一个城楼上去，宣布说国王正是居鲁士的儿子司美尔迪斯，而不是任何其他的人。他们把这个任务交给了他，因为他们相信他是波斯人所最信任的人，因为他常常断言居鲁士的儿子司美尔迪斯还活着，并且否认杀人的事情。

(**75**)普列克撒司佩斯也同意这样做了；于是玛哥斯僧便把波斯人召集到一起，把他带到一个城楼之上去并命令他发言。这时他把玛哥斯僧对他的要求早已放到一边，他从阿凯美涅斯向下历数居鲁士一家的家谱；当他最后说到居鲁士的名字的时候，他便列举国王对波斯所做的一切好事情，随后他便把真相揭露出来了；他说他所以把真相一直加以隐瞒（是因为他并不能安全地把它讲出来），但是现在他却有必要把它揭露出来了。他说："我是在刚比西斯的逼迫之下才把居鲁士的儿子司美尔迪斯杀死的，现在统治着你们的是那两个玛哥斯僧。"于是他就对波斯人作了一个可怕的咒诅，如果他们不能把王位夺回来并对玛哥斯僧进行报复的话，这之后他便从城楼上头朝下地投了下来；经历了光荣的一生的普列克撒司佩斯便这样地结束了自己的生命。

(**76**)这七个波斯人在商量之后打算不再迟延而立刻去进攻玛哥斯僧，于是他们便向神祈祷并出发了，不过他们对于普列克撒司佩斯在这件事上所做的工作是一点也不知道的。但他们正走到半途的时候，他们便听到了关于他的事情。于是他们便退到道旁共同商议，欧塔涅斯的朋友们完全赞同等待，而不去在目前混乱的时候进攻，但大流士的一派则主张立刻前往，毫不迟延地做他们已经确定的事情。正当他们争论不决的时候，他们看到七对鹰追赶两对兀鹰，抓落它们的羽毛并把它们的身体撕裂；看见这个景象之后，他们七个人便完全同意了大流士的意见，在鹰的前兆的激励之下直奔皇宫而来了。

(**77**)当他们来到大门的时候，发生了大流士所期待的事情。守卫者由于他们是波斯的显要人物而尊敬他们，并由于他们决不会疑心他们的计谋，便没有盘问而在天意的引领之下进去了。进入宫中之后，他们在那里遇见了带信给国王的宦官；宦官问这七个人进来的意图是什么，同时对放进了的这七个人的门卫加以威吓，并且不许这七个人再向里面去。这七个人相互间一吆喝，便掏出他们的匕首来，刺死了阻挡他们去路的宦官，一直跑到两个人的内室去了。

(**78**)那时两个玛哥斯僧正好都在内室，商量如何对付普列克撒司佩斯的行动的后果。他们看到宦官们乱作一团并听到了他们的呼喊声，两个人便都赶忙跑了回去；而当他们看到发生了什么事情的时候，他们便动手保卫他们自己了；一个人赶忙拿下了他的弓，另一个人则拿起了他的长枪；这七个人和那两个人交起手来了。拿起弓的人发现弓对他已经没有用了，因为他的敌人离他很近，几乎已经逼到他跟前了。但是另一个人却用长枪保卫了自己，他刺中了阿司帕提涅司的大腿，又刺中了音塔普列涅司的眼，音塔普列涅司没有因伤致死，但是他失去了眼睛。这便是被一个玛哥斯僧所刺伤的人。另一个人由于无法用他的弓，便跑到和这间房屋相邻的房间里去，打算把门关上。但是七个人中的两个、大流士和戈布里亚斯却和他一同冲到屋里去。戈布里亚斯和玛哥斯僧扭到了一处，但由于暗中看不到，大流士不知如何做是好，因为他害怕刺伤了戈布里亚斯；而戈布里亚斯看到大流士站在那里不动，便喊道为什么他不下手。大流士说：“怕戳伤了你。”戈布里亚斯说：“用你的刀来刺吧，刺到我们两个人身上也不要紧的。”于是大流士便用匕首来刺，很幸运，他刺中的正是那个玛哥斯僧。

(**79**)他们杀死了两个玛哥斯僧并割下了他们的首级之后，却把伤者留在原处，这一则是由于他们已非常虚弱，此外还为了要他们看守城砦；其他五个人便拿着两个玛哥斯僧的首级，一路呼喊叫啸着跑出来叫所有的波斯人前来帮助，告诉他们自己所做的一切并把首级给他们看。同时他们又把他们在路上所遇到的每一个玛哥斯僧都给杀死了。当波斯人听到这七个人所做的一切以及玛哥斯僧人如何欺骗了他们的时候，便决定追随他们的榜样，也掏出匕首把他们所能寻找到的全部玛哥斯僧都给杀死了。而如果不是夜幕降临而使他们不得不停手的话，他们恐怕是不会叫任何一个玛哥斯僧得到活命的。这一天是一切波斯人同样都举行的最盛大的神圣的日子；他们为这件事举行了盛大的节日，并称之为玛哥斯僧屠杀节；在节日期间，玛哥斯僧不许到街上来，他们要整天留在自己的家里。

(**80**)当五天以后混乱的情况好转的时候，那些起来反抗玛哥斯僧的人们便集会讨论全部局势，在会上所发表的意见，在某些希腊人看起来是不可信的；但毫无疑问这些意见是发表了的。欧塔涅斯的意见是主张使全体波斯人参加管理国家。他说：“我以为我们必须停止使一个人进行独裁的统治，因为这既不是一件快活事，又不是一件好事。你们已经看到刚比西斯骄傲自满到什么程度，而你们也尝过了玛哥斯僧的那种旁若无人的滋味。当一个人愿意怎样做便怎样做而自己对所做的事又可以毫不负责的时候，那么这种独裁的统治又有什么好处呢？把这种权力给世界上最优秀的人，他也会脱离他的正常心情的。他具有的特权产生了骄傲，而人们的嫉妒心又是一件很自然的事情。这双重的原因便是在他身上产生一切恶事的根源；他之所以做出许多恶事来，有些是由于骄傲自满，有些则是由于嫉妒。本来一个具有独裁权力的君主，既然可以随心所欲地得到一切东西，那他应当是不会嫉妒任何人的了；但是在他和国人打交道时，情况却恰恰相反。他嫉妒他的臣民中最有道德的人们，希望他们快死，却欢迎那些最下贱卑劣的人们，并且比任何人都更愿意听信谗言。此外，一个国王又是一个最难对付的人。如果你只是适当地尊敬他，他就会不高兴，说你侍奉他不够尽心竭力；如果你真地尽心竭力的话，他又要骂你巧言令色。然而我说他最大的害处还不是在这里；他把父祖相传的大法任意改变，他强奸妇女，他可以把人民不加审判而任意诛杀。不过，相反地，人民的统治的优点首先在于它的最美好的声名，那就是，在法律面前人人平等。其次，那样也便不会产生一个国王所易犯的任何错误。一切职位都抽签决定，任职的人对他们任上所做的一切负责，而一切意见均交由人民大众加以裁决。因此我的意见是，我们废掉独裁政治并增加人民的权力，因为一切事情是必须取决于公众的。”

(81)欧塔涅斯发表的意见就是这样。但是美伽比佐斯的意见是主张组成一个统治的寡头。他说：“我同意欧塔涅斯所说的全部反

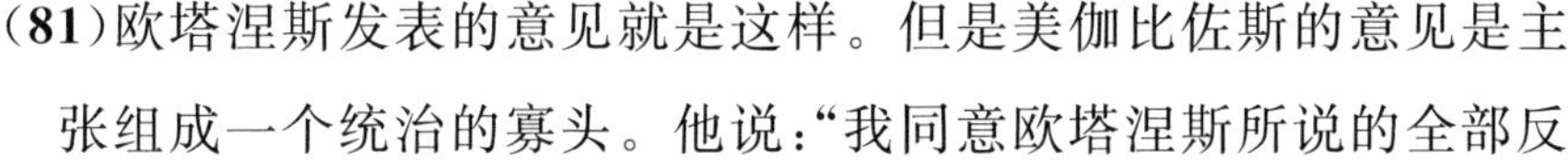

对一个人的统治的意见。但是当他主张要你把权力给予民众的时候,他的见解便不是最好的见解了。没有比不好对付的群众更愚蠢和横暴无礼的了。把我们自己从一个暴君的横暴无礼的统治之下拯救出来,却又用它来换取那肆无忌惮的人民大众的专擅,那是不能容忍的事情。不管暴君做什么事情,他还是明明知道这件事才做的;但是人民大众连这一点都做不到而完全是盲目的;你想民众既然不知道、他们自己也不能看到什么是最好的最妥当的,而是直向前冲,像一条泛滥的河那样地盲目向前奔流,那他们怎么能懂得他们所做的是什么呢?只有希望波斯会变坏的人才拥护民治;还是让我们选一批最优秀的人物,把政权交给他们吧。我们自己也可以参加这一批人物;而既然我们有一批最优秀的人物,那我们就可以作出最高明的决定了。"

(82)以上便是美伽比佐斯的看法了。大流士是第三个发表意见的人。他是这样说的:"我以为在谈到民治的时候,美伽比佐斯的话是有道理的,但是在谈到寡头之治的时候,他的话便不能这样看了。现在的选择既然是在这三者之间,而这三者,即民治、寡头之治和独裁之治之中的每一种既然又都指着它最好的一种而言,则我的意见,是认为独裁之治要比其他两种好得多。没有什么能够比一个最优秀的人物的统治更好了。他既然有与他本人相适应的判断力,因此他能完美无缺地统治人民,同时为对付敌人而拟订的计划也可以隐藏得最严密。然而若实施寡头之治,则许多人虽然都愿意给国家做好事情,但这种愿望却常常在他们之间产生激烈的敌对情绪,因为每一个人都想在所有的人当中为首领,都想使自己的意见占上风,这结果便引起激烈的倾轧，相互之间的倾轧产生派系，派系产生流血事件，而流血事件的结果仍是独裁之治；因此可以看出，这种统治方式乃是最好的统治方式。再者，民众的统治必定会产生恶意，而当着在公共的事务中产生恶意的时候，坏人们便不会因敌对而分裂，而是因巩固的友谊而团结起来；因为那些对大众做坏事的人是会狼狈为奸地行动的。这种情况会继续下去，直到某个人为民众的利益起来进行斗争并制止了这样的坏事。于是他便成了人民崇拜的偶像，而既然成了人民崇拜的偶像，也便成了他们的独裁的君主；在这样的情况下也可以证明独裁之治是最好的统治方法。但是，总而言之，请告诉我，我们的自由是从什么地方来的，是谁赐予的——是民众，是寡头，还是一个单独的统治者？因而我认为，既然一个人的统治能给我们自由，那么我们便应当保留这种统治方法；再说，我们也不应当废弃我们父祖的优良法制；那样做是不好的。”

(**83**)在判断上述的三种意见时，七个人里有四个人赞成最后的那种看法。这样一来，想使每个波斯人具有平等权利的欧塔涅斯的意见就失败了，于是他便向他们大家说：“朋友和同志们！既然很明显，不管是抽签也好，或是要波斯人民选他们愿意选的人也好，或是用其他什么办法也好，我们中间的一个人是必须做国王的了，但是要知道，我是不会和你们竞争的，我既不想统治，也不想被统治；但如果我放弃做国王的要求的话，我要提出这样一个条件，即我和我的子孙中的任何人都不受你们中间的任何人的支配。”其他六个人同意了他的条件；欧塔涅斯不参加竞争而处于旁观者的地位。而直到今天，在波斯只有他一个家庭仍然是自由的，他们虽然遵守波斯的法律，却只有在自愿的情况下才服从国王的支配。

(**84**)其余的六个人于是商量如何才是选立国王的最公正的办法。他们决定，如果欧塔涅斯以外六个人之中有谁取得了王权，则欧塔涅斯和他的子孙他们每年应当得到美地亚织的衣服和波斯人认为最珍贵的一些物品作为年赏。他们作出这一决定的理由是：他是第一个策划了这件事，并且是他最初召集了密谋者的。这样，他们便把特殊的勋荣给了欧塔涅斯；但是对于他们所有的人，他们规定七个人中的任何一人只要他愿意，便可以不经过通报而进入皇宫，除非国王正在和一个女人睡觉的时候；此外还规定国王必须在同谋者的家族当中选择妻子。至于选立国王的办法，则他们决定在日出时大家乘马在市郊相会，而谁的马最先嘶鸣，谁便做国王。

(**85**)大流士手下有一名聪明的马夫，名叫做欧伊巴雷司。当散会的时候，大流士就向他说："欧伊巴雷司，我们商量了关于王位的事情，我们决定，在日出时我们所乘骑的马谁的最先嘶鸣谁便做国王。现在你想想看有什么巧妙的办法使我们，而不是别人取得这个赏赐。"欧伊巴雷司回答说："主人，如果用这个办法来决定你会不会成为国王的话，那你就放心好了。请你确信，只有你是可以担任国王的。在这件事上，我是有一套顶事的魔法的。"大流士说："如果像你所说的有什么办法的话，那么便立刻动手吧，因为明天就是决定的日子了。"欧伊巴雷司听了之后，立刻便做了下面的事情。在夜幕降临的时候，他带了大流士的马所特别喜欢的一匹牝马到城郊去把它系在那里；然后他把大流士的马带到那里去，领着它在牝马的四周绕圈子，不时地去碰牝马，结果使大流士的牡马和牝马交配起来。

(**86**)到天明的时候，六个人都按照约定乘着马来了。而当他们乘马穿过城郊并来到在前一夜里系着牝马的那个地方时，大流士的马便奔向前去并且嘶鸣了起来。与马嘶的同时，晴空中起了闪电和雷声。大流士遇到的这些现象被认为是神定的，并等于是宣布他为国王；他的同伴们立刻跳下马来，向他跪拜了。

(**87**)有些人说这是欧伊巴雷司出的主意(但波斯人却还有另外一种说法)，这种说法是说他用他的手摩擦牝马的阴部，然后把手插在自己的裤子里，直到日出之时将要把马牵出去的时候；而当他把手掏出来放到大流士的马的鼻孔近旁去的时候，那匹马立刻喷鼻息和嘶鸣起来。

(**88**)这样，叙司塔司佩斯的儿子大流士便成了国王，而最初是居鲁士、继而是刚比西斯所征服的全部亚细亚，除去阿拉伯人以外，便都成了他的臣民；阿拉伯人并不是像奴隶一样地臣服于波斯人，而是自从给刚西比斯让路入埃及的那个时候起，便和波斯人缔结了友好的盟谊；因为那时波斯人不得到阿拉伯人的同意，是不能入寇埃及的。大流士从波斯人的最高贵的家族中间娶了妻子，他娶的是居鲁士的女儿阿托撒和阿尔杜司托涅；阿托撒曾是她的兄弟刚比西斯，后来又是玛哥斯僧的妻子，但阿尔杜司托涅则是一名处女。他还娶了居鲁士的儿子司美尔迪斯的女儿帕尔米司和曾经发现了玛哥斯僧的真相的欧塔涅斯的那个女儿。在他治下土地的一切方面，他都有充分的权势。首先他制造和竖立了一个刻石，上面刻着一个骑马的人像，并且附有下面的铭文:“叙司塔司佩斯的儿子大流士因他的马(后面是这匹马的名字)和他的马夫欧伊巴雷司之功勋而赢得了波斯王国。”

(**89**)在波斯做了这些事之后,他便把他的领土分成了二十个波斯人称为萨特拉佩阿的太守领地,随后,他又任命了治理这些太守领地的太守,并规定每个个别民族应当向他交纳的贡税;为了这个目的,他把每一个民族和他们最接近的民族合并起来,而越过最近地方的那些稍远的地方,也分别并入一个或是另一个民族。现在我便要说一说他如何分配他的太守领地和每年向他交纳的贡税。缴纳白银的指定要按照巴比伦塔兰特来缴纳;缴纳黄金的要按埃乌波亚塔兰特来交纳;巴比伦塔兰特等于七十八埃乌波亚的米那。总之,在居鲁士和在他以后的刚比西斯的统治年代里,并没有固定的贡税,而是以送礼的形式交纳的。正是由于贡税的确定以及诸如此类的措施,波斯人才把大流士称为商人,把刚比西斯称为主人,把居鲁士称为父亲。因为大流士在每件事上都贪图一些小利,刚比西斯苛酷而傲慢无情,但居鲁士是慈祥的,并且总是给他们谋求福利的。

(**90**)这样,居住在亚细亚的伊奥尼亚人与玛格涅希亚人、爱奥里斯人、卡里亚人、吕奇亚人、米吕阿伊人和帕姆庇利亚人(大流士把一份加到一起的税额加到他们身上),每年要缴纳四百塔兰特的白银。他把这些民族规定为第一地区。美西亚人、吕底亚人、拉索尼欧伊人、卡巴里欧伊人和叙根涅伊司人共缴纳五百塔兰特,是为第二地区。乘船进入海峡时位于右侧的海列斯彭特人、普里吉亚人、亚细亚的色雷斯人、帕普拉哥尼亚人、玛利安杜尼亚人和叙利亚人共缴税三百六十塔兰特,是为第三地区。奇里启亚人是第四地区，他们每年要缴三百六十匹白马，即每日一匹，此外每年还要纳五百塔兰特的白银。在这些银子当中，一百四十塔兰特支出到守卫奇里启亚骑兵的项下，其他的三百六十塔兰特则直接交给大流士。

(91)以阿姆披亚拉欧斯的儿子阿姆披罗科司在奇里启亚人和叙利亚人边界的地方所建立的波西迪昂市为始点，除开阿拉伯人的领土（因为他们是免税的），直到埃及的地区，这块地方要缴三百五十塔兰特的税，是为第五地区。包含在这区之内的有整个腓尼基、所谓巴勒斯坦、叙利亚和塞浦路斯。埃及、与埃及接壤的利比亚、库列涅及巴尔卡（以上均属于埃及区）是为第六地区。这一区要缴纳七百塔兰特，还不把因莫伊利斯湖生产的鱼而得到的银子计算在内。实际上，也就是在渔产的白银收入以及一定数量的谷物之外，还要缴纳七百塔兰特。原来，对居住在孟斐斯的“白城”的波斯人和他们的佣兵要配给十二万美狄姆诺斯的谷物。撒塔巨达伊人、健达里欧伊人、达迪卡伊人、阿帕里塔伊人加起来是为第七地区，他们要缴纳一百七十塔兰特。苏撒和奇西亚人的其他地区是为第八地区，他们要缴纳三百塔兰特。

(92)巴比伦和亚述的其他地方，要献给大流士一千塔兰特的白银、五百名充任宦官的少年。是为第九地区。阿格巴塔拿和美地亚其他地区，包括帕利卡尼欧伊人、欧尔托科律般提欧伊人，缴纳四百五十塔兰特，是为第十地区。卡斯披亚人、帕乌西卡伊人、潘提玛托伊人及达列依泰伊人合起来缴纳二百塔兰特，是为第十一地区。从巴克妥拉人的地方直到埃格洛伊人的地方，是为第十二地区，他们要缴纳三百六十塔兰特。

(**93**)帕克图伊卡、阿尔美尼亚以及直到黑海的接壤地区要缴纳四百塔兰特，是为第十三地区。第十四地区包括撒伽尔提欧伊人、萨朗伽伊人、塔玛奈欧伊人、乌提欧伊人、米科伊人及国王使所谓“强迫移民”所定居的红海诸岛的居民，他们要缴纳六百塔兰特。撒卡依人和卡斯披亚人缴纳二百五十塔兰特，是为第十五地区。第十六地区是帕尔提亚人、花拉子米欧伊人、粟格多伊人和阿列欧伊人，他们要缴纳三百塔兰特。

(**94**)帕利卡尼欧伊人和亚细亚的埃西欧匹亚人是为第十七地区，他们要缴纳四百塔兰特。玛提耶涅人、撒司配列斯人、阿拉罗狄欧伊人是为第十八地区，他们被指定缴纳二百塔兰特。莫司科伊人、提巴列诺伊人、玛克罗涅斯人、摩叙诺依科伊人以及玛列斯人被指定缴纳三百塔兰特，是为第十九地区。印度人是第二十地区。他们是我所知道的，比任何民族都要多的人，他们比其他任何地区所缴纳的贡税也要多，即三百六十塔兰特的沙金。

(**95**)这样看来，如果把巴比伦塔兰特换算为埃乌波亚塔兰特的话，则以上的白银就应当是九千八百八十塔兰特的白银了；如果以金作为银的十三倍来计算的话，则沙金就等于四千六百八十埃乌波亚塔兰特了。因此可以看到，如果全部加到一起的话，大流士每年便收到一万四千五百六十埃乌波亚塔兰特的贡税了。而且十以下的数目我是略去了的。

(**96**)这便是大流士从亚细亚以及利比亚的一些部分所取得的收入。但是过了若干时候，他也从各方的岛屿和欧罗巴直到帖撒利亚地方的居民收税了。这部分的税收是这样地给国王存放起来的:他熔化了这些银子并把它们灌到土瓮里面去,等土瓮注满时,他便把外壳打破。什么时候他需要钱,他从这上面便把他所需要的部分铸成钱币。

(**97**)以上所说的是各太守领地和它们所应担负的税额。只有一个波斯府我没有把它列入纳税的领地。因为波斯人的居住地是免纳任何租税的。至于那些不纳税而奉献礼物的人们,则他们首先就是刚比西斯在向长寿的埃西欧匹亚人进军时所征服的、离埃及最近的埃西欧匹亚人;此外还有居住在圣地尼撒周边并举行狄奥尼索斯祭的那些人。这些埃西欧匹亚人与他们的邻人和印度的卡朗提埃伊人食用同样的谷物;他们是居住在地下面的。这些人过去和现在都是每隔一年就献纳下列的一些礼物:两科伊尼库斯的非精炼的金、二百块乌木、五个埃西欧匹亚的男孩子和二十根大象牙。奉献礼物的还有科尔启斯人和他们那直到高加索山脉的邻人(波斯人的统治便到这里为止,高加索山脉以北的地区便不臣属于波斯人了),他们每到第四年便奉献少男少女各百名,过去这样,而直到我的时代还是这样。阿拉伯人每年奉献一千塔兰特的乳香。这便是在租税之外,这些民族献给国王的礼物。

(**98**)印度人的大量黄金,是这样得来的;他们送给大流士的沙金便是这大量黄金中的一部分。印度以东的全部地区是一片沙砾地带[①];在我们多少确实知道的所有亚细亚民族当中,住在日出

① 希罗多德所说的印度是真正的古代印度,即印度河上游一带的地区,今之所谓五河地区。这以外的地方,希罗多德对印度是一无所知的。

的方向，住在最东面的民族就是印度人，因为由印度再向东便是一片沙漠而荒漠无人了。印度人有许多民族，他们所说的语言都不一样。他们中间有一部分是游牧民族，一部分不是；有一部分住在河边[①]的沼泽地带并以生鱼为食，这鱼是他们乘着一种藤子做的船捕捉来的。每一只船都是用一节藤子造成的。这些印度人穿着灯心草的衣服。他们从河上把这种灯心草刈取下来，然后把它们编成席子样的一种东西，再像胸甲一样地穿起来。

(99)在他们的东面则是另一部分的印度人，他们是吃生肉的游牧民族；他们被称为帕达依欧伊人。据说他们有这样的一种风俗：当他们的部落中任何男人或女人生病时，这个男子的最亲近的朋友们便把他杀死，因为他们说如果他带着病而不好的话，他的肉会给消耗掉了的。虽然他否认他生病，但他们不会相信他，而是把他杀死吃掉。当一个女人病了的时候，她和男人一样地被和她最亲近的女人杀死。至于一个已经年老的人，则他们是拿他当作牺牲奉献并用他的肉来举行宴会；不过活到老的人是不多的，因为在这之前，凡是得病的都给杀死了。

(100)然而又有一部分印度人，他们不杀害活物，不播种谷物，而经常又没有住所。他们以草为食，他们那里有一种带荚的野生谷物，大小和小米差不多，他们便把这种谷物连荚收集起来煮着吃。他们中间如果有谁得了病的话，这个人就到沙漠地带去躺

① 这里指印度河，希罗多德并不知道恒河。恒河是希腊人在亚历山大远征时才知道的。

在那里，没有人去看一下他是病了还是死了。

(**101**)以上我所谈到的这些印度人都是像牲畜一样地在光天化日之下交媾的。他们和埃西欧匹亚人一样，是黑肤色的。他们的精子也和其他人的精子不一样，它不是白色的而是和皮肤一样的黑。埃西欧匹亚人的精子也和他们一样，是黑色的。这些印度人的居住的地点远远地在波斯人的南方，他们决不是国王大流士的臣属。

(**102**)另外的一部分印度人居住在其他印度人的北部，在卡司帕杜罗斯城和帕克杜耶斯人的国家附近的地方。这些人的生活方式和巴克妥拉人的生活方式相似；他们是全体印度人中间最好战的，而出去采金的人也是他们；因为在这些地方是一片沙漠。在这一片沙漠里，有一种蚂蚁[①]，比狗小比狐狸大；波斯国王饲养过的一些这样的蚂蚁，它们就是在这里捕获的。这些蚂蚁在地下营穴，它们和希腊的蚂蚁一样地把沙子掘出来。这种蚂蚁和希腊蚂蚁的外形十分相像，而在它们从穴中挖出来的沙子里是满含着黄金的。印度人到沙漠去便正是为了取得这种沙子。他们各自驾着三头骆驼，母骆驼在当中，两旁各用绳子系着公骆驼来协助牵引；但是那个人自己骑在母骆驼上面，他要注意使这个母骆驼尽可能是在刚刚生产之后便驾上了轭的。他们的骆驼和马一样快，但是驮载力却比马强多了。

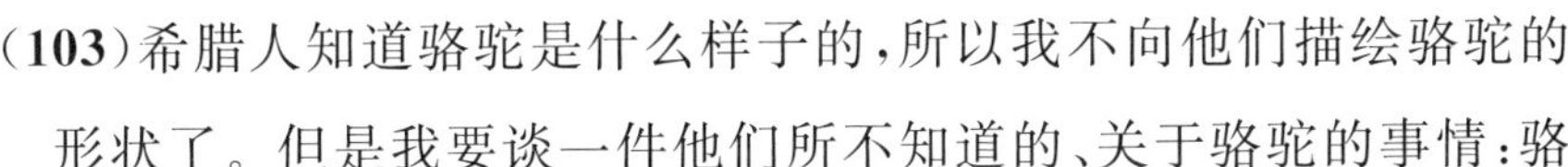

(**103**)希腊人知道骆驼是什么样子的，所以我不向他们描绘骆驼的形状了。但是我要谈一件他们所不知道的、关于骆驼的事情：骆

① 可能是土拨鼠，也可能是食蚁兽。

驼的后腿有四块股骨和四个膝关节；它的生殖器是夹在后腿中间，冲着尾巴的。

(**104**)印度人便是这样，用这样装备起来的牲畜去采金的，他们特别注意到在出发采金时要是一天当中最热的时候，因为那时蚂蚁都躲到地面下去了。在这些地方，太阳不是像在其他地方那样是正午最热，而是早上最热，即从日出到市场关门的时候。在这几个小时里，太阳比希腊的正午要热得多，以致据说人们这时要用冷水淋浴。在正午的时候，印度和其他地方的热度是差不多的。而到下午的时候，印度地方太阳的热力等于其他地方早上太阳的热力。快到日没的时候，一天就变得更加凉爽，而在日没时，那就非常寒冷了。

(**105**)因此当印度人带着袋子来到这个地方的时候，他们便用沙子装满了这些袋子并且以最快的速度把骆驼赶回。因为，根据波斯人的说法，蚂蚁立刻就会嗅出他们的行踪并追赶而来；它们的速度看来是世界上任何动物都赶不上的，因此，如果印度人不赶紧回来的话，一旦蚂蚁集合起来，他们便谁也逃不掉了。公骆驼是不如母骆驼跑得快的，故而在公骆驼跟不上的时候，他们便先把一头，再把另一头公骆驼放开；但是母骆驼是决不会疲倦的，因为它们忘不了它们留下的小骆驼。这便是波斯人的说法。他们说，印度人的大部分的黄金是用这种办法取得的；此外还有一些从他们国内开采出来的黄金，不过数量就要少得多了。

(**106**)看起来，世界上最边远的那些国家却是得天独厚的地方，就仿佛希腊的气候是世界上最温和宜人的气候一样。我刚才说过，印度位于世界上最东部的地方，印度的一切生物，不拘是四条腿的还是在天空中飞翔的生物,都比其他地方的生物要大得多,例外的只有马(印度的马比美地亚的所谓内塞亚马要小);此外,那里的黄金,不管是从地里开采出来的,还是河水冲下来的,还是用我上面所说的办法取得的,都是非常丰富的。那里还有一种长在野生的树上的毛(指棉花而言——译者),这种毛比羊身上的毛还要美丽,质量还要好。印度人穿的衣服便是从这种树上得来的。

(107)再说阿拉伯,则这是一切有人居住的地方当中最南面的。而且只有这一个地方生产乳香、没药、桂皮、肉桂和树胶。这些东西,除了没药之外,阿拉伯人都是很难取得的。他们点着腓尼基人带到希腊来的一种苏合香树来采集乳香;他们点着这种东西,这样便得到了乳香;因为生长香料的树是有各种颜色的带翼的小蛇守卫着的,每一棵树的四周都有许多这样的蛇。这便是袭击埃及的那种蛇。只有苏合香树的烟能把这种蛇从这些树的周边赶跑。

(108)阿拉伯人又说,这种蛇的情况如果不是和像我所听说的关于蝮蛇的情况相同的话,那么当地一定会到处都是这种蛇了。看来正是由于上天的智慧才有这样合理的安排,使一切那些怯弱无力和适于吞食的生物都是多产的,这样它们才不致由于被吞食而从地面上减少。但那些残酷的和有害的生物则生产的幼子很少。野兔的繁殖力是极强的,因为每种兽类、禽类和人类都要捕捉它;在所有的生物中,只有它是异期妊娠的;在它的未出生的幼兔当中有一些是有毛的,有一些还没有毛,有一些正在子宫中形成,再有一些则只是刚刚受孕而已。这是野兔的情况,但母狮这样一个非常强劲和猛勇的野兽，一生中却只生产一次，一次只生产一只幼狮。因为子宫在生产时是和幼狮一同出来的。理由是这样：当幼狮在母腹中第一次胎动的时候，它那比任何生物都要锐利得多的爪便撕破了子宫，而当它越来越长大的时候，它搔裂得也越是利害，以致在生产期近的时候，子宫没有一个地方是完整的了。

(**109**)蝮蛇和阿拉伯的翼蛇的情况也是这样。如果它们像一般的蛇那样繁殖，那么人类便不能活了；但实际上，当雄蛇和雌蛇交尾而雄蛇射精的时候，雌蛇便咬住了雄蛇的颈部紧紧不放直到把这一部分咬断的时候。于是雄蛇便死了；但是雌蛇却因雄蛇之死而受到惩罚。幼子又为父亲复仇：还在母腹的时候，它们便咬它们的母亲，而且只有在咬穿了母亲的子宫之后，它们才生下来的。至于其他那些于人无害的蛇，则它们是卵生的，它们会孵出许多幼蛇来的。阿拉伯的翼蛇看来的确为数不少。蝮蛇到处有，但这种翼蛇却只是阿拉伯到处都有不少，别的地方是找不到的。

(**110**)阿拉伯人用我上面所说的办法取得乳香，至于采取桂皮，则他们在寻觅这种东西的时候，他们在全身和脸上都包着牛皮和其他的皮革，只留眼睛在外面。桂皮生于浅湖里，在它的周围和内部有一种带翼的生物，这种生物和蝙蝠很像，但叫声很尖锐而且进攻得极其凶猛；在采桂皮的时候，是必须不使这种生物在眼睛前捣乱的。

(**111**)他们采肉桂的方法就更加奇怪了。他们说不出这种东西长在什么地方和什么样的土地培养这种东西，只是有一些人说，而且是好像有根据地说，它是生长在养育狄奥尼索斯的地方。据说，有一些大鸟，它们啄取腓尼基人告诉我们称为肉桂的干枝，把它们带到附着于无人可以攀登的绝壁上面的泥巢去。阿拉伯人制服这种鸟的办法是把死牛和死驴以及其他驮兽切成很大的块，然后把它们放置在鸟巢的附近，他们自己则在离开那里远远的地方窥伺着。于是据说大鸟便飞下来，把肉块运到鸟巢去；但鸟巢经不住肉块的重量，因而被压坏并落到山边；于是阿拉伯人便来收集他们所要寻找的东西了。肉桂据说就是这样收集来的，这样人们再把肉桂从阿拉伯运到其他国家去。

（112）希腊人称为雷达农，而阿拉伯人称为拉达农的芳香胶的生产方法就更加奇特了。它的气味非常甘美，可是生产它的东西，那气味却是最难闻的；因为它是在公山羊的胡须里取得的，它在那里就和树胶在树里的情形一样。这种东西用来制造多种香料；阿拉伯人而最常点的香就是这种芳香胶。

（113）关于阿拉伯的香料，我所说的就是这些了。从那里吹过来的是甘美得出奇的气味。此外，他们还有两种品种极其优异的羊，这是任何其他地方所看不到的。一种羊的尾巴长到不下三佩巨斯。如果羊拖着尾巴走的话，则它们会由于尾巴在地面上摩擦而受伤的；但实际上，那里每一个牧人都很会干木匠活，他们在尾巴下系着小车，把每只羊的尾巴都个别地系上它自己的小车。另一种羊的尾巴又足足有一佩巨斯宽。

（114）在南方偏于日没方向的地方（即西南方——译者）一直扩展到极远地方的是埃西欧匹亚。这里有大量的黄金、巨象，还有各种各样的野生树木和黑檀；那里的人是人类中最魁梧的、最漂亮的，又是最长寿的。

(**115**)以上就是世界上亚细亚和利比亚的最边远的地方。至于欧罗巴的最西面的地方，我却不能说得十分确定了。因为我不相信有一条异邦人称为埃利达诺司的河流流入北海，而我们的琥珀据说就是从那里来的。我也丝毫不知道是否有生产我们所用的锡的锡岛。埃利达诺司这个名字本身就表示它不是一个外国名字，而是某一位诗人所创造的希腊名字；尽管我努力钻研，我仍然不能遇到一位看到过欧罗巴的那面有海存在的人。我们知道的，只是我们的锡和琥珀是在从极其遥远的地方运来的。

(**116**)下面的情况也是很明显的，即在欧罗巴的北部那里有比任何其他地方要多得多的黄金。在这件事上我仍然不能肯定地说黄金是怎样取得的。有些人说是叫做阿里玛斯波伊的独眼族从格律普斯[1]那里偷来的。但我认为这种说法也是不可信的，因为不可能有所有其他部分都和其他人一样，但眼睛却只有一个的人。但无论如何，下面的说法仍然是有道理的，即世界上最边远的地方，既然它们环绕并完全包围了其他一切地方，因此它们是会产生出我们认为是最优美的和最珍奇的物品来的。

(**117**)在亚细亚，有一个四面给山环绕起来的平原，在这些山当中有五个峡谷。这个平原以前是属于花拉子米欧伊人的，它位于和花拉子米欧伊人本身、叙尔卡尼亚人、帕尔托伊人、萨朗伽伊人和塔玛奈欧伊人的土地交界的地方。但自从波斯人掌握了政权以来，它就成了国王私人的土地。从这周边的诸山，有一条称

① 一种狮子身，鹫首，鹫翼的怪物。

为阿开司的大河流出来。这条大河分成五个支流，在先前它们分别穿过五道峡谷而灌溉了上面所说的那些民族的土地；然而自从波斯的统治开始以来，这些人就倒霉了。国王封锁了山中的峡谷并用一个闸门把每一个山路给封闭起来，这样水既不能流出来，山中的平原就变成了一个湖，因为水流到平原上来而没有泄出去的地方。结果以前使用这个河的河水的人们不能再用了，因而处于十分困难的地位。因为在冬天，他们和其他的人一样有雨降下来，但是夏天他们却需要水灌溉他们播种的小米和胡麻。因此只要没有水给他们，他们就和他们的妇女到波斯去，在国王的宫殿门前高声哭号。国王终于下令把通到他们中间最需要水的人那里去的闸门放开，而当这块地方把水吸收足了的时候，闸门就关上了，于是国王下令再为其他那些最需要水的人开放另一个闸门，而据我所听到和知道的，在他开放闸门的时候，他在租税之外，还要征收大量的金钱。以上所说的这样一些事实，就是这样了。

(118)在另一方面，起来反抗玛哥斯僧的七个波斯人当中，那个叫做音塔普列涅司的人，在发动政变以后不久，便由于一件犯上的事件被处死了。他想到王宫里面去和国王谈话，因为有这样一条规定，这些发动政变的人可以不用通报直接进见国王，如果国王没有和他的一个妃子共寝的话。当时音塔普列涅司曾说明他是七人之一，有权利不经通报而进见。但是门卫和使者不许他进去，他们说国王正在和他的一个妃子在一起。音塔普列涅司认为他们在说谎，于是他便抽出剑来，割掉了他们的鼻子和耳朵，然后把这些鼻子和耳朵系在他的马缰绳上并缚在这些人的脖子上放他们走了。

(**119**)他们于是到国王那里去,告诉他为什么他们会遇到这样的事情。大流士害怕这会是这六个人的一种谋叛行为,于是把他们分别召来询问,以便知道他们是否同意这样做。等他确实知道他们并未参与此事的时候,他便逮捕了音塔普列涅司、他的儿子以及他的全家并把他们监禁起来,因为他十分怀疑这个人和他的族人正在阴谋推翻他。于是音塔普列涅司的妻子便常常到宫门来悲哭号泣。终于由于她经常不断这样做而打动了大流士的同情心,于是大流士便派一个使者去告诉她说:"夫人,大流士将要赦免你的被囚的一个亲人,这个人可以任凭你选择。"她在考虑之后便回答说:"如果国王只允许留一个人的性命的话,那我就留我的兄弟的性命。"大流士听到这句话的时候大为不解,于是他便派一个人去问她说:"夫人,国王问一下为什么你放弃你的丈夫和儿子,却宁愿挽救你那不如你的儿女近,又不如你的丈夫亲的兄弟的性命。"她回答说:"国王啊,如果上天垂怜的话,我可以有另一个丈夫,而如果我失掉子女的话,我可以有另一些子女。但是我的父母都死去了,因而我决不能够再有一个兄弟了。这就是为什么我这样讲的理由。"大流士听了欢喜并认为她的理由是充足的,于是他便把她请求赦免性命的那个人送还给她,此外还赦免了她的长子。其他的人便都被大流士处死了。这样,七人当中的一个人不久之后便去世了。

(**120**)下面我要讲的事情,大概是在刚比西斯得病的时候发生的。居鲁士所任命的撒尔迪斯府的太守是一个叫做欧洛依铁司的波斯人。这个人打算做一件极不对头的事情。因为,虽然萨摩司人波律克拉铁斯在行动和言语都没有冒犯过他，虽然他甚至连这个人都没有见过，他却想把他擒住杀死。多数人认为理由是这样：当欧洛伊铁司和达司库列昂府的太守、另一个叫做米特洛巴铁司的波斯人坐在王宫门前的时候，他们在谈话中起先是争吵，继而比论起各自的功勋来了。米特洛巴铁司骂欧洛伊铁司说："你想想，你简直够不上说是个男子汉大丈夫，萨摩司岛离你的一府很近，可是你还没有把它加到国王的领土上面来；但原来这是一个这样容易征服的岛，当地的一个人偕同十五名武装的人手便起来反抗了他的统治者，现在这个人就是那里的主人。"有人说欧洛伊铁司听了对方的咒骂很生气，但他不大想惩罚说这话的人，却想用一切办法消灭使他受到谴责的理由，即波律克拉铁斯。

(**121**)另外有一些人，虽然人数较少，但根据他们的说法，当欧洛伊铁司派使者带着某项要求(实际人们并没有提到这是一个什么要求)到萨摩司去的时候，使者发现波律克拉铁斯正卧在男房里，身旁有提奥斯人阿那克列昂陪伴着他。不知道是故意表示瞧不起欧洛伊铁司，还是出于偶然，当欧洛伊铁司的使者进来并向他讲话的时候，当时面向着墙壁躺着的波律克拉铁斯连头也不曾回过来，也不曾回答他一句话。

(**122**)这便是人们用来解释波律克拉铁斯的死亡的两个原因，随你相信哪一个好了。不过我们知道的结果是这样：当时在迈安德罗司河河畔的玛格涅希亚的欧洛伊铁司，知道了波律克拉铁斯的意图之后，便派一名吕底亚人、巨吉斯的儿子密尔索斯带着信到萨摩司去。因为波律克拉铁斯，据我所知，在希腊人中间是

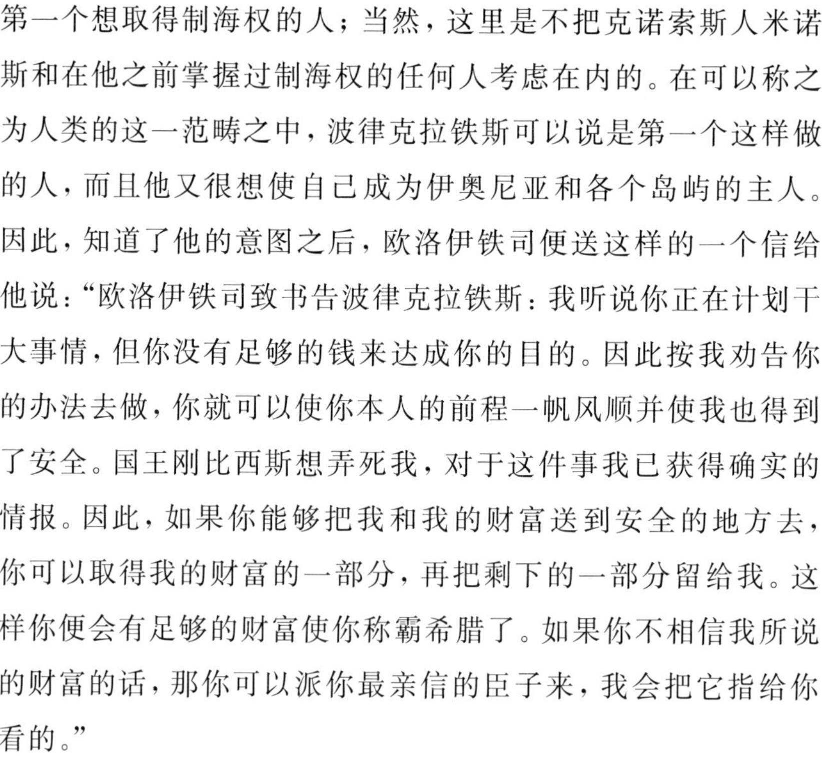

第一个想取得制海权的人；当然，这里是不把克诺索斯人米诺斯和在他之前掌握过制海权的任何人考虑在内的。在可以称之为人类的这一范畴之中，波律克拉铁斯可以说是第一个这样做的人，而且他又很想使自己成为伊奥尼亚和各个岛屿的主人。因此，知道了他的意图之后，欧洛伊铁司便送这样的一个信给他说："欧洛伊铁司致书告波律克拉铁斯：我听说你正在计划干大事情，但你没有足够的钱来达成你的目的。因此按我劝告你的办法去做，你就可以使你本人的前程一帆风顺并使我也得到了安全。国王刚比西斯想弄死我，对于这件事我已获得确实的情报。因此，如果你能够把我和我的财富送到安全的地方去，你可以取得我的财富的一部分，再把剩下的一部分留给我。这样你便会有足够的财富使你称霸希腊了。如果你不相信我所说的财富的话，那你可以派你最亲信的臣子来，我会把它指给你看的。"

(**123**)波律克拉铁斯听到这之后，很喜欢这个计划并同意了这个计划。因此，既然他很希望弄到钱，所以他首先便派他的一个萨摩司的市民，担任他的秘书的、迈安多里欧司的儿子迈安多里欧司去探查一下究竟。正是这个人在不久之后，把波律克拉铁斯宫殿中男房中非常出色的全部装饰陈设奉献给希拉神殿。当欧洛伊铁司听说有人要来探查究竟的时候，他便用石头装满了八个箱子，只是在上面薄薄地留了一层，然后在这里铺上一层黄金，再把箱子绑紧放在那里准备着。迈安多里欧司来到看了之后，就带信给他的主人去了。

(**124**)尽管波律克拉铁斯的卜师和朋友们都极力谏止，尽管他的女儿这时又做了一个梦，他还是准备去看欧洛伊铁司。他的女儿梦见她父亲悬在空中，宙斯洗他的身体，太阳给他涂膏。做梦之后，她的女儿用一切办法劝他不要出发到欧洛伊铁司那里去，甚至在他到他的五十桡船去的时候，她都对他说了不吉祥的话。当波律克拉铁斯威胁她说，如果他安全返回，他将会长期不叫她出嫁的时候，她就在回答时祷告说，她希望这个威胁会成为事实，因为她宁可长期不嫁，也不愿失去父亲。

(125)但波律克拉铁斯不愿听从任何忠告，他还是带着大批随从人员放海到欧洛伊铁司那里去了。在随从人员中间，有卡利彭的儿子戴谟凯代司，这是一个克罗同人，他是当代最高明的医生。然而波律克拉铁斯刚刚到玛格涅希亚，他立刻被惨杀了，这一死是和他本人以及他的高远的怀抱不相称的，因为除去西拉库赛的僭主以外，希腊人当中的僭主没有一个其伟大是可以和波律克拉铁斯相比的。欧洛伊铁司惨杀波律克拉铁斯的详情我不想在这里讲了，他杀了波律克拉铁斯之后，便把他钉到一个十字架上。至于他随从人员中的萨摩司人，则他放了他们回去，要他们为本身之得到自由而感谢欧洛伊铁司；凡不是萨摩司人的人们或是波律克拉铁斯的随从的奴隶，则他把他们留下来当作自己的奴隶使用。这样，波律克拉铁斯便被悬了起来，于是他女儿的梦也就应验了；因为在下雨时就是宙斯洗他的身体，他身上渗出的脂汗就是太阳给他涂膏了。这便是像埃及国王阿玛西斯所预言的，波律克拉铁斯的许多幸运事件的结局却是这个样子。

(126)但是不久之后，欧洛伊铁司便遭到了惨杀波律克拉铁斯这件事的报应。在刚比西斯死亡而玛哥斯僧取得王权之后，欧洛伊

铁司还留在撒尔迪斯，在那里他根本没有帮助波斯人夺回美地亚人从他们那里夺走的权力，而是恰恰相反；原来他竟在这次骚乱的时候，杀死了两位波斯的知名人士，这就是在提到波律克拉铁斯时骂过他的达司库列昂的太守米特洛巴铁司和米特洛巴铁司的儿子克拉纳斯佩司。此外，他还做了许多横暴不法的事情，特别是当从大流士那里送来一个使他不高兴的信的时候，他便在道上安设伏兵在使者返回的途中把使者杀死了。而在杀死之后，他就把这个人的尸体连同马匹暗地里埋掉了。

(127)因此当大流士登上王位的时候，他就想惩罚欧洛伊铁司的一切犯罪行为，主要是由于他杀死了米特洛巴铁司和他的儿子。但是他认为最好是不公开派兵去攻打那一府，因为他看到全国到处仍然没有安定下去，而他本人也是刚刚取得王权。再者，他还听说，欧洛伊铁司是很强的，他有一千名波斯兵的亲卫队，而且他又是普里吉亚、吕底亚、伊奥尼亚诸府的太守。因此为了想一个对他有所帮助的对策，他便召集了一个最知名的波斯人的会议，会上他对他们说："波斯人，你们当中有哪一个人能够不用暴力和群众的骚动，而是用计谋，来为我进行和成就一桩事业？在需要计谋的地方，是不应该使用暴力的。而当前的事情，就是你们当中谁能把欧洛伊铁司活着捉来，或是把他杀死？因为他没有给波斯人做过任何好事，而是做了许多坏事。我们有两个波斯人米特洛巴铁司和他的儿子给他杀死了；而且他还杀死了我派去召他来的使者。他的行动的暴虐无礼已经到了难以容忍的地步。因此我们必须把他处死，以便使他今后不再对波斯人犯下某种更加严重的罪行。"

(**128**)这便是大流士所说的一番话，这时他们中间有三十个人都答应说他们准备各自以自己的力量去完成国王的意旨。大流士不要他们互争，而是用抽签的办法来决定。他们大家照这个办法做了，结果中签的是阿尔通铁斯的儿子巴该欧司。他在被选出以后，便把有关许多公务的许多文书，上面用大流士的印玺封了起来，就带着到撒尔迪斯去了。在他见到了欧洛伊铁司之后，他便分别地把一件件的文书拿了出来(由于任何一个太守都设有王室秘书之职)，交给他的王室秘书来宣读。他这样地交递文书，是打算试一试那些亲卫兵，看他们是不是同意叛离欧洛伊铁司。他看到他们非常尊敬这些文书，特别是对里面所写的东西更加尊敬，于是他便交给王室秘书另一件文书，上面写着："波斯人！国王大流士禁止你们再做欧洛伊铁司的亲卫兵"，亲卫兵听了这话之后，他们便把他们手中的长枪抛掉了。当巴该欧司看到他们既然已经服从了文书上的命令，因而有了信心，于是便把最后一件文书给了王室秘书，里面写着这样的话："国王大流士命令撒尔迪斯的波斯人把欧洛伊铁司杀死。"听到这个之后，亲卫兵便立刻抽出宝剑来把欧洛伊铁司杀死了。这样，波斯人欧洛伊铁司便由于杀死萨摩司人波律克拉铁斯而得到了报应。

(**129**)欧洛伊铁司的家财(包括奴隶——译者)都给送到苏撒去了。在这之后不久，正巧大流士在打猎的时候，在下马时扭伤了自己的脚，而且是扭伤得这样厉害，以致他的踝骨的球窝都脱臼了。大流士于是召来了埃及的那些最有名的医生，这些人他是一直留在自己的身旁的。由于他们把他的脚扭得猛了，结果反而使伤势更加恶化了。国王痛得七天七夜不能入睡，在第八天的时候，他的伤势已经是很重了；当时有个人在撒尔迪斯时曾听到过克罗同人戴谟凯代司的医术，于是就把这个人告诉了国王。大流士便命令把这个戴谟凯代司立刻召来。他们在什么一个地方看到这个医生在欧洛伊铁司的奴隶当中根本无人理会，便立刻把他带来见大流士了，他来时还拖着锁链，身上也还穿着破烂的衣服。

(**130**)当他来到大流士的面前的时候，大流士便问他是不是懂得医术。戴谟凯代司否认这一点，因为他害怕，如果说了关于自己的真话，他将要永远不能再回到希腊去了。大流士很清楚地看到，他是在故意不讲他自己通晓医术，于是便命令把他领来的人把笞和刺棒给他拿到跟前。于是戴谟凯代司只得招认了，但是他只是说他的医术并不可靠：他说他过去只是和一个医生来往过，因而稍稍懂得一些医术。大流士于是把治疗的事情交给了他，戴谟凯代司使用了希腊的疗法，他不像埃及人那样使用粗暴的手段而是使用十分温和的疗法；他先使国王能够入睡，而在很短的时期内便把大流士自己认为无法恢复的脚伤完全治好了。因此在痊愈之后，大流士便赏赐给他两副黄金的枷锁。戴谟凯代司向大流士说，是不是因为他给大流士治好了病，而大流士反而使他受到双重的苦难。大流士十分赏识他那机智的回答，而允许他到后宫去见自己的妃子们。阉人们把他带到妃子们那里去，告诉她们说这便是救了国王的性命的人。于是她们每个人都用一只碗从一个满盛黄金的柜子里掏取黄金给他，医生得到了这样多的金钱赏赐，甚至跟在他后面的那个叫做斯奇同的奴

隶，光是拣取从碗里落出来的斯塔铁尔金币，都得到了巨额的金钱。

(131)下面是克罗同出身的戴谟凯代司如何从家乡到波律克拉铁斯这里来和他相处的经过：戴谟凯代司在克罗同和他那性情暴戾的父亲不合，而在他再也忍耐不住他父亲的脾气的时候，便离开了他，到埃吉纳来了。他在那里住了不过一年，他的医术便超过了所有其他医生，虽然他没有任何行医用的设备和用具。在第二年的时候，埃吉纳人以一塔兰特的报酬任命他为公家的医生。再过一年，雅典人用一百米那雇用了他。到第四年，波律克拉铁斯又用二塔兰特聘请了他。于是他便来到了萨摩司；克罗同地方的医生的名誉主要是因他而得到的，因为在这个时候，希腊各地的最好的医生都是克罗同人，而次于他们的则是库列涅人。大约在同一时期，阿尔哥斯人被认为是最好的音乐家。

(132)戴谟凯代司由于在苏撒治好了大流士，他便得到了很大的一所房子并且与国王同桌而食；除去不允许他回到希腊之外，任何事情都是随他的意的。当一直侍奉着国王的那些埃及外科医生由于医术不如希腊人高明而将要被刺杀的时候，他便请求国王留他们的性命，这样便救了他们；此外，他还救了一个埃里斯的卜者的性命，这个卜者曾是波律克拉铁斯的随从人员，并且在奴隶当中是根本无人过问的。戴谟凯代司在国王面前成了最受重视的人物了。

(133)在这之后不久，居鲁士的女儿、大流士的妻子阿托撒在她的胸部肿起了一块，这块肿起来的东西很快地就溃烂并蔓延起来了。当这块肿物还算不得什么病的时候，她没有谈起这东西而是由于羞耻之心而瞒着。但不久病状恶化的时候，她便把戴谟凯代司召了来，把她的病给他看。他答应给她治病，但是要她起誓，她必须做到他请求她办的任何事情。他说，他决不会要求她做有损她的名誉的事情。

(**134**)他不久便把阿托撒的病治好了，于是阿托撒在戴谟凯代司的指使之下一天夜里就寝时向大流士说："主公，你是一个强大国家的统治者，但是我不明白为什么你只是毫无作为地坐在这里，既不去为你的波斯人征服新的领土，又不去进一步扩大你的权力？如果你愿意要他们知道他们的国王乃是一个正正堂堂的男子汉的话，那么像你这样年轻和有这样财富的人要他们看到你成就某种伟大的功业，那是理所当然的事情。这样你就会取得双重的利益：波斯人将会知道他们的国王是一个不折不扣的男子汉大丈夫，而且，在战争的紧张时期，他们也就没有多余的时间来背叛你了。现在正是你年富力强的时候，这时你正应该成就一些伟大的功业：因为一个人的身体成长，智慧也就跟着成长。而身体衰老的时候，智慧也便衰退，不管做什么事情也便迟钝了。"她是按照戴谟凯代司教给他的话这样讲的。大流士说："夫人，你所说的事情我早已经想到要做了。我已经决定从这个大陆造一个桥通到另一个大陆上去，这样就可以领着军队去攻打斯奇提亚人。很快地我们便要着手实现这件事了。"阿托撒回答说："在我来看，目前还是不要去攻打斯奇提亚人吧，因为任何时候你愿意攻打他们，你都可以做到这一点的。我请求你还是先去攻打希腊吧。我听人提过拉科尼亚、阿尔哥斯、阿提卡和科林斯的妇女，我很想要这些妇女来做我的侍女。在你身旁有一

个人，他比任何人都更适于在有关希腊的一切事情上为你加以说明介绍，这个人就是治好了你的脚伤的那个医生。”大流士回答说：“夫人，既然你的愿望是首先与希腊一决胜负，那么我以为最好是派波斯人偕同你所提到的那个人到那个地方去侦察一下并把在那里所看到的一切报告给我们，这样我便可以有充分的情报，帮助我对希腊的出征了。”在大流士说了这话之后，立刻便着手这样做了。

(135)在第二天刚刚破晓的时候，他便召见了十五位知名的波斯人来，命令他们和戴谟凯代司一同到希腊的海岸地带去巡视；此外还嘱告他们不管怎样也要把医生戴谟凯代司带回来，而不许他跑掉。他这样地吩咐了他们之后，便把戴谟凯代司本人召了来，要求这个医生在他把全部希腊指点给波斯人并使他们把所有的地方看明白之后，仍旧回到他这里来。他还要戴谟凯代司带着他的全部家财送给他的父亲和兄弟，并答应在回来后给他比这要多许多倍的财产。此外，还答应给他一只商船，上面装载着他所要的一切东西与他同行。我想大流士答应给他的一切完全是出自真心的。但是戴谟凯代司却害怕国王是不是在试探他，于是他便不忙于接受大流士所给他的一切，而是回答说他要把他的财产留在原来的地方，以便在回来的时候享用。至于大流士答应给他用来带礼品送他的兄弟的那只船，他是接受了的。大流士对戴谟凯代司也发出了同样的命令之后，就把他们一行人员都送到海岸地带去出发了。

(136)于是他们这些波斯人就来到了腓尼基，来到了腓尼基的西顿城，在那里他们装备了两艘三段桡船以及一只满载着各项必需

品的大商船。当一切都准备停妥以后，他们便出海到希腊去了；他们在那里视察和记述了他们所到达的海岸地带，等他们看过了大部分地区和那些最出名的地方以后，他们便到达了意大利的塔拉斯。在那里，塔拉斯人的国王阿里司托披里戴斯，为了对戴谟凯代司表示好感，把舵机从美地亚的船上取了下来，并称波斯人为间谍，而把他们拘留起来。正当他们处于这种情况之下的时候，戴谟凯代司便到克罗同那里去；但阿里司托披里戴斯并没有释放波斯人，也没有把从他们的船上取得的东西归还给他们，直到这位医生回到自己的国家的时候。

（**137**）波斯人从塔拉斯乘船起程，追赶戴谟凯代司直到克罗同，他们在那里的市场上发现了他，就打算上去把他捉住。有一些克罗同人害怕波斯的强大，本想把他放弃，但是另有一些人不但不交出他来，反而捉住国王的人员并用棍子打他们。于是波斯人说："克罗同人，你们可要看清楚你们干的是什么事情。你们是从我们手中夺去了一位伟大国王的逃跑的奴隶。你们以为国王大流士会对你们的这种冒犯行为不闻不问么？你们以为如果你们留下他而把我们赶跑，这件事情对你们会有什么好处么？这样一来，你们的城市将会是我们第一个要攻打的城市，是我们第一个试图奴役的城市。"但是克罗同人并不理会他们，这样波斯人便失去了戴谟凯代司和与他们同来的商船，他们既然失去了向导，便不想再深入希腊的内地去探查而返回亚细亚了。但是戴谟凯代司在他们起航的时候，却要他们捎一个信，他说，他们应当告诉大流士说，戴谟凯代司已经和米隆的女儿订婚了，因为大流士是非常尊敬角力士米隆的名字的。在我看来，戴谟凯代司之所以寻求这个配偶并且为此花了一大笔钱，这是为了要大流士知道，在他的本国以及在波斯，他都是一个受到尊敬的人。

（**138**）波斯人于是从克罗同起航了。但他们的船却在雅庇吉亚的海岸地带遭了难，他们自己也就成了那里的奴隶，最后才有一个从塔拉斯被放逐出来的名叫吉洛司的人，释放了他们并把他们交回给大流士。国王为了回报，曾答应给吉洛司他所希望的任何报酬，吉洛司叙说了他的不幸遭遇，并首先要求设法使他回到塔拉斯去。但是，由于他不愿意为了他个人的缘故使一支大军乘船到意大利去从而他会给希腊增添麻烦，于是他说，只要克尼多斯人伴送他便足够了；因为他认为，克尼多斯人既然是塔拉斯人的朋友，则塔拉斯人就更愿意要他回去了。大流士依照他的话办了，他派了一名使者到克尼多斯人那里去，命令他们把吉洛司带回塔拉斯。他们按着大流士的话做了，可是他们却不能说服塔拉斯人按照他们的意思行事，而且他们又不能强迫他们。全部的经过就是这样。这些波斯人是最初从亚细亚到希腊的，他们是为了上述的理由来偷偷地侦察这个国家的。

（**139**）在这之后，大流士便征服了萨摩司，这是希腊的或异邦人地方的一切城邦中最先被征服的一个，征服的理由有如下述：——当居鲁士的儿子刚比西斯进攻埃及的时候，许多希腊人随军来到了埃及，有些人当然是为了来做买卖，有些人则是来观光的；在这里面有一个叫做叙罗松的人，他是阿伊阿凯司的儿子、波律克拉铁斯的兄弟，这时正从萨摩司被放逐出来。这个叙罗松遇到了一件幸运的事情。有一次正当他在孟斐斯穿着红袍在市场上的时候,当时还是刚比西斯的一名侍卫而且根本不是重要人物的大流士看到了他。大流士很喜欢他的红袍,于是便走过来要向他购买。叙罗松看到大流士的态度恳切,他很幸运地受了感动,于是对他说:"我是不想卖我的外袍的,但如果无论如何你一定要它的话,那你就不必给钱拿了去吧。"大流士同意这样做,就把红袍拿走了。但是叙罗松以为,他是由于他那好心肠才失掉了自己的红袍的。

(**140**)但是后来在刚比西斯逝世,七个人起来反抗玛哥斯僧而在这七个人当中又是大流士登上了王位的时候,叙罗松才知道继承王位的人原来是他过去在埃及因受到请求而赠送之以红袍的那个人。于是他便到苏撒去,坐在王宫的门口,说他曾是大流士的恩人当中的一个。当门卫把这话带给国王的时候,国王问道:"可是我能够有什么应当感谢的希腊恩人呢?在我做国王的短短时期中间,几乎没有一个希腊人到我这里来过,而且应当说,我也没有需要任何希腊人的地方。虽然如此,还是把他带进来,以便让我了解一下他是什么意图吧。"门卫把叙罗松带了进来,使他站在他们的面前;于是通译问他是何许人,他做了什么事而自称是国王的恩人。于是叙罗松便把关于红袍的事情说了一遍并说他就是赠袍给国王的人。大流士说:"最慷慨大度的人,你是在我尚未当权时赠送物品给我的那个人;如果那只是一件不值钱的物品,但那和一个人在今天赠给我一件重大的礼物是同样值得感谢的。为了报答你,我要赠给你大量的金银,这样你就可以晓得,你是决不会为了给叙司塔司佩斯的儿子大流士做好事而后悔的。"叙罗松回答说:"国王,我所要求的既不是

金，也不是银，我只要求你为我夺回我的祖国萨摩司，因为我的兄弟波律克拉铁斯在那里被欧洛伊铁司杀死了，而我们的奴隶却成了那里的统治者。不经过流血和奴役而把萨摩司还给我吧。”

（141）大流士听了这话之后，便派出了一支军队，由七人中的一人欧塔涅斯率领着，大流士并嘱告他完全按着叙罗松的意思去做，于是欧塔涅斯便来到了海岸并准备了他的军队。

（142）现在统治着萨摩司的是迈安多里欧司的儿子迈安多里欧司，波律克拉铁斯过去曾任命他为自己的代理人。这个迈安多里欧司本想大公无私地行动，但是他并不能这样做。因为当他听到波律克拉铁斯的死亡的消息时，他首先便给自由守护神宙斯设立了一个祭坛并且在它的四周划出了一个圣域，这在城郊地方是仍然可以看到的；这样做了之后，他便把全体市民召来集会，这样对他们说：“你们已知道，只有我才能处理波律克拉铁斯的王笏和全部领土；而且我有权力成为你们的统治者。然而只要我有这个权力，我自己就决不会做那如发生别人身上我便认为是应当非难的事情。我从来就不喜欢波律克拉铁斯盛气凌驾于和他自己一样的人们的头上，其他任何人如果这样做，我也是同样的看法。在波律克拉铁斯身上所注定的命运已经应验了；至于我自己，我要你们分享全部主权，我是主张平等的。作为我个人的特权，我只要求把波律克拉铁斯的财产中的六塔兰特黄金放在一边供我使用，此外我和我的子孙还要担任我已经为之建立了神殿的自由守护神宙斯的祭司职位；除了上述的两件事之外，现在我就把自由给你们。”这便是迈安多里欧司对萨摩司人

所作的保证。但是他们当中的一个人起来回答说:“然而你是谁呢?你并不配统治我们,因为你是一个出身卑贱的恶棍流氓。我看还是先把你所经手的金钱交代一下吧。”

(**143**)讲这话的是市民中的一位知名之士,叫做铁列撒尔科司的。但是迈安多里欧司看到,如果他把主权放弃的话,那另外一个人也会代他而使自己成为僭主的,于是他决定不放弃统治权。他退入城砦之后,便分别地把每个人召请来,表面上好像是向这个人交代账目,但这些人来到之后,他便把他们捉住监禁起来了。迈安多里欧司把他们下狱之后,不久他自己也病倒了。他的兄弟律卡列托司认为他会死掉而自己可以更容易地变成萨摩司的统治者,因而他便把所有的囚犯都给杀死了。看来,他们并不是希望自由的。

(**144**)因此当波斯人把叙罗松带回萨摩司时,没有一个人反抗他们,只有迈安多里欧斯自己和与他一党的人们表示愿意在缔约的条件之下离开这个岛;欧塔涅斯同意这样做,而在条约缔定之后,最主要的波斯人士便坐到他们安置在城砦对面的座位上面了。

(**145**)但僭主迈安多里欧司有一个名叫卡里拉欧斯的、精神有些错乱的兄弟,他由于某种冒犯的行为而被监禁在牢狱里。这个人听到了发生的事情,并由于从狱里的窗口向外看而看到波斯人安静地坐在那里。于是他便高声呼叫说,他要和迈安多里欧司讲话。他的兄弟听见他之后,便下令把卡里拉欧斯放出来带到他面前来。他刚刚被带来,立刻便破口责骂和诅咒迈安多里欧司,为的是想说服迈安多里斯司,要他进攻波斯人。他喊道:“卑鄙无耻的人，你把你那无辜的兄弟监禁在牢狱里；而当你看到波斯人把你赶出使你无家可归的时候，虽然你可以非常容易地制服他们，为什么你却没有勇气为你自己报仇呢？如果你自己害怕他们的话，那么就把你的外国的亲卫兵交给我，我会因他们到这里来而惩罚他们的；至于你呢，我会把你安全地送出这个岛的。”

（**146**）卡里拉欧斯所说的话就是这样。迈安多里欧司接受了他的意见。我想，他这样做并不是由于他竟愚蠢到认为他有足够的力量战胜国王，而是因为他不满意于使叙罗松会不费什么气力便安全无伤地收回萨摩司。因此他想激怒波斯人并因此在使萨摩司投降之前尽可能地削弱萨摩司，因为他知道得很清楚，如果波斯人受到伤害的话，他们对萨摩司人就会十分愤怒。此外，他还知道，不管在什么时候只要他愿意，他都可以使自己安全地离开该岛，因为他从城砦修了一条通向大海的暗道。于是迈安多里欧司便从萨摩司乘船出发；但是卡里拉欧斯却把所有的佣兵武装起来，打开了城门并命令佣兵向波斯人攻去。波斯人认为现在已经充分达成协议，因而出其不意地受到了攻击；佣兵们向他们攻击，把那些有乘轿椅的身份的、最高贵的波斯人全给杀死了。这时，波斯其余的兵力赶来增援，对佣兵施加压力，把他们赶到城砦里面去了。

（**147**）波斯的将军欧塔涅斯看到波斯人受到了巨大的损失，便故意不再去记起大流士在他离开时给他的不杀或奴役任何一个萨摩司人，而是把该岛完整无伤地交给叙罗松的命令；他下令他的军队把所拿获的人，不分成年男子还是男孩子一律杀死。于是一

部分波斯人便围攻城砦，而另一部分波斯人则把他们不拘是在神殿内或在神殿外其他地方遇到的人一律杀死。

(**148**)迈安多里欧司从萨摩司逃出来之后，就乘船到拉凯戴孟去了。而当他到达那里并搬下了他从国内带来的物品之后，他照例是把他的金杯和银杯都陈列出来；而当他的仆从正在打磨这些杯的时候，他便和斯巴达的国王，阿那克桑德里戴斯的儿子克列欧美涅斯会谈，并把他带到自己的住所来。克列欧美涅斯一看到杯子，就大为叹赏起来，于是迈安多里欧司便劝他说，他愿意要多少杯子，便可以拿去多少杯子。迈安多里欧司向他劝说了两三次。在这一点上，克列欧美涅斯是非常公正廉洁的，他并不愿接受他的礼品；但是看到迈安多里欧司会用赠杯的办法从其他拉凯戴孟人那里得到帮助，于是他便到五长官那里去，告诉他们说，如果这个萨摩司的外国人能离开斯巴达那是最好不过了，因为恐怕他会说服克列欧美涅斯本人或其他斯巴达人去做坏事。五长官同意了他的意见，于是向迈安多里欧司发出通牒把他赶走了。

(**149**)再说萨摩司。波斯人把那里的居民杀光之后，便把一个无人的岛交给叙罗松了。但是后来波斯的将军欧塔涅斯又帮他向那里殖民，他所以这样做是因为他做了一个梦，又因为他的生殖器得了一种病。

(**150**)另一方面，当海军到萨摩司去的时候，巴比伦人又叛变了；他们的叛变是经过非常周密的准备的。原来在玛哥斯僧的统治和七人的政变的时期，他们便利用了有利的时机和混乱的情况作了对付围攻的准备。但是我不知道为什么竟没有一个人察觉到这件事。终于他们公开地叛变了并且做出了这样的事情:他们把所有他们的母亲送走,再从他们每人的家中随便选出一名妇女来给他们做面包;其余的妇女则他们就把她们集中起来给窒死,为的是不叫她们消耗他们的面包。

(151)当大流士听到这个消息的时候,他便纠合了他的全部军队,直指巴比伦进发了。他到达巴比伦之后,便把那个城市包围了。但是巴比伦对他的所作所为丝毫不放在心上。他们登上了城墙上的塔楼,用手势和言语嘲笑侮辱大流士和他的军队。他们中间有一个人说:"波斯人,你们为什么不离开而坐在那儿?等骡子产子的时候,你们才能攻下我们的城市哩。"巴比伦人所以这样讲,是因为他们相信骡子是不会产子的。

(152)一年又七个月的时光过去,大流士和他的全军已经苦于总是不能攻下巴比伦了。大流士在这件事上确是使用了每一种计策和方法。他也试用了居鲁士当初攻取该城的战略以及每种其他的战略和方法,但仍然毫无成果;因为巴比伦人是毫不松懈地守卫着,故而他不能攻克它。

(153)但是在围攻的第二十个月,搞垮了玛哥斯僧的七人之一的美伽比佐斯的儿子佐披洛司遇到了一件不可思议的事情。他的一个驮载兵粮的骡子生产了。佐披洛司本人不相信这个消息;但是当他亲眼看到了幼骡的时候,他便下令那些看到这事的人不要告诉任何人而自己考虑起来。于是他记起了在围攻开始的时期巴比伦人曾说只有在骡子产子的时候他们的城才能攻克,因此从他记忆当中的巴比伦人的话来看,他相信巴比伦是可以攻克的。因为他以为,那个人所讲的话以及他的骡子产子,这都是有神意在其中的。

（**154**）他既然相信巴比伦注定会陷落，于是他便到大流士这里来问他，他是否极为重视攻取该城这样一件事。当他确信事情是这样的时候，他继而便想拟定一个计划，可以使他一个人把该城攻陷。因为在波斯人中间，立功的人是很受尊敬的并且会使他成伟大的人物。除去他先残害自己然后再逃到巴比伦人那里去的办法之外，他想不出任何可以控制该城的办法了；但他认为把自己弄成残废，这对他来说并不算一回事的。于是他割下自己的鼻子和耳朵，剃光了自己的头发以便达到毁容的目的并痛笞了自己，然后就这样到大流士这里来了。

（**155**）大流士看到这样一位知名之士竟然受到了这样的糟蹋，心中非常难过。他大声叫唤着从座位上跳了下来，问佐披洛司是谁把他糟蹋到这种地步，为什么。佐披洛司回答说："除了你以外任何人也不能使我落到这个地步。国王！不是别人，而正是我自己才把我自己弄成这样的。我不能忍受波斯人受到亚西里亚人的侮弄。"大流士回答说："可怜的人，如果你说你把自己弄成残废是为了攻克城池，那你不过是把一个美好的名声加到一件蠢事上面去罢了。愚蠢的人！你以为你这样毁了自己之后，我们的敌人就立刻会投降么？你这样毁你自己，这简直是发疯了。"佐披洛司说："如果我告诉你我打算怎样做的话，你便会禁止我这样做了。实际上，是我自己考虑了之后才这样做的。现在事情只在于你扮演你应扮的角色，这样巴比伦就是我们的了。我要这个样子逃到他们城里去，假装告诉他们说是你把我弄成这个样子的；而我想我会使他们相信这话是真的，从而能够得到统帅他们的军队的权力。你呢，在我进城之后的第十天，切记从你那最不惜牺牲的那部分军队中选出一千人来，把他们布置在谢米拉米司门门前。在那之后第七天，再为我在尼尼微门门前布置两千人；而在这第七天之后的二十天，再在他们所谓的迦勒底门门前布置四千人；开到城门前的所有的人，不管是谁，都不要叫他们带匕首之外的任何武器，可是要把匕首交给他们。但在第二十天之后，立刻下令你的其他军队进攻全部城墙并把波斯人布置在所谓倍洛斯门和奇西亚门的前面。因为我想我将会立这样的大功，以致巴比伦人甚至会把他们城门的钥匙以及其他的一切都交给我保管的；这之后，我和波斯人便可以做我们所需要做的事情了。”

(**156**)他带着这样的任务来到了城门，他转身向后面看，就仿佛他真是一个逃亡者那样。当城上瞭望塔的卫兵看到他的时候，便跑下来，稍许打开了城门，问他是什么人，为什么他跑来。他告诉他们说他是佐披洛司，是逃跑到他们这里来的。听到这话之后，门卫便把他带到巴比伦人的领导人员那里去，在那里他请他们看一下他的悲惨遭遇，不提自己毁了自己的面容而说使他毁容的是大流士，因为看到他们无法攻克该城，他曾劝国王回师。他继续对他们说：“巴比伦人，我这次来是要大大地帮你们的忙和大大地损害大流士和他的军队和波斯人的；他这样地糟蹋我，因而他是不能不受惩罚的；对于他的全部计划我是知道得非常详细的。”这就是他对巴比伦人讲的话。

(**157**)当巴比伦人看到波斯最受尊敬的人的鼻子和耳朵被割掉而全身又被打得血迹斑斑的时候，他们便深信他的话是真实的，是来真正帮助他们的，故而准备答应给予他所要求的一切，这就是他自己能有一支军队。在从巴比伦人那里得到这一支军队之后，他便按照他和大流士所约定的办法行事了。在第十天，他领着巴比伦的军队出击，包围和杀死了他要大流士第一批布置在那里的一千个人。巴比伦人看到他做的事已经和他讲的话相符合而非常欢喜，因此他们准备无论怎样做都可以听他的吩咐。当约定的日子过去之后，他再度率领一支巴比伦的精锐出击，又斩杀了大流士的军队两千人。当巴比伦人看这第二次的战功时，没有人不在赞美佐披洛司了。等约定好的日子又过去之后，他把他的士兵引到他指定的地点去，在那里他包围了四千人并把他们杀死。在他这第三次功勋之后，佐披洛司便成了巴比伦的唯一的风云人物：他成了他们军队的统帅和城墙的守备官。

(**158**)可是，当大流士按照约定的计划进攻全部城墙的时候，那时佐披洛司的背叛行为便完全显露出来了。因为当全城的人都登上城墙抗击大流士的进攻的时候，他却打开了奇西亚和倍洛斯两个城门，把波斯人放进了城内。看到了他的所作所为的那些巴比伦人便逃到他们称为倍洛斯的宙斯的神殿去。那些没有看到这件事的人则都留在原地不动，直到他们也看出他们是怎样被骗的时候。

(**159**)这样，巴比伦就再一次被攻克了。大流士统治了巴比伦人之后，便摧毁了他们的城墙，劫走了所有他们的城门(这都是居鲁士在第一次攻克巴比伦时所没有做过的事情)。此外，他还磔死他们当中为首的大约三千人；至于其他的人，他把他们的城还给他们住。随后，(既然像我上面所说的，巴比伦人怕他们的粮食不够而窒杀他们自己的妇女)大流士便容许他们娶妻生子,办法是指定每一邻近的民族都要送一批妇女到巴比伦去;这样集合起来的妇女是五万人,这些妇女便是目前居住在该城的人们的母亲。

(**160**)在大流士看来,除去居鲁士是任何波斯人所不能与之相比以外,佐披洛司的功劳是在他之前和在他之后的任何人所不能望其项背的。据说大流士曾多次宣布说,他宁可不要二十座巴比伦城,也不愿佐披洛司把自己残害成这个样子。国王是非常敬重他的,每年他都把波斯人认为是最珍贵的礼物送给佐披洛司并且要他终生治理巴比伦而不需纳税。此外他还把其他许多东西送给佐披洛司。这个佐披洛司就是那曾在埃及指挥军队对雅典人和他们的同盟军作战的那个美伽比佐斯的父亲;而美伽比佐斯的儿子则又是从波斯人跑到雅典那里去的佐披洛司。

第 四 卷

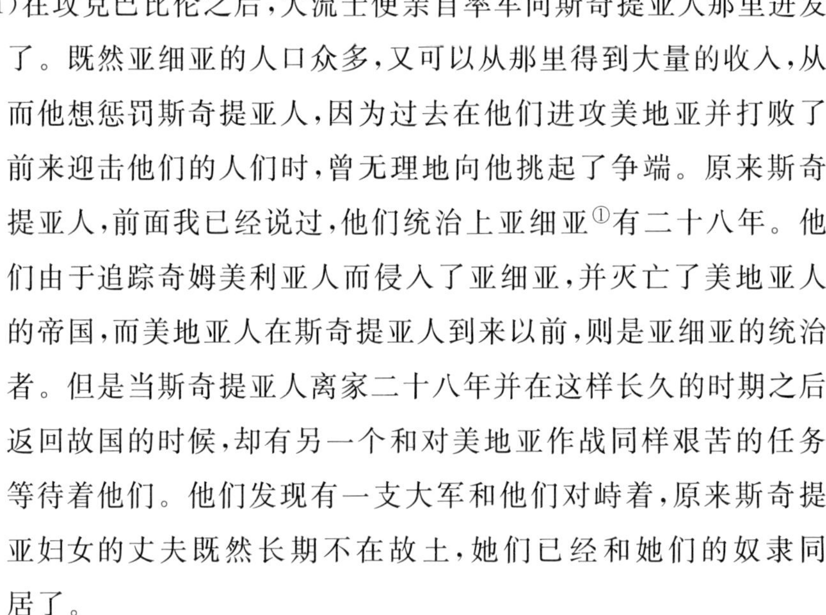

(**1**)在攻克巴比伦之后，大流士便亲自率军向斯奇提亚人那里进发了。既然亚细亚的人口众多，又可以从那里得到大量的收入，从而他想惩罚斯奇提亚人，因为过去在他们进攻美地亚并打败了前来迎击他们的人们时，曾无理地向他挑起了争端。原来斯奇提亚人，前面我已经说过，他们统治上亚细亚[①]有二十八年。他们由于追踪奇姆美利亚人而侵入了亚细亚，并灭亡了美地亚人的帝国，而美地亚人在斯奇提亚人到来以前，则是亚细亚的统治者。但是当斯奇提亚人离家二十八年并在这样长久的时期之后返回故国的时候，却有另一个和对美地亚作战同样艰苦的任务等待着他们。他们发现有一支大军和他们对峙着，原来斯奇提亚妇女的丈夫既然长期不在故土，她们已经和她们的奴隶同居了。

(**2**)斯奇提亚人为了他们自己饮用的乳而把他们的奴隶的眼睛都给弄瞎了[②]；他们是这样做的。他们拿一种和横笛非常相似的骨管，把它们插入母马的阴部并且用嘴来吹这种骨管；一些人在

① 指波斯帝国的西部高原地带。

② 希罗多德这里的意思是说把奴隶的眼睛弄瞎以防止他们偷窃。瞎眼的奴隶的故事可能是来自斯奇提亚人对奴隶的某种称呼，不过被希腊人误解了。

这边吹，另一些人则在那边挤奶。他们说，他们这样做的理由是这样，他们这样吹是为了使母马的血管膨胀，因此它的乳房便可以被压下来了。当马奶被挤出来之后，他们便把马乳倒到一个很深的木桶里面去，并且叫奴隶站在木桶的四周来摇动桶里的马乳。浮到马乳表面上的东西被作为最珍贵的东西取出来，留在桶下面的东西则被认为是不大珍贵的东西。正是因为这个缘故，斯奇提亚人才把他们的全部俘虏的眼睛弄瞎，因为他们并不是耕地的人，而是游牧民族。

(3)结果，当这些奴隶和斯奇提亚的妇女们所生的年青一代长大起来并且知道了他们的出身之后，他们便准备抗击从美地亚归来的斯奇提亚人了。首先为了截断通向他们本国的道路，他们从陶利卡山到麦奥提斯湖[①]的最阔的那一部分挖了一道广阔的壕沟。随后，在斯奇提亚人试图攻进来的时候，他们便列阵并出兵和他们交锋。虽然进行了多次的战斗，斯奇提亚人却毫无进展，终于他们当中有一个人这样说："斯奇提亚人，我们现在做的是什么事情！我们现在正在对我们自己的奴隶作战。如果我们被他们杀死，我们的人数就要减少；如果我们杀死他们，今后我们的奴隶就要减少了。因此我的意见是我们最好抛掉我们的长枪和弓，各自手执马鞭和他们进行肉搏。他们一看到我们手里拿着的武器，他们就以为他们是和我们能力相同而身份也相同的人物，但他们若看到我们手里拿着的不是武器而是马鞭，他们就会懂得他们原来是我们的奴隶；他们一经意识到这一点，就会经

① 即亚速海。

不住我们的进攻而跑掉了。”

(4)斯奇提亚人听了这个意见并按照这个意见实行了。他们的敌人被他们的行动所吓倒，以致忘掉战斗，立刻逃跑了。这样斯奇提亚人便统治了亚细亚，而他们在再度给美地亚人驱出之后，便用这样的办法又回到了他们的祖国。大流士由于他们的所作所为而想向他们复仇，于是纠合了一支大军向他们进攻。

(5)斯奇提亚人自称是世界上一切民族当中最年轻的民族。根据他们自己的说法，他们是这样兴起的。在当时是一片荒漠无人的沙漠地带的这块地方，最初有一个名叫塔尔吉塔欧斯的男子。他们传说这个人的双亲是宙斯和包律斯铁涅司河[①]的一个女儿；人们虽然如此说，但我是不相信这个说法的。据说塔尔吉塔欧斯的身世就是这样：他有三个儿子里波克赛司、阿尔波克赛司，最小的是克拉科赛司。传说在他们统治的时期有一些用具从上天落到斯奇提亚来，这些用具全是黄金制造的，它们是锄、轭、斧和杯。他们三人中最年长的一个看到之后便走近来想取得它们。但是在他走近时黄金开始燃烧起来，于是他便躲开不敢再去动了；于是第二个走近来，黄金仍然燃烧起来。当这两个人由于黄金燃烧而被赶跑的时候，第三个儿子走近来，于是黄金便由于他走近而停止燃烧了；因此他便把黄金带回了自己的家。他的两个哥哥看到了这种情况之后，便同意把这全部王权交给最年轻的兄弟了。

(6)据说，斯奇提亚人当中称为奥卡泰伊族的人们便是里波克赛司

① 即德聂伯河。

的后裔。卡提亚洛伊族和特拉司披耶司族则是第二个兄弟阿尔波克赛司的后裔。称为帕辣拉泰伊族的王族则是幼子的后裔。但全体民族则根据国王的名字而称为斯科洛托伊人。斯奇提亚人只是希腊人称呼他们用的名字。

(**7**)这便是斯奇提亚人关于他们自己的起源的说法。他们以为从他们的第一个国王塔尔吉塔欧斯那时到大流士之前来进攻他们的国土,这段时期不多不少正是一千年。历代的国王均极其小心翼翼地保存这些神圣的金器,每年他们都向它奉献盛大的牺牲以求恩宠。在节日的这一天如果看守神圣的金器的人在露天睡着了的话,则斯奇提亚人就说这个人是不会活过当年的。他们说,正是由于这个缘故,人们便给他一块足够他在一天之内能够乘马各处驰骋的土地。由于国土幅员的广大,克拉科赛司给他的儿子建立了三个王国,而金器则交给其中最大的那个王国保存。他们说,斯奇提亚上方居民的北边,由于有羽毛自天降下的缘故[①],没有人能够看到那里和进入到那里去。大地和天空到处都是这种羽毛,因而这便使人不能看到那个地方了。

(**8**)斯奇提亚人关于他们自己、关于他们上部地区的地方的说法就是这样。但是在黑海地方居住的希腊人却又有如下的说法。根据他们的说法,海拉克列斯驱赶着该律欧涅斯的牛到达当时是一片沙漠,但现在却为斯奇提亚人所居住的这个地方。该律欧涅斯定住在黑海之外(黑海以西——译者),栖居在海拉克列斯柱之外,欧凯阿诺斯中离伽地拉不远、希腊人称之为埃律提亚岛

① 希罗多德在本卷第三一节有解释。

的地方。至于欧凯阿诺斯，则希腊人说，它发源于日出的地方而周流全世界，但他们并不能证实这个说法是真实的。海拉克列斯从那里来到今日称为斯奇提亚的地方。（由于这里既有暴风又有严寒）他便披着他的狮子皮睡下了，而当他睡着的时候，他那些驾着战车并正在吃草的牝马，却神奇地失踪了。

（**9**）海拉克列斯醒来之后，他便去寻找他的那些牝马，他在那个地方到处跋涉，最后他到达一个称为叙莱亚的地方，他在那个地方的一个洞窟里发现了一个半女半蛇的奇怪生物；在腰部以上是一个女子，腰部以下则是一条蛇。当他看见她的时候是感到惊异的，他问她，她是否在什么地方看到他的那些迷失了道路的牝马。她回答说这些牝马是在她的手里，但若是海拉克列斯不和她交媾她是不会还给他的。为了取得这个报酬，海拉克列斯就和她交媾了。然而，他虽然很想取了马回去，但她却拖延归还马匹，以便可以尽可能长久地使海拉克列斯与她同栖。但终于她交还了牝马，但是她向海拉克列斯说："这些牝马迷路到这里来的时候，是我在这里为你救了它们的。而你对于我做的这件事也给了酬报，因为在我的肚子里有了你的三个儿子。现在请你告诉我，这三个儿子长大成人的时候，我应该怎样办。是我要他们住在这里，（因为我是这个国家的女王）还是我把他们打发到你那里去。"她是这样问的，而据说海拉克列斯是这样回答她的："当你看到这些男孩子长大成人的时候，按照我所吩咐的去做你便不会犯错误；其中不管是谁，如果你发现他这样地拉弯了这张弓并且用这个腰带这样地系在自己身上，那就要他居留在这里，凡是做不到我所吩咐的事情的，就把他们从这个地方送出去好

了。你这样做,就不但做到了我所吩咐的事情,而且还会使自己得到快乐的。”

(**10**)于是他便拉弯了他的一张弓(因为海拉克列斯从来一直带着两张弓)并且把腰带也拿给她看,并把弓和带扣的尖端有一只金盏的腰带给了她,而在给了她之后,他便离开了。但是当她所生的儿子们长大成人时,她便给他们起了名字,其中的第一个叫做阿伽杜尔索斯,第二个叫做盖洛诺斯,而最年幼的那个儿子叫做司枯铁斯;此外,她想起了对她的吩咐,于是她便按照吩咐她所做的做了。她的两个儿子阿伽杜尔索斯和盖洛诺斯由于不能完成指定给他们的任务因此被母亲赶跑而离开了本国,然而最年轻的司枯铁斯却完成了指定的任务而留在国内。所有后来斯奇提亚的国王都是海拉克列斯的儿子司枯铁斯的后裔,而且正是由于这个金盏的关系,斯奇提亚人直到今天还在腰带上带着金盏。因此,只有这一件事是司枯铁斯的母亲为他做的。黑海沿岸地带居住的希腊人的说法便是这样。

(**11**)此外还有另一个传说,这个传说的说法是我个人特别认为可信的。这种说法的大意是这样:居住在亚细亚的游牧的斯奇提亚人由于在战争中战败而在玛撒该塔伊人的压力之下,越过了阿拉克塞斯河,逃到了奇姆美利亚人的国土中去(因为斯奇提亚人现在居住的地方据说一向是奇姆美利亚人的土地),而奇姆美利亚人看到斯奇提亚人以排山倒海的军势前来进击,大家便集会了一次以商议对策,在会议上他们的意见是有分歧的;双方都坚持自己的意见,但王族的意见却是更要英勇些。民众认为他们应该撤退,因为他们完全没有必要冒着生命的危险来与这样的一支占绝对优势的大军相对抗，但是王族则主张保卫他们的国家而进行抗击侵略者的战争。任何一方都不能为对方所说服，民众不能为王族所说服，王族也不能为民众所说服；因为一方打算不战而退并把国家交给自己的敌人，但是王族却决心在他们自己的土地上战死而不和民众一同逃跑，因为他们想到他们过去曾何等幸福过，现在如果他们逃离祖国的话，他们会遭到怎样的厄运。既然都下了这样的决心，他们便分成了人数相同的两方而交起锋来，直到王族完全给民众杀死的时候。然后奇姆美利亚人的民众便把他们埋葬在杜拉斯河的河畔（他们的坟墓直到今天还可以看到）。埋葬之后，他们便离开了他们的国土。斯奇提亚人到这里来攻取它的当时，国内已经没有人了。

(12)直到今天在斯奇提亚还残留着奇姆美利亚的城墙和一个奇姆美利亚的渡口，还有一块叫做奇姆美利亚的地方和一个称为奇姆美利亚的海峡。此外，还可以非常清楚地看到，奇姆美利亚人在他们为躲避斯奇提亚人而逃往亚细亚时，确也曾在今日希腊城市西诺佩建城所在的那个半岛上建立了一个殖民地；而且显而易见的是，斯奇提亚人曾追击他们，但是迷失道路而攻入了美地亚。原来奇姆美利亚人是一直沿着海岸逃跑的，但斯奇提亚人追击时却是沿着右手的高加索前进的，因此他们最后竟把进路转向内地而进入了美地亚的领土。这里我说的是希腊人和异邦人同样叙述的另一种说法。

(13)另一方面，普洛孔涅索斯人卡乌斯特洛比欧斯的儿子阿利司铁阿斯在他的叙事诗里又说，当时被波伊勃司所附体的阿利司铁阿斯一直来到了伊赛多涅斯人的土地。在伊赛多涅斯人的那面住着独眼人种阿里玛斯波伊人，在阿里玛斯波伊人的那面住着看守黄金的格律普斯，而在这些人的那面则又是领地一直伸张到大海的极北居民。除去叙佩尔波列亚人之外，所有这些民族，而首先是阿里玛斯波伊人，都一直不断地和相邻的民族作战；伊赛多涅斯人被阿里玛斯波伊人赶出了自己的国土，斯奇提亚人又被伊赛多涅斯人所驱逐，而居住在南海（这里指黑海——译者）之滨的奇姆美利亚人又因斯奇提亚人的逼侵而离开了自己的国土。因此，就是阿利司铁阿斯的关于这个地方的这个说法和斯奇提亚人的说法也是不一样的。

(14)我已经说过写作这样的诗的这个阿利司铁阿斯是什么地方的人了，现在我再说一说我在普洛孔涅索斯和库吉科司所听到的、关于这个人的故事。根据他们的说法，在身份上和任何市民同样高贵的阿利司铁阿斯一天曾进入普洛孔涅索斯的一家漂布店并死在那里了。于是漂布匠便把他的店门关上，跑出去给死者的亲属去报信。阿利司铁阿斯的噩耗于是传遍了全城，但是从阿尔塔开市来的一个库吉科斯人却不相信这个消息，而说他遇见了到库吉科斯去的阿利司铁阿斯并且和他谈过话。正当他激辩的时候，死者的亲属带着下葬时所需的一切来到漂布店来了。但是当店门打开的时候，却没有看到活的或是死的阿利司铁阿斯。可是在那件事发生之后第七年，阿利司铁阿斯出现在普洛孔涅索斯并且写下了希腊人称为阿里玛斯佩阿的叙事诗，诗成之后，他便再一次失踪了。

(15)这便是在这两个城市里所传说的故事。在阿利司铁阿斯第二次失踪之后二百四十年，意大利的美塔彭提昂人遇到了下面的

事情。这年代则是我在普洛孔涅索斯和美塔彭提昂两地计算出来的。根据美塔彭提昂人的说法,阿利司铁阿斯出现在他们的国土,并且命令他们给阿波罗神建设一个祭坛,在祭坛旁边再立一座上面刻着普洛孔涅索斯人阿利司铁阿斯的名字的像;因为他告诉他们说,虽然在全体意大利人当中,阿波罗只访问过他们的国土,而现在虽然是阿利司铁阿斯,在当时陪着神的时候却是一只乌鸦的他本人,是和神一同来的。他说了这些话之后,便消失不见了。他们说,美塔彭提昂人于是派人到戴尔波伊去,问神这个人的幽灵的出现是什么意思。而佩提亚在回答时,命令他们按照幽灵的话去做,她说他们如果这样做便可以生活得更幸福些。他们得到了神的回答之后,便按照幽灵所吩咐的做了。而现在,在那里的阿波罗神像的近旁,便立着一座上面有阿利司铁阿斯的名字的像。在像的周围有一丛月桂;像是建立在市场上的。关于阿利司铁阿斯,我说得已经够多了。

(**16**)至于我的这部分历史所要谈到的地区以北的地方,就没有人确切地知道了。因为我找不到任何一个人敢说他亲眼看见过那里。原来即使是我不久之前提到的那个阿利司铁阿斯,即使是他,也不曾说他去过比伊赛多涅斯人的地区更远的地方,甚至在他的叙事诗里也没有提过。但是他提到北方的事情时,他说他也是听人们说的,说是伊赛多涅斯人这样告诉他的。但只要是我们能够听得到关于这些边远地带的确实报道,我是会把它们全部传达出来的。

(**17**)从包律斯铁涅司人的商埠(这地方位于全斯奇提亚沿海的正中)向北,最近的居民是希腊斯奇提亚人也就是卡里披达伊人。

而在他们的那面，是另一个称为阿拉佐涅斯的部落。这个部落和卡里披达伊人，虽然在其他的事情上有着和斯奇提亚人相同的风俗，但他们却播种和食用麦子、洋葱、大蒜、扁豆、小米。在阿拉佐涅斯人的上方，住着农业斯奇提亚人，他们种麦子不是为了食用，而是为了出售。在这些人的上方是涅乌里司人，涅乌里司人的上方，据我们所知，乃是无人居住的地带。以上乃是沿叙帕尼司河，包律斯铁涅司河以西的诸民族。

(18)越过包律斯铁涅司河，则离海最近的是叙莱亚[1]人。在这些人的上方住着农业斯奇提亚人，居住在叙帕尼司河河畔的希腊人则称他们为包律司铁尼铁司，但他们自己则自称为欧尔比亚市民。这些农业斯奇提亚人所居住的地方，向东走三天的路程便到达庞提卡佩司河，向北则溯包律斯铁涅司河而上可行十一日；从这里再向北则是一大片无人居住的土地了。从这片荒漠之地再向上，便是昂多罗帕哥伊人[2]（意为食人者——译者注）居住的地区，这些人和斯奇提亚人完全不同，他们形成一个独特的民族。从他们再向上，则是道道地地的沙漠了，而据我们所知，那里是没有任何一个民族居住的。

(19)但是从斯奇提亚农民的地区向东，渡过庞提卡佩司河，你便走到斯奇提亚游牧民的地区了。他们既不播种，又不耕耘的。除去叙莱亚的地区以外，所有这一带地方都是不长树木的。这些游牧民的居住地向东一直扩展到盖罗司河，这之间的距离是十

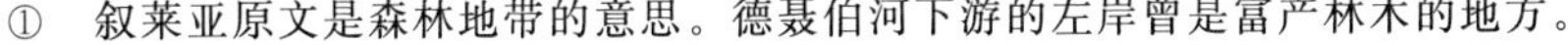

① 叙莱亚原文是森林地带的意思。德聂伯河下游的左岸曾是富产林木的地方。

② 参见本卷第一〇六节。

四天的路程。

(**20**)在盖罗司河的那一面，则是被称为王族领地的地方，住在这里的斯奇提亚人人数量多也最勇武，他们把所有其他的斯奇提亚人都看成是自己的奴隶。他们的领土向南一直伸展到陶利卡地方，向东则到达盲人的儿子们所挖掘的壕沟以及麦奥提斯湖湖上称为克列姆诺伊的商埠。而他们的一部分则伸展到塔纳伊司河。在王族斯奇提亚人的上部即北方住着不是斯奇提亚人，而是属于另一个民族的美兰克拉伊诺伊族(意为黑衣族——译者)。而过去美兰克拉伊诺伊族所居住的地方，则据我们所知，是一片无人居住的沼泽地带了。

(**21**)越过塔纳伊司河之后，便不再是斯奇提亚了；渡河之后，首先到达的地区就是属于撒乌罗玛泰伊人的地区，他们的地区开始在麦奥提斯湖的凹入的那个地方，向北扩展有十五天的路程，在这块地方是既没有野生的，也没有人工栽培的树木的。在他们的上方的第二个地区住着布迪诺伊人，他们居住的地方到处长着各种茂密的树木。

(**22**)在布迪诺伊人以北，在七天的行程中间是一片无人居住的地区。过去这一片荒漠地带稍稍再向东转，住着杜撒该塔伊人，这是一个人数众多而单独存在的民族，他们是以狩猎为生的。紧接着这些人并在同一地区还住着一个叫做玉尔卡依的民族。这些人也是以狩猎为生的，生活的方式则是这样。猎人攀到一株树上去，坐在那里伺伏着，因为那里到处都是密林；他们每个人手头都备有一匹马和一只狗，他们把这匹马训练得用肚子贴着地卧在那里以便于跨上去。当他从树上看到有可猎取的动物的时候，他便射箭并策马追击，猎狗也紧紧地跟在后面。越过他们居住的地方再稍稍向东，则又是斯奇提亚人居住的地方了，他们是谋叛了王族斯奇提亚人之后，才来到这里的。

(**23**)直到这些斯奇提亚人所居住的地区，上面所说到的全部土地都是平原，而土层也是很厚的；但是从这里开始，则是粗糙的和多岩石的地带了。过去很长的这一段粗糙地带，则有人居住在高山的山脚之下，这些人不分男女据说都是生下来便都是秃头的。他们是一个长着狮子鼻和巨大下颚的民族。他们讲着他们自己特有的语言，穿着斯奇提亚的衣服，他们是以树木的果实为生的。他们借以为生的树木称为“彭提孔”，这种树的大小约略与无花果树相等，它的果实和豆子的大小相仿佛，里面有一个核。当这种果实成熟的时候，他们便用布把它的一种浓厚的黑色汁液压榨出来，而他们称这种汁液为阿斯库。他们舐食这种汁液或是把它跟奶混合起来饮用，至于固体的渣滓，他们就利用来做点心以供食用。由于那个地方的牧场不好，因此他们只有为数不多的畜类。他们每人各居住在一棵树下，到冬天则在树的四周围上一层不透水的白毡，夏天便不用白毡了。（由于这些人被视为神圣的民族）因此没有人加害于他们。他们也没有任何武器。在他们的邻国民众之间发生纠纷时，他们是仲裁者。而且，任何被放逐的人一旦请求他们的庇护，这个人便不会受到任何人的危害了。他们被称为阿尔吉派欧伊人。

(**24**)因此，直到这些秃头者所居住的地方，这一带土地以及居住在他们这边的民族，我们是知道得很清楚的。因为在斯奇提亚人当中，有一些人曾到他们那里去过，从这些人那里是不难打听到

一些消息的。从波律斯铁涅司商埠和黑海其他商埠的希腊人那里也可以打听到一些事情。到他们那里去的斯奇提亚人和当地人是借着七名通译，通过七种语言来打交道的。

(**25**)大家所知道的地方，就到以上的人们所居住的地带为止。但是在秃头者的那一面情况如何，便没有人确实地知道了。因为高不可越的山脉遮断了去路而没有一个人曾越过这些山。这些秃头者的说法，我是不相信的。他们说，住在这些山里的，是一种长着山羊腿的人，而在这种人的居住地区的那一面，则又是在一年当中要睡六个月的民族。这个说法我认为也是绝对不可相信的。但是在秃头者以东的地方，则我们确实知道是住着伊赛多涅斯人。不拘是秃头族，还是伊赛多涅斯人，除去他们自己所谈的以外，在他们北方情况如何我们是什么也不知道的。

(**26**)据说伊赛多涅斯人有这样的一种风俗。当一个人的父亲死去的时候，他们所有最近的亲族便把羊带来，他们在杀羊献神并切下它们的肉之后，更把他们主人的死去的父亲的肉也切下来与羊肉混在一起供大家食用。至于死者的头，则他们把它的皮剥光，擦净之后镀上金；他们把它当作圣物来保存，每年都要对之举行盛大的祭典。就和希腊人为死者举行年忌一样，每个儿子对他的父亲都要这样做。至于其他各点，则据说这种人是一个尊崇正义的民族，妇女和男子是平权的。

(**27**)因此，这些人我们也是知道的，但是在这些人以北的情况，则伊赛多涅斯人说过独眼族和看守黄金的格律普斯的事情。这是斯奇提亚人讲的，而斯奇提亚人则又是从他们那里听来的；而我们又把从斯奇提亚那里听来的话信以为真并给这些人起一个斯奇提亚的名字，即阿里玛斯波伊人。因为在斯奇提亚语当中，阿里玛（ἄριμα）是一，而斯波（σποῦ）是眼睛的意思。

(**28**)以上所提到的一切地方都是极其寒冷的，一年当中有八个月都是不可忍耐的严寒；而且在这些地方，除去点火之外，你甚至是无法用水和泥的。大海和整个奇姆美利亚海峡也都是结冰的，而在壕沟里边这面居住的斯奇提亚人则在冰上行军并把他们的战车驱过那里攻入信多伊人的国土。那里既然有八个月的冬天，可是其余的四个月也是寒冷的。这里的冬天和其他地区的冬天有所不同。在别的地方的雨季，这里几乎不下什么雨，可是在整个夏季里，这里的雨却又下个不停。而当其他地方打雷时，这里没有，可是到夏天这里却又有很多的雷。如果在冬天有雷的话，则他们就会感到惊讶，以为有什么事情要发生了。同样，如果有地震的话，则不拘是在夏天还是在冬天，斯奇提亚人都把它看成是一种预兆。斯奇提亚的马经受得住当地的严冬，但骡子和驴子却都绝对经受不住；可是在其他地方，骡子和驴子经受得住严寒，但马若是站在严寒里不动的话却会给冻伤的。

(**29**)在我看来，正是由于这个原因，那无角一类的牛在斯奇提亚才不长角的。荷马在“奥德赛”里有一句诗可以证明我的判断不差，这句诗是：

羊羔生下来不久额上就长角的利比亚地方。

从这句诗可以正确地看出来，在热带的地方角生长得快，而在寒冷的地方家畜几乎不长角，或根本不长角。

(**30**)因此，由于寒冷的关系，在斯奇提亚才有这样的现象发生。然而我个人觉得不可索解的（因为实际上，我的历史从一开头便一直想把穿插的事件加进去),是在整个埃里司领,尽管那里并不冷,也没有任何显明的原因,却不能生骡子。埃里司人他们自己说,他们那里不生骡子是由于一次咒诅的缘故。但只要是牝马怀胎时期快到的时候,他们便把它们赶到邻国的土地上去,然后再把驴子也赶到邻国的土地去使它们交配。在牝马怀孕之后,他们再把它们赶回国内。

(**31**)但是关于斯奇提亚人所说的、充满空中从而使任何人都不能够看到或穿越到那边的土地上去的羽毛,我的看法是这样。在那个地方以北,雪是经常下的,虽然在夏天,不用说雪是下得比冬天少的。凡是在自己的身边看过下大雪的人,他自己是会了解我这话的意思的,因为雪和羽毛是相像的。而这一大陆北方之所以荒漠无人,便是由于我所说的、这样严寒的冬天。因此,我以为斯奇提亚人和他们的邻人在谈到羽毛时,不过是用它来比喻雪而已。以上我所说的,就是那些据说是最辽远的地方。

(**32**)至于极北地区的居民,不拘是斯奇提亚人还是这些地方的其他任何居民都没有告诉过我们任何事情,只有伊赛多涅斯人或者谈过一些。但是在我看来,甚至伊赛多涅斯人也是什么都没有谈。因为什么呢,原来,若不是这样的话,斯奇提亚人也会像他们提到独眼族时一样地提到他们了。但是赫西奥德曾谈到极北居民,荷马在他的叙事诗埃披戈诺伊[①]里,如果这果真是荷马的作品的话,也提到过极北居民。

(**33**)但是关于他们的事情,狄罗斯人谈的比其他任何人都要多得

① 指在底比斯阵亡的七位英雄的儿子。

多。他们说,包在麦草里面的供物都是从极北居民那里搬到斯奇提亚来的。当它们过了斯奇提亚之后,每一个民族便依次从他们的邻人那里取得它们,一直带到亚得里亚海,这是它们的行程的最西端。从那里又把它们向南传送,在希腊人当中第一个接受它们的是多铎那人。从多铎那人那里又下行到玛里阿科斯湾,更渡海到埃乌波亚。于是一个城邦便传到另一个城邦而一直到卡律司托斯;在这之后,却略过了安多罗斯,因为卡律司托斯人把它们带到铁诺斯,而铁诺斯人又把它们带到狄罗斯的。因此,他们说,这些供物便来到了狄罗斯。但是第一次送供物的时候,极北居民派了两名少女与供物同行,狄罗斯人称这两名少女为叙佩罗凯和拉奥迪凯;极北居民为了保护二人在旅途上的安全,他们还派出了同国的五名护卫,这五名护卫现在称为佩尔佩列埃斯,他们在狄罗斯是很受尊敬的。但是当极北居民发现他们派出去的人们根本没有回来的时候,他们就觉得如果他们派出去的人总是不能接回去,那真是十分伤脑筋的事。因此他们便想了这样一个办法。他们把供物用麦草包起来带到国境的地方去,然后请求他们的邻族从自己本国传送到下面的一个国家去;而据说供物便用这样的办法送到了狄罗斯。我自己便知道与这种传送供物的方法相类似的一种风俗。这就是当色雷斯和派欧尼亚的妇女向女王阿尔铁米司神奉献牺牲时,她们也是使用麦草的。

(**34**)这便是我所知道的她们所做的事。为了纪念死在狄罗斯的、从极北地方来的少女,狄罗斯的少女和男孩子都剪了自己的头发。少女在结婚之前,先剪下一束头发,而把这束头发卷在卷线竿上之后，便把它放到极北地方的少女的墓上（她们的墓在阿尔铁米司神殿入口的左手，上面罩着一株橄榄树）。狄罗斯的男孩则是把他们的一些头发卷到嫩枝上面，他们也是把它放在极北地方的少女的墓上的。这样看来，极北地方的少女便是这样地受到狄罗斯居民的尊敬的。

（**35**）同样的这些狄罗斯人还说，还在叙佩罗凯和拉奥迪凯之前，通过上述同样的那些民族的市邑，还有两名少女从极北居民那里来到了狄罗斯，她们的名字是阿尔该和欧匹斯。叙佩罗凯和拉奥迪凯是为了安产才到埃烈杜亚（安产的女神——译者）这里来上供还愿的，但阿尔该和欧匹斯，他们说，是和神自己一齐来的，她们受到狄罗斯人的另一种尊敬。原来那里的妇女为她们募集捐献品，在一个叫做奥伦的吕奇亚人为她们写的赞美歌里呼唤她们的名字；此外岛民和伊奥尼亚人也是从狄罗斯人那里学会了唱欧匹斯和阿尔该的赞美歌而呼唤她们的名字并为她们募集捐献品（这个奥伦从吕奇亚到来之后，还写了在狄罗斯歌唱的其他古老的赞美歌）。他们又说，在祭坛上烧过的牺牲的大腿，它们的灰烬都用来撒布到欧匹斯和阿尔该的墓地上；她们的墓地在阿尔铁米司神殿的背后，面向着东方，离着凯欧斯人的宴堂最近。

（**36**）关于极北居民的事情，我说到这里已经足够了。我不想叙述那个阿巴里司的故事；这个阿巴里司据说是一个极北居民，他一直不吃东西而把一支箭带往世界的各个角落。但是，如果果然有极北居民存在的话，那么也就应当有极南居民存在了。在这之前有多少人画过全世界的地图，但没有一个人有任何理论的根据，这一点在我看来，实在是可笑的。因为他们把世界画得像圆规画的那样圆，而四周则环绕着欧凯阿诺斯的水流，同时他们把亚细亚和欧罗巴画成一样大小。至于我本人，我却要简略地叙述一下亚细亚和欧罗巴的广袤以及它们的轮廓如何。

(**37**)波斯人所居住的土地一直到达现在所谓红海的南方之海；在他们的上方，即北方是美地亚人居住的地方；美地亚人的上方住着撒司配列斯人，撒司配列斯人的上方住着科尔启斯人，他们的地区一直伸展到帕希斯河所注入的北方之海[①]；因此这四个民族是位于两海之间的。

(**38**)但是从这一地区向西，有两个海角从大陆伸向海中，现在让我把它们记述一下。在北方有一个海角以帕希斯河为起点一直突出到海里去，它是沿着黑海和海列斯彭特而伸展到特洛伊境内细该伊昂地方的。在南方，同一海角的海岸以腓尼基附近的米利安多罗斯湾为起点，向海的方面一直伸展到特里欧庇昂岬。在这个海角上，住着三十个不同的民族。

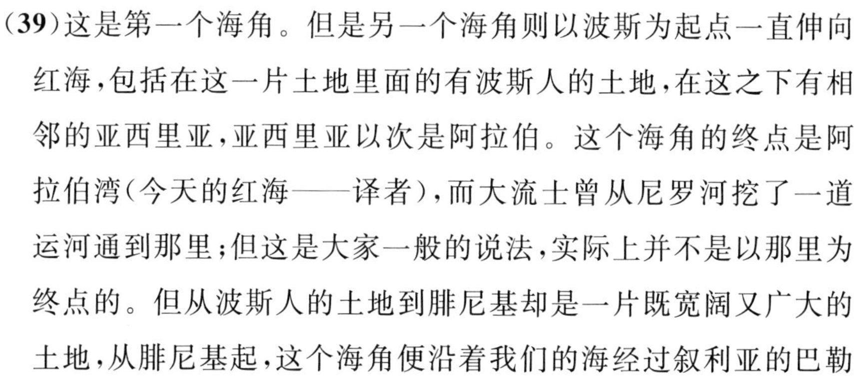

(**39**)这是第一个海角。但是另一个海角则以波斯为起点一直伸向红海，包括在这一片土地里面的有波斯人的土地，在这之下有相邻的亚西里亚，亚西里亚以次是阿拉伯。这个海角的终点是阿拉伯湾(今天的红海——译者)，而大流士曾从尼罗河挖了一道运河通到那里；但这是大家一般的说法，实际上并不是以那里为终点的。但从波斯人的土地到腓尼基却是一片既宽阔又广大的土地，从腓尼基起，这个海角便沿着我们的海经过叙利亚的巴勒

① 这里指黑海。

斯坦直到它的终点埃及。在这个海角上,只住着三个民族。

(**40**)上面所谈的是亚细亚的波斯以西的土地。至于在波斯人和美地亚人和撒司配列斯人和科尔启斯人上方以东和日出方面,则它的界限一方面是红海,北方则是里海和向着日出方向流的阿拉克塞斯河。亚细亚直到印度地方都是有人居住的土地,但是从那里再向东则是一片沙漠,谁也说不清那里是怎样的一块地方了。

(**41**)亚细亚以及它的广袤便是上面所说的样子了。但是利比亚是在这第二个海角上面的。因为紧接着利比亚的便是埃及。但这一海角上埃及的部分是狭窄的;因为从我们的海到红海有一千斯塔迪昂,这就是说只不过有十万欧尔巨阿。但是经过这个狭窄的部分,海角上称为利比亚的那一部分便非常宽阔了。

(**42**)从我这一方面来说,对于那些把全世界区划和分割为利比亚、亚细亚和欧罗巴三个部分的人,我是感到奇怪的。因为这三个地方的面积相去悬殊。就长度来说,欧罗巴等于其他两地之和;就宽度来说,在我看来欧罗巴比其他两地更是宽得无法相比。我们可以十分明显地看到,除去与亚细亚接壤的地方之外,利比亚的各方面都是给海环绕着的。据我们所知道的,第一个证实了这件事的,便是埃及的国王涅科斯。当他把从尼罗河到阿拉伯湾的运河挖掘完毕时,他便派遣腓尼基人乘船出发,命令他们在回航的时候要通过海拉克列斯柱,最后进入北海(指地中海——译者),再回到埃及。于是腓尼基人便从红海出发而航行到南海上面去,而在秋天到来的时候,他们不管航行到利比亚的什么地方都要上岸并在那里播种,并在那里一直等到收获的时候，然后，在收割谷物以后，他们再继续航行，而在两年之后到第三年的时候，他们便绕过了海拉克列斯柱而回到了埃及。在回来之后他们说，在绕行利比亚的时候，太阳是在他们的右手的；有的人也许信他们的话，但我是不相信的[①]。

(**43**)这样我们便得到了关于利比亚的最初的知识。其后，迦太基人也有了这样的说法：因为阿凯美尼达伊家中的一人、铁阿司披斯的儿子撒塔司佩斯虽然被派出去周航利比亚，但是他并未这样做；原来是他害怕航程的遥远和寂寞，因此没有完成母亲交给他的任务便回来了。他奸污了美伽比佐斯的儿子佐披洛司的未出嫁的女儿；而由于这个缘故他要被国王克谢尔克谢斯处以刺刑的时候，撒塔司佩斯的母亲、即大流士的姊妹便为他求情，说她将要把一个比克谢尔克谢斯的惩罚更重的惩罚加到他身上。这就是：他必须周航利比亚，直到他完成这次航行而返回阿拉伯湾的时候。克谢尔克谢斯同意了这一点，于是撒塔司佩斯便到埃及去，在那里他从埃及人那里得到了一艘船和船员并驶过了海拉克列斯柱。驶过了海拉克列斯柱并绕过了称为索洛埃司的利比亚岬之后，他便向南驶行。但是他在大海之上航行了好多月却一点看不到边际，于是他便转回来驶向埃及了。从这里他去见克谢尔克谢斯，在他的报告中他告诉克谢尔克谢斯，他怎样在他航行到最遥远的地方去时，他路过一个矮人的国家，那里的人们穿着椰子叶的衣服，而每当他和他的人员使船靠岸的时候，

① 希罗多德所不相信的情节反而证明这个说法是真实的。原来当船只绕过好望角西行的时候，南半球的太阳就在它的右手。

这些人就一定离开他们的市邑而逃到山里去；他和他的人员在登陆时并没有做任何坏事而只是从当地居民夺取一些食用所必需的家畜而已。至于他之所以没有完全绕行利比亚一周，他说这理由是船的进路受到阻挠而不能再向前行驶了。但是克谢尔克谢斯不相信撒塔司佩斯所说的话是真的，而既然指定给他的任务没有完成，他还是依照最初给他的惩罚而把他磔死了。这个撒塔司佩斯有一名阉人，这个人一听到他的主人的死讯，便立刻带着大批财富逃到萨摩司去了，但一个萨摩司人扣留了这一批财富。这个萨摩司人的名字我知道，但我是故意把他的名字忘掉的。

(44)大流士曾发现过亚细亚的大部分地方。有这样一条印度河，这条河里面有许多鳄鱼，据说在全世界是占第二位的；大流士想知道一下印度河在什么地方入海，便派遣了他相信不会说谎话的卡律安达人司库拉克斯和其他人等乘船前往。这些人从帕克杜耶斯地区的卡司帕杜罗斯市出发，顺河向东和日出的方向下行直到大海；而在海上西行，他们在第三十个月到达了这样一个地点：埃及国王曾经从这个地点派遣上述的腓尼基人周航利比亚。在这次的周航之后，大流士便征服了印度人，并利用了这一带的海。这样便判明，除去日出方向的部分之外，亚细亚在其他方面也是和利比亚相同的。

(45)至于欧罗巴，则的确没有一个人知道它的东部和北部是不是为大海所环绕着。人们只知道它的长度等于亚细亚和利比亚之和。我也不知道为什么一整块大地却有三个名字，而且又都是妇女的名字；不知道为什么埃及的尼罗河与科尔启斯的帕希斯河被定为它的界限(虽然,也有的人说,麦奥提斯湖的塔纳伊司河和奇姆美利亚的渡口是它们的界限)。我也不知道把世界划分开来的那些人的名字,以及他们从什么地方取得了他们所起的名字。根据许多希腊人的说法,利比亚是以当地的一个妇女的名字为依据的,而亚细亚则是因普洛美修斯的妻子而得名的。但吕底亚人却认为亚细亚的命名是由于他们的关系,他们说亚细亚不是因普洛美修斯的妻子亚细亚而得名,而是因玛涅斯之子科杜斯的儿子亚细阿司而得名的,同时撒尔迪斯的亚细亚部族也是因此而得名的。但是谈到欧罗巴,没有人知道它是不是给海环绕着,也没有人知道它的名字是怎样得来的,更不清楚是谁给它起的名字,我们所能说的只是这个地方是因推罗的妇女欧罗巴而得名的。而在当时之前,它和其他地方一样,好像也是没有名字的。但很明显这个妇女是生在亚细亚的,她从来没有到过希腊人今日称为欧罗巴的地方,而只是从腓尼基来到克里地,又从克里地来到吕奇亚。关于以上各点,我就谈到这里为止了,我们今后就是按照已经确定的惯例来使用这些名称的。

(**46**)大流士所要进攻的黑海地方,除去斯奇提亚人之外,居住着世界上一切国家中最愚昧的民族。因为,除去斯奇提亚族和阿那卡尔西司族之外,我们不能指出在黑海这一带的任何民族,有任何聪明才智的表现,我们也不知道那里产生过任何有学识的人士。但是斯奇提亚人在全人类中最重要的一件事上,却作出了我们所知道的、最有才智的一个发现。我并不是在任何方面都推许斯奇提亚人的,但是在这件最伟大事业上面,他们竟想出了这样的办法,以致任何袭击他们的人都无法幸免,而在如果他们不想被人发现的时候,也就没有人能捉住他们。原来他们并不修筑固定的城市或要塞,他们的家宅随人迁移,而他们又是精于骑射之术的。他们不以农耕为生,而是以畜牧为生的。他们的家就在车上,这样的人怎么能不是所向无敌和难于与之交手呢?

(**47**)他们之所以有这样的发明,是因为他们所住的地方适于这样做,并拥有有利于他们的河流。原来他们的土地是平坦的,是水草丰富的,而且有数量不亚于埃及的运河那样多的河流贯流全境。其中有许多是著名的,是可以从海溯行而上的,而我就要列举这样的河的名字。首先是有五个河口的伊斯特河,其次是杜拉斯河、叙帕尼司河、包律斯铁涅司河、庞提卡佩司河、叙帕库里司河、盖罗司河、塔纳伊司河。下面我就来谈一下它们的河道。

(**48**)伊斯特河是我们所知道的一切河流中最伟大的河流;它不分冬夏,水量永远是一样的。它是所有斯奇提亚的河流中在最西面的河流,它之成为最伟大的河流的理由是这样:其他许多河流都是它的支流,但这些支流的流注却使它成为伟大的河流,其中有五个支流是流经斯奇提亚人的国土的,它们是希腊人称为披列托司而斯奇提亚人称为波拉塔的那条河,此外则是提阿兰托司河、阿拉洛司河、纳帕里司河、欧尔戴索司河。上述河流中的第一条河是向东流的一条大河,它的河水与伊斯特河融会在一起。第二条河即提阿兰托司河则是远在西边,而且也小得多;但阿拉洛司河、纳帕里司河与欧尔戴索司河则流在这两条河之间并注入伊斯特河。这样的一些河就是使伊斯特河水量增大的、斯奇提亚当地的河流。但是与伊斯特河合流的玛里斯河却是从阿伽杜尔索伊人的土地流过来的。

(**49**)此外流入伊斯特河的三条大河,即阿特拉斯河、奥拉斯河与提比西斯河都是从哈伊莫司山的山顶向北流的。阿特律斯河、诺埃斯河、阿尔塔涅斯河则是从色雷斯的克罗比佐伊人的土地流入伊斯特河的。奇欧司河从派欧尼亚和洛多佩山穿过哈伊莫司山的正中而注入伊斯特河。昂格罗斯河从伊里利亚向北流进特利巴里空原野而注入布隆戈斯河,布隆戈斯河则再注入伊斯特河,这样伊斯特河便接受了两条大河的河水。卡尔披司河与另一条叫做阿尔披司的河也从翁布里柯伊人以北的腹地向北流而注入伊斯特河。因为伊斯特河发源于仅次于库涅铁斯人而为欧洲最西端的居民的凯尔特人的地方,它贯流全部欧罗巴而从侧面流入斯奇提亚。

(**50**)既然上述的河流以及其他许多河流也都是它的支流,则伊斯特河就成为一切河流当中最大的一条河流了。诚然,如果以河流和河流相比的话,尼罗河是比伊斯特河的水量大的;因为没有一个河流或泉水可以增加它的水量。但是伊斯特河不分夏冬,河水的水位都是一样的,这种现象的理由我以为是这样。在冬天,它的水量是它平常的大小,或是比平常的水量稍多一些,因为在冬天,当地的雨是非常少的,但雪却是到处都有。但是在夏天,冬天下的雪溶化了并从四面八方流入伊斯特河;这样雪便流入河中而促使河水涨起来,此外还要加上许多猛烈的暴雨,因为夏季正是下雨的季节。但既然太阳在夏天比在冬天吸收了更多的水,同样程度地与伊斯特河合流的水在夏天比在冬天也要多得多,这二者相互抵消而形成均势,因此水量永远是相同的。

(**51**)这样看来,伊斯特河就是斯奇提亚人的河流之一了。其次便是杜拉斯河[①],这条河发源于北方,最初是从位于斯奇提亚领地与涅乌里司领地交界地带的一个大湖流出;在河口的地方有一个被称为杜拉斯人的希腊人的居留地。

(**52**)第三条河是叙帕尼司河,这条河发源于斯奇提亚,从一个大湖流出,而白色的野马便在这大湖的周边牧放着。这个湖真正可以说是叙帕尼司河的母亲。叙帕尼司河是在这里发源的,在五天的航程里,它的河水是浅的而且味道也还是甜的。在这之后到大海的四天航程里,河水则便特别苦了,因为有一个苦泉流入这条河,这个泉水是这样的苦,虽然它的水量不大,但是混合起来却使世界上少数大河之一的叙帕尼司河也变了味道。这个苦泉是在农业斯奇提亚[②]和阿拉佐涅斯人之间的国境地方,苦泉流出的地点的名称在斯奇提亚语是埃克撒姆派欧斯,用希腊语来说则是"圣路"的意思。苦泉的名字也是这样。杜拉斯河和叙帕尼司河在阿拉佐涅司人的地方相互离得很近,但是从这里再向前就各自分离,在两河之间留下了很宽阔的一片土地。

(**53**)斯奇提亚人的第四条河流是包律斯铁涅司河,这是仅次于伊斯特河的最大的一条河。而且,根据我们的判断,不仅是在斯奇提亚的河流当中,就是在全世界的所有其他河流当中,除去那没有一条河流能够与之比肩的尼罗河之外,它是最丰饶的河。在其他的河流当中,包律斯铁涅斯是最丰饶的河了。它的两岸为

① 今天的德聂斯特河。

② 参见第一七节。

家畜提供了最优良的和最有营养价值的牧场；它拥有极为丰富的、美味的鱼类，它的河水是最甘美好吃的，它的水流清澈，但它附近的其他河流却是混浊的；它的沿岸生产十分优良的谷物，在不播种的土地上则长着茂密的草。此外，在它的河口又生产大量天然的盐。因此他们便把河中生产的一种他们称为安塔凯欧伊（即鲟鱼——译者）的大的无脊椎鱼用盐腌起来。以上种种之外，它还有许多值得惊叹的东西。直到离海四十日航程的盖罗司地方，我们知道河流是从北流过来的。但是从这里再向前便没有人去过，因此便没有人知道它流过什么民族的土地了。但是，显而易见的是，在它通过一个沙漠地带之后，它便流入农业斯奇提亚人地区，而需要十日的航程才能经过他们所居住的土地。除去尼罗河之外，只有这一条河的源流我不知道，而我以为所有其余希腊人也都一样不知道。在包律斯铁涅司河快要入海的时候，它与叙帕尼司河合流，它和叙帕尼司河是流入同一个沼泽地带里的。它们之间的土地是一块像船头那样伸出来的土地，这块土地被称为希波列欧岬。这里有一座戴美特尔的神殿，神殿对面，叙帕尼司河岸上则有一块包律斯铁涅司人的居住地。

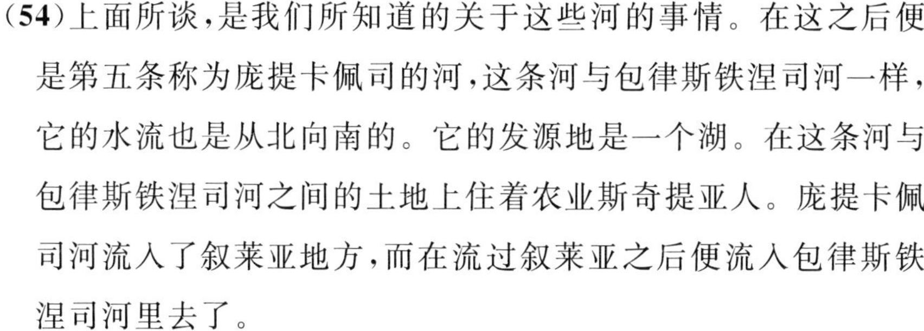

(54)上面所谈，是我们所知道的关于这些河的事情。在这之后便是第五条称为庞提卡佩司的河，这条河与包律斯铁涅司河一样，它的水流也是从北向南的。它的发源地是一个湖。在这条河与包律斯铁涅司河之间的土地上住着农业斯奇提亚人。庞提卡佩司河流入了叙莱亚地方，而在流过叙莱亚之后便流入包律斯铁涅司河里去了。

(55)第六条河是叙帕库里司河，这条河发源一个湖，它从中央贯流

斯奇提亚游牧民的土地，在卡尔奇尼提斯市附近的地方入海，而在它的右手则是叙莱亚和所谓“阿齐里斯的赛跑场”。

（**56**）第七条河是盖罗司河，这是从包律斯尼铁司河分出去的一个支流，分出的地点大概是我们所知道的该河的最上部。分出去的那个地方的名字和河流的名字相同，也叫盖罗司。这条河在流向大海的时候，把斯奇提亚游牧民的土地和王族斯奇提亚人的土地分了开来。它是流入叙帕库里司河的。

（**57**）塔纳伊司河[①]是第八条河。这条河原来发源于一个大湖，而流入一个更大的、称为麦奥提斯的大湖[②]。这个湖则是王族斯奇提亚人和撒乌罗玛泰伊人的交界。还有另外一条叫做叙尔吉司的支流也是注入塔纳伊司河的。

（**58**）以上便是斯奇提亚人所拥有的一些有名的河流。斯奇提亚地方的草比起我们所知道的其他任何地方的牧草都更能增加畜类的胆汁，这一点从家畜的解剖便可以得到证明的。

（**59**）因此可以说，斯奇提亚人是拥有大量最必需的物品的。现在我再来谈一谈他们的风俗习惯。他们崇拜的只有下列的神，即他们最尊敬的希司提亚，其次是宙斯和他们认为是宙斯的妻子的该埃，再次就是阿波罗、乌拉尼亚·阿普洛狄铁、海拉克列斯、阿列斯。这些神是全部斯奇提亚人所崇拜的神。但是王族斯奇提亚人也向波赛东奉献牺牲。在斯奇提亚语里，希司提亚称为塔比提，宙斯称为帕伊欧斯，这个称呼至少在我看来是非常确切

---

① 今日的顿河。

② 亚速海。

的。称该埃为阿披，称阿波罗为戈伊托叙洛司，称乌拉尼亚·阿普洛狄铁为阿格里姆帕撒，称波赛东为塔吉玛萨达斯。除去阿列斯的崇拜之外，他们对其他诸神不使用神像、祭坛、神殿，但是在阿列斯神的崇拜上却是用这些东西的。

(60)不管他们举行什么样的祭祀，奉献牺牲的方式都是一样的。奉献的方法是这样的。牺牲的两个前肢缚在一起，用后面的两条腿立在那里；主持献纳牺牲的人站在牺牲的背后牵着绳子的一端，以便把牺牲拉倒；牺牲倒下去的时候，他便呼叫他所献祭的神的名字。在这之后，他便把一个环子套在牺牲的脖子上，环子里插进一个小木棍用来扭紧环子，这样把牺牲绞杀。奉献之际不点火，不举行预备的圣祓式，也不行灌奠之礼。但是在牺牲被绞杀，而它的皮也被剥掉之后，牺牲奉献者立刻着手煮它的肉。

(61)但斯奇提亚是完全不生产木材的，他们想出了一个煮肉的办法来。办法是这样：在把牺牲的皮剥掉之后，他们把它们的骨头从肉里剔出来，而如果他们有当地用的大锅的话，他们便把肉放到里面去，这个大锅和列斯波司人的混酒钵十分相似，就是前者比后者要大得多。然后他们便把牺牲的骨头放到大锅的下面用火点着来煮锅里面的肉。如果他们手头没有大锅的话，他们便把肉填到牺牲的肚子里面去，同时把一些水倒在里面，然后再把骨头放在下面点着，这种火是着得很好的。没有骨头的肉是很容易塞到牺牲肚子里去的。这样牛自身便煮了它自己，而其他的牺牲也可以用同样的办法处理。当肉煮熟了的时候，奉纳牺牲的人便先把一部分肉和内脏拿出来，抛到自己的面前。他们用各种畜类作为牺牲，但主要是马。

(**62**)他们对所有其他的神奉献牺牲的方式便是这样，而这便是他们所奉献的畜类；但他们对于阿列斯奉献牺牲的方式却是这样。在每一个地区的行政管区里都有给阿列斯修建的圣殿，这便是一个长和宽各有三斯塔迪昂，但高稍短的一个薪堆，在这个薪堆上面是一个方形的平台；它的三面是陡峭的，但是第四面却是可以登上去的。每年都有一百五十车的薪材堆在这上面，因为冬天的风雪是会使它不断地下沉的。在这个薪堆上面，每一个民族都放置一把古铁刀，这铁刀便是阿列斯的神体。他们每年都把家畜的牺牲和马的牺牲献给这种刀；对于这些神物，他们奉献了甚至比对其他诸神更多的牺牲。在他们生俘的敌人当中，他们把每一百人中的一人作为牺牲，但奉献的方法和奉献家畜时不同，而是用别种的方法。他们把酒倒在这些人的头上并且割这些人的喉头，而下面则用盘子接血。然后他们便把盘子里的血带到薪堆上去，把它浇在刀上面。他们这样把血带到上面去，但是下面，在圣殿的旁边，他们又切下被杀死的人们的右臂和右手并把它们抛到空中去，随之在他们把其他牺牲奉献之后立刻离开。手臂则落到什么地方便留在那里，但是尸体却是和它们分开横卧着的。

(**63**)因此，这便是在他们中间所制定的牺牲奉献式了；然而这些斯奇提亚人是完全不用豚类作牺牲的。而且他们在国内是绝对没有养猪的习惯的。

(**64**)至于战争，他们的习惯是这样的。斯奇提亚人饮他在战场上杀死的第一个人的血。他把在战争中杀死的所有的人的首级带到他的国王那里去，因为如果他把首级带去，他便可以分到一份虏获物，否则就不能得到。他沿着两个耳朵在头上割一个圈，然后揪着头皮把头盖摇出来。随后他再用牛肋骨把头肉刮掉并用手把头皮揉软，用它当作手巾来保存，把它吊在他自己所骑的马的马勒上以为夸示；凡是有最多这种头皮制成的手巾的人，便被认为是最勇武的人物。许多斯奇提亚人把这些头皮像牧羊人的皮衣那样地缝合在一起，当作外衣穿。许多人还从他们的敌人尸体的右手上剥下皮、指甲等等，用来蒙复他们的箭筒。看来人皮是既厚又有光泽的，可以说，在一切的皮子里它是最白最光泽的皮子。还有许多人从人的全身把皮剥下来，用木架子撑着到处把它带在马背上。

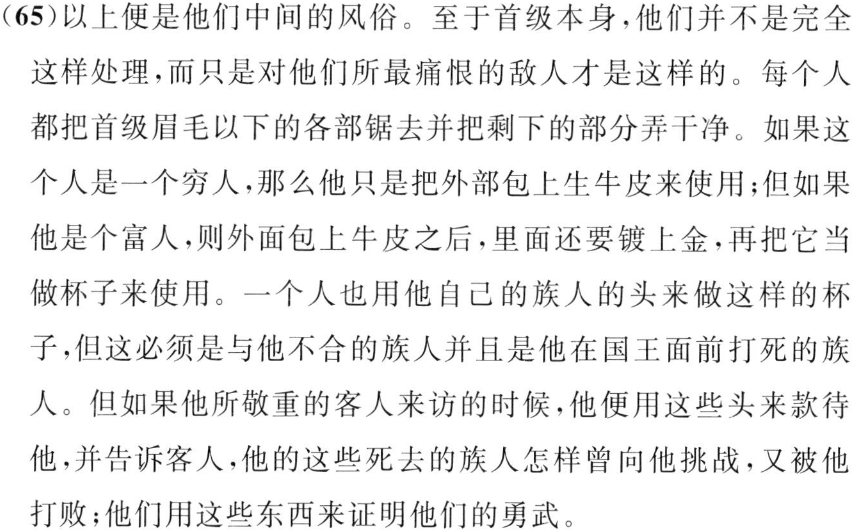
(**65**)以上便是他们中间的风俗。至于首级本身，他们并不是完全这样处理，而只是对他们所最痛恨的敌人才是这样的。每个人都把首级眉毛以下的各部锯去并把剩下的部分弄干净。如果这个人是一个穷人，那么他只是把外部包上生牛皮来使用；但如果他是个富人，则外面包上牛皮之后，里面还要镀上金，再把它当做杯子来使用。一个人也用他自己的族人的头来做这样的杯子，但这必须是与他不合的族人并且是他在国王面前打死的族人。但如果他所敬重的客人来访的时候，他便用这些头来款待他，并告诉客人，他的这些死去的族人怎样曾向他挑战，又被他打败；他们用这些东西来证明他们的勇武。

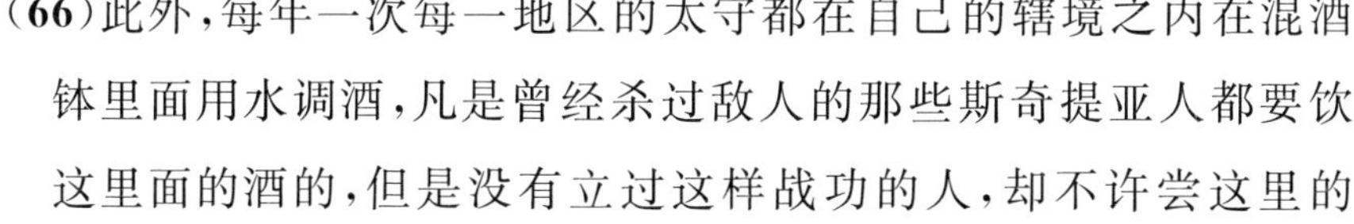
(**66**)此外，每年一次每一地区的太守都在自己的辖境之内在混酒钵里面用水调酒，凡是曾经杀过敌人的那些斯奇提亚人都要饮这里面的酒的，但是没有立过这样战功的人，却不许尝这里的

酒，而是很不光彩地坐在一旁。他们认为这乃是一种奇耻大辱；但是他们中间既然有许多人杀死的不是一个，而是许多敌人，因此他们每人有两只杯，而用它们同时饮酒。

(**67**)在斯奇提亚人中间，卜者是很多的；他们是用许多柳条来占卜的，占卜的方法是这样。他们拿着大束的柳条，把它们放在地上松开。卜者把一根根的柳条分开摆，这样便说出自己的卜辞。而在他们还这样说着的时候，他们又把柳条一根根地拾起来结为一束。这乃是他们传统的占卜法。半男半女的埃那列埃斯人说，是阿普洛狄铁把占卜术教给了他们，而他们是用菩提树的树皮来占卜的。他们把菩提树的树皮分成三部分，他们是在把树皮在手指中间捻合和捻开的时候讲出自己的预言的。

(**68**)但只要是斯奇提亚人的国王生病的时候，他便把三个最有名的卜者召来，他们便用上述的方法进行占卜；而他们大体上是举出他的国人的名字而告诉他说，这样的某人某人在国王的灶旁进行伪誓。因为当斯奇提亚人发最重大的誓的时候，他们通常的习惯都是在国王的灶旁的。于是他们号称曾发过伪誓的那个人立刻便被逮捕送来，而当这个人来的时候，卜者便责怪他，说他们的占卜判明他曾在国王的灶旁发伪誓而且引起了国王的疾病；于是这个人便坚决否认他曾发过伪誓。而当他否认这一点的时候，国王再把六个卜者召来，而他们在细心占卜之后仍证明他犯了伪誓罪，则这个人立刻就要被枭首，而他的财产也要在最初的卜者中间分配了。但如果后来的卜者认为他无罪，则依次再把一批又一批的卜者召来。如果大多数的卜者都认为这个人无罪的话，则起初的卜者便要被处死刑了。

(**69**)下面是他们处死刑的办法。人们把牛驾到上面堆着薪材的车的轭上,再把卜者塞到薪材的当中,这些卜者的腿都被缚着,手被捆在背后,嘴也给衔上枚,然后他们便点着薪材并吓唬牛而把它们赶跑。牛常常和卜者一同被烧死,牛也常常由于车的辕杆被烧断,而带着火伤逃走。他们还用上述的办法,由于其他的原因而烧死卜者,声称这些卜者的预言是虚伪的。当国王处死一个人的时候,他也不许这个人的儿子们活着,而是把他一家的男性一律杀死。但是女性的家属,他是不加伤害的。

(**70**)斯奇提亚人是用这样的办法来同别人举行誓约的。他们把酒倾倒在一个陶制的大碗里面,然后用锥子或小刀在缔结誓约的人们的身上刺一下或是割一下,把流出的血混到里面,然后他们把刀、箭、斧、枪浸到里面。在这样做了之后,缔结誓约的人们自身和他们的随行人员当中最受尊敬的人们便在一些次庄严的祈求之后饮这里面的血酒。

(**71**)历代国王的坟墓是在盖罗司人居住的地方,那里是包律斯铁涅司河溯航的终点。只要是国王死去的时候,斯奇提亚人便在那里的地上挖掘一个方形的大穴;大穴挖好之后,他们便把尸体放置在车上载运到异族那里去。尸体外面涂着一层蜡,腹部被切开洗净,并给装上切碎的高良姜的根部、香料、洋芫荽和大茴香的种子,然后再原样缝上。在尸体送到的时候,接受尸体的人和王族斯奇提亚人做同样的事情。这就是:他们割掉他们的耳朵的一部分,剃了他们头,绕着他们的臂部切一些伤痕,切伤他们的前额和鼻子并且用箭刺穿他们的左手。从这里人们又把国王的尸体放在车上带到属于他们的另一个部落那里去,而尸体已到过的地方的那些人则跟在尸体的后面。而在尸体到所有的部落那里被载运了一圈之后,它便被人们运到了盖罗司人的土地,这是他们所统治的一切种族当中最远的,也便是下葬的地方了。此后,在把尸体放在草床上放入墓中以后,他们便在尸体的两侧插上两列长枪并且把木片搭在上面,木片上再覆盖上细枝编成的席子当作屋顶。在墓中的空地上,他们把国王的一个嫔妃绞死殉葬,他们同时还埋葬他的一个行觞官、厨夫、厩夫、侍臣、传信官;此外还有马匹、所有其他各物的初选品和黄金盏;因为斯奇提亚人是不使用青铜或白银的。在做完以上的事情之后,他们便共同修造一个大冢,在修造时他们相互拼命竞争,想把它修造得尽可能的大。

(72)在一年过去之后,他们又进行下面的事情。他们选出国王身旁残存的侍臣当中最亲信可靠的人(这些人都是土著的斯奇提亚人,因为侍奉国王的人都是国王亲自下令选定的,而斯奇提亚人是没有用钱买奴仆的习惯的),把侍臣当中的五十人绞死,把他们最好的马五十匹杀死,再把他们的内脏掏出,把内部洗净,肚子里装满谷壳再缝合。然后,他们把许多木桩钉到地里去,每两个一对,在每一对木桩上面凹入部向上地安放着车轮的半个轮缘,另外的半个轮缘放到另一对木桩上去,直到许多对木桩都这样配置好的时候。随后,把大木棍从马的尾部一直横穿到马的颈部,再把木棍架到车轮上面,结果是前面的车轮支着马的肩部,而后面的车轮在马的后腿的地方支着马的腹部,但四条腿则在半空中悬着。每匹马嘴里都有一个马衔并且配着一副缰绳,缰绳是系在前面的木橛子上。然后这五十名被绞杀的少年分别被安置到五十匹马上。他们这样做的办法是：他们再把一个木棍沿着少年的脊椎从后部一直穿到颈部；从身体后部突出的棍子则插到横贯马体的那个木棍上的一个孔里去。这五十名骑马的人就这样地给他们安置在坟墓的四周，然后他们便离开了。

(73)以上是他们埋葬国王的方法。所有其他的斯奇提亚人，在他们死的时候，他们都是被安放在车上，由死者最亲近的族人拉着历访死者的朋友；而每个人都依次接待他们并且款待随死者来的人员，同时他还献给死者和献给其他人等相同的物品。国王之外，庶民人等都是这样地在巡回四十日之后才埋葬的。在埋葬之后，斯奇提亚人便用下列的办法来弄干净自己的身体。他们擦洗他们的头，而至于身体，他们是把三根棒对立在一处，再把毛毡盖在上面。然后，在把棒和毛毡尽可能支放牢固之后，便在棒和毛毡下面中央的地方放一个深盘子，并把几块烧得灼热的石子抛到里面去。

(74)他们自己的国内生长着一种和亚麻非常相似的大麻，不同的只是这种大麻比亚麻要粗得多，高得多。这种大麻有野生的，也有人们种的，色雷斯人甚至用这种大麻制造和亚麻布非常相似的衣服。它们是这样相似，以致除非是大麻方面的老手，他是分不出大麻或亚麻来的；而根本没有见过大麻的人，他就会把那衣服认为是亚麻制的了。

(75)斯奇提亚人便拿着这种大麻的种子，爬到毛毡下面去，把它撒在灼热的石子上；撒上之后，种子便冒起烟来，并放出这样多的蒸气，以致是任何希腊蒸汽浴都比不上的。斯奇提亚人在蒸汽中会舒服得叫起来。这在他们便用来代替蒸汽浴，因为他们是从来不用水来洗身体的。但是他们的妇女却把柏树、杉树、乳香木在一块粗石上共同捣碎，再和上一些水，她们便用合成的这种浓稠的东西涂在全身和脸上，这样她们的身上不仅会有一种香气，而且在第二天，当她们取下这种涂敷物的时候，她们的皮肤也便变得既干净，又有光泽了。

(**76**)斯奇提亚人和其他的人们一样，他们对于异邦人的任何风俗，都是极其不愿意采纳的，特别是对于希腊的风俗。阿那卡尔西司，还有司库列斯的事件便可以证明这一点。阿那卡尔西司曾视察过世界上的许多地方并且曾在那些地方做出了很多证明他有很大的智慧的事情。在他返回斯奇提亚的时候，他乘船渡过了海列斯彭特并且在库吉科司地方登陆；他在那里看到库吉科司人非常豪奢地庆祝诸神之母节，因此他便向这位母神发愿说，如果他能安全无恙地返回故国的话，他将要像库吉科司人一样地向她奉献牺牲并且还为她举行一种夜祭。因此当他到斯奇提亚的时候，他自己便到那称为叙莱亚的地方去(这个地方正在阿齐里斯赛跑场的旁边，那里到处都长着各种各样的树木)，到那里之后，阿那卡尔西司便丝毫不差地为女神举行了祭仪，这时他手里拿着一个小手鼓并把神像挂在自己的身上。然而有一个斯奇提亚人看到他这样做，便把这事报告给国王撒乌里欧斯。国王亲自到那里去并看到阿那卡尔西司干这样的事情，便把他射死了。就是在今天，如果有人向斯奇提亚人问起阿那卡尔西司的事情来，他们都说不知道有这样的一个人。这是因为他离开自己的国家到希腊去，并且踏袭异邦人的风俗的缘故。但是根

据我从阿里亚佩铁司的管家图姆涅斯那里所听来的话，阿那卡尔西司是斯奇提亚国王伊丹图尔索司的叔父，他又是斯帕尔伽佩铁司的儿子吕柯斯的儿子格努罗司的儿子。而如果阿那卡尔西司果真是属于这一家族的话，则他就必然知道，他是在他的兄弟的手里死于非命的。因为伊丹图尔索司是撒乌里欧斯的儿子，而阿那卡尔西司却是被撒乌里欧斯杀死的。

(**77**)诚然，我从伯罗奔尼撒人那里还听到了另一种说法。这种说法是：阿那卡尔西司是斯奇提亚国王派出去到希腊人那里学习的。在他回国之后，他向派遣了他的国王报告说，除去拉凯戴孟人以外，所有的希腊人对于一切的学问都是十分热心学习的。不过在希腊人当中，却又只有拉凯戴孟人在和人们交谈时是十分审慎的。但这却是希腊人自己为了开心才凭空捏造出来的无稽之谈；但不管如何，这个人是像我上面所说的那样被杀死了。阿那卡尔西司由于采用了外国风俗和他与希腊人交往而遭到的命运便是如此。

(**78**)在许多许多年之后，阿里亚佩铁司的儿子司库列斯遭到了同样的命运。司库列斯是斯奇提亚国王阿里亚佩铁司的诸子当中的一人，但他的母亲却是伊司脱里亚人，而不是本国的人，她教给他希腊的语言和文学。后来阿里亚佩铁司中了阿伽杜尔索伊人的国王斯帕尔伽佩铁司的奸计而被杀死了，于是司库列斯便继承了王位和他父亲的那个名叫欧波伊亚的王后，这是一个道地斯奇提亚的妇女，她曾给阿里亚佩铁司生过一个名叫欧里科司的儿子。司库列斯这样便成了斯奇提亚的国王，但是他一点儿也不满足于斯奇提亚的生活方式，而毋宁说是远为喜好希腊的生活方式,因为他从小便是接受了希腊的生活方式的。他于是做了这样的事情:他率领着斯奇提亚的一支军队到包律司铁涅司人的一个城市去(这些包律司铁涅司人自称是米利都人),到了他们那里以后,他总是把他的军队留在城郊的地方,而他自己则进城把城门关上,然后脱去斯奇提亚的衣服,穿上希腊的服装。他穿着这身服装,没有一个亲卫或其他任何人侍从而出入于公共场所的当地人们中间(人们把守着城门,为的是不叫任何斯奇提亚人看到他穿这样的衣服)。他在每一方面都模仿希腊的生活方式并且按照希腊的习惯祭祀诸神。他这样过了一个月或更多的时候之后,便再穿上斯奇提亚的衣服离开了这个城市。他是常常这样做的,他在包律司铁涅司盖了一所房子,娶了当地的一个妇女并把她带到那里去。

(**79**)但是在他注定要遇到凶事的时期到来时,他便遇到了这样一件事情:他想使自己参加巴科司·狄奥尼索斯的秘仪,而当他正要开始接受参加秘仪的圣礼时,他看到了一个极为奇妙的预兆。他在包律司铁涅司人的城市里有一所宽敞的住宅,这便是我刚才谈到的那所住宅,这是一所巨大而豪华的住宅;在它的周围都是白色大理石雕成的斯芬克司像和格律普斯像。这所房子中了天雷而全部被火烧毁了。但司库列斯不顾这一切,仍旧把参加秘仪的仪式举行完毕。然而斯奇提亚人却由于巴科司的狂欢祭而责怪希腊人,说搞这样一位使人发狂的神,那是一件不合理的事情。因此当司库列斯参加巴科司的秘仪的时候,一个包律司铁涅司人便到斯奇提亚人那里去嘲笑他们。他说:“你们斯奇提亚人嘲笑我们,说我们举行狂欢祭并在降神的时候发狂;但现在这个神却降到你们自己的国王身上，而他现在就正在参加狂欢祭并且给这个神弄得神魂颠倒哩。如果你们不信的话，那么就跟我来，我会把他指给你们的。”于是斯奇提亚人的一些首要的人物便跟着他去，这个包律司铁涅司人便偷偷地把他们带到城内的一座塔楼上去；而当司库列斯和参加狂欢祭的人们经过的时候，他们从那里立刻在发狂的人们中间看到了他；斯奇提亚人认为这乃是一件非常可悲的事情，于是他们便离开了该城并且把他们所看到的一切告诉了全军。

(80)在这之后司库列斯返回了本国，但是斯奇提亚人叛变了他，他们拥戴他的兄弟，即铁列斯的外孙欧克塔玛撒戴司为国王。司库列斯知道了他们怎样对付他和他们这样做的理由之后，便跑到色雷斯去了。当欧克塔玛撒戴司听到这个消息之后，便率领大军到那里去。但是当他到达伊斯特河的时候，色雷斯人阻住了他的去路；而当两军看看就要打起来的时候，西塔尔凯司派使者到欧克塔玛撒戴司那里去对他说：“为什么我们一定要相互比试力量呢？你是我的姊妹的儿子而我的兄弟又在你的身旁，你把他交还给我，我就把司库列斯交给你。我们两个人还是不要使自己的军队遭到危险吧。”西塔尔凯司的使者对他的建议便是这样，因为西塔尔凯司的一个兄弟从他那里逃跑并亡命到欧克塔玛撒戴司那里去。斯奇提亚人同意了这个做法，他把自己的舅父交给了西塔尔凯司并从西塔尔凯司那里引渡过来了自己的兄弟司库列斯。于是西塔尔凯司接受了他的兄弟并把他的兄弟带走了，但欧克塔玛撒戴司却就地杀掉了司库列斯的头。斯奇提亚人是这样一丝不苟地遵守着自己的风俗习惯，对于那些把

外国的风俗习惯加到他们自己的风俗习惯之上的人们，他们就是这样惩罚的。

(**81**)我并未能确切地打听到斯奇提亚有多少人，但是关于他们的人数，我听到的说法都不一样。有些人说他们的人数是很多的，但是又有些人说，真正可以称之为斯奇提亚人的只有少数的一些人。但是在我个人看起来，他们的人数是这样：在包律司铁涅司河和叙帕尼司河之间有一块叫做埃克撒姆派欧斯的地方；在前面[①]我就说过从这里有苦水泉流出来，结果使得叙帕尼司河的河水无法饮用。在这个地区有一个青铜大斧，这件铜器比克列欧姆布洛托斯的儿子帕乌撒尼亚斯呈献并安置在黑海入口处的那个大斧要大六倍。对于还没有见过这件铜器的人，我要给他说一说：斯奇提亚的青铜器可以毫不费力地容纳六百安波列乌斯[②]，它有六指的厚度。但根据当地人们的说法，这个青铜器是用箭头铸造成功的。因为他们那名叫阿里安塔司的国王想要知道斯奇提亚人的人数，故而他命令每一个斯奇提亚人把一个箭头带给他，并威胁说不这样做的将要处以死刑。结果便有极多的箭头给送到他这里来，他决定用它们制造一个纪念物以留传于后世。于是他用这些箭头铸造了一个青铜大斧，把它立在埃克撒姆派欧斯地方。关于斯奇提亚人的人数，我所听到的就是这些。

(**82**)这个地方除去它拥有在全世界比其他地方都要大得多而且

① 参见本卷第五二节。

② 每一安波列乌斯大约等于九加仑。

又多得多的河流之外，并没有什么值得惊异的东西。除去上述的河流以及广大的平野之外，我以为值得一述的还有一件最可惊异的东西。他们指给我一个海拉克列斯的足印，这个足印是印在杜拉斯河河畔的岩石上面，形状和人的足印一样，可是却有两佩巨斯长。足印便是这样的一个东西。在我说了这个足印之后，我就要回过头来，重新叙述我在开头地方所要说的事情了。

(**83**)正在大流士作讨伐斯奇提亚人的准备，并派遣使者到各方去命令一部分人准备陆军，一部分人供应战船，还有另一部分人在色雷斯海峡上架桥的时候①，叙司塔司佩斯的儿子、大流士的兄弟阿尔塔巴诺斯却劝说大流士万万不可出征斯奇提亚人，他告诉大流士斯奇提亚人是怎样一个难于制服的民族。但是当阿尔塔巴诺斯尽管提出忠告而仍然不能使大流士回心转意的时候，阿尔塔巴诺斯便不再进谏了。现在大流士在他把一切准备停妥之后，便引兵离开了苏撒。

(**84**)这时，一个三个儿子都参加了出征的波斯人欧约巴佐斯恳请大流士给他留下一个儿子。大流士对他说他是自己的朋友而他的请求也是入情入理的，因此大流士要把他的三个儿子都给他留下。欧约巴佐斯非常欢喜，他以为他的儿子已被免除了军役，但是大流士却命令有司人等把欧约巴佐斯的儿子都给杀死了。他们便这样地被处死并被放置在那里了。

(**85**)但是大流士当他从苏撒出发到达卡尔凯多尼亚地方博斯波鲁

① 大流士出征的确实日期不知道。格罗特认为可能是在五一四年之前。

斯的架桥地点时，他便乘船向希腊人先前说是漂浮在水上的那个所谓库阿涅埃岩驶去了；他坐在那里的一个岬角上视察了黑海，那实在是一幅壮丽的景色。因为在一切海洋当中，黑海乃是最值得惊叹的。它的长度是一万一千一百斯塔迪昂，它的宽度在它最宽的地方是三千三百斯塔迪昂。这个海的入口的海峡有四斯塔迪昂宽，海峡的长度，即架着桥的那个称为博斯波鲁斯的狭窄颈部有一百二十斯塔迪昂。博斯波鲁斯是一直接着普洛彭提斯的。普洛彭提斯是五百斯塔迪昂宽，一千四百斯塔迪昂长，它的出口是海列斯彭特。海列斯彭特的宽度最窄的地方不过七斯塔迪昂，长度四百斯塔迪昂。海列斯彭特则注入一个我们称为多岛海的无边无际的大海。

(86)这些地方是用这样的办法测量出来的：一只船在一天长的时候，一般是驶行七万欧尔巨阿的距离，但是在夜间则要驶行六万欧尔巨阿的距离。因此，既然从黑海海口到帕希斯（这是黑海上最长的航程）的一段是九天八夜的航程，则它的长度就是一百十一万欧尔巨阿，折合为斯塔迪昂，就是一万一千一百斯塔迪昂了。从辛地卡地区到铁尔莫东河河上的铁米司库拉（这是黑海最宽的地方）是三天两夜的航程，即三十三万欧尔巨阿，折合成三千三百斯塔迪昂。我便是这样地测量了黑海、博斯波鲁斯和海列斯彭特的，而我对它们的说明便是这样。此外，还有一个湖也是注入黑海的，这个湖比黑海也小不了很多，这个湖被称为麦奥提斯，又被称为“黑海之母”。

(87)大流士在视察了黑海之后，便乘船回到萨摩司人芒德罗克列斯主持修建的桥那里。在他又视察了博斯波鲁斯之后，他便在它的岸上建立了两根白色的大理石石柱，一个上面用亚述文字，另一个上面用希腊文字刻上了他的军队中所有各民族的名称。他的军队是从他治下的一切民族那里征集来的；除去海军不算在内之外，军队的总数加上骑兵是七十万人，而集合起来的战船则是六百艘。这两根石柱后来被拜占廷人搬到他们的城市去，在那里他们用一个石柱修建欧尔托西亚·阿尔铁米司的祭坛，另一个刻亚述文字的石柱则被他们放置在拜占廷地方狄奥尼索斯神殿的旁边。如果我推想的不错的话，大流士在博斯波鲁斯筑桥的地方正是在拜占廷和海口的神庙中间的地方。

(88)在这之后，由于大流士对他的舟桥深为嘉许，便给予萨摩司人芒德罗克列斯极其大量的赐品，每种十件。于是芒德罗克列斯便把这些赐品先拿出一部分，请人画了一幅博斯波鲁斯全桥的图画，画面上大流士高高地坐在王位上而他的军队则正在渡过这座桥。他把这幅画奉献给希拉神的神殿，上面还附着这样的铭文：

芒德罗克列斯在多鱼的博斯波鲁斯上架了桥，
于是他把这幅画献给希拉以纪念他的功业；
大流士王既对此深感满意，
那他便为自己争到了荣冠，又为萨摩司人取得了荣誉。

这样做的目的乃是为了把建桥的人的名字保存下来。

(89)在赏赐了芒德罗克列斯之后，大流士便渡海到欧罗巴去了；他曾吩咐伊奥尼亚人乘船进入黑海直到伊斯特河的地方，而他们应在到达那里之后，在那里架桥等候他。因为率领水师的乃是伊奥尼亚人、爱奥里斯人和海列斯彭特人。舰队便这样地从库阿涅埃岛①中间驶过，直向伊斯特河方面行进，而从海溯河而上航行二日之后，便在这条河河口分歧点那里的河颈部着手架桥。但大流士在从舟桥过了博斯波鲁斯之后，便穿过色雷斯到达铁阿罗斯河河源的地方，在那里屯营三日。

(90)根据附近居民的说法，铁阿罗斯河在一切河流当中它的河水乃是最有治疗效果的一条河，特别是在治疗人和马的皮肤病这一点上。它的水源共有三十八处，虽然是从相同的岩石流出来，有的是冷的，有的却是热的。通到那里去的道路有两条，一条是从佩林托斯附近的赫莱昂，一条是从黑海岸上的阿波罗尼亚，二者都是两天的路程。这条铁阿罗斯河是康塔戴斯多斯河的一个支流，这条康塔戴斯多斯河则是阿格里阿涅斯河的支流，阿格里阿涅斯又是海布罗斯河的支流，海布罗斯河是在阿伊诺斯城的近旁入海的。

(91)大流士到达这条河并在这里扎下了营，他对于这里的景色十分喜爱，因此便就地立了另一根石柱，上面刻着这样的铭文："从铁阿罗斯河的河源流出了一切河流当中最优秀的和高贵的水。在进兵斯奇提亚的征途中，人类中最优秀和最高贵的人物、叙司塔司佩斯的儿子大流士、波斯人和整个大陆的国王访问了这个地方。"铭文的内容便是这样。

(92)大流士从这里出发而到达一条叫做阿尔铁斯科斯的河，这是一条贯流欧德律赛人的土地的河流。他到达这条河之后，就给他的大军指定了一块地方，命令他们每一个士兵在经过那里时

① 黑海口的两个小岛，意译为黑石岛。

都把一块石头放在那里。这样一来，在他的全军这样做了之后，他便在那里留下了石块堆成的一座大山，然后便带着兵离开了。

(**93**)但是在他进抵伊斯特河之前，他首先制服了自信是长生不死的盖塔伊人。领有撒尔米戴索司并居住在阿波罗尼亚和梅撒姆布里亚市上方的、称为库尔米亚纳伊和尼普赛欧伊的色雷斯人，未经交锋便投降大流士了。但是在一切色雷斯人当中最勇敢，也最公正守法的盖塔伊人却进行了顽强的抵抗，因此也就立刻被波斯人奴役了。

(**94**)至于他们为什么自己认为是长生不死的，他们的想法是这样。他们相信他们是不死的，死去的人只是到撒尔莫克西司神那里去而已，他们中间有些人则称这个神为盖倍列吉司。每隔四年，他们便用抽签的办法从他们当中选出一个人来作为到撒尔莫克西司神那里去的使者，并且要他向神陈述他们的需求。他们的遣送办法是这样：指定一些人，让他们每人手里拿着三支枪，另一些人则抓住这个派往撒尔莫克西司那里去的使者的手和脚把他抛向空中以便使他落在枪尖上被戳死。如果这个人真的死了，则他们便相信神加惠于他；如果他未被这种办法戳死的话，他们便把这种情况归咎于使者本人，认为他是一个坏人而派另外一位使者去代替他们所责备的那个人。传的信是在那个人还活着的时候告诉他的。此外，如果有雷和闪电发生的话，这些色雷斯人便向空中射箭作为对神的一种威吓，他们除去自己的神以外，是不相信任何其他神的。

(**95**)至于我个人，则居住在海列斯彭特和黑海地方的希腊人曾告

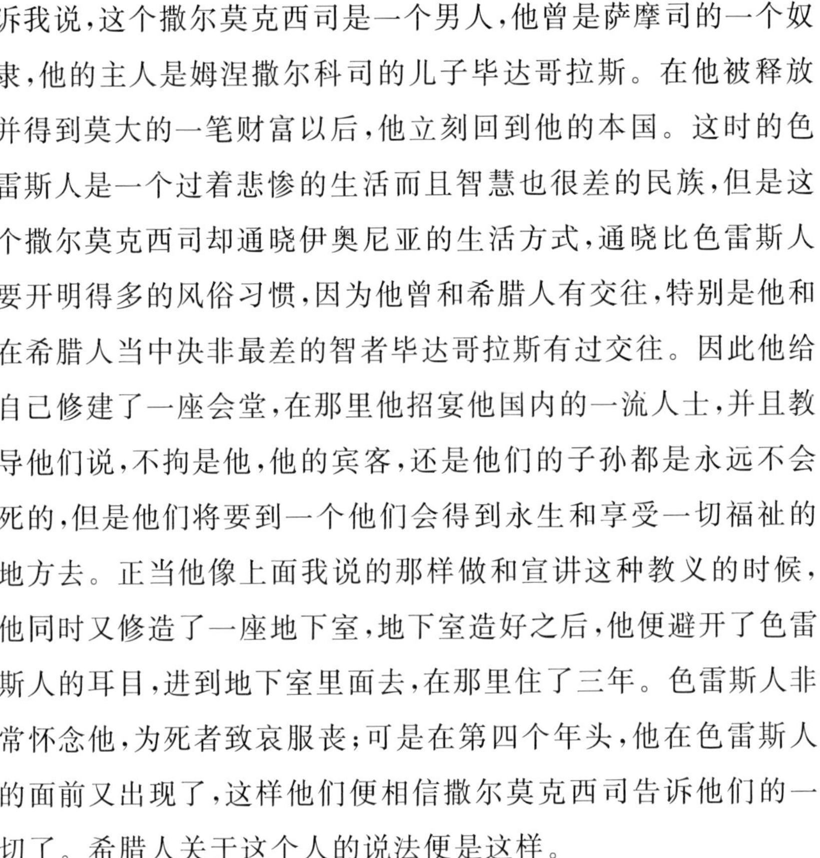

诉我说，这个撒尔莫克西司是一个男人，他曾是萨摩司的一个奴隶，他的主人是姆涅撒尔科司的儿子毕达哥拉斯。在他被释放并得到莫大的一笔财富以后，他立刻回到他的本国。这时的色雷斯人是一个过着悲惨的生活而且智慧也很差的民族，但是这个撒尔莫克西司却通晓伊奥尼亚的生活方式，通晓比色雷斯人要开明得多的风俗习惯，因为他曾和希腊人有交往，特别是他和在希腊人当中决非最差的智者毕达哥拉斯有过交往。因此他给自己修建了一座会堂，在那里他招宴他国内的一流人士，并且教导他们说，不拘是他，他的宾客，还是他们的子孙都是永远不会死的，但是他们将要到一个他们会得到永生和享受一切福祉的地方去。正当他像上面我说的那样做和宣讲这种教义的时候，他同时又修造了一座地下室，地下室造好之后，他便避开了色雷斯人的耳目，进到地下室里面去，在那里住了三年。色雷斯人非常怀念他，为死者致哀服丧；可是在第四个年头，他在色雷斯人的面前又出现了，这样他们便相信撒尔莫克西司告诉他们的一切了。希腊人关于这个人的说法便是这样。

(96)我呢，我既相信，也不完全相信关于撒尔莫克西司和他的地下室的说法，但是我认为他是比毕达哥拉斯要早许多年的；至于这个撒尔莫克西司是一个平常人，还是盖塔伊人中间原有的一个神的名字，我不打算去追究了。盖塔伊人的风俗习惯就是这样。他们被波斯人征服之后，就随着波斯人的远征队伍一同前进了。

(97)大流士偕同他的陆军进抵伊斯特河，他便下令全军渡过该河；渡过之后，他命令伊奥尼亚人把舟桥毁掉，而和水师一道随着他在大陆上进军。正当伊奥尼亚人依照大流士的命令准备把桥毁掉的时候，米提列涅人的将领埃尔克桑德罗司的儿子科埃斯先问一下大流士，是不是愿意听一下愿意提出个人看法的任何人的意见，因此说：“哦，国王！既然你要进攻的国土是一个既无耕地，又无有人居住的市邑的国土，那么请你还是把这个桥留在原来的地方，要修造这座桥的那些人来看守它吧。这样的话，如果我们遇到了斯奇提亚人并且达到了我们的愿望，我们便会有一条回来的道路；而甚至如果我们遇不到他们，至少我们的退路还是安全的；因为我个人所担心的决不是我们会被斯奇提亚人所打败，而是担心我们遇不到他们，而在彷徨迷路的时候遭受损失。也许有人会说，我这样说是为了我自己，因为我自己想留在后面；但事情实际上并不是这样，可是，国王，我不过是向大家提出我认为是对你最好的意见罢了。至于我个人，我是愿意跟着你而不愿意留在后面的。”大流士十分嘉许他的这个意见，于是这样回答科埃斯说：“亲爱的列斯波司人，当我安全地返回我的宫殿的时候，请一定到我这里来吧，我是会好好地来酬答你的忠言的。”

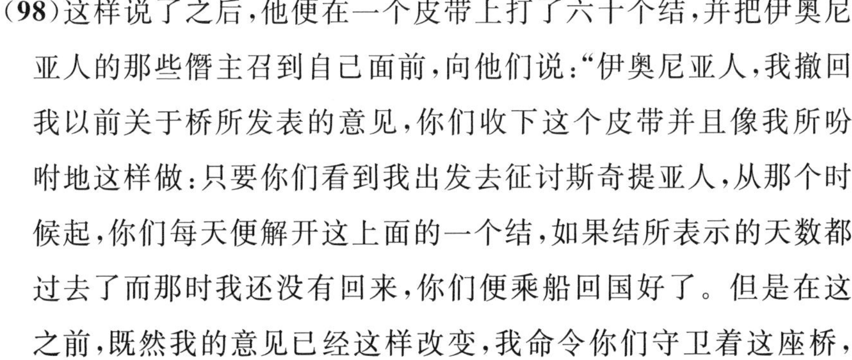

(**98**)这样说了之后，他便在一个皮带上打了六十个结，并把伊奥尼亚人的那些僭主召到自己面前，向他们说：“伊奥尼亚人，我撤回我以前关于桥所发表的意见，你们收下这个皮带并且像我所吩咐地这样做：只要你们看到我出发去征讨斯奇提亚人，从那个时候起，你们每天便解开这上面的一个结，如果结所表示的天数都过去了而那时我还没有回来，你们便乘船回国好了。但是在这之前，既然我的意见已经这样改变，我命令你们守卫着这座桥，

尽一切努力来救护和保卫它。你们这样做，我就万分满意了。”大流士这样说了之后，便赶忙继续向前出征了。

（**99**）比斯奇提亚更远地向海里伸出的是色雷斯。斯奇提亚开始于海岸上形成一个海湾的地方，河口向着东南方的伊斯特河也是在斯奇提亚境内入海的。现在从伊斯特河起，我要考虑到测量而把斯奇提亚本土的沿岸地带叙述一下。古斯奇提亚的土地是从伊斯特河开始的，这块土地是向着子午线和南风的方向，直到叫做卡尔奇尼提斯的城市的地方。过去这个地方，邻接着同一海岸的土地则是山地并且突出到黑海里面去；这块地方住着陶利卡族，直到称为特拉凯亚（嵯峨的）凯尔索涅索斯的地方，而这个地方又是向东伸到大海里去的。因为在斯奇提亚的四个界线当中有两个界线是南方的海和东方的海[①]，就像阿提卡也是以大海为疆界一样；陶利卡人在斯奇提亚所居住的地方也和阿提卡相似，这就正仿佛不是雅典人，而是其他民族居住在从托利科司区到阿那普律司托司市区的索尼昂山地，如果这个地方比它现在更远地突入大海的话。我这样讲，是因为我认为我可以拿小东西和大东西相比。陶利卡人所住的地方就是这样的。但是那些没有在阿提卡的那一部分的海岸航行过的人，我可以用另一种办法对他说明：这就正仿佛不是雅庇吉亚人，而是其他民族住在雅庇吉亚地方的、被从布伦特西昂港到塔拉斯所画的一条线所切断的那个地岬上面。从我所谈的这两个地方，可以推知和陶利卡酷似的其他许多类似的地方。

① 这里指亚速海。

(**100**)在陶利卡的那面就是斯奇提亚人居住的地方了,他们居住在陶利卡以北濒临东海,奇姆美利亚海峡和麦奥提斯湖以西,直到流入该湖的最内端的塔纳伊司河的地方。至于斯奇提亚的内地疆界,如果我们从伊斯特河开始算起的话,则与斯奇提亚为邻的首先是阿伽杜尔索伊人,其次是涅乌里司人、复次是昂多罗帕哥伊人,最后是美兰克拉伊诺伊人。

(**101**)这样看来,斯奇提亚就成了一个方形的国家而且有两面是临海的;它有两面在内地,再加上沿着海的两面,就构成了四面相等的一个正方形。因为从伊斯特河到包律司铁涅司河是十天的路程,从包律司铁涅司河到麦奥提斯湖也是十天的路程;而从海向内地到居住在斯奇提亚以北的美兰克拉伊诺伊人的地方,则是二十天的路程。现在我且把一天的路程计算为二百斯塔迪昂。这样,横断斯奇提亚的距离就是四千斯塔迪昂,而一直画到内地去的纵断线也便是同样数目的斯塔迪昂了。这个国家的面积就是这样。

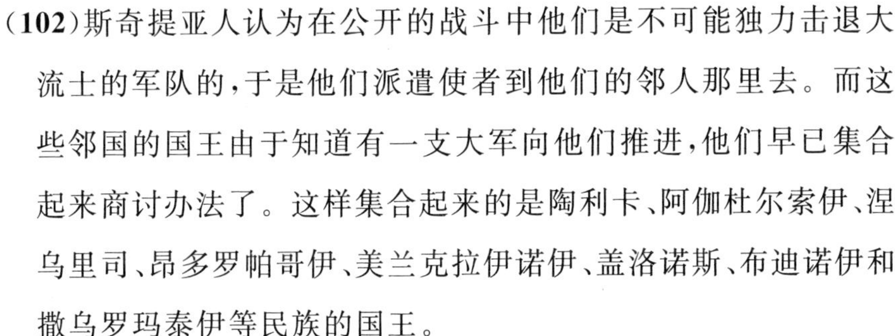

(**102**)斯奇提亚人认为在公开的战斗中他们是不可能独力击退大流士的军队的,于是他们派遣使者到他们的邻人那里去。而这些邻国的国王由于知道有一支大军向他们推进,他们早已集合起来商讨办法了。这样集合起来的是陶利卡、阿伽杜尔索伊、涅乌里司、昂多罗帕哥伊、美兰克拉伊诺伊、盖洛诺斯、布迪诺伊和撒乌罗玛泰伊等民族的国王。

(**103**)在这些人当中,陶利卡人有这样的风俗习惯。所有遭到难船的人和他们在海上打劫时所劫到的任何希腊人,他们把这些人都作为牺牲献给少女神①。方式是这样：在举行了牺牲奉献的预备仪式之后，他们便用一根木棍殴打作为牺牲的人的头。根据有的人的说法，他们随后便把牺牲者的头插到竿子上并把他的胴体从断崖上抛下去（因为神殿就在断崖上面）；又有人对于头部的说法与此相同，但是说胴体不是从断崖上抛下去而是给埋到地里。他们对之奉献牺牲的这个女神据陶利卡人自己说是阿伽美姆农的女儿伊披盖涅娅。对于他们所征服的敌人，他们每个人都割掉他的敌人的头并把它带回自己的家，在那里他把它插到一个长杆子上，高高地树立在房屋上，一般比烟囱还要高。他们说，这些人头高高地放到那里是用来守望全宅的。陶利卡人是仰仗着打劫和战争为生的。

（**104**）阿伽杜尔索伊人在所有的人当中是最奢侈的了，他们非常喜欢佩戴黄金饰品。他们是乱婚的，这样他们相互间都是兄弟，相互间既都是一家人，这样他们便不会相互忌妒和嫉恨了。在其他的风俗习惯方面，他们是和色雷斯人接近的。

（**105**）涅乌里司人在风俗习惯方面是模仿斯奇提亚人的，但是在大流士的军队到来的一代之前，他们曾遭到蛇的侵袭而被逐出本国。因为他们本国就产生大量的蛇，此外又有很多的蛇从北方的沙漠地带到他们这里来，而涅乌里司人最后受到这般的压制，以致他们竟不得不离开自己的国土而到布迪诺伊人那里去住。他们也许是巫师，因为斯奇提亚人和住在斯奇提亚的希腊人都说，每年每一个涅乌里司人都要有一次变成一只狼，这样过了几

① 一个地方神，希腊人认为它相当于阿尔铁米司。

天之后，再恢复原来的形状。至于我本人，我是不能相信这个说法的。虽然如此，他们依旧这样地主张，并且发誓说这样的事情是真的。

(**106**)昂多罗帕哥伊人是全人类当中生活方式最野蛮的民族。他们不知道任何正义，也不遵守任何法律。他们是游牧民族，穿着和斯奇提亚人一样的衣服，但讲的话却是他们自己的。在所有这些民族当中，只有他们是以人为食的。

(**107**)美兰克拉伊诺伊人都穿着黑衣裳，他们便是因此而得名的；他们所采用的是斯奇提亚人的风俗习惯。

(**108**)布迪诺伊人是一个人口众多的大民族。他们都有非常淡的青色的眼睛和红色的头发。他们有一座木造的城市，称为盖洛诺斯。它的城墙每一面是三十斯塔迪昂长，城墙很高而且完全是木头修造的。他们的家宅和神殿也都是木造的。在他们那里有奉祀希腊的神的神殿，这些神殿是按照希腊的样式设备起来的，里面有神像、祭坛、神龛，这些也都是木造的；他们每隔两年就要为狄奥尼索斯举行一次祝祭，举行祝祭的时候人们像是在巴科司节那样的发狂。原来盖洛诺斯人的根源乃是希腊人，希腊人被逐离他们的商港而居住到布迪诺伊人中间来；他们所讲的话一半是希腊语，一半是斯奇提亚语。但是布迪诺伊人所讲的话和盖洛诺斯人不同，他们的生活方式也不同。

(**109**)布迪诺伊人是当地的土著。他们是游牧民族，在这些地区中间，只有他们是吃枞果的；盖洛诺斯人是务农的，他们吃五谷而且有菜园；在身材和面貌上，他们和布迪诺伊人完全不同。然而希腊人却仍旧称布迪诺伊人为盖洛诺斯人，但这是不对的。他们的国土到处都茂密地生长着各种各样的树木，在树林的深处有一个极阔大的湖，湖的四周是长着芦苇的沼地。人们在湖里可以捕到水獭、海狸，此外还可以捕获到另一种方形面孔的动物，它们的皮可以用来做衣服的边，而人们还用它们的睾丸来治疗子宫的各种病。

(110) 下面我再说一说撒乌罗玛泰伊人的历史。当希腊人对阿马松作战的时候（斯奇提亚人称阿马松为欧约尔帕塔，用我们的话来说就是杀男人者的意思，因为在斯奇提亚语里，οιὸρ〔欧约尔〕是男人的意思，πατα〔帕塔〕是杀死的意思），传说他们在铁尔莫东取得了胜利之后，便把他们所生俘的阿马松尽可能多地载满了三只船出发了；但是到了海上的时候，阿马松们却向船上的水手进攻，并把他们杀死了。可是她们丝毫不懂船上的事情，她们也不会使用舵、帆和桨；而原来的那些人既已被抛到海里去，她们只得任凭浪头和风的摆布，直到她们来到麦奥提斯湖岸上克列姆诺伊的地方。这个地方是在自由的斯奇提亚人的国境之内的。阿马松们便在这里上岸并且出发到有人居住的地方去。但是在她们的旅程中，她们最初遇到的是一群马，于是她们便骑着这一群马劫掠了斯奇提亚人的土地。

(111) 斯奇提亚人不知道这是怎么一回事，因为他们不懂得这些妇女的语言，不认识这些人的衣服，也不知道这些人是什么民族。他们奇怪这些人是从什么地方来的并认为她们都是年纪相同的男子；于是他们和阿马松展开了战斗。战斗的结果是斯奇提亚人得到了战死者的尸体，这样他们才知道他们的敌人原来是妇女。因而在他们商量之后，他们便决定决不像先前那样地把她们杀死，而是把他们的最年轻的男子们送到她们那里去，根据推定，他们派去的人数和妇女的人数是相等的。他们命令这些年轻人在阿马松的附近扎营并且模仿她们的一切动作。如果妇女追赶他们，那么就不要交战，而是逃跑；而当追赶停止的时候，便回来仍旧在她们的附近扎营。这便是斯奇提亚人的计划，因为他们希望这些妇女能够生孩子。这样派去的年轻人，就依照着吩咐给他们的做了。

(**112**)当阿马松看到那些年轻人无意伤害她们的时候，她们就不去管他们了。但是两处营地却一天天地接近起来。这些年轻人，他们和阿马松一样，除去他们的武器和他们的马匹之外什么都没有；他们和妇女们一样，是以打猎和打劫为生的。

(**113**)在正午的时候，阿马松就要分散开来，分别一个人或是成对地相互离开，这样漫游到别的地方去寻欢作乐。斯奇提亚人看到这一点于是也这样做；当妇女们独自一人漫游的时候，一个年轻的男子便缠住了她们中间的一个人。妇女并不加抵抗而是任凭他为所欲为；但(由于他们彼此之间言语不通)她不能向他讲话，但她向他做手势表示应该有两个人，即要他第二天再带一个年轻人到同一地点来，而她也把另一个妇女带到这里来。年轻男子回去告诉了他的同伴，第二天他自己便和另一个男子到昨日的地方来，在那里他发现阿马松和另一个妇女在等候着他。当其他的年轻男子知道这件事的时候，他们也就和其他的阿马松发生了关系。

(**114**)他们于是立即把营帐结合起来住到一处了，每个男子都娶了与他第一次发生关系的妇女为妻。但男子学不会妇女所说的话，可是妇女却懂得了男子的语言。而当他们相互理解的时候，男子便对阿马松说："我们有父母，又有财产，因此我们不要再像现在这样地过活了，让我们回到我们的同胞们那里去和他们一同过活吧。我们仍然愿意要你们，而不是别人，做我们的妻子。"妇女们回答说："可是我们不能和你们的妇女住在一起，因为我们和她们的风俗习惯不同。我们射箭、投枪、骑马，可是我们从来没有学过妇女的事情。你们的妇女从不做我们所提到的事情，而是坐在她们的车里做妇女的事情，从不出来打猎或做其他什么事情。因而我们和她们是永远不能和谐相处的。如果你们想要我们做妻子并且想保持正直的人的声名，那么就到你们的父母那里去要他们把应该给你们的财产分给你们，然后让我们走开过我们自己的生活。"年轻人同意她们的意见并且这样做了。

(**115**)当他们得到了他们应分得的财产并且回到阿马松这里来的时候，妇女们对他们说："想到我们竟不得不住在这个地方时，我们是感到害怕的，因为我们不仅使你们的父母失掉了你们，而且使你们的土地受到了很大的损害。既然你们认为你们要我们为妻是正当的，那么就让我们和你们，咱们一齐离开这块地方，住到塔纳伊司河那一面的土地上去吧。"

(**116**)对这一点年轻人也同意了，于是他们渡过了塔纳伊司河，从河向东走了三天的路程并从麦奥提斯湖向北走了三天的路程；而当他们到达了他们现在所居住的地方的时候，他们便在那里定居了。从那时起，撒乌罗玛泰伊人的妇女便一直遵守着他们的古老的习俗；她们和她们的丈夫或是不和她们的丈夫乘马出去打猎，她们也作战并且穿着和男子同样的衣服。

(**117**)撒乌罗玛泰伊人的语言是斯奇提亚语，但是这种语言在他们嘴里已经失去古时的纯正，因为阿马松从来就没有把这种语言学好。至于婚姻，则习惯上一个处女在她还没有杀死敌人的一个男子的时候是不许结婚的。有一些妇女直到老死而不结婚，因为她们不能履行法律的要求。

(**118**)上述各个民族的国王们集会的时候，斯奇提亚的使者到他们的地方来了，这些使者把一切事件原原本本地告诉了他们。使者们告诉他们波斯人怎样在把对面的大陆全部征服之后，又在博斯波鲁斯海峡上造桥而渡到他们的大陆上来，怎样在渡过了桥并征服了色雷斯人之后，他又在伊斯特河上架桥，以便使那一地区和其他地区同样地也臣服于他。他们说："这样看来，你们决不应当安闲无事地袖手旁观看着我们被毁灭掉，而是我们应当大家团结一致共同对付这个侵略者。如果你们不愿意这样做，则我们或是被强力驱出我们的国土或是留在这里缔结屈辱的和约。如果你们不帮助我们的话，我们将要遭到怎样的命运呢？从此之后，你们自己可以说是决不会有好日子过的。因为波斯人对你们的攻击决不会比对我们的攻击轻，而在征服了我们之后，他们也决不会将你们轻轻放过的。对于我们所说的话，我们可以向你们提出充分的证明：如果波斯人只是向我们进攻以便报复我们先前奴役他们的国土的这个耻辱的话，则他们就一定不去触动别的民族而是一直向我们的国土进攻，这样做是为了使大家明白他们的目的是斯奇提亚，而不是别的地方。但是现在，自从他渡海到这个大陆上的时候起，他便一直征服着他

路上所遇到的一切民族，他不仅征服了其他色雷斯人，而特别是征服了我们的邻人盖塔伊人。”

(**119**)以上就是斯奇提亚人所发表的意见，从各个民族前来的国王们进行了商谈，但他们的意见是不一致的。盖洛诺斯人、布迪诺伊人、撒乌罗玛泰伊人的国王的见解是一致的，他们同意帮助斯奇提亚人；但是阿伽杜尔索伊人、涅乌里司人、昂多罗帕哥伊人、美兰克拉伊诺伊人、陶利卡人的国王却是这样地回答斯奇提亚人的使者的："如果不是你们首先向波斯人无端挑衅因此引起了战争的话，则现在你们所提出的请求在我们看来就会是正当的，而我们也会同意并且和你们采取一致的行动。但是现在，是你们而不是我们进攻他们的国土并且把他们的国土统治到神所能允许的时期；而为同一位神所激励的波斯人，现在不过是用同样的方式对你们进行报复罢了。但是我们在先前并没有做过对不起他们的坏事，现在我们也不打算无缘无故地去侵害他们。不过，假若波斯人也来侵犯我们的国土并且首先对我们做坏事的话，那我们也就不会轻轻地放过这件事了。但是在我们看到他们这样做之前，我们还是想留在我们的国土之内的。因为根据我们的看法，波斯人所要进攻的不是我们，而是首先做出不正当的事情的人。”

(**120**)这个回答被带了回来并传达给斯奇提亚人之后，斯奇提亚人于是决定不对敌人进行公开的战争，因为他们并不能得到他们所寻求的盟友。他们决定把自己分成两路，暗中撤退并赶走他们的牲畜，填塞他们撤退道路上的水井和泉水并把地上的草连根掘掉。他们的意思是把撒乌罗玛泰伊人加到斯科帕西司所君临的一支军队中去，而如果波斯人向他们进攻的话，这支军队便在他面前向塔纳伊司河方面沿着麦奥提斯湖退却，如果波斯人向回走的话，那他们就进击和追踪他们。以上乃是王国的一支地区部队，它的使命是按着上述道路行进。他们的其他两支地区部队，即伊丹图尔索司所指挥的较大的一支部队和塔克撒启司所君临的第三支地区部队，则合并为一，再把盖洛诺斯人和布迪诺伊人加进去；他们在波斯人进军时也和其他人一样地暗地里撤退，他们要在敌人前面保持一天的路程，避免与敌人相会并且按他们所决定的办法去做。但首先他们必须一直撤退到拒绝和他们联盟的国家里去，以便使这些国家也会被迫战斗。因为如果他们不是出于本心地对波斯人作战的话，他们也会迫不得已而对波斯人作战的。在这之后，军队便返回自己的国土，而在商议之后觉得于己有利的时候，便向敌人发动进攻。

(**121**)斯奇提亚人决定了这样的一个计划之后，他们便派出了他们最精锐的骑兵作为前哨部队去邀击大流士的军队。至于他们的妻子儿女用来作为住宅的车子以及他们的全部牲畜，他们都给打发到前面去，留在后面的只有足够食用的一批牲畜。他们命令车子和牲畜一直向着北风的方向行进。

(**122**)这些人首先被遣送出去了。斯奇提亚人的前哨部队在离伊斯特河三日路程的地方发现了波斯人，在发现了他们之后，他们就在比敌人早一天的路程的地方屯营，并着手把一切在地上生长着的东西都铲除干净。当波斯人看到斯奇提亚的骑兵部队出现的时候，他们便跟踪追击，而斯奇提亚的骑兵则是一直在他们的面前退却。随之(由于向着斯奇提亚的一个地区部队进击)，波斯人便继续向着东方和塔纳伊司河的方面追击，而当斯奇提亚的骑兵渡过了塔纳伊司河的时候，波斯人也便跟着渡过了河追击，因此他们竟穿过了撒乌罗玛泰伊人的土地而进入了布迪诺伊人的土地。

(**123**)但是在波斯人穿过斯奇提亚人和撒乌罗玛泰伊人的土地的时候，那里并没有任何可供他们蹂躏的东西，因为那里已是一片荒芜的不毛之地了。但是当他们进入布迪诺伊人的土地的时候，他们看到了一座木造的城市；不过布迪诺伊人已经放弃了这座城并且什么东西也没有留在里面，于是波斯人便把这座城烧掉了。这之后，波斯人继续向前跟踪追击骑兵，他们经过了这个地区而进入了没有人烟的荒漠地带。这片地区在布迪诺伊人的北面而它的宽度是七日的行程。在这个荒漠地带的那一面则住着杜撒该塔伊人；从他们那里流出了四条大河流，它们流经麦奥塔伊人的土地而注入所谓麦奥提斯湖。这四条大河的名字是吕科斯河、欧阿洛司河、塔纳伊司河、叙尔吉司河。

(**124**)当大流士进入荒漠地带的时候，他便停止了追击，在欧阿洛司河河岸上扎下了营，在那里他修筑了八座大要塞，每座要塞相距都是六十斯塔迪昂。这些要塞的残迹在我的时代还存在的。当他正在忙于修筑这些要塞的时候，他所追击的斯奇提亚人却向北迂回，转回斯奇提亚了。当他们完全消失而不再处于波斯人的视线之内的时候，大流士于是便放弃了那些完工一半的要塞，也回转过来向西行进了，他以为那些斯奇提亚人是他们的全部军队，而他们是向西方逃跑的。

(**125**)但是在他以强行进军的速度进入斯奇提亚的时候，他却遇到了斯奇提亚人的两个地区部队，他追击他们，但他们一直是在他前面保持一天的行程。由于他不愿意停止对他们的追击，斯奇提亚人于是依照他们原定的计划，从他的面前逃到拒绝和他们结盟的国家去，首先就是到美兰克拉伊诺伊人那里去。斯奇提亚人和波斯人都突入了他们的国土，扰乱了他们的和平生活；斯奇提亚人从这里又把波斯人引进了昂多罗帕哥伊人的国土，同样地也扰乱了他们。从那里他们以同样的效果撤退到涅乌里司人的国土，也扰乱了他们，然后又逃到阿伽杜尔索伊人那里去。但是这些人看到他们的邻人们在斯奇提亚人迫近时惊惶逃跑的情况，便在斯奇提亚人能够进入他们的国土之先，派出一名使者禁止斯奇提亚人涉足他的边界，并警告说，如果斯奇提亚人打算突破边界的话，他们就必须首先和阿伽杜尔索伊人作战。在发出这个警告之后，他们便集结在边界的地方，打算阻止侵略者。但是在波斯人和斯奇提亚人突入美兰克拉伊诺伊人、昂多罗帕哥伊人和涅乌里司人的国土时，这些人并没有进行抵抗，而是忘记了自己先前的威吓言辞，惊惶失措地一直向北逃到荒漠地带去了。斯奇提亚人既然受到阿伽杜尔索伊人的警告，便不再想进入他们的国土，而是把波斯人从涅乌里司人的国土引进了斯奇提亚。

(126)这样的情况继续了很久，而且是无尽无休的；于是大流士就派了一名骑士送信给斯奇提亚的国王伊丹图尔索司说："莫名其妙的先生，既然在下述两件事情当中你可以任择其一，则我觉得奇怪为什么你老是在逃跑？如果你认为你有足够的力量来与我一较雌雄，那么就不要再向前跑，而停下来战斗；但如果你知道

你自己较弱，那么就不要再这样跑来跑去，而是应当和你的主人缔约，把土和水这两件礼物送给他。”

(**127**)斯奇提亚的国王伊丹图尔索司回答他说：“波斯人，我来告诉你我采取的态度吧，我从来不曾因为怕任何人而逃跑过，现在我也不是由于害怕你而逃跑。现在我的这个做法绝不是什么一件新鲜的事情，而只是我平时的一种锻炼罢了。至于我不立刻与你接战的理由，这一点我也要告诉你的，因为我们斯奇提亚人没有城市或是耕地，故此我们不必害怕被攻陷或是被蹂躏。这样我们就没有向你尽快作战的理由了，但如果除去立刻接战之外，任何东西你们都不满意的话，我们还有我们的父祖的坟墓，来找到这些地方并试着把它们毁掉吧。那时你们就会知道我们是不是会为了那些坟墓而战斗。除非到我们认为适宜的时候，我们是不会接战的。关于战斗，我就谈这些。至于主人，则我认为我的主人是我的祖先宙斯和斯奇提亚人的女王希司提亚，而不是别的什么人。我将要把礼物送给你，但不是土和水，而是你正应当得到的东西；至于你吹嘘说你是我的主人，我是要咒诅这句话的。”斯奇提亚人对他们的回答便是这样。

(**128**)于是使者带了这个信到大流士那里去了；但是斯奇提亚人的国王们当他们听到奴役的这个词时心里是十分气愤的。于是他们派出了由斯科帕西司所统率的由斯奇提亚人和撒乌罗玛泰伊人组成的一支部队，去和守卫着伊斯特河河上的桥的伊奥尼亚人谈判。至于留在后面的斯奇提亚人，则决定他们不再引着波斯人到各处乱跑，而是在波斯人用饭的时候向他们进攻。因此他们便等待到波斯人用饭的时候按照他们的计划行事。斯奇提亚的骑兵在战斗当中总是击退波斯的骑兵，波斯的骑兵向步兵方面溃退，波斯的步兵于是上来应援。斯奇提亚人这方面虽然打退了对方的骑兵，却由于害怕步兵而逃了回来。斯奇提亚人在白天或是在夜里，便都是用这种办法进攻的。

(**129**)说起来最奇怪的是，对波斯人有利但是妨碍了斯奇提亚人进攻大流士的军队的是驴子的叫声和骡子的样子。因为，如我已经讲过的，斯奇提亚那地方是不产驴子或骡子的。而在斯奇提亚的全部地方，也由于气候寒冷的缘故，没有任何驴子或是骡子。因此在驴子高声狂叫的时候，就把斯奇提亚的骑兵吓跑了。常常在他们攻击波斯人的时候，如果马听到驴鸣的话，它们便会惊惶地向回跑或是吃惊地竖起耳朵站在那里，因为它们从来没有听见过这样的一种声音或是看见过这样的活物。因此这一点对战争也还是有一些影响的。

(**130**)当斯奇提亚人看到波斯人已呈动摇之象的时候，他们便想出了一个计划，这个计划可以使波斯人更长久地留在斯奇提亚并由于这样的停留而引起缺乏一切必需品的苦恼。他们把一些牲畜和牧人留在后面，而他们自己则迁移到别的地方去。于是波斯人便会来掠夺这些家畜，并将因之而欢欣鼓舞起来。

(**131**)这样的事既然多次发生，大流士于是陷于进退维谷的地步了。当他们看到这一点的时候，斯奇提亚的国王们于是派遣一个使者把一份礼物带给了大流士，这份礼物是一只鸟、一只鼠、一只蛙和五支箭。波斯人问来人带来的这些礼物是什么意思，但是这个人说除去把礼物送来和尽快离开之外，他并没有受到什么吩咐。他说，如果波斯人还够聪明的话，让他们自己来猜一猜这些礼物的意义吧。波斯人听了这话之后便进行了商议。

(**132**)大流士认为这是斯奇提亚人自己带着土和水向他投降的，他的理由是：老鼠是土里的东西，他和人吃着同样的东西，青蛙是水里的东西，而鸟和马则是很相像的。他又说，箭是表示斯奇提亚人献出了他们的武力。这是大流士所发表的意见；但是杀死玛哥斯僧的七人之一的戈布里亚斯的意见和大流士的意见恰恰相反。他推论这些礼物的意义是："波斯人，除非你们变成鸟并高飞到天上去，或是变成老鼠隐身在泥土当中，或是变成青蛙跳到湖里去，你们都将会被这些箭射死，永不会回到家里去。"

(**133**)波斯人关于这些礼物的推论就是这样。斯奇提亚人有一支部队起初曾奉命守卫麦奥提斯湖，现在则又被派到伊斯特河来和伊奥尼亚人谈判。当斯奇提亚人的这支部队来到桥这个地方时，他们说："伊奥尼亚人，只要你们肯听我们的意见的话，我们是会来把自由带给你们的。我们听说大流士命令你们把这座桥只守卫六十天，而如果他在这一期间不来的话，那你们便可以回到你们的家里去。因此你们如这样做，则在大流士看来和在我们看来都是无罪的。那就是你们在指定的日子里留在这里，在这个时期过去以后便离开。"伊奥尼亚人答应这样做之后，斯奇提亚人便尽快地赶回去了。

(**134**)但是在把礼物送到大流士那里去以后，留在那里的斯奇提亚人便把步兵和骑兵拉出来和波斯人对阵了。但是当斯奇提亚人列好队形的时候，从军队当中跑出了一只兔子；看见它的每一个斯奇提亚人都追赶这只兔子。因此在斯奇提亚人中间发生了混乱和喊叫。大流士问敌人的这种喧叫是什么意思。而当他听说他们正在追赶兔子的时候，他就对他经常与之谈论事情的人们说：“这些人简直是太不把我们放到眼里了，我以为戈布里亚斯关于斯奇提亚人的礼物的说法是正确的。既然我对于这件事的看法也和他一样，我们就必须想个好办法以便我们可以安全地返回自己的国土。”于是戈布里亚司便接上来说：“主公，在我没来到这里之前，从传闻我就差不多完全相信这些斯奇提亚人是多么不好对付的了。而我到这里之后，这一点我就更加肯定了，因为我看他们不过是和我们开玩笑罢了。因此现在我的意见是，在入夜之际我们依照我们通常的习惯点起我们的营火，以便欺骗我们的军队中最弱而不能吃苦的那些人并且把我们所有的驴子都系在这里，我们自己则在斯奇提亚人能够一直到伊斯特河把桥毁掉或是伊奥尼亚人作出任何使我们遭到毁灭的决定以前离开。”戈布里亚斯的忠告就是这样。

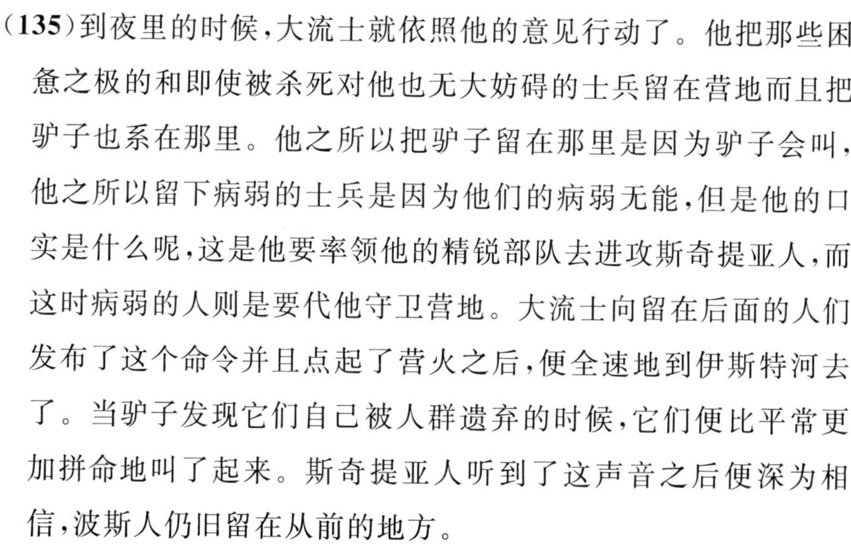

(**135**)到夜里的时候，大流士就依照他的意见行动了。他把那些困惫之极的和即使被杀死对他也无大妨碍的士兵留在营地而且把驴子也系在那里。他之所以把驴子留在那里是因为驴子会叫，他之所以留下病弱的士兵是因为他们的病弱无能，但是他的口实是什么呢，这是他要率领他的精锐部队去进攻斯奇提亚人，而这时病弱的人则是要代他守卫营地。大流士向留在后面的人们发布了这个命令并且点起了营火之后，便全速地到伊斯特河去了。当驴子发现它们自己被人群遗弃的时候，它们便比平常更加拼命地叫了起来。斯奇提亚人听到了这声音之后便深为相信，波斯人仍旧留在从前的地方。

(**136**)但是当天亮的时候，被留下的人们才晓得是大流士骗了他们，于是他们便向斯奇提亚人伸出了投降的手并且把真实情况告诉了他们。斯奇提亚人听到这个消息之后，立刻火速地集合了自己的兵力，他们自己的两支部队和有撒乌罗玛泰伊人、布迪诺伊人、盖洛诺斯人参加的一支部队，一直向伊斯特河方面追击波斯人去了。但是波斯军队的大部分是步兵而且由于道路没有开凿出来而他们不识道路，但斯奇提亚人却是骑兵并且知道到那里去的捷径，因此他们相互间远远地错开了，结果斯奇提亚人便远比波斯人要早到那座桥的。斯奇提亚人既然看到波斯人还没有到达，他们便向船上的伊奥尼亚人说："伊奥尼亚人，规定的日期已经过去了，你们若还留在这里就不对了。可是，在这以前是畏惧的心情使你们不敢离开这里，现在尽快把桥毁掉，感谢诸神和斯奇提亚人，在自由与快乐之中回家去吧。至于那曾是你们的主人的那个人，我们是会叫他永远不会再率领着他的军队进攻任何民族的。"

（**137**）于是伊奥尼亚人便举行了一次会议。海列斯彭特的凯尔索涅索斯人的僭主兼指挥官、雅典人米尔提亚戴斯的意见是，他们听从斯奇提亚人的劝告并使伊奥尼亚获得自由。米利都人希司提埃伊欧斯则持着反对的意见。他认为他们今日之所以各自成为自己城邦的僭主，正是由于大流士的力量，如果大流士的权势被推翻的话，他们便再也不能进行统治了，不拘是他在米利都还是他们的任何人在任何地方都会如此，因为那时所有城邦都会选择民主政治，而不会选择僭主政治了。当希司提埃伊欧斯发表这个意见的时候，他们全体立刻赞同了这个意见，尽管他们起初曾同意了米尔提亚戴斯的说法。

(**138**)投票赞同这种做法的是大流士所重视的人们;他们是海列斯彭特诸城邦的僭主阿比多斯的达普尼司、拉姆普撒柯斯的希波克洛司、帕里昂的海罗庞托司、普洛孔涅索斯的美特洛多罗司、库吉科司的阿里司塔哥拉斯、拜占廷的阿里司通;来自伊奥尼亚的则是岐奥斯的司妥拉提斯、萨摩司的埃雅凯司、波凯亚的拉欧达玛司以及反对米尔提亚戴斯的意见的米利都的希司提埃伊欧斯。在爱奥里斯人当中,列席的唯一重要人物就是库麦的阿里司塔哥拉斯。

(**139**)因此,在这些人议定采纳了希司提埃伊欧斯的意见之后,他们便决定再把下列的行动和言语加上去。他们决定把接连着斯奇提亚的那一面的一部分桥毁掉,直到从斯奇提亚的岸上用箭所能射到的地方,这样他们看来好像是做了一些事情,但是实际上他们是什么事也没有做,而且这样又使斯奇提亚人不能试图强行从这座桥渡过伊斯特河。同时在毁掉接连着斯奇提亚的领土的这部分的桥时还可以告诉斯奇提亚人说,他们愿意做到斯奇提亚所希望他们做的一切事情。他们又把这个决定加到他们先前的决议上面去。而希司提埃伊欧斯随即代表全体希腊人,回答斯奇提亚人说:“斯奇提亚人诸位,你们给我们带来了好的意见,而你们的热心行动也是及时的;你们应如其分地正确地指导了我们,我们也做我们的事情,帮助你们达到你们所需要的目的;因为你们看到,我们正在毁掉这个通路,并将尽一切努力,因为我们是十分希望得到我们的自由的。但是在我们毁掉桥梁的时候,那也正是你们去搜索波斯人的时候。而当你们发现他们的时候,你们便可以为你们以及为我们像他们所应得那样地对

他们进行报复了。”

(**140**)因此斯奇提亚人便再一次地相信了伊奥尼亚人的话并转回去搜索波斯人去了，但是他们弄错了他们的敌人回师时所经过的全部道路。在这一点上，斯奇提亚人自己是有责任的，因为他们毁坏了那一地区的牧马草场并且堵塞了水井。如果他们不这样做的话，只要他们愿意，他们立刻就可以找到波斯人。但实际上，他们自认是最高明的那一部分计划却正是他们失败的原因。因此斯奇提亚人便在国内有秣草和水的那些地方搜索敌人，因为他们认为，敌人在逃跑时也是会以这样的地方为目标的。但是波斯人却一直按着他们来时的原路行进，因此好不容易他们才找到了渡河的地方。但既然他们是在夜间到达的并发现桥已经被毁，他们便非常害怕伊奥尼亚人会不会已弃掉他们而逃跑。

(**141**)大流士手下有一个埃及人，这个人的嗓子是世界上最高的。大流士命令这个人站在伊斯特河的岸上呼唤米利都的希司提埃伊欧斯。埃及人按着他的话做了。希司提埃伊欧斯听到了并且服从了这个埃及人的第一次呼唤，于是他把所有的船派出去把军队渡了过来并且把桥重新修复了。

(**142**)波斯人就这样的逃掉了。斯奇提亚人搜索波斯人，但是又一次地没有找到他们。他们对于伊奥尼亚人的看法是这样：如果把他们看成是自由人，则他们就是世界上最卑劣的胆小鬼；但如果把他们看成奴隶，他们就会最忠实于他们的主人并且是最不想跑掉的。斯奇提亚人就是这样地诽谤伊奥尼亚人的。

(**143**)大流士穿过了色雷斯而行进到凯尔索涅索斯的赛司托斯；从那里他又和他的船只一同渡海到亚细亚，却把美伽巴佐斯留在欧罗巴担任统帅;这是一个波斯人,大流士有一次曾在波斯人当中说了我下面所记述的话以表示对这个人的敬重。大流士有一次正要吃石榴,而正当他剥开第一个石榴的时候,他的兄弟阿尔塔巴诺斯便问他,他希望有什么东西能够像石榴子一样多,于是大流士就说,与其使所有的希腊人都成为他的臣民,他宁可要像石榴子那样多的美伽巴佐斯那样的人物。在波斯人当中这样讲话,国王实际上就是表扬了美伽巴佐斯;而现在他就是把美伽巴佐斯留下当作统帅,指挥他的八万名军队。

(**144**)这个美伽巴佐斯由于自己所说的话而永远为海列斯彭特的人们所记忆。当他在拜占廷的时候,有人告诉他说,迦太基人曾在拜占廷人建城前十七年建立了他们的城,他说迦太基人那时一定是瞎了眼睛的。因为倘若不是这样的话,在他们可以有一个较好的地址时,他们就决不会找一个较次的地址来建城了。这个美伽巴佐斯现在既然被留在这里担任统帅,他便征服了不站到波斯人这一边来的所有的海列斯彭特人。

(**145**)这就是美伽巴佐斯所做的事情。在这个时候,还派出了一支大军去攻打利比亚,理由我将要在我就要讲的这个故事之后说明。阿尔哥号船的水手们的子孙们曾被把雅典的妇女从布劳隆拐跑的佩拉司吉人赶了出来。在被这些人赶出了列姆诺斯之后,他们就乘船到拉凯戴孟去,在那里的塔乌该托斯山里设立了营帐并点起了火。拉凯戴孟人看到这之后,便派来一名使者打听他们是什么人,他们是从什么地方来的。他们回答使者说他们是米尼埃伊人,是乘着阿尔哥号船在海上行驶的那些英雄的后人,那些英雄曾在列姆诺斯上陆并在那里繁育自己的后代。

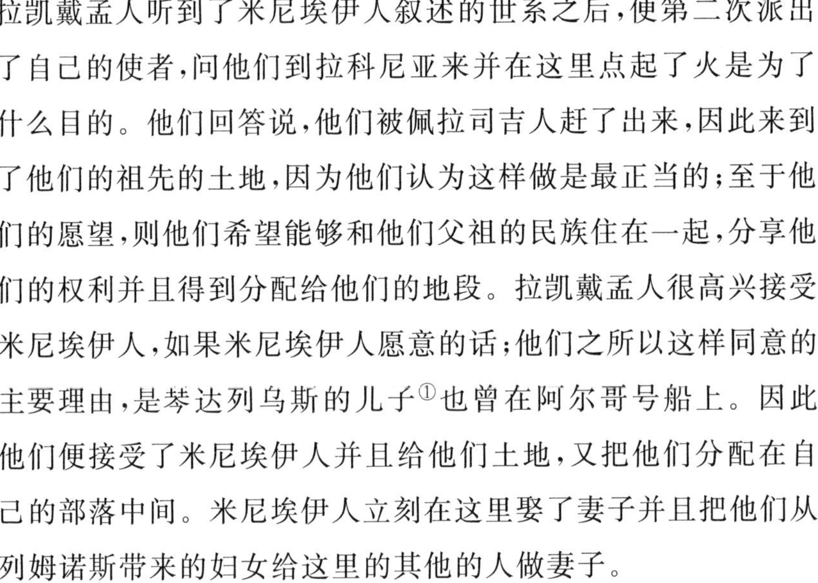

拉凯戴孟人听到了米尼埃伊人叙述的世系之后，便第二次派出了自己的使者，问他们到拉科尼亚来并在这里点起了火是为了什么目的。他们回答说，他们被佩拉司吉人赶了出来，因此来到了他们的祖先的土地，因为他们认为这样做是最正当的；至于他们的愿望，则他们希望能够和他们父祖的民族住在一起，分享他们的权利并且得到分配给他们的地段。拉凯戴孟人很高兴接受米尼埃伊人，如果米尼埃伊人愿意的话；他们之所以这样同意的主要理由，是廷达列乌斯的儿子[①]也曾在阿尔哥号船上。因此他们便接受了米尼埃伊人并且给他们土地，又把他们分配在自己的部落中间。米尼埃伊人立刻在这里娶了妻子并且把他们从列姆诺斯带来的妇女给这里的其他的人做妻子。

(146)但不久之后，这些米尼埃伊人就变得横暴傲慢起来，他们要求担任国王的同等权利并且做出了其他邪恶的事情。于是拉凯戴孟人决定把他们杀死，这样就把他们捉起来投到狱里去。斯巴达人永远是在夜里，而决不在白天杀人的。但是当他们正要杀死囚徒的时候，米尼埃伊人在当地所娶的妻子，也就是那些首要的斯巴达人的女儿们却请求允许她们进入监狱并让她们每一个人都能和自己的丈夫讲话。拉凯戴孟人答应了她们，他们绝没有想到这些妇女对他们会有什么计谋。但是在她们进入狱中以后，她们便把所有她们的衣服给她们的丈夫，而她们自己则穿上了男子的服装。因此这些米尼埃伊人便穿上了女人的衣服，装着女人跑出来了。他们这样跑出来之后，便再一次在塔乌该

① 卡司托尔和波律戴乌凯斯。

托斯山上建立了营地。

(**147**)而就在这个时候，铁拉司正在准备率领殖民者离开斯巴达。铁拉司是波律涅凯斯的一个后代，他们两人中间隔着铁尔桑德洛斯、提撒美诺司和欧铁希昂。这个铁拉司是卡德谟司一族的人，他是阿里司托戴莫斯的儿子埃乌律司铁涅斯和普罗克列斯的舅父；当这些男孩子还是年幼的时候，他在斯巴达以摄政的身份执掌王权。但是当他的外甥长大并成了国王的时候，铁拉司既然尝过执掌最高政权的味道，因此便受不住再当一名臣民；于是他说他不愿再居留在拉凯戴孟，而是想渡海到他的亲族那里去。在现在称为铁拉，但当时称为卡利斯塔的岛上，有腓尼基人波依启列司的儿子美姆布里阿洛司的后人；因为阿该诺尔的儿子卡德谟司在寻找欧罗巴的时候曾在现在称为铁拉的地方登陆，而在登陆之后，或者是因为他喜欢这个地方，或者是因为其他的什么原因使他愿意这样做，他把自己的一个亲戚美姆布里阿洛司以及其他一些腓尼基人留在这个岛上了。在铁拉司从拉凯戴孟到来之前，这些人在这个卡利斯塔岛上已居住了八世。

(**148**)因此，铁拉司便率领着从各个部落选出的人们准备到他们这里来了。他们打算和卡利斯塔的人们住在一起，他们不是把卡利斯塔人逐出，而是把他们称做自己的亲人。因此当米尼埃伊人逃出了监狱并在塔乌该托斯山上定居下来，而拉凯戴孟人议决把他们处死的时候，铁拉司便请求饶他们的性命，不要杀死他们，他自己并答应把他们领出国土。拉凯戴孟人同意这样做了，于是铁拉司便率领着三艘三十桡船到美姆布里阿洛司的后人那里去；不过他不是带着全部米尼埃伊人，而只是少数人，因为他们之中较大的部分都到帕洛列阿塔伊人和考寇涅斯人的土地去，他们把这些人从那些地方赶出去以后，便把他们自己分成六部并在他们征服的国土上建立了六个城市，即列普勒昂、玛启司托司、普利克撒伊、披尔哥斯、埃披昂、努迪昂。它们的大部分在我的时候为埃里司人所攻掠。至于上述的那个岛（即卡利司塔岛——译者），则由于它的殖民者铁拉司的名字而被称为铁拉岛。

(149)但是既然铁拉司的儿子不愿意和他一同乘船离开，于是父亲便说他要把儿子像是把羊留到狼群当中那样地留在后面。在说了这话之后，这个年轻人便得到了一个欧约律科司（羊狼）的绰号，这绰号竟成了他的通用的名字。他生了一个儿子埃盖乌斯，斯巴达的一个强大的埃盖乌斯族便是因他而得名的。这一族的男子发现他们的孩子都活不大，于是他们便按照一个神托的指示，建立了拉伊欧司和欧伊狄波司[①]的复仇之神的神殿。在这之后，他们的孩子便都能活了。铁拉地方他们的子孙的情况也是这样。

(150)在我的叙述当中，拉凯戴孟人和铁拉人传说的相同的地方就是这些；至于其他的部分，则就只是从铁拉人那里听来的了。上述铁拉司的后裔、铁拉的国王埃撒尼欧司的儿子格林诺司从他自己的城市带着牺牲用的牛百头到戴尔波伊来。和他一同到这

① 欧伊狄波司是底比斯国王拉伊欧司和他的妻子伊奥卡司塔之间所生的儿子。他幼时被弃但是遇救并给带到遥远的国度去。长大成人后他回来时，并不知道自己的身世，于是杀死了他的父亲并娶了自己的母亲。等后来他知道事情的真相时，已经太迟了。

里来的，除去他的本邦人之外，还有米尼阿伊族的埃乌培莫司的一个后人波律姆涅司托司的儿子巴托司。当铁拉的国王格林诺司就其他事件请示神托的时候，女司祭的回答是他应当在利比亚建立一座城市。但是格林诺司回答说："主啊，我年纪已太老而且举动也不灵活了，请你还是把命令下给这些年轻人中间的一位吧。"而在他讲这话时他便是指着巴托司的。当时也就是说了这话便算了。但是在他们离开之后，他们却没有注意按照神托所吩咐的去办，因为他们不知道利比亚在世界上的什么地方，并且没有勇气到他们所不了解的地方去殖民。

(151)但是在这之后七年中间铁拉都没有下雨。岛上他们所有的树木，除去一株之外，全都干死了。铁拉人又到戴尔波伊去请示神托，而女司祭就提到说他们应当到利比亚去殖民。因此，既然没有办法制止他们的灾祸，他们只好派使者到克里地去，到那里寻找曾经旅行过利比亚的任何克里地人或是居留在那里的外人。这些人在他们巡行该岛时曾到达一个叫做伊塔诺司的城市，在那里他们遇到了一个名叫科洛比欧司的采紫螺的渔夫。这个人告诉他们说，有一次他曾因大风迷路而到达利比亚，到那里的一个称为普拉铁阿的岛。他们于是雇佣这个人和他们一同到了铁拉。起初从铁拉只派出了少数人乘船到那里去进行侦察。他们被科洛比欧司领到上述的普拉铁阿岛之后，便把科洛比欧司连同若干月的食粮留在那里，而他们自己则以全速乘船返回铁拉报告有关该岛的消息。

(152)但是当他们离开那里的时间超过了约定的日期时，科洛比欧司就没有吃的东西了。但是一艘驶往埃及，船长为柯莱欧司的、

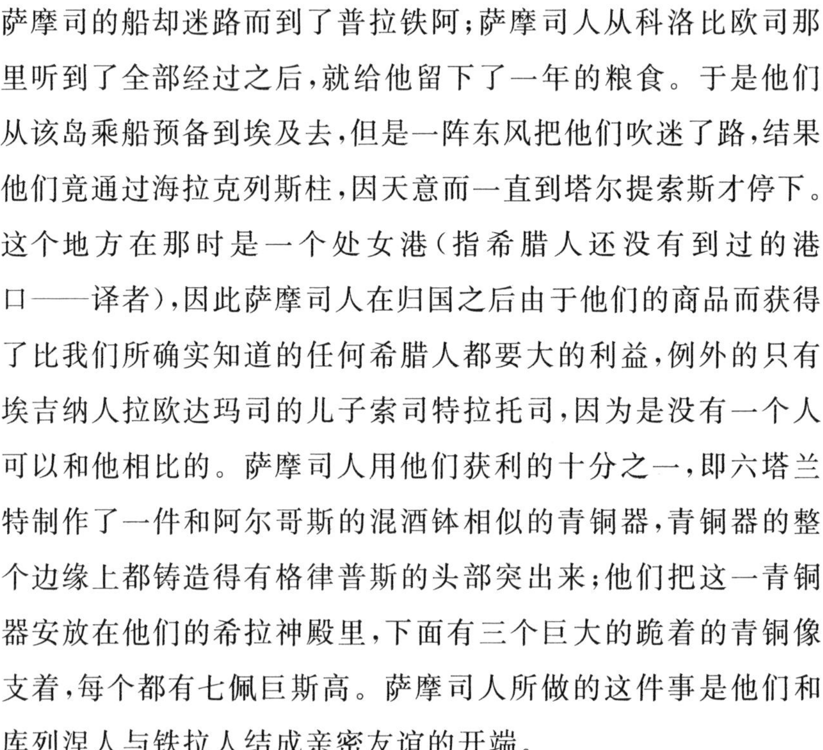
萨摩司的船却迷路而到了普拉铁阿；萨摩司人从科洛比欧司那里听到了全部经过之后，就给他留下了一年的粮食。于是他们从该岛乘船预备到埃及去，但是一阵东风把他们吹迷了路，结果他们竟通过海拉克列斯柱，因天意而一直到塔尔提索斯才停下。这个地方在那时是一个处女港（指希腊人还没有到过的港口——译者），因此萨摩司人在归国之后由于他们的商品而获得了比我们所确实知道的任何希腊人都要大的利益，例外的只有埃吉纳人拉欧达玛司的儿子索司特拉托司，因为是没有一个人可以和他相比的。萨摩司人用他们获利的十分之一，即六塔兰特制作了一件和阿尔哥斯的混酒钵相似的青铜器，青铜器的整个边缘上都铸造得有格律普斯的头部突出来；他们把这一青铜器安放在他们的希拉神殿里，下面有三个巨大的跪着的青铜像支着，每个都有七佩巨斯高。萨摩司人所做的这件事是他们和库列涅人与铁拉人结成亲密友谊的开端。

(153)至于铁拉人，则当他们把科洛比欧司留在岛上之后而自己回到铁拉时，他们就报告说他们已在利比亚沿岸的一个岛上建立了一个殖民地。铁拉人决定从他们的七区派遣男子出去，用抽签的办法选出每两个兄弟中的一人并使巴托司成为大家的领袖和国王。于是他们便装备了两只五十桡船并把它们派到普拉铁阿去了。

(154)以上便是铁拉人的说法。下面说的是铁拉人和库列涅人的说法相同的部分；但是关于巴托司人的说法，库列涅人和铁拉人的说法却是完全不同的。他们的说法是这样。在克里地有一个叫做欧阿克索司的城邦，它的统治者是埃铁阿尔科斯。他有一个没有母亲的女儿普洛尼玛，然而他却不得不再娶一个后妻。当他的第二个妻子来到他家的时候，她就认为她自己应该是普洛尼玛的一个不折不扣的后母，她虐待普洛尼玛并且对她出一切坏主意，最后她竟指控她的女儿有淫乱的行为并且说服了自己的丈夫也相信了这种说法是真的。埃铁阿尔科斯被他的妻子说服之后，便对他自己的女儿做出了一件不能容忍的罪恶处罚办法。在欧阿克索司地方有一个叫做铁米松的铁拉的商人。埃铁阿尔科斯把这个人作为自己的朋友招请了来，他要这个人发誓做他想要这个人做的任何事情。这样做了之后，他便把自己的女儿交给这个人，要这个人把她带走，把她投到海里去。但是铁米松却因这一誓约的诡计而感到十分愤慨，故而他竟弃绝了他和埃铁阿尔科斯之间的友谊；不久他便带着这个女儿乘船出发了，他为了履行他对埃铁阿尔科斯的誓言，船到海上之后他便把她用绳子系住，把她下放到海里去，然后再把她拉上来。他们随后便来到了铁拉。

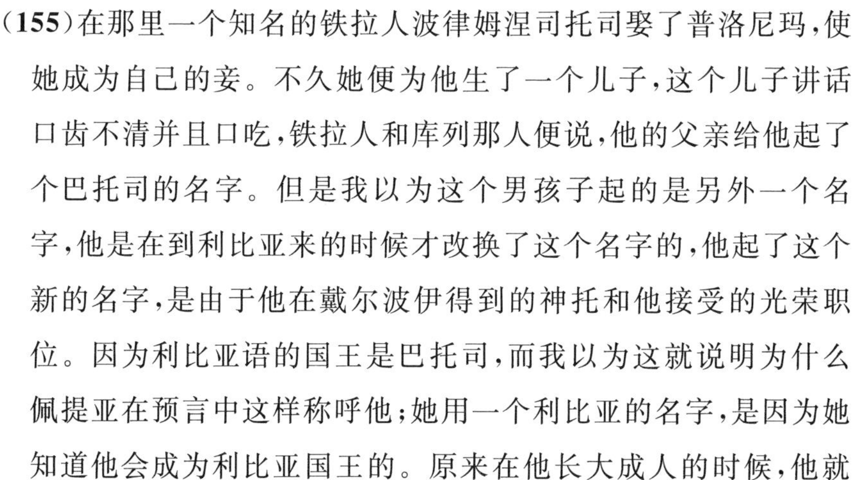

(155)在那里一个知名的铁拉人波律姆涅司托司娶了普洛尼玛，使她成为自己的妾。不久她便为他生了一个儿子，这个儿子讲话口齿不清并且口吃，铁拉人和库列那人便说，他的父亲给他起了个巴托司的名字。但是我以为这个男孩子起的是另外一个名字，他是在到利比亚来的时候才改换了这个名字的，他起了这个新的名字，是由于他在戴尔波伊得到的神托和他接受的光荣职位。因为利比亚语的国王是巴托司，而我以为这就说明为什么佩提亚在预言中这样称呼他；她用一个利比亚的名字，是因为她知道他会成为利比亚国王的。原来在他长大成人的时候，他就到戴尔波伊去请示关于他的声音的事情；佩提亚在回答时的宣托词是这样：

巴托司啊，你是来问声音的事情的；但是国王波伊勃司·阿波罗

却遣送你到利比亚去建立一个生产很多羊的殖民地。

她这就仿佛是用希腊语对他说："国王啊，你是为了声音的目的来的。"但是他回答说："主啊，我到这里来是请示关于我的声音的事情的，但是你的回答却是关于别的事情，是关于那些不可能实现的事情的。你命令我在利比亚建立一个殖民地，可是我从什么地方得到力量，得到人手来做这件事情呢？"巴托司这样说了，但是神并没有按照他的意思给他另一个宣托词而是和先前一样地回答了他。于是在佩提亚的话尚未讲完的时候，他便离开到铁拉去了。

(**156**)但是后来巴托司和其他的铁拉人都很不顺遂；他们不知道为什么他们这样的不走运，于是他们便派人到戴尔波伊去问有关他们当前的不幸的事情。佩提亚说，如果他们帮助巴托司到利比亚的库列涅去殖民的话，那么他们就会比现在好些。于是铁拉人便派遣巴托司带着两艘五十桡的船出去。这些人乘船来到了利比亚，但是他们一时不知道还应当做些什么事而回到了铁拉。但是铁拉人却在他们靠近海岸的时候向他们射击，不许他们上岸而要他们返回。他们没有办法，只得回去并在利比亚沿岸的一个我已说过名叫普拉铁阿的岛上建立了一个殖民地。这个岛据说和现在的库列涅市同样的大小。

(**157**)他们在这个岛上住了两年。然而他们在那里既然都很不得

意，他们便留下他们中间的一个人在那里，其他的人则到戴尔波伊去；到达之后，他们就请示神托，问他们尽管住在利比亚，但他们的运气一点儿也没有好转起来。于是佩提亚便这样回答他们说：

> 我到过，可是你们却没有到过产羊丰富的利比亚。
> 但如果你们比我对它知道得更清楚，那么你们的智慧诚然就大为使我赞赏了。

听到这话之后，巴托司和他的人们就再度乘船回去了；因为神在他们真正地在利比亚殖民之前是不会放过他们去的。而在到达了普拉铁阿并且又带上了他们留在那里的人之后，他们就在利比亚的本土建立了一个殖民地，这个地方对着普拉铁阿岛，名叫阿吉利司。这个地方的两面都有最美丽的丛林环抱着，而它的一面还有河流过。

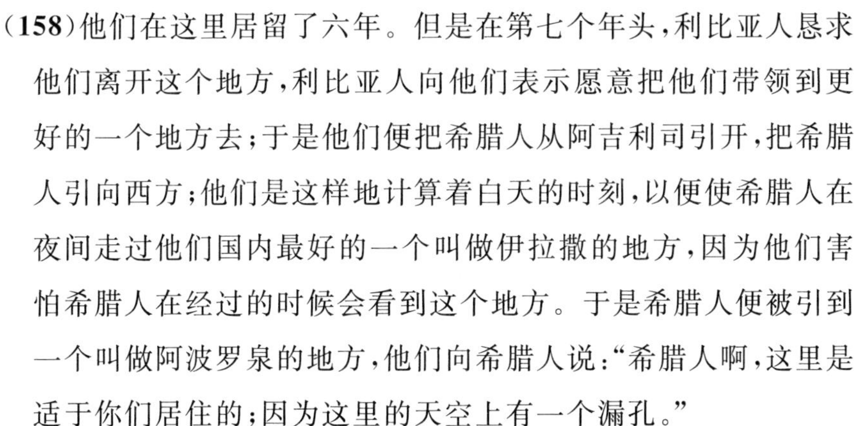

（**158**）他们在这里居留了六年。但是在第七个年头，利比亚人恳求他们离开这个地方，利比亚人向他们表示愿意把他们带领到更好的一个地方去；于是他们便把希腊人从阿吉利司引开，把希腊人引向西方；他们是这样地计算着白天的时刻，以便使希腊人在夜间走过他们国内最好的一个叫做伊拉撒的地方，因为他们害怕希腊人在经过的时候会看到这个地方。于是希腊人便被引到一个叫做阿波罗泉的地方，他们向希腊人说："希腊人啊，这里是适于你们居住的；因为这里的天空上有一个漏孔。"

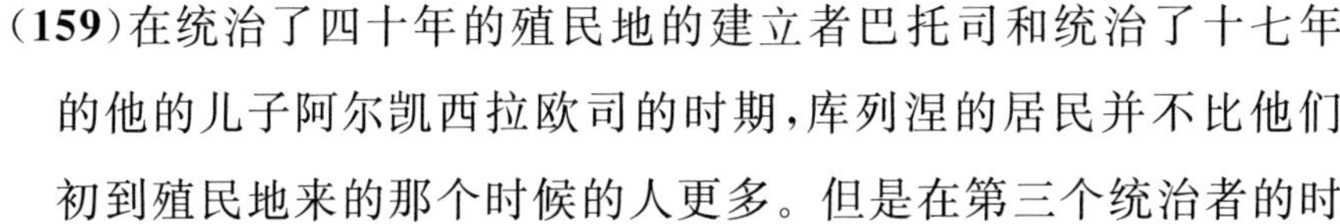

（**159**）在统治了四十年的殖民地的建立者巴托司和统治了十七年的他的儿子阿尔凯西拉欧司的时期，库列涅的居民并不比他们初到殖民地来的那个时候的人更多。但是在第三个统治者的时

候,即被称为幸运的巴托司的第三个统治者的时候,佩提亚用一个神托激励全体希腊人渡海到利比亚去和库列涅人住在一起。原来库列涅人曾邀请他们来,答应他们分与土地;这便是当时的神托:

> 不管是谁,如果他在土地全部分配完毕之后才来到利比亚,那这个人一定后悔。

因此便有极大的一批人聚集在库列涅,他们从相邻的利比亚人的领土上割取了大片的土地。这些利比亚人和他们的国王阿地克兰既然被掠夺了他们的土地又受到库列涅人的虐待,于是他们便派人到埃及,而他们自己并且投到埃及国王阿普里埃司的手下去。阿普里埃司集合了一支埃及大军去攻打库列涅人;库列涅人出兵到伊拉撒和铁司特斯泉的地方,就在那里和埃及人交锋并战胜了埃及人;因为埃及人那时对希腊人还不了解,因而不把他们的敌人放到眼里。这一次他们遭到这样程度的惨败,以致他们当中返回埃及的人是很少的。由于这次的惨败并因为埃及人把这次的惨败归咎于阿普里埃司,埃及人便起来反抗他①。

(**160**)这个巴托司有一个叫做阿尔凯西拉欧司的儿子。在他最初统治的时候,他曾和他自己的兄弟发生争吵,直到他的兄弟们离开了他而到利比亚的另一个地方去的时候;他们在那里给自己建立了一个城市,这座城市当时和现在都称为巴尔卡。当他们正在建立这个城市的时候,他们说服了利比亚人起来叛变库列

① 这是五七〇年的事情。参见第二卷第一六一节。

涅人。于是阿尔凯西拉欧司率领着一支军队到利比亚人的国土来,因为利比亚人接纳了他的兄弟们并且也起来叛变了。这些人害怕他而逃到东方的利比亚人那里去。阿尔凯西拉欧司跟踪追击下去,一直来到利比亚的列乌康。利比亚人则决定在列乌康向他进攻,他们打了起来,从而完全战胜了库列涅人,以致七千名重武装的库列涅士兵被杀死了。在这次惨祸之后,病倒并且服了药的阿尔凯西拉欧司便被他的兄弟哈里阿尔科司绞死了;但哈里阿尔科司却又被阿尔凯西拉欧司的妻子埃律克索用谋略给杀害了。

(**161**)阿尔凯西拉欧司的儿子巴托司继承了王位,这是一个行走困难的跛子。身遭惨祸的库列涅人派人到戴尔波伊去请示,他们应如何组织他们的国家才能获致繁荣幸福的生活。佩提亚命令他们从阿尔卡地亚的曼提涅亚请一位仲裁者来。库列涅人于是派人到那里去请求,曼提涅亚人答应了他们的请求而把他们最尊敬的、一位名叫戴谟纳克司的市民送到他们这里来。当这个人到达库列涅并了解了全部情况之后,他便把全体人民分成三个部落:铁拉人和四面从属于他们的利比亚人是第一个部落;伯罗奔尼撒人和克里地人是第二个部落;全体岛民是第三个部落。此外,他只把某些领地和圣职留给他们的国王巴托司,却把以前属于国王的所有其他的一切都交到人民大众的手里去了。

(**162**)在上述的巴托司在世的时候,这些规定是执行得很好的,但是在他的儿子阿尔凯西拉欧司的时期,关于国王的职权问题,发生了许多纠纷。跛腿的巴托司和培列提美的儿子阿尔凯西拉欧司不愿意遵守戴谟纳克司的规定,他要求把他祖先的那些特权

还给他并为这件事领导着他的一派进行了斗争。在斗争中他失败了，他被驱逐到萨摩司去，他的母亲则逃往塞浦路斯的撒拉米司。当时撒拉米司的统治者是埃维尔顿，这个人曾把那个令人看了惊叹不已的香炉献给戴尔波伊，这只香炉收藏在科林斯人的宝库里。培列提美便逃到他这里来，她要求他出兵把她和她的儿子送回库列涅。但是埃维尔顿则除去一支军队之外，什么都愿意给她。而当她在接受他给她的东西的时候说，这虽然是好的东西，但如果他应她之请给她一支军队那就更好了。不管他送给她什么样的礼物，她总是这样说。最后埃维尔顿送给她黄金的纺锤和卷线竿，并且连羊毛都一同给她。而在培列提美还像先前那样讲的时候，他便回答说对于妇女的礼物只能是这样的东西而不是军队。

(163)正当着阿尔凯西拉欧司在萨摩司尽可能地把所有的人集合起来并且答应他们重分土地的时候，正当着一支大军这样地集合起来的时候，他便到戴尔波伊去请示神托关于他的返回的指示。佩提亚是这样地回答了他的：“洛克西亚司允许四个巴托司和四个阿尔凯西拉欧司，也就是八代的人统治库列涅，在这些人之外，我劝你千万就不要一试了。至于你呢，你可以回到本国去老老实实地待着。如果你发现窑里满都是土瓮的话，不要烧那些土瓮而是乘风赶快把它们送出去[①]，如果你把它们放在窑里烧的话，那么就不要到四面环水的地方去，如果你这样做，你和牲畜当中最好的牡牛就都会被杀死了。”

---

① 这就是说，随它们怎样也不要去管它们。

(**164**)佩提亚回答阿尔凯西拉欧司的话便是这样。于是阿尔凯西拉欧司便偕同他在萨摩司征集来的人回到了库列涅;可是他在取得了这个地方的最高政权之后,却忘记了神托的话,而要对曾经放逐过他的敌人们进行报复。他的一些敌人已经完全离开了本国,阿尔凯西拉欧司捉住了另一些人并把这些人送到塞浦路斯去处死。但这些人却由于迷路而到了克尼多斯,克尼多斯人救了他们并把他们送到了铁拉。另一些库列涅人则逃到属于一个名叫阿格罗玛科司的私人的大塔去避难,于是阿尔凯西拉欧司便在它的四周堆起木材来在那里烧死了他们。可是在他这样做了之后,他才认识到这正是戴尔波伊的神托所曾指点给他的意思,即当他发现窑里有土瓮的时候,不要在窑里烧它们,但这时已经晚了。因此他便不按照他原定的目的进入库列涅人的城市,因为他害怕预言中所说的他的死亡,并认为四面环海的地方也正是库列涅。既然他的妻子是他的亲戚巴尔卡国王阿拉吉尔的女儿,他便到阿拉吉尔那里去了。但是巴尔卡人和从库列涅跑来的一些亡命者当他来到市场的时候认出了他并把他杀死了。同时他的岳父阿拉吉尔也给他们杀死了。因此阿尔凯西拉欧司不管是有意还是无意不听从神托告诉他的话,他还是没有逃脱他注定的命运。

(**165**)正当阿尔凯西拉欧司在做出了招引灾祸的事之后而定居在巴尔卡的时候,他的母亲培列提美在库列涅掌握了他的儿子的大权,她在那里代他治理国事,和其他人一道参加国事会议,但是当她听到她的儿子死在巴尔卡的时候,她立刻便逃到埃及去,因为她以为阿尔凯西拉欧司曾在居鲁士的儿子刚比西斯身上做

过好事情。因为正是这个阿尔凯西拉欧司曾把库列涅给予刚比西斯并同意向他纳贡。因此在她到达埃及的时候，培列提美便恳请阿律安戴司的庇护，要求他替她报仇，而她的口实就是他的儿子是因为对美地亚人表示好意才被杀死的。

(**166**)这个阿律安戴司被刚比西斯任命为埃及的太守；后来他由于处处想和大流士分庭抗礼而被处死。因为阿律安戴司知道和看到大流士想留下一件任何国王都没有做过的东西作为自己的纪念，他便模仿大流士，直到他竟然得到了报应的时候。大流士曾用成色极高的黄金铸造金币，而当时统治埃及的阿律安戴司便铸造了同样的银币；结果没有一种银币的成色像是阿律安戴司的银币那样纯。但是当大流士听到阿律安戴司这样做的时候，便把他处死，处死的口实不是这一点，而是阿律安戴司谋叛。

(**167**)这时我所说的阿律安戴司是同情培列提美的，他把埃及的全部陆海军都交给了她，并任命玛拉披司人阿玛西斯为陆军统帅，帕撒尔伽达伊族的巴德列斯为海军统帅。但是在把大军派出去之前，阿律安戴司派一名使者到巴尔卡去探听，是谁杀死了阿尔凯西拉欧司。巴尔卡人回答说是全城的人杀死了他，因为阿尔凯西拉欧司对他们做出了许多不义的事情。阿律安戴司听到了这一番话以后，便下令他的军队和培列提美一同出发了。这不过是作为出征的一个口实罢了。但是在我看来，这支军队是派出去征服利比亚的。因为利比亚人的部落有许多并且是多种多样的，虽然其中有一些是国王的臣民，但他们的较大的一部分却是根本不把大流士放到眼里的。

(**168**)至于居住在利比亚的各部落的生活情况则是这样的。先以埃及为起点,则住得最近的是阿杜尔玛奇达伊人。他们的风俗习惯大部分是和埃及人相似的,但是他们的衣服却和其他利比亚人相同。他们的妇女在两腿上戴着青铜圈,他们的头发是长的,他们每人拿自己身上的虱子,用嘴咬死以后再抛掉。利比亚人当中只有他们这样做,也只有他们把所有行将结婚的少女领给国王看,只要国王喜欢的话,他可以占有她们随便任何人的处女之身(大概指初夜权——译者)。这些阿杜尔玛奇达伊人住在从埃及到一个称为普律诺司港的港口地方。

(169)接在他们后面的是吉里伽玛伊人,他们占据西部的地区直到阿普罗狄西阿司岛的地方。库列涅人所殖民的普拉铁阿岛就是在这一段地区的海岸之外的,而在大陆上则有称为美涅拉欧司的海港和库列涅人所曾居住过的那个阿吉利司。昔尔披昂草的产区以此为起点,它是从普拉铁阿岛直到叙尔提斯河河口的。这个民族在风俗习惯上和其他民族是相同的。

(170)接在吉里伽玛伊人以西的民族是阿司布司塔依人,他们居住在库列涅的内地,而没有到达海岸,因为那里是库列涅人的地区了。在利比亚人当中,他们是最多驾驶四马马车的民族。他们的习俗大体上都是模仿库列涅人的。

(171)在阿司布司塔依人以西的是阿乌司奇撒伊人,他们住在巴尔卡的内地,但是他们在埃乌埃司佩里戴司附近的地方临海。在阿乌司奇撒伊人的地区的中心,住着一个称为巴卡列司的小部落,他们的土地在巴尔卡的一个城市塔乌奇拉的地方临海,他们的风俗习惯和在库列涅内地的居民相同。

(172)阿乌司奇撒伊人以西的是纳撒摩涅司人,这是一个人口众多

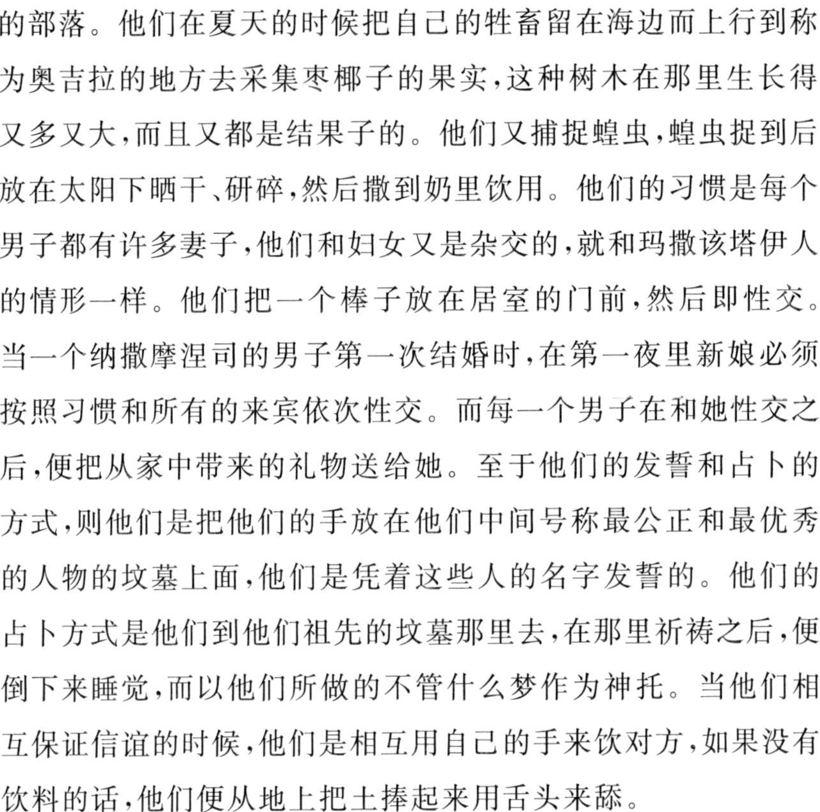

的部落。他们在夏天的时候把自己的牲畜留在海边而上行到称为奥吉拉的地方去采集枣椰子的果实，这种树木在那里生长得又多又大，而且又都是结果子的。他们又捕捉蝗虫，蝗虫捉到后放在太阳下晒干、研碎，然后撒到奶里饮用。他们的习惯是每个男子都有许多妻子，他们和妇女又是杂交的，就和玛撒该塔伊人的情形一样。他们把一个棒子放在居室的门前，然后即性交。当一个纳撒摩涅司的男子第一次结婚时，在第一夜里新娘必须按照习惯和所有的来宾依次性交。而每一个男子在和她性交之后，便把从家中带来的礼物送给她。至于他们的发誓和占卜的方式，则他们是把他们的手放在他们中间号称最公正和最优秀的人物的坟墓上面，他们是凭着这些人的名字发誓的。他们的占卜方式是他们到他们祖先的坟墓那里去，在那里祈祷之后，便倒下来睡觉，而以他们所做的不管什么梦作为神托。当他们相互保证信谊的时候，他们是相互用自己的手来饮对方，如果没有饮料的话，他们便从地上把土捧起来用舌头来舔。

(**173**)和纳撒摩涅司人相邻的是普叙洛伊人，他们是由于下述的情况而灭了种的。不断刮来的南风把他们用来储水的一切水池全都吹干了。结果在叙尔提斯境内他们的全部领土，都没有水了。因此普叙洛伊人便大家商议并一致同意向南风的方面进击（我是按照利比亚人的传说叙述的），因此在他们进入沙漠地带的时候，一阵强烈的南风把他们埋掉了。于是他们便全部死掉了，纳撒摩涅司人占有了他们的国土。

(**174**)在这些人南部的内地，伽拉曼铁司人居住在野兽出没的地区。他们避免被人们看见和与人们交往，他们既无武器，也不知道如何保卫他们自己。

(175)这些人居住在纳撒摩涅司人的内地，在西方相邻的沿海地带则是玛卡伊人的地区。这种人把他们的头发剃成一块，留在他们的头顶上长着，两边的头发则全部剃掉。他们在战争中所携带的盾牌是鸵鸟皮制成的。奇努普司河发源于一座名为卡里铁司的小山，流经他们的国土入海。这座小山上面长着葱郁的树林，但我所提到的利比亚的其他地区却都是不毛之地；它离海是二百斯塔迪昂远。

(176)和玛卡伊人相邻接的是金达涅司人，他们那里的每一个妇女都带着许多皮制的踝环，因为据说她只要和一个男人发生过关系，她便戴上这样一个皮踝环。戴得最多的也就是最有声望的，因为爱她的人是最多的。

(177)从金达涅司人的地方向海突出一个地岬。在这上面住着洛托帕哥伊人（意为食莲族——译者），因为他们的唯一食品就是莲子。莲子的大小和乳香树的浆果差不多，它有枣椰子那样的甜味；洛托帕哥伊人不单吃它，还用它来造酒。

(178)邻接着他们，在沿海的地方则是玛科律埃司人，他们也以莲为食，但不如上述洛托帕哥伊人用得那样多。他们的国土一直伸展到一条称为妥里通河的大河，这条大河注入一个妥里托尼司大湖，大湖里有一个普拉岛。据说拉凯戴孟人曾遵照神托的话，在这个岛上建立了一个居民地。

(179)还有人讲了这样的一个故事：据说当人们在佩里洪山的山脚下造好了阿尔哥号船的时候，雅孙在船上载运了一百头牺牲用牛，此外又把一个青铜三脚架放了上去，然后便出发绕航伯罗奔尼撒，以便可以到达戴尔波伊。但是途中他在玛列亚附近的海面上航行的时候，一阵北风袭来，把他带到利比亚去，而在他能够发现陆地之前，他便到达了妥利托尼司湖的浅滩。在那里，正当他还不能找到出路的时候，传说妥利通向他显现并命令雅孙把三脚架给他，这样便答应他把海峡指点给水手们并安全地把他们送上航程。雅孙按照他的吩咐做了，于是妥利通便指给他们离开浅滩的出路并把三脚架放到自己的神殿里面。他在三脚架上一坐便作了预言，而把全部情况告诉了雅孙和他的同伴们：这就是，当阿尔哥号的水手们的任何后裔要把这个三脚架拿走的时候，那就必得在妥利托尼司湖的岸上建立一百座希腊城市。据说当地的利比亚人在听到了这话之后，就把三脚架给藏起来了。

(180)邻接着玛科律埃司人的是欧赛埃司人；他们和玛科律埃司人中间隔着一条妥里通河，他们住在妥里托尼司湖的岸上。玛科律埃司人把长发留在头的后面，但欧赛埃司人则是留在前面。他们对雅典娜神每年举行一次祝祭，在祝祭的时候，他们的少女分成两队，相互用石头和木棒交战，据他们说这样做是遵照他们祖先的方式来崇敬当地的那个我们称之为雅典娜的女神。因伤致死的少女则被称为假处女。在女孩子们开始交战之前，全体人民总是先把最漂亮的女孩子选出来，给她戴上科林斯的头盔和穿上希腊的全副甲胄，然后使她登上战车，在整个湖岸上奔行。在希腊人住到他们的近旁来之前，他们用什么武器装备他们的女孩子我说不清楚，但是我认为这武器是埃及的，因为我以为希腊的盾和头盔都是从埃及来的。至于雅典娜，则他们说，她是波赛东和妥里托尼司湖的女儿，而由于某种原因和父亲闹翻了，于是她便投到宙斯那里去，宙斯于是收留她为自己的女儿。他们的传说的内容就是这样。那里的男女之间是乱婚的。他们并不是夫妻同居，而是像牲畜那样地交媾。当一个妇女的孩子长大的时候，他便给带到每三个月集会一次的男子们那里去，而这个孩子便算做是和他最相像的那个男子的儿子。

（**181**）我现在所谈的是居住在海岸地带的全体游牧的利比亚人。从这些人居住的地区深入内地，则是利比亚的那片野兽出没的地区了，再过去这片野兽出没的地区，则是一条形成丘陵的沙漠地带，这一地带从埃及的底比斯一直伸展到海拉克列斯柱的地方。沿着这一条沙丘地带每走十天，就会看到堆得像小山一样的极多的大盐块。在每一座小山的山顶上都有又甜又凉的泉水从盐块中间喷射出来；在沙漠最远处和远在野兽出没的地区内地的人们住在它的周边。从底比斯开始，经过十天的路程，首先就是阿蒙人，他们的神殿是崇拜底比斯的宙斯的；因为我已经说过，底比斯的宙斯神像是有一个山羊的头的。此外，他们另有一个水泉，这个水泉在黎明时是温的，在市场上正热闹的时候凉一些，正午的时候非常凉；而他们便用这时候的水浇他们的园子。从正午之后，凉度也随之渐减，直到日落之际水再复温时为止。此后它就变得越来越热，一直到午夜，那时它竟会沸腾起来；在午夜之后直到黎明，它就又越来越凉了。这个泉被称为太阳泉。

（**182**）从阿蒙人的地方沿着沙丘地带再走十天，就会遇到和阿蒙人那里相同的一个小盐山与水泉，而人也就住在那里。这个地方称为奥吉拉。纳撒摩涅司人通常就是到这里来采集枣椰子的果实的。

(**183**)从奥吉拉再走十天，又和其他地方一样，可以遇到一座小盐山和水泉以及许多生产果实的枣椰子树；住在那里的人称为伽拉曼铁司人，这是一个极大的民族。他们在他们铺在盐上面的土壤里播种。从这里向洛托帕哥伊的国土有一条最短的道路，这是三十天的路程。在伽拉曼铁司人那里有一种吃草时向后退的牛，这样做的理由是它们的角向前屈，因此它们在吃草的时候便向后退，而不能向前走，因为向前走牛角就会插到地里去。在所有其他方面，它们和其他的牛是相同的，不同的只是它们的皮较厚，较粗硬而已。这些伽拉曼铁司人乘着四马的战车追击穴居的埃西欧匹亚人：因为埃西欧匹亚的穴居人是比我们听到故事中所提到的任何人都要跑得快。他们是以蛇和蜥蜴以及诸如此类的爬行动物为食的。他们的语言和世界上任何人的语言都不同；它是和蝙蝠的叫声差不多的。

(**184**)从伽拉曼铁司人的地方再走十天，又会遇到盐山和水，在那周边住着的人叫做阿塔兰铁司人。这是我们所知道的、仅有的没有名字的人们。因为他们的全体居民都叫做阿塔兰铁司，但是没有一个人有自己的名字。当太阳光高高升到天上去的时候，这些人便咒诅并用极其粗野的话骂它，因为太阳的灼热使他们的人民和土地备受痛苦。再过去十天的路程之后，便又有一个盐山和水，而且有人居住在那里。在这盐山的附近有一个叫做阿特拉斯的山，这个山的形状是细长的，四面是圆的；而据说它是这样的高以致人们看不到它的山峰，因为不论是冬天还是夏天总是有云环绕在山峰的四周。当地的人则称它为天柱。这些人从这个山得到了自己的名字，即阿特兰铁司人。据说他们是不吃活物的，而且在睡觉的时候是不做梦的。

(185)我知道并且可以说出住在丘陵地带上直到阿特兰铁司人那里的所有民族的名字，但再过去就不知道了。但是我知道的是，这个丘陵地带一直伸展到海拉克列斯柱和它的那一面。在这个丘陵地带上，每行十日便有一个盐矿，并有人住在那里。他们的房屋都是用盐块筑成的，这里也就是利比亚的不下雨的部分，因为用盐筑成的墙壁如果有雨的话是站不住的。从矿里开出来的盐是白色和紫色的。在这一地带的那一面，即利比亚的南部和内地的部分则是沙漠和无水地带；那里没有野兽，没有雨，没有树林，这个地区是完全没有湿润的东西的。

(186)因此从埃及到妥里托尼司湖的利比亚人，都是吃肉饮乳的游牧民族。由于埃及人所说的同样理由，他们是完全不吃牛肉的；而且他们也不养猪。库列涅的妇女也认为吃牛肉是不对的，这是因为他们对埃及的伊西司表示尊敬的缘故。他们甚至为了这位女神断食和举行祝祭。巴尔卡的妇女则不单是不吃牝牛，她们连猪也不吃。

(187)这一地区的情况便有如上述。但是在妥里托尼司湖以西，利比亚人便不是游牧民族了。他们有着不同的风俗习惯，他们对待他们的孩子的方式也和游牧民族通常对待孩子的方式不同。因为许多利比亚游牧民族的习惯，虽然我不能确说是否全体利比亚人的习惯，是当他们的孩子到四岁的时候，他们便用羊毛脂来灸这些孩子头顶上的血管，有时则是灸太阳穴上的血管。他们这样做是为了使孩子在日后不致被那从头上流下来的体液所害。他们说这样做会使他们的孩子十分健康。实际上我们所知道的任何人都不如利比亚人那样健康。但是我不能确切说出，是不是由于这种做法的缘故。但他们确是极其健康的。当孩子被灸痛而全身抽动的时候，利比亚人找到了一个治疗办法，这就是把山羊尿洒到孩子的身上去，这样就可以把孩子们治好了。这是利比亚人他们自己说的。

(**188**)游牧民族的奉献牺牲的方式是先从牺牲的耳朵上切下一块来作为初献，并把切下来的这一块抛到房屋上去。在这之后，他们才扭折牺牲的颈部。他们只向太阳和月亮奉献牺牲，这就是说，全体利比亚人都是这样做的。但是妥里托尼司湖岸上的居民主要地却只向雅典娜奉献牺牲，其次才是妥里通和波赛东两个神。

(**189**)看来雅典娜的神像所穿的衣服和埃吉司短衣是希腊人从利比亚妇女那里学来的。因为除去利比亚妇女的衣服是皮子制的而她们那山羊皮的埃吉司短衣的穗子不是蛇而是革纽之外，在所有其他方面她们的衣饰都是相同的。而且这个名称的本身便证明，帕拉司·雅典娜神像的衣服是从利比亚来的。因为利比亚的妇女在她们的衣服上面披着用茜草染色的、没有毛但是有穗的山羊皮，称为埃盖阿，而希腊人则把这种羊皮衣服的名称改为埃吉司。此外，我以为在举行祭礼时的喊声最初也是从利比亚来的：因为那里的妇女就是喊得非常动听的。而且驾驶四马战车的办法，希腊人也是从利比亚人那里学来的。

(**190**)除去纳撒摩涅司人之外，游牧民是用和希腊相同的办法来埋葬死者的。他们用坐着的姿势来埋葬死者，因此他们注意使垂死的人在死去的时候坐着而不是仰卧着。他们的房屋是用日光兰的茎编缠在苇子上面造成的，这种房屋可以搬到各处去。利比亚人的风俗习惯就是这样。

(191)在妥里通河以西的地方，紧接着欧赛埃司人的则是耕种田地并且有自己的房屋的利比亚人的国土，他们被称为玛克叙埃司人。他们在他们头部的右侧蓄发，却把左侧剃掉，此外他们还把他们的身体染成朱红色。他们自称是特洛伊的人们的后裔。他们的国土和利比亚西部的其他地方比起游牧民族的地区来野兽要多得多，森林也比较多。游牧民所居住的利比亚东部地区，直到妥里通河的地方，是低地和沙质地。但是在这以西的地方，即农耕者所居住的地方却有极多的山和森林，并且有许多野兽出没。在那个地方有巨蟒和狮子，有象，有熊和毒蛇，有长着角的驴子，有狗头人，有像利比亚人所说的没有脑袋但是眼睛长在胸部的人，有男的和女的野人，此外还有许多并不出奇的生物。

(192)但是在游牧者的地区，这些东西却是一样也没有。不过有另外一些东西，比如佩伽尔戈司羚羊(白尾羚羊——译者)、多尔卡司羚羊①、布巴利司羚羊②，没有角但被称为不饮水的驴子(而它们确实是不喝水的)，欧律司大羚羊，这种羚羊的角用来制造竖琴的架子，狐狸、鬣狗、豪猪、野羊、狄克图埃司、豺、豹、波律埃司、三佩巨斯长和蜥蜴很像的陆上鳄鱼和鸵鸟以及一只角的小蛇；所有这些动物都是其他任何地方都有的兽类之外的动物，只

① 瞪羚。
② 狷羚。

有鹿和野猪是例外。这两种动物是全部利比亚任何地方也没有的。在这个地方有三种老鼠，一种是双足鼠，一种是吉格里厄司鼠（这种老鼠的名称是利比亚语，在希腊语中是山的意思），还有一种则是刺猬了。在生长着昔尔披昂草的地带还发现有伶鼬，这里的伶鼬和塔尔提索斯地方的伶鼬非常相似。游牧民的地区中的野兽是这样的多，我们如不尽力调查，是不能知道它们的底细的。

（193）和利比亚地方玛克叙埃司人相邻的则是撒乌埃凯司人，他们的妇女是驱着战车去作战的。

（194）邻接着这些人则是顾藏铁司人，他们那里的蜂蜜很多，据说人工制造的蜜则更多。可以确定的是，他们都用朱红色涂抹自己的身体，他们吃在他们山中有很多的猿猴。

（195）迦太基人说，在他们的海岸之外，有一个二百斯塔迪昂长但是很窄的岛，叫做库劳伊司岛。从大陆上有一航路通到那里去；岛上到处都长着橄榄树和葡萄树。据说在这个岛上有一个湖，当地的少女便用涂着沥青的羽毛从这个湖的泥里挖掘金砂。我不知道这是不是实有其事。我只是把人们传说的写下来而已。不过，所有的事情都可能是真的；因为我自己就亲眼看见在札昆托斯地方人们从一个水池的水中取沥青。那里的水池是有很多的，其中最大的长宽各有七十尺，而深则有二欧尔巨阿。他们把尖端系着桃金娘的枝子的竿子插到池子里面去，然后用这桃金娘的枝子把沥青沾上来，沥青的气味和阿斯帕尔托司差不多，不过在其他方面，这里的沥青是比披埃里亚的沥青要好的。然后他们把沥青倾倒到他们在池子近旁所挖掘的坑里去，而当那里积存了很多的沥青时候，他们就从那个坑再把沥青装满在容器里。凡是掉到池子里去的东西，都会从地下面带走并重新出现在离池子大约有四斯塔迪昂远的海里。因此，从利比亚海岸地带的岛上来的这个说法好像是真的。

(196)伽太基人还说了另外的一个故事。他们说，利比亚有这样一个地方，那里的人是住在海拉克列斯柱的外面的，他们到达了这个地方并卸下了他们的货物；而在他们沿着海岸把货物陈列停妥之后，便登上了船，点起了有烟的火。当地的人民看到了烟便到海边来，他们放下了换取货物的黄金，然后从停货的地方退开。于是迦太基人便下船，检查黄金；如果他们觉得黄金的数量对他们的货物来说价格公平的话，他们便收下黄金，走他们的道路；如果觉得不公平的话，他们便再到船上去等着，而那里的人们便回来把更多的黄金加上去直到船上的人满意时为止。据说在这件事上双方是互不欺骗的。伽太基直到黄金和他们的货物价值相等时才去取黄金，而那里的人也只有在船上的人取走了黄金的时候才去动货物。

(197)这便是我们可以举出名字来的全体利比亚人，而他们的国王在那个时代大都是根本不把美地亚人的国王放到眼里的，而在现在他们仍然是这个样子。因此我还要说一点关于这个国家的事情：据我们所知道的，正是有四个民族住在那里，两个民族是土著的，两个不是。利比亚北部的利比亚人和它的南部的埃西欧匹亚人是土著的，腓尼基人和希腊人则是后来才迁到那里去住的。

(198)在我看来，利比亚并没有任何一个地方，其优点足以与亚细亚或欧罗巴相比,例外的只有一个和当地的河流奇努普司同名的地区。这个地区和世界上最肥沃的产谷地区相比都毫无逊色,它和利比亚其余的地区也是完全不同的。因为这里的土壤是黑色的,受到泉水的良好灌溉,不怕旱,又不会因暴雨而变涝;原来在利比亚的这一部分是有雨的。那里的谷物产量和巴比伦地方相同。埃乌埃司佩里塔伊人居住的土地也是好的,它最多的时候收获量达种子的一百倍。但是奇努普司人地区土地的收获量则高达种子的三百倍。

(**199**)库列涅地区是利比亚的最高的部分,游牧者便是住在这里的,这一地区极其令人惊叹的地方是它有三个收获的季节。首先在海岸上,地上生长的果实成熟到可以收割和摘取的地步;当这些水果采集完毕的时候,海岸再向上的中间地区,即他们称为山区的地方又成熟到收割的时候了;而在中间地区刚刚收割完毕之后,最高的地方的庄稼又熟了。因此在大地上最早收获的谷物已经作为食物和饮料消费完了的时候,最后的庄稼也就接上了。这样看来,库列涅人便有了一个长达八个月的收获期。关于这些事情,我就谈到这里为止了。

(**200**)现在当阿律安戴司从埃及派出去为培列提美报仇的波斯军到达巴尔卡的时候[①],他们便包围了这座城,要求引渡对杀死阿尔凯西拉欧司这件事有责任的那些人:但是巴尔卡人的全体都参与了这件事情,因此他们不同意投降。于是波斯人便把巴尔卡包围了九个月,他们挖掘通向城墙的地道并且进行猛烈的袭

① 接本卷第一六七节。

击。但是这个坑道却给一个锻冶匠用一只青铜盾给发觉了，下面说一说他是如何发觉的：他带着盾牌顺着城墙的内部巡视，用它来敲击城内的土地。所有其他的地方在敲击的时候发生钝音，但是在有地道的地方，青铜盾发生响亮的声音。巴尔卡人在这里对着它挖了一个逆行的地道并把在那里挖地的波斯人杀死了。地道便这样地被发觉了，而袭击也便被巴尔卡市民击退了。

(**201**)许多时间消耗过去，双方都有许多阵亡的人，而波斯的这一方面阵亡的人丝毫不少于对方，于是统率陆军的阿玛西斯便想出了这样一个计策，因为他看出来，巴尔卡虽不能用武力攻克，却是能够用巧计攻克的。他在夜里挖掘一个很宽的壕沟并在上面搭着薄薄的木板，木板上他再盖上一层和地面一样平的土。然后，到白天的时候，他便请巴尔卡人和他谈判，巴尔卡人立刻同意了。终于大家达成了和议。协议是这样达成的：他们站在掩盖住的壕沟上，相互起誓说在他们所站立的土地不改变的时候，他们将永远遵守誓约。巴尔卡人答应给国王相当数目的金额，波斯人则保证不再加害于巴尔卡人。在立了严肃的誓约以后，相信了这件事并打开了他们的全部城门的市民自己从城里出来并且容许他们所有愿意进城的敌人进城去。但是波斯人却毁坏了暗桥而涌到城里去。他们毁了他们所造的暗桥，这样他们便可以不致背弃他们对巴尔卡人的誓约，这就是：在土地原封不动的时候，这个条约永远有效。但如果他们毁坏了暗桥的话，这个条约便不再生效了。

(**202**)当巴尔卡人被波斯人引渡给培列提美的时候，她便把巴尔卡人中间的那些首犯沿着城墙上面一一处以磔刑。他们的妇女的

乳房都被割去，同样给放置在城墙上。至于其他的巴尔卡人，则她嘱告波斯人把他们作为战利品带走，例外的只有巴托司家的人们和那些没有参加屠杀的人们。于是她便把全城交到这些人的手里来管理了。

(203)波斯人便这样地奴役了其余的巴尔卡人并回师了。当他们来到库列涅市的时候，库列涅人允许他们穿过自己的城市，为了是使一次的神托应验。在军队穿过的时候，海军的统帅巴德列斯主张攻取这个城市，但陆军的统帅阿玛西斯却不同意，他说他是奉派出来征服巴尔卡，而不是其他希腊城市的。结果，他们穿过了库列涅并且驻扎在律凯欧司·宙斯的山上。他们到那里才后悔没有攻取这个城市并试图再进入这个城市，但是库列涅人不许他们进来了。可是，虽然没有任何人攻击波斯人，但是波斯人却突然害起怕来，于是他们便逃到一个离那里有六十斯塔迪昂的地方去并在那里扎了营。正当大军驻屯在那里的时候，从阿律安戴司那里来了一名使者命令他们回去。波斯人向库列涅人请求并且得到了他们进军时的粮草，而在他们得到之后，便离开到埃及去了；但是在那之后，他们却落到了利比亚人的手里，利比亚人为了取得他们的衣服和装具而把他们军队中迟缓的和掉队的都给杀死了，直到他们终于到达埃及的时候。

(204)这支波斯军队在利比亚所走到的最远的地方是埃乌埃司佩里戴司城，再远的地方便没有去过了。至于他们俘虏为奴隶的巴尔卡人，他们从埃及把他们放逐出去并使他们到国王那里去，而大流士便把巴克妥利亚这个城市给他们来居住。他们便把这座城称为巴尔卡，而直到我的这个时候，巴克妥利亚的这个城市还是有人居住的。

(**205**)但是培列提美她的下场也并不是圆满的。原来在她为自己对巴尔卡人进行了报复并返回埃及之后,她立刻便很惨地死去了。她的身体溃烂并生了蛆。看来神对于进行过分苛酷的报复的人,也是非常嫉恨的。说起来,巴托司的女儿培列提美对于巴尔卡人所进行的上述的报复就是这样残酷无情的。

珍藏本

纪念版

汉译世界学术名著丛书

希罗多德
历史

希腊波斯战争史

下册

王以铸 译

商务印书馆
The Commercial Press
SINCE 1897

2017年·北京

目　　录

第五卷

(1)大流士留在欧罗巴交给美伽巴佐斯统率的那些波斯人既然发现佩林托斯人不愿意臣服于大流士，于是便在海列斯彭特人当中首先把他们征服了。这些佩林托斯人先前便已经吃到了派欧尼亚人的很大苦头。因为从司妥律蒙来的派欧尼亚人曾遵照着他们的神的神托的指示向佩林托斯人进军，神托指示说，如果和他们对阵的佩林托斯人向他们呼喊，叫出他们的名字，那么便向他们进攻，如果不这样呼喊的话，便不向他们进攻。派欧尼亚人便是这样做的；佩林托斯人在他们的城前屯营的时候，由于挑战的缘故，在两军之间进行了三种单对单的决斗，即人对人，马对马，狗对狗。佩林托斯人在两种决斗中得到了胜利并欢欣鼓舞地喊出了派昂的呼声[①]。派欧尼亚人却认为这正是神托所提到的那件事情。于是我以为他们就相互告诉说："预言里的话这回确实是应验了，现在正是我们动手的时候了。"因此正在佩林托斯人呼喊派昂的时候，派欧尼亚人便向他们发动了进攻，并使佩林托斯人吃了惨重的败仗，他们的敌人在这场战斗中活命的寥

① 希腊人在获得胜利时，要感谢阿波罗神。在他们唱的凯歌里，便重复"伊埃·派昂"的句子。但在这里给派欧尼亚人听起来，好像是呼叫他们的名字，向他们挑战似的。

寥无几。

(2)佩林托斯人先前已受到派欧尼亚人的这样的打击了。而现在他们却为他们的自由而英勇地战斗,但是由于众寡悬殊他们仍然是为美伽巴佐斯和波斯人征服了。佩林托斯被攻克之后,美伽巴佐斯便率领他的军队通过色雷斯,征服了那一地区每一座城和每一个民族使之服从国王的统治。因为征服色雷斯,这也是大流士给他的命令呢。

(3)除去印度人之外,色雷斯人是世界上最大的民族。如果他们由一个人来统治或是万众一心地团结起来,在我看来他们就会是天下无敌的,就会成为世界上最强大的民族。但是既然没有一个什么办法来实现这一点,他们便由于这个原因而是软弱的了。他们有许多的名称,每一个部落都依照他们所在的地区得名。所有这些色雷斯人的风俗习惯都是相同的,例外的只有盖塔伊人、妥劳索伊人和住在克列斯通人上方的人。

(4)自信是长生不死的盖塔伊人,他们的风俗习惯我已说过了[①]。在所有其他方面的风俗习惯和其他色雷斯人相同的妥劳索伊人,他们在出生和死亡时所做的事情下面我要说一说。当生孩子的时候,亲族便团团围坐在这个孩子的四周,历数着人世间的一切苦恼,并为这孩子生出之后所必须体验的一切不幸事件表示哀悼。但是在葬埋死者的时候,他们却反而是欢欣快乐的,因为他解脱了许多的灾祸而达到了完满的幸福境地。

(5)住在克列斯通人上方的那些人是有他们自己的风俗习惯的。

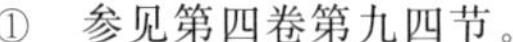

① 参见第四卷第九四节。

他们每个人都有很多妻子，在一个男人死去的时候，在他的妻子中间会发生很大的争论，而在他们的朋友方面也有激烈的争执，以便证明哪一个妻子是丈夫所最宠爱的。而被判定享有这一荣誉的妻子便受到男子和妇女的称赏，然后她被她最亲近的人杀死在她的丈夫的坟墓上，而和她丈夫埋葬在一处。其他的妻子则认为这是一件很倒霉的事情，觉得她们这样是受到了很大的耻辱。

(6)至于其他色雷斯人，则他们的风俗是把他们的孩子作为输出品卖到国外去。他们一点也不去管束他们的少女，而是任凭她们和随便她们所喜好的一些男人发生关系。但是对于自己的妻子，他们却监视得很严并且是用重价从她们的父母那里买来的。刺青被认为是出身高贵的标志，身上没有刺青则就表示是下贱的人了。无所事事的人被认为是最尊贵的，但耕地的人则最受蔑视，靠战争和打劫为生的人被认为是一切人当中最荣誉的。这就是他们的最引人注意的习惯。

(7)他们所崇奉的神只有阿列斯、狄奥尼索斯和阿尔铁米司[①]。但是他们的国王却和其他的国人不同，他们所最崇奉的神是海尔美士，国王们只凭着这一个神的名字发誓，他们自称是海尔美士的后裔。

(8)在他们的有钱人当中，葬仪是这样的。他们把死者的遗体在外面陈列三日，然后，他们先为死者哀哭，继而在屠杀一切种类的牺牲以后，便大张饮宴；在这之后，他们或是举行火葬，或是不用

① 希罗多德通常把外国的神和希腊的神等一视之。

火葬而把死尸埋到土里去。而在他们筑起了一座坟墓之后,他们便举行各种比赛,在比赛中个人的比赛最难的则给以最大的奖赏。色雷斯人的葬仪就是这样。

(**9**)在这个国家的北面是什么地方,什么人住在那里是没有人能确实地说出来的。渡过伊斯特河,你所能看到的只是一望无际的荒漠地带。我所能知道住在伊斯特河彼岸的,只有那穿着美地亚人的服装的称为昔恭纳伊人的一种人。他们的马据说全身都长着有五达克杜洛斯长的茸茸的毛,这种马身材小,鼻子短而扁,不能供人乘骑,但如果使它驾车却是十分敏速的。当地的人之所以有驾车的习惯便是由于这个缘故。据说这些人的土地的疆界大概是一直达到亚得里亚海上的埃涅托伊人的地方。他们自称是美地亚人的移民,但是我自己却弄不明白,为什么他们是美地亚人的移民。然而在悠长无尽的岁月当中,任何事情都不是不可能发生的。不管怎样,我们知道居住在玛撒里亚(今日的马赛——译者)的里巨埃斯人用“昔恭纳伊”一词来表示行商,但是塞浦路斯人则用这个词来表示长枪。

(**10**)但是根据色雷斯人的说法,伊斯特河彼岸的全部土地到处都是蜂,因此谁也不能到那里去。这一点我看是不可信的,因为那些生物是很不能耐寒的。而在我看来,却毋宁说极北的土地[①]没有人居住是由于寒冷的缘故。以上便是关于这一地区的说法。总之,美伽巴佐斯是使它的沿海地区服属波斯人的治下了。

① 原意是熊星下的土地。——译者

(**11**)在大流士这一方面,则他一经渡过海列斯彭特并到撒尔迪斯的时候[1],他立刻便记起了米利都人希司提埃伊欧斯对他的功劳以及米提列奈人科埃斯给予他的忠告来了。于是他便派人把他们召到撒尔迪斯来并且要他们选取他们所想得到的东西。于是,希司提埃伊欧斯看到自己既然已是米利都的僭主,因此他不再要求这之外的什么统治权,而他只是要求埃多涅斯人的土地米尔启诺司[2],以便使他能在那里建立一个城市。这便是希司提埃伊欧斯所希望的东西,但是科埃斯由于自己不是僭主而只是一介平民,所以他要求能使他成为米提列奈市的僭主。

(**12**)这两个人的愿望得到允许之后,他们便分头到他们所要求的地点去了。但是大流士却由于偶然看到下面的一件事,而使他想到命令美伽巴佐斯攻略派欧尼亚人,并且把他们从自己故乡的欧罗巴强行带到亚细亚来。有两个派欧尼亚人,一个叫披格列斯,一个叫做曼图埃司。他们两个人都自己想做派欧尼亚的僭主,而当大流士渡海到亚细亚时他们便来到撒尔迪斯,并且把他们的一个妹妹一同带来,这是一位身材颀长而姿容美丽的妇女。在那里,一直等到大流士坐在吕底亚城郊外的王位之上这个机会到来时,他们才叫他们的妹妹穿上他们有的最好的衣服,然后叫她出来打水。她头上顶着水瓶,一只胳膊拉着马的缰绳,同时手里还纺着亚麻。当她经过大流士的时候,大流士注意到了这个妇女,因为从她做的事情来看,她既不像是波斯人,又不

① 参见第四卷第一四三节。

② 这是一块富产木材和贵金属的地区。

像是吕底亚人或任何亚洲民族。大流士注意到了这件事，他便派他的一些亲卫兵，要他们看一下这个妇女拉着她的马是要干什么，因此这些亲卫兵便跟在她的后面。她来到河边的时候便使马饮水，使马饮了水之后，便把她的水瓶灌满了水，循着原路回来，头上顶着水瓶，胳膊牵着马同时用手转动纺锤。

(13)大流士听到他派去侦察的人们的话和他亲眼看到的事情都感到十分奇怪，于是他便下令把那个妇女带来见他。当她被带来的时候，那在近旁的一个地方窥伺着这一切的她的两个哥哥也跟着来了。大流士问她是哪里的人，年轻的男子就告诉他说他们是派欧尼亚人，这个妇女是他们的妹妹。大流士又问派欧尼亚人是什么人，他们住在什么地方，他们又是为了什么来到撒尔迪斯的。他们告诉他说，他们是前来投奔他的，派欧尼亚的城镇都是在司妥律蒙河的岸上，而这个司妥律蒙河是离开海列斯彭特不远的。他们又告诉他说，他们是出身特洛伊的铁乌克洛伊人的移民。这便是他们告诉给他的一切话。于是国王就问他们，他们那里的妇女是否都是非常能干活儿的。对于这个问题，他们也立即回答说确是这样的。原来，他们此来的目的也正是在于这一点。

(14)于是大流士便写一封信给正被大流士留在色雷斯统率军队的美伽巴佐斯，命令他把派欧尼亚人从他们的家乡迁移出来，并把他们以及他们的妻子都带到他这里来。紧接着一名骑兵带着命令很快地向海列斯彭特驰去，而在渡过海列斯彭特之后便把这信交给美伽巴佐斯了。美伽巴佐斯读了信之后，从色雷斯取得向导，便率军向派欧尼亚进发了。

(**15**)当派欧尼亚人知道波斯人正在向他们攻来的时候，他们便集合到一起到海岸方面去了，因为他们认为波斯人是会试图从那条道路向他们进攻的。派欧尼亚人就是这样地准备邀击美伽巴佐斯大军的进攻，但波斯人知道派欧尼亚人已经集结了他们的兵力并正在海岸地带戒备着攻入他们国内的道路，于是他们找来了向导，改由内地的大道进军了。这样他们便完全出其不意地攻击了派欧尼亚人并进入了已无男子留在里面的城市。在他们进攻时他们发现城是空的，因此他们就轻取了这些城市。派欧尼亚人知道他们的城市已被攻克，便立刻作鸟兽散，各人走自己回乡的道路并向波斯人投降了。这样，在派欧尼亚人当中，西里欧派欧尼亚人和帕伊欧普拉伊人以及住在一直到普拉西阿司湖地方的所有的人便被强制地从自己的家乡迁移出去并且被带到亚细亚来了。

(**16**)但是在庞伽伊昂山[①]周边以及在多贝列斯人、阿格里阿涅斯人与欧多曼托伊人的地区和普拉西阿司湖本身一带居住的人们，却是无论如何也没有在美伽巴佐斯面前屈服。他也曾试图强行把湖上的居民[②]迁移开去。他们是这样地居住在湖上的。在湖中心的地方有一个绑扎在高柱上面的板台，从陆地上有一个狭窄的板桥通到那里去。支着板台的柱子是全体部落居民在古昔的时候共同建立起来的，但是后来他们作了这样的一个规定，来安设湖上的柱子。原来木柱是从欧尔倍洛司山取得的，

① 在司妥律蒙以东。

② 在北部意大利、爱尔兰和西欧其他地区都曾发现这一类的住居遗址。

每一个结婚的男子都要为他所娶的每一名妇女从那里取得三根木柱；而且他们每个人都有许多妻子。至于他们的生活方式，板台上的每一个人都有他自己住的一间小屋，而每个人在板台上都有一个通到下面湖里去的坠门。为了不使小孩子掉到湖里去，他们用绳子系住孩子的脚。他们用鱼来喂马和他们的驮兽，他们有这样多的鱼，以致一个人只要打开他的坠门把一个空篮子用绳子放到湖里去，不大的时光他便把满篮子的鱼拽上来了。那里的鱼有两种：一种叫做“帕普拉克司”，一种叫做“提隆”。

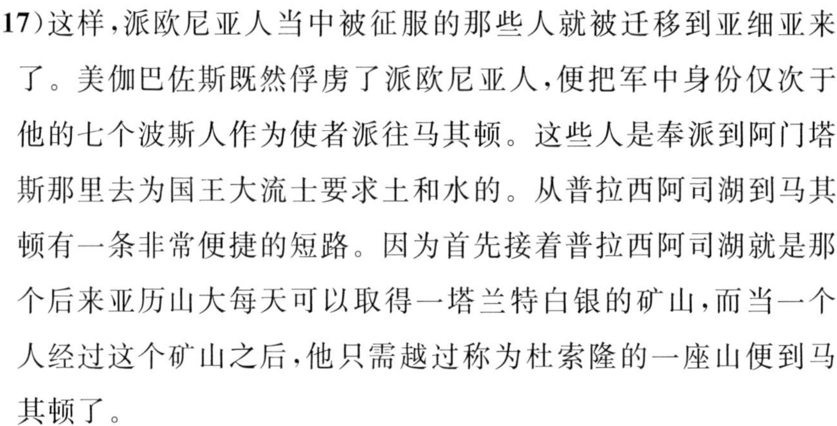

(**17**)这样，派欧尼亚人当中被征服的那些人就被迁移到亚细亚来了。美伽巴佐斯既然俘虏了派欧尼亚人，便把军中身份仅次于他的七个波斯人作为使者派往马其顿。这些人是奉派到阿门塔斯那里去为国王大流士要求土和水的。从普拉西阿司湖到马其顿有一条非常便捷的短路。因为首先接着普拉西阿司湖就是那个后来亚历山大每天可以取得一塔兰特白银的矿山，而当一个人经过这个矿山之后，他只需越过称为杜索隆的一座山便到马其顿了。

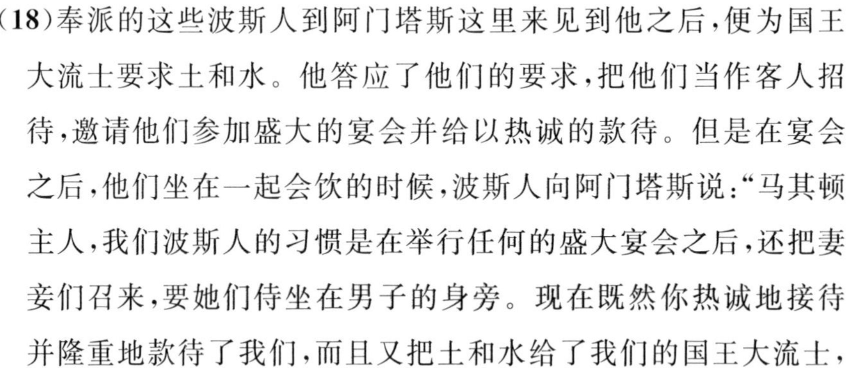

(**18**)奉派的这些波斯人到阿门塔斯这里来见到他之后，便为国王大流士要求土和水。他答应了他们的要求，把他们当作客人招待，邀请他们参加盛大的宴会并给以热诚的款待。但是在宴会之后，他们坐在一起会饮的时候，波斯人向阿门塔斯说：“马其顿主人，我们波斯人的习惯是在举行任何的盛大宴会之后，还把妻妾们召来，要她们侍坐在男子的身旁。现在既然你热诚地接待并隆重地款待了我们，而且又把土和水给了我们的国王大流士，那就请你遵守我们的习惯吧。”但是阿门塔斯回答说：“波斯人，我们没有这样的习惯，我们有我们自己的习惯。我们是男女不同席的。但你们既然是我们的主人并且这样要求了，那么就照着你们的愿望来办吧。”阿门塔斯这样说着，便遣人把妇女们召了来；她们应召来到之后，便在波斯人的对面坐下了。波斯人当时看到姿容秀丽的妇女坐在自己的面前，便向阿门塔斯说，他的这种做法是毫无意义的；他们以为如果妇女来到这里不坐在男子的身旁而坐在他们的对面叫他们看着难过，那就反而不如不来了。阿门塔斯不得已而命令妇女们坐在他们的身旁，当她们这样做的时候，那些喝得酩酊大醉的波斯人便用手摸这些妇女的胸部，有的人甚至试图去吻她们。

（**19**）阿门塔斯看到了这一切，尽管他心中怒恼，却按着性子不曾发作起来，因为他是非常怕波斯人的。但阿门塔斯的儿子亚历山大，由于年纪轻再加上没有经验过什么不幸的事情，他无论如何再也忍耐不住，便十分愤怒地向阿门塔斯说：“父亲，您已经上了年纪，应当离开这里回去休息，不要再毫无节制地饮酒了。但是我却要留在这里照料客人，以便给他们所需要的一切。”阿门塔斯看到亚历山大心里已有了蛮干的打算，于是便向他的儿子说：“儿啊，你现在是十分恼怒了，如果从你的话我推测得不错的话，你是想把我送走以便你可以在这里蛮干。至于我呢，那么我请求你，不要对这些人做出横暴的事情，否则遭殃的正是我们自己，因此还是忍耐忍耐让他们为所欲为吧。不过你要是让我退席的话，那我是同意这样做的。”

（**20**）阿门塔斯作了这样的请求之后便退去了，于是亚历山大就向波斯人说:“客人们,你们有充分的自由来处理这些妇女,你们可以和她们全体或其中任何人发生关系。对于那件事,你们是愿意怎样就怎样的。但是现在既然快到了你们休息的时候,而我看到你们又都饮得酩酊大醉,那么如你们愿意的话,请容许这些妇女离开这里去沐浴,而她们沐浴之后,再要她们回到你们的地方来。”他这样说了之后,波斯人同意了,于是他在妇女出去后把她们送到后宫;随后亚历山大便把同样数目脸上无髭的男子打扮成妇女模样并且把匕首交给了他们。他把这些人带了进来,进来之后他就向波斯人说:“波斯人啊,我想我们招待的饮宴已经使你们完全心满意足了,我们所有的一切以及此外我们所能弄得到的一切我们都放在你们的面前了,而现在我们把我们最好的最贵重的财产毫不吝惜地提供给你们,这就是我们自己的母亲和姊妹。这样你们就会看到,我们已经把你们应得的充分的尊敬给了你们,请告诉把你们派来的你们的国王,他那担任马其顿太守之职的希腊人怎样地在饮食方面和女色方面款待了你们。”这样说了之后,亚历山大便命令他的打扮好的马其顿男子每人侍坐在一个波斯人的身旁,就仿佛他们自己都是妇女;而当波斯人动手摸他们的时候,他们就被这些马其顿人杀死了。

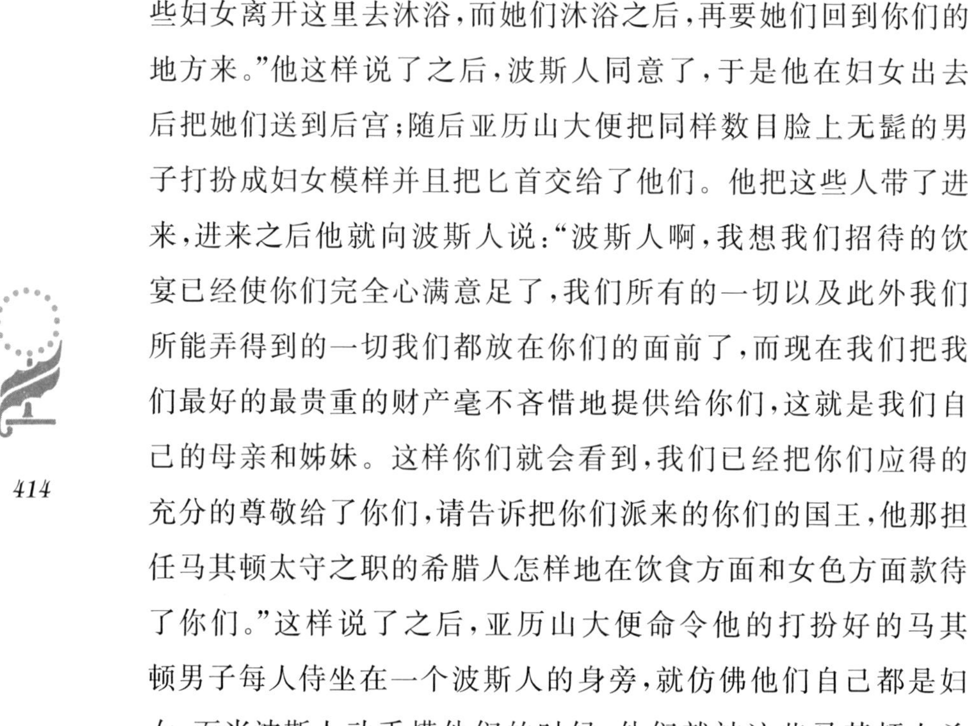

(21)波斯的使者们就这样地给结束了性命,他们的扈从也未能例外,因为和使者们同来的有车马、有仆役和他们所带着的那大量的全部行李;马其顿人消灭了所有这一切,就和他们消灭了全体使者本身一样。在这之后不久,波斯人就为了这些人进行了一次大规模的搜索。但是亚历山大却有足够的智谋来了结这件事，他的办法是把一大笔金钱和他的亲生妹妹巨该娅送给一个叫做布巴列斯的波斯人，这个人就是那些奉派寻找遇害的人们的队长。他用这份礼物中止了搜索。结果这些波斯人的死亡便给隐蔽起来而且没有人再提起这件事了。

(22)培尔狄卡斯的这些后裔像他们自己所说的那样是希腊人，这件事我自己是偶然得以知道的，而在我的历史的后面还要证明这件事的。而且，那主持奥林匹亚比赛会的海列诺迪卡伊①也认为事情是这样的。因为当亚历山大要参加比赛并且为了这个目的而进入比赛场的时候，和他赛跑的那些希腊人却不许他参加比赛，他们说比赛是希腊人之间的比赛，外国人是没有资格参加的。但是亚历山大却证明自己是一个阿尔哥斯人，因此他被判定为一个希腊人。在他跑一斯塔迪昂的时候，他是和另一个人共同取得第一名的。这些事情的结果就是这样的了。

(23)但是美伽巴佐斯却带着派欧尼亚人来到海列斯彭特了，他从这里渡海来到了撒尔迪斯。但这时米利都人希司提埃伊欧斯正在由于他守卫桥梁之功而请求大流士赏赐的那个地方，即司妥律蒙河畔称为米尔启诺司那个地方修筑工事。美伽巴佐斯知道了希司提埃伊欧斯正在做什么事之后，便在他和派欧尼亚人到达撒尔迪斯之后，立刻就向大流士说："主公，你所干的是什么事情啊？你竟允许一个奸诈而又狡猾的希腊人在色雷斯筑城。而提起色雷斯这样的一个地方，这里有丰富的造船用的木材，有许多的桡材和银矿，四周又住着许多希腊人和异邦人。这些人如

① 主持奥林匹亚比赛会的埃里司公民，通常是十个人。

果一旦拥戴他为领袖,他们就会不分日夜地按照他的命令行事了。如果你不想和你自己的臣民发生内战的话,那还是要这个人停止干这样的事情吧。但是要做到这一点,只需用温和的手段把他召来就行了。而当你一旦把他控制到手的时候,只注意永远不要使他再回到希腊便是了。”

(**24**)大流士立刻便同意了这一点,因为他认为美伽巴佐斯对事情的预见是正确的。于是他立刻派使者送这样一个信到米尔启诺司:“国王大流士致书希司提埃伊欧斯,我在考虑之后,觉得没有一个人对我和对我的国家比你更忠诚了。证明这一点的不是言语而是行动。因此不要叫任何事物阻止你到我这里来,因为我要向你倾诉我心中的一些伟大的计划。”希司提埃伊欧斯相信了这些话,而且更由于他会成为国王的顾问而感到骄傲,于是他就到撒尔迪斯来了。当他来到的时候,大流士便对他说:“希司提埃伊欧斯,我要告诉你把你召来的理由。在我从斯奇提亚回来而你离开了我的时候,我心中最迫切想望的事情就是看到你和与你谈话了。因为我知道一切财富中最宝贵的就是一位忠诚的和有智慧的朋友了。而且我可以用我个人的经验来证明,你对于我可以说是二者兼备的。因此,既然这次你到这里来得很好,我向你作这样一个建议,离开米利都和你新建的色雷斯的城市,和我一同到苏撒去,到那里去享有我的一切东西,与我同食并与我共同议事吧。”

(**25**)这就是大流士讲的话,而在任命他的同父兄弟阿尔塔普列涅斯担任撒尔迪斯的太守之后,他便把希司埃阿伊欧斯带在自己的身旁到苏撒去了。但是他首先就任命欧塔涅斯为海岸地区居

民的统治者。欧塔涅斯的父亲西撒姆涅斯曾是王室法官之一[①]，但他由于受贿而审判不公，曾被刚比西斯杀死并被剥下全身的皮，然后刚比西斯把从他身上剥下来的皮切为皮带，用来蒙复在西撒姆涅斯曾坐下来进行审判的座位上面；这样做了以后，刚比西斯便任命了这个被杀死和剥皮的人的儿子来代替这个被杀死和剥皮的西撒姆涅斯，并告诫他要记住他是坐在怎样的椅子上进行审判的。

(26)而正是坐在这样的椅子上的欧塔涅斯，继美伽巴佐斯之后而担任统帅。他攻陷了拜占庭和迦太基，又攻陷了特洛伊领的安唐德罗斯，此外还攻陷了拉姆波尼昂。他从列斯波司人那里夺得了船舶，而他便用这些船舶征服了当时还住着佩拉司吉人的列姆诺斯和伊姆布罗斯。

(27)然而列姆诺斯人是善战的，他们保卫了自己，直到他们终于遭到灭亡的厄运的时候。于是波斯人便任命一个人来统治列姆诺斯人的残余，这就是曾经是萨摩司的国王的迈安多里欧司的兄弟律卡列托司。这个律卡列托司是他在统治列姆诺斯的期间死去的……原因是他力图奴役和征服所有的人民，说他们之中有些人逃避对斯奇提亚人战争的兵役，说另一些人在大流士的军队从斯奇提亚回师时对之趁火打劫。

(28)当欧塔涅斯被任命为统帅时，他所做的一切就是这些。在这之后，当灾祸的事情暂时停止的时候，从那克索斯和米利都方面再一次开始有灾祸降临到伊奥尼亚人的头上来了。原来那克索

① 参见第三卷第三一节。

斯和所有其他的岛屿比起来是最繁荣的，而大约在同时，米利都那时也是正在它的全盛时代，以致它被称为伊奥尼亚的花朵。但是在这之前两代，它却受到了很大的分裂的痛苦，直到米利都人从全体希腊人当中选出了帕洛司人为恢复和平生活的调停者，而帕洛司人又在他们中间恢复了和平的时候为止。

(**29**)帕洛司人是用这样的办法为他们进行了调解的：他们的最优秀的人物来到了米利都，而在他们看到米利都的家宅荒废得很惨的时候，就说他们要到国内各地去看看。他们这样做了，于是他们访问了米利都的全部领土，他们在荒废的土地当中不拘什么时候只要发现任何耕作良好的农庄，他们就把农庄主人的名字记下来。然后在巡视了全国并发现了不过很少数这样的人之后，他们一返回城内，立刻便把人民集合起来，任命那些他们发现把土地耕种得良好的人为国家的统治者。原来他们认为，这些人对于国家大事也会像对于他们自己的事一样照料得很好的。于是他们便命令其余那些曾经相互不和的米利都人都应该服从这些人。

(**30**)帕洛司人这样就在米利都恢复了和平。但现在这些城市却开始给伊奥尼亚带来了麻烦，事情的原委是这样。有一些富裕的人被市民从那克索斯赶了出来之后，这些人便逃到了米利都。但这时代表大流士治理米利都的恰巧是给大流士留在苏撒的吕撒哥拉斯的儿子希司提埃伊欧斯的从兄弟和女婿莫尔帕戈拉司的儿子阿里司塔哥拉斯，因为希司提埃伊欧斯是米利都的僭主，而当过去从来是希司提埃伊欧斯的盟友的那克索斯人到来的时候，他正在苏撒。而那克索斯人在他们来到米利都的时候，便问阿里司塔哥拉斯，他是否多少给他们一些兵力，以便使他们返回自己的国土。考虑到如果由于他的力量而他们被送回他们的城市的话，那他自己就会成为那克索斯的统治者，于是他就以他们是希司提埃伊欧斯的朋友为借口，向他们建议说："对我来说，我并没有权利违反着掌握了你们城市的那克索斯人的意思而给你们兵力来使你们返回国土，因为我听说，那克索斯人拥有八千名持盾的步兵和许多战舰，但是我将尽一切的努力来为这件事设法。我的办法是这样。阿尔塔普列涅斯是我的朋友；但是你们知道，阿尔塔普列涅斯是叙司塔司佩斯的儿子和国王大流士的兄弟，他是亚细亚沿海各族人民的统治者，并且拥有一支巨大的陆军和许多舰船。我想这个人会按照我们所希望的去做的。"那克索斯人听到这话之后，便把这件事托付给阿里司塔哥拉斯任凭他尽可能完善地去处理，嘱他保证士兵的赠礼和费用，而他们是愿意担负起这一切的。因为他们指望当他们一出现在那克索斯的时候，那克索斯人就会遵守他们的一切的命令，而其他的岛上居民也会这样做，因为在这些库克拉戴斯诸岛当中，还没有任何一个岛是臣服于大流士的。

(**31**)阿里司塔哥拉斯到了撒尔迪斯就告诉阿尔塔普列涅斯说，那克索斯实际上不是一个大岛，但是在另一方面它却是一个美好的和肥沃的岛并且是接近伊奥尼亚的。同时在那里还有巨大的财富和大量的奴隶。"因此你可以派遣一支军队去攻打那个地方，把从那里被放逐出来的人带回去。而如果你这样做的话，除去出征的费用之外(因为这是把你请来的我们理当负担的)，我还为你准备了一大笔钱。此外，你还会为国王赢得新的领土，那克索斯本土和属于它的诸岛帕洛司、安多罗斯以及其他所谓库克拉戴斯诸岛。以这些地方作为你的根据地，你将会容易地进攻埃乌波亚岛，这是一个富裕的大岛，它不比塞浦路斯小并且是很容易攻取的。要征服所有这些地方，一百只船足够用了。"阿尔塔普列涅斯回答说："你所提出的这个计划对于王室是有利的。除去船数这一点之外，你的意见完全是好的。当春天来到时，不是一百只，而是二百只船为你准备着。不过国王自己也必须同意这一点。"

（**32**）当阿里司塔哥拉斯听到这话之后，他便十分高兴地到米利都去了。阿尔塔普列涅斯派一名使者带着阿里司塔哥拉斯所说的话到苏撒去，大流士本人也同意了这个计划，于是他便装备了二百只三段桡船，此外还有一支由波斯人及其盟友组成的非常庞大的军队，并任命美伽巴铁斯为他们的统帅。美伽巴铁斯是阿凯美尼达伊家的波斯人，对他自己和对大流士来说都是堂兄弟的关系。而如果这个说法是真实的话，则正是这个人，他的女儿后来和拉凯戴孟人克列欧姆布洛托斯的儿子帕乌撒尼亚斯订了婚，因为帕乌撒尼亚斯是渴望成为希腊的僭主的。阿尔塔普列涅斯任命美伽巴铁斯为统帅之后，便把他的军队派到阿里司塔哥拉斯那里去了。

（**33**）于是美伽巴铁斯[①]便从米利都把阿里司塔哥拉斯和伊奥尼亚军以及那克索斯人载到船上，好像是要向海列斯彭特进发的样子，但是当他来到岐奥斯的时候，他却把自己的船只停泊在卡乌

① 美伽巴铁斯的出征是在四九九年。

卡撒[①]，为的是他可以乘着北风一直渡海到那克索斯去。但是由于那克索斯人并不是命中注定要毁在这支远征军的手里，因此发生了下面的一件事情。原来正当美伽巴铁斯到各处巡视船上的哨兵的时候，恰巧在孟多司人的那只船上没有哨兵。美伽巴铁斯十分愤怒，于是命令他的卫兵把这只船的名叫司库拉克斯的船长找来，把他绑起来，把他一半的身子插到桡孔里面去，头朝外，身子在内。司库拉克斯这样被绑了起来，但是有人带信给阿里司塔哥拉斯说他的孟多司的朋友被绑了起来并且受到了美伽巴铁斯的侮辱。于是阿里司塔哥拉斯便前来请求波斯人释放司库拉克斯，但是他的要求丝毫未得到允许。于是他自己前来把这个人给释放了。当美伽巴铁斯听到这件事之后，他非常愤怒而到阿里司塔哥拉斯的地方来大发雷霆。但是阿里司塔哥拉斯说："这些事情和你有什么关系？阿尔塔普列涅斯不是派你来服从我并且按照我吩咐你的方向航行吗？你为什么这样多管闲事？"这就是阿里司塔哥拉斯的话。但为此而十分激怒的美伽巴铁斯在夜里却派人乘船到那克索斯去，把要对他们所干的事情原原本本地告诉他们了。

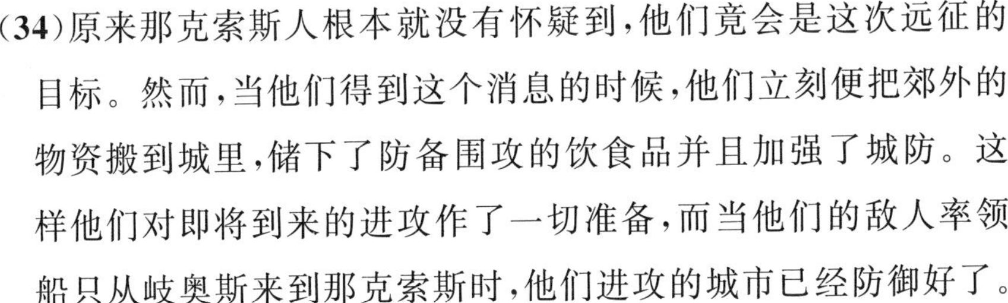

(**34**)原来那克索斯人根本就没有怀疑到，他们竟会是这次远征的目标。然而，当他们得到这个消息的时候，他们立刻便把郊外的物资搬到城里，储下了防备围攻的饮食品并且加强了城防。这样他们对即将到来的进攻作了一切准备，而当他们的敌人率领船只从岐奥斯来到那克索斯时，他们进攻的城市已经防御好了。

---

① 这个海港显而易见是在岐奥斯的西南岸。

于是他们就围攻了四个月。而当着波斯人把他们所带来的军资消耗净尽，此外阿里司塔哥拉斯又消耗了他个人的大量金钱之后，要继续进行围攻，便需要更多的金钱，于是他们便给亡命的那克索斯人构筑了一座要塞，他们自己则非常不得意地返回大陆去了。

（**35**）阿里司塔哥拉斯没有办法履行他对阿尔塔普列涅斯的保证。他没有办法筹措远征的费用，他又担心军队的失利和美伽巴铁斯对他的私怨会给他带来不良的后果。他又以为他在米利都的统治权可能被剥夺。既然他心里有这一切的顾虑，他就开始计划叛乱了。因为正好在那个时候，希司提埃伊欧斯的使者从苏撒来到那里，这是一个头上刺上了记号的人，这个记号表示阿里司塔哥拉斯应该谋叛国王了。因为希司提埃伊欧斯很想送一个记号给阿里司塔哥拉斯要他谋叛。但是他没有其他的安全的送信的办法，因为来往的道路都是受了监视的。于是他就剃光了他的最信任的奴隶的头并在这个奴隶的头上刺上了记号，一直等到这个奴隶的头发再长起来的时候。头发一经再长起来，他便把这个奴隶派遣到米利都去，这个人没有带着他的什么别的信，他只是嘱告阿里司塔哥拉斯在剃光这个奴隶的头发之后检查他的头部。刺在头上的记号是表示要他谋叛，这一点前面我已经提到了。希司提埃伊欧斯所以这样做，是因为自己被强制拘留在苏撒，对这一点他是感到非常不幸的。但是现在他却有了一个很大的希望：即一旦发生了叛变，他就会被派到海岸地带去，如果米利都那里不发生任何事情，那他便永远也回不到那里去了。

(**36**)希司提埃伊欧斯便是带着这个意图派出了他的使者的,而且巧的是这一切事情都是同时发生在阿里司塔哥拉斯身上的。于是他和他的同党进行了商谈并发表了自己的意见以及希司提埃伊欧斯给他送来的信。所有其他人等都赞成他的做法,同意发起叛乱,但例外的只有历史家海卡泰欧斯一个人。他向他们历数臣服于大流士的一切民族以及大流士的全部力量,因而劝他们最好不要对波斯的国王动武。但是当他们不听从他的意见的时候,他便劝告他们说,其次一个最好的办法便是使自己取得海上的霸权。他在他的发言中说(既然米利都是一个实力脆弱的城市),因此在他看来,办法只能有一个,那就是:如果吕底亚人克洛伊索斯奉献给布朗奇达伊的神殿的财富都给他们劫夺过来的话,他便很可能希望他们会取得海上的霸权,这样他们便可以把这笔钱用作军费,而且他们的敌人也不能夺走它。在我这部历史的开头的部分里我已经说过,这笔财富是非常庞大的。但是大家并不同意他的这个意见。虽然如此,他们仍然决定不发起叛变,而他们中间的一个人则应乘船到米欧司去,到离开了那克索斯并驻到那里的船队的地方去,打算擒拿在那些船上的将领们。

(**37**)为了这个目的而被派去的雅特拉哥拉司用计谋拿捉了美拉撒人伊巴诺里司的儿子欧里亚托司、铁尔美拉人图姆涅斯的儿子希司提埃伊欧斯、大流士赠以米提列奈的埃尔克桑德罗司的儿子科埃斯、库麦人海拉克利戴斯的儿子阿里司塔哥拉斯和此外其他许多人。这样做了之后,阿里司塔哥拉斯便公然叛变,想出一切他能够做到的办法来和大流士相对抗。首先他就故意放弃了他的僭主地位并使米利都的人们获致平等的权利，以便使米利都人可以立刻参加他的叛变的行动，然后对于伊奥尼亚的其他地方他也这样做了。他放逐了一些僭主，至于他从与他一同出征那克索斯的战船上捉拿来的那些僭主，他把他们分别引渡到他们原属的城邦去，因为他是想取悦这些城邦的。

(38)因此当米提列奈人把科埃斯接受下来以后，就立刻把他拉出来用石头砸死了。但是库麦人却放走了他们僭主，其他各城邦的做法也是这样。这样一来各个城邦的僭主便都给废黜了。米利都的阿里司塔哥拉斯把僭主们取消之后，便命令各个城邦任命自己的统帅；随后他自己便乘坐着一艘三段桡船出使到拉凯戴孟去，因为他认为，他是有必要寻求一个强大有力的同盟者的[①]。

(39)在斯巴达，国王列昂的儿子阿那克桑德里戴斯现在已经不在人世而死去了，执掌王权的则是阿那克桑德里戴斯的儿子克列欧美涅斯。他所以获致王权并不是由于德能而是由于他的出生的权利。因为阿那克桑德里戴斯娶了自己的亲姊妹的女儿，而且对于这个妻子他是很宠爱的。然而他们却没有孩子。既然如此，五长官就把他召了去对他说："尽管你自己不关心你自己的利益，但我们仍然不忍坐视埃乌律司铁涅斯一家绝嗣。因此既然你的妻子不能给你生子，那么就把她打发走再娶一位吧。你这样做，斯巴达人便欢喜了。"但是阿那克桑德里戴斯却回答说二者他都不愿意做，他说，他们要他送走他那对他毫无忤犯的妻

① 阿里司塔哥拉斯是在四九九年到拉凯戴孟去的。

子而娶另一个的劝告是不当的,因此他不同意这样做。

(**40**)于是五长官便和元老们进行商议并向阿那克桑德里戴斯作了如下的建议:“既然,如我们亲眼看到的,你十分宠爱你现在的妻子,那么就按照我们的办法去做而不要违抗,免得斯巴达人会作出对你非常不利的决定来。至于你现在的妻子,我们不请求你把她送走,而仍然把你现在给她的一切东西给她,不过你要另娶一位可以给你生子的妻子。”他们是这样说的,阿那克桑德里戴斯同意了。他从此便有了两个妻子,两个家,这样的事在斯巴达是从来没有过的。

(**41**)不久之后,他的第二个妻子就生下了上面所说的克列欧美涅斯。这样,她就使斯巴达人有了一位王储。然而真是事有凑巧,那从来没有生育的第一个妻子这时也怀孕了。她既然真的怀了孕,第二个妻子的朋友们知道了这件事之后就开始想在她身上找麻烦;他们说她是在瞎吹,并且说她是会用假孩子来代替的。正当他们对她十分恼怒的时候,在这期间,她快要临盆了,五长官不相信她,便坐成一圈在她生产时监视着她;她最初生了多里欧司,随后很快地就生了列欧尼达司,在他之后很快地又生了克列欧姆布洛托斯;但有人说多里欧司和列欧尼达司是孪生兄弟。但是他第二个妻子,克列欧美涅斯的母亲,也就是戴玛尔美诺斯的儿子普里涅塔达司的女儿,却再没有生孩子。

(**42**)故事说,克列欧美涅斯的精神不正常而是疯疯癫癫的。但是多里欧司在与他相同年龄的一切人当中却是出众的。而他自己也深信他会因他的道德才能而成为国王。既然多里欧司有这样的打算,因此当阿克那桑德里戴斯死去而拉凯戴孟人按他们的风俗习惯立长子克列欧美涅斯为王的时候，他就非常地恼怒，并且不能忍耐做克列欧美涅斯的臣民。于是他便请求斯巴达人拨给他一批人和他一起出去开辟殖民地；他既不到戴尔波伊去请示神托他应当到哪里去开辟殖民地，也不做任何习惯上应当做的事情。他在盛怒之下放海到利比亚去，而以铁拉人为其向导。他来到这里，定居在奇努普司河的沿岸，这是利比亚的最好的地方。但是在第三个年头，他却被玛卡伊人、利比亚人和迦太基人所逐而返回了伯罗奔尼撒。

(43) 一个埃列昂人[①]安提卡列司，根据拉伊欧司的一次神托，在那里劝他在西西里的海拉克列亚地方建立一个殖民地。因为安提卡列司说，海拉克列斯自己曾征服了埃律克斯的全部地区，而这一地区是属于他的后人，即海拉克列达伊家的。当多里欧司听到这话时，他便到戴尔波伊去请示神托，问他是不是应当征服他准备去的那个地方；佩提亚告他说他应当这样做，于是他便带着他曾经率领着去利比亚的一行人等出发到意大利去了。

(44) 在这个时候[②]，依照叙巴里斯人的说法，他们和他们的国王铁律司正准备出征克罗同，而克罗同人听到消息之后大感恐慌，便请求多里欧司前来帮助他们。他们的请求得到了允许。多里欧司和他们一同到叙巴里斯去并帮他们攻取了这个地方。叙巴里司人关于多里欧司和他的一行人等的说法就是这样。但是克罗同人却说，在他们对叙巴里斯作战的时候，除去雅米达伊族的一

① 在贝奥提亚的塔那格拉的附近。

② 约在五一〇年。

个埃里斯的卜者卡里亚斯之外，并没有异邦人帮助他们。关于这个人，故事说他曾从叙巴里斯的僭主铁律司那里逃到克罗同去，因为当他为了进攻克罗同而奉献牺牲时，并没有看到有利的朕兆。这便是他们的说法。

(**45**)这两个城邦都提供证据，证明他们所说的话是真实的。叙巴里斯人所提供的证据是克拉提斯河的干涸的河道旁边的一座神殿和圣域，他们说这是多里欧司在帮助攻克了这座城市之后，为了冠以克拉提亚之名的雅典娜神而修造起来的。此外他们还提出了他的死亡这一最有力的证据，因为他是做了有悖于神托指示的事情才遭到灭身之祸的。原来，如果他只做他原来预定要他做的事情而不做任何本分之外的事情，那么他就会攻克并据有埃律克斯地区，而他和他的军队也就不会死掉了。但是另一方面，克罗同人却提供了在克罗同境内特别给埃里斯人卡里亚斯的许多作为赠礼的土地，而卡里亚斯的后人直到我的时代还是住在这些土地上面的，但是他们说，没有把礼物给予多里欧司和他的后人。他们还说，如果多里欧司帮助他们对叙巴里斯作战的话，那他所得的礼物一定会比给卡里亚斯的礼物多许多倍了。这便是双方所提出的证据。人们可以选择他们认为最可信的一方面。

(**46**)其他的斯巴达人也和多里欧司一同乘船出发去建立殖民地，这些人是帖撒洛司、帕拉依巴铁司、凯列厄司和埃乌律列昂。这些人和全军人等来到西西里之后，便在一次战斗中给腓尼基人和埃盖司塔人战败并被杀死了。在这些人当中从惨祸之中得到生存的殖民者只有埃乌律列昂一个人。他把他的残余军队集合起来,占领了赛里努司人的殖民市米诺阿,并且帮助赛里努司的人民摆脱掉了他们的国王毕达哥拉斯的统治。在废黜了这个人之后,他自己便试图成为赛里努司的僭主,并且统治了那个地方,不过为时不久;因为当地的人民起来反抗他并且在宙斯·阿哥莱伊欧司(市场的宙斯——译者)的祭坛那里把他杀死了,因为他曾经逃到那里去避难。

(**47**)与多里欧司同行并和他一同遇难的还有克罗同人布塔启戴司的儿子披力波司。他曾和叙巴里斯的铁律司的女儿订婚并给从克罗同放逐出来。但是他对于婚事感到失望,因此他便乘船到库列涅去,从那里他又追随着多里欧司出发;他带着他自己的三段桡船并且为他的船员负担一切费用。这个披力波司是奥林匹亚赛会的一个胜利者,是当时最出色的希腊人。由于他的美貌,他从埃盖司塔人那里接受了他们从来没有给过其他任何人的荣誉。他们在他的坟墓的近旁建立了一座神殿并且向他奉献牺牲来奉祀他。

(**48**)多里欧司的死亡的情况就是这样。如果他容忍克列欧美涅斯的统治并且留在斯巴达的话,他是会成为拉凯戴孟的国王的;因为克列欧美涅斯统治的时期并不长久,他死的时候没有儿子而只有一个名叫戈尔哥的女儿。

(**49**)现在再说,米利都的僭主阿里司塔哥拉斯来到斯巴达的时候,正是克列欧美涅斯当政的时候。根据拉凯戴孟人的说法,当他和国王会谈的时候,他带着一个青铜板,板上雕刻着全世界的地图，地图上还有所有的海和所有的河流[1]。在得到允许与克列欧美涅斯面谈的时候，阿里司塔哥拉斯便向他这样说："克列欧美涅斯，我这样热心地特地赶到这里来请你不要觉得奇怪吧。因为我们目前的情况是这样。伊奥尼亚人的儿子们要成为奴隶而失掉自由，这件事对于所有其他的人们，其中包括你们这些全体希腊人的首脑，特别是对于我们自己，都是一个莫大的耻辱和痛苦。因此我们借着希腊诸神的名字来请求你们，把你们的伊奥尼亚的同胞从奴役中拯救出来吧。这在你们是一件容易办到的事情。因为异邦人并不是勇武有力的，但你们在战斗中的勇敢却是首屈一指的。至于他们的作战方法，则他们是使用弓箭和短枪的。他们在出发作战时，腿上穿着裤子而头上则裹着头巾，因此要征服他们是一件容易的事情。此外，那一大陆的居民比所有其他的人们加在一起都有更多的好东西，首先是黄金，还有白银和青铜、色彩绚烂的衣服、驮畜和奴隶；这一切的东西你们可以随心所欲地取得。而他们所居住的国土是相互邻接的，下面我就把这情况告诉你们。这里是伊奥尼亚人，这里是吕底亚人，他们居住的土地是肥沃的并且生产极多的白银。"他说着，便指着他所带来的雕刻在青铜板上的地图。随后，阿里司塔哥拉斯又说："紧接着吕底亚人的东面居住的是普里吉亚人，据我所知，他们的家畜和谷物之多是世界上任何其他人都比不上的。紧接着他们的则是卡帕多启亚人，我们则称他们为叙利亚人。而他们的邻人则是奇里启亚人，奇里启亚人的土地一直伸展到

① 根据斯特拉波的说法，在这个时期的前后，阿那克西曼得发明了地图。

那边的海上去，而塞浦路斯岛就是那边海上的；他们每年缴给国王的贡税是五百塔兰特。和奇里启亚人相接的就是阿尔美尼亚人，这又是一个富有牲畜的民族；接着阿尔美尼亚人的是领有我指给你的这块土地的玛提耶涅人。你还看到奇西亚的土地接连着他们的土地，在那里，就在那个科阿斯佩斯河的岸上，有住着大王的那座苏撒城，那里还有收藏着他的财富帑币的宝库。你们如果把这座城攻取下来，那你们就甚至不需要害怕和宙斯斗富了。老实说吧，你们必得和与你们同样强悍的美塞尼亚人，和阿尔卡地亚人与阿尔哥斯人作战是为了什么呢？对美塞尼亚人作战还不是为了既狭窄，又不肥沃的土地，而阿尔卡地亚人和阿尔哥斯人却又没有可以驱使人们为之战死的黄金或白银。当你们可以轻易地成为全亚细亚的统治者的时候，你们又有什么理由不这样做呢？”这便是阿里司塔哥拉斯所讲的话。而克列欧美涅斯回答说：“米利都的客人，关于这件事情，两天之后等候我的答复吧。”

(**50**)他们的谈话就到此为止了。但是当着指定给予回答的那天，他们来到他们相互约定的地点时，克列欧美涅斯问阿里司塔哥拉斯从伊奥尼亚海到国王的地方一共是多少天的路程。到当时为止，阿里司塔哥拉斯一直都是很狡猾的并且巧妙地欺骗了这个斯巴达人，但是在这里他却失算了。原来，如果他想把斯巴达人引诱到亚细亚去的话，他是永远不应当讲老实话的。然而这一次他讲了并且说从海向内陆是三个月的路程。克列欧美涅斯一听这话，立刻不要阿里司塔哥拉斯再谈他开始说的关于路程的所有其他的事情，并且向他说：“米利都的客人，请你在日没之前离开斯巴达吧。如果你说你要把拉凯戴孟人从海岸引向内地走三个月的话，那他们是不会听从你的计划的。”

(**51**)克列欧美涅斯这样说了之后，便返回自己的宫殿去了。但是阿里司塔哥拉斯却拿了表示请求庇护的橄榄枝到克列欧美涅斯那里去，而在他进入之后，他便利用请求庇护的人的权利请求克列欧美涅斯听他讲话，但首先要把孩子们打发开去，因为克列欧美涅斯的那个名叫戈尔哥的女儿正站在他的身旁。她是他的独生女儿，大约有八九岁。克列欧美涅斯嘱告他把他愿意说的话讲出来，不要因这个女孩子在场而有所顾虑。于是阿里司塔哥拉斯便答应给克列欧美涅斯十塔兰特，如果克列欧美涅斯答应他的请求的话。克列欧美涅斯拒绝了，于是阿里司塔哥拉斯便一直在增加他答应给克列欧美涅斯的钱，直到他增加到五十塔兰特的时候，那个女孩子便叫了起来说：“爸爸，你躲开他走吧，不然这个生人会把你毁了的。”克列欧美涅斯很高兴他的女儿的劝告，于是到另一间屋子去了。阿里司塔哥拉斯无计可施，只好老老实实地永久离开了斯巴达，因而他竟没得到机会向下叙说从海到内地国王的地方的路程。

(**52**)下面我要讲一讲这条路的情况[1]。在这条道路的任何地方都有国王的驿馆[2]和极其完备的旅舍，而全部道路所经之处都是

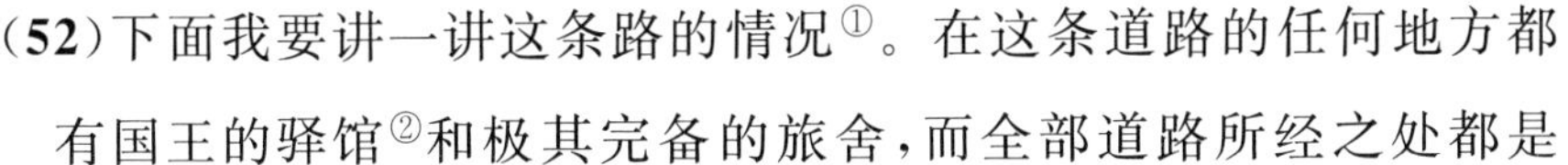

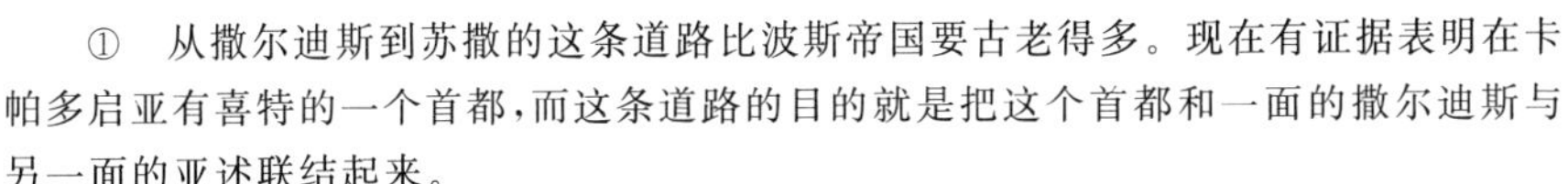

① 从撒尔迪斯到苏撒的这条道路比波斯帝国要古老得多。现在有证据表明在卡帕多启亚有喜特的一个首都，而这条道路的目的就是把这个首都和一面的撒尔迪斯与另一面的亚述联结起来。

② 国王的信使便住在这些驿馆里。他们把信送到下面一个驿馆后再回到自己的驿馆。

安全的，有人居住的地方。在它通过吕底亚和普里吉亚的那一段里，有二十座驿馆，它的距离则是九十四帕拉桑该斯半。过去普里吉亚就到了哈律司河，在那里设有一个关卡，人们不通过这道关卡是绝对不能渡河的，那里还有一个大的要塞守卫着。过了这一段之后便进入了卡帕多启亚，在这个地方里的路程直到奇里启亚的边境地方是二十八个驿馆和一百〇四帕拉桑该斯。在这个国境上你必须经过两个关卡和两座要塞；过去这之后，你便要通过奇里启亚，在这段路里是三个驿馆和十五帕拉桑该斯半。奇里启亚和阿尔美尼亚的边界是一条名叫幼发拉底的要用渡船才可以过去的河。在阿尔美尼亚有十五个驿馆和五十六帕拉桑该斯半，而那里有一座要塞。从阿尔美尼亚，道路便进入了玛提耶涅的地带，在那里有三十四座驿馆，一百三十七帕拉桑该斯长。四条有舟楫之利的河流流经这块地方，这些河流都是要用渡船才能渡过去的。第一条河流是底格里斯河。第二条和第三条河流是同名的，但它们不是一条河，也不是从同一个水源流出来的[①]；前者发源于阿尔美尼亚人居住的地方，后者则发源于玛提耶涅人居住的地方。第四条河叫做金德斯河，就是被居鲁士疏导到三百六十道沟渠中去的那个金德斯河[②]。过去这个国土，道路便进入了奇西亚的地带，在那里有十一座驿馆与四十二帕拉桑该斯半长，一直到另一条可以通航的河流，即流过苏撒的那条科阿斯佩斯河。因此全部的驿馆是一百十一座。这样看

① 希罗多德这里所说的显然是指两条札布河了。

② 参见第一卷第一八九节。

来，从撒尔迪斯到苏撒，实际上便有这样多的停憩之地了。

(**53**)如果这王家大道用帕拉桑该斯我计算得不错的话，如果每一帕拉桑该斯像实际情形那样等于三十斯塔迪昂的话，则在撒尔迪斯和国王的所谓美姆农宫之间，就是一万三千五百斯塔迪昂了，换言之，也就是四百五十帕拉桑该斯；而如果每日的行程是一百五十斯塔迪昂[①]的话，那么在道上耽搁的日期就不多不少正是九十天。

(**54**)因此，当米利都的阿里司塔哥拉斯说从海岸向内地的行程要三个月之久的时候，他对拉凯戴孟人克列欧美涅斯所讲的话就是真话了。但如果有人想把这一段路程更精确地加以计算的话，那我也可以说给他的。因为从以弗所到撒尔迪斯的这段路也应当加到其他的一段上面去。这样，我就要说，从希腊的海到苏撒（美姆农市就是这样称呼的）的路程就是一万四千零四十斯塔迪昂，因为从以弗所到撒尔迪斯是五百四十斯塔迪昂，这样三个月的路程之外，还要加上三天。

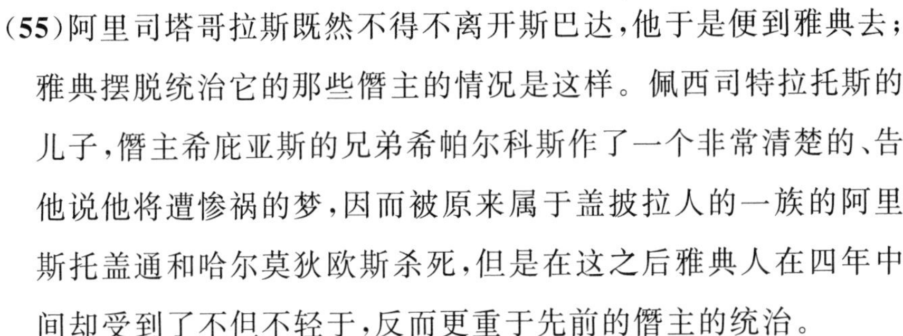

(**55**)阿里司塔哥拉斯既然不得不离开斯巴达，他于是便到雅典去；雅典摆脱统治它的那些僭主的情况是这样。佩西司特拉托斯的儿子，僭主希庇亚斯的兄弟希帕尔科斯作了一个非常清楚的、告他说他将遭惨祸的梦，因而被原来属于盖披拉人的一族的阿里斯托盖通和哈尔莫狄欧斯杀死，但是在这之后雅典人在四年中间却受到了不但不轻于，反而更重于先前的僭主的统治。

---

① 在另一个地方(.101)，希罗多德认为普通一个人一天的行程是二百斯塔迪昂。

(**56**)希帕尔科斯所梦见的情景是这样的：在泛雅典娜祭的前夜，他梦见一个身量高而姿容美好的男子站在他的面前，向他说出了这样的谜一样的诗句：

用像狮子一样的忍耐心来忍耐那难以忍耐的苦难吧，

世界上的任何人做了坏事最后都是要得到报应的。

而在天一亮的时候，他立刻便把他的梦告诉了圆梦的人。在这之后不久，为了不再做这样的梦，便去率领一个行列去向神奉献牺牲，而他就死在这个行列里面了①。

(**57**)杀死了希帕尔科斯的盖披拉人自称最初是从埃列特里亚来的。但是根据我个人的探讨，他们是腓尼基人，是和卡得莫司一同来到今天称为贝奥提亚的那一部分的腓尼基人，贝奥提亚的塔那格拉地方被分配给了这些人，而他们也便定居在那里了。卡德美亚人起初是被阿尔哥斯人赶出那里的②，而这些盖披拉人又为贝奥提亚人所驱逐，于是他们便到雅典去了。雅典人在一定的条件下接受他们为市民，但是不许他们参与在这里不值得叙述的许多事情。

(**58**)盖披拉人所属的、这些和卡得莫司一道来的腓尼基人定居在这个地方，他们把许多知识带给了希腊人，特别是我认为希腊人一直不知道的一套字母。但是久而久之，字母的声音和形状就都改变了。这时住在他们周边的希腊人大多数是伊奥尼亚人。伊奥尼亚人从腓尼基人学会了字母，但他们在使用字母时却少

① 希帕尔科斯在五一三年遇难。

② 根据修昔底德的说法，这件事发生在特洛伊陷落之后六十年。

许地改变了它们的形状，而在他们使用这些字母时，他们把这些字母称为波依尼凯亚；这是十分正确的，因为这些字母正是腓尼基人给带到希腊来的。此外，伊奥尼亚人从古时便把纸草称为皮子，因为在先前由于缺乏纸草，他们是使用山羊和绵羊的皮子的。而甚至到今天，还有许多外国人是在这样的皮子上写字的。

(59)在贝奥提亚底比斯地方伊司美诺斯·阿波罗神殿，我自己曾看到过卡德美亚的字母。这种文字刻在某些三脚架上面，它们大部分和伊奥尼亚的字母相似。在一个三脚架上面刻着下面的字句：

阿姆披特利昂从铁列波阿伊人的地方来奉献了我。

这是拉伊欧司时代的东西，拉伊欧司是拉布达科司的儿子，拉布达科司是波律多洛司的儿子，波律多洛司又是卡得莫司的儿子。

(60)在另一个三脚架上刻着六步格的诗句：

拳击家斯卡伊欧斯在博得胜利之后把我作为一件十分优美的奉纳品，
献给了你，一箭千里的阿波罗神。

如果这个斯卡伊欧斯就是奉纳者而不是和希波库昂的儿子同名的另一个人的话，则斯卡伊欧斯就是拉伊欧司的儿子欧伊狄波司的时代的人了。

(61)在第三个三脚架上，仍然是六步格的诗句：

身为国王的拉欧达玛司把我作为一个十分优美的奉纳品，
献给一望千里的阿波罗神。

在这个拉欧达玛司，即埃提欧克列司的儿子当政的时候，卡德美亚人被阿尔哥斯人驱逐而逃到恩凯列司人的地方那里去。盖披拉人被留在后面，但是后来为贝奥提亚人所迫而撤退到雅典去；于是，他们在雅典有为他们自己专门修建的神殿，这神殿和其他雅典人没有关系。这些神殿特别是阿凯亚·戴米特尔的神殿和密仪是和其他神殿有所不同的。

(62)这样，我就叙述了希帕尔科斯所做的梦，以及杀死了希帕尔科斯的盖披拉人的来历。现在我必须更进一步，回来叙述我开头所讲的那个故事，即雅典是怎样从僭主们的统治之下把自己解脱出来的。既然希庇亚斯成了雅典人的僭主而且由于希帕尔科斯的死而更加虐待起雅典人来，为佩西司特拉提达伊家所放逐而亡命的阿尔克美欧尼达伊族这一雅典家族，便想用和雅典的其他亡命者共同使用武力的办法归国解放雅典，但是他们并未能做到这一点，反而吃了大亏。他们曾在派欧尼亚的上方里普叙德里昂地方修筑了工事。由于他们想用一切办法来反对佩西司特拉提达伊族，他们便从阿姆披克图昂奈斯那里包筑当时还没有，但是现在才有的戴尔波伊神殿。由于他们既有钱又和他们的父祖一样都是有名的人，他们便把神殿修筑得比原来设计的还好，特别是他们在包工时原规定用石灰石修建神殿，但结果他们是用帕洛司的大理石修建了神殿正面的。

(63)但是，根据雅典人的说法，这些人当时曾留在戴尔波伊并且用金钱贿买了佩提亚，要她不管什么时候有斯巴达人前来向她请示公事或私事的时候，就告诉他们，要他们解放雅典。因此，由于拉凯戴孟人总是听到这样的神托，便派遣他们的一位市民、知名之士阿司特尔的儿子安启莫里欧司率领军队把佩西司特拉提

达伊族从雅典驱出，尽管他们原是亲密的朋友。因为神的意旨在他们的眼中是比人的意愿更重要的。他们是循着海路用船只派遣了这些人的。因此安启莫里欧司便在帕列隆登陆并且使自己的军队也在那里上了岸；但是佩西司特拉提达伊族早已经知道了他的计划，于是便派人向与他们结盟的帖撒利亚去请求帮助。帖撒利亚人应他们的请求，在商议之后派出了他们的国王科尼昂人奇涅阿司和他所率领的一千名骑兵。当佩西司特拉提达伊族得到了这些同盟者的时候，他们便想出了一个办法：他们把帕列隆平原上的树木砍伐净尽以便人们可以在整个平原上驰骋自如，然后派出自己的骑兵和敌军交锋。骑兵进袭敌人并杀死了安启莫里欧司，还有许多拉凯戴孟人，并把残存的人们赶到他们的船上去。这样一来，从拉凯戴孟来的第一批军队就这样地被赶回去了。安启莫里欧司的坟墓在阿提卡的阿罗佩卡伊，库诺撒尔该斯的海拉克列斯神殿附近的地方。

(64)在这之后，拉凯戴孟人便派出更大的一支军队去进攻雅典，他们任命阿那克桑德里戴斯的儿子，他们的国王克列欧美涅斯为军队的统帅；这支军队他们是循着陆路，而不是循着海路派出的。当他们侵入阿提卡的时候，首先和他们交锋的就是帖撒利亚的骑兵，但是这支骑兵立刻便被击溃，其中四十多人被杀死，而那些得到活命的人们则尽量地找便捷的道路逃回帖撒利亚去了。于是克列欧美涅斯在他率领着希望取得自由的雅典人来到城前时，便把僭主们的家族赶到佩拉斯吉孔城寨里面去并在那里把他们包围了。

(65)拉凯戴孟人的确到底也没有攻克佩西司特拉提达伊族的要塞

(因为佩西司特拉提达伊一族在粮草方面有充分的准备,因此他们也便无意封锁这座要塞);拉凯戴孟人对这个地方只围攻了几天,便返回斯巴达去了。但是实际上,却发生了一个偶然的事件,这个事件伤害了一方面,却帮助了另一方面,原来佩西司特拉提达伊族的孩子们在他们从那里暗中向安全的地方撤退时被捉住了。这件事情把他们的全部计划都给打乱了,于是为了领回他们的子弟,他们只得服从雅典人向他们提出的条件,即在五天之内离开阿提卡。不久之后,他们便离开到司卡曼德罗斯河岸上的细该伊昂去了,他们君临雅典人有三十六年[①]。他们原来也是属于披洛斯人涅列达伊族,那往时是异邦人,但是成为雅典人的国王的科德洛斯族和美兰托斯族也是和他们同样出于同一祖先的。因此,正是这个希波克拉铁斯为了纪念给自己的儿子起名为佩西司特拉托斯,因为涅司托尔的儿子的名字就是佩西司特拉托斯。

雅典人就这样地摆脱了他们的僭主之治的桎梏。自从他们取得自由以来,直到伊奥尼亚叛变了大流士而米利都的阿里司塔哥拉斯到雅典人这里来要求雅典人的援助的时候,这之间他们所做的和所经受的一切值得记述的事情,这都是我首先要叙述的。

(66)先前便是强大的雅典,在它从僭主的统治之下解放出来之后,就变得更加强大了。在那里拥有最大权力的有两个人,一个是阿尔克美欧尼达伊家的克莱司铁涅斯,人们都知道他曾经笼络

① 从五四五到五〇九年。

过佩提亚;另一个是名门出身的提桑德洛斯的儿子伊撒哥拉司。我说不清楚这个人的身世,但是他的族人是曾向卡里亚·宙斯奉献过牺牲的。这两个人各自率领一派争夺政权,而克莱司铁涅斯既然在斗争中处于劣势,便和民众结合到一起了。不久他便把原来是四个部落的雅典人分成了十个部落;他废去了根据伊昂的四个儿子的名字该列昂、埃依吉科列司、阿尔伽戴司和荷普列司所起的部落名称,而用其他英雄的名字来称呼这些部落,在这些名称当中除去埃阿司之外,都是土著的英雄的名字。他所以把异邦人的名字埃阿司加到这里面来,因为他是雅典的邻人和同盟者。

(67)但是在我看来,克莱司铁涅斯这样做,不过是模仿他的母亲的父亲希巨昂的僭主克莱司铁涅斯罢了[①]。因为克莱司铁涅斯在对阿尔哥斯人开战之后,便把希巨昂地方行吟诗人的比赛给停止了,理由是在荷马的诗篇里面,几乎全部是以阿尔哥斯人和阿尔哥斯为吟咏主题的。此外,他想把阿尔哥斯英雄塔拉欧司的儿子阿德拉斯托斯从国内驱逐出去,因为这位阿德拉斯托斯的神殿现在还耸立在希巨昂城的市场上。于是他便到戴尔波伊去请示神托,他是否应当把阿德拉斯托斯驱除出去。但是佩提亚却回答他说,阿德拉斯托斯是希巨昂的国王,而他却是一个应当给石头砸杀的人。既然神不容许他实现自己的想法,他便回去尽力想可以使他把阿德拉斯托斯铲除掉的什么一个办法。于是当他认为他已经想出了一个办法的时候,他便派人到贝奥提亚

① 克莱司铁涅斯统治希巨昂的时期是从六〇〇年到五七〇年。

的底比斯去，说他想把阿斯塔科斯的儿子美兰尼波司迎到自己的国里来。底比斯人答应了他的请求，于是他便把美兰尼波司迎到国内，并且在市会堂给他指定了一块圣所，使他座镇在那里最坚固的地方。为什么克莱司铁涅斯要把美兰尼波司迎到国里来呢（这一点我也是必须加以说明的），原来美兰尼波司乃是阿德拉斯托斯的不共戴天的敌人，因为阿德拉斯托斯曾杀死了他的兄弟美奇司铁乌司和他的女婿杜德乌斯。既然给美兰尼波司指定了一块圣所，那么克莱司铁涅斯便把阿德拉斯托斯的全部牺牲和祝祭拿走，而送给美兰尼波司了。不过希巨昂人对于阿德拉斯托斯一向是十分尊敬的，因为波律包司曾是那个地方的主人，而阿德拉斯托斯又是波律包司的女儿的儿子。波律包司死的时候没有儿子，便把王位传给阿德拉斯托斯了。在希巨昂人给予阿德拉斯托斯的其他尊荣之外，他们还由于他的不幸遭遇而用悲剧的歌舞队来祭祀他，他们这样做并不是为了狄奥尼索斯，而是为了阿德拉斯托斯的。但是克莱司铁涅斯把歌舞队仍然给回了狄奥尼索斯，而把其他的祭仪给予美兰尼波司了。

(68)他对于阿德拉斯托斯的处理办法就是这样。但是对于多里斯人的部落，他改变了他们的名字，为的是不使他们和希巨昂人与阿尔哥斯人属于相同的部落。在这一点上，他特别对于希巨昂人作了很大的侮弄，原来他给他们起的新名字是从猪和驴等词来的，只是把通常表示部落的语尾加到上面去罢了，只有他自己的部落是例外。他给自己的部落起了一个表示自己的统治的名称，把属于这一部落的人们称为阿尔凯拉欧伊（意为人民的统治者——译者注），而称其他的部族为叙阿塔伊（意为小猪——

译者)、欧涅阿塔伊(意为小驴——译者)或是科伊列阿塔伊(意为小猪——译者)。希巨昂人不仅是在克莱司铁涅斯的治下,就是在他的死后六十年中间都是使用这些名称的;但是后来,他们进行了商议,而把部落的名称改为叙列依斯、帕姆庇洛伊、杜玛那塔伊。此外,他们还添加了第四个部落的名字,这个名字依照阿德拉斯托斯的儿子埃吉阿列乌斯的名字而称为埃吉阿列依司。

(69)希巨昂人克莱司铁涅斯所做的事情就是这样。但是这个克莱司铁涅斯的女儿的儿子,因而承袭了他的外祖父的名字的雅典人克莱司铁涅斯,在我看来,他所以沿用他的外祖父的名字,是他也和他的外祖父一样瞧不起多里斯人,因而他不愿使自己的部落即雅典人与伊奥尼亚人相同。他既然把当时没有任何权利的雅典平民拉到自己的一方面来,他便给这些部落起了新的名字并且增加了部落的数目,废除了从前的四个部落首长,而设立了十个部落首长,把十个区划分给各个部落。在他把平民争取过来之后,他便比他的对方要强大得多了。

(70)伊撒哥拉司的这一方面既然失败了,他便想出了一个对策来。他请求克列欧美涅斯的帮助,因为克列欧美涅斯从围攻佩西司特拉提达伊族的时候起便是他自己的朋友了。而且由于克列欧美涅斯和伊撒哥拉司的妻子有不清不楚的关系,他曾经受到人们的指控。于是,克列欧美涅斯先派使者到雅典去,要求把克莱司铁涅斯和与他同党的其他许多雅典人驱逐出去,他把这些人称为因渎神而受到咒诅的人。他告诉给使者要说的话都是伊撒哥拉司教的。因为阿尔克美欧尼达伊家和他们的同党曾被认为犯了杀人之罪，但伊撒哥拉司与他的朋友并未参与其事。

(**71**)雅典的那些被咒诅者，他们的名字是这样得来的。有这么一个曾经在奥林匹亚比赛会上获胜的名叫库隆的雅典人，他自视甚高因而竟想成为一名僭主。于是他集结了一批和他年纪相仿佛的人，试图夺占城砦；但是当他在这件事上面未能成功的时候，他便坐到女神神像的旁边去请求庇护。于是当时治理着雅典的纳乌克拉洛司们[①]答应决不用死刑来惩罚他们而把库隆和他的人们从那里带走，但是他们还是被杀死了，而杀人的罪名就给放到阿尔克美欧尼达伊一家的身上。所有这一切都是发生在佩西司特拉托斯的时代以前的[②]。

(**72**)克列欧美涅斯既然派人去并要求放逐克莱司铁涅斯和被咒诅者，克莱司铁涅斯自己便悄悄地离开了城市。尽管如此，克列欧美涅斯随后不久也还是率领着不大的一支军队来到了雅典，到了雅典之后，他便把伊撒哥拉司所指名给他的七百个雅典家族，作为被咒诅者放逐了。这样做了之后，他继而又试图解散议院[③]，而把当权的位置交给了伊撒哥拉司一党的三百人。但是议院反抗他而不肯服从，于是克列欧美涅斯和伊撒哥拉司和他们的一党便占领了卫城。这样，站在议院一面的其他雅典人便团结起来，围攻了他们两天；第三天他们便缔结了休战条约，而他们当中的拉凯戴孟人则扫数离开了国内。这样，克列欧美涅

① 纳乌克拉里亚是一种行政单位，它的长官纳乌克拉洛司负责征税并为陆海军提供兵员和船只。这里说他们治理雅典与事实似有出入。

② 大约在六二〇年和六〇〇年之间。

③ 这里希罗多德指的大概是新的五百人院。

斯所听到的预言便应验了。原来当他去城砦想把它占领的时候，他到女神的内殿去打算跟她讲话，但是女祭司却从她的座位上站了起来，而在他还没有迈到门里面来的时候就说："拉凯戴孟的客人，回去，不要进到圣堂里面来，因为多里斯人按规定是不能进到这里面来的。"但是他回答说："妇人，我不是多里斯人，我是阿凯亚人。"于是他便不把这预言放到心上，而是试图按他自己的意思去做，但是正如我刚才已经说的，他和拉凯戴孟人再一次地被赶了出来。至于其他人，则雅典人把他们投入监狱而判处了死刑，在这些人当中就有戴尔波伊人提美西铁乌司。这个提美西铁乌司在膂力和勇武方面成就了若干极其伟大的事业，这些事业都是我能够列举的。

(**73**)这些人在入狱之后，就都给处死了。在这之后，雅典人便派人去把克莱司铁涅斯和被克列欧美涅斯所放逐的七百家族迎了回来；然后，他们又派使节到撒尔迪斯去，打算和波斯人结为同盟。因为他们知道，拉凯戴孟人和克列欧美涅斯是不会轻轻饶过他们的。当使节到达撒尔迪斯并且按照所吩咐的话说了一遍之后，撒尔迪斯的总督、叙司塔司佩斯的儿子阿尔塔普列涅斯便问他们，他们这些想和波斯人缔结联盟的人是何许人，他们住在什么地方，在他听使者说完之后，便给了他们一个答复；这一答复的大意是，如果雅典人把土和水献给国王大流士的话，那么他就和他们结成同盟，但如果不这样的话，他就命令他们回去。使者们在一起商量了一下，结果同意了他的要求，因为他们是一心想缔结联盟的。但是在回国之后，他们却因他们的做法而受到了很大的责难。

(**74**)另一方面,克列欧美涅斯认为他受到雅典人在言语和行动上的很大侮辱,因此并没有声明纠合的原因,他便从整个伯罗奔尼撒纠合了一支军队,以便对雅典的民众进行报复并且立伊撒哥拉司为僭主。因为伊撒哥拉司也是和他一起逃出了卫城的,于是克列欧美涅斯便率领着大军一直入侵到埃列乌西斯,而贝奥提亚人也便根据商量好的计划,攻取了阿提卡边界地带的欧伊诺耶和叙喜阿伊,同时卡尔启斯人则从另一方面进攻并袭击阿提卡各地。雅典人虽然处于背腹受敌的地步,却决定一时先不去考虑贝奥提亚人和科尔启斯人,而是一直向着侵入埃列乌西斯的伯罗奔尼撒人攻去了。

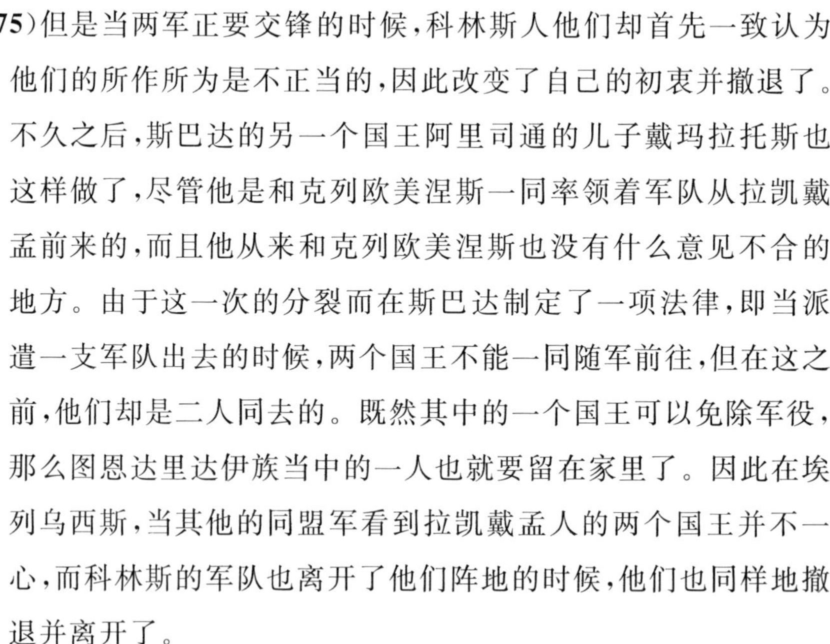

(**75**)但是当两军正要交锋的时候,科林斯人他们却首先一致认为他们的所作所为是不正当的,因此改变了自己的初衷并撤退了。不久之后,斯巴达的另一个国王阿里司通的儿子戴玛拉托斯也这样做了,尽管他是和克列欧美涅斯一同率领着军队从拉凯戴孟前来的,而且他从来和克列欧美涅斯也没有什么意见不合的地方。由于这一次的分裂而在斯巴达制定了一项法律,即当派遣一支军队出去的时候,两个国王不能一同随军前往,但在这之前,他们却是二人同去的。既然其中的一个国王可以免除军役,那么图恩达里达伊族当中的一人也就要留在家里了。因此在埃列乌西斯,当其他的同盟军看到拉凯戴孟人的两个国王并不一心,而科林斯的军队也离开了他们阵地的时候,他们也同样地撤退并离开了。

(**76**)这是多里斯人第四次进入阿提卡了。两次他们是作为战争中的侵略者来到这里的,两次则是来帮助雅典平民的。在第一次的时候是他们在美伽拉建立一个殖民地(这次的远征若说是发生在科德洛斯统治雅典的时代是不会错的),第二次和第三次是他们从斯巴达出发,前来驱逐佩西司特拉提达伊家。第四次就是克列欧美涅斯这次率领着伯罗奔尼撒人一直进抵埃列乌西斯地方。多里斯人第四次入寇雅典的情况就是这样。

(**77**)这支远征的军队既然这样不光荣地解散,雅典人首先立刻便向科尔启斯人进攻,以便向他们进行报复。贝奥提亚人为了援助科尔启斯人而来到了埃乌里波斯。当雅典人看到对方有援军到来时,他们便决定首先攻击贝奥提亚人,然后再进攻科尔启斯人。他们和贝奥提亚人交锋而获得了一次辉煌的胜利。他们杀死了对方许多人并且抓了他们七百名俘虏。而在同一天里面,雅典人还渡海到了埃乌波亚,在那里他们又和科尔启斯人交锋。而在同样地制服了科尔启斯人之后,便在饲马者的土地上安置下了四千名屯田农民;至于饲马者,则这是富裕的卡尔启斯人的称呼。他们抓了许多科尔启斯的俘虏,他们使这些俘虏全都戴上枷锁并将之和贝奥提亚的俘虏一同监禁起来;但是后来他们规定了每人二米那的赎金而把这些俘虏释放了。雅典人把用来拘系囚犯的枷锁悬在卫城上,这些枷锁在我的时代还可以看到,它们是悬在给美地亚人的火灾而烧焦的那一面城墙上,正对着朝西的那座神庙。此外,他们还奉献了十分之一的赎金用来铸造了一具青铜的驷车。这个青铜的驷车,就在卫城正门一进去左手的地方,上面刻着这样的铭文:

雅典的子弟们立了辉煌的战功,

他们制服了贝奥提亚和科尔启斯的武力,

用狱里的铁锁消灭了敌人的横傲；

他们把赎金的十分之一制成这些马匹呈献给帕拉司。

(**78**)雅典的实力就这样地强大起来了。权利的平等，不是在一个例子，而是在许多例子上证明本身是一件绝好的事情。因为当雅典人是在僭主的统治下的时候，雅典人在战争中并不比他们的任何邻人高明，可是一旦他们摆脱了僭主的桎梏，他们就远远地超越了他们的邻人。因而这一点便表明，当他们受着压迫的时候，就好像是为主人做工的人们一样，他们是宁肯做个怯懦鬼的，但是当他们被解放的时候，每一个人就都尽心竭力地为自己做事情了。

(**79**)以上便是雅典人所作所为的一切。但是，随后底比斯人便想对雅典进行报复而向神去请示。佩提亚说，底比斯人用他们自己的力量是谈不到复仇的，他们必须把这件事交给民会来办理并且向他们的最近的邻人请求援助。因此在请示神托的人们回来之后，便召开了一次大会，把神托在会上宣布了。而当底比斯人知道神托指示给他们要向最近的邻人求援的时候，他们一听见就说："如果是这样的话，那么我们最近的邻人不正是塔那格拉人、科洛那亚人、铁司佩亚人么！而且这些人一直是我们的战友并且和我们共同戮力作战的。这还需要向他们去请求么？也许神托的话所指的不是这个吧。"

(**80**)对于神托的话，他们是这样考虑的。但是，终于有一个懂得了神托的意思，于是他说："我想我是懂得神托告诉给我们的这段话的意思的。铁贝和埃吉纳据说是阿索波司的女儿，既然她们是姊妹，则神的回答的意思，我以为，是应该请求埃吉纳人来为我们报仇。"既然他们对于这个神托没有更好的解释,他们便立刻派人到埃吉纳人那里去,请求他们的帮助,因为这是神托的命令而且埃吉纳人又是他们的最近的邻人。埃吉纳人答应了他们的请求,说是要派埃伊阿奇达伊族去帮助他们。

(81)底比斯人仗着有埃伊阿奇达伊族和他们在一起而重新挑起了战争,但是他们又吃了雅典人很大的苦头,因此他们便再一次到埃吉纳人那里去要求派出新的人来,而把埃伊阿奇达伊族送了回去。当时埃吉纳人正由于本身的繁荣而洋洋自得,再加上他们和雅典有过旧怨,因而依照底比斯人的请求,没有派使者去宣战就和雅典人打起来了。但雅典人正在忙于对贝奥提亚人作战,于是埃吉纳人便乘船下行到阿提卡来,蹂躏了帕列隆和沿岸地带的其他许多市区。这样一来,他们就使雅典人遭受了极大的损害。

(82)埃吉纳人和雅典人之间长期间不得解开的怨仇,原来是这样结起来的。由于埃披道洛斯人的土地什么都不生产,于是他们便派人到戴尔波伊去请示这一灾害的来由。佩提亚命令他们建立达米亚和奥克塞西亚的神像,说如果他们这样做的话,他们的命运就会好转。埃披道洛斯人继而又问神像是用青铜做,还是用石头做,佩提亚嘱他们既不用青铜,也不用石头,而是用人们在果园中栽培的橄榄树的木头来做。因此埃披道洛斯人便请求雅典人允许他们到那里去砍伐橄榄树,因为他们认为那里的橄榄树是最神圣的。而且据说当时确实是除了雅典之外,任何地方都没有橄榄树。雅典人同意把橄榄树送给他们,但条件是要埃披道洛斯人每年向雅典娜·波里阿司和埃列克铁乌斯奉献供物。埃披道洛斯人同意了这样的条件，于是他们的请求便得到了允许。他们建立起了用这些橄榄木制作的神像；于是他们的土地就生产了果实，而他们也履行了他们和雅典人的约定。

(**83**)直到当时，都和当时以前的时候一样，埃吉纳人在一切方面都是服从埃披道洛斯人的，特别是埃吉纳人要渡海到埃披道洛斯去，在那里请求判决他们相互间的一切诉讼事件。但是从这个时候起，他们开始造船并且妄自尊大起来，结果竟至叛离了埃披道洛斯人；他们相互之间既然成为寇仇，而且埃吉纳人又占着海上的优势，于是他们便使埃披道洛斯人遭到了很大的损害，同时又把埃披道洛斯人的达米亚和奥克塞西亚的神像偷了去，而把它们安放在他们国家腹地的、离他们的城市大约有二十斯塔迪昂远的一个名叫欧伊亚的地方。把神像安置在这个地方以后，他们便用奉献的各种牺牲和妇女的滑稽歌舞队来奉祀它们，为每一位神的合唱队都任命了十个负担费用的人。而歌舞队中的妇女的挖苦对象不是任何男子，而是当地的妇女。埃披道洛斯人也有同样的仪式，但是他们另外还有不许向别人说的宗教仪式。

(**84**)但是当这两座神像被偷去的时候，埃披道洛斯人却停止履行他们向雅典人约定的义务了。于是雅典人便派出一名使者到埃披道洛斯人那里去表示自己的愤怒，但是埃披道洛斯人却申辩说他们并没有做错事情。他们说，只要神像留在他们自己的国内，他们是会履行约定的，但是现在他们既然被劫走了神像，那他们就不应当再向雅典人献纳供物了。而现在应当献纳供物的却是拥有神像的埃吉纳人了。雅典人于是派人到埃吉纳去，要求送回神像，但是埃吉纳人却回答说他们和雅典人是无交道可打的。

(85)根据雅典人的说法，在雅典人提出了他们的要求之后，他们就派出了一艘上面载着某些市民的三段桡船，这些代表全体人民被派出来的人到了埃吉纳之后，便想把那用阿提卡的木料制成的神像从座上搬下来带走；但是当他们不能用这种办法得到它们的时候，他们便用绳子把这两座神像绑起来拖它们，而当他们用绳子拖的时候，他们遇见了雷击，同时又遭到了地震。于是那些拖神像的三段桡船的水手们便心神错乱起来，而他们在这种错乱的心情之下，竟相互像对敌人那样地厮杀起来，直到最后他们只剩下了一个人，自己回到帕列隆来了。

(86)关于这件事，雅典人的说法就是这样。但是埃吉纳人却说雅典人不是只乘着一艘船(因为如果雅典人只派来一艘船甚或几艘船的话，那么即使他们自己没有船只，他们也是很容易把雅典人击退的)，而实际上是乘着许多只船在他们那里上陆的，结果他们没有进行海战，便向雅典人投降了。但是他们却从来不能十分明确地指出，是因为他们自己承认自己在海战方面不行才投降的，还是因为他们故意做他们当时所做的事情。埃吉纳人说，在雅典人看到没有人出来和他们作战的时候，他们便从船上下来，着手去搬运神像，然而他们既然不能把神像从台座上搬下来，他们便用绳子缚住神像向下拖，而在他们拖呀拖呀的时候，这件事别人也许相信，但我是不相信的，两座神像竟一同向着他们跪了下来。从那时起这两座神像一直就是这个样子了。这就是雅典人所做的事情。但是关于他们自己，埃吉纳人说，他们知道雅典人想对他们作战，于是他们便预先保证了阿尔哥斯人对他们的援助。因此当雅典人在埃吉纳地方登陆的时候，阿尔哥斯人便前来援助埃吉纳人，阿尔哥斯人是从埃披道洛斯偷偷地渡海到岛上来的，登陆之后便乘雅典人之不备向他们进攻，把他们和他们的船只切断。而也正是在这个时候，他们遇到了雷，同时还遇到了地震。

(**87**)这就是阿尔哥斯人和埃吉纳人的说法，而雅典人自己也承认他们中间只有一个人安全地返回了阿提卡。但是阿尔哥斯人说，把雅典人在只有一个人生还的战斗中击溃的正是他们，雅典人则说击溃了他们的是神力。但是雅典人说，即使是这个生还的人也没有得救，而是像下面所说那样地死掉了。原来他自己回到了雅典，把经过的惨事告诉了大家。据说当被派出去进攻埃吉纳的那些人的妻子们知道了这件事的时候，对于在所有的人当中只有他一个人安全返回这件事十分气愤，于是她们便集合在他的周边向他追问她们自己的丈夫在什么地方，并用她们衣服上的别针把他刺死了。这个人就这样地被刺杀了。在雅典人看起来，妇女们所干的这件事情比起她们的不幸遭遇来是更要可怕的。据说，他们想不出什么别的办法来惩罚这些妇女，便把她们的服装改换成为伊奥尼亚式的。原来直到当时为止，雅典的妇女是穿着和科林斯人的服装非常相似的多里斯式服装。结果这种服装就给变成了亚麻外衣，以便她们不会再用别针。

(**88**)然而，若是讲老实话，这种衣服不是起源于伊奥尼亚，而是起源于卡里亚的。因为在希腊本土，古代的全部妇女的服装都是和我们今天所说的多里斯式的服装一样的。另一方面，至于阿尔哥斯人和埃吉纳人，这一点也正可以说明为什么他们甚至为他们每一个国家作出一个规定，即他们的别针应该制作得比过去一般规定的长度长一半，而他们的妇女要特别把别针奉献到以上那些女神的神殿里去；而阿提卡制造的其他任何物品和陶器都不能带到神殿里面去，但是那里却习惯于用国产的器皿来饮水。因此阿尔哥斯和埃吉纳的妇女从那时起便由于和雅典人不和而戴着比先前要长的别针。而直到我的时代她们还是这样做的。

(**89**)雅典人和埃吉纳人开始结怨的缘由就是我上面所说的了。因此，在底比斯人前来邀请的时候，埃吉纳人立刻就来帮助贝奥提亚人了，因为他们还没有忘掉神像的旧事。埃吉纳人蹂躏了阿提卡的沿海地带，雅典人于是立刻开始着手对他们派出讨伐的军队。但是从戴尔波伊却来了一个神托，命令他们在埃吉纳人的这次蹂躏之后三十年中间不要轻举妄动，而在第三十一年里，则给埃阿科斯划出一个圣域来，再对埃吉纳人发动战争。这样他们便可以顺利地达到他们的目的；但如果他们立刻派出一支军队攻打他们的敌人的话，他们诚然最后也可以制服他们的敌人，但是在这期间他们要受很多的苦，而且还要付出极大的气力。当雅典人听到人们把这一神托告诉给他们的时候，他们便给埃阿科斯划出一个圣域来，这个圣域现在就在他们市场的地方；但是既然埃吉纳人把他们蹂躏得这样苦，他们实在忍不住在三十年中间按兵不动。

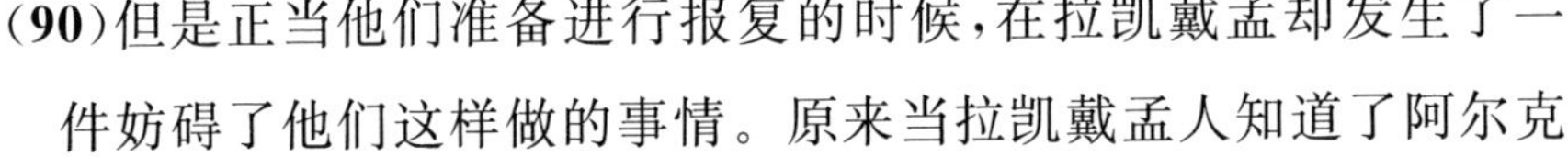

(**90**)但是正当他们准备进行报复的时候，在拉凯戴孟却发生了一件妨碍了他们这样做的事情。原来当拉凯戴孟人知道了阿尔克

美欧尼达伊族对佩提亚所施的策略以及佩提亚对他们自己以及对佩西司特拉提达伊族策略的时候,他们由于双重的理由而感到十分气愤,一则是由于他们从他们的祖国驱逐了他们自己的盟友,再则是由于他们这样做而雅典人对他们并没有表示感谢之意。此外,他们还受到神托的嗾使,因为神托警告他们说,雅典人将要对他们做出许多使他们对之结怨的事情来。而在这之前,他们是不晓得这些神托的。但是现在克列欧美涅斯却把神托带到斯巴达来,而拉凯戴孟人也就知道了这些神托的内容。克列欧美涅斯是从雅典的卫城得到了神托的;在当时之前,神托是在佩西司特拉提达伊族的手里,但是当他们被驱逐的时候,他们把它忘在神殿里了。既然被遗忘,这些神托就重新给克列欧美涅斯得到了。

(**91**)拉凯戴孟人既然重新得到神托并且看到雅典人的实力与日俱增而且根本没有服从他们的意思,他们便觉得,如果阿提卡的人民得到自由的话,则这些人是很可能会有一天做到与他们势均力敌的,但如果这些人受着僭主的统治,那这些人就会是软弱的,并且愿意服从于一个主人。既然有了这样的想法,他们便派人从佩西司特拉提达伊族的亡命地点海列斯彭特的细该伊昂那里把佩西司特拉托斯的儿子希庇亚斯召了来。希庇亚斯应召来到之后,斯巴达人又把他们其他盟国的使者们也召来,对这些人讲了下面的一番话:"诸位盟友,我们承认我们的所作所为错了。因为我们受到伪造的神托的愚弄,把原来是我们的好友并且还答应使雅典臣服于我们的人们从他们的祖国的国土上驱逐出去了,而这样一来,我们就等于把那个城邦交到无恩无义的民众手里去了;这些人只要借着我们的力量得到自由而抬起头来,他们立刻便会用各种办法侮辱我们和我们的国王,并把我们和我们的国王驱逐出去,而现在他们已神气起来并且也越来越强大了。既然他们的邻邦贝奥提亚人和科尔启斯人特别已经知道了这样做的代价是什么,我们认为其他各国不久也会知道他们自己的错误的。但是既然我们过去做错了,现在我们就要试图借着你们的帮助向他们进行报复,因为正是为了这个理由,我们才把你们在这里看到的希庇亚斯召来,把你们也从你们的城市请来,以便使我们的意见统一起来而力量也结合到一起,这样我们便可以把他带回雅典并归还我们从他那里拿走的东西。"

(92)以上便是拉凯戴孟人所说的一番话,但是他们的话在他们的大部分的盟国听起来却是很难接受的。在其他人等都默不作声的时候,一个叫做索克列斯的科林斯人说:"(α)拉凯戴孟人啊!你们现在正是在破坏平等的原则并准备在各个城邦恢复僭主政治,这真是让天空在大地的下面,大地在天空的上面,让人住在海里,鱼住在陆地上啊。要知道世界上没有一件事情是像僭主政治那样不公正,那样残暴不仁的。如果要僭主统治城邦在你们看来真正是一件好事的话,那么就首先在你们中间立一名僭主,然后再设法给其他的城邦立僭主吧。但是现在如何呢,你们自己从来不去试着立僭主并且用一切办法防范不要任何僭主在斯巴达起来,可是你们对你们的盟国却是不正当的。而且,如果你们也和我们一样有过这样的经验,对于这件事你们的看法就会比你们现在明智得多了。(β)科林斯人的国家组织形式,现在我想来说一说。统治者是少数人,即称为巴齐亚达伊的少数人,他们执掌着城市的大权，而他们之间又是相互通婚的。这些人当中有一个名叫阿姆庇昂的人，他有一个名叫拉布达的跛腿女儿。既然看到巴齐亚达伊中间没有一个人会娶她，她便被嫁给了佩特拉市镇的埃凯克拉铁司的儿子埃爱提昂，他原来是拉披塔依人凯涅乌司的后代。他娶了这个妻子或任何其他妻子后都没有给他生儿子，于是他为了孩子的事情到戴尔波伊去问个究竟。而在他刚一进入圣堂的时候，佩提亚立刻向他说出了下列的诗句：

埃爱提昂，虽然你没有受到任何人的尊敬，但崇高的荣誉
还是应当属于你的。
拉布达不久将要怀孕，她将要给你生下一块圆的石头，
这石头注定要落到王族的头上，而对科林斯执行正义。

给埃爱提昂的这个神托不知怎的到了巴齐亚达伊族的耳朵里去，而他们对于送到科林斯来的前一个神托也是不了解的，尽管这一神托的意义和给埃爱提昂的那个神托的意义是一样的。神托里的诗句是这样：

雌鹰在山里怀孕，一只雄壮
而凶猛的
狮子将要从那里诞生；它将要把许多人
的膝头解开。
因此，你们这些科林斯人，我要你们
很好地注意一下，
你们这些住在美丽的佩列涅泉的旁边，
住在巍峨的科林斯的人们啊！

(γ)在先前给巴齐亚达伊族的这一神托是他们所不能解释的。但是现在,当他们知道了给埃爱提昂的这个神托的时候,他们立刻懂得,前一个神托和埃爱提昂的这个神托是符合的。他们既然也懂了这个预言,他们便按兵不动地等在那里,打算把给埃爱提昂生下的不管什么东西给毁掉。因此,当他的妻子一分娩的时候,他们便派出了他们同族的十个人到埃爱提昂住的市镇去以便把小孩杀死。这些人来到佩特拉,走进埃爱提昂的住所来要这个孩子。对他们此行的目的丝毫也不晓得的拉布达以为他们提出这样的要求是由于他们和孩子的父亲的友谊,因此便把他带了出来交给其中的一个人。故事说,这些人在道上曾商议好,第一个接过孩子的人应当把他摔到地上去。因此当拉布达把孩子带来并交出孩子的时候,由于上天的保佑,这个孩子竟向接过他的那个人微笑起来。这个人看到了他的微笑而恻隐之心使他不忍下毒手,因而他便由于心里发软而把孩子交给了第二个人,第二个人又交给第三个人,这样经过了十个人的手,却没有一个人想把他杀死。于是他们把这个孩子交回给他的母亲而出去了,他们站在门前相互埋怨和责怪起来,但主要是对那第一个接过了孩子的人,因为他并没有按他们计划好的办法去做。过了一会儿,他们才想到再进去,大家一齐动手来杀死这个孩子。(δ)但是神托注定埃爱提昂的后人将会是科林斯受难的原因。因为拉布达站在离门很近的地方,把他们所说的一切都听到了。她害怕他们改变主意而再来拿走这个孩子而把他杀死,于是她便把孩子带走,而把他藏在一个柜子里,因为她认为这个地方是最难找到的。原来她知道,如果他们回来着手搜寻的时候,他们

是会把每个地方都搜查到的，而实际上他们正是这样做了。他们前来搜查，但是在搜查不到时，他们便决定回去并且告诉派他们前来的人，说他们已按照命令把一切都办妥了。(ε)这样，他们就离开并且这样报告了。但是埃爱提昂的儿子很快地成长起来了，而且由于他逃脱了那次的危险，他便由于那个柜子而起名为库普赛洛斯（希腊语的库普赛列 ηυψέλη 原来是柜子的意思——译者）。而当库普赛洛斯长大成人而到戴尔波伊请示神托的时候，戴尔波伊便给了他一个有双重意义的神托。库普赛洛斯相信了这个神托，于是他攻打并取得了科林斯。神托的话是这样的：

到我的圣堂里来的这个人是幸福的，
埃爱提昂的儿子库普赛洛斯，著名的科林斯的国王，
他自己和他的儿子们是幸福的，但是他的儿子的儿子却不是幸福的。

以上就是神托的话。但是库普赛洛斯在取得了僭主的权力以后，却变成了这样的一个人：他放逐了许多科林斯人，他剥夺了许多人的财产，更杀害了为数要多得多的人的生命。(ζ)他统治了三十年[1]并且得到了善终，继他为僭主的是他的儿子佩利安多洛斯。佩利安多洛斯在起初，性情比他的父亲要温和些，但是自从他通过自己的使者和米利都的僭主特拉叙布洛斯有了交往之后，他就变得比库普赛洛斯残暴得多了。因为他有一次曾派遣一名使者到特拉叙布洛斯那里去，去请教他使用怎样的办法

① 从六五五年到六二五年。

最安全地处理事务，才能够把他的城邦治理得最好。特拉叙布洛斯把从佩利安多洛斯派来的这个人领到城外的一块谷地来，而当他经过这块谷地的时候，他便一再地询问来人有关于从科林斯前来的事情，同时却不停地把长得比别的穗子高的穗子剪下来抛掉。他便这样地走过了整块的田地并把谷物中所有最好的和收成最好的部分毁掉了。在这之后，他一言不发，便把使者打发走了。当使者回到科林斯的时候，佩利安多洛斯急于想知道他所带回来的忠告是什么，但是这个使者说，特拉叙布洛斯并没有给他任何忠告，他认为他被派去见的那个人是一个性情奇怪的人，因为他是一个精神失常的人而且是一个毁掉自己财产的人。于是他把他看到特拉叙布洛斯所做的事情叙说了一遍。(η)但是佩利安多洛斯明白了他所做的是什么事情并且认识到，特拉叙布洛斯是劝告他杀死他的城邦中最杰出的人们，并且从此要以非常残暴的手段来对待自己的臣民，用诛杀或是流放的办法。库普赛洛斯所没有做到的事情，佩利安多洛斯都给完成了；而在一天里，由于他自己的妻子梅里莎的缘故，他把科林斯的全体妇女都给剥得精光。因为他曾派遣使者到阿凯隆河河畔的铁斯普洛托伊人那里去，请示死者关于一个异邦人委托的物品的神托。但是梅里莎的幽灵出现了，她说她什么也不告他，也不告他托存的物品在什么地方，因为她说她冷而且没有穿任何衣服。原来佩利安多洛斯虽然把衣服和她一同埋葬，但是没有把衣服烧掉，因此这衣服对她便没有用了。她说她要举出这样一件事情来证明她所讲的话是真实的，即佩利安多洛斯曾把面包放到冷却的灶里面去。当这话给带回到佩利安多洛斯那里去

的时候(因为他曾和梅里莎的尸体交媾,因此他知道她所举出的证据是真的),他听了这话之后立刻宣布说全体的科林斯妇女都应当到希拉的神殿来。因此她们来的时候就像参加节日的庆祝一样,把她们最好的衣服都穿上了。但佩利安多洛斯却把自己的亲卫兵安置在那里,不分贵妇和女仆,一律剥下她们的衣服并且把所有的衣服堆到一个穴里烧掉,同时并向梅里莎进行祷告。当他这样做了之后,第二次派人去到梅里莎那里去,于是梅里莎的幽灵就告诉了他异邦人存放的物品在什么地方。

拉凯戴孟人啊,你们要知道这就是僭主政治,而这就是它所干的勾当。当我们科林斯人看到你们把希庇亚斯召来的时候,我们的确是十分惊讶的。但现在听到你们这样讲话,我们便更加惊讶了。因此借着希腊诸神的名字,我们恳求你们不要在各个城邦建立僭主政治吧。如果你们不停止这样做,而不正当地试图把希庇亚斯带回来的话,那么你们可要知道,科林斯人是不会同意你们的做法的。"

(**93**)以上便是科林斯的代表索克列斯所讲的一番话。和他答话的是希庇亚斯,他和索克列斯一样呼告诸神前来作证,他说,当科林斯人注定要为雅典人所烦扰的宿命时刻到来时,则科林斯人的确是会比任何人都更想念佩西司特拉提达伊族的。希庇亚斯所以这样地来回答,是因为他比任何人都更确切地体会到神托的含义。但是到目前为止一直保持沉默的其他盟邦代表,在他们听到索克列斯的无所顾忌的发言时,他们也就都讲了话并且表示同意科林斯人的意见,他们都请求拉凯戴孟人不要对希腊的城邦实施任何革新。

(**94**)这样一来,这个计划便作罢了。希庇亚斯不得不离开了。马其顿人的国王阿门塔斯想把安铁莫斯给他,而帖撒利亚人则想把约尔科司给他。但是他都不愿意要,而是再回到细该伊昂,这是佩西司特拉托斯用武力从米提列奈人那里夺取过来的市邑,而在把它征服之后,他便把他和一个阿尔哥斯妇人之间所生的庶子海该西斯特拉托司安置在那里做僭主。但是海该西斯特拉托司并未能和平无事地保有他从佩西司特拉托斯所承受过来的地方,因为米提列奈人和雅典人在长年中间从阿奇列昂和细该伊昂城出兵兴战。米提列奈人出兵是要收回失地,雅典人则是不承认它,他们所持的论据则是爱奥里斯人对于伊利亚斯的领土,并没有比他们本身,或是比帮助美涅拉欧司为海伦之被劫复仇的其他任何希腊人更多的权利。

(**95**)在这一战争的战斗当中,发生了许多事情,但是下面的这件事情是值得一记的:在雅典人取得胜利的一次战斗中,诗人阿尔凯峨斯临阵脱逃了,但是在跑开时他的武器却被雅典人得到并且给悬挂在细该伊昂地方雅典娜的神殿里。阿尔凯峨斯因此做了一首诗送到米提列奈去,在这首诗里他向他的朋友美兰尼波司陈述了他自己的不幸遭遇。但是,至于米提列奈人和雅典人,则库普赛洛斯的儿子佩利安多洛斯给他们讲了和,他们在这件事上服从了他的仲裁。讲和的条件是每一方面各自保有他们原有的地方。这样一来,细该伊昂便归雅典来统治了。

(**96**)但是从拉凯戴孟来到亚细亚的希庇亚斯却玩弄了各式各样的手段,他向阿尔塔普列涅斯诽谤雅典人,用一切办法想使雅典屈服于他和大流士。而正当希庇亚斯这样做的时候,雅典人知道了这件事，于是他们派使者到撒尔迪斯来，警告波斯人不要相信这些被放逐的雅典人。但是阿尔塔普列涅斯却命令他们把希庇亚斯迎回去，如果他们愿意求得安全的话。当这个命令被带回给雅典人那里去的时候，雅典人却不同意这样做。既然他们不同意这个办法，那他们便得对波斯进行公开的战争了。

(**97**)他们作了这样的打算，因此也便对波斯人表示了敌视的态度。正在这时，被斯巴达人克列欧美涅斯从斯巴达赶了出来的米利都人阿里司塔哥拉斯来到了雅典，因为雅典这个城市是比其他任何城市都要强大的。阿里司塔哥拉斯来到民众面前，便像在斯巴达那样地讲述了一番，他谈到了亚细亚的富藏，又谈到了波斯人怎样习惯于在作战时既不带盾牌，又不带长枪，因而是很容易被战胜的。他说了这一番话之后，又说米利都人是从雅典移居过去的，而拯救他们这一非常有钱的民族，这是十分正当的事情。他用一切办法来保证他的恳求的诚意，直到最后他把雅典人说服的时候。看来，真好像欺骗许多人比欺骗一个人要容易些，因为他不能欺骗一个人，即拉凯戴孟的克列欧美涅斯，但是他却能欺骗三万名雅典人。这样，雅典人便被说服了，他们议决派遣二十只船去帮助伊奥尼亚人，指定一个在各方面都享有令誉的雅典市民美兰提欧斯为海军统帅。派出去的这些船只就成了后来希腊人和异邦人的纠纷的开始。

(**98**)阿里司塔哥拉斯比其他人都要早地乘船出发了。他来到米利都之后，便想了一个办法，不过这个办法并没有使伊奥尼亚人得到好处(诚然他的计划的目的原来也不在此，而只是想跟国王大流士找找麻烦而已)。他派一个人到普里吉亚的派欧尼亚人那里去,这些人是被美伽巴佐斯作为俘虏从司妥律蒙河那里带来的,现在则不和别人杂居地住在普里吉亚的一个地区和一个村落里;而当这个人来到派欧尼亚人的地方时,他就说:“派欧尼亚人,我是米利都的僭主阿里司塔哥拉斯派来给你们指出解放的道路的,如果你们愿意追随他的话。整个伊奥尼亚现在都已起来反抗国王,而你们是有力量安全地夺回你们自己的国土的。你们所负责的部分是一直到大海的地方,过去这个地方就是我们的事情了。”派欧尼亚人在他们听到这话的时候,是非常欢喜的。他们中间有一些人害怕危险而住在原地不动,但是其余的人却带着自己的妻子儿女逃向大海去了。到了那里之后,派欧尼亚人便渡海到了岐奥斯;而当着一大队波斯骑兵紧紧地追击他们的时候,他们已经到了那里。波斯人既然无法追上他们,他们便派人到岐奥斯去,命令派欧尼亚人回来;派欧尼亚人不肯这样做,却给岐奥斯人从岐奥斯带领到列斯波司去,而列斯波司人又把他们带到多里司科斯那里去。从那里他们便循着陆路返回派欧尼亚了。

(99)至于阿里司塔哥拉斯,则当雅典人率领着他们的二十只船来的时候,当雅典人和其他联盟者都来齐了的时候,阿里司塔哥拉斯便拟定了一个向撒尔迪斯进军的计划。和雅典人的二十只船同来的,还有五艘埃列特里亚人的三段桡船,埃列特里亚人前来参加战争不是为了取悦雅典人,而是为了米利都人,前来报答米利都人对他们的恩谊的(原来在这之前,当埃列特里亚人对卡尔启斯人作战时,米利都人曾是他们的联盟者,但同时萨摩司人却来帮助卡尔启斯人以对抗埃列特里亚人和米利都人)。他本人并不和军队一同前进而是仍旧留在米利都，并任命其他人担任米利都人的统帅，这就是他自己的兄弟卡罗披诺司和另一个叫做海尔摩庞托司的市民。

(**100**)带着这样的兵力来到了以弗所的伊奥尼亚人，在以弗所境内的科列索司地方下了船。他们自己率领着一支大军向内地迈进，而使以弗所人在路上做他们的向导。他们沿着凯科斯河行进并且从那里越过特莫洛斯山，这样他们便到了撒尔迪斯并攻占了它，而没有受到任何抵抗。他们攻占了它所有的地方，留下的只有卫城，因为那里有阿尔塔普列涅斯率领一支大军防守着。

(**101**)但下面的情况使他们不能劫略这座城市。撒尔迪斯的较大部分的房屋都是芦苇造成的，即使有一些砖造的房屋，它们的屋顶也都是芦苇盖成的。结果是，如果有一个兵把这样的一所房子点着，大火就会一所房屋接着一所房屋地在全城烧起来。在城市着火的时候，吕底亚人和市内的全体波斯人，由于火烧了外围而从四面八方向着他们迫来，而他们又无法逃出城外，因而他们便都拥到市场以及流经市场的帕克托罗司河的地方来，帕克托罗司河从特莫洛斯山把金砂带了下来，像海尔谟斯河流入海里那样地流入海尔谟斯河。吕底亚人和波斯人集合在帕克托罗司河河畔的市场上，并不得不在那里保卫自己。当伊奥尼亚人看到他们的某些敌人保卫自己，又有一大群人迫近他们的时候，他们害怕了，于是便从城里向名为特莫洛斯的山那方面去，到入夜的时候，他们就离开那里上了船。

(**102**)这样，撒尔迪斯和在那里的当地女神库贝倍的神殿就化为灰烬了[①]；而后来波斯人便以这座神殿的焚烧为借口，把希腊的神殿都给烧掉了。但是，这个时候，住在哈律司河这一边的波斯人，在听到了这些情况的时候，便集结起来前来援助吕底亚人。不过他们却发现伊奥尼亚人已经不在撒尔迪斯了。但是他们却在后面追踪而在以弗所追上了伊奥尼亚人。伊奥尼亚人在那里列阵迎击他们，但是吃了惨重的败仗。他们中间有不少知名之士死在波斯人的刀下，特别是埃列特里亚人的统帅埃瓦尔启戴司，这个人曾因在比赛时获胜而获得桂冠并且曾受到凯欧斯的西蒙尼戴斯的很大的赞赏。在战斗中幸而活命的那些伊奥尼亚人便各自逃散，返回自己的城市去了。

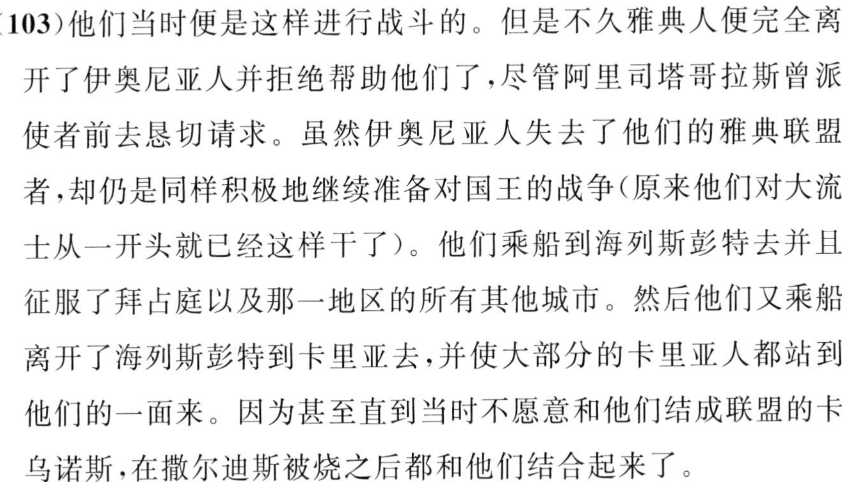
(**103**)他们当时便是这样进行战斗的。但是不久雅典人便完全离开了伊奥尼亚人并拒绝帮助他们了，尽管阿里司塔哥拉斯曾派使者前去恳切请求。虽然伊奥尼亚人失去了他们的雅典联盟者，却仍是同样积极地继续准备对国王的战争（原来他们对大流士从一开头就已经这样干了）。他们乘船到海列斯彭特去并且征服了拜占庭以及那一地区的所有其他城市。然后他们又乘船离开了海列斯彭特到卡里亚去，并使大部分的卡里亚人都站到他们的一面来。因为甚至直到当时不愿意和他们结成联盟的卡乌诺斯，在撒尔迪斯被烧之后都和他们结合起来了。

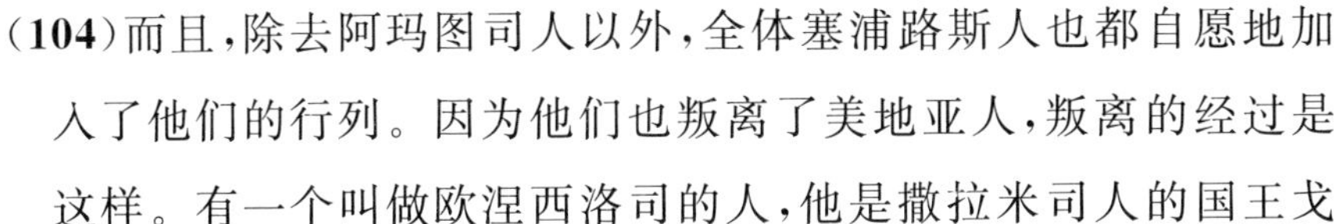
(**104**)而且，除去阿玛图司人以外，全体塞浦路斯人也都自愿地加入了他们的行列。因为他们也叛离了美地亚人，叛离的经过是这样。有一个叫做欧涅西洛司的人，他是撒拉米司人的国王戈

① 这是四九八年的事情。库贝倍是普里吉亚人和吕底亚人的伟大女神。

尔哥斯的弟弟、凯尔西司的儿子埃维尔顿的儿子西罗莫斯的孙子。这个人以前常常劝说戈尔哥斯叛离大流士，而当他知道伊奥尼亚人也叛离了的时候，他也便立刻极力催促戈尔哥斯这样做。但是当他不能说服戈尔哥斯的时候，他和他的一党便等待着他的哥哥走出撒拉米司城的时候，把城门关上不许他进来。失去了自己的城市的戈尔哥斯亡命到美地亚人那里，而欧涅西洛司便成了撒拉米司的国王。他说服全塞浦路斯与他一道叛离了大流士，例外的只有不肯听从他的阿玛图司人。于是他便围攻了他们的市邑。

(**105**)于是欧涅西洛司便围攻了阿玛图司。但是当大流士听说撒尔迪斯被攻克并且给雅典人和伊奥尼亚人烧掉，而米利都人阿里司塔哥拉斯又是结党策谋这个计划的首脑人物的时候，据说他刚一听到这话并不把伊奥尼亚人放在心上，因为他确信所有他们都不能因叛变行动而免于惩罚，而只是问雅典人是什么样的人。当人们告诉他之后，他便要人们把弓给他拿来，他放一支箭在弓上并把它射到天上去，在把这支箭射到上空去的时候他祈求说:“哦，宙斯，容许我向雅典人复仇吧!”自是而后，每到他用饭的时候，他都要他的一个仆人在他的面前说三次:“主公，不要忘掉雅典人啊!”

(**106**)在发出了这样的命令之后，大流士便把米利都人希司提埃伊欧斯召到他的面前来，这时他已把希司提埃伊欧斯留在身旁有很长一个时候了。大流士于是问他:“希司提埃伊欧斯，我听说你把米利都付之管理的那个代理官已经叛离了我。他从对面的大陆渡海把人们带了过来，说服了因其行为而应受我的惩罚的伊奥尼亚人和他们纠合到一起，并且掠夺了我的撒尔迪斯城。因此现在我要问你，你认为这样的做法对不对？而且不是你从中策划，这样的事情又如何能够做出来？你可要小心今后不要叫人发现你是要对这些行动负责的。”听了这话之后，希司提埃伊欧斯便回答说：“主公，你讲的这是什么话？我是绝不会出那会使你招致不论是大的或小的损害的任何主意的！而且我要这样做，我是想干什么呢？我又是缺少什么呢？你所有的一切东西我都可以有，而且我又有这样的荣誉来和你商量一切事情。而且，如果我的代理官确实做出了像你所说的那样的事情，那请你确信，这他是自己想这样做的。至于我本人，我甚至不能相信这样的情报，说米利都人和我的代理官背叛了你。但如果他们真是这样做了，而且国王你所听到的事实是真实的事情的话，那么我就请你好好地注意一下，当初你把我从海岸地带调出来，你是做了什么样的一件事情啊。因为这样一来，由于我被调离伊奥尼亚人的视界，伊奥尼亚人便借着这个机会实现他们久已想望的事情，而如果我在伊奥尼亚的话，那就不会有任何一个城邦作乱了。因此，请尽速把我派到伊奥尼亚去，这样我便可以使那个地方恢复原来的安定秩序并且把策划这一切的那个代理官引渡到你的手里。因此，当我依照你的意旨把这件事完成的时候，我用你们王室的诸神来发誓，在我使海上最大的萨尔多岛①向你纳贡之前，我决不脱掉我下去到伊奥尼亚时所穿的服装。”

(107)希司提埃伊欧斯就是这样说的，他的本意在于欺骗，但是大

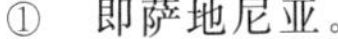

① 即萨地尼亚。

流士却同意他的话并且放他走了。大流士命令希司提埃伊欧斯，要他在完成他许下的事情的时候，再到苏撒前来见他。

(**108**)一方面，当关于撒尔迪斯的消息传到国王这里来，而大流士像我说的那样用弓箭射了天空之后，他便和希司提埃伊欧斯商量；希司提埃伊欧斯得到了大流士的允许，便到海岸地带去了。而正是在这个时候，发生了下面我所说的事情。正当撒拉米司的欧涅西洛司围攻阿玛图司人的时候，他得到消息说，一个叫做阿尔图比欧司的波斯人被认为正在率领着一支波斯的大军乘船到塞浦路斯来。欧涅西洛司知道这件事之后，便派使者到伊奥尼亚各地去召集人民，而伊奥尼亚人在稍加考虑之后便率领一支大军来到了。因此，当波斯人从奇里启亚渡海后循着陆路向撒拉米司推进的时候，伊奥尼亚人正在塞浦路斯，同时腓尼基人正乘船绕过了一个称为塞浦路斯之钥的地岬。

(**109**)既然事情的情况是这样，塞浦路斯的僭主们于是把伊奥尼亚人的将领们召集起来，向他们说："伊奥尼亚人！我们塞浦路斯人任凭你们选择你们作战的对手，波斯人或是腓尼基人。因为，假如你们愿意在陆地上列阵并且和波斯人一决雌雄的话，那么你们现在就应当下船在陆上列阵，而我们则登上你们的船对腓尼基人作战；如果你们宁愿和腓尼基人较量，那你们当然也可这样做。不过不管你们选择什么人为作战对象，都务必要做到使伊奥尼亚和塞浦路斯得到它们的自由，因为它们是指望着你们的。"于是伊奥尼亚人回答说："可是，我们是伊奥尼亚根据全体一致的决定派出来保卫海洋的，不是把船交给塞浦路斯人而自己在陆地上和波斯人作战的。因此我们将努力在交付给我们的事情上勇敢地完成任务。而你们也必须奋起勇敢作战,因为你们是不会忘记你们给美地亚人做奴隶时的痛苦的。”

(**110**)伊奥尼亚人便是这样回答的。波斯人不久就来到了撒拉米司平原,于是塞浦路斯的国王们便下令列阵备战,他们把撒拉米司人和索罗伊人的最精锐的部分选出来和波斯人对抗,而用其余的塞浦路斯人来抗击敌军的其他部分。欧涅西洛司自己则选了一个阵地率军与波斯的将领阿尔图比欧司相对峙。

(**111**)阿尔图比欧司所骑的马受过这样的训练,这种马一遇到和披甲的步兵作战时就要直立起来。欧涅西洛司听到这种情况之后,便向他那精于战术并且非常勇敢的卡里亚族的盾手说:“我听说阿尔图比欧司的马会直立起来并且会把任何它遇到的人猛踢猛咬。你想一下并立刻告诉我,你所伺伏和要打击的是哪一个,是阿尔图比欧司本人还是他的马。”于是他的这个走卒回答他说:“国王,我准备打其中的任何一个或者是两个都打,你怎样吩咐,我就怎样做。但我愿意告诉你我认为对你最合适的做法。在我看来,国王和将领是应当对付国王和将领的(如果你杀死一个敌人的将领的话,那你就成就了一件伟大的功业,而如果,当然我希望不会有这样的事,他杀死了你的话,那么被一个够得上是对手的人杀死,死亡的悲惨程度也是会减少一半的),而对于我们这些仆从来说,那我们是应当和与我们同样身份的仆从,乃至和马匹作战的。不要害怕马的那些把戏。我向你保证,它再也不会和任何人在战斗中玩这套把戏了。”

(**112**)以上便是他说的话。紧接着两军在陆上和海上的激战就开始了。伊奥尼亚人那一天在海上表现出占着很大的优势,他们打败了腓尼基人；在他们当中，萨摩司人是最勇敢的。在陆地上，当两军相会时，他们便相互交起锋而打起来了。下面我要说一说关于这两个将领的事情。阿尔图比欧司拍马向欧涅西洛司攻来，而欧涅西洛司则像他和他的盾手约定的那样，一下子把乘马向他打来的阿尔图比欧司刺下马来，而当阿尔图比欧司的马直立起来把它的前脚踏在欧涅西洛司的盾牌上的时候，这个卡里亚人立刻便用他的新月形的刀把马腿割了下来。这样一来，波斯的将领阿尔图比欧司和他的马便都战死了。

(113)当其他人等还在作战的时候，库里昂的僭主斯铁塞诺尔却率领着他的一批人数不算少的人投敌了。据说这些库里昂人是阿尔哥斯人的移民。在库里昂人投敌的时候，撒拉米司人的战车也学了他们的样子。这样，结果就使波斯人占了塞浦路斯人的上风。因此军队被击溃了，许多人被杀死了。阵亡的人当中有发动了塞浦路斯人起事的凯尔西司的儿子欧涅西洛司，还有索罗伊人的国王阿里司托库普洛司。阿里司托库普洛司是披罗库普洛司的儿子，而当雅典的梭伦在他到塞浦路斯来的时候，曾在一首诗里称赞这个披罗库普洛司，说他比所有其他的僭主都好。

(114)关于欧涅西洛司，则阿玛图司人是把他的头割了下来带到阿玛图司去。他们把这个头高悬在城门之上，因为他曾经围攻过他们的城市。在欧涅西洛司的首级挂在那里若干时候后，里面就空了，于是一群蜜蜂飞到里面去满满地造了窠。由于有了这样的现象(阿玛图司人便请示关于这个髑髅的神托)，神托指示他们把这个髑髅拿下埋起来，并且每年像对英雄那样地向欧涅西洛司奉献牺牲。神托说,他们这样做,运气就会变好。

(**115**)阿玛图司人这样做了,他们直到我的时候还是这样做的。但是当着在塞浦路斯的海面上进行海战的伊奥尼亚人知道欧涅西洛司的一切已经垮台,而除了撒拉米司人交给了他们先前的国王戈尔哥斯的撒拉米司之外塞浦路斯的一切城市均被围攻的时候,他们一接到消息立刻乘船跑到伊奥尼亚去了。在塞浦路斯的城邦当中,被围攻得最长久的是索罗伊人。波斯人在第五个月里用了把对方城墙下面掘空的办法才攻克了这座城邦。

(**116**)这样,塞浦路斯人虽然在一年中间争得了自由,结果却再一次遭到了奴役[①]。同样是波斯的将领,而同样又都娶了大流士的女儿的达乌里塞司,叙玛伊埃司和欧塔涅斯追击那些远征撒尔迪斯的伊奥尼亚人并把他们赶到他们的船上去。在这一胜利之后,他们就在他们中间分配了各个城邦并且把它们劫掠一空。

(**117**)达乌里塞司向海列斯彭特的各个城市进兵,他先后攻占了达尔达诺斯、阿比多斯、佩尔柯铁、拉姆普撒柯斯和帕依索司。他攻占每一座城市所费的时期是一天。正当他从帕依索司向帕里昂进兵的时候,他得到消息说,卡里亚人和伊奥尼亚人同谋背叛了波斯人,于是他便离开了海列斯彭特,率领军队向卡里亚进发了。

(**118**)但是,结果怎样呢,在达乌里塞司到达以前,卡里亚人就知道了这个消息;而当卡里亚人听到这个消息时,他们便在玛尔叙亚斯河河畔的一个叫做白柱的地方集合起来。这个玛尔叙亚斯河

① 四九七年。

的发源地是伊德里亚司地区，最后流注到迈安德罗司河里去。他们在那里集合时提出了许多计划，然而在我看来，这些计划中最好的是金杜埃司人，娶了奇利启亚国王叙恩涅喜斯的女儿为妻的玛乌索洛司的儿子披克索达洛司所提出的计划。披克索达洛司的计划的要点是，卡里亚人应该渡过迈安德罗司河而背着这条河进行战斗，因为这样他们既然被切断退路而不能逃跑，那他们便不得不坚守阵地，这样他们就一定会比平时更加勇敢了。不过披克索达洛司的这个意见并没有得到大多数人的同意，却反而是另一种看法占了上风，这就是要波斯人而不是卡里亚人背向着迈安德罗司河，理由是如果这样的话，在波斯人被战败而退却时他们无法逃脱而是会被赶到河里去的。

(119)不久之后，当波斯人到来并渡过了迈安德罗司的时候，他们和卡里亚人就在玛尔叙亚斯河的河畔交锋了。卡里亚人进行了长时期的顽强的战斗，但是他们终因寡不敌众而败北了。波斯人死在那里的有两千人，而卡里亚人阵亡的则多到一万人。他们当中逃出战场的人们则逃往拉布劳昂达，在那里被赶到洋梧桐的大圣林，即宙斯·司特拉提欧司的圣域中去。在我们所知道的人们当中，只有卡里亚人是向宙斯·司特拉提欧司奉献牺牲的。在被赶到那里去之后，他们便商量如何能使他们自己得到最大的安全，是自己向波斯人投降好呢，还是全体一致退出亚细亚好呢。

(120)但是正当他们商量的时候，米利都人和他们的同盟军前来增援了。于是卡里亚人便放弃了他们先前的计划并准备重启战端。他们迎击波斯人的进攻，但是吃了比前一次还要惨重的败仗;他们的全军中阵亡的人很多,不过米利都人所受的打击却是最重的。

(**121**)但是后来卡里亚人从这次的灾祸恢复过来,又开始准备战斗了。他们听说波斯人又出发向他们的城市进攻了,于是他们在佩达索斯地方的大道上设下了埋伏,结果波斯人在夜间中了他们的伏兵而全部阵亡了,和他们同时丧命的还有他们的将领达乌里塞司、阿摩尔盖司和昔西玛凯司。巨吉斯的儿子密尔索斯也和他们一同阵亡了。指挥这一支伏兵的人就是美拉撒人伊巴里诺司的儿子海拉克列戴斯。

(**122**)这些波斯人就这样地阵亡了。那些追讨远征撒尔迪斯的伊奥尼亚人的人们中的一人叙玛伊埃司现在是向普洛彭提斯推进并在那里攻克了美西亚的奇欧司。而在他征服了这个地方之后,当他听到达乌里塞司已经离开海列斯彭特并向卡里亚挺进的时候,他便离开了普洛彭提斯而率军前往海列斯彭特。他征服了住在伊里翁地方的全部爱奥里斯人,以及古昔的铁乌克洛伊人的遗族的盖尔吉斯人。但是当叙玛伊埃司正在征服这些民族的时候,他自己也病死在特洛阿司了。

(**123**)他就是这样地死在那里了。于是撒尔迪斯的太守和第三位将军欧塔涅斯便受命率军征讨伊奥尼亚和与它相邻接的爱奥里斯的领土。因此他们便攻占了伊奥尼亚的克拉佐美纳伊和爱奥里斯人的库麦。

(**124**)从米利都人阿里司塔哥拉斯他的行动可以明显地看出,他并不是一个有气魄的人物,因为在他扰乱了伊奥尼亚并且引起了巨大的动乱之后,当他看到他所做的事情的后果时,他却想逃之夭夭了。此外,他还认为要想战胜大流士是一件不可能的事情。于是当城市被攻克时,他便把与他共同谋叛的人们召来商议,说他们如果被逐出米利都,他们最好是先搞一个避难的地方。阿里司塔哥拉斯问他们,他是应当把他们从那里率领到萨尔多去殖民呢,还是到希司提埃伊欧斯从大流士那里作为礼物得到并且用工事来防御的、埃多涅斯人的米尔启诺司去。

(**125**)但是,海盖桑德罗斯的儿子、历史家海卡泰欧斯的意见是,他们不到这两个地方的任何一个地方去,但阿里司塔哥拉斯如果从米利都被逐出的话,他应当在列罗司岛给自己修造一座要塞在那里安定地住下来,在这之后,他再离开这座岛,从那里返回米利都。

(**126**)海卡泰欧斯的劝告便是这样。但是阿里司塔哥拉斯本人却认为最好是退到米尔启诺司去。于是他便把米利都委托给一位知名的市民毕达哥拉斯,他自己则带着愿意追随他的任何人乘船到色雷斯去并且占有了他所要去的那个地方。他从那里出兵攻打色雷斯人,但是在他围攻一个市邑,而那里的色雷斯人甚至准备在停战的条件之下撤退的时候,他和他的军队却死在色雷斯人的手里了。

第 六 卷

(1)在激起了伊奥尼亚人的叛变之后,阿里司塔哥拉斯就像上面所说那样地死去了。但是米利都的僭主希司提埃伊欧斯在得到大流士的允许离开之后,就来到了撒尔迪斯。当他从苏撒到了那里的时候,撒尔迪斯的太守阿尔塔普列涅斯便问他伊奥尼亚人叛变的原因是什么。希司提埃伊欧斯说他不知道,又说他对于当前发生的事情是感到十分突然的。在这里他是装作对目前的骚乱毫无所知的样子。但是阿尔塔普列涅斯却看出他是在装聋作哑,而他对于叛变的真相却是知道得十分清楚的,于是就对他说:"希司提埃伊欧斯,让我来告诉你这件事是怎么一回事吧。鞋子是你缝的,阿里司塔哥拉斯不过是把它穿上罢了。"

(2)关于叛变的事情,阿尔塔普列涅斯是这样讲的。希司提埃伊欧斯看到阿尔塔普列涅斯对事情知道得这样清楚而十分害怕,就在天一黑的时候逃到海岸方面去了。因为他欺骗了大流士,他曾答应大流士征服最大的一个岛即萨尔多岛,但暗地里却是想对大流士兴兵而使自己成为伊奥尼亚人的领袖。在他渡海到达岐奥斯的时候,他就被岐奥斯人捉住和绑了起来,因为岐奥斯人认为他是给大流士派来做不利于他们的事情的。但是当他们知道他所以仇恨国王的全部始末的时候,他们就把他释放了。

(3)于是伊奥尼亚人便问希司提埃伊欧斯,为什么他这样热心地唆使阿里司塔哥拉斯背叛国王并且使伊奥尼亚人遭到了这般巨大的损害。但真正的原因他却根本没有全部告诉他们,而只是向他们说,国王大流士曾打算把腓尼基人强行移走并使这些人定居在伊奥尼亚,而使伊奥尼亚人移居于腓尼基;他说,正是为了这个原因,他才作了这样的布置。国王根本就没有过这样的打算,希司提埃伊欧斯这样说不外是要吓一吓伊奥尼亚人罢了。

(4)不久希司提埃伊欧斯便通过一个名叫赫尔米波司的阿塔尔涅乌斯人做使者送信给撒尔迪斯的波斯人。他这样做是因为这些人在先前曾和他商谈过叛变过的事情。但是赫尔米波司并没有把信送给他被指定送去的人们,而是把信带交给阿尔塔普列涅斯。阿尔塔普列涅斯知道了正在发生的一切事情之后,便命令赫尔米波司把希司提埃伊欧斯的信送到他应送去的人们那里去并且把波斯人送给希司提埃伊欧斯的回信再交给他。这样阿尔塔普列涅斯就知道了哪些人是准备叛变的,于是他立刻把许多波斯人杀死了。

(5)这样,在撒尔迪斯便发生了骚动。希司提埃伊欧斯的希望既未得遂,岐奥斯人便应他本人的请求把他带回了米利都。但是米利都人摆脱了阿里司塔哥拉斯之后真是大喜过望,他们当然不愿接受任何僭主到自己的国内来,因为他们已经尝到了自由的味道。当希司提埃伊欧斯试图在夜里借武力之助强行进入米利都的时候,他被一个米利都人刺伤了大腿。因此,既然被逐出了自己的城市,他便返回了岐奥斯;在那里,当他不能说服岐奥斯人把船给他的时候,他便渡海到米提列奈去,尽力想说服列斯波司人把船送给他。他们装备了八艘三段桡船，和希司提埃伊欧斯一同驶往拜占庭。他们在那里驻扎下来之后，便把驶出黑海的一切船只都给拿捕了，除非这些船上的人员表示愿意给希司提埃伊欧斯效劳的时候。

(**6**)希司提埃伊欧斯和米提列奈人所做的事情就是这些。至于米利都本身，则它是会受到一支庞大的海、陆军的进攻的。因为波斯的将领曾把他们的兵力集合起来组成一支大军，用来进攻米利都，他们不去进攻别的城市，这是由于波斯人认为别的城市乃是无关紧要的。在海军当中，腓尼基人是士气最旺盛的，和他们同来的作战的有降服不久的塞浦路斯人、奇利启亚人和埃及人。

(**7**)于是这些人前来进攻米利都和伊奥尼亚的其他地方，但是在伊奥尼亚人听到这个消息的时候，便派遣他们的使者到帕尼欧尼翁去商讨对策[①]。当这些人到了那里并在那里进行了商议以后，便决定不纠合陆军来对抗波斯人，而是让米利都人防守他们的城墙，他们则把他们的船只一只也不留地装备起来，尽快地集合在拉戴，在那里用海战来保卫米利都。这个拉戴是米利都城附近海上的一座小岛。

(**8**)伊奥尼亚人很快地就带着他们所装备好的船只到了那里，和他们同来的有住在列斯波司的全部爱奥里斯人。他们是用这样的办法来布置战斗的。米利都人自己带着八十只船列阵为东面的一翼，紧接着他们的是拥有十二只船的普里耶涅人和拥有三只船的米欧司人，接在米欧司人后面的则是拥有十七只船的提奥

① 参见第一卷第一四八节。

斯人，再下面是拥有一百只船的岐奥斯人。此外，接着他们严阵以待的还有拥有八只船的埃律特莱伊人和拥有三只船的波凯亚人，在他们的后面则是拥有七十只船的列斯波司人；在这一条线上最后地方的是拥有六十只船的萨摩司人，他们形成了西面的一翼。以上总计起来，是三段桡船三百五十三只。

(9)以上就是伊奥尼亚的船。异邦人的船是六百只。而既然这些船只来到了米利都的海岸而他们的全部陆军也来到了这里，波斯人的将领们在他们知道了伊奥尼亚人的船只数目的时候，便开始害怕他们没有足够的力量来制服希腊人，因此，如果他们不能取得制海权，他们便不能取得米利都并且或许有受到大流士的严厉惩罚的危险。既然有了这样的想法，他们便把伊奥尼亚人的僭主们集合在一起，这些僭主都是被米利都人阿里司塔哥拉斯剥夺了统治权之后亡命到美地亚人那里去的，而现在他们也正好是在攻击米利都的军队里面。等这些在军队中的全部僭主都集合起来的时候，他们便向这些僭主说："伊奥尼亚人，现在是你们之中的每一个人向王室表示效忠的时候了。你们每一个人分别试图把他本国的人民从其他的同盟者那里分离开来吧。把这一点告诉他们，同时向他们保证决不会因他们的背叛而受到惩罚，他们的神殿和房屋也都不会被烧掉，而且他们也决不会再受到比先前更加残暴的对待；但如果他们不愿意这样做，而只是想作战的话，那么就对他们进行恐吓，告诉他们说他们一定要吃到很大的苦头。告诉他们说吧，如果他们打了败仗的话，他们将会变为奴隶，我们将要阉割他们的男孩子，把他们的女孩子送往巴克妥拉并且把他们的土地送给异邦人。"

(**10**)这便是波斯将领们说的一番话。伊奥尼亚的僭主们于是在夜里各自派人送信给他们本国的人;但是接到这些信的伊奥尼亚人的态度是固执的,他们各自认为波斯人只是通告他们自己的,因此不肯做出背叛的事情来。以上是波斯人来到米利都之后不久所发生的事情。

(**11**)不久之后,集合到拉戴的伊奥尼亚人便举行了会议。我认为在会议上向大家发言的人们当中,有一个波凯亚的将领狄奥尼修斯,他是这样说的:"伊奥尼亚人,我们当前的事态,正是处在我们是要做自由人,还是要做奴隶,而且是逃亡的奴隶的千钧一发的决定关头了。因此如果你们同意忍受困苦,你们当前是会尝到苦头的,但是你们却能够战胜你们的敌人而取得自由。但如果你们仍然这样闲散和不加整顿,我看就没有任何办法使你们不因背叛而受到国王的惩罚了。因此我请你们务必要听我的话,把你们自己托付给我,而我向你们保证,如果上天也嘉佑我们的话,我们的敌人不会和我们交战,而即或他们向我们动手,他们也会遭受彻底的失败的。"

(**12**)伊奥尼亚人听到这话之后,便把自己交到狄奥尼修斯的手里了。于是他着手每天使船只在海上列为纵队,他训练划船手使他们能够相互突入对方的队列并且使船上的人员作战斗的准备,而在一天其余的时间里都把船只用锚系起来;他整天都使这些伊奥尼亚人不停地工作着。在七天里他们都听他的话并按照他的吩咐去做了,但是过了这七天之后,他们不习惯这样的劳苦,而且因艰苦的工作和烈日的灼热而疲惫不堪,于是伊奥尼亚人便开始相互这样说:"我们是得罪了哪一位神,才叫我们吃这样的苦头呢？我们竟把自己交给了不过出了三只船的波凯亚的吹牛皮的家伙，我们真正是精神错乱和发疯了。这个人控制了我们之后，他就叫我们受到极其苛酷的虐待，结果我们中间的许多人已经病倒了，而许多人也快要病倒了。不管我们遇到什么倒霉的事情也比当前的苦头好些，即使是我们有受到奴役的危险，不管是多么苦的奴役，也不会比我们现在受到的压迫再坏了。真的，我们不能再任凭他来摆布了！”这就是他们所讲的话。而从那一天起，就没有人再服从他了：他们像是陆军那样地在岛上给自己张开天幕，在里面躲避日晒，他们再也不肯到船上去，再也不愿意操练了。

(**13**)但是当萨摩司军队的将领们听到伊奥尼亚人的这种做法的时候，他们就想起了叙罗松的儿子阿伊阿凯司曾经奉波斯人之命送给他们的一个要他们脱离伊奥尼亚联盟的信。因此，当他们看到伊奥尼亚方面乱作一团的时候，他们便同意按照送给他们的信里的意思去做了。而且，他们还认为要想战胜国王的兵力那是一件不可能的事情，而且他们知道的很清楚，纵然他们战胜了大流士当前的海军，他们还会遭遇到另外一支有五倍大的海军的。故而，当他们一看到伊奥尼亚人拒绝听受使唤的时候，他们立刻抓住了这个机会作为口实，认为他们这样做，正是很幸运地反而保全了他们的神殿和他们的家宅。萨摩司人答应按照送给他们的信去做，送信的这个阿伊阿凯司是阿依阿凯司的儿子叙罗松的儿子。他曾是萨摩司的僭主，直到他和伊奥尼亚人的其他僭主一样，被米利都人阿里司塔哥拉斯剥夺了统治权的时候。

(**14**)因此,当腓尼基的水师前来向他们挑战的时候,伊奥尼亚人方面的船只便排成纵队出海迎击了。当他们双方接近并打了起来的时候,在随后的海战当中,哪些伊奥尼亚人英勇战斗,哪些伊奥尼亚人临阵怯懦,我这部历史是说不确实的,因为他们都是相互推卸责任的。但是据说,萨摩司人,根据他们和阿伊阿凯司的协定,当时确是掉头离开了他们的阵列,返回萨摩司去了。只有他们的十一艘三段桡船的船长不服从他们的统帅的命令,留在原地作战。由于这一次的行动,萨摩司的人民因他们的勇敢容许把他们的和他们的父亲的名字刻在一个石柱上,这个石柱现在还耸立在他们那里的市场上。但是列斯波司人看到他们的邻人溜之大吉了,便也学了他们的样。这样一来,较大部分的伊奥尼亚人也就都这样做了。

(**15**)在那些留在原地不动进行海战的人们当中,受损失最大的是岐奥斯人,因为他们不愿意做懦夫,而是想成就武勋。前面我已经说过,他们带来了一百只船参加海军,每只船上又有从他们市民当中选出的四十名精锐士兵。他们看到自己受到他们大部分同盟者的欺骗,便认为如果他们自己也像其他人等那样地卑怯是一件可耻的事情,因此他们便仍然和帮助他们的少数同盟者继续战斗并杀到敌人的阵列里面去,结果他们竟然击破了敌人的许多船只,不过他们自己却也损失了大部分的船只。因此,岐奥斯人便偕同他们剩下的船只逃回了他们的本国。

(**16**)但是岐奥斯人的那些由于破损而行驶不灵的船只上面的水手,他们在受到追击的时候便逃到米卡列去了。在那里,他们把船拖上岸把它们丢在那里,而后便从那里徒步穿行过了大陆。

但是当岐奥斯人在他们行进之际进入以弗所的领土时，正巧是在夜里，而那里的妇女又正在举行铁斯莫波里亚祭。而且以弗所人先前从来没有听说过岐奥斯人的事情，因此在他们看到有一支军队进攻他们的国土时，他们便深信，这是想来劫掠他们的妇女的一群强盗。于是他们便火速地把他们的全部兵力集合起来，把岐奥斯人杀死了。岐奥斯人于是遭到了我上面所说的惨祸。

(**17**)关于那个波凯亚人狄奥尼修斯，则当他看到伊奥尼亚人的事业已经垮台的时候，他便偕同他所俘获的三艘敌船从海上逃跑了。但是他不是逃到波凯亚去，因为他知道的很清楚，那地方是会和伊奥尼亚的其他地方一同被奴役的，他是立刻一直向腓尼基驶去，他在那里击沉了一些大商船，劫得了大量的财富，随后又扬帆前往西西里，拿那里作为据点，干起海盗的生意来。他只向迦太基人和第勒塞尼亚人，却不向希腊人打劫。

(**18**)当波斯人在海上击败了伊奥尼亚人的时候，他们便从海陆两方面包围了米利都。他们在城墙下面掘地道，还使用了各种各样的攻城办法，直到在阿里司塔哥拉斯叛变之后的第六个年头，他们才完全攻克了该城并且奴役了全城的市民。这样看来，米利都城所遭受的惨祸就和神托关于米利都的话符合了。

(**19**)原来当阿尔哥斯人在戴尔波伊请示有关他们城市的安全的神托的时候，他们曾得到一个双关的神托。神托的一部分是关于阿尔哥斯人本身的，但是后来追加的神托却是关于米利都人的。关于阿尔哥斯人的那部分神托，在我的历史叙述到那一部分时，我还要提到，但下面的预言却是关于当时没有在场的米利都人的：

> 米利都，你这个谋划坏事的人，到了那个时候，
> 你会成为许多人桌上的珍馐美味，成为掠夺者丰富的赠品，
> 你的妇女们将要为许多长发的老爷们洗脚，
> 而我的狄杜玛[①]的神殿也要由别人来守护了。

预言中的一切现在在米利都人的身上都应验了；因为他们的大部分男子都给留着长发的波斯人杀死了，他们的妇女和小孩子也被变成了奴隶，而狄杜玛的神殿和它的圣堂与神托所也被劫掠和烧毁了。关于这座神殿中的财富，在这部历史的其他地方我已经屡次提到了。

(**20**)在这之后，米利都人的俘虏便被押解到苏撒去了。国王大流士没有再对他们加以更多的伤害，而是把他们安置在所谓红海岸上的一个叫做阿姆培的城市里，底格里斯河就是流过这座城市而入海的。至于米利都的土地，波斯人自己只占有紧接着城市的地区和平原，却把山地交给了佩达撒的卡里亚人来占有。

(**21**)当米利都人因波斯人而遭受到上述的一切苦头时，被剥夺了自己的城市并定居在拉欧斯和司奇多洛斯的叙巴里斯人却没有对米利都人加以公正的回报。原来当叙巴里斯被克罗同人攻克时，全体米利都人不分老幼都剃光了他们的头，而大家一致表示了很大的哀悼。据我所知，没有任何城市，有过像这两座城市之间那样的交情。雅典人和叙巴里斯人却完全不相同。原来雅典

① 米利都附近地名，也叫做布朗奇达伊。

人除了用许多其他方式表示了他们对米利都失陷的深切哀悼之外，他们特别还做了这样一件事：普律尼科司写了一个题名为"米利都的陷落"的剧本并且演出了这个剧本，结果全体观众全都哭了起来。于是他们由于普律尼科司使他们想起了同胞的令人痛心的灾祸而课了他一千德拉克玛的罚金，并且禁止此后任何人再演这出戏。

(22)于是，米利都地方的米利都人便被一扫而光了。但是，至于萨摩司人，则他们中间有钱的人们很不高兴他们的将领对美地亚人的所作所为，在海战之后，他们便立刻进行商谈并决定在僭主阿伊阿凯司来到他们的国家之前，他们与其留下做美地亚人和阿伊阿凯司的奴隶，毋宁扬帆远去到他乡去殖民。因为正在这个时候前后西西里的臧克列人派使者到伊奥尼亚来，请伊奥尼亚人到卡列·阿克铁（意为美丽的海岸——译者）去，希望他们在那里建立一个伊奥尼亚的城市。这个所谓卡列·阿克铁是西西里的一个地方，它是面对着第勒塞尼亚的。因而由于这次的邀请，伊奥尼亚人当中只有萨摩司人偕同逃出的那些米利都人应邀出发了。

(23)在他们的途中，又发生了我下面所叙述的一件事情。他们向西西里航行的途中，萨摩司人到达了埃披捷庇里欧伊·罗克里斯人的土地，到达的时期正是在臧克列的人民和他们的名叫司枯铁斯的国王围攻一个西西里的市邑而想把它攻克的时候。当时和臧克列人不和的、列吉昂的僭主安那克西拉欧斯听到这件事之后，便和萨摩司人取得协议并说服了他们改变初衷。他说他们最好不要再到卡列·阿克铁去，而是在臧克列人不在的时候攻取臧克列城。萨摩司人同意这样做，就把臧克列攻克了。可是臧克列人当他们知道自己的城池被攻克的时候，便前来救援。他们把他们的同盟者、盖拉的僭主希波克拉铁斯召来帮助他们。但是当希波克拉铁斯率兵前来帮助他们的时候，他却由于司枯铁斯失城而把臧克列的国王司枯铁斯和他的兄弟披托盖涅斯捉起来上了枷锁，并且把他们送到伊努克斯去。至于臧克列的其他人等，他把他们骗到萨摩司人的手里去，原来他本人曾和萨摩司人进行过商谈并交换了誓约。萨摩司人约定要付给他的代价是，希波克拉铁斯应取得城内家财和奴隶的一半以及城外的一切。较大部分的臧克列人都被戴上镣铐而成为希波克拉铁斯个人的奴隶。他把臧克列人当中的三百名知名之士交到萨摩司人手中去处死，但是萨摩司人却没有按他的要求去做。

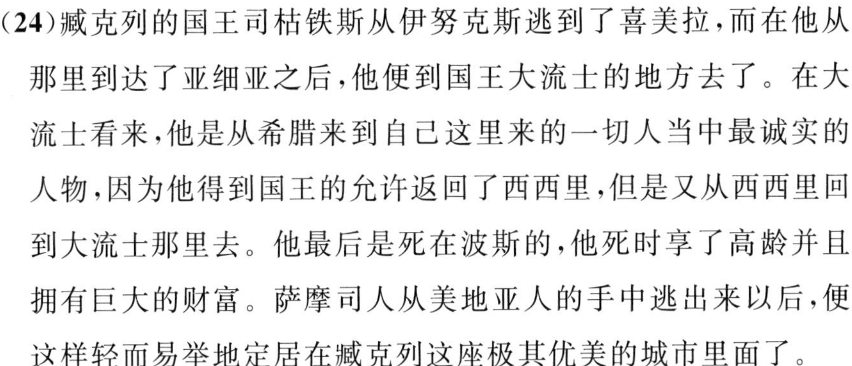

(**24**)臧克列的国王司枯铁斯从伊努克斯逃到了喜美拉，而在他从那里到达了亚细亚之后，他便到国王大流士的地方去了。在大流士看来，他是从希腊来到自己这里来的一切人当中最诚实的人物，因为他得到国王的允许返回了西西里，但是又从西西里回到大流士那里去。他最后是死在波斯的，他死时享了高龄并且拥有巨大的财富。萨摩司人从美地亚人的手中逃出来以后，便这样轻而易举地定居在臧克列这座极其优美的城市里面了。

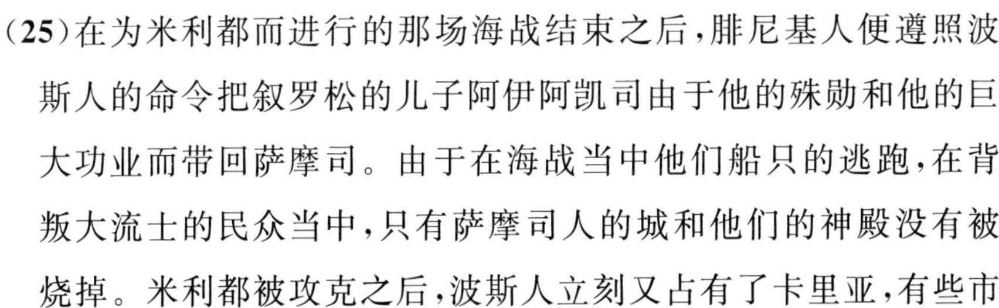

(**25**)在为米利都而进行的那场海战结束之后，腓尼基人便遵照波斯人的命令把叙罗松的儿子阿伊阿凯司由于他的殊勋和他的巨大功业而带回萨摩司。由于在海战当中他们船只的逃跑，在背叛大流士的民众当中，只有萨摩司人的城和他们的神殿没有被烧掉。米利都被攻克之后，波斯人立刻又占有了卡里亚，有些市邑自动投降了他，再有一些市邑则是用武力征服的。

(**26**)上面事情的经过情况就是我说的那样了。但是当米利都人希司提埃伊欧斯在拜占庭拿捕伊奥尼亚人的驶出黑海的那些商船时，他知道了在米利都发生的事情。因此，他便把有关海列斯彭特的一切事件托付给阿波罗旁涅司的儿子、阿比多斯人比撒尔铁司，他自己则和列斯波司人乘船到岐奥斯去，并在岐奥斯的所谓“科伊利”(意为“洼地”——译者)的地方和不放他们进去的岐奥斯卫戍部队打了起来。他杀死了他们的许多人；当地的其他人曾在海战当中受到很大的挫折，现在也给以岐奥斯的波里克涅为根据地的希司提埃伊欧斯和他手下的列斯波司人征服了。

(**27**)当城邦或是民族将要遭到巨大灾祸的时候，上天总是会垂示某种朕兆的。因为在这一切灾祸发生之前，岐奥斯人是曾经看到了巨大的朕兆的。在他们送到戴尔波伊去的一个由一百个少年组成的合唱团当中，只有两个人回来，其余的九十八个人都中了瘟疫死了。此外，在大约同时，也就是在海战稍前的时候，一个学堂的屋顶落到孩子们的身上，结果在一百二十个孩子当中只有一个人幸免死亡。这都是上天垂示给他们的朕兆。在这之后，他们便遇到了海战，这一海战征服了他们的城市，紧接着海战又有希司提埃伊欧斯和他手下的列斯波司人继续前来进攻；岐奥斯人既已经被搞得疲惫不堪，他们当然便很容易地给他征服了。

(**28**)希司提埃伊欧斯从这里又率领着一支由伊奥尼亚人和爱奥里斯人组成的大军向塔索斯进攻。但是当他围攻塔索斯的时候，他得到一个消息说，腓尼基人正在乘船从米利都向伊奥尼亚的其他地区进攻。他接到了这个情报以后，没有劫掠塔索斯便离开了那里，然后率领着他的全军向列斯波司赶来了。因此，由于他的士兵缺乏食粮，他便渡到对岸去打算刈取阿塔尔涅乌斯地方的谷物以及属于美西亚的凯科斯平原上的谷物。但是恰巧在那个地方有一个波斯人哈尔帕哥斯率领着一支不小的军队驻在那里，当希司提埃伊欧斯登陆的时候，哈尔帕哥斯便和他作战，生俘了他并且杀死了他的大部分军队。

(**29**)希司提埃伊欧斯是这样被俘的。希腊人和波斯人在阿塔尔涅乌斯地方的玛列涅作战，他们双方在长时期中间未分胜负，但终于波斯的骑兵向希腊人发起了进攻，因此骑兵解决了问题。希腊人在溃逃的时候，希司提埃伊欧斯以为大流士不会因他这次的罪过而把他处死，便干出了这样一件表明出他是多么爱惜性命的事情。在他逃跑之际被波斯人追上，被捉住并将被刺死的时候，他竟而用波斯语喊了起来并且说明他就是米利都的希司提埃伊欧斯。

(**30**)但是，如果他被俘并且给带到国王大流士那里去的话，我想他是不会受到伤害，而国王是会宽恕他的罪过的。但是实际上希司提埃伊欧斯却给带到了撒尔迪斯去，在那里由于他自己的所作所为，以及由于害怕他会被赦免一死并再一次得到国王的恩宠，因而撒尔迪斯的太守阿尔塔普列涅斯和捉住了希司提埃伊欧斯的哈尔帕哥斯，就地立刻把他磔杀，并把他的首级制成木乃伊送到苏撒地方国王大流士那里去。当大流士知道这件事的时候，他是不高兴这样做的人们的，因为他们没有把希司提埃伊欧斯活着带到他的面前来。他下令把希司提埃伊欧斯的首级洗过并收拾干净,并非常隆重地加以埋葬,就像对待一个对大流士本人和波斯都立过大功的人的首级一样。希司提埃伊欧斯的遭遇便是这样了。

(**31**)波斯的水师是在米利都过冬的,他们在第二年出海,不费什么气力便把大陆附近的一些岛屿岐奥斯、列斯波司和提涅多斯征服了。每当他们攻取了一个岛的时候,异邦人都在攻陷每个岛之际网捉居民。他们的网捉居民办法是这样。他们一个个地牵起手来从北海一直延展到南海的地方,这样从全岛的一端走到另一端来猎取居民。他们用同样的办法来攻取大陆上的伊奥尼亚城市,尽管他们不是用网捉居民的办法,因为那是不可能的。

(**32**)因此,波斯的将领们在他们与伊奥尼亚人对峙时向伊奥尼亚人发出的威吓并不仅仅是空话。因为当他们控制了这些城市的时候,他们便把最漂亮的男孩子选了出来,把这些孩子的生殖器割掉,从而使他们不能成为男子而成了阉人,至于那些最美丽的女孩子,则他们把她们带到国王那里去;他们这样做了之后,就把伊奥尼亚人的城市以及神殿烧掉了。这样一来,伊奥尼亚人便第三次被变为奴隶:第一次是受到吕底亚人的奴役,第二次和现在的一次都是受波斯人的奴役。

(**33**)随后,波斯的水师便离开了伊奥尼亚向海列斯彭特进发,而把海列斯彭特入口左侧的全部地方都给攻陷了。因为它的右侧早已被波斯人自己从大陆方面给征服了。这些地方是属于海列斯彭特的欧罗巴诸地区:拥有许多市邑的凯尔索涅索斯,佩林托斯、色雷斯沿岸的要塞、塞律姆布里亚以及拜占庭。拜占庭人和对岸的迦太基人,甚至不等到腓尼基人水师的到来,便离开他们自己的国土,逃往黑海的内部并在那里的美撒姆布里亚市定居下来了。腓尼基人把上面所说的这些地方烧掉之后,便转向普洛孔涅索斯和阿尔塔开,而在他们把这些地方也都烧掉之后,他们便乘船回到凯尔索涅索斯,把他们先前登陆时没有毁掉的那些残余的市邑再扫数毁掉。但是他们却根本没有到库吉科司去,因为库吉科司人在水师这次到来之前便根据一项协定,已经自认是国王的臣民了。这项协定是他们和达司库列昂的太守、美伽巴佐斯的儿子欧伊巴雷司签订的。至于凯尔索涅索斯的市邑,除去卡尔狄亚以外,都给腓尼基人数平了。

(**34**)这些人直到当时是被司铁撒哥拉斯的孙子、奇蒙的儿子米尔提亚戴斯统治着的。这个统治权先前是库普塞洛斯的儿子米尔提亚戴斯用下面的办法争得的。领有这个凯尔索涅索斯的是多隆科伊人,他们原本是色雷斯人,而当时由于他们在战争中受到阿普新提欧伊人的迫害,因此派遣他们的王公们到戴尔波伊去请示关于战争的神托。佩提亚在她回答时嘱告他们把在他们离开神殿时第一个款待他们的人带到城中去建立他们的国家。于是多隆科伊人便循着圣路行进并通过了波奇司和贝奥提亚。由于没有一个人招待他们,他们便转向雅典去了。

(**35**)这时雅典的最高统治者是佩西司特拉托斯,但是库普塞洛斯的儿子米尔提亚戴斯也是一个有势力的人物。他出自一个拥有驷车的家庭,他的始祖来自埃阿科斯和埃吉纳,但是在后来的系谱中,他却是雅典人了;这一家族当中的第一个雅典人是埃阿司的儿子披莱欧司。这个米尔提亚戴斯当他坐在自家门口的时候，看到穿着外国式样的衣服和拿着外国式样的长枪的多隆科伊人走过，于是他便向他们欢呼并且在他们走近来的时候给他们以住处和款待他们。而且他们也同意了。而当他把他们当作客人加以招待的时候，他们便把神托的话全都告诉了他并且恳求他服从神的意旨。米尔提亚戴斯听到这话之后，便相信了他们所说的话，因为他已不能忍受佩西司特拉托斯的统治并且想把它摆脱掉。因而他立刻到戴尔波伊去，请示神托他是否可以按照多隆科伊人所请示的办法去做。

(36)佩提亚也要他同意这样的做法，于是在这之前曾在奥林匹亚赛会上取得驷车比赛的胜利的、库普塞洛斯的儿子米尔提亚戴斯便把所有愿意和他一同起事的雅典人集合起来，和多隆科伊人一同乘船出发去取得了他们的国土；而那些把他带回本国的人们便推他为僭主。首先，他从卡尔狄亚市到帕克杜耶，横贯着凯尔索涅索斯地峡修筑一道长城，这样阿普新提欧伊人便不能攻击这个地方来伤害他们。这个地峡的宽度是三十六斯塔迪昂；地峡这一面的凯尔索涅索斯的全长是四百二十斯塔迪昂。

(37)横过凯尔索涅索斯的颈部修筑了一道长城，因而把阿普新提欧伊人赶回去之后，米尔提亚戴斯首先便对拉姆普撒柯斯人开战了；拉姆普撒柯斯人进行伏击而俘获了米尔提亚戴斯。但是吕底亚人克洛伊索斯是深知米尔提亚戴斯的，因而在克洛伊索斯听到了发生的事情之后，便派人去警告拉姆普撒柯斯的人们，要他们把米尔提亚戴斯放走。他恐吓说，如果他们不这样做的话，他就要像刨松树那样地把他们消灭掉。拉姆普撒柯斯的人们在他们商议的时候，完全无法捉摸克洛伊索斯所说要把他们像刨松树一样地消灭掉这种恐吓是什么意思，而经过苦心的思索之后，他们中间的一位长老终于把真正意义告诉了他们，即松树是唯一在砍伐之后不再生出嫩枝而要完全枯死的一种树。因此，由于害怕克洛伊索斯，拉姆普撒柯斯人便把米尔提亚戴斯释放了。

(38)这样一来，克洛伊索斯便救了米尔提亚戴斯。但是后来在米尔提亚戴斯死的时候他没有儿子，因而把他的主权和财产留给了他的异父同母的兄弟奇蒙的儿子司铁撒哥拉斯。而自从他死之后，凯尔索涅索斯的人们便一直按照一般的习惯把他作为开国的国王向他奉献牺牲，并且创办不许拉姆普撒柯斯人参加的赛马和运动比赛。但是在反对拉姆普撒柯斯人的战争中，司铁撒哥拉斯也死去了并且没有留下子嗣。他是被一个男子在市会堂用斧头砍死的。这个人外表上装成是一个跑来投降的人，但实际上却是一个凶暴的敌人。

(39)司铁撒哥拉斯既然这样死了，佩西司特拉提达伊族便派遣奇蒙的儿子和死去的司铁撒哥拉斯的兄弟米尔提亚戴斯乘着一只三段桡船到凯尔索涅索斯去掌握那里的政权。这些人装得仿佛他们与他的父亲奇蒙的死亡无关的样子而在雅典地方也待他很好。关于他的死亡的经过情况，在我的历史的另一个地方还要提到的。米尔提亚戴斯来到凯尔索涅索斯之后，便闭门家居，扬言这是为了给自己的兄弟司铁撒哥拉斯致哀。当凯尔索涅索斯的人们知道这件事的时候，当权的人们便从他们四面八方的一切城市集合到了一起，打算和他共同致哀以示吊慰之忱。但是他把他们捕了起来。这样米尔提亚戴斯便成了凯尔索涅索斯的主人。他在那里搞了一个五百人的亲卫队，并且娶了色雷斯国王欧罗洛司的女儿海该西佩列。

(40)但是在奇蒙的儿子米尔提亚戴斯这个人来到凯尔索涅索斯之后不久，他便遇到了比以前更加沉重的祸事。原来在这之前三年[①]，游牧的斯奇提亚人曾受到国王大流士的煽动把自己的兵力集合起来一直长驱到上面所提到的凯尔索涅索斯的地方，因此就把米尔提亚戴斯从那个地方给赶出来了。米尔提亚戴斯不敢等到他们攻来便从凯尔索涅索斯逃跑了，直到斯奇提亚人离开而多隆科伊人把他又带了回去的时候。所有这一切都发生在现在他所遇到的事情的三年前的时候。

(41)但是这一次，知道腓尼基人已经到了提涅多斯，他便带着满载着自己身边的财货的五艘三段桡船到雅典去了。他从卡尔狄亚出航，渡过了美拉司湾（意为黑湾——译者），而当他经过凯尔索涅索斯的时候，遇上了腓尼基人的船只。米尔提亚戴斯本人和他的四只船逃到伊姆布罗斯去，但是第五只船却受到腓尼基人的追击并被拿获了。而正巧这只船的船长是米尔提亚戴斯的长子美提欧科司，这是他和另一个妻子，而不是和色雷斯人欧罗洛司的女儿所生的。腓尼基人把这个人和他的船一并拿获了，而当他们知道他是米尔提亚戴斯的儿子的时候，便把他带到国王那里去；他们认为他们这次干的事情是会受到国王的非常的感谢的，因为当斯奇提亚人要求伊奥尼亚人毁掉舟桥并各自回航

---

① 四九三年。

他们本国的时候，米尔提亚戴斯在伊奥尼亚人中间是发表过意见，主张按斯奇提亚人的要求去做的。但是当腓尼基人把米尔提亚戴斯的儿子美提欧科司带到大流士的面前时，大流士不但不伤害他，反而很照顾他，给了他房屋和财产，又送给他一个波斯的妻子，这个妻子给他生了被认为是波斯人的几个孩子。至于米尔提亚戴斯，则他从伊姆布罗斯到雅典去了。

(**42**)在这一年[①]当中，波斯人对伊奥尼亚人就再没有做出任何一件有怀有敌意的事情。但是在这同一年里，却发生了一些对伊奥尼亚人十分有利的事情。撒尔迪斯的太守阿尔塔普列涅斯曾把各个城市的使节召到他那里去，强迫伊奥尼亚人在他们本身中间缔结协定，以便使他们遵守法律的规定并在相互间不进行掠夺抢劫。他是强迫他们这样做的。他以帕拉桑该斯为单位测量了他们的土地，帕拉桑该斯是波斯人为三十斯塔迪昂的长度所起的一个名称。他又指定每一地方的人民都要按照这次的测量交纳贡税，这种贡税从那时到今天就和阿尔塔普列涅斯所规定那样地一直不变地确定下来了。规定的数额和从来所缴的贡税相差不多。

(**43**)因此，这样的做法给他们带来了和平的生活。但是在初春[②]的时候，其他将领被国王解职，戈布里亚斯的儿子玛尔多纽斯，一个年纪轻而最近又娶了大流士的女儿阿尔桃索司特拉的人物，率领着一支非常庞大的陆海军来到了沿海的地带。当玛尔

① 四九三年。

② 四九二年。

多纽斯率领着这支军队来到奇里启亚的时候，他本人便登上了船并和他的其他船只一同出发，而陆军则由其他将领率领到海列斯彭特。当玛尔多纽斯沿着亚细亚的海岸航行到伊奥尼亚的时候，他做了这样一件事情，我把这件事情记下来是为了使不相信七人当中的欧塔涅斯曾宣布说波斯最好的统治形式应当是民主政体的那些希腊人大吃一惊[①]。玛尔多纽斯废黜了所有伊奥尼亚的僭主而在他们的城邦中建立起民主政治。他这样做了之后，便火速地赶到海列斯彭特去，大量的船只和一支庞大的陆军早已在那里集结起来了。于是波斯人便乘船渡过了海列斯彭特，穿过欧罗巴直向埃列特里亚和雅典进军了。

(44)这些城邦便是他们此次远征的口实了。但是他们的意图却是尽可能多地征服希腊的城邦，因此他们的舰队首先便征服了塔索斯人，塔索斯人几乎没有抵抗。随后，他们的陆军又把马其顿人加到他们已有的奴隶里面去，因为在此之前，比马其顿离他们更近的一切民族便都已经被波斯人征服了。此后，他们又从塔索斯渡海到对岸，顺着大陆的沿岸前进直到阿坎托司地方，再从这个地方出发打算绕过阿托斯山。但是当他们航行的时候，他们遇到了一阵猛烈的、不可抗拒的北风，这阵风使他们受到了很大的损害，许多船舶被吹得撞到阿托斯山上面去了。据说，毁坏的船总数达三百只，失踪的人数有两万多人。原来，既然阿托斯的这一带的海里有许多怪物，因而有一些人便是给怪物捉去，这样便失踪了。再有一些人是撞到了岩石上的。那些不会游泳的

① 参见第三卷第八〇节。

人溺死在水里了，又有一些人给冻死了。因此上述的一切便是水师的遭遇了。

（**45**）至于玛尔多纽斯和他的陆军，则当他们驻屯在马其顿的时候，色雷斯的布律戈依人在夜里向他们进攻，杀死了他们许多人，并且使玛尔多纽斯本人也负了伤。尽管如此，甚至这些人本身也未能逃脱波斯人的奴役。因为玛尔多纽斯是在把他们征服之后才离开了那些地方的。然而在他把他们征服的时候，他却率领着他的军队返回了本土，因为他的陆军曾吃了布律戈依人的很大的苦头，而他的水师又在阿托斯一带遭到了一次更大的打击。因此，这次出征便在这样的不光荣的祸事之后返回亚细亚了。

（**46**）在这之后的第二年[①]，大流士首先就派使者到塔索斯人那里去，命令他们毁掉他们的城墙并且把他们的船只带到阿布戴拉来。原来塔索斯的邻邦居民错误地报告说塔索斯人在准备叛变。因为塔索斯人既然曾经受到米利都的希司提埃伊欧斯的围攻并且有丰厚的收入，故而他们便用他们的财富修造战船并且用较坚固的城墙把他们自己围起来。他们收入的来源是大陆和矿山。从斯卡普铁·叙列的金矿，他们大概收入八十塔兰特，而从塔索斯本土的矿山虽收入较少，然而农产物不纳税的塔索斯人从大陆和矿山的收入每年大概是二百塔兰特，而收入最高的时候则是三百塔兰特。

（**47**）这些矿山我自己都去看过。在这些矿山当中，比其他矿山要

① 四九一年。

出色得多的是和塔索斯同来并且在这个岛上建立了一个殖民地的腓尼基人所发现的那些矿山；而且这个岛现在便是因这个腓尼基人塔索斯而得名的。这些腓尼基的矿山是在萨摩特拉开对岸，塔索斯的所谓阿伊努拉地方和科伊努拉中间；这是一座大山，它已被寻矿的人们给挖得翻过来了。关于矿山的事情我只说这些。塔索斯人奉了国王的命令毁了他们的城墙并且把他们的全部船只移转到阿布戴拉去。

(**48**)在这之后，大流士又去设法打听希腊人是打算对他作战，还是打算向他投降。因此他便把使者分别派遣到希腊的各个地方去，命令这些使者为国王要求一份土和水的礼物。他把这些人派到希腊去，又把另一些人分别派到沿海地方向他纳贡的城市去，命令它们修造战船和运送马匹的船只。

(**49**)因此这些城市便着手进行这些准备工作。到希腊去的使节们得到了国王声明要求的东西。许多大陆上的住民是这样，受到使节的要求的所有岛上住民也是这样。在把土和水送给大流士的岛上住民当中有埃吉纳人。但是埃吉纳人这样做的时候，雅典人立刻前来向他们责问，因为雅典人认为他们是由于仇视雅典才把这样的礼物送给大流士的，这样他们便会和波斯人结合起来向雅典人进攻。实际上，雅典人正欢喜有这样的一个借口，他们于是到斯巴达去，在那里控诉证明埃吉纳人已经背叛希腊的行为。

(**50**)由于这次的控诉，当时身为斯巴达人的国王的克列欧美涅斯，阿那克桑德里戴斯的儿子，便渡海到埃吉纳去，以便可以把埃吉纳人当中的那些罪魁逮捕。但是当他试图将他们逮捕的时候，波律克利托斯的儿子克利欧斯在其他埃吉纳人的支持之下对他加以反抗并且嘱告克列欧美涅斯不要逮捕任何埃吉纳人，否则将悔之无及。他说克列欧美涅斯这样做并没有得到全体斯巴达人的批准，而是接受了雅典的贿赂才这样做的。如果不是这样的话，他是一定会和另一位国王同来逮捕他们的。他是受到戴玛拉托斯的一封信的指示才讲了这一番话的。既然不得不因此而离开埃吉纳，克列欧美涅斯便问克利欧斯他叫什么名字。当克利欧斯把名字告诉了他的时候，克列欧美涅斯就向他说："牡羊（克利欧斯原文κριός的意思是牡羊——译者），现在是你把青铜包在你的角上的时候了，因为你是必须要和大灾大难进行战斗的。"

(51)在这个时候，阿里司通的儿子戴玛拉托斯住在斯巴达并且到处对克列欧美涅斯进行诽谤。这个戴玛拉托斯也是斯巴达的国王，但是就门第而论却要差一些。但是在其他任何方面他诚然并不差（因为他们出于同一祖先），只是埃乌律司铁涅斯家方面由于是长门的关系而比另一家总要尊贵一些。

(52)但是根据拉凯戴孟人的与任何一位诗人都不一致说法，把他们率领到他们今天占据的地方的是阿里司托戴莫斯，而不是他的儿子们。这个阿里司托戴莫斯是阿里司托玛科司的儿子，克列奥达伊欧斯的孙子，叙洛斯的重孙子。不久之后，阿里司托戴莫斯的名叫阿尔该娅的妻子就给他生了儿子。他们说她是欧铁希昂的女儿，而欧铁希昂则是提撒美诺斯的儿子、铁尔桑德洛斯的孙子、波律涅凯斯的重孙子。她给他生了孪生子。阿里司托戴莫斯曾活着看到孩子们，但不久他便病死了。当时的拉凯戴孟人决定按照他们的习俗使双生儿当中较大的一个做国王。但既然这两个孩子在一切方面都是相同的，他们因而不知选谁好；而当他们无法在二者中间判断的时候或恐怕甚至比他们试图这样做更早的时候，他们便去问母亲。但是她说，她也不比拉凯戴孟人知道的更清楚，她也分不出谁大一些。她是这样说的，虽然在实际上她是知道得很清楚的，因为她想用个什么办法使两个人都做国王。据说，拉凯戴孟人当时不知如何做才好，他们便派人到戴尔波伊去请示处理这件事的办法。佩提亚命令他们使二人都为国王，但是对年长的那个人更要尊敬些。得到佩提亚的回答之后，拉凯戴孟人仍然不知道哪一个年纪较大，一个名叫帕尼铁司的美塞尼亚人便提出了一个建议。他的建议是这样：他们注意母亲，看她先洗和喂这两个孩子当中的哪一个，如果她总是按照一个规则来做的话，那他们便得到他们寻求和想要发现的一切了。但如果她在这样做时随意改变的话，那他们便可以看到她并不比拉凯戴孟人知道的更多，那时他们再给自己想别的办法。于是斯巴达人便按照美塞尼亚人的建议做了，而在他们注意阿里司托戴莫斯的孩子的母亲时，发现她在喂和洗孩子们时总是先照顾先生的一个的，不过她并不知道为什么有人注意她。于是他们便把首先受到母亲照顾的孩子抱了来，把他当作长子由公家出钱抚养。他们称年长的为埃乌律司铁涅斯，称另一个孩子为普罗克列斯。据说，当这两兄弟长大成人的时候，他们二人一生中间都是不和的，他们的后人也一直是这个样子。

(53)这便是拉凯戴孟人的说法，不过其他希腊人却不是这样讲。但是我在下面所写的却是依照希腊的一般说法。我认为希腊人在列举多里斯人的这些国王而一直回溯到达纳耶的儿子培尔赛欧斯,但不提到神的时候,是正确的。而且他们还证明上面所列举的国王都是希腊人。因为在培尔赛欧斯的时代,他们已经被认为是希腊人了。我回溯诸王一直到培尔赛欧斯而不更向上回溯,这是因为培尔赛欧斯的上面没有一个凡人的父亲的名字,正好像阿姆披特利昂对于海拉克列斯那样。因此,很明显,我在自己的一方面有充分的理由来说,希腊的记录是一直回溯到培尔赛欧斯的。从这里再向上,如果从阿克里西欧斯的女儿达纳耶回溯的话,则可以看出多里斯人的首领都是道地的埃及人。

(54)以上我是按照希腊人的说法来回溯他们的系谱的。但是波斯人的说法是,培尔赛欧斯本人是一个亚西里亚人,但是后来他变成了希腊人,不过他的祖先并不是希腊人。波斯人还说,阿克里西欧斯的祖先和培尔赛欧斯并没有血统关系,而正如希腊人所说,他们实际上是埃及人。

(55)这些事情就说到这里为止了。但是其他的人们还提到,是什么理由而且由于什么功业,这些埃及人竟成了多里斯人的国王。因此这里我就不再讲了。我要讲的则是别人没有提到的事情。

(56)于是斯巴达人便把这样的一些特权给了他们的国王。他们将拥有为宙斯·拉凯戴孟和宙斯·乌拉尼欧斯所设置两个祭司职位;他们可以随便对任何国家开战而任何斯巴达人都不能加以阻止,否则就会受到咒诅。在他们的军队出征时,出发之际国王要在最前面,归来之际国王要在最后面。在他们出战的时候,他们有一百名精兵保卫着他们。在他们出征的时候,他们可以用尽可能多的牲畜作为牺牲,并且他们把一切牺牲的皮革和脊肉收归自己所有。

(**57**)以上是他们战时的权利。平时给予他们的权利则有如下述。在举行任何公共的牺牲奉献式的场合,国王都要坐在首席,最先受到款待,而且他们每个人所得到的任何东西都要比其他的客人多一倍。他们有最先举行灌奠之礼,有取得牺牲的皮革的特权。每到新月和每月的第七日的时候,都由公费为他们每一个人向阿波罗神殿奉献一头成熟的牺牲,一美狄姆诺斯的大麦粉和一拉科尼亚·铁塔尔铁的酒,而在比赛的时候,也特别为他们保留正面的席位。此外,他们还有权利任命任何愿意申请担任的市民担任异邦人保护官,他们还可以为他们每一个人选两名佩提欧伊。佩提欧伊乃是被派往戴尔波伊请示神托的使者,他们是用公费陪着国王进餐的。而如果国王不参加公宴的话,则要把两科伊尼库斯的大麦粉和一科杜列的酒送到他们家里去,如果他们前来参加的话,则一切东西他们都要得双份。在他们应私人的邀请参加宴会时他们也享受同样的荣誉。一切下赐的神托都要交给国王保存,但也必须要佩提欧伊知道。只有国王才有权裁决一位未婚的女继承人应当嫁给什么人,如果她的父亲没有把她嫁出去的话。关于公路也是这样,但是在其他的情况之下便不是这样了。如果有人想收一名养子的话,他必须当着国王的面做。他们和二十八名长老共同在评议会上商量事情。如果他们不来参加的话,则长者中和他们关系最近的享有国王的特权,他们代国王投两票之后,到第三票才是他们自己的。

(**58**)国王从斯巴达国家方面得到的这些权利都是终身的。当他们

死的时候，他们的权利是这样处理的。骑士们到拉科尼亚各地宣布他们的死讯，在市内，则妇女们敲着锅到各处去报信。而当这件事做完了以后，每家当中的两个自由人，一男一女一定要服丧，否则的话便要受到重罚。拉凯戴孟人在他们国王死去时的风俗和亚细亚的异邦人是相同的，因为大部分异邦人在他们的国王死时，风俗都是一样的。原来当拉凯戴孟人的国王死去的时候，除去斯巴达人之外，从拉凯戴孟全土要有一定数目的佩里欧伊科司[①]被强制前来参加葬仪。这些人和希劳特和斯巴达市民本身共几千人集合在一个地方，再加上妇女，于是他们就拼命拍打他们的前额并表示无限的哀悼，他们把最近死去的国王，不管这个国王是谁，总是称为他们的国王当中最好的一位。如果一位国王战死的话，他们便给他做一个像，把它放在一个装饰得富丽堂皇的床位上抬着去下葬，而在下葬之后十天里，不许举行任何集市或是选举长官，而是一直要进行哀悼。

(59)在另一件事上，拉凯戴孟人也是和波斯人相似的。当一个国王死去而另一个国王接替他的时候，这个新王便免除任何斯巴达人对国王或是对国家所负的任何债务。在波斯人那里，当新王即位之时，他也是豁免一切城邦未缴清的贡税的。

(60)此外拉凯戴孟人还有和埃及人相似的地方，即他们的报信人和吹笛人和厨子等职业都是世袭的；吹笛人的儿子是一个吹笛

① 斯巴达的全部居民分成三个阶级，最高的是占统治地位的斯巴达人，他们是征服者多里斯人的后裔，从事征战并享有完全的政治自由；其次是佩里欧伊科司（或称边区居民），他们是被征服的阿凯亚人的后裔，主要从事工商业，享有人身自由，但是没有充分的政治权利；最后是希劳特，他们的地位和奴隶没有什么区别。

者,厨子的儿子是一个厨子,报信人的儿子是一个报信人。没有别的人由于自己的嗓音响亮而来做报信人,从而会占夺了他们的地位。他们从一生下来便有从事他们的行业的权利。这些事情的情况就是这样。

(**61**)但是在我所谈到的那个时候,也就是当克列欧美涅斯在埃吉纳做着后来对整个希腊有利益的事情的时候,戴玛拉托斯便对他进行诽谤,这与其是由于他关心埃吉纳人,毋宁说是由于嫉妒和恶意。当克列欧美涅斯从埃吉纳回来的时候,他就计划把戴玛拉托斯从王位上放黜出去。他为什么这样攻击他,下面我来说一说这个原因。斯巴达的国王阿里司通娶了两个妻子,但是都没有给他生孩子。他相信不生孩子的责任不在他的身上,于是他娶了第三个妻子。他娶这个妻子的经过情况是这样的。有一个斯巴达人,他是阿里司通的最亲爱的朋友。这个人有一个妻子,她在斯巴达妇女中间是一个出类拔萃的美女,不过现在她虽然是最美丽的,在先前却是最丑陋的。原来,她既然长得丑陋,她的乳母想到一个有钱家庭的女儿却长得这样难看而她的双亲又为自己女儿的容貌这样担心,于是因这样的一些理由给她想一个办法;乳母每天把这个孩子带到海伦的神殿去,这座神殿在所谓铁拉普涅地方[①]的波伊勃司神殿的上方。乳母把孩子带到这里来,把她放在神像的旁边,祈求女神改变这个孩子的丑陋容貌。因此在一天里,正当这个乳母离开神殿的时候,据说有

① 在斯巴达的东南;传说是美涅拉欧司和海伦的葬地。那里到今天还可以看到一座神殿的基址。

一个妇女在她的面前显现,问她抱着的是什么。乳母回答说是一个婴儿。那个妇女要乳母把这个孩子给她看。乳母说她不能这样做,因为婴儿的父母不许把婴儿给任何人看。但是这个妇女无论如何也要看一下这个孩子。因此当乳母看到这个妇女非常热心地想看这个孩子的时候,她便真地把孩子给这个妇女看了。于是这个妇女便拍了一下这个孩子的头,说她将会变成一切斯巴达妇女当中最美丽的。据说,从这一天起,这个孩子的面容就改变了。而当她到了可以结婚的年龄时,她就嫁给了阿里司通的朋友,这就是阿尔开达司的儿子阿盖托斯。

(**62**)但是看来阿里司通是爱上了这个妇女的,于是他便想了这样一个办法来得到她。于是他答应他的朋友,即这个妇女的丈夫说,他愿意从他的所有物当中把他的朋友随意选择的任何一件东西送给他的朋友,条件是他的朋友也答应他同样的请求。阿盖托斯看到阿 里司通自己也有一个妻子,便不为自己的妻子担心,于是他答应这样做了。他们为这个协定立下了誓约。于是阿里司通便把阿盖托斯从他的财富当中所选取的东西给了他;至于他自己要从阿盖托斯那里取得的报偿,则他是试图取得他的朋友的妻子。阿盖托斯说,除去这一点之外,他什么都能同意。但是由于他自己的誓约和把他欺骗了的狡计,他竟不得不容许阿里司通把他的妻子带走。

(**63**)这样,阿里司通便和第二个妻子离了婚,把第三个妻子带回家里来了。而在不满十个月的一个较短的时期里,他的妻子就给他生了一个孩子,这就是前面所说的戴玛拉托斯。当他家里的一个仆人来告他说他得了一个儿子的时候,他正在和五长官一道举行会议。他是记得他的婚期的，于是他便屈指计算并发誓说："这不会是我的儿子。"五长官听到了他讲的话，但是当时根本未加以注意。在这个男孩子长大成人的时候，阿里司通后悔他所讲过的话，因为他已相信戴玛拉托斯确乎是他的儿子了。他所以称他戴玛拉托斯，是因为在这之前，全体斯巴达人民都为他祈求一个儿子，因为他们都认为阿里司通是斯巴达的历代国王当中最出色的一位。因此这个孩子便被命名为戴玛拉托斯（原文的意思是"人民祈求的"——译者）。

（**64**）久而久之，阿里司通逝世了。戴玛拉托斯于是做了国王。但是看来这些事件注定是要被发现的，而戴玛拉托斯便由于这样一个原因失去了自己的王位。在这之前，克列欧美涅斯当戴玛拉托斯把自己的军队引离埃列乌西斯的时候，便是非常仇视他的，特别是这次当克列欧美涅斯本人渡海到埃吉纳去惩罚支持波斯人的埃吉纳人的时候，便更加仇视他了。

（**65**）因此，克列欧美涅斯既然想进行报复，他便和戴玛拉托斯家中的一个人，即阿吉斯的孙子、美那列斯的儿子列乌杜奇戴斯缔结了一项协定，即如果他使列乌杜奇戴斯代替戴玛拉托斯做国王的话，那么列乌杜奇戴斯要随他一同去攻打埃吉纳人。原来列乌杜奇戴斯乃是戴玛拉托斯的一个死敌，因为他曾和戴玛尔美诺斯的孙女、奇隆的女儿培尔卡洛斯订了婚，但是戴玛拉托斯使用了计谋，夺走了列乌杜奇戴斯的新妇，他把新娘在婚前拐跑而使她和自己结了婚。这便是列乌杜奇戴斯和戴玛拉托斯反目的理由。而现在由于克列欧美涅斯的唆使，他便对戴玛拉托斯提出了控诉，起誓说戴玛拉托斯并不是斯巴达的合法的国王，因为他本来不是阿里司通的儿子；在作出了这个誓证之后，他便到法庭上去控告戴玛拉托斯，因为他一直记得，当仆人把生男孩子的事告诉阿里司通，而阿里司通在计算了月份之后曾誓言这个男孩子并不是他的儿子。列乌杜奇戴斯便以这句话为根据，力图证明戴玛拉托斯根本不是阿里司通的儿子或斯巴达的合法的国王。他召请五长官前来作证，因为他们当时都曾列席会议并且听见过阿里司通说这样的话。

(66)结果在这件事上面发生了争论，于是斯巴达人决定到戴尔波伊去请示神托，问戴玛拉托斯是否阿里司通的儿子。这件事被送到佩提亚那里去，征求她的意见，这也是克列欧美涅斯出的主意。原来当时克列欧美涅斯曾得到戴尔波伊最有势力的人物、阿里司托庞托斯的儿子科邦的帮助；这个科邦曾说服了那里的女祭司培莉亚拉，要她说出克列欧美涅斯要她说的话。结果当使者向她请示的时候，她便断定说戴玛拉托斯并不是阿里司通的儿子。但是后来，这种行为被发觉了。科邦被驱出了戴尔波伊，而女司祭培莉亚拉也被褫夺了她的光荣职务。

(67)以上便是戴玛拉托斯被剥夺了王位的情况。而他从斯巴达亡命到美地亚人那里去，乃是由于受到了下面我要说的一种非难。戴玛拉托斯被褫夺了王位之后，曾当选担任一个官职。但是在举行吉姆诺帕伊狄阿伊[①]的时候，戴玛拉托斯曾前往参观。这时列乌杜奇戴斯纯乎是为了嘲笑和侮辱的目的把他的从仆派到戴玛拉托斯那里去，问戴玛拉托斯在做国王之后担任一名官吏

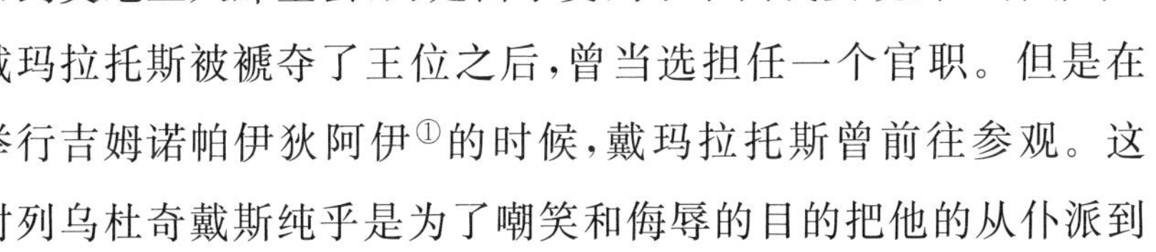

① 斯巴达地方大群裸体的男子与少年在仲夏所举行的节日。

有何感想。戴玛拉托斯听到这个问题，心中着实怒恼，于是他回答说，和列乌杜奇戴斯有所不同，他两种经验都有了；他还说，无论如何，这个问题对拉凯戴孟人来说，是会引起无限灾祸或无限福祉的。他这样说了之后，便蒙着自己的脸离开了剧场回家去了；回家之后，他立刻作了准备，向宙斯神献了一头牡牛，奉献完了之后，他便呼唤他的母亲。

(68) 他的母亲来了，于是他把牺牲的一部分脏腑放到她的手里，向她恳求说："娘啊，我以其他诸神的名义，特别是以咱家的守护神宙斯的名义恳求你，请你如实地告诉我，到底谁是我的亲生父亲。因为列乌杜奇戴斯在与我争论的时候说，当你嫁给阿里司通的时候，你已经由于你前一个丈夫而怀孕了。而另外一些人则有一种更加不负责任的说法，他们说你曾和一个看驴的仆人通情，而我就是你们两个人所生的儿子。因此我以诸神的名义恳求你把真实情况告诉我；因为，假若你做了像他们所说的那样的事的话，则不仅是你，其他许多妇女也都是这样的。而在斯巴达则大家都传说，阿里司通命中注定是不会有孩子的，否则他的前妻也就会给他生孩子了。"

(69) 在他说了这一番话之后，他的母亲便回答他说："儿啊，既然你祷告并恳求我把真情告诉你，那么我就把全部真实情况对你讲了吧。在阿里司通把我带到他家的第三个夜里，有一个像是阿里司通的幻影到我这里来与我交合，然后把他的花环给我戴上。可是在这个幻影离开之后不久，阿里司通就来了。他看到我所戴的花环，便问我这是谁给的，我说是他给的，但是他不承认。于是我便发誓，说如果他否认的话那是不对的；我对他说，原来就是在不一会儿之前的时候，他来了和我交配并且把花环给我戴上。当阿里司通看到我为这件事发誓的时候，他便认识到这乃是神的所作所为了。花环显而易见是从那在大门口旁边、他们称为阿司特罗巴科斯神殿的那座英雄神殿里来的，而且卜师们也都说，到我这里来的不是别人，正是那位英雄阿司特罗巴科斯。因此，儿啊，你想知道的一切你已经都知道了；或者你就是那位英雄的儿子，这样则你的父亲是那位英雄阿司特罗巴科斯，或者阿里司通是你的父亲。因为正是在那一夜里，我有了你。至于他们攻击你的时候所持的理由，即当阿里司通接到生你的音信时，他当着许多人的面说你不是他的儿子(因为我生你时离我初怀你时还不到十个月)，那么这乃是他由于不知道这样一些事情的真相，才随便这样讲的。因为并不是所有的妇女怀孕都满十个月的，有一些人在九个月之后，甚至七个月之后便生产了。儿啊，你就是我在怀孕七个月后生的。不久之后，阿里司通自己也知道他自己所说的是愚蠢的话了。不要相信任何其他有关你的出生的胡言乱语吧。因为我告诉你的，都是千真万确的话。反而是列乌杜奇戴斯本人和说这样的话的其他人等，他们的妻子会跟看驴人私通生孩子吧。”

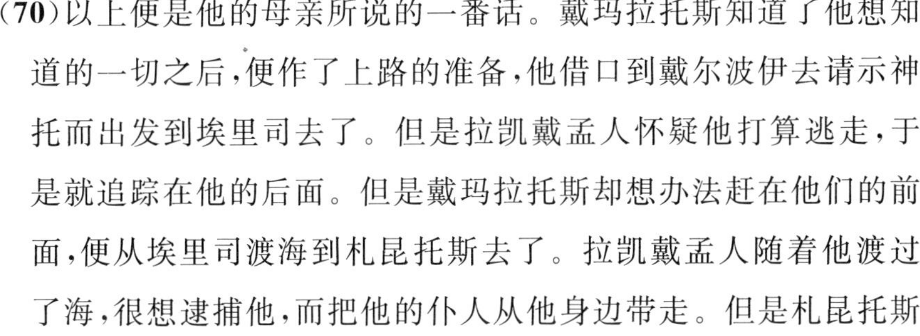

(**70**)以上便是他的母亲所说的一番话。戴玛拉托斯知道了他想知道的一切之后，便作了上路的准备，他借口到戴尔波伊去请示神托而出发到埃里司去了。但是拉凯戴孟人怀疑他打算逃走，于是就追踪在他的后面。但是戴玛拉托斯却想办法赶在他们的前面，便从埃里司渡海到札昆托斯去了。拉凯戴孟人随着他渡过了海，很想逮捕他，而把他的仆人从他身边带走。但是札昆托斯人拒绝引渡他，随后他便从那里渡海到亚细亚，到国王大流士那里去了。大流士盛大地欢迎了他，给了他土地与若干城市。戴玛拉托斯经过这样的奔波之后，便这样地到达了亚细亚。这个人在拉凯戴孟曾由于自己的许多成就和本身的智慧而博得了赫赫的声名，特别是由于他在奥林匹亚比赛会上取得驷车比赛的奖赏，从而给自己的城邦取得了胜利的荣誉。在斯巴达的国王当中，是只有他一个人做了这样的事情的。

(71) 戴玛拉托斯被黜之后，美那列斯的儿子列乌杜奇戴斯便继承了他的王位。他的妻子给他生了一个名叫杰乌克西戴莫斯的儿子，有些斯巴达人则把他的这个儿子称为库尼司科斯。这个杰乌克西戴莫斯始终也没有成为斯巴达的国王，因为在列乌杜奇戴斯活着的时候他便死了，身后留下一个名叫阿尔奇戴莫斯的儿子。列乌杜奇戴斯既然失掉了杰乌克西戴莫斯，便又娶了一个妻子埃乌律达美，她是美尼欧斯的姊妹，又是狄雅克托里戴斯的女儿。他们之间也没有生男孩子，却生了一个名叫拉姆披多的女儿，而列乌杜奇戴斯便把她许配给了杰乌克西戴莫斯的儿子阿尔奇戴莫斯。

(72) 但是列乌杜奇戴斯本人也未能在斯巴达享高年。由于对戴玛拉托斯的所作所为，他受到了下面的惩罚。他率领一支拉凯戴孟的军队去进攻帖撒利亚[①]，而当他行将征服帖撒利亚全境的时候，他接受了很大的一笔贿赂；但是这件事由于他有一次在营帐里坐在一个满装着银子的手笼上面而被发觉，随后他便受到

① 时期不能确定。大概是在四七五年或四七〇年。

了审判，结果他被从斯巴达放逐出去；他的家宅也被毁掉，他自己则亡命到铁该亚去并且死在那里了。

(73)这是很久以后的事情了。但是在当前我说的这个时候，克列欧美涅斯在有关戴玛拉托斯的事件上成功以后，他立刻带着列乌杜奇戴斯出发惩罚埃吉纳人去了。由于埃吉纳人曾经侮辱过他，因而他便极端仇恨埃吉纳人。当埃吉纳人看到两个国王都来讨伐他们的时候，他们便认为还是以不加抵抗为妙。国王们于是从埃吉纳选出在财富和门第方面占最高地位的十个人来，在这十个人当中有埃吉纳的两个最有势力的人物，即波律克利托斯的儿子克利欧斯和阿里司托克拉铁斯的儿子卡撒姆包斯；他们把这些人带到阿提卡去，把他们交到他们的死敌雅典人的手里去看管。

(74)在这之后，人们知道了克列欧美涅斯对戴玛拉托斯所玩弄的奸计；克列欧美涅斯害怕斯巴达人，便偷偷地溜到帖撒利亚去了。从那里他又到阿尔卡地亚去，在那里造成了混乱的局面。原来他尽力想把阿尔卡地亚人纠合起来去反对斯巴达，除去用其他办法要他们发誓不拘他领他们去干什么事他们都追随他之外，他还想把阿尔卡地亚的首脑人物带到挪纳克利斯市去，要他们凭着司图克斯河的河水发誓。据阿尔卡地亚人的说法，则在这个市邑的附近就有司图克斯河的河水，而这种河水的性质则有如下述：它看起来不过是从岩石流向洼池的一股小小的水流，在洼池的四周有一道圆形的石壁。这个水泉所在的挪纳克利斯是阿尔卡地亚地方离培涅俄斯不远的一个市邑。

(75)当拉凯戴孟人知道克列欧美涅斯有这样的打算的时候，他们害怕了，于是他们把他召回斯巴达，让他以和先前相同的条件来担任国王。但是克列欧美涅斯在这之前就有些精神不正常，归来之后就得了癫狂症，因为他不拘遇到任何斯巴达人，他都要用他的王笏打击对方的脸。由于他这样的行动以及他所得的癫狂症，他的近亲便把他看了起来，给他上了足枷。但是当他在禁闭中看到看守他的人只剩下一个，其余的人都已离开的时候，他便向这个看守人索取一把匕首。看守人起初拒绝了他的请求，但是克列欧美涅斯威吓这个看守人说以后如果他得到自由，他会对这个看守人怎样怎样，（身为希劳特的）这个看守人被他的威胁吓住了，于是便把匕首交给了他。克列欧美涅斯得到了这个匕首之后，便开始从自己的胫部向上切了起来，从胫部向上切到大腿，从大腿又切到臀部和腰部和胁腹部，最后竟一直到腹部，而且都是顺着切，切成了条条的肉，他便这样地死去了。据大多数的希腊人的说法，他所以有这样的下场，是因为他说服佩提亚编造了对戴玛拉托斯很不利的一番话；唯独雅典人却说，这是因为他入侵埃列乌西斯并且蹂躏了女神们的圣域。阿尔哥斯人则认为，这是因为当阿尔哥斯人为躲避战祸而到他们的阿尔哥斯神殿去避难时，他把他们从那里赶了出来并把他们杀死，他又不把圣林放到眼里，却用火把它烧掉了。

(76)原来当克列欧美涅斯到戴尔波伊去请示神托的时候，曾有一个神托告诉他说，他应当攻取阿尔哥斯。因此，当他率领着斯巴达人到达据说是发源于司图姆帕洛斯湖的埃拉西诺斯河（他们说，这个湖的湖水流入地下的一个裂缝里去，然后再在阿尔哥斯出现，而从那里开始，这条河便被阿尔哥斯人称为埃拉西诺斯河),当着克列欧美涅斯到达这条河的时候,他便向这个河奉献牺牲。但尽管他这样做,牺牲却丝毫没有呈现出有利于他渡河的吉兆,于是他就说他是敬佩埃拉西诺斯河的,因为它不出卖它的本国人民,同时他又说,甚至这样他也是不会轻轻饶过阿尔哥斯人的。不久他便从那里撤退,率领大军朝着大海的方向到杜列亚去了,在那里他向大海奉献了一头牡牛作为牺牲之后,便下令自己的士兵登上了船,把他们带到提律恩司地区和纳乌普利亚去了。

(**77**)阿尔哥斯人听到这个消息之后,便到海岸地带来和他们作战了。当他们走近提律恩司,到达一个叫做海西佩阿的地方时,他们就在拉凯戴孟人的对面扎下了营,两军相隔只有不多的地方。阿尔哥斯人并不害怕在那里进行堂堂正正的战斗,他们毋宁是害怕中了敌人的诡计;原来,女祭司同时给阿尔哥斯人和米利都人的那个神托,便正是指着这件事说的。神托的话是这样:

当一个妇女战胜了男子,把他驱离战场,
并且在阿尔哥斯人中间赢得荣誉的时候,
许多阿尔哥斯妇女就会在哀痛中撕裂自己的双颊。
而在将来的时候,会有人这样说:
"可怕的卷作三圈的蛇将被刺死在长枪之下。"

这一切的事情凑到一起,就使阿尔哥斯人感到害怕了。因此他们决定使敌人的传令人也给自己一方面服务,而在这样决定之后,则每当斯巴达的传令人向拉凯戴孟人传达任何命令的时候,他们也就按照他的吩咐做同样的事情。

(**78**)当克列欧美涅斯看到阿尔哥斯人按照他的传令人所吩咐的

去做的时候，他便下令说，当传令人发出要大家吃早饭的口号的时候，他们便拿起他们的武器，向阿尔哥斯人发起进攻。拉凯戴孟人按照这样的吩咐做了。结果在拉凯戴孟人进攻的时候，他们发现阿尔哥斯人正在遵照传令人的口号在那里吃早饭呢。他们杀死了许多阿尔哥斯人，但是却有多得多的阿尔哥斯人逃避到阿尔古司圣林中去，而拉凯戴孟人便在圣林的四周扎营，把他们严密地监视起来。结果，克列欧美涅斯竟而想出了这样的办法。

(**79**)他的身边有一些投降他的人，他向这些人打听了一番之后，便派遣一名传令人去呼喊那些把自己关在圣域之内的阿尔哥斯人的名字，要他们出来，并且说他已经得到了他们的赎金。因为在伯罗奔尼撒人当中，对于每一个俘虏都要付出一定数目的赎金，即每人两米那。这样克列欧美涅斯便把大约五十个阿尔哥斯人一个一个地召请出来，出来之后便把他们杀掉了。然而，还留在圣域之内的其他人却不知道这些人被诛杀的事情。因为这个林子是很茂密的，林子里面的人们看不到外面的人们遇到什么事情，直到他们有一个人爬上了树，才看到外面所发生的事情。自此以后，传令人再呼喊的时候，他们便再也不出来了。

(**80**)因此克列欧美涅斯便下令全体希劳特在圣林的四周堆起薪材来；他们遵照命令行事，于是他便把圣林放火点着了。当火正在燃烧的时候，他就问一个投降者这座圣林是献给哪一位神的。那个投降者就说这座圣林是献给阿尔古司神的。他听见这话，便大声悲叹地说："哦，宣托之神阿波罗啊，你说我应当攻陷阿尔哥斯，那你真是把我骗苦了。但是我以为，你的预言却在这件事上实现了。”

(**81**)不久克列欧美涅斯便把他的大部分军队派回了斯巴达，他自己则率领着他的一千名最精锐的部队，到希拉的神殿[1]那里去奉献牺牲，但是当他本来正要在祭坛上奉献牺牲的时候，祭司却禁止他这样做，他所持的理由是按规定不许任何异邦人在那里奉献牺牲。于是克列欧美涅斯便命令希劳特们把这个祭司从祭坛拖开毒打一顿，他自己则在那里奉献牺牲。这样做了之后，他便回到斯巴达去了。

(**82**)但是在他回国之后，他的政敌就把他带到五长官面前，说他是由于接受了贿赂，才没有攻陷那本来可以很容易攻陷的阿尔哥斯。可是克列欧美涅斯却说，当然，他说的话是真是假我不能明确判断，但他却是这样说，当他拿下阿尔古司神殿时，他以为神的预言就已经应验了，因此他就以为最好是先不要进攻这个城，而是先用奉献牺牲的办法请示一下，看神是允许他攻取这座城市还是反对他这样做。而当他在希拉的神殿里请求赐予朕兆时，从神像的胸部闪射出火焰来，因此他就知道了事情的真相，即他不应当去攻取阿尔哥斯了。因为，他说，如果火焰是从神像的头部射出，那他就会从上到下地完全攻陷该城；但是火焰从胸部射出，这便表明，神心里想要他做的事情，他已经做到了。他的这种辩解的理由在斯巴达人听来是可以相信的，又是合理的，于是他就大大地胜过了向他控诉的人们而获释了。

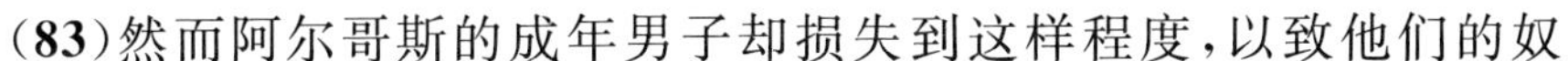

(**83**)然而阿尔哥斯的成年男子却损失到这样程度，以致他们的奴

① 在阿尔哥斯东北约六十四公里。

隶竟掌握了一切；他们取得政权进行统治，直到战死者的儿子们长大成人的时候。到那时，这些人便为自己恢复了阿尔哥斯并且把奴隶们驱逐出去。奴隶们被驱逐出去之后，又用强力夺取了提律恩司。他们相互之间暂时处于相安无事的地位。但是不久之后一个叫做克列昂德罗斯的占卜者到奴隶们这里来，这是一个阿尔卡地亚地方的披伽列亚人。他游说奴隶们向他们的主人进攻。从这时开始，在很长的一段时期当中，他们相互之间都在进行着战争，直到最后，阿尔哥斯人好不容易才把奴隶们制压下去①。

(84)根据阿尔哥斯人的说法，这就是克列欧美涅斯发疯和他的惨死的原因。但是依照斯巴达人自己的说法，克列欧美涅斯的发疯并不是神的意旨，而是由于他与斯奇提亚人交往，结果他变成了一个饮不调水的烈酒的人，因而就变疯了。他们说，原来游牧的斯奇提亚人在大流士侵略他们的土地以后，便想对他进行报复，而派使者到斯巴达去和斯巴达人缔结了联盟；结果便约定，斯奇提亚人本身应试着从帕希斯河进攻美地亚，斯巴达人则依照他们的建议应从以弗所出发向内地进军与斯奇提亚人相会。当斯奇提亚人抱着这个目的到来的时候，据说克列欧美涅斯和他们交往得过于频繁，而由于太亲密的缘故，他从他们那里学会了饮用烈酒，而斯巴达人便认为这是他发疯的缘由。正像他们自己所说的，从此以后，每当他们想饮用烈酒的时候，他们就说"像斯奇提亚人那样地斟酒吧"。斯巴达人关于克列欧美涅斯的

① 大概是在四六八年。

说法就是这样。但是在我看来,他得到这样的下场,正是由于他对戴玛拉托斯的所作所为的报应。

(**85**)当克列欧美涅斯死去而埃吉纳人听到这个消息的时候,他们便派遣使者到斯巴达来为被拘留在雅典的人质的事情对列乌杜奇戴斯进行控诉。于是拉凯戴孟人便召集了一个法庭,并且判定列乌杜奇戴斯曾对埃吉纳人做了暴乱不法的事情;而他们就判了他的罪把他引渡到埃吉纳去作为被拘留在雅典的那些人质的补偿。但是当埃吉纳人正要把列乌杜奇戴斯带走的时候,斯巴达的一位知名之士,列欧普列佩斯的儿子铁阿西代斯向他们说:"埃吉纳人啊,你们打算干的这是什么事情啊?难道你们愿意市民把斯巴达人的国王引渡给你们,而你们把他带走么?假如说现在斯巴达人是由于他们发火才这样决定的,那么可要小心,将来如果你们按照你们的打算去做的话,他们会把你们的国家给彻底毁灭掉的。"埃吉纳人听到这话之后,便不再把国王带走而是缔结一项协定,规定列乌杜奇戴斯要和他们一同到雅典去,把拘留在那里的人质送回到埃吉纳人这里来。

(**86**)因此当列乌杜奇戴斯来到雅典并要求放还过去委托给他们的那些人的时候,雅典人却无意把这些人放还,故而他们提出借口说,既然他们是受托于两位国王,则今天他们只把这些人交还给一位国王而缺另一位国王,那是不对的。

(α)而当雅典人拒绝放还这些人的时候,列乌杜奇戴斯就对他们说:"雅典人啊,你们愿意怎样做就怎样做吧。如果你们把这些人放还,那你们就做了正义的事业,如果不放还的话,那你们就做了与之相反的事业。听我给你们讲一段在斯巴达发生的关于委托的东西的事情。我们斯巴达人有一个传说,说从现在起向前大约数三代,在斯巴达有一个叫做格劳柯斯的人,他是埃披库代斯的儿子。传说这个人除去其他的各种优良品质之外,特别在公正这一点上,他的声誉是超出当时居住在拉凯戴孟的一切人之上的。但是据说在一定的时期到来的时候,在他身上发生了这样的一件事情。有一个米利都人到斯巴达来,想和格劳柯斯谈话并且向格劳柯斯作下列的建议。他说:'格劳柯斯啊,我是一个米利都人,我来到你这里是为了领受你的公正无私的恩惠的。在希腊各地以及在伊奥尼亚,人们对你的正直无不交口称誉,我自己则以为伊奥尼亚是经常要遭到危险的一块地方,但伯罗奔尼撒却是一个十分安定的地方,而且在伊奥尼亚,从来看不到财富永远聚集在同样一些人的手里。我反复思考和研究了这些事情之后,便决定把我的一半财产变为现银并把它委托给你,因为我深信,把它交给你为我保存那会是安全的。请你收下这笔钱并且接受和保管这信符。凡是拿着同样的信符前来索取银子的,那么就请把这笔银子交付给来人吧。'"

(β)这就是从米利都来的异邦人所说的话。格劳柯斯也就按照约定接受了委托给他的东西。过了很长的一个时期之后,把金钱委托给格劳柯斯保存的那个人的儿子们到斯巴达来了;他们和格劳柯斯面谈,拿出信符给他看,要求格劳柯斯把银子归还给他们。但是格劳柯斯却在他们面前不承认这件事情,他回答他们说:"这件事我记不得了,你们所讲的话也丝毫不能使我回想到那件事情。让我想一想吧,我是会尽量公正处理这件事的;如果我接受了这笔钱,我是会照样归还给你们的,如果我根本没有接受过你们这笔钱，我就要根据希腊人的法律来对付你们了。请容许我在从现在起的四个月之内，再答复你们解决的办法吧。”

（γ）米利都人因为别人夺取了他们的财产，只得伤心地走开了。但是格劳柯斯却到戴尔波伊去请示神托。当他请示神托他应否起誓并把财产强行夺取过来的时候，佩提亚便用下列的诗句责难他说：

埃披库代斯的儿子格劳柯斯听着，如果你能够起誓制胜
　并且强夺了异邦人的财产
那对你目前是有很大好处的：
你就起誓吧，死亡甚至等待着忠于誓言的人啊！
不过誓言却有一个儿子，这是一个没有名字的向伪誓进
　行报复的人，它既没有手，也没有脚；
可是他却迅速地追踪，
终于捉住这个人并把他的全家全族一网打尽。
但是，那忠于誓言的人的子子孙孙却日益昌盛。

当格劳柯斯听见这话之后，他便请求神宽恕他刚才所说的话。但是佩提亚却回答他说，试探神意和做这样的事其后果是相同的。

（δ）于是格劳柯斯便派人把米利都的异邦人召来，把银子还给他们了。“雅典人啊，你们听我告诉你们，为什么我把这个故事讲给你们听。现在格劳柯斯的后代已经没有了，再也没有哪一家的名字叫做格劳柯斯了。他和他的一切在斯巴达已经完全被绝根了。因此，关于受委托的东西，在要求归还的时候除了照

样归还之外，最好是不要做其他任何非分之想吧。"这便是列乌杜奇戴斯所讲的一番话；但甚至这样，雅典人都不肯倾听他的话，于是他便离去了。

(**87**)但是埃吉纳人在他们因先前为取得底比斯人的欢心竟对雅典人犯下了横暴之罪而受到惩罚之前，却做了下面的一件事情。他们既然憎恨雅典人并认为自己是被害者，他们便准备向雅典人进行报复。这时雅典人正好在索尼昂举行每隔四年才有一次的祭典；于是埃吉纳人就用伏击的办法拿获了一只参加祭典的人们所乘的朝圣船，船里面有许多雅典名流，他们把这些雅典名流俘获之后，就把这些人镣铐入狱了。

(**88**)雅典人吃了埃吉纳人的这样的苦头之后，便立刻想一切办法来向他们进行报复。在埃吉纳有一位知名之士、克诺伊托斯的儿子尼科德罗莫斯。由于他以前曾被埃吉纳人从岛上放逐而怀恨埃吉纳人，而现在又知道雅典人正在设法加害埃吉纳人，于是他便和雅典人约定向雅典人出卖埃吉纳，约定了一个他发动攻击和雅典人必须来声援他的日子。不久之后，尼科德罗莫斯便按照他和雅典人的约定占领了所谓旧城，但是雅典人却没有按着约定的日期来到这里。

(**89**)原来，他们恰巧没有足够的船舶来和埃吉纳人相抗衡。于是他们便请求科林斯人借船只给他们，但是在这耽搁的期间，他们的事业失败了。科林斯人在那时是雅典人的最要好的朋友，他们同意了雅典人的请求，给了雅典人二十只船，价钱是每只五德拉克玛。因为根据他们的法律，是不许无偿赠送的。雅典人取得了这些船再加上自己的船，把全部的七十只船都配置了人员之后就驶向埃吉纳去了，他们到那里去的时期比规定的时期要晚一天。

(**90**)但是尼科德罗莫斯在约定的一天看到雅典人不来，便乘船从埃吉纳逃走了。其他的人也和他一同逃走了，雅典人于是把索尼昂送给他们居住；他们把那个地方变成了自己的根据地之后，便掠夺岛上的埃吉纳人。

(**91**)但这是我所说的那个时代以后的事情了①。但是埃吉纳的富人们却制服了和尼科德罗莫斯一同起来反抗他们的平民，他们把平民俘虏之后，便拉出去处死了。由于这个缘故，他们受到了一次罪谴，而他们不拘使用什么办法想求得神的慰解也不能摆脱这次的罪谴，而是在女神对他们加惠之前就给驱出了岛。他们原来俘获了七百名平民，当他们把这些平民拉出去处死的时候，其中有一个人挣脱了绑绳逃到立法者戴美特尔神神殿的门口去请求庇护，他抓住了那个门的把手不肯放开，因而当他的敌人们无论如何也不能从那里把他拉开的时候，他们便把他的双手砍了下来，这样把他带走了；但是那两只手却还是紧紧地抓在门的把手上面。

(**92**)埃吉纳人相互之间做了这样的事情。当雅典人到来的时候，他们便使用七十只船来和雅典人作战；在海战中失败之后，他们就和先前一样地向阿尔哥斯人求援。但是这一次阿尔哥斯人并不愿意帮助他们，因为阿尔哥斯人对埃吉纳人有不高兴的地方；这是由于埃吉纳人的船只曾被克列欧美涅斯用武力强夺而泊入

① 这是四九〇年和四八〇年之间所做的事情。

阿尔哥斯的海岸，但是埃吉纳人却和拉凯戴孟人一齐上岸了。此外，希巨昂船上的人也参加了这次登陆。阿尔哥斯人罚了他们一千塔兰特，每个民族五百塔兰特。希巨昂人承认自己做了错事，还支付一百塔兰特的罚款而安全不受惩罚地离开，但是埃吉纳人不表示歉意而是十分顽强。由于这个原因，阿尔哥斯人便不答应埃吉纳人的请求去帮助他们，只有一千名志愿兵到那里去，这些人的统帅是一个精通五项运动[1]，名叫埃乌律巴铁斯的人。这些人大半从此没有回来，而是在埃吉纳给雅典人杀死了；他们的统帅埃乌律巴铁斯本人单独作战，杀死了三个人，但是给第四个人杀死了，这第四个人是戴凯列亚的儿子梭帕涅斯。

(93)埃吉纳的战船乘着雅典人的混乱向他们进攻并且取得了胜利。埃吉纳的战船俘获了四只雅典的船和上面的船员。

(94)这样，雅典和埃吉纳便陷入相互作战的状态中去了。但是波斯人这方面却在准备着他自己的事情。原来他的仆人一直在提醒他要他不要忘记雅典人[2]，而佩西司特拉提达伊家也一直在他身旁诽谤雅典人，再加上大流士想用这样的一个借口来征服不把土和水呈献给他的所有希腊人。至于那个远征失败的玛尔多纽斯，大流士解除了他的统帅职务而任命其他的将领率领着他的军队去进攻雅典和埃列特里亚，这两个将领是美地亚人达提斯和他自己的侄子、阿尔塔普列涅斯的儿子阿尔塔普列涅斯。

① 五项运动是跳远、铁饼、标枪、赛跑和角力。

② 参见第五卷第一〇五节。

在他们出师时，他交付给他们的命令是，征服和奴役雅典和埃列特里亚并把这些奴隶带到他自己的面前来。

(**95**)当接受任命的这两位统帅率领着装备精良的一支大军离开国王的面前而到达奇里启亚的阿列昂平原的时候，他们便在那里扎下了营，随后分配给各个地方准备的水师也全都赶到了。此外，运马船也来了，这是前一年大流士命令自己的各个纳贡地准备起来的。他们把马匹装上了船并使陆军乘上了船之后，就和六百只三段桡船一同向伊奥尼亚出发了。从这里他们不是直指海列斯彭特和色雷斯沿着大陆前进，而是从萨摩司出发在伊卡洛司海海上逐岛前进。在我看来，他们这样做是因为他们最害怕绕行阿托斯的那段路，这是由于在前一年在这条航线上他们受到了极大的灾祸。此外，那克索斯也阻止他们这样做，因为他们还没有把那个地方拿下来。

(**96**)当他们从伊卡洛司海驶近那克索斯并在那里上陆的时候(原来，波斯人正是想首先进攻那克索斯)，那克索斯人记起了先前所发生过的事情[①]，因此还不等波斯人到来就逃到山里去了。波斯人把所有他们俘获的人变为奴隶，甚至烧掉了他们的神殿和他们的城市。在这样做了之后，波斯人就出发到别的岛去了。

(**97**)正当他们这样做的时候，狄罗斯人也逃离了狄罗斯，跑到铁诺斯去避难了。但是达提斯在他的大军向岸边行驶的时候，却乘船行在大军的前面并下令他的舰队不要在狄罗斯投锚，而是渡

① 这里可能是指在本卷三一和三二两节中所记述的、波斯人如何对待反抗他们的人们的事情。

海到对面的列那伊亚岛去投锚。而当他知道狄罗斯人是在什么地方的时候，他便派了一名使者到他们那里去，向他们宣告说："神圣的人们，为什么你们竟会这样不了解我的意思而跑开？我个人的愿望和国王给我的命令都是不伤害曾产生了两位神[①]的土地，既不伤害土地的本身，也不伤害住在这块土地上面的人。因而我现在命令你们回到你们的家里来，住在你们的岛上。"他向狄罗斯人作了这样的宣告之后不久，就在祭坛上放了三百塔兰特重的乳香并且把它烧掉了。

(98)这样做了之后，达提斯就率领大军首先驶往埃列特里亚。他还使伊奥尼亚人和爱奥里斯人与他同行。在他从这里启程之后，在狄罗斯发生了一次地震；而据狄罗斯人说，这是在我的时代之前最初和最后的一次地震。我以为这是上天垂示的朕兆，说明世界上将有灾祸到临。因为在三代的时期当中，也就是在叙司塔司佩斯的儿子大流士、大流士的儿子克谢尔克谢斯和克谢尔克谢斯的儿子阿尔托克谢尔克谢斯的时代[②]，希腊遭受的灾祸比大流士之前的二十代中间所遭受的灾祸还要多。这些灾祸部分来自波斯人，部分来自他们本族首领中间争夺霸权的战争。因此在狄罗斯发生了前所未有的地震，那就毫不足怪了。还有一个关于狄罗斯的神托，神托的话是这样的：

我将要使从来没有震动过的狄罗斯发生震动。

关于上面所说的那三位国王的名字，如果用希腊语来解释，则大

① 指阿波罗和阿尔铁米司。

② 五二二年到四二四年。

流士的意思是做事的人，克谢尔克谢斯的意思是战士，阿尔托克谢尔克谢斯的意思是伟大的战士。因此，希腊人用他们的语言来这样称呼他们是不会错的。

(99)异邦军从狄罗斯出发到海上之后，曾停泊在各个海岛的地方，他们从那里又集合了一支军队并且把岛民的子弟带走作为人质。当他们巡航诸岛的时候，他们来到了卡律司托斯(卡律司托斯人不把人质交给他们并且拒绝跟他们结合在一起去讨伐相邻的城邦，而这样的城邦在他们是指埃列特里亚和雅典而言)，因此波斯人便包围了他们，蹂躏了他们的土地，直到最后卡律司托斯人也站到他们的一方面来了。

(100)当埃列特里亚人知道波斯大军正在乘船向他们进攻的时候，他们便请求雅典人方面的帮助。雅典人并不拒绝给予帮助，但是雅典人给埃列特里亚人作为援军的是拥有卡尔启斯饲马者[①]采地的四千人。但是埃列特里亚人的计划好像都是不固定的，因为他们虽然派人到雅典去求援，但是他们自己人当中的意见还不是一致的。他们中间有一部分人的计划是离开城市而逃到埃乌波亚高地去，但是另一部分人则打算进行背叛的行动，指望使自己从波斯人方面得到好处。于是身为埃列特里亚的首要人物之一的诺同的儿子埃司奇涅斯，由于他知道这两个计划，便把当时的情况告知了前来的雅典人，此外还请求他们离开此地回到本国去，以免他们和其他人一样地同归于尽。于是雅典人按照埃司奇涅斯的劝告回去了。

① 参见第五卷第七七节。

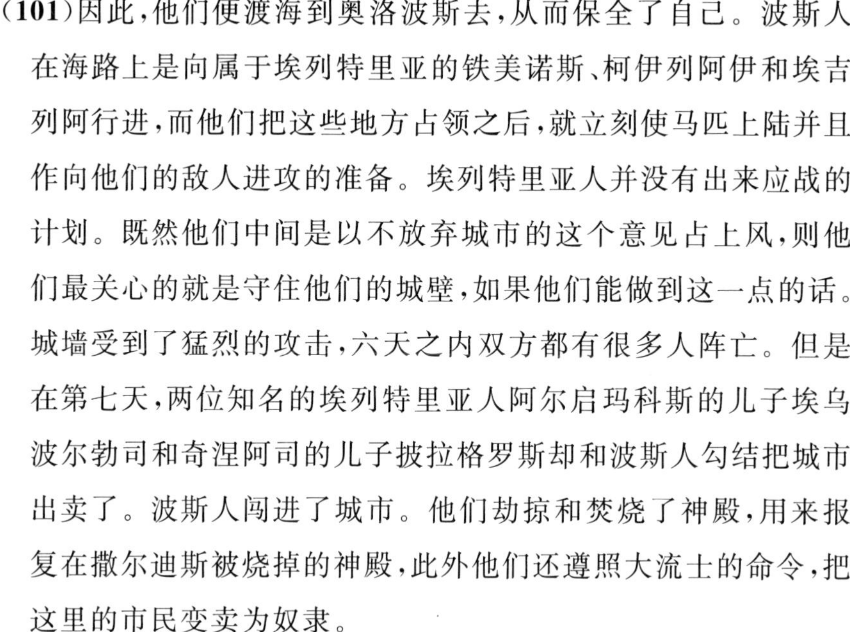
(**101**)因此,他们便渡海到奥洛波斯去,从而保全了自己。波斯人在海路上是向属于埃列特里亚的铁美诺斯、柯伊列阿伊和埃吉列阿行进,而他们把这些地方占领之后,就立刻使马匹上陆并且作向他们的敌人进攻的准备。埃列特里亚人并没有出来应战的计划。既然他们中间是以不放弃城市的这个意见占上风,则他们最关心的就是守住他们的城壁,如果他们能做到这一点的话。城墙受到了猛烈的攻击,六天之内双方都有很多人阵亡。但是在第七天,两位知名的埃列特里亚人阿尔启玛科斯的儿子埃乌波尔勃司和奇涅阿司的儿子披拉格罗斯却和波斯人勾结把城市出卖了。波斯人闯进了城市。他们劫掠和焚烧了神殿,用来报复在撒尔迪斯被烧掉的神殿,此外他们还遵照大流士的命令,把这里的市民变卖为奴隶。

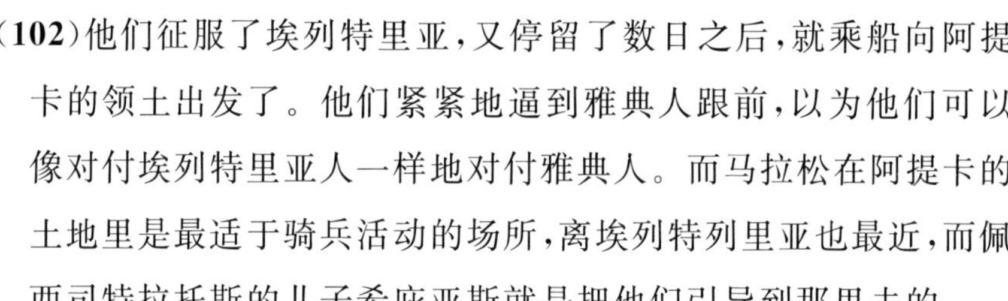
(**102**)他们征服了埃列特里亚,又停留了数日之后,就乘船向阿提卡的领土出发了。他们紧紧地逼到雅典人跟前,以为他们可以像对付埃列特里亚人一样地对付雅典人。而马拉松在阿提卡的土地里是最适于骑兵活动的场所,离埃列特列里亚也最近,而佩西司特拉托斯的儿子希庇亚斯就是把他们引导到那里去的。

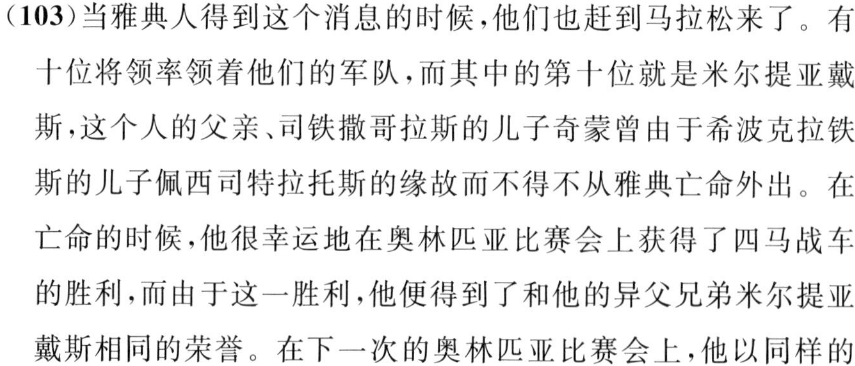
(**103**)当雅典人得到这个消息的时候,他们也赶到马拉松来了。有十位将领率领着他们的军队,而其中的第十位就是米尔提亚戴斯,这个人的父亲、司铁撒哥拉斯的儿子奇蒙曾由于希波克拉铁斯的儿子佩西司特拉托斯的缘故而不得不从雅典亡命外出。在亡命的时候,他很幸运地在奥林匹亚比赛会上获得了四马战车的胜利,而由于这一胜利,他便得到了和他的异父兄弟米尔提亚戴斯相同的荣誉。在下一次的奥林匹亚比赛会上,他以同样的牝马而再度获胜，但是他却把优胜者的光荣让给了佩西司特拉托斯；而由于让出了他的这次胜利，他便在和解的协定下返回了故国。他以同样的牝马在奥林匹亚比赛会上又取得了第三次的胜利；在这之后，佩西司特拉托斯便不在人世，可是命运却注定使米尔提亚戴斯给佩西司特拉托斯的儿子们杀死了。他们指使了一些人，乘着夜里伺伏在市会堂的地方把他杀死。奇蒙被埋葬在城市的前门外，在所谓科伊列路的那一面，那使他三次在奥林匹亚比赛会上获得优胜的那些牝马则葬在他的对面。除去拉科尼亚人埃瓦哥拉斯的牝马之外，再没有任何其他的牝马有过这样的成绩了。而奇蒙的儿子中最年长的司铁撒哥拉斯这时正在凯尔索涅索斯地方他的叔父米尔提亚戴斯的抚养之下，但是年纪较幼的叫做米尔提亚戴斯的那个儿子则在雅典留在奇蒙本人的身旁，这个儿子的名字是因在凯尔索涅索斯开辟了居民地的那个米尔提亚戴斯而得名的。

(**104**)因此，这个米尔提亚戴斯当时是从凯尔索涅索斯到来的并且在两度逃脱了死亡之后成了雅典军队的将领。原来，把他一直追赶到伊姆布罗斯的腓尼基人，一心想把他捉住并把他送到国王的面前去。而当他从腓尼基人的手中逃回自己的国家而自认已得到安全的时候，又遇见了自己的政敌。他们把他拉上法庭并且对他在凯尔索涅索斯的僭主统治加以控诉。但他又从他们的手中逃脱出来，在这之后，他便因人民的推选而成了雅典军队的一位将领。

(**105**)而当将领们还在城内的时候，他们首先派一名使者到斯巴达去，这个使者是一个名叫披迪披戴斯的雅典人，此外这个人还是一个长跑的能手并且是以此为职业的。正如这个披迪披戴斯自己所说并且告诉雅典人的，当他在铁该亚上方的帕尔铁尼昂山那里的时候，曾遇到了潘恩神。潘恩神叫披迪披戴斯的名字，命令他告诉雅典人说，既然潘恩神是雅典人的朋友，以前常常为雅典人服务而今后也将会如此，但为什么雅典人却根本不把潘恩神放到眼里。雅典人认为他说的这件事是真的，因此当他们的城邦得到安定繁荣的时候，他们就在卫城之下修建了一座潘恩神的神殿，而且由于神的那番话，他们每年还向他奉献牺牲并举行火炬赛跑以求神的嘉惠。

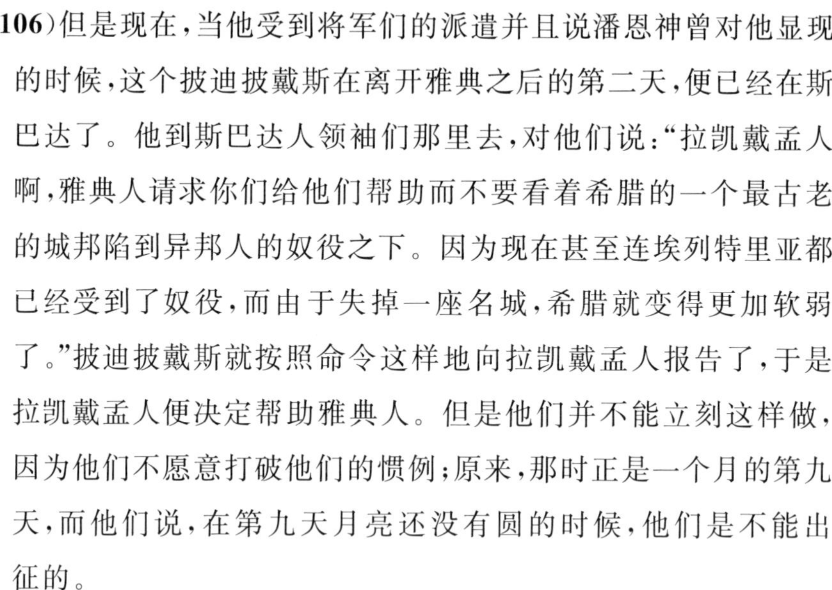

(**106**)但是现在，当他受到将军们的派遣并且说潘恩神曾对他显现的时候，这个披迪披戴斯在离开雅典之后的第二天，便已经在斯巴达了。他到斯巴达人领袖们那里去，对他们说："拉凯戴孟人啊，雅典人请求你们给他们帮助而不要看着希腊的一个最古老的城邦陷到异邦人的奴役之下。因为现在甚至连埃列特里亚都已经受到了奴役，而由于失掉一座名城，希腊就变得更加软弱了。"披迪披戴斯就按照命令这样地向拉凯戴孟人报告了，于是拉凯戴孟人便决定帮助雅典人。但是他们并不能立刻这样做，因为他们不愿意打破他们的惯例；原来，那时正是一个月的第九天，而他们说，在第九天月亮还没有圆的时候，他们是不能出征的。

(**107**)因此他们便等候满月的时候。而在波斯人这一方面，则他们被佩西司特拉托斯的儿子希庇亚斯引导到了马拉松。希庇亚斯在前一个夜里曾做了一个梦，在梦里他梦见他和自己的母亲同寝。他解释这个梦的意思说，他应当回到雅典去并恢复他的统治权，并且在他的故国享尽天年之后才死去。他是这样来解释这个梦的。而这时，他既然是波斯人的向导，他便把在埃列特里亚抓到的俘虏带到司图拉人的称为埃格列亚的岛上去；此外，他还使军船到达马拉松时在那里投锚，而当异邦人的士兵登陆时，他又使他们排列成队。而当他正在处理这些事情时，他觉得他比平时更加厉害地打起喷嚏和咳嗽起来。他已经上了年纪，大部分的牙齿都动摇了，因此激烈的咳嗽竟使他的一颗牙齿给喷了出来。牙齿掉到了沙子里去，希庇亚斯于是拼命去寻找它，但是由于哪里也找不到这个牙齿，于是他便伤心地向站在他身旁的那些人说："这块土地不是我们的，而我们也不能使这块土地屈服了。我的牙齿已经把我所应得的那一份土地占有了。"

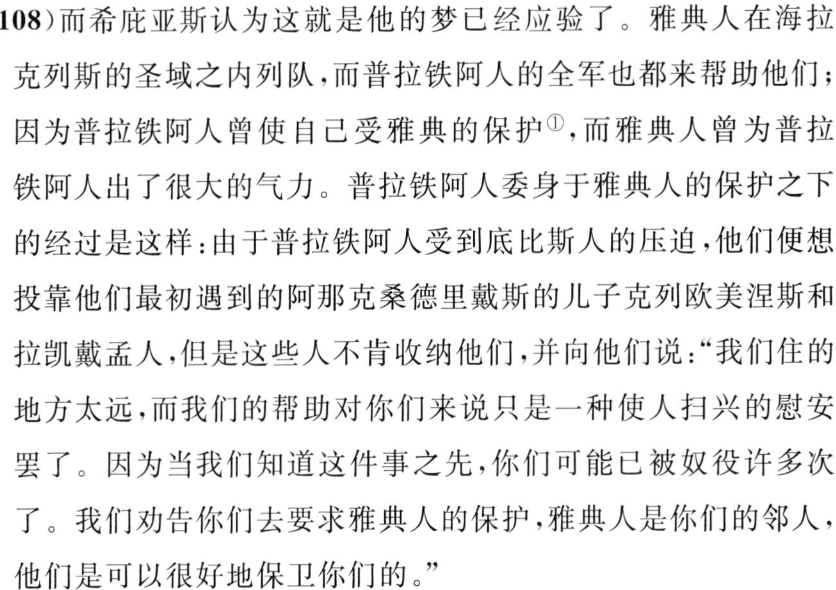

(**108**)而希庇亚斯认为这就是他的梦已经应验了。雅典人在海拉克列斯的圣域之内列队，而普拉铁阿人的全军也都来帮助他们；因为普拉铁阿人曾使自己受雅典的保护[①]，而雅典人曾为普拉铁阿人出了很大的气力。普拉铁阿人委身于雅典人的保护之下的经过是这样：由于普拉铁阿人受到底比斯人的压迫，他们便想投靠他们最初遇到的阿那克桑德里戴斯的儿子克列欧美涅斯和拉凯戴孟人，但是这些人不肯收纳他们，并向他们说："我们住的地方太远，而我们的帮助对你们来说只是一种使人扫兴的慰安罢了。因为当我们知道这件事之先，你们可能已被奴役许多次了。我们劝告你们去要求雅典人的保护，雅典人是你们的邻人，他们是可以很好地保卫你们的。"

---

① 根据修昔底德的说法(Ⅲ,68)，这是五一九年的事情。

拉凯戴孟人向普拉铁阿人提出这样的意见与其说是出于他们对普拉铁阿人的好意，毋宁说是他们想使雅典人与贝奥提亚人交恶而给雅典人找麻烦。于是拉凯戴孟人便作了这样的建议；普拉铁阿人照着他们的话做了，而当雅典人正在向十二神[①]奉献牺牲的时候，普拉铁阿人来请求他们的庇护并且坐到祭坛的下面，这样就求得了雅典人的保护。底比斯人听见这个消息之后，就发兵去攻打普拉铁阿人，于是雅典人便来帮助普拉铁阿人了。但是正当他们要接战的时候，正好在那里的科林斯人却不许他们动手。双方都愿意请他们作调停者，他们在双方之间划了一条界限，条件是当贝奥提亚人中间有不愿意再归属贝奥提亚的时候，底比斯人不加干涉。在作了这样的规定之后，科林斯人就离开了。但是当雅典人回家的时候，他们受到了贝奥提亚人的袭击并且被打败了。于是雅典人便突破了科林斯人给普拉铁阿人划定的界限，而把阿索波司河本身定为底比斯在普拉铁阿和叙喜阿伊方面的境界。普拉铁阿人就像上面所说的那样取得了雅典人的保护，而现在他们到马拉松来帮助雅典人了。

(**109**)但是雅典统帅中间的意见也是不一致的。有的人认为他们不应当作战(因为要和美地亚军队作战他们的人数太少了)，但是另有一些人，其中也包括米尔提亚戴斯，认为他们应当作战。在十位将领之外，还有一个人也有投票权，这就是抽签选出担任波列玛尔科斯的那个雅典人(原来根据往昔雅典的习惯，波列玛

① 十二神是宙斯、希拉、波赛东、戴美特尔、阿波罗、阿尔铁米司、海帕伊司托斯、雅典娜、阿列斯、阿普洛狄铁、海尔美士、希司提亚。

尔科斯是和将领们有同样的投票权的），而这时的波列玛尔科斯就是阿披德纳伊区的卡里玛柯斯。将领们的意见既然分歧而错误的意见又有占上风的趋势，于是米尔提亚戴斯就到这个人那里去，对他说："卡里玛柯斯，今天是在两件事情当中任凭你来选择的日子，或者是你使雅典人都变为奴隶，或者是你使雅典人都获得自由，从而使人们在千秋万世之后永远怀念着你，甚至连哈尔莫狄欧斯和阿里斯托盖通都比不上你。因为雅典目前正在遭受着建城以来从未有过的巨大危险，如果雅典人对美地亚人屈服的话，则他们将要被交到希庇亚斯的手里去，那它要遭到什么样的命运就很明确了。但如果这个城得救的话，则它就很可能成长为希腊的第一座城市。怎样才能实现这件事情，为什么这些事情的决定性关键是在你的手里，我现在就要解释给你。我们这十位将领的意见是不一致的，有的人主张要我们作战，有的人反对。现在如果我们不战的话，则我担心某种激烈的倾轧将会影响和动摇我们人民的决心直到他们竟会对美地亚人妥协；但如果在某些雅典人沾染上不健康的想法之前我们交战的话，只要是上天对我们公正，我们是很可能取得胜利的。现在这一切都关系到你，一切都在于你了。因为如果你同意我的意见，你就可以使你的国家得到自由，使你的城市成为希腊的第一座城市；但如果你站到要我们不作战的人们的那一面去的话，那你便正是违反我上面所谈到的那些利益了。"

(110)由于这次的游说，米尔提亚戴斯把卡里玛柯斯争取到自己的一方面来了。而正是由于加上了波列玛尔科斯的一票，结果是决定作战了。自此之后，那些主战的将领虽然可以每日轮流地掌握全军的大权，他们却把这项大权让给了米尔提亚戴斯。米尔提亚戴斯接受了这个权力，但是在轮到他本人掌握全军大权的那一天到来之前，他是不肯接战的。

(**111**)而等轮到他的日子的时候，雅典人于是编起准备战斗的队列来，队列的编制是这样。统率右翼的是波列玛尔科斯卡里玛柯斯；因为按照当时雅典的习惯，统率右翼的应当是担任波列玛尔科斯的人。他在右翼担任统帅，而接在他后面则按照顺序依次配到了各个部落，配列在最后的普拉铁阿人则占着左翼的地方。自从那次战争以来，每当雅典人在每五年举行一次的祭典上的集会上奉献牺牲的时候，雅典的传令人总是祈求上天同样降福给雅典人和普拉铁阿人的。但是现在，当雅典人在马拉松列队的时候，他们的队列的长度和美地亚人的队列的长度正好相等，它的中部只有数列的厚度，因而这里是全军最软弱的部分，不过两翼却是实力雄厚的。

(**112**)准备作战的队列配置完毕而牺牲所呈献的朕兆又是有利的，雅典人立刻行动起来，飞也似的向波斯人攻去。在两军之间，相隔不下八斯塔迪昂。当波斯人看到雅典人向他们奔来的时候，他们便准备迎击；他们认为雅典人是在发疯而自寻灭亡，因为他们看到向他们奔来的雅典人人数不但这样少，而且又没有骑兵和射手。这不过是异邦人的想法；但是和波斯人厮杀成一团的雅典人，却战斗得永难令人忘怀。因为，据我所知，在希腊人当中，他们是第一次奔跑着向敌人进攻的，他们又是第一次不怕看到美地亚的衣服和穿着这种衣服的人的，而在当时之前，希腊人一听到美地亚人的名字就给吓住了。

(**113**)他们在马拉松战斗了很长的一个时候。异邦军在队列的中央部分取得了优势，因为进攻这一部分的是波斯人自身和撒卡依人。异邦军在这一部分占了上风，他们攻破希腊人的防线，把希腊人追到内地去。但是在两翼地方，雅典人和普拉铁阿人却得到了胜利。而在这样的情势之下，他们只得让被他们打败的敌人逃走，而把两翼封合起来去对那些突破了中线的敌人进行战斗。雅典人在这里取得了胜利并且乘胜追击波斯人，他们在追击的道路上歼灭波斯人，而一直把波斯人追到海边。他们弄到了火并向船只发动了进攻。

(**114**)但是在这次的战斗里，身为波列玛尔柯斯的卡里玛柯斯在奋勇作战之后阵亡了。将领之一特拉叙拉欧斯的儿子司铁西拉欧斯也死了；埃乌波利昂的儿子库涅该罗斯[①]也在那里阵亡了，他是在用手去抓船尾时手被斧头砍掉因而致命的。还有其他许多的雅典知名人士也都阵亡了。

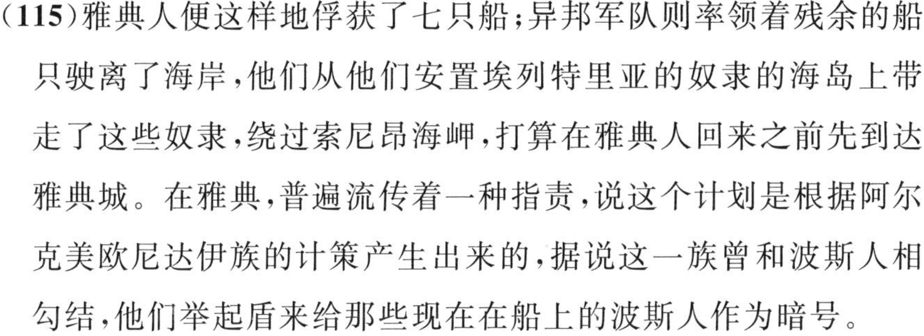
(**115**)雅典人便这样地俘获了七只船；异邦军队则率领着残余的船只驶离了海岸，他们从他们安置埃列特里亚的奴隶的海岛上带走了这些奴隶，绕过索尼昂海岬，打算在雅典人回来之前先到达雅典城。在雅典，普遍流传着一种指责，说这个计划是根据阿尔克美欧尼达伊族的计策产生出来的，据说这一族曾和波斯人相勾结，他们举起盾来给那些现在在船上的波斯人作为暗号。

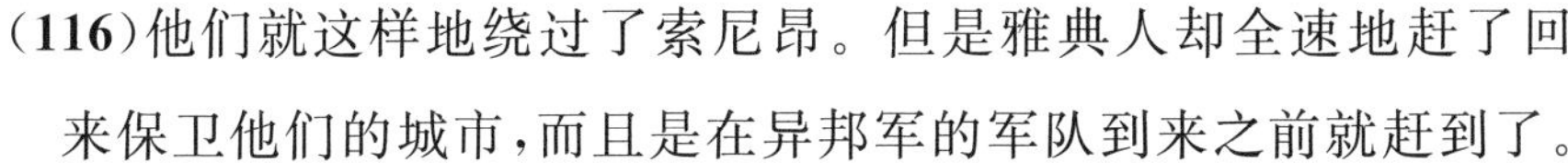
(**116**)他们就这样地绕过了索尼昂。但是雅典人却全速地赶了回来保卫他们的城市，而且是在异邦军的军队到来之前就赶到了。

① 诗人埃司库洛斯的兄弟。

他们是从马拉松的一个海拉克列斯圣域那里来的，现在则屯营在库诺撒尔该斯的另一个海拉克列斯圣域里。异邦军的船队在帕列隆（因为这是当时雅典的海港）的海滩停泊了一些时候；他们在那里投了锚，然后又从那里回到了亚细亚。

(117)在马拉松的这一战役当中，异邦军当中阵亡的有六千四百人左右，雅典人方面则是一百九十二人。这是他们双方阵亡者的人数。但是在那里却发生了一件不可思议的事情。有一个雅典人枯帕戈拉斯的儿子埃披吉罗斯，正当他奋勇鏖战的时候他失去了视力，虽然他身上的任何部分都没有受到创伤，也没有受到暗器的射击。但是从那一天起，他终生就一直瞎了下去。我听说他是这样叙述他的不幸遭遇的。他说他遇到了一个身材高大，全身穿着重甲胄的男子，这个男子的胡须遮满了他的盾牌。这个幻象走过埃披吉罗斯的身旁，但是把和他并排的一个人杀死了。这就是我听到的埃披吉罗斯所说的事情。

(118)另一方面，达提斯却率领着他的军队到亚细亚去了。在他到达米科诺斯之后，他做了一个梦。没有人说过他做了什么样的一个梦。但是在天刚刚破晓的时候，达提斯便对他的各个船只进行了搜索。而当他在一只腓尼基船里找到一座镀金的阿波罗神像时，他就打听这件物品是从什么地方劫来的。等他知道了这座神像是从哪个神殿来的之后，他就乘着自己的船到狄罗斯去了。狄罗斯人那时已经返回了他们的海岛，而达提斯就把神像供在那个地方的神殿里，并且命令狄罗斯人把这座神像送回到底比斯人的代立昂地方去，这个代立昂就在卡尔启斯对面的海岸上。达提斯这样下令之后便乘船回去了。不过狄罗斯人却根本没有把这座神像送走。在那之后二十年，底比斯人才依照一个神托的指示，把这座神像移送到代立昂去。

(**119**)当达提斯和阿尔塔普列涅斯在航程中到达亚细亚时，他们就把埃列特里亚的奴隶带到内地的苏撒去了。国王大流士在把埃列特里亚人俘虏以前，由于他们曾无端对他做出横暴的事，因此他对埃列特里亚人感到极端地愤恨。但是看到他们被带到他的面前来并且已向他屈服，他却对他们不加伤害，反而把奇西亚领土的一块名叫阿尔代利卡的直辖地送给他们居住。这块地方离苏撒有二百一十斯塔迪昂，离开出产三种物品的井则有四十斯塔迪昂。所谓出产三种物品，就是说人们可以从这井里取得沥青、盐和油。取得这三种东西的办法是这样：在汲水的时候是使用绞盘的，绞盘上系着半个皮囊来代替桶。而人们便把它浸到井里去，然后把汲取的东西拉上来倒到一个水池里去，从那里再倒到另一个水池里去，这时汲上来的东西就分成了三类。沥青和盐立刻便变成了固体，波斯人称为拉迪那凯的油[①]是黑色的并且发出刺鼻的臭味。大流士就把埃列特里亚人安置在那里，而他们到我的时候一直都住在那里，并且保存了他们的原来的语言。埃列特里亚人的遭遇便是这样。

(**120**)在满月之后，两千名拉凯戴孟人来到了雅典，他们是这样匆忙地赶路，以致在他们离开斯巴达之后的第三天他们就到了阿提卡。虽然他们来得太晚，已赶不上作战，他们仍然想见到美地亚人；于是他们到马拉松见到了美地亚人。随后他们就称赞了

① 这显而易见是石油。

雅典人和他们的成就,而后回国去了。

(**121**)说阿尔克美欧尼达伊族和波斯人勾结,举起盾牌来给波斯人做暗号,而想使雅典屈服于异邦人和希庇亚斯,这件事在我看来,是不可思议的,是不可相信的。因为很明显,比起帕埃尼波斯的儿子、希波尼柯斯的父亲卡里亚斯来,他们可以说是有过之无不及的憎恨僭主的人。在佩西司特拉托斯从雅典被放逐出去之后国家拍卖他的财产时,在雅典人当中只有卡里亚斯是敢于买佩西司特拉托斯的财产的。而且他还计划了其他一切对他非常敌视的行动。

(**122**)[①]〔这个卡里亚斯由于许多理由都是值得万人的怀念的。首先,像我已经说过的,是因为他是立下了解放祖国的大功的杰出人物。第二,是由于他在奥林匹亚比赛会上的成绩。他在这一比赛会上取得了赛马的胜利,在四马战车的比赛中取得第二名,而在这以前又得过佩提亚比赛会上的胜利,同时又以最能挥金如土在希腊享盛名。第三,是由于他对他的三个女儿的做法。原来当她们到达婚期的时候,他给了她们极其丰厚的妆奁,并使她们每个人所选的丈夫都十分称心,因为他答应她们每一个人都能和她为自己从全雅典人当中所选择的丈夫结婚。〕

(**123**)阿尔克美欧尼达伊族是和卡里亚斯一样的反对僭主的人。因此,说他们竟然举起盾来做暗号,这在我看来是一种既不可理解,又不可相信的非难,因为他们一直是在躲避着僭主的,而且

① 这一节一般被认为是后来谁的附记而掺入了正文的。它只在原文的一个抄本上发现,而且里面有非希罗多德的词句。

佩西司特拉托斯的子弟们之放弃僭主地位便是出于他们的策划的。因此,在我来看,他们比起哈尔莫狄欧斯和阿里斯托盖通来,在更大的程度上使雅典得到了自由。因为这些人不过是由于杀死希帕尔科斯,才激怒了佩西司特拉提达伊族的其他人等,却丝毫没有阻止其他的人们成为僭主。但是阿尔克美欧尼达伊族却非常明显地使他们的国家得到了自由,如果像我在上面所说的那样,他们确是真正地说服了佩提亚,要她告诉拉凯戴孟人说他们应当使雅典得到自由。

(**124**)可是,也许有人会说,他们大概是对雅典民众有什么怨恨,因此他们才背叛了他们祖国的吧。然而在雅典,他们偏偏又是最有声誉和最受尊敬的。因此我们有显然的理由不去相信,他们会由于任何这样的原因而举起盾来做暗号。诚然是有人举起了一个盾牌的,这一点是不能否认的。因为这样的事是做了的,然而我不知道是谁做这件事的,并且再也说不出更多的东西来。

(**125**)阿尔克美欧尼达伊族在古时便已是雅典的名门,而从阿尔克美昂[①],还有美伽克列斯以来,他们的声誉就更加提高了。原来,当克洛伊索斯派吕底亚人从撒尔迪斯来到戴尔波伊神托所的时候,美伽克列斯的儿子阿尔克美昂曾为他们尽了斡旋之劳,并且热心地帮助了他们。因此,当克洛伊索斯从访问神托所的吕底亚人那里听到阿尔克美昂对他的照顾的时候,便派人把阿尔克美昂请到撒尔迪斯来,在那里送给他一笔礼物,即他个人可

① 阿尔克美昂的盛时是在五九〇年左右;克洛伊索斯的统治时期是从五六〇年到五四六年。

以一下子尽其所能地带走的那样多的黄金。既然给他这样的一份礼物，阿尔克美昂便想了一个办法并且按照这个办法做了。他穿了一件肥大的衣服，衣服上缝了一个很深的袋子，他又穿上了他所能找到的一双最肥的长统靴，这样被领进了宝库。在那里，当他遇到了一堆金砂时，他首先就在他的腿的四周把金砂尽可能多地塞满了他的长统靴。然后，他又把他的衣服上的袋子装满了黄金，并且把金砂洒在他的头发上面，此外还把一些金砂放到嘴里，直到他离开宝库时，长统靴里的金砂重得使他几乎不能走路了。他简直已经不像一个人的样子了，因为他鼓着嘴巴，而且全身也都膨胀起来了。当克洛伊索斯看到阿尔克美昂的时候不禁大笑起来，他不但把阿尔克美昂已经拿到的全部黄金送给他，并且给了他价值不比黄金少的其他东西。自此而后，他这一家成为巨富，而阿尔克美昂便开始饲养驷马战车的马，从而在奥林匹亚比赛会上取得了胜利。

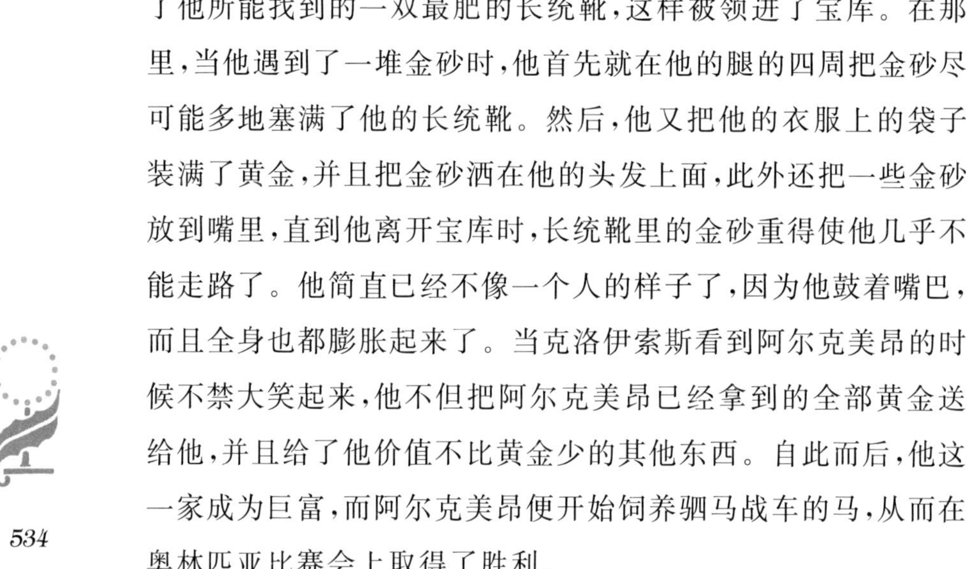

(**126**)后来在下面的一代，希巨昂的僭主克莱司铁涅斯[1]把这一家捧得更高，因此它在希腊也变得比先前更加有名了。因为安德烈阿斯的儿子米隆，米隆的儿子阿利司托尼莫斯、阿利司托尼莫斯的儿子克莱司铁涅斯有一个女儿名字叫做阿伽莉司铁，他想把她嫁给他在希腊所能物色到的一个最优秀的人物。因此，在当前举行的奥林匹亚运动会上，他取得了四马战车比赛的优胜的时候，克莱司铁涅斯便作了一个声明，要任何一个自认为够得上做他的女婿的希腊人在从当时算起的第六十天或是更早的

[1] 希巨昂的克莱司铁涅斯与阿尔克美昂是同时代人。

时候到希巨昂来；而克莱司铁涅斯说，他将在希巨昂地方从第六十天起的一年之内决定下他的婚姻的诺言。于是所有对自身和他们的出身门第十分有信心的人们便都来向这个女孩子求婚了。克莱司铁涅斯为了选婿的目的，就为他们建造了赛跑场和角力场以便进行比赛。

(**127**)叙巴里斯人希波克拉铁斯的儿子司敏杜里代斯从意大利来了，他是当代生活得最阔绰豪华的人物（而且叙巴里斯当时又正是处于全盛时代），还有被人称为智者的、昔利斯人阿米利斯的儿子达玛索斯也从意大利来了。以上是从意大利来的人。从伊奥尼亚湾来的则有埃披达姆诺斯人埃披司特洛波斯的儿子阿姆庇姆涅司托斯，从伊奥尼亚湾来的人只有这一个人。从埃托利亚来的是玛列士，这个人是那个膂力冠绝整个希腊，但是却因厌世而离开众人隐遁到埃托利亚最边远的地带去的那个提托尔莫斯的兄弟。从伯罗奔尼撒来的是阿尔哥斯僭主庇东的儿子列奥凯代斯，这个庇东曾经给伯罗奔尼撒人制定了度量衡而且他是比任何其他希腊人都要骄横的，就因为他曾把埃里斯人的比赛审判官取消掉，而自行对奥林匹亚比赛会发号施令。现在来的是这个人的儿子。此外还有特拉佩佐斯出身的阿尔卡地亚人吕库尔戈斯的儿子阿米安托斯；帕伊欧斯市出身的阿塞尼亚人埃乌波利昂的儿子拉帕涅斯；根据阿尔卡地亚的传说，这个埃乌波利昂曾在家里款待过狄奥司科洛伊，而从那时起便把大门对一切人打开了；还有埃里斯人阿伽依欧斯的儿子奥诺玛司托斯。这些人都是从伯罗奔尼撒本地来的。从雅典来的是美伽克列斯，他的父亲阿尔克美昂曾拜访过克洛伊索斯；在他之外还有提

桑德洛斯的儿子希波克里代斯，这个提桑德洛斯是雅典最富有，而且风采也最好的人物。从当时十分繁荣的埃列特里亚来的是吕撒尼亚斯，他是从埃乌波亚来的仅有的一个人；从帖撒利亚来的是克兰农地方司科帕达伊家的狄雅克托里戴斯；而从莫洛西亚来的则是阿尔孔。

(128)上面所列举的就是向她求婚的人们。当他们在指定的日子到来的时候，克莱司铁涅斯首先便询问每一个人的籍贯和家世；然后他在一年里都把这些人留在自己的身旁，体察他们的德行、气质、教养和日常的行为。他的体察的办法是和他们个别的人，或是和他们全体交往，叫他们中间的比较年轻的人在体育上进行较量，特别注意在会餐时他们的一举一动。原来当他和他们在一起的时候，他在任何方面都不放过对他们的照顾并且始终毫不吝惜地款待他们。但是，在求婚者当中最使他中意的却是从雅典来的几个人，而在这几个人当中他认为最好的又是提桑德洛斯的儿子希波克里代斯，这不仅是由于他的德行，而且由于就他的身世而论，他是属于科林斯的库普塞里达伊家的。

(129)当指定举行婚宴，和克莱司铁涅斯宣布他要在所有的人当中选择谁为婿的日子到来时，克莱司铁涅斯便举行了一次百牛大祭并且宴请了求婚者们本人和整个希巨昂的人们。在宴会终了之后，求婚者们便相互比赛音乐并就某一题目相互进行辩论。当他们饮宴正酣之际，远出其他众人之上的希波克里代斯命令吹笛者给他吹奏，而当吹笛者遵命演奏的时候，他就开始跳起舞来，而且他是跳得极其尽兴的。但是克莱司铁涅斯看到这一切的时候，却对于全部事体产生了很大的疑虑。过了一会儿之后，希波克里代斯便命令人们带一只桌子过来，而桌子搬来的时候，他首先就在桌子上面跳了拉科尼亚式的舞蹈，然后又跳了阿提卡式的舞蹈，最后，他又把头顶在桌子上，用两腿朝天表演各种花样。这时克莱司铁涅斯在看到希波克里代斯的第一次和第二次舞蹈时，他便由于这个人的舞蹈和无耻，再也不忍想到希波克里代斯竟是他的女婿了。然而他克制住了自己，而不愿向希波克里代斯发泄自己的怒气。但是当他看到希波克里代斯两腿朝天表演花样的时候，他就再也不能保持缄默而喊道："提桑德洛斯的儿子啊，跳得好，你连你的婚事都跳跑了。"但是希波克里代斯却回答说："希波克里代斯根本不在乎！"

(**130**)从那天起，这句话竟变成了一句谚语。于是克莱司铁涅斯便命令他们大家静下来，向所有在场的人们说："向我的女儿求婚的诸位，我对于你们所有的人都是很为满意的。如果可能的话，我是会使你们每一个人都不失望的，既不选一个人出来认为他比别的人好，也不轻视其余的人。但是既然我只有一个女儿可供考虑，因而无法使你们全都满意，对于你们中间在婚事上未能称心的各位，我送给这些人每人一塔兰特的白银，用来感谢他之想娶得我家的女儿和他之离开自己的家而住到我这里来。现在我依照雅典人的法律，把我的女儿阿伽莉司铁许配给阿尔克美昂的儿子美伽克列斯。"于是美伽克列斯便接受了婚约，而克莱司铁涅斯这样便把这件婚事决定下来了。

(**131**)以上便是选择求婚者这件事情的经过。这样，阿尔克美欧尼达伊家的名声便在希腊宣扬开来了。由于这次的缔婚而生下了给雅典人确立了部落制度和民主政治的那位克莱司铁涅斯；他的这个名字是跟着他的那个希巨昂人，即他母亲的父亲取的。他和希波克拉铁斯都是美伽克列斯的儿子；希波克拉铁斯又是另一个美伽克列斯和另一个阿伽莉司铁的父亲。而这一个阿伽莉司铁则是跟着克莱司铁涅斯的女儿阿伽莉司铁而取名的。她和阿里普隆的儿子克桑提波司结婚，而在怀孕时做了一个梦，梦里自己生了一个狮子。几天之后，她就给克桑提波司生了一个儿子伯里克利斯。

(**132**)自从波斯人在马拉松战败之后，在雅典本来就有声望的米尔提亚戴斯的声望就更加提高了。他向雅典人要求七十只船，一支军队，还有金钱，但是不告诉他们他要率领他们去进攻哪一个国家，而只是说如果他们追随他的话，他会使他们发财致富；因为他要把他们带到这样一个国家去，他们可以很容易地从这个国家取得大量的黄金。当他要求船只的时候，他就是这样保证的。雅典人听了这话深信不疑，就把船给他了。

(**133**)米尔提亚戴斯率领着交给他的军队乘船到帕洛司去了，他的借口是，帕洛司人在先前曾首先派遣三段桡船和波斯人一起来到马拉松，因此要得到这样的对待。这便是他的口实，然而他之所以怨恨帕洛司人，是因为帕洛司人提细亚斯的儿子吕撒哥拉斯曾经在波斯人叙达尔涅斯面前讲过他的坏话。米尔提亚戴斯到达了他航行的目的地之后，便率领着他的军队把帕洛司人赶进他们城里去，并在那里包围了他们。他派了一名使者去向对方索取一百塔兰特，他说如果他们不给他这笔钱的话，他的军队就一定要把他们的城市攻克才收兵。帕洛司人根本不考虑把钱给米尔提亚戴斯的事情，他们除了保卫他们的城市之外，不作其他打算。他们保卫城市的办法是在夜里把城墙最容易受到攻击的部分加高一倍,此外还用了其他种种办法。

(**134**)全体希腊人都谈到的事情,就到上述的地方为止。再向下就是帕洛司人自己说的了。他们说,米尔提亚戴斯既然处于进退两难的境地,一个名叫悌摩的帕洛司女奴隶曾和他谈过话,她是冥界的女神们的副祭司。她到米尔提亚戴斯这里来,劝他说如果他无论如何也要攻克帕洛司的话,那他就应当按照她的建议去做。在听取了她的建议之后,他立刻便向着城前的小山挺进,而在他来到立法者戴美特尔的神殿而不能打开门的时候,他便跳过了围墙;跳了进去以后,他便向神祠的地方走去,或者是想动那不许动的东西,或者是有什么别的意图。但是当他走到门前的时候,他立刻就感到极大的惊恐而循着原道返回了。在他从墙上跳下的时候,他扭伤了大腿,有的人又说他跌伤了膝头。

(**135**)因此米尔提亚戴斯便十分不光彩地回来了,他既没有带回财富,也没有占领帕洛司;他把这座城围攻了六十二天并且蹂躏了这个岛。帕洛司人听到冥界的女神们的副祭司悌摩曾经作过米尔提亚戴斯的向导,便想为这件事惩罚她,而现在他们既然已经不再被围,因而派使者到戴尔波伊去请示,他们应不应由于这个副祭司引导了敌人并向米尔提亚戴斯泄露了任何男人都不应知道的密仪从而使祖国陷于敌手而把她处以死刑。但是佩提亚却禁止他们这样做,她说犯错误的并不是悌摩,是米尔提亚戴斯命中注定要遭到凶死的命运,一个幻影曾引导他遇到了这些不吉利的事情。

(**136**)佩提亚对帕洛司人的宣托有如上述。另一方面，当米尔提亚戴斯从帕洛司回来的时候，雅典这里有许多人攻击他，克桑提波司的儿子阿里普隆在人民大会的面前弹劾他，要求把他处死，因为他欺骗了雅典人。米尔提亚戴斯到了会，但是他不能给他自己辩护(因为他的大腿那时已经开始腐烂了)。不过在出席法庭时他却躺在床上，他的朋友们替他辩护，他们一直在提到马拉松战役，提到列姆诺斯的征服：米尔提亚戴斯怎样惩罚了佩拉司吉人，怎样攻取了列姆诺斯之后把它交给雅典人。人民赞成不判他的死刑，但是他们由于他的错误而判处了他五十塔兰特的罚金。不久米尔提亚戴斯便由于大腿的坏疽和腐烂而死去了，他的儿子奇蒙付出了五十塔兰特的罚金。

(**137**)奇蒙的儿子米尔提亚戴斯占领列姆诺斯的经过是这样。佩拉司吉人被雅典人赶出了阿提卡[①]，这件事做得正当还是不正当我不能发表任何意见，我只能把人们传说的记述下来。不过海该桑德罗斯的儿子海卡泰欧斯在他的历史中却宣布说这一行动是不正当的。原来，海卡泰欧斯说，当雅典人看到叙美托斯山山下的土地的时候，当雅典人看到这以前荒瘠而又毫无价值的土地由于经过耕耘而变得十分肥美的时候，他们就起了羡慕之心而想取得这块地方，因此便不用什么其他口实就把佩拉司吉人赶出去了。这块地方起初是为了报偿佩拉司吉人先前在围城四周修筑城墙的劳动而送给佩拉司吉人居住的。但是雅典人自

① 根据传说，在特洛伊战争之后大约六十年，由于贝奥提亚人的迁徙，佩拉司吉人被赶入了阿提卡。

己却说，他们驱逐佩拉司吉人的理由是正当的。他们说，佩拉司吉人以他们在叙美托斯山下的居住地为据点向外进击，他们曾经这样地对雅典人做了不正当的事情。在那个时候，不拘是雅典人还是希腊任何其他居民还都没有奴仆，而他们的子女是经常要到恩涅阿克路诺斯泉[①]（意为九泉——译者）去打水的。而每当他们来的时候，佩拉司吉人便出于横傲与轻侮的想法而虐待他们。然而他们还不满足于这样做，他们终于竟被发现是在准备进攻雅典。雅典人表现出他们自己是比佩拉司吉人要公正得多的人，因为在发现对方的阴谋时，他们本来是可以把佩拉司吉人杀死的，但是他们不愿意这样做，而只是命令他们离开那个地方。于是佩拉司吉人便离开了，他们在其他的地方之外还占领了列姆诺斯。这是雅典人的说法，而前者则是海卡泰欧斯的说法。

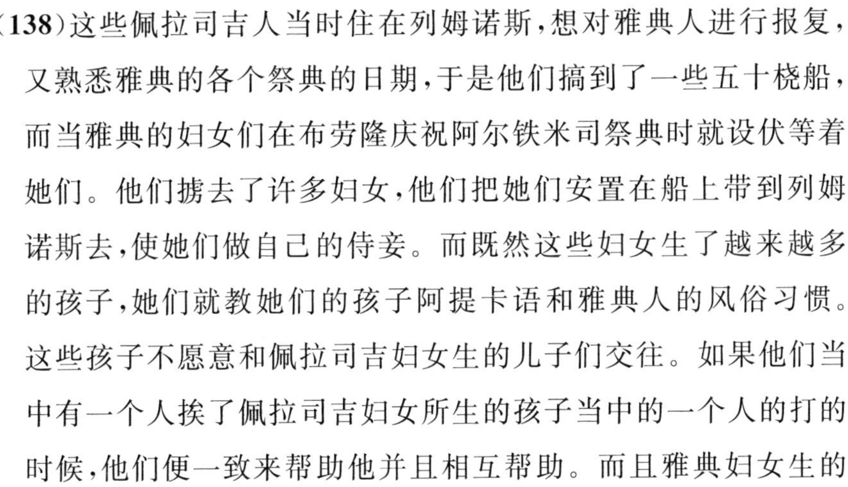

(138)这些佩拉司吉人当时住在列姆诺斯，想对雅典人进行报复，又熟悉雅典的各个祭典的日期，于是他们搞到了一些五十桡船，而当雅典的妇女们在布劳隆庆祝阿尔铁米司祭典时就设伏等着她们。他们掳去了许多妇女，他们把她们安置在船上带到列姆诺斯去，使她们做自己的侍妾。而既然这些妇女生了越来越多的孩子，她们就教她们的孩子阿提卡语和雅典人的风俗习惯。这些孩子不愿意和佩拉司吉妇女生的儿子们交往。如果他们当中有一个人挨了佩拉司吉妇女所生的孩子当中的一个人的打的时候，他们便一致来帮助他并且相互帮助。而且雅典妇女生的

① 在雅典东南，伊利索司附近。

孩子甚至认为应该统治另一类的孩子，而且比另一类的孩子是要强得多的。当佩拉司吉人看到了这一点时，他们便进行了商议。在他们商议的时候，想到如果这些孩子决心相互帮助以对抗正妻的儿子们并且还立刻便试图统治后者，则等他们长大成人的时候，这些孩子会做出什么事情来时，这一点实在是使佩拉司吉人十分担心的。因此佩拉司吉人便认为最好是把阿提卡妇女生的儿子杀死；他们这样做了，而且把这些男孩子的母亲也给杀死了。由于这件事情以及妇女们先前干的一件事情，即她们杀死了她们那与托阿斯[1]在一起的丈夫，在整个希腊，人们通常便把任何一件残酷的行为称之为“列姆诺斯人的勾当”。

(139)但是当佩拉司吉人杀死了他们自己的儿子和那些妇女的时候，他们的土地便不再生长果实，他们的妻子和他们的家畜也不像先前那样的生育了。在饥馑和无子的困迫之下，他们派人到戴尔波伊去请示摆脱目前灾祸的办法。于是佩提亚便命令他们向雅典人赔偿雅典人自己所规定的任何赔偿物。于是佩拉司吉人到雅典来，因自己的全部罪行而向雅典人建议赔偿。雅典人在他们的市会堂里放置了一张装潢得尽可能富丽堂皇的寝床，旁边还有一张上面满放着所有各种各样财宝的桌子，然后告诉佩拉司吉人，要他们像这个样子地把国土交给雅典人。佩拉司吉人回答说：“当一只船借北风之助在一日之内能够从你们的国

① 列姆诺斯的妇女们因怠于阿普洛狄铁的祭祀而受到咒诅，结果身上发出恶臭；列姆诺斯人于是娶了色雷斯的妇女为妻。但列姆诺斯的妇女们却合谋杀死了自己的丈夫和父亲。只有国王托阿斯由于被女儿叙普希披列藏了起来而幸免一死，但不久他即被发现，结果还是被杀死了。他的女儿也被卖为奴隶。

家到我们的国家的时候,我们就把它呈献给你们。”他们讲这样的话,是因为他们深信这样的事情是不可能实现的。因为阿提卡是远在列姆诺斯的南方的。

(**140**)当时的事情就只有这些了。但是在很多很多年之后,当海列斯彭特的凯尔索涅索斯屈服于雅典的时候,奇蒙的儿子米尔提亚戴斯,借着当时不断刮着的埃铁西阿伊风[①]的帮助,乘着一艘船完成了从凯尔索涅索斯的埃莱欧斯到列姆诺斯的航程。而在实现了这一点以后,他便向佩拉司吉人声明,要他们记起他们认为永远不会实现的神托的话而离开他们的岛。于是海帕依司提亚人便按照他的话做了。但是米利纳人却不承认凯尔索涅索斯是阿提卡的领土,而继续抗拒围攻,但结果他们也屈服了。这样,米尔提亚戴斯和雅典人便占领了列姆诺斯。

① 一种在七月、八月和九月刮的东北季节风。

第七卷

（1）当叙司塔司佩斯的儿子大流士听到了马拉松之役的战报的时候，因雅典人攻击撒尔迪斯而对雅典人非常气愤的大流士就更加愤怒，因此他也便更加想派一支军队去攻打希腊了。他于是立刻派遣使者到一切城市，命令它们装备一支军队，要它们每一个城市提供远比以前为多的船只、马匹、粮饷和运输船。由于这些通告，亚细亚忙乱了整整三年[①]，精壮的人们都给征入了讨伐希腊的军队并且为这件事作了准备。在第四个年头，刚比西斯所征服的埃及人叛离了波斯人；因而大流士便更加想对二者都加以讨伐了。

（2）但是，当大流士准备讨伐埃及和雅典的时候，在他的儿子们中间发生了一场夺取国家主权的巨大纷争。原来他的儿子们认为，他必须按照波斯人的法律，在率军出发之前，宣布他的王位的一位继承者。大流士在他成为国王之前，在他和他的第一个妻子即戈布里亚斯的女儿之间生了三个儿子；在他成为国王之后，在他和居鲁士的女儿阿托撒之间又生了四个儿子。在前妻

① 四八九年至四八七年。

生的儿子们当中，最年长的是阿尔托巴札涅司；后妻生的儿子们当中，最年长的是克谢尔克谢斯；由于他们是异母兄弟，因此处于敌对的地位。阿尔托巴札涅司的论据是，他是大流士的全部子女当中最年长的，而不拘什么地方的风俗都是最年长的继承王位，但克谢尔克谢斯则认为他乃是居鲁士的女儿阿托撒的儿子，而使波斯人获得自由的正是居鲁士。

(3)当大流士在这件事上犹豫未决的时候，正好这时阿里司通的儿子戴玛拉托斯来到了苏撒，他是在斯巴达被褫夺了王位之后，自愿从拉凯戴孟被流放出来的。据传说，当这个人听到大流士的儿子们之间的纷争的时候，他就到克谢尔克谢斯那里去劝告克谢尔克谢斯在自己的理由之外再加上一项论据，这就是，他是在大流士已经成为波斯的国王和统治者之后才生的。但是当阿尔托巴札涅司生的时候，大流士却还是一介平民。因此克谢尔克谢斯便应当说，任何在他之外的人如果取得继承王位的特权那都是既不合理又不正当的；因为根据戴玛拉托斯的建议，纵使在斯巴达也向来有这样的习惯，即如果在父亲成为国王前生了儿子而在父亲成了国王之后又生了一个儿子，则王位应当落到后生的儿子的身上。克谢尔克谢斯按照戴玛拉托斯的意见去做了，大流士认为他的论据是正当的，因此宣布他为国王。但是我以为即使没有这个建议，克谢尔克谢斯仍会成为国王；因为阿托撒握有绝对的权力。

(4)大流士在宣布克谢尔克谢斯为国王之后，就准备走上征途了。但是在这之后的第二年，也就是埃及叛变的第二年，正当他进行

准备的时候,他死了;他一共统治了三十六年①。他既未能惩办叛乱的埃及人,也未能惩办雅典人。大流士既死,王位便转到他的儿子克谢尔克谢斯的身上去了。

(**5**)原来克谢尔克谢斯在一开头的时候根本就无意于讨伐希腊,不过他却纠合军队准备征服埃及。但是大流士的姊妹的儿子、克谢尔克谢斯的表兄弟、戈布里亚斯的儿子玛尔多纽斯是和国王接近的人,而在宫内的波斯人当中对克谢尔克谢斯有最大的影响,他是一直这样主张的:"主公,在雅典人对波斯人做了这样多的坏事之后却丝毫不受到惩罚,那是不妥当的。而我的主张是,目前你做你正在着手做的事情,而当你把横傲不逊的埃及征服以后,你再率领着你的军队去讨伐雅典,以便使你能够在众人中间赢得令名,同时人们也就会懂得,侵犯你的领土的人,会落得什么样的下场。"他的这个论据,是以报复为目的的,但是他不经心地又加上了一个理由,即欧罗巴是一个非常美丽的地方,它生产人们栽培过的一切种类的树木,它是一块极其肥沃的土地,而在人类当中,除去国王,谁也不配占有它的。

(**6**)他这样讲,是因为他想进行冒险活动,而他自己想担任希腊的太守。他终于达到了他的目的而说服了克谢尔克谢斯按照他的意见去做了;因为还有其他的事情加在一起也帮助了他赢得克谢尔克谢斯的同意。首先,从帖撒利亚的阿律阿达伊家(这个阿律阿达伊家是帖撒利亚的王族)派来了使者,他们十分诚恳地邀请国王到希腊去。其次,佩西司特拉提达伊家的人们来到了

① 五二一年至四八五年。

苏撒，他们也提出了同样的主张，他们的理由和阿律阿达伊家的理由一样，而此外答应给克谢尔克谢斯的东西甚至比阿律阿达伊家答应的还要多。和他们同来有一个雅典的占卜师即穆赛欧斯神托的收集整理者奥诺玛克利托斯；佩西司特拉提达伊家曾和这个人有旧怨，但是在来此之前他们之间的纠纷已经得到了和解。原来奥诺玛克利托斯曾被佩西司特拉托斯的儿子希帕尔科斯驱出雅典，因为他曾在穆赛欧斯的神托中间插进了一段神托，说列姆诺斯附近海上的诸岛将要沉没到海里去，但是这个行为被赫尔米昂涅人拉索司[①]看破了。因此希帕尔科斯驱逐了他，虽然在这之前他们是很要好的朋友。但现在他和佩西司特拉提达伊家的人们一同来到苏撒了；而每当他谒见国王的时候，佩西司特拉提达伊家的人们总是为他吹嘘一番，而他本人也就背诵一些他所知道的神托；所有那些预言波斯人的灾难的神托他都避而不谈，而只是选诵那些对异邦人最有利的神托，如谈到海列斯彭特时，就说它怎样必须由一个波斯人来架桥，此外也谈到了进军的情况。克谢尔克谢斯这样便纠缠到奥诺玛克利托斯的神托以及佩西司特拉提达伊家和阿律阿达伊家的意见里面去了。

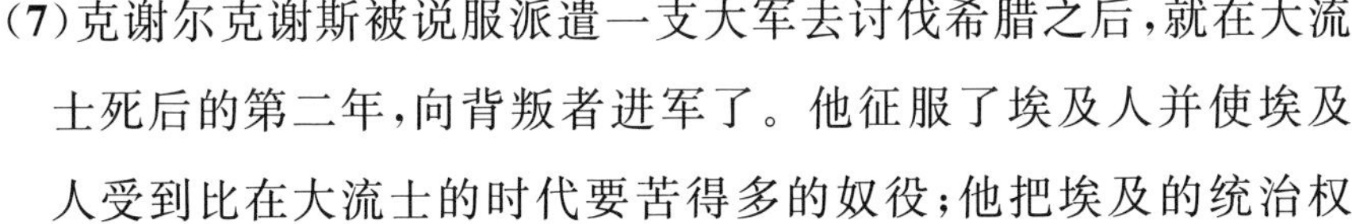

(7)克谢尔克谢斯被说服派遣一支大军去讨伐希腊之后，就在大流士死后的第二年，向背叛者进军了。他征服了埃及人并使埃及人受到比在大流士的时代要苦得多的奴役；他把埃及的统治权

① 诗人兼乐师，又是品达洛司的教师。

交给了大流士的儿子、他的亲兄弟阿凯美涅斯。但是后来[1]在阿凯美涅斯担任埃及太守的时候，他却被一个利比亚人、普撒美提科斯的儿子伊纳罗司杀死了。

(**8**)征服埃及之后，克谢尔克谢斯现在又打算着手准备出征雅典了，于是他便召集波斯的第一流人物前来会商，召开这一会议的目的是他可以听取这些人的意见，同时他自己又可以当着他们的全体宣布他自己的看法。当这些人都集合到一起的时候，克谢尔克谢斯就对他们说：

(α)"波斯人！并不是从我这里开始第一个采用和在你们中间制定新法律，我不过是把它从父祖那里继承下来并加以恪守罢了。我从我们的年长人那里听说，自从居鲁士废黜阿司杜阿该斯，而我们从美地亚人手中赢得霸权以来，我们就从来没有过安定的日子。但这乃是上天的意旨。而我们经历的许多事情，其结果是给我们带来了好处。现在居鲁士和刚比西斯和父王大流士所曾征服从而加到我们的国土上面来的那些民族，那是没有必要再列举给你们了；这一切是你们知道得非常清楚的。但是从我个人这一方面来说，自从我登上王位以来，我就在想我怎样才能在这一光荣的地位上面不致落在先人的后面，怎样才能为波斯人取得不比他们更差的威力；而在我深思熟虑之后就觉得，我们不仅可以赢得声名，而且可以得到一块在质和量方面都不次于我们的土地，这块土地比我们现有的土地还要肥沃；这样我们既满足了自己的需要，又达到了报复的目的。

---

① 在四六〇年，参见第三卷第十五节。

(β)我就是为了这个原因才把你们大家召集起来,为的是我可以向你们披沥我个人的看法。我打算在海列斯彭特架一座桥,然后率领我的军队通过欧罗巴到希腊去,以便惩罚曾对波斯人和我的父王犯下了罪行的雅典人。你们已经看到,父王大流士是曾想讨伐这些人的。但是他死了,他已经无法来亲自惩罚他们了;而我却要为他和全体波斯人报仇,不把雅典攻克和烧毁决不罢休,以惩罚雅典人对父王和对我本人无端犯下的罪行。首先,他们和我们的奴隶米利都人阿里司塔哥拉斯来到撒尔迪斯,焚烧了那里的圣林和神殿;其次,当我们的由达提斯和阿尔塔普列涅斯率领的军队登上他们的海岸时,他们是怎样地对待我们,我想这是你们大家全都清楚的。

(γ)由于这样的一些原因,因此我决定派一支军队去讨伐他们,而在我考虑之后,我认为我们将会因此得到不少的好处。如果我们征服了那些人和他们的邻居,即居住在佩洛普司地方的普里吉亚人,我们就将会使波斯的领土和苍天相接了,因为,如果我得到你们的助力把整个欧罗巴的土地征服,把所有的土地并入一个国家,则太阳所照到的土地便没有一处是在我国的疆界以外了。因为,我听说将没有一座人间的城市、人间的民族能和我们相对抗,如果我所提到的那些人一旦被我们铲除掉的话。这样,则那些对我们犯了罪的和没有犯罪的人就同样不能逃脱我们加到他们身上的奴役了。

(δ)从你们的那一方面来说,这就是你们使我最称心满意的事情:当我宣布要你们前来的期限时,你们每一个人必须立刻前来,不许有勉强的情绪。凡是率领着拥有最优良的装备的军队前来的人，我将要赠给他在国内被认为是最尊荣的礼品。上述的事必须做到。但是你们谁也不要认为这是我擅自决定的，我把这事向你们大家提出，有意见的人我是希望他能够讲出来的。”克谢尔克谢斯说完了这一番话之后，便沉默不语了。

(**9**)在他之后发言的是玛尔多纽斯，他说：“主公，你在过去和未来的一切波斯人当中都是最杰出的人物；因为对于其他一切事情，你都是说得既精彩又真实的，此外，你还不能容许住在欧罗巴的伊奥尼亚人来嘲笑我们，因为他们这样做是非分的。我们先前征服和奴役了撒卡依人、印度人、埃西欧匹亚人、亚述人以及其他许多伟大民族，并不是因为这些民族对我们做了坏事，而只是因为我们想扩大自己的威势；可是现在希腊人无端先对我们犯下了罪行，而我们却不向他们报复，那诚然是一件奇怪的事情了。

(α)有什么使我们一定要怕他们呢？他们有强大的军队或是充足的财力使我们害怕吗？我们知道他们的作战方法，知道他们的实力是不足道的。我们曾经征服和拘留他们的子弟，就是住在我国并被称为伊奥尼亚人、爱奥里斯人和多里斯人的那些人。先前由于你父亲的命令，我曾经讨伐过这些人，因此那时我自己跟他们较量过；我一直进击到马其顿并几乎到达雅典，但是没有一个人出来应战。

(β)我听说，希腊人由于自己的顽固和愚蠢，他们在作战时是胡来一通的。当他们相互宣战的时候，他们是来到他们所能找到的最好的和最平坦的地方在那里作战，因此结果胜利者在战斗结束时也同样会遭到巨大的损失，而战败者，那就更不消说，他们全部被歼灭了。既然他们使用相同的语言，他们本应当通过传令人和使者来结束他们之间的纠纷，应当用战争以外的任何其他办法来结束纠纷。纵然他们无论如何必须作战的时候，他们也应当各自去寻找他们的最难于受到攻击的地点，然后在那里再一决胜负。因此希腊人的办法并不是一个好办法；而当我进军直到马其顿的时候，他们还都不想作战。

(γ)国王啊，当你率领着全亚细亚的大军和你的全部战船出征的时候，谁能对你作战呢？在我个人看来，希腊人是不会有那样大的胆量来作战的。但如果时间证明我的判断错误而他们蛮性发作，竟然和我们作战的话，那我们就会教训他们，要他们知道我们原来是世界上最优秀的战士。总之，不拘会发生什么事情，我们也不要退缩吧。因为任何事物都不会是自行产生出来的，而人间的一切事物都是经过多次的尝试才得到的。”

(10)玛尔多纽斯结束了自己的发言，这样他就把克谢尔克谢斯的意见说得更加动听了。其他的波斯人保持了缄默，不敢发表与已经提出的意见相反的任何看法，随后叙司塔司佩斯的儿子阿尔塔巴诺斯发言了，他是国王的叔父，因而他正是仰仗着这个身份才敢发言的。他说：

(α)“哦，国王，如果大家不发表相互反对的意见，那就不可能选择较好的意见，而是必须遵从已发表出来的意见；但是，如果有反对的意见，那就能够选择较好的意见了。甚至黄金的成色单从它本身都不能加以鉴别，但是黄金和黄金如果都在试金石上摩擦，那我们便可以把成色较好的黄金鉴别出来。我曾经谏阻我的哥哥、你的父亲大流士率军去攻打在本国的任何地方都没有住人的城市的斯奇提亚人。但是他一心想征服游牧的斯奇提亚人而不愿意听我的话。他率领了他的军队出征,而从出征回来的时候,却丧失了他的军队中的许多勇武之士。哦,国王,你现在是正在打算率领你的军队去攻打远比斯奇提亚人更为优秀的人们,这些人据说在海陆两方面都是极其勇敢的人物。因此我是应当向你指出你这次出征的危险性的。

(β)你说你要在海列斯彭特地方架桥,然后率军通过欧罗巴向希腊进发。但是,我以为事情的结果可能你或是在陆上,或是在海上,甚或同时在陆上和海上被战败。据说他们都是勇武的人物。而我们很可能预料会有这样的事情发生,因为随达提斯和阿尔塔普列涅斯到阿提卡去的这样一支大军都被雅典人独自歼灭了。可是我们还可以假定他们在海上和陆上没有得到成功;但如果他们用他们的舰船进攻并在海战中得到胜利的话,那他们就会乘船来到海列斯彭特,随后更把你的桥梁毁掉。哦,国王,这对你可就是一件非常危险的事情了。

(γ)我所以这样推测决不是出于我一个人的智慧。这是因为我记起了过去我们几乎遇到的一次大灾难;在当时,你的父亲登上色雷斯的博斯波鲁斯的海岸并在伊斯特河河上架桥之后,便渡过去向斯奇提亚人进攻。那时斯奇提亚人却使用了一切办法请求受命守卫伊斯特河河上的桥的伊奥尼亚人把这个通路摧毁;而在当时,如果米利都的僭主希司提埃伊欧斯同意了其他僭主的意见而不加反对的话,波斯的兵力就要全部垮台了。而且在人们听到说,国王全军的命运完全掌握在仅仅是一个人的手里的时候,那甚至可说是一件令人心悸的事情了。

(δ)在丝毫没有这个必要的时候,你还是不要作冒任何这样危险的打算,而是听从我的劝告吧。现在你先把这个集会解散;随后,在你自己先把这件事考虑好以后,什么时候你愿意,你都可以宣布你认为是最有利的办法。因为在我看来,一个经过深思熟虑的计划乃是最有利的。因为纵然这个计划后来失败了,它仍然不能说是考虑得不好,而只不过是由于运气不好才失败罢了。可是一个考虑得不好的计划,却由于运气好而得以成功,这也不过是他的机遇凑巧罢了,他的计划仍然是考虑得不好的。

(ε)你已经看到,神怎样用雷霆打击那些比一般动物要高大的动物,也不许它们作威作福,可是那些小东西却不会使他发怒。而且你还会看到,他的雷箭怎样总是投掷到最高的建筑物和树木上去;因为不容许过分高大的东西存在,这乃是上天的意旨。因此,一支人数众多的大军却会毁在一支人数较少的军队的手里,因为神由于嫉妒心而在他们中间散布恐慌情绪或是把雷霆打下来,结果,他们就毫不值得地毁掉了。原来神除了他自己之外,是不容许任何人妄自尊大的。

(ζ)而且,任何事情如果着急的话,那总是要失败的;而失败又常常会引起严重的损害。可是待机行事却是有利的;这利益在目前虽然还看不出来,但到一定的时候它是会显示出来的。

(η)国王啊,这就是我对你的劝告。可是,戈布里亚斯的儿子玛尔多纽斯,我看你还是不要再胡说关于希腊人的事情了,他们是决不应受到诽谤的。正是由于你诽谤了希腊人,这才嗾使国王进行了这次出征的。而且我以为,你在那里拼命张罗,其目的也不外就是这一点了。我看不一定会像你想的那样吧！诽谤是一件极坏的事情。因为在诽谤当中，关系到两个人；一个是做坏事的人，一个是受害的人。进行诽谤的人，在别人不在的时候说他的坏话，这样便伤害了别人，而在知道全部真相之前便完全相信对方的话的那个人，也同样是做了不正当的事情。而由于不在场因而并没有听到别人说到他的话的那个人就受到了双重的损害，因为一个人诽谤他，而另一个人又把他看成了坏人。

(θ)然而，如果无论如何也要派一支军队去讨伐希腊人的话，那么可以这样做。让国王本人留在波斯人居住的土地上，并让我们两个人用我们的孩子来打赌。然后，随便你选拔怎样的人，随便你要多么大的一支军队，你就率领着他们出发；如果事情像你所说的那样，结果对国王有利，那你就把我的儿子杀死，连我也和他们一道杀死。如果结果和我所预言的相同，那你的儿子也这样处理，如果你回来的话，你也不例外。但如果你自己不愿意这样做，又想无论如何也要率军渡海远征希腊的话，那我深信留在这里的人将会听到，玛尔多纽斯在给波斯人带来了巨大的灾难之后，将会在雅典的土地上，或是在拉凯戴孟的土地上，说不定也许是在到那里去的道路上，被狗和鸟撕得粉碎。这样你就知道你想说服国王去进攻的那些人是怎样的一些人了。”

(11)以上就是阿尔塔巴诺斯所说的话，但是克谢尔克谢斯愤怒地回答说：“阿尔塔巴诺斯，亏了你是我父亲的兄弟；否则你将会因你的这些蠢话而受到应得的惩罚。可是，对于你这种怯懦的、没有骨气的表现，我要使你受到这样的耻辱，那就是，不许你随着

我和我的军队去征讨希腊，而是和妇女们一道留在这里。而我自己没有你的帮助，仍然会完成我方才所说的一切的。因为，假如我不向雅典人亲自进行报复，那我就不是阿凯美涅斯的儿子、铁伊司佩斯的儿子、刚比西斯的儿子、居鲁士的儿子、铁伊司佩斯的儿子、阿里阿拉姆涅斯的儿子、阿尔撒美斯的儿子、叙司塔司佩斯的儿子、大流士的儿子了。我知道的很清楚，如果我们安安静静地待在这里，则他们不仅仅是不会善罢甘休，而且肯定是会向我们的国土发动进攻的，假如我们可以从他们已经做出来的事情来推断的话，因为他们不但把撒尔迪斯烧掉，而且进兵亚细亚了。因此，不管从两方面的哪一方面来讲，撤退都是不可能的，当前我们所能做的只能是在主动地去进攻和被动地等着挨打这两种情况中间选择一个：或是把我们的一切归希腊人统治，或是把希腊人的一切归我们统治。在我们的争论里，折中的道路是没有的。因此，我们的荣誉感要求我们应当报复我们身受的一切灾害。这样我当然也就可以领教一下，在我征讨这些希腊人的时候，我会遇到什么样子的危险；甚至我的祖先的奴隶普里吉亚人佩洛普司都曾经彻底敉平过这些希腊人，而且直到今天，人们还是用他们的征服者的名字来称呼他们和他们的国土的。”

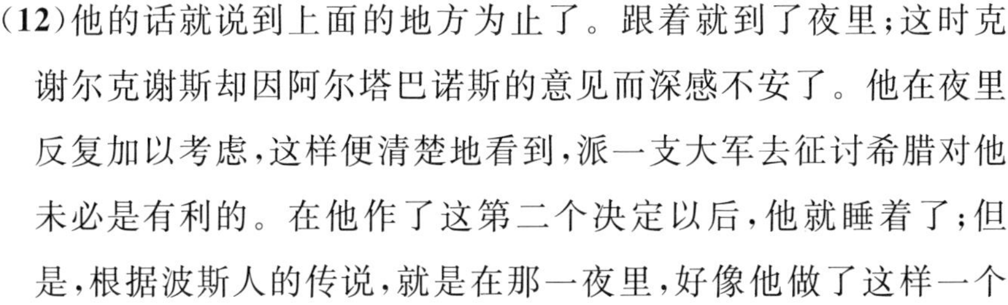

(**12**)他的话就说到上面的地方为止了。跟着就到了夜里；这时克谢尔克谢斯却因阿尔塔巴诺斯的意见而深感不安了。他在夜里反复加以考虑，这样便清楚地看到，派一支大军去征讨希腊对他未必是有利的。在他作了这第二个决定以后，他就睡着了；但是，根据波斯人的传说，就是在那一夜里，好像他做了这样一个梦。克谢尔克谢斯梦见一个姿容秀丽、体格高大的男子站在他的身旁，对他说："哦，波斯人，在你宣告纠合你的波斯大军之后，现在你却又改变主意，不去率军征讨希腊了吗？你改变自己的主意是不相宜的，也不会有任何一个人同意你这样做的。我看你还是按照你白天的决定去做吧。"梦中人这样说了之后，克谢尔克谢斯就看他仿佛是飞去了。

(**13**)当天亮的时候，国王根本不去理会他夜里的梦，而是把他先前召集到一起的那些波斯人重新召集来，这样对他们说："波斯人啊，请你们原谅我突然改变自己的主意吧，因为我在考虑问题的时候还未能充分发挥自己的智慧，而那些劝我做我前面所提到的那件事的，又是一直没有离开我的身边的人们。在我听到阿尔塔巴诺斯的意见的时候，由于我这年轻人血气方刚，那时我诚然是立即发起火来，乃至我讲出了对年长者不应该讲的和卤莽无礼的言辞。不过现在我认识了我的过错，我愿意采纳他的意见。因此你们要知道，我已改变了先前我想去征讨希腊的意思，请你们安安静静地待着吧。"波斯人听了这话不胜欢喜，他们向他礼拜致意了。

(**14**)但是到夜里克谢尔克谢斯睡着的时候，那个梦中人又站到了他的身旁，向他说："大流士的儿子啊，你已经在波斯人面前公然打消了你那征讨希腊的意图了。你丝毫不把我的话放到心上，就好像你从来没有听到这话似的。现在我就确确实实地告诉你，如果你不立刻率军出征，你就会招致这样的后果：在短期间你虽然变得强大，可是很快地你就又会衰微下去了。"

(**15**)克谢尔克谢斯做了这个梦之后心中大为惊恐，他从床上跳了下来，立刻派一名使者到阿尔塔巴诺斯那里去请他；阿尔塔巴诺斯到来之后，克谢尔克谢斯就向阿尔塔巴诺斯说："阿尔塔巴诺斯，曾有一个时候我是非常愚蠢的，我竟用愚蠢的言辞回答了你的有益的忠告。可是我很快地就后悔起来并认识到我是应当采纳你的意见的。虽然我愿意这样做，但我仍然不能这样做。因为自从我改变了自己的决定和后悔自己的错误以来，我就总是梦见一个人，他无论如何不同意我按照你的建议去做，而现在他就是刚刚在恐吓了我以后离开的。因此，如果这个梦中人是神派来的，则我们出征希腊这件事情，就正是神十分欢喜要我们做的事情了，而且如果是这样的话，你也会做同样的梦，而梦中人也会向你发出同样命令的。而我相信，如果你把我的全套衣服穿起来，然后坐在我的王位上，跟着再到我的床上去睡，这样你是很可能遇到同样的事情的。"

(16)克谢尔克谢斯向他说了上面的话；但是阿尔塔巴诺斯起初不愿意服从克谢尔克谢斯的命令，因为他认为他是不配坐在王位上面的；但由于克谢尔克谢斯一定强迫他这样做，他终于照着克谢尔克谢斯吩咐的做了；不过在这之前，他讲了这样的话：

(α)"主公，根据我个人的判断，能想出好办法的人和愿意听从别人提出的好办法的人，他们的价值是相同的。虽然你具有这两种优良的品质，可是和坏人的交往却成了你的持身之累。这就和海洋一样，人们常说它在万物当中本来对人是最有用处的，然而向海上袭来的烈风却使它无法顺从它自己固有的本性。至于我本人，则使我感到痛心的与其说是你的粗言暴语，毋宁说是下面的一种情况，即当着两种意见摆在波斯人的面前，一种意见是想助长他们的傲慢情绪，而另一种意见是克服他们的这种傲慢情绪，并向他们指明，教给人的心灵在它已有的东西之外，总是不断贪求更多的东西，这是一件多么坏的事情的时候，在这两个意见当中，你却选择了对你本人以及对波斯人最危险的一个意见。

(β)因此，你现在既然改变主意，选择了比较贤明的决定，你却说当你愿意放弃征讨希腊的想法的时候，有某一位神派来的梦中人屡次来到你这里，不许你放弃这次的出征。可是我的孩子，这样的事情决不会是上天的意旨。在人们的梦里跑来跑去的幻影是什么样的一种东西呢，让我这个年纪比你要大得多的人教给你吧。梦里游荡在人们身边的那些梦中人，大多数就是人们在白天所想的那些东西；而近日里，我们便一直是拼命忙着这次出征的。

(γ)虽然如此，如果这件事不是像我所判断的那样，而是在其中有什么神意的话，则事情的最后处理办法仍然应由你自己来决定。就让这个梦中人和对你一样地向我显现并发出命令来吧。但如果这个梦中人真正有意出现的话，则我看倒不一定要脱下我的衣服而把你的衣服换上，也不一定要不睡在我自己的床上而睡在你的床上。不拘你在梦里所看到的是什么东西，我想他在看到我的时候，他肯定决不会愚蠢到因为他看到你的衣服便会把我认成是你。现在我们就来看一看，他是不是不把我放到眼里，是不是不屑于经常在梦中向我显示，不管我是穿着你的还是穿着我自己的衣服。如果他真地接连不断地在你的梦里出现，那我自己也不得不承认他乃是奉神的意旨前来的了。但如果你决定事情必须这样做，而且是无可回避，那我就非得在你的床上睡一睡不可了。我就这样做吧；而在我睡到你床上的时候，让那个梦中人也来向我显示吧。不过在他向我显示之前，我还是要坚持我目前的意见的”。

(17)阿尔塔巴诺斯这样说了之后，便按照所吩咐的做了，他所指望的是要证明克谢尔克谢斯对他讲的话原是不值一提的。他穿上了克谢尔克谢斯的衣服并坐到国王的宝座上。随后，当他躺下熟睡的时候，那个常常到克谢尔克谢斯梦里来的梦中人，便来到了阿尔塔巴诺斯的面前，向他说：“你是不是想劝说克谢尔克谢斯不去征讨希腊，而打算用这样的办法来照顾他那个人？可是，你这种力图扭转命运注定的事情的做法，使你不拘是在今后，还是在目前，都是不能逃避上天的惩罚的。我也已经向克谢尔克谢斯本人宣布，如果他不从命的话，他会落到怎样的下场。”

(18)阿尔塔巴诺斯感觉到，梦中人在说了这样的威吓的话之后，好像是要用灼热的铁把他的眼睛烧出来似的，于是他大叫一声便从床上跳了起来，随后就坐在克谢尔克谢斯的身旁，把他在梦里所看到的一切原原本本地告诉了克谢尔克谢斯，跟着他说：“哦，国王啊，像我这样一个在一辈子里看到许多强大的力量被比较弱小的力量所打倒的人，是不愿意要你完全逞自己的血气之勇的。我知道贪得无厌是一件多么不好的事情，因为我没有忘记了居鲁士征讨玛撒该塔伊人和刚比西斯征讨埃西欧匹亚人的结果，而且我自己还亲自追随着大流士去征讨过斯奇提亚人。既然知道这一点，故而我的看法就是，你最好是安安静静地过活，这样世人就会认为你是最幸福的了。不过，既然天意非如此不可，而看来诸神又注定了希腊的毁灭，那我自己也就改变初衷并更正我自己的看法了；现在你把上天的意旨向波斯人宣布，命令他们服从你最初所下的、进行相应准备的命令。既然是神允许你这样做的，则在你的这一方面就得把一切准备齐全了。”在这次谈话之后，他们两人便都因梦中人的话而得到了勇气，因此到天亮的时候，克谢尔克谢斯便把这件事通告波斯人，而阿尔塔巴诺斯现在也公然赞同先前只有他一个人公开反对的那种做法了。

(19)在这之后，克谢尔克谢斯现在既然已有了出征的打算，就在睡着时做了第三个梦。而当玛哥斯僧们听到这个梦的时候，便解释说这是指着全世界而言，并表示全人类都要成为他的奴隶。他做的是这样一个梦。克谢尔克谢斯以为他戴上了一顶橄榄枝的王冠，王冠的嫩枝蔓延开来，遮覆了整个大地，但不久之后他的这顶王冠便从他头上消失了。玛哥斯僧就是这样来圆梦的。而后，集合起来的波斯人等，便各自立刻返回自己的管地，万分热心地执行克谢尔克谢斯的命令，因为他们每一个人都想得到悬赏的赠物。这样，克谢尔克谢斯便从大陆的每一个地方搜集人力，把他的大军纠合起来了。

(20)在平定埃及以来的整整四年中间[①]，他一直在整顿大军，并准备出征所必需的一切；而在第五年里，他便率领着一支大军踏上了征途。在我们所知道的远征军当中，这支远征军断乎是最大

① 四八四年至四八一年。

的一支，以致过去的任何一支远征军都无法和它相比，大流士远征斯奇提亚人的军队也好，追击奇姆美利亚人时突入美地亚[①]并征服和统治了上亚细亚的几乎全部土地，而后来大流士又曾因这件事而想对之进行报复的斯奇提亚人的大军也好，传说中阿特列欧斯的儿子们所率领进攻伊里翁的大军也好，在特洛伊战争之前渡过博斯波鲁斯进入欧罗巴，在那里征服了全部色雷斯人，下至伊奥尼亚海并向南进军直到佩涅欧司河的美西亚人和铁乌克洛伊人的大军也好，都无法和它相比。

(21)所有这些远征的军队，再加上这些之外如果有的其他任何军队，都不能和单是这一支军队相比。因为亚细亚的哪一个民族不曾给克谢尔克谢斯率领去攻打希腊呢；除去那些巨川大河之外，哪一条河的水不是给他的大军喝得不够用了呢？有人把船只供应给他，有人参加了他的陆军，有人提供了骑兵，有人提供了随军运送马匹的船只以及军中的服务人员，有人提供做桥梁用的战船，还有人提供食粮和船只。

(22)首先，由于第一次远征的军队在试图回航阿托斯的时候遭到了覆舟的命运，所以在大约三年当中，他一直为应付阿托斯而做准备。三段桡船都停泊在凯尔索涅索斯的埃莱欧斯地方，而以这些船为据点，军中所有各种各类的人们都在鞭子的驱使之下被迫去挖掘壕沟，他们是陆续不间断地去干活的。而在阿托斯周边住的人们也同样地要去挖掘壕沟。监督人们干活的是美伽巴佐斯的儿子布巴列斯和阿尔泰欧斯的儿子阿尔塔凯耶斯。他

① 参见第一卷第一〇三节；第四卷第一节。

们两个人都是波斯人。这个阿托斯乃是向海中突出的一座著名的大山，而且在这座山里是有人居住的。这座山在大陆方面的一端，是半岛形状的，它是一个大约有十二斯塔迪昂宽的地峡；这是从阿坎托司地方的海到托罗涅前面的海之间的、一块有一些小丘的平野。在阿托斯山终点的这个地峡上面，有一个称为撒涅的希腊城市。但是从撒涅到海之间以及从阿托斯到陆地的方面又有其他的一些城市，而波斯人现在就打算把这些城市变成岛城，而不是大陆的城市。这些城市就是狄昂、欧洛披克索斯、阿克罗托昂、杜索司、克列欧奈。

(**23**)以上是阿托斯的城市。异邦人是这样挖掘的，他们把上面的几个不同民族所住的地方区分开来。他们在撒涅城的附近画了一条直线；而当壕沟挖掘到一定深度的时候，有的人就站到壕沟的底部挖掘，另一些人则把挖出来的土接过来，把它递给站在更高一层的人们，而这些人则又递给站在更上面的人们，这样一直传到站在最高处的人们。这些人就把挖出来的土带走抛掉了。除去腓尼基人之外，对于其余所有的人来说，由于壕沟陡峭的两岸发生崩坏和下陷的事情，这便形成了他们的双重的劳苦。原来他们把壕沟上面和沟底弄成相同的宽度，所以这样的事情就必然会发生了。但腓尼基人特别是在这件事上，也和他们在其他一切工作上一样，同样地表现了他们的技巧。他们接受了分配到他们手上的那部分工作之后，便把壕沟最上面的口掘成所需要的壕沟宽度的一倍，而在向下掘的时候却渐渐地使它变窄，直到底下的时候，他们挖的就和其他人同样宽了。在那里的附近有一片草地，他们便利用那片草地作为交易的场所。而经常有大量磨过的谷物从亚细亚运到他们这里来。

(**24**)根据我用猜测的办法所作的判断，克谢尔克谢斯是出于傲慢的心情才下令进行这次挖掘的，因为他想显示他的威力并且想给后世留下足以想见他的丰功伟绩的东西。原来，他们若想把他们的船只拖过地峡，这是一件很容易办到的事情。但他仍然命令他们从海到海挖掘一道壕沟，它的宽度足够两艘三段桡船相并划行而过。而且受命进行挖掘工作的那些人，同样又受命在司妥律蒙河河上架了一座桥。

(**25**)克谢尔克谢斯就做出了这样的事情；另一方面，在架桥这件事上，他命令腓尼基人和埃及人制造纸草和白麻的绳索并要他们储备军粮，为了使他的军队和驮兽在进军希腊时不致陷于饥饿。在调查了各个地点的形势之后，他就下令要他们把粮草储备在最适当的场所，而从亚细亚的一切地方用货物船和运输船把粮草运到这样的一些地方去。他们把粮草的大部分运到色雷斯的所谓列乌凯—阿克铁(意为白岬——译者)的地方去，其余的则分别运到佩林托斯人的国土上的图洛迪札，或是运到多里司科斯，或是运到司妥律蒙河上的埃翁，或是运到马其顿去。

(**26**)正当这些人从事于指定给他们的劳役时，已经集合起来的全部陆军却在克谢尔克谢斯的率领之下从卡帕多启亚的克利塔拉开拔向撒尔迪斯进发了。凡是随克谢尔克谢斯本人从陆路进军的全部大军都是指定在克利塔拉集合的。不过我说不出克谢尔克谢斯的太守当中，哪个人由于带来了装备最好的军队而得到了国王所悬赏的赠赐。因为我甚至不知道这件事是否曾确定下来。但是当他们渡过哈律司河并进入普里吉亚之后，他们就通过那个地方而到达了凯莱奈，这个地方是两条河流的发源地，一条是迈安德罗司河，一条是和迈安德罗司河同样大的卡塔拉克铁斯河。卡塔拉克铁斯河就发源在凯莱奈的市场地方并注入迈安德罗司河。昔列诺斯的玛尔叙亚斯的皮肤也挂在那里；根据普里吉亚人的传说，是阿波罗剥下了玛尔叙亚斯的皮并把它挂在那里的。

(**27**)一个吕底亚人、阿杜斯的儿子披提欧斯就在这个城市等候着他们；他极其隆重地款待了克谢尔克谢斯本人和他的全部军队，他自己并且宣布说他愿意提供作战的资金。披提欧斯这样把钱拿出来之后，克谢尔克谢斯便问他左右的波斯人这个披提欧斯是怎样的一个人，他有多少财富而能献纳出这样多的金钱。于是他们回答说："哦，国王，这就是曾经把黄金的篠悬木和黄金的葡萄树赠送给你的父亲大流士的人。在我们所知道的人们当中，他的财富是仅次于你的一个人。"

(**28**)克谢尔克谢斯听了最后的这句话大为吃惊，随后他自己就问披提欧斯本人，问他有多少财富。披提欧斯说："哦，国王啊，我不愿意向你隐瞒我的财富，也不愿意装作我不知道的样子；我知道我有多少财富并愿意把真实情况告诉你。当我一知道你下行到希腊海这边来的时候，由于我愿意向你提供作战的资金，于是我便进行了仔细的调查，计算的结果是我有两千塔兰特的白银和差七千不到四百万达列科斯·斯塔铁尔的黄金。这一切我都愿毫不吝惜地奉献给你。至于我本人，则我的奴隶和我的田庄已足够维持我的生计了。"以上便是披提欧斯所讲的话；克谢尔克谢斯对他的话深感满意，就对他说：

(**29**)“我的吕底亚的朋友啊,自从我离开波斯以来,除去你一个人以外,我还没有遇到过任何一个人自愿款待我的军队,也还没有遇到过任何一个人自动地前来见我并提供我作战的资金。可是你却隆重地款待了我的军队,并且提供我大量的资财。因此,为了回答你的好意,我用这样的一些办法来酬谢你:我使你成为我的朋友并从我自己的财富中给你七千斯塔铁尔使你补足四百万,这样你的四百万便不会缺少七千了。而且在我补足之后,你便可以有整整四百万的数目了。继续保持你现有的财富并要注意到永远设法保持自己像现在的样子;因为不拘是现在,还是今后,你都不会为你目前的所作所为而后悔的。”

(**30**)克谢尔克谢斯这样说并履行了自己的诺言以后,就不停地继续前进了。经过了一个叫做阿恼阿的普里吉亚市邑和产盐的湖之后,他们便到了普里吉亚的一个名叫科罗赛的大城市;在这里,吕科斯河注入地上的一个裂缝而消失,然后在大约五斯塔迪昂之外的地方再显示出来,它和另一条河一样,也是流入迈安德罗司河的。大军从科罗赛向普里吉亚人和吕底亚人的边境进发而来到了库德辣拉,在那里有克洛伊索斯树立的一个石柱,上面有表明疆界的铭文。

(**31**)经过普里吉亚进入吕底亚之后,他便来到了道路分歧的一个地方。左手的道路通向卡里亚,右手的道路通向撒尔迪斯;如果走后面的这条道路,就必须渡过迈安德罗司河和经过卡拉铁波司市;而在卡拉铁波司市,那些手艺人是用柽柳和小麦粉来造蜜的。克谢尔克谢斯走了这条路并找到了一株筱悬木,由于这株筱悬木的美丽,他给它加上了黄金的装饰,并命令他的一个精兵看守它。而在第二天，他便来到了吕底亚人的首府。

(**32**)到达撒尔迪斯以后，他首先派遣使者到希腊去要求土和水，并下令为国王准备饭食。他派人到所有其他的地方去要求土，就是不派人到雅典和拉凯戴孟去。他第二次派人索取土和水的原因是这样：凡是先前在大流士派使者去索取土和水的时候而不给的人们，他相信他们这次一定会由于害怕而不得不献出来，因而他把使者派出去，想确实了解一下这件事。

(**33**)在这之后，他便准备向阿比多斯进军了。而就在这个时候，他手下的另一部分人就在海列斯彭特架设欧罗巴和亚细亚之间的桥梁。但是，在海列斯彭特近旁的凯尔索涅索斯地方，在赛司托斯市和玛杜托司之间，有一个嵯峨的海岬，一直伸入紧对着阿比多斯的海面。就是在这里，不久之后，将领阿里普隆的儿子克桑提波司麾下的雅典人拿获了赛司托斯的太守、波斯人阿尔塔乌克铁斯并把他活活地钉死在木板上。这个人过去经常把女人带到埃莱欧斯的普洛铁西拉欧斯神殿去并在那里干见不得人的渎神勾当。

(**34**)于是，担负了架桥这样一项任务的人们以阿比多斯为起点，便把桥架到那个地岬上去；腓尼基人用白麻索架一座桥，而埃及人用纸草架第二座桥。从阿比多斯到对岸的距离是七斯塔迪昂。但是海峡上的桥刚刚架起的时候，立刻便刮来了一阵强烈的暴风，把工程全部摧毁粉碎了。

(**35**)克谢尔克谢斯听到这个消息的时候大为震怒，他于是下令把海列斯彭特笞打三百下并把一副脚铐投到那里的海里去。而且，在这以前我就曾听到，在上述的做法之外，他还把烙印师派到那里去给海列斯彭特加上烙印。他的的确确曾命令那些他派去笞打的人们，说出了野蛮和横暴无礼的话。他要他们说：“你这毒辣的水！我们的主公这样惩罚你，因为你伤害了他，尽管他丝毫没有伤害你。不管你愿意不愿意，国王克谢尔克谢斯也要从你的上面渡过去；任何人不向你奉献牺牲，那是正当不过的事情，因为你是一条险恶而苦咸的河流。”因此他便下令这样地来惩罚了海，并下令把监督造桥的人们枭首了。

(36)接受了这个不讨好的任务的那些人把他的命令执行了；另一些匠师们着手架桥了。他们架桥的办法是这样。为了能够保持绳索的紧张程度，他们在黑海这一面的桥下把三百六十只五十桡船和三段桡船连接起来，而在另一面的桥下则把三百一十四只五十桡船和三段桡船连接起来；这些船只与彭托斯[①]形成直角，却和海列斯彭特的水流平行。把船只这样连接起来之后，他们便投下了非常巨大的锚；有的锚是从靠近彭托斯的船只投下去的，为的是顶住从那个海上面吹过来的风，而另一头向着西方和爱琴海方面的，则所投下的锚是为了抵御西风和南风。此外，他们还在一排五十桡船和三段桡船[②]之间留出一个通路，为的是任何人如果愿意的话，都可以乘着轻便的船只出入彭托斯。做完这以后，他们便从陆地上把绳索引了过来，用木辘轳把它们拉紧。他们不是像先前那样地把两种材料分开使用，而是每座桥上用两根白麻索和四根纸草索。这些绳索是同样粗，同样美

① 黑海。

② 修德本τριχοῦ，这里从施泰因本τριηρέων。

观,但是白麻索按比例来说是要重一些,它的每一佩巨斯的重量有一塔兰特。当海峡上的桥这样架起来以后,他们便把木材锯成和索桥的宽度相同的长度并把它们依次摆在拉紧的绳索上,依次摆好之后,他们便把它们系紧在上面了。而在做完这一步之后,他们就把树枝铺到桥面上,在这一切做完之后,再把土铺在上面压结实了。然后,他们在桥的两旁安设栅栏,为的是驮畜和马匹在过桥时不致因为看到下面的海而受惊。

(**37**)当桥梁和阿托斯那里的工事已经准备好,而又接到在壕沟口的地方为了防止在海潮上升时淤塞壕沟口而修筑的防波堤以及壕沟本身全部完工的报告时,大军过了冬天之后,便在春天到来之际[①]做了准备,从撒尔迪斯出发进军阿比多斯了。但当他们正要进发的时候,太阳离开了它在天上的本位而消失了,虽然天空澄明没有云影,不过白天却变成了黑夜。当克谢尔克谢斯看到和注意到这一点的时候,他为这一点很感不安,于是他询问玛哥斯僧,这个天象是什么意思。他们告诉他,这是神向希腊人预示他们的城市的毁灭。他们说,因为太阳是希腊人的预言者,而月亮则是他们自己的预言者。克谢尔克谢斯听了这话之后心中万分欢喜,便继续走上他的征途。

(**38**)当他即将率军离去的时候,被天象吓住,但是由于得到国王的赠赐而得意起来的那个吕底亚人披提欧斯到克谢尔克谢斯这里来向他说:"主公,我希望你能够赐给我一件东西,这件东西在你赠赐起来很容易,但对我这个接受者来说却是珍贵的了。"克谢

① 大概在四八〇年四月中。

尔克谢斯以为披提欧斯绝不会要求他真正要求的东西，于是回答说愿意答应他的请求，并命令他说出他所要求的东西。于是披提欧斯便鼓起勇气来说："主公，我有五个儿子，他们都不得不随你去远征希腊。可是，国王啊！请你垂怜于我这样一个年迈的人，免除我的一个儿子，就是我的长子的兵役，好让他照料我和我的财产吧。让我的其他四个儿子和你同去吧，并希望你能完成你拟订的全部计划，凯旋归来。"

(**39**)克谢尔克谢斯大为震怒，他这样回答说："你这卑劣的东西。你看，我是亲征希腊的，和我一同走上征途的便有我的亲生儿子和亲兄弟，有我的亲戚和朋友；而你是我的奴隶，是应当带着全家和你的妻子一同随我出征的，怎么现在竟敢向我提起你的儿子？因此你要好好记住这一点，一个人的精神就住在他的耳朵里，当它听到好言好语的时候，整个身体就充满了欢喜，但当它听到相反的话时，全身便胀满了怒气。当你对我做好事并且更向我提出做好事的保证的时候，你尚且决不能夸口，说你在慷慨大度这一点上超过了国王，现在你既然不顾廉耻，那你将要得到的，就要少于你所应得的了。你对我的款待挽救了你本人和你的四个儿子的性命，但是要罚你最喜爱的一个人的性命。"他这样回答之后，立刻命令受命这样做的人们把披提欧斯的长子找来并将之分割为二。这样做了之后，又把他的尸体在道路的右旁和左旁各放一半，为的是使军队从这两半中间通过去。

(**40**)他们按照命令做了，而军队便从这中间走过去了。在前面引路的是搬运辎重的士卒和驮兽，随在他们后面的是不按民族区分，而是由所有各个民族混合而成的一个兵团；当军队的一大半

开过去的时候，中间留了一个间隔，为的是使上面所说的那些兵和国王区别开来。在这之后是全波斯人当中最精锐的一千名骑兵作为前驱，随后则是全波斯人当中最精锐的一千名枪兵，他们在行进时拿枪是枪尖向下的；在枪兵之后，是装饰得极其富丽堂皇的十匹称为涅赛欧伊马的圣马。这些马所以称为涅赛欧伊马，是因为在美地亚有一个称为涅赛昂的大平原，而这些高大的马就是在那里饲养起来的。在这十匹马的背后，是八匹白马拉着的、宙斯神的神圣战车，战车手徒步跟着牵引的白马，手里拉着缰绳。原来任何世间的人都不能乘坐在这个战车的位子上面。在这之后就是克谢尔克谢斯本人了，他乘坐在涅赛欧伊马拖着的战车上，他的陪乘的战车手是波斯人欧塔涅斯的儿子帕提拉姆培司。

(**41**)克谢尔克谢斯就这样地从撒尔迪斯出发了。但是只要在他想这样做的时候，他就从战车上下来，改乘马车。在他的后面是波斯最精锐和出身最高贵的一千名枪兵，他们是按照通常的方式带着枪的。枪兵后面又是一千名精锐的波斯骑兵，骑兵后面则是从其余的波斯人当中选拔出来的一万名步兵。其中一千名步兵的枪柄上安着金石榴来代替枪尾，他们就围在其他人等的外面。里面的九千人则是枪柄上安着银石榴的。枪头向地带着枪的人们也是安着金石榴的，而侍卫在克谢尔克谢斯身旁的人们则安着金苹果。在这一万人后面配置着一万名波斯骑兵。在这些人后面是两斯塔迪昂的一段间隔，在这后面就是剩下的杂军了。

(**42**)大军从吕底亚开向凯科斯河和美西亚的领土，从凯科斯出发，左手沿着卡涅山，穿过阿塔尔涅乌斯而来到了卡列涅市。从这里他们行经底比斯平原，通过阿特拉米提昂市和佩拉司吉人的安唐德罗斯市；然后就左手顺着伊达山，进入了伊里翁的领土。然而在这之前，当他们先在伊达山的山下过夜的时候，他们受到了雷电交加的风暴的袭击，结果就有相当多的人死在那里了。

(**43**)从大军自撒尔迪斯开拔以来，司卡曼德罗斯河是第一条水流不足并不敷大军及其畜类饮用的河流。因此当大军到达司卡曼德罗斯河的时候，克谢尔克谢斯便登上了普利亚莫斯的卫城，想观望它一下；在他看完并垂询了和那里有关的一切一切之后，他便向伊里翁的雅典娜奉献了一千头牛的牺牲，而玛哥斯僧更向那里的英雄们行了灌奠之礼。在他们这样做了之后，全军在夜里感到了恐慌。到天明的时候，他们便从那里继续进发，这时在他们的左手是洛伊提昂、欧普里涅昂和与阿比多斯接壤的达尔达诺斯，而在他们的右手则是盖尔吉斯·铁乌克洛伊人。

(**44**)当克谢尔克谢斯来到阿比多斯的时候，他想检阅一下他的全军。他所以能检阅全军，是因为先前在这里的一个小山上特别为他设了一个白石的宝座（这是阿比多斯人遵照国王先前的命令制造的）。克谢尔克谢斯就坐在那里俯视海滨，从而把他的陆军和他的水师收入眼底。而当他瞭望这一切的时候，他想看一下船与船之间的比赛。他们这样做了，结果是西顿的腓尼基人取得了胜利；克谢尔克谢斯对于这次比赛以及他的大军深感满意。

(**45**)但是当克谢尔克谢斯看到他的水师遮没了整个海列斯彭特，

而海滨以及阿比多斯的平原全都挤满了人的时候，他起初表示他自己是幸福的，但随后他就哭泣起来了。

(**46**)克谢尔克谢斯的叔父阿尔塔巴诺斯，就是在起初毫无顾虑地发表自己的意见劝阻克谢尔克谢斯不去远征希腊的那个阿尔塔巴诺斯看到克谢尔克谢斯哭了起来，便问他说："国王，你现在的所作所为和你刚才的所作所为怎么有这样大的差别呀！你刚刚说你自己是幸福的，可是转眼之间你就哭起来了。"克谢尔克谢斯回答说："你看这里的人们，尽管人数是这样多，却没有一个人能够活到一百岁。想到一个人的全部生涯是如此短促，因此我心中起了怜悯之情。"但是阿尔塔巴诺斯回答说："在我们的一生当中，我们会遇到比这更加可悲的事情。因为，尽管我们的生命是短促的，不拘是这里的人，还是其他的人，还没有一个人幸福到这样的程度，即他不会不只是一次，而是多次，不由得产生与其生毋宁死的念头。我们遭到各种不幸的事故，我们又受到疾病的折磨，以致它们竟使短促的人生看来都会是漫长的。结果生存变成了这样一种可悲的事物，而死亡竟成了一个人逃避生存的一个求之不得的避难所。神不过只是让我们尝到生存的一点点的甜味，不过就是在这一点上，它显然都是嫉妒的。"

(**47**)克谢尔克谢斯回答说："阿尔塔巴诺斯，让我们不要再谈你给了定义的人生吧，而在我们目前万事顺遂的时候，我们也不要再去想那些不吉利的事情吧。不过告诉我这一点。如果你在你的梦里没有清清楚楚地看到那个梦中人的话，你是不是还要坚持你先前的意见并劝我不去远征希腊，还是你改变了这个想法？

你来明确地告诉我这一点吧。”阿尔塔巴诺斯回答说:“国王,但愿我在梦中所看见的那个人达成我们两个人都期望的那个结果吧。但是谈到我本人,则我甚至现在仍然是充满了恐惧和不安,我所以这样自有其他许多的理由,特别是由于这样的一点,即我看到世界上最重大的两件东西是敌视你的。”

(**48**)克谢尔克谢斯回答说:“你这人讲的话实在奇怪。你说的最敌视我的这两件东西是什么呢?是不是你看到我的陆军的人数不足?还是以为希腊大军的人数要比我们军队的人数多得多?还是你以为我们的水师比不上他们的?还是你以为这两种情况都有?因为,假如在这方面你以为我们的大军有什么不够的地方的话,那最好是尽快地再去集合一支大军。”

(**49**)阿尔塔巴诺斯回答他说:“国王啊,任何一个有正常判断能力的人都不能发现这支陆军或船数有什么不够的地方。而如果你纠集更多军队的话,则我所提到的那两件东西也便更加敌视你了。这两件东西就是土地和海洋。因为,我认为,如果起了狂风暴雨的话,海上任何地方都没有一个海港大到可以保证容纳下你的水师并搭救你的船只。而且即使有这样的海港,则单是一个地方有也不行,而是要在你所经过的大陆沿岸都要有这样的海港。既然看到没有海港可以容纳你的水师,那么就要记着,人不能控制事故,而是要受到事故的摆布。现在这两件东西我已经告诉了你一件,我再告诉你另外一件。我要说明为什么土地是你的敌人。如果在你的进军途中没有任何东西阻挡你的话,则你在前方茫茫一无所知的土地上向前行进得越远,土地也就越发表现出是你的敌人,因为任何人都不会充分满足于他所得到的成功的。因此，我说，如果没有任何人抵抗你的话，则随着时间的推移而日益扩大的领土也会产生饥馑的。在决策的时候由于考虑到他会遭遇到的一切而胆怯，但是在行动上十分果敢，这样的人可以说是最有智慧的人了。”

(**50**)克谢尔克谢斯回答说：“阿尔塔巴诺斯，关于这些事情你的见解都是很精当的。但是我以为，既不要害怕任何东西，也不要对每一种面临的情况都加以同样严重的考虑。因为，假如不拘在任何情况之下，你都想对所有的事情加以同样的考虑，那你根本就任何事情都做不成了。与其对任何可能发生的情况都害怕，结果没有遭到任何危险，那在我看来，反而是对一切可能发生的情况抱着坚定勇敢的信念，宁可遭到一半的危险好些了。如果你反对所提出的任何意见，而你自己却又不能提出确实的办法，则你的一方面便势必要和那提出了相反意见的人一样，同样会是错误的。因此，就这一点而论，二者并无什么区别。一个不过是世间的平常人的人物，他如何能知道哪个是确实的办法呢？我以为这肯定是不可能的。因此，我以为获利的大抵是那些有实行的愿望的人，而不是那些徘徊观望，对任何事情都加以考虑的人。你已经看到，波斯的国力已强大到什么程度。这样说来，在我以前的那些国王如果和你有相同的意见，或者他们自己没有这样的意见，却有像你这样的顾问的话，你便不会看到我们的国运像今天这样的兴隆了。老实说，先王们正是冒了危险，他们才把国威提到这样的高度的，因为只有冒巨大的危险才能成就伟大的功业。因此，我们也应当仿效他们的榜样。我们现在是利用一年当中最好的季节来进军，因此我们在任何地方也不会

遇到饥馑，也不会遇到任何其他不快意的事情，而我们在征服整个欧罗巴之后就会回来的。因为首先，我们在进军时携带着充裕的粮草；再者，我们所进攻的土地和民族的粮食也要转到我们手里来；而且我们所要进攻的对象，不是游牧民族，而是务农的民族啊”。

(51)于是阿尔塔巴诺斯就说：“国王，我看既然你不许我们害怕任何危险，那么就请再听一下我的这个意见吧。当我们要谈的事情是这样多的时候，则我们的话也就不得不多了。刚比西斯的儿子居鲁士把只有雅典人除外的全部伊奥尼亚人征服，并使他们向自己纳贡。因此我的意见是，你决不能率领这些伊奥尼亚人去进攻他们父祖的国土。即使没有他的帮助，我们也完全能够制服我们的敌人。因为，假如他们随着我们的大军出征，他们或者是极不公正地奴役他们的祖国，或者是十分公正地帮助它得到自由。而如果他们做得很不公正，他们也决不会因此给我们带来很大的好处，可是他们若做得十分公正，则他们便很可能因此使你的军队遭到巨大的损害。因此，请你记住这句说得极好的古老的名言：‘在每件事开头的时候，是看不到它的结果的。’”

(52)克谢尔克谢斯回答说：“阿尔塔巴诺斯，你害怕伊奥尼亚人倒戈，这个看法在你所发表的意见当中要算是最错误的了。关于伊奥尼亚人，我们有最确实的担保，而你本人和所有随大流士出征斯奇提亚的人也可以证明这一点，那就是当波斯全军的命运都在他们的手里，任凭他们摧毁或救援的时候，他们却表现了正义与信谊，而丝毫没有作出不正当的事情的意思。再者，他们既然把他们的妻子、儿女和财产都留在我们的国内,我们就更不必担心他们可能会有什么叛变的行为了。因此也不必为这件事担心吧。鼓起勇气来守护我的家和我的王位吧,要知道在所有的人当中,你是我可以托之以王笏的唯一的人物了。”

(**53**)克谢尔克谢斯讲完这话并把阿尔塔巴诺斯送到苏撒去之后,继而便把那些最知名的波斯人召集了来。当这些人到来之后,他就对他们说:“波斯人啊,我召集你们来是为了向你们提出这样的要求,即你们应当成为勇敢的人,决不可玷辱波斯人先前成就的伟大而又光荣的勋业。让我们每一个人以及我们全体黾勉从事吧,因为我们这样地尽力而为,乃是为了天下万民的公共利益。因而正是为了这个缘故,我才请你们尽心竭力地去作战,因为据我所听到的,我们所要进攻的也是很勇武的人们。而如果我们打败了他们,人间就再没有大军可以和我们抗衡了。我们先向波斯国土的那些守护神祈祷,然后就让我们渡过去吧。”

(**54**)在那一整天里,他们都在为渡过去而作准备。而在第二天,他们就一面在桥上点起各种各样的香并在桥面的路上撒了桃金娘的枝子,这样地等候太阳的升起。在太阳升起的时候,克谢尔克谢斯就用黄金盏向海中行灌奠之礼并向太阳祷告说,在他到达欧罗巴的极远的边界之前,不要叫他遭受任何意外致使他无法完成征服欧罗巴的事业。祷告之后,他便把这只黄金盏投入海列斯彭特,和它同时投入的还有一个黄金的混酒钵和他们称为“阿齐纳凯斯”的波斯刀(一尺左右长的短剑——译者)。我不能正确判定,他把这些东西投到海里去,是把它们奉献给天上的太阳,还是由于后悔他的笞打海列斯彭特的行为,故而送礼物给海作为赔偿。

(**55**)这些事做完之后，他们便渡桥了。全部步兵和骑兵是从靠近彭托斯方面的桥渡过去的，而驮畜和杂役人等则是从靠近多岛海方面的桥渡过去的。在前面引路的是一万名波斯人，他们的头上都戴着冠；在他们后面，则是由所有各民族混成的大军。在那一天，就是这些人渡过去了。第二天首先是骑兵，他们是枪尖向下地带着枪的；他们也是戴冠的。在他们之后是圣马和神圣战车，再后面是克谢尔克谢斯本人和枪兵以及一千名骑兵，再后面就是其余的军队了。就在这时，水师也启程驶向对岸了。但是在这以前，我还听说国王是最后渡过去的。

(**56**)克谢尔克谢斯渡海到欧罗巴之后，就看他的军队在笞打之下渡过。他的军队一刻不停地渡了七天七夜。有一个故事说，当克谢尔克谢斯渡过海列斯彭特的时候，一个海列斯彭特人向他说："宙斯啊，为什么你变成一个波斯人的样子并把自己的名字改变成克谢尔克谢斯，而率领着全人类前来，想把希腊灭亡？因为没有这些人的帮助，你也完全有能力做到这一点的。"

(**57**)当所有的人都渡了过去，而他们即将继续进军的时候，他们遇到了一个巨大的朕兆。这个朕兆虽然很容易解释，但克谢尔克谢斯却完全没有把它放到心上。这个朕兆就是：一匹马生了一只兔子。这一朕兆的意义是容易猜到的，即克谢尔克谢斯率军出征希腊的时候，是十分堂皇又非常神气的，可是在他回到同一地点的时候，他却是逃命了。在撒尔迪斯地方，他还遇到了另外的一个朕兆。一个骡子生了一个兼具男女两性的生殖器官的骡子，而男性的生殖器官位于上方。

(**58**)他根本不把这两个朕兆放到心上，却带领着他的陆军继续前进了。他的水师驶出了海列斯彭特，沿着陆地行进，但它的方向却是和陆军的方向相反的。原来水师是向西行进的，目的地是撒尔佩东岬，因为克谢尔克谢斯曾命令他们开到那里去等待他。但是大陆上的军队却向着东方，即日出的方向行进，他们经过凯尔索涅索斯，右手是阿塔玛斯的女儿海列的坟墓，左手是卡尔狄亚市，进而穿过了一个叫做阿哥拉的市邑的中央。从那里转过了称为美拉司的海湾而来到了水流不足因而不敷大军之用、同时美拉司湾因之而得名的美拉司河。而在渡过了这条河之后，他们便向西行进，经过了爱奥里斯人的阿伊诺斯市和司顿托里司湖，最后到达多里司科斯。

(**59**)多里司科斯地区位于色雷斯，这是沿海的一个广大的平原，一条名为海布罗斯的大河流经这个地区。在这里构筑过一个称为多里司科斯的王室要塞，而自从大流士出征斯奇提亚的时候起，他便把一支波斯的卫戍部队设置在那里。因此克谢尔克谢斯便认为这里是他列队点兵的一个方便的地方。而且他这样做了。现在已经来到多里司科斯的全部水师奉克谢尔克谢斯之命在水师提督们的率领之下，移向与多里司科斯邻接的海岸，而在这部分的海岸之上，有萨摩特拉开的撒列市和佐涅市；在它的尽头则是著名的塞列昂岬。这个地方往昔乃是奇科涅司人的领土。他们把他们的船靠拢到这一带的海岸并且把船拖到岸上进行检修。另方面，克谢尔克谢斯这时便在多里司科斯点兵。

(**60**)我不能精确地说出，每一个地方各出多少人(因为没有人提过这一点)。但是全部陆军的总数看来是一百七十万人。人数是这样计算起来的。把一万人集合在一个地点，而当他们尽可能地密集起来的时候，就在他们的四周画一个圆圈；圆圈画好之后，这一万人便退出去，然后在这个圆圈上面建造一道到人的脐部那样高的石墙。石墙造好之后，便使另外的人们也到石墙里面去，直到所有的人都用这样的办法计算完毕。人数计算完毕之后，他们便按照他们各个民族的区分排列起来了。

(61)参加出征的军队的人们是这样的。先说波斯人，他们的装束有如下述。他们头上戴着称为提阿拉斯的软毡帽，身上穿着五颜六色的带袖内衣，上面有像鱼鳞那样的铁鳞；腿上穿着裤子。他们没有一般的盾牌，而用的是细枝编成的盾，盾的背面挂着他们的箭筒。他们使用短枪、长弓、芦苇制成的箭，此外还有挂在右胯腰带地方的短剑。他们的统帅是克谢尔克谢斯的妻子阿美司妥利斯的父亲欧塔涅斯。在古昔的时候，希腊人称这些波斯人为凯培涅斯，但是波斯人自己和他们的邻国人则称之为阿尔泰伊欧伊。但是当达纳耶和宙斯的儿子培尔赛欧斯来到倍洛斯的儿子凯培欧斯这里，并娶了他的女儿安多罗美达的时候，培尔赛欧斯就得了一个他命名为培尔谢斯的儿子，而且他把这个儿子就留在那里，因为凯培欧斯是没有男性的子嗣的。波斯人的名字便是从这个培尔谢斯来的。

(62)军中美地亚人的装束是和波斯人的装束一样的。老实说，上述样式的戎装与其说是波斯的，还毋宁说是美地亚的。他们的将领是出身阿凯美尼达伊家的提格拉涅斯。在往昔，所有的人都把这些人称为阿里亚人，但是当科尔启斯人美地亚从雅典来到阿里亚人这里的时候，他们便像波斯人那样地也改换了他们的名字。这是美地亚人自己关于他们本身的说法。军中的奇西亚人的装束和波斯人相同，但是他们不戴软毡帽，而是戴着头巾。他们的将领是欧塔涅斯的儿子阿纳培司。叙尔卡尼亚人[①]的装备和波斯人一样，他们的将领是美伽帕诺斯，这个人后来成了巴比伦的太守。

(63) 参加出征的军队的亚述人头上戴着青铜的头盔，它是人们用青铜以一种难于形容的异邦样式编成的。他们带着埃及式的盾牌、枪和短剑，此外还有安着铁头的木棍；他们穿着亚麻的胴甲。希腊人称这些人为叙利亚人，但异邦人则称他们为亚述人。和他们在一起的还有迦勒底人。他们的将领是阿尔塔凯耶斯的儿子欧塔司佩斯。

(64) 从军的巴克妥利亚人头上戴的和美地亚人头上戴的极为相似。他们带着本国制造的藤弓和短枪。属于斯奇提亚人的撒卡依人戴着一种高帽子，帽子又直又硬，顶头的地方是尖的。他们穿着裤子，带着他们本国自制的弓和短剑，此外还有他们称之为撒伽利司的战斧。这些人虽是阿米尔吉欧伊·斯奇提亚人，却被称为撒卡依人，因为波斯人是把所有斯奇提亚人都称为撒卡依人的。巴克妥利亚人和撒卡依人的将领是大流士和居鲁士的女儿阿托撒之间所生的儿子叙司塔司佩斯。

(65) 印度人穿着木棉制的衣服，他们带着藤弓和安着铁头的藤箭。这就是他们的装备。他们是配置在阿尔塔巴铁斯的儿子帕尔纳扎特列斯的麾下出征的。

---

① 在第三卷大流士的臣民当中没有提到叙尔卡尼亚人；他们住在里海的东南岸。

(66)阿里亚人是装备着美地亚弓的，但是在所有其他方面都和巴克妥利亚人一样。他们的将领是叙达尔涅斯的儿子西撒姆涅斯。从军的帕尔提亚人，花拉子米欧伊人、粟格多伊人、健达里欧伊人和迪达卡伊人的装束和巴克妥利亚人的装束一样。帕尔提亚人和花拉子米欧伊人的将领是帕尔那凯斯的儿子阿尔塔巴佐斯；粟格多伊人的将领是阿尔泰欧斯的儿子阿扎涅斯；健达里欧伊人和迪达卡伊人的将领是阿尔塔巴诺斯的儿子阿尔杜庇欧斯。

(67)从军的卡斯披亚人穿着皮裘，他们带着国产的藤弓和短刀。这就是他们的装备了。他们的将领是阿尔杜庇欧斯的兄弟阿里奥玛尔多斯。萨朗伽伊人由于穿着染色的袍子而十分引人注目。他们穿着高到膝盖的靴子，带着美地亚的弓和枪。他们的将领是美伽巴佐斯的儿子培伦达铁斯。帕克杜耶斯人也穿着皮裘，他们戴着本国制的弓和短剑；他们的将领是伊塔米特列斯的儿子阿尔塔翁铁斯。

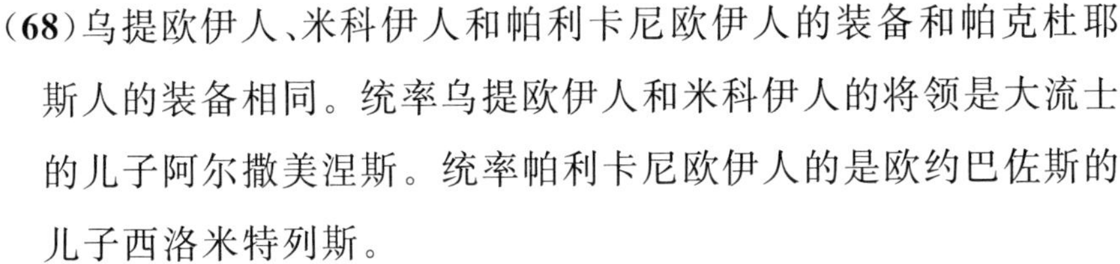

(68)乌提欧伊人、米科伊人和帕利卡尼欧伊人的装备和帕克杜耶斯人的装备相同。统率乌提欧伊人和米科伊人的将领是大流士的儿子阿尔撒美涅斯。统率帕利卡尼欧伊人的是欧约巴佐斯的儿子西洛米特列斯。

(69)阿拉伯人穿着腰间系带的称为吉拉袍子。在他们的右面带着长弓，这种弓在把弓弦放开的时候两端是向后弯曲的。埃西欧匹亚人穿着豹皮和狮子皮的衣服，他们带着不下四佩巨斯长的、椰子树干制成的弓和藤制的短箭，箭头不是铁的，而是磨尖了的石头，也就是人们用来刻印章的那种石头。他们还带着枪，枪头是用羚羊角削制而成的。此外,他们还带着有木节的棍子。当他们出战的时候,他们把他们一半的身体涂上白垩,身体的另一半涂上赭红。指挥阿拉伯人和住在埃及上方的埃西欧匹亚人的将领是大流士和居鲁士的女儿阿尔杜司托涅所生的儿子阿尔撒美斯;阿尔杜司托涅在大流士的妻子当中是最受宠爱的,大流士曾下令用打薄了的黄金给她造像。埃及上方的埃西欧匹亚人和阿拉伯人的将领就是阿尔撒美斯了。

(70)而从日出的方向那一面来的埃西欧匹亚人(原来参加出征的有两种埃西欧匹亚人)是配置在印度人的部队里的。他们和另一部分的埃西欧匹亚人在外表上没有任何不同之处,不同的只是言语和头发而已。原来东方的埃西欧匹亚人是直头发的,但是利比亚的埃西欧匹亚人却有着全人类当中最富于羊毛性的头发。亚细亚的这些埃西欧匹亚人的装备大部分是和印度人一样的,但是他们在头上却戴着从马身上剥制下来的整个前头部,马的耳朵和鬃毛还都留在上面。他们用马鬃来代替冠毛,他们并使马的耳朵硬挺地竖在那里。他们不用盾牌,而是用仙鹤皮当作一种防护武器。

(71)利比亚人是穿着皮革制的衣服参加出征的,他们用给火烤硬的一种木制投枪。他们的将领是欧阿里佐斯的儿子玛撒该斯。

(72)参加出征的帕普拉哥尼亚人头上戴着编制的头盔,他们带着小盾、不大的枪,此外还有投枪和短刀。他们穿着他们本国特有的、到下腿一半地方高的靴子。里巨埃斯人、玛提耶涅人、玛利安杜尼亚人和叙利亚人的装备和帕普拉哥尼亚人的装备一样。波斯人把这些叙利亚人称为卡帕多启亚人。帕普拉哥尼亚人和玛提耶涅人的将领是美伽西多罗斯的儿子多托司，玛利安杜尼亚人、里巨埃斯人和叙利亚人的将领是大流士和阿尔杜司托涅之间所生的儿子戈布里亚斯。

(73)普里吉亚人的装备除去很小的差别之外，大都和帕普拉哥尼亚人的装备一样。根据马其顿人的说法，这些普里吉亚人当他们住在欧罗巴，与马其顿人为邻的时候，他们称为布利该斯人；但是当他们移居到亚细亚去的时候，他们便也改变了自己的名称并称为普里吉亚人了。从普里吉亚移居来的阿尔美尼亚人的武装和普里吉亚人的装备一样。他们这两种人都是以大流士的女婿阿尔托克美斯为统帅的。

(74)吕底亚人的武装和希腊人的武装十分相似。吕底亚人先前被称为迈奥涅斯人，而后来则改变了名字并按照阿杜斯的儿子吕多斯的名字来称呼了。美西亚人在头上戴着他们本国特有的盔，他们带着小盾和用火烤硬的木制投枪。这些人是从吕底亚来的移民，他们由于奥林波斯山而被称为奥林皮埃诺伊人。吕底亚人和美西亚人的将领是曾和达提斯一道进攻马拉松的、阿尔塔普列涅斯的儿子阿尔塔普列涅斯。

(75)从军的色雷斯人头上戴着狐皮帽，身上穿着紧身内衣，外面还罩着五颜六色的外袍。他们的脚上和胫部穿着幼鹿皮的靴子，同时带着投枪、小圆盾和小短剑。这些人在他们渡海到亚细亚之后便称为比提尼亚人，但在这之前，他们自己说，由于他们居住在司妥律蒙河河畔，他们便称为司妥律蒙人。他们说，他们是被铁乌克洛伊人和美西亚人赶出了他们自己的故土的。亚细亚的色雷斯人的将领是阿尔塔巴诺斯的儿子巴撒凯斯。

(**76**)〔披西达伊人〕带着生牛皮的小楯，他们每个人使用两支猎狼用的投枪；他们戴着青铜的头盔，在这种头盔上有青铜制的牛耳和牛角，在这上面还有顶饰。他们的腿上裹着紫色的布带。在他们的国土上有一个奉祀阿列斯神的神托所。

(**77**)卡贝列斯人是迈奥涅斯人；他们被称为拉索尼欧伊人，他们的装束和奇里启亚人相同，而在我列举到奇里启亚人列阵的地方时，我还要加以叙述的。米吕阿伊人带着短枪，他们的衣服是用别针扣起来的。他们当中有的人带着吕奇亚的弓，头上戴着皮帽子。统率所有这些人的将领，是叙司塔涅斯的儿子巴德列斯。

(**78**)莫司科伊人头上戴着木盔，他们带着盾和短枪，但短枪的枪头却是很长的。从军的提巴列诺伊人、玛克罗涅斯人和摩叙诺依科伊人的装备和莫司科伊人的装备是相同的。至于统率他们的将领，则莫司科伊人和提巴列诺伊人的将领是阿里奥玛尔多斯，他是大流士和居鲁士的儿子司美尔迪斯的女儿帕尔米司所生的儿子；玛克罗涅斯人和摩叙诺依科伊人的将领是担任海列斯彭特的赛司托斯的太守的、凯拉司米斯的儿子阿尔塔乌克铁斯。

(**79**)玛列斯人戴着他们本国特别编的头盔，他们带着革制的小盾和投枪。科尔启斯人戴着木盔，带着生牛皮的小盾、短枪，此外还有刀。玛列斯人和科尔启斯人的将领是铁阿司披斯的儿子帕兰达铁斯。从军的阿拉罗狄欧伊人和撒司配列斯人的装备和科尔启斯人的装备相同。他们的将领是西洛米特列斯的儿子玛西司提欧斯。

(**80**)从红海(埃律特列海)方面以及从国王使所谓“强制移民”定居的那些岛来的岛上部落,他们的装束和武器酷似美地亚人。这些岛民的将领是巴该欧司的儿子玛尔东铁司,这个人在下一年率军在米卡列作战时,就在那里的战斗中阵亡了。

(**81**)以上便是参加陆师并被编入步兵的各个民族。这支大军的将领们就是我上面所提到的那些人,也正是这些人整顿和检点队伍,并任命千夫长和万夫长,至于百夫长和十夫长则是由万夫长来任命了。此外还有军队和民族的头目。不过,以上所说的人们都是将领。

(**82**)统率这些人以及全部陆军的将领是戈布里亚斯的儿子玛尔多纽斯、对远征希腊的事情提出了反对意见的那个阿尔塔巴诺斯的儿子特里坦塔伊克美斯、欧塔涅斯的儿子司美尔多美涅斯(这两个人都是大流士的侄子,因此他们和克谢尔克谢斯是叔伯兄弟),大流士和阿托撒的儿子玛西斯铁斯、阿里亚佐斯的儿子盖尔吉司和佐披洛司的儿子美伽比佐斯。

(**83**)以上便是万人队以外的全部陆军的将领。叙达尔涅斯的儿子叙达尔涅斯是这一万名波斯精兵的将领,这一万人由于下面的原因而被称为“不死队”。即如果在他们当中有任何一个人因死亡或因病而出缺的话,便选拔另一个人代替他,因此他们便从来不会多于或是少于一万人。在全体兵员当中,波斯人是装束得最华丽的,他们又是全军中最勇敢的,他们的装备就是像我刚才所说的那样。在这之外,他们特别引人注意的地方是他们拥有大量的黄金。同时他们随身还带着有盖的马车,里面载着妾嬖和许多装束很好的仆从;他们的粮食和军队的其余人等的粮食分别开来，它们是用骆驼和驮兽载运的。

(**84**)这些民族都有骑兵，不过，并不是他们都提供了骑兵，而只有我下面所列举的。首先，波斯人的装束和他们的步兵相同，所不同的，只是他们当中有一部分人戴着锻制的青铜和铁的头饰。

(**85**)此外还有某些称为撒伽尔提欧伊人的游牧民。他们讲的是波斯语，但他们的装束却是在波斯人和帕克杜耶斯人之间；他们提供了八千名骑兵。除去只有匕首之外，他们的习惯是不使用青铜的或是铁的武器，而只使用革纽编成的轮索。在他们出战的时候，他们就是仰仗着这些武器的。下面就是他们的作战方法。当他们和敌人遭遇的时候，他们就把皮索投出去，皮索的一端有一个套圈。不管他们用这个套圈套住什么，人也好马也好，他们就把对方向自己的这一面拉，这样敌人就被卷在套圈里绞死了。这就是他们的作战方法，他们在军中是配列在波斯人的身旁的。

(**86**)美地亚人的骑兵和他们的步兵的装备是一样的。奇西亚人也是一样。印度人的骑兵和他们的步兵同样装备，他们乘着战马，并且驾着马和野骡拉着的战车。巴克妥利亚人的骑兵的装备和他们的步兵一样，卡斯披亚人也是一样。利比亚人的骑兵也和他们的步兵的装备一样，他们也都驱着战车。同样，卡斯披亚人和帕利卡尼欧伊人的装备也和他们的步兵一样。阿拉伯人的装备和他们的步兵的装备一样。他们全都骑着速度决不比马差的骆驼。

(**87**)只有这些民族是提供了骑兵的。骑兵的人数，除去骆驼和战车以外，是八万人。所有其余的骑兵分列为若干队，但阿拉伯人配置在最后面,因为马是看不得骆驼的,他们配置在后面,就为的不使马受惊。

(**88**)骑兵的统帅是达提斯的儿子哈尔玛米特雷斯和提泰欧斯。另外一个和他们一同担任骑兵统帅的是帕尔努凯斯,但他由于生病而被留在撒尔迪斯了。原来他们正在从撒尔迪斯出发的时候,他遇到了一件悲惨的意外事件。他骑在马上的时候,一只狗在马腿下面跑;马出其不意地看到狗,受到惊吓而用两只后腿直立了起来,这样便把帕尔努凯斯摔下来了。在他摔下来之后,他吐了血,因此受伤憔悴下去,终于再也没有康复的希望了。那匹马立刻依照帕尔努凯斯的命令受到了处分;他的仆从把这匹马牵到它把主人摔掉的地方,从膝盖的地方砍掉了它的腿。这样,帕尔努凯斯便失掉了他的统帅地位。

(**89**)三段桡船的数目是一千二百零七艘。提供了这些船的是如下的人们。首先,腓尼基人和巴勒斯坦的叙利亚人一道,提供了三百只。至于他们的装备,则他们头上戴着和希腊的样式很相似的盔,穿着亚麻制的胴甲,带着没有框的盾牌以及投枪。根据腓尼基人他们自己的说法,这些腓尼基人在古昔是住在红海的岸上,而从那个地方迁移过来之后,他们便定居在叙利亚的沿岸地带。叙利亚的那块地方以及一直到埃及的地方总称为巴勒斯坦。埃及人提供了二百只船。他们头上戴着编成的盔,拿着大边的、向里面凹的盾牌,海战用的矛和大战斧。他们大多数的人穿着胴甲并带着大刀。

(**90**)以上就是他们的装备。塞浦路斯人提供了一百五十只船,说到他们的装备,则他们王公的头上都缠着头巾,他们的一般人则穿着紧身衣;在所有其他方面,他们是和希腊人一样的。按照塞浦路斯人自己的说法,他们是由以下的一些民族构成的。有一些人是撒拉米司和雅典出身的,有一些人是阿尔卡地亚出身的,有一些人是库特诺斯出身的,有一些人又是埃西欧匹亚出身的。

(**91**)奇里启亚人提供了一百只船。他们也戴着他们本国特有的盔,拿着生牛皮制造的圆牌代替盾牌使用,穿着羊毛的紧身衣。他们每个人都带着两支投枪和一把与埃及的弯刀很相似的刀。这些奇里启亚人在古昔是叫做叙帕凯奥伊人,他们现在的名字是由于腓尼基人阿该诺尔的儿子奇里科斯而得到的。帕姆庇利亚人提供了一百只船,他们的装备是和希腊人相似的。这些帕姆庇利亚人是和阿姆披罗科司与卡尔卡司一道从特洛伊离散出来的那些人的后裔。

(**92**)吕奇亚人提供了五十只船。他们穿着胴甲和胫甲,带着山茱萸制的弓和没有羽毛的箭以及投枪。他们的肩上披着山羊皮,头上戴着四周有一圈羽毛的帽子。他们还带着匕首和弯刀。吕奇亚人是克里地出身的,过去他们是叫做铁尔米莱人。他们的名称来自雅典人潘迪昂的儿子吕科斯。

(**93**)亚细亚的多里斯人提供了三十只船。他们的武器是希腊式的,而他们自己则是伯罗奔尼撒地方出生的。卡里亚人提供了七十只船,他们带着弯刀和匕首,但是在其他方面却和希腊人一样。在我这部历史一开头的地方[①]我就谈到了他们,而且提到了他们先前叫做什么名字。

---

① 参见第一卷第一七一节。

(**94**)伊奥尼亚人提供了一百只船,他们的装备和希腊人相似。这些伊奥尼亚人,当他们居住在伯罗奔尼撒的今天称为阿凯亚的那个地方的时候,在达纳乌司和克苏托斯来到伯罗奔尼撒之前,正如希腊人所说,他们是叫做沿海地区佩拉司吉人的①;他们的伊奥尼亚人的名称则来自克苏托斯的儿子伊昂。

(**95**)岛上居民提供了十七只船。他们的装备是希腊式的。他们也是属于佩拉司吉族的,他们后来由于与雅典出生的十二城市②的伊奥尼亚人相同的理由而被称为伊奥尼亚族。爱奥里斯人提供了六十只船。他们是希腊式的装备。按照希腊人的说法,在先前他们被称为佩拉司吉人。阿比多斯人以外的海列斯彭特人(阿比多斯人曾奉国王的命令留在家里守卫桥梁),其他自彭托斯随军出征的人们提供了一百只船,他们是希腊式的装备。他们是伊奥尼亚人和多里斯人的移民。

(**96**)在所有的船只上,波斯人、美地亚人和撒卡依人是战斗员。提供了行驶得最好的船只的是腓尼基人,而在腓尼基人当中则是西顿人。这些人和编入陆师的那些人一样,也各自有他们本族的首领,我在这里不提他们的名字了,因为对于我的历史的目的来说,我并不是非这样做不可的。各族的这些个别的首领是不值一提的,而且每个民族的每个城市又都有它自己的一个首领。不过他们不是以将领的资格,而是以和其余的参加军队的人们同样的隶臣资格参加出征的。至于那些最高统帅是什么人,而

① 希罗多德把希腊已知的最古老的居民通称为佩拉司吉人。

② 参见第一卷第一四二节。

每族的波斯统帅又是什么人，这我已经说过了。

(**97**)统率水师的将领是大流士的儿子阿里阿比格涅斯、阿司帕提涅斯的儿子普列克撒司佩斯、美伽巴铁斯的儿子美伽巴佐斯、大流士的儿子阿凯美涅斯；统率伊奥尼亚和卡里亚水师的则是大流士和戈布里亚斯的女儿之间所生的儿子阿里阿比格涅斯；统率埃及水师的是克谢尔克谢斯的同胞兄弟阿凯美涅斯，其他二人则指挥其余的水师。至于集合到一起的三十桡船、五十桡船、轻艇以及运送马匹的长船，则算起来总计有三千之数。

(**98**)除去上述的水师提督们以外，船上的人们当中最有名的是这样一些人：西顿人阿努索斯的儿子铁特拉姆涅司托斯、推罗人西罗莫斯的儿子玛顿、阿拉多斯人阿格巴罗斯的儿子美尔巴罗斯、奇里启亚人欧洛美东的儿子叙恩涅喜斯、吕奇亚人西卡司的儿子库贝尔尼司科斯、塞浦路斯人凯尔西司的儿子戈尔哥斯和提玛戈拉斯的儿子提莫纳克斯，在卡里亚人中间则有图姆涅斯的儿子希司提埃伊欧斯、叙塞尔多莫司的儿子披格列斯和坎道列斯的儿子达玛西提摩斯。

(**99**)除去只有阿尔铁米西亚之外，关于其他队长的事情我就不谈了，因为我觉得没有这个必要；阿尔铁米西亚以妇女之身，竟然随着大军出征希腊，这实在是使我惊叹不置的事情。原来在她的丈夫死时，她只有一个未成年的儿子，因此她便亲自执掌国政。这次她不是由于必要，仅仅是由于逞勇好胜才参加了出征。阿尔铁米西亚是她的名字，她是吕戈达米斯的女儿，因而从她的父系来说，她是一个哈利卡尔那索斯人，但从她的母系来说，她是一个克里地人。她是哈利卡尔那索斯人、科斯人、尼叙洛斯人、卡律德诺斯人的首领，她提供了五只船。她的船在全部水师当中，是仅次于西顿的最出名的好船。在所有的同盟者当中，是她向国王提供了最好的意见。我上面所说的，由她领导的城市，我敢说都是多里斯族的；哈利卡尔那索斯人是特罗伊真人，其余的人则是埃披道洛斯人。

（**100**）关于水师的事情，我就说到这里为止了。当克谢尔克谢斯检点和配列了他的大军之后，他想乘上战车对大军来一次检阅。在这之后不久他就这样做了，他乘着一辆战车走过了每一民族的士兵，他向他们进行询问，而他的书记便把他们的回答记录下来，直到他从一端到另一端检阅完了全部骑兵和步兵。检阅完毕而舰船也已被拉下来出海的时候，克谢尔克谢斯便下了战车，乘上西顿的一只船，坐在那里的黄金华盖下面，航过了各船的船头，和对陆军一样地向他们进行询问并且也下令把回答记录下来。船上的首长们把船驶到离岸四普列特隆的地方并在那里投锚列队，船头向着陆地的方向，而船上的战斗员也武装起来作了战斗的准备。克谢尔克谢斯是通过船头和陆地之间的海面对它们进行了检阅的。

（**101**）在他同样地检阅了他的全部水师并从船上下来之后，他便派人去召见随他一同出征希腊的阿里司通的儿子戴玛拉托斯。他叫来戴玛拉托斯之后就这样问他说："戴玛拉托斯，现在我很高兴问你一些想问你的事情。你是一个希腊人，而你和跟我谈话的其他希腊人都告诉过我，你是一个既非最小又非最弱的希腊城市的人。因此告诉我，希腊人有没有力量抵抗我？因为我以为，纵然全体希腊人和所有其他西方的人们集合到一起，如果他们不同心协力的话，他们也没有力量受得住我的进攻。虽然如此，我还是愿意听一听你的意见，听一听你对于他们的看法。”听到这个询问之后，戴玛拉托斯就回答说：“国王，我还是讲老实话呢，还是讲你欢喜听的话呢？”克谢尔克谢斯要他心里想什么就讲什么，并告他说他决不会因此便失宠于国王的。

（**102**）戴玛拉托斯听到这话以后就说：“国王啊，既然你命令我无论如何都要讲老实话，并且要我讲今后不会被你发现是虚伪的话，那么我就说，希腊的国土一直是贫穷的，但是由于智慧和强力的法律，希腊人自己却得到了勇气；而希腊便利用了这个勇气，驱除了贫困和暴政。对于居住在多里斯地方的全体希腊人，我是赞赏他们的，不过下面我不打算把他们一一谈到，而只谈一谈拉凯戴孟人。关于他们，我要说的是，首先，他们决不会接受你那些等于使希腊人变为奴隶的条件；其次，纵使在所有其余的希腊人都站到你的这一面来的时候，他们也会对你进行抵抗的。至于他们的人数，你无需问我会做出我所说的那样事情来的人有多少，一千人也好，比一千人多或是少也好，总之他们的军队是一定要对你作战的。”

（**103**）克谢尔克谢斯听到这话之后笑了，他说：“戴玛拉托斯，你讲的这是什么话！一千人竟然敢和我的这样大的一支军队作战！我要你告诉我，你说如果你是这些人的国王的话，你是不是愿意立即同十个人作战？而且如果你的国家的规定是像你所说的那样，则你既然是他们的国王，当然也就按照你们的法律对付多一倍的敌手了。这样，如果那些希腊人的每个人对付我的军队的十个人的话，那你显然就一定要对付二十个人了。只有这样才能证明你讲的话是真实的，可是如果这样给自己大吹大擂的你们希腊人，和你以及来谒见我的希腊人身材一样的话，那么恐怕你所讲的话也不过是一种无聊的法螺罢了。让我们根据所有可能发生的事情来考察一下吧：一千人、一万人或甚至五万人也好，如果他们都是同样地自由而不是在一个人的统制之下的时候，他们怎么能够抵抗我这样大的一支军队呢？而假使你们希腊人有五千人的话，那我们比他们每一个人还要多一千人。因为，倘若他们按照我们的习惯由一个人来统治的话，那他们就由于害怕这个人而会表现出超乎本性的勇敢，并且在鞭笞的威逼之下可以在战场之上以寡敌众；可是当他们都被放任而得到自由的时候，这些事情他们便都做不到了。在我个人来看，我以为纵令希腊人的人数和波斯人相等，他们和波斯人单独作战也不会是波斯人的对手。老实讲，你所说的这种能力，正只是我们，而不是别的人才有，不过即使在我们中间这样的人也不多，而只有少数。在护卫我的波斯枪兵当中，有一些人是可以不费什么气力便同时对三个希腊人作战的，你根本不知道这些人，却在这里大讲昏话了。”

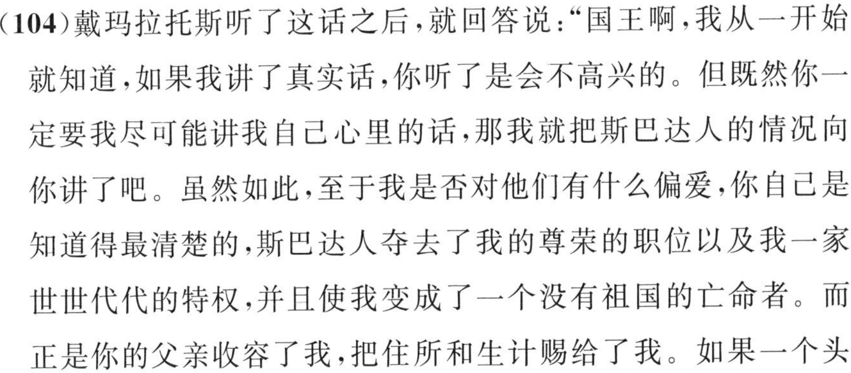

(104)戴玛拉托斯听了这话之后，就回答说：“国王啊，我从一开始就知道，如果我讲了真实话，你听了是会不高兴的。但既然你一定要我尽可能讲我自己心里的话，那我就把斯巴达人的情况向你讲了吧。虽然如此，至于我是否对他们有什么偏爱，你自己是知道得最清楚的，斯巴达人夺去了我的尊荣的职位以及我一家世世代代的特权，并且使我变成了一个没有祖国的亡命者。而正是你的父亲收容了我，把住所和生计赐给了我。如果一个头脑清醒的人拒绝接受你父亲的显然的好意，那是不可想象的事情，他倒是应当对这件事表示最恳切的感谢的。至于我个人，我不能担保我能够和十个敌人作战，也不能担保我能够和两个敌人作战，而如果问我自己的意思，则我甚至不愿和一个敌人作战；可是在迫不得已的时候，或是在有什么重大的事情使我非如此做不可的时候，我也甘愿和自称一个可顶三个希腊人的那些人当中的一个人作战。拉凯戴孟人的情况也是这样。在单对单作战的时候，他们比任何人都不差；在集合到一起来作战的时候，他们就是世界上无敌的战士了。他们虽然是自由的，但是他们并不是在任何事情上都自由的。他们受着法律的统治，他们对法律的畏惧甚于你的臣民对你的畏惧。我可以拿出证据来证明他们的确是这样：凡是法律命令他们做的，他们就做，而法律的命令却永远是一样的，那就是，不管当前有多么多敌人，他们都绝对不能逃跑，而是要留在自己的队伍里，战胜或是战死。如果我说的这番话在你看来只不过是愚蠢的话，那今后就不要叫我讲话好了；因为我现在的话也是迫不得已才说的。不过，国王啊，我是希望你的希望能实现的。”

(105)以上就是戴玛拉托斯回答的话。克谢尔克谢斯把他的这话当成笑谈，而没有发火，他把他十分客气地送走了。在和戴玛拉托斯谈了话以后，克谢尔克谢斯便任命美伽多司铁斯的儿子玛司卡美斯担任那个多里司科斯的太守并黜免了大流士过去在那里任命的人。随后，他便率军经由色雷斯向希腊进发了。

(106)他留下的这个玛司卡美斯乃是这样的一个人，克谢尔克谢斯只把赠品赐给这个人，因为他认为在他或大流士所任命的一切太守当中，玛司卡美斯是最勇敢的人物。他每年都下赐赠品，克谢尔克谢斯的儿子阿尔托克谢尔克谢斯对于玛司卡美斯的后裔也是这样。原来在这次远征之前，在色雷斯和海列斯彭特的到处就都设置太守了。那个地方的全部太守，除去多里司科斯的太守之外，在这次远征之后全给希腊人赶下来了；但是任何人却都不能把多里司科斯的玛司卡美斯赶下来，虽然有许多人试图这样做。由于这个原因，波斯的国王在任何时候都把赠品赐给他。

(**107**)在那些给希腊人赶下来的人们当中，克谢尔克谢斯认为没有一个勇敢的人物，例外的只有治理埃翁的波该司。克谢尔克谢斯对这个波该司从来就是赞不绝口的，而对于波该司死后还生活在波斯的他的儿子们，则给以极大的荣誉，实际上波该司看来也完全是值得受到一切赞扬的。当他给在米尔提亚戴斯的儿子奇蒙统率之下的雅典人包围起来的时候，他本来是可以在缔结城下之盟之后离开埃翁并返回亚细亚的。虽然如此，他却不愿这样做，因为他害怕国王会以为他是由于怯懦而贪生怕死的，这样他便抵抗到底了。而当他的城内粮食用尽的时候，他便架起一个大木堆，把他自己的妻子儿女、妾嬖、仆从等人扫数杀死投到火里，然后把城里的全部金银拿出来从城上投到司妥律蒙河内。做完这一切之后，他自己也就投到火堆里烧死了。因此直到今天波斯人还称赞他，这完全有道理的。

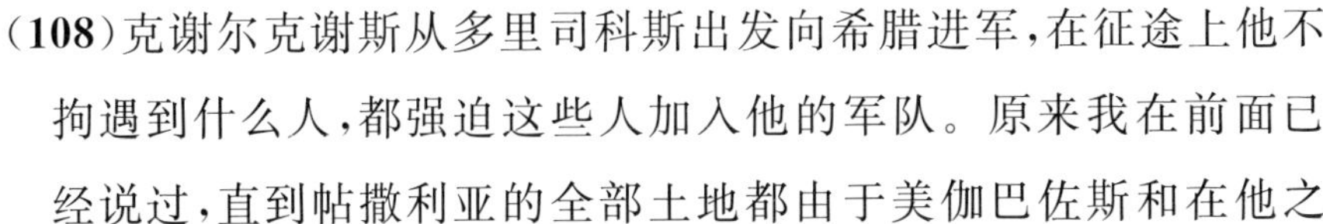

(**108**)克谢尔克谢斯从多里司科斯出发向希腊进军，在征途上他不拘遇到什么人，都强迫这些人加入他的军队。原来我在前面已经说过，直到帖撒利亚的全部土地都由于美伽巴佐斯和在他之

后的玛尔多纽斯的征服而受到奴役并成了国王的纳贡者。在他从多里司科斯上路以后,他首先经过了萨摩特拉开人的要塞,而在最西端修建的那座要塞是一座称为美撒姆布里亚的市邑。接着它的则是塔索斯人的司妥律美市。在这两个市邑之间流着一条利索司河,这条河现在竟不够克谢尔克谢斯大军的饮用而给搞干了。所有这一带的地方过去是叫做伽拉伊凯,现在则叫做布里昂提凯。但若按照正当的根据,这也应当是奇科尼亚人的地方。

(**109**)在渡过了当时已经干涸的利索司河的河床之后,他又走过了玛罗涅亚、狄凯亚和阿布戴拉这几个希腊城市。在走过了这些城市以后,他又经过了它们附近的一些有名的湖;在玛罗涅亚和司妥律美之间有伊兹玛里司湖,在狄凯亚附近有比司托尼斯湖,而特拉沃斯河与孔普桑托斯河便是流入这个湖的。在阿布戴拉附近,克谢尔克谢斯并没有经过任何有名的湖,却渡过了流入大海的涅司托斯河。从这些地方他又经过了大陆上的一些城市,其中一个城市的附近有一个周匝大约有三十斯塔迪昂长的湖,湖水很咸而湖中又有很多的鱼。单是叫驮畜喝水就把这个湖给喝干了。这个城市叫做披司图洛斯。克谢尔克谢斯在进军的道路上经过了沿海的这些希腊城市,这些城市都是在他的左面的。

(**110**)他所经过的土地上面的色雷斯人的部落,有帕依托伊人、奇科尼亚人、比司托尼亚人、撒帕依欧伊人、戴尔赛欧伊人、埃多诺伊人、撒妥拉伊人。这些部落当中凡是住在海边的都上船参加了水师,我上面所提到的住在内地的人们则全部被迫参加了陆

军,例外的只有撒妥拉伊人。

(**111**)据我们所知道的,撒妥拉伊人从来没有受过任何人的役使,在全体色雷斯人当中,只有他们是直到今天还保持着自由的。原来他们居住在覆盖着各种树木和雪的高山上,而且他们又是非常卓越的战士。狄奥尼索斯的神托所便是属于他们的,这个神托所位于最高的一座山峰之上,这个庙的预言者(解释神托的人——译者)是撒妥拉伊人当中的倍索伊人,降神的人,则和在戴尔波伊的情况一样,也是一个女祭司。这里并没有什么比那里更加玄妙的事情。

(**112**)通过了上述的地方之后,克谢尔克谢斯继而又通过了披埃里亚人的要塞,一个要塞叫做帕格列斯,一个要塞叫做培尔伽莫斯。在这条道路上,他是沿着这些要塞的城墙行进的,在他的右手就是既高且大的庞伽伊昂山;山上有披埃里亚人、欧多曼托伊人、特别是撒妥拉伊人所开发的金银矿。

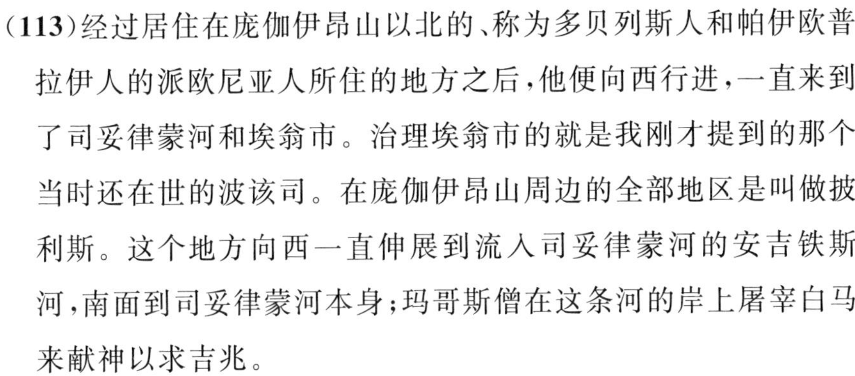

(**113**)经过居住在庞伽伊昂山以北的、称为多贝列斯人和帕伊欧普拉伊人的派欧尼亚人所住的地方之后,他便向西行进,一直来到了司妥律蒙河和埃翁市。治理埃翁市的就是我刚才提到的那个当时还在世的波该司。在庞伽伊昂山周边的全部地区是叫做披利斯。这个地方向西一直伸展到流入司妥律蒙河的安吉铁斯河,南面到司妥律蒙河本身;玛哥斯僧在这条河的岸上屠宰白马来献神以求吉兆。

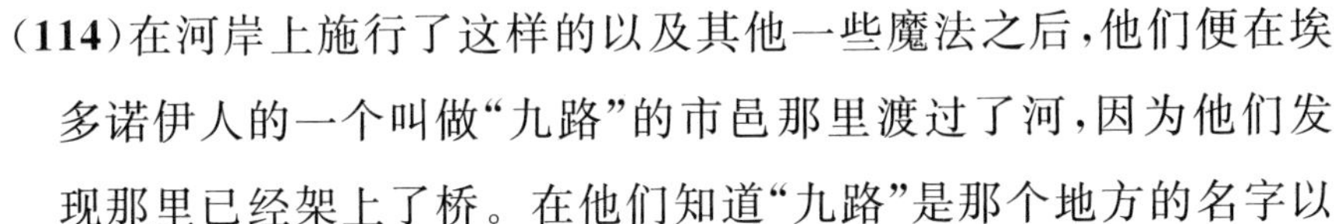

(**114**)在河岸上施行了这样的以及其他一些魔法之后,他们便在埃多诺伊人的一个叫做“九路”的市邑那里渡过了河,因为他们发现那里已经架上了桥。在他们知道“九路”是那个地方的名字以

后，他们便把当地人当中那个数目的男孩子和女孩子活埋了。活埋是波斯人的一种习惯。我听说当克谢尔克谢斯的妻子阿美司妥利斯到了老年的时候，她活埋了波斯的名门子弟十四人，她这样做是为了替自己向传说中的冥界之神表示谢意。

(**115**)大军从司妥律蒙出发，经过了阿尔吉洛斯；阿尔吉洛斯是一座希腊的市邑，位于向着日落的方向展开的海岸上。这个市邑所在的地方以及它的上方是叫做比撒尔提亚。克谢尔克谢斯从那里，左手沿着波赛东神殿附近的海湾，穿过了他们所说的叙列乌斯原野，路过一个叫做司塔吉洛斯的希腊城市而到达了阿坎托司。他把所有这些部落以及居住在庞伽伊昂山附近的人们都强制地编入自己的军队，就好像对我在前面已经提到的那些人的办法一样，住在沿岸地方的人参加他的水师，住在内地的人们则参加他的陆军。对于国王克谢尔克谢斯进军的这一条道路，色雷斯人既不加毁坏，也不在上面播种什么，而直到我的时候，他们对这条路都是十分尊重的。

(**116**)当克谢尔克谢斯来到阿坎托司的时候，他便宣布说阿坎托司人是他的客人和朋友，并且把美地亚的衣服送给他们，克谢尔克谢斯称扬阿坎托司人是因为他看到他们作战时十分卖力气，同时又听到了他们开凿运河的事情。

(**117**)正当克谢尔克谢斯留在阿坎托司的时候，监督开凿运河的阿尔塔凯耶斯病死了。这个出身阿凯美尼达伊家的人是克谢尔克谢斯十分宠信的。(由于他的身高五王室佩巨斯差四达克杜洛斯)他的身躯在波斯是最高的，他的声音也是世界上最响亮的。因此克谢尔克谢斯对阿尔塔凯耶斯表示了深切的哀悼，为他举行了极其豪华的殡仪和葬礼，全军都来为他修筑坟茔。阿坎托司人按照神托的指示把阿尔塔凯耶斯当成是一个英雄，他们呼叫着他的名字向他奉献牺牲。克谢尔克谢斯就是这样地哀悼了阿尔塔凯耶斯的死。

(118)但是欢迎克谢尔克谢斯的军队并且款待了国王本人的希腊人却遭到了极大的不幸，他们甚至被逐出了自己的家宅。原来当塔索斯人代表他们本土的市邑迎接和款待克谢尔克谢斯的军队的时候，他们选出了市民中间一位最知名的人士、奥尔盖乌司的儿子安提帕特洛斯主持这件事，可是他在向他们报账的时候，他说他为了这次宴会花费了四百塔兰特的白银。

(119)在所有其他的市邑，当事人所提出的报告也都和这差不多。原来设宴的命令既然在很久以前便已发下来，而这事又被认为十分重要，因此宴会大概是这样安排的。首先，当市民从到各处宣告的传令人那里一听到这件事的时候，他们立刻便把市内的谷物在他们中间分配，在好多个月里制造小麦粉和大麦粉。此外，他们为了款待大军，又不惜出最高的价钱买了最好的家畜来饲育，并把陆禽和水禽分别养在笼子里和池子里。他们还制造金银的杯盏、混酒钵以及食桌上的各种各样的用具。这些东西是为国王本人以及陪同他进餐的人们制作的。对于军队的其他人等，则他们只是供应食物罢了。在大军到来的时候，那里建起了一座帷幕供克谢尔克谢斯本人居住，而他的军队便都住在露天里了。到用膳的时候，招待的人们真是忙得不可开交。而在大军尽情吃饱并在那里住了一夜之后，第二天他们就从地上拆卸了帷幕，收拾了一切道具用品，然后便开拔了，他们把所有的

东西都带走,无论什么都没有留下来的。

(120)因此,一个名叫美伽克列昂的阿布戴拉人就说出了甚为得体的话。他劝告阿布戴拉人,不分男女老少全都到他们的神殿中去,在那里恳求诸神,将来保护他们使他们免遭会到临他们头上的所有灾难的一半,而且他还劝告他们为过去照顾他们的事情衷心感谢诸神,因为克谢尔克谢斯每天并没有吃两顿饭的习惯。不然的话,如果他们奉命以和晚餐同样的方式准备一顿早餐的话,则阿布戴拉人就不得不或是在克谢尔克谢斯到来之前逃跑,或是留在那里等候他,以便遭到最悲惨地灭亡的命运。

(121)这样,虽然他们经历了很大的困难,却仍旧完成了指定给他们的任务。而克谢尔克谢斯在离开阿坎托司的时候曾下令给他的水师提督们[①],要水师在铁尔玛等候他,在这之后,他便把他的船只打发开,要它们继续自己的航程了。铁尔玛临着铁尔玛湾,铁尔玛湾就是因这个铁尔玛而得名的。原来,他听说,这是一条最便捷的道路。至于从多里司科斯到阿坎托司,陆军是以这样的次序行进的。克谢尔克谢斯把全部陆军分成三部分。他指令一部分沿着海岸与水师并进,这部分军队的统帅是玛尔多纽斯和玛西司铁斯;另三分之一的陆师则奉命向内地挺进,这部分军队的统帅是特里坦塔伊克美斯和盖尔吉司;第三部分是克谢尔克谢斯自己跟着,它在前两部分中间行进,而它的统帅则是司美尔多美涅斯和美伽比佐斯。

(122)因此,当水师驶离了克谢尔克谢斯并通过在阿托斯那里开

---

① 从施本*ταῦ ναυτιχοῦ στρατοῦ*。——译者

凿的运河而到达阿萨、披罗洛斯、辛哥斯、撒尔铁诸市邑所在的海湾时,就也从这些市邑把兵员吸收到船上来,然后便全速向铁尔玛湾进发了。水师绕过了托罗涅的阿姆培洛斯岬,驶过了托罗涅、伽列普索斯、谢尔米列、美库倍尔纳、欧伦托斯等希腊人的市邑并从这些市邑征收了船只和兵员。那个地方叫做西托尼亚。

(**123**)克谢尔克谢斯的水师从阿姆培洛斯岬一直驶行到帕列涅地方向海中最突出的那个卡纳司特隆岬并从现在称为帕列涅,但过去称为普列格拉的地方的那些市邑,即波提戴阿、阿庇提司、涅阿波里司、埃给、铁拉姆波司、司奇欧涅、门戴、撒涅诸市征发了船只和兵员。他们沿着这一海岸行驶,到指定的地点去,而且从在帕列涅附近和铁尔玛湾相接的诸市邑取得了兵员;这些市邑的名字是里帕克索斯、科姆布列阿、里赛、吉戈诺司、坎普撒、司米拉、埃涅亚。这些市邑所在的地方到今天还叫做克罗赛阿。从我上面所列举的市邑当中的最后一个市邑埃涅亚,水师又向铁尔玛本湾和米哥多尼亚地区进发,一直达到指定的地点铁尔玛,以及辛多斯城和阿克西奥司河岸上的卡列司特拉城;阿克西奥司河是米哥多尼亚地区和波提埃阿地区的交界,而在波提埃阿地方沿海的一块狭窄的土地上,则有伊克奈和培拉两个市邑。

(**124**)因此水师就在阿克西奥司河、铁尔玛市以及它们之间的市邑附近投锚列阵,等候国王的到临。但是克谢尔克谢斯和他的陆军从阿坎托司出发,却横穿过内地,想由这个捷径直达铁尔玛。他们穿过派欧尼亚和克列司托尼亚两个地方而达到埃凯多洛斯河,这个埃凯多洛斯河发源于克列司托尼亚地方,流经米哥多尼

亚地方而注入阿克西奥司河河畔的沼泽地带。

(**125**)正当着克谢尔克谢斯向着这个方向进军的时候,狮子袭击了他那载运着粮食的骆驼。原来狮子每到夜里便离开了它们的巢窟专门出来捕捉骆驼,而对于人和驮畜等其他的东西则不闻不问。我奇怪是什么理由迫使狮子对其他一切不加闻问,却专门捕捉在当时之前它们从来没有看见过或是试过的动物骆驼。

(**126**)在那些地方,狮子是很多的;那里还有野牛,野牛有人们输入希腊的非常巨大的角。狮子出没之地的边界是流经阿布戴拉的涅司托斯河和流经阿卡尔那尼亚的阿凯洛司河。不拘是在涅司托斯河以东的欧罗巴前部地方,还是在阿凯洛司河以西的大陆其他地方,人们都看不到一只狮子。但是在这两条河之间,人们是看得到狮子的。

(**127**)克谢尔克谢斯到达铁尔玛之后,便把军队驻屯在那里了。军队在沿海地带张起的营幕从铁尔玛和米哥多尼亚地方一直伸展到吕第亚斯河和哈里亚克蒙河;这两条河合流成一条成为波提埃阿和马其顿领土之间的境界的河流。异邦军就在这个地方扎营了。在上面所提到的河里,从克列司托尼亚地方流出的埃凯多洛斯河是仅有的一条不够大军饮用的河流,因而它就干涸了。

(**128**)当克谢尔克谢斯从铁尔玛看到帖撒利亚的极其巍峨的奥林波斯山和欧萨山,知道佩涅欧司河流经它们之间狭窄的峡谷,并得悉这里有一条通向帖撒利亚的道路的时候,他便很想看一看佩涅欧司河的河口,因为他打算沿着上手的道路通过马其顿人居住的内部高地到佩莱比亚人的地区和戈恩诺斯市,因为他听说这乃是最安全的一条道路。既然这样想，他就这样做了。在他想做这样一件什么事情的时候他总是乘坐在西顿人的船上面的。他登上西顿人的船以后，他便向其他的人们发出了起航的信号，却把他的陆军留在原来的地方。当他来到并看了佩涅欧司河的河口时，他大为吃惊了。于是他把向导人召了来，向他们垂询是不是可以改变河流的水道，使它循着另一条水道入海。

(**129**)据传说，帖撒利亚在古时是一个湖，四周有崇山峻岭围绕着。山麓相交在一处的佩里洪山和欧萨山封住了它的东面，向着朔风的那一面(即北面——译者)有奥林波斯山，西面有品多斯山，向着日中和向着南风的一面则有欧特律司山作为屏障。而在上述诸山当中就是帖撒利亚的谷地了。而既然有许多河流入这个谷地，而其中最著名的五条河的名字是佩涅欧司、阿披达诺斯、欧诺柯挪斯、埃尼培乌司、帕米索斯，因此当这五条河流从帖撒利亚四周的山向一处汇流的时候，它们各有自己的名称，但它们最后却汇流到一起，经过一条狭窄的峡谷流注入海。但它们一经汇流到一起，佩涅欧司的名称便占了上风并使其他的河川无名了。据说在古昔的时候，是还没有这个峡谷和河口的，但那些河流以及那些河流之外的波依贝司湖，虽然它们没有像今天一样的名称，水量却和今天同样的多，这样便把整个的帖撒利亚变成了一片海。不过，按照帖撒利亚人自己的说法，佩涅欧司流经的这个峡谷是波赛东造成的，这话颇有道理。因为什么呢？原来不管是谁，只要他相信波赛东震撼过大地，而因地震产生的裂痕乃是神的事业，那他只要一看这个峡谷，就会相信这是波赛东造成的。在我来看，显然是地震的力量才使这些山裂开的。

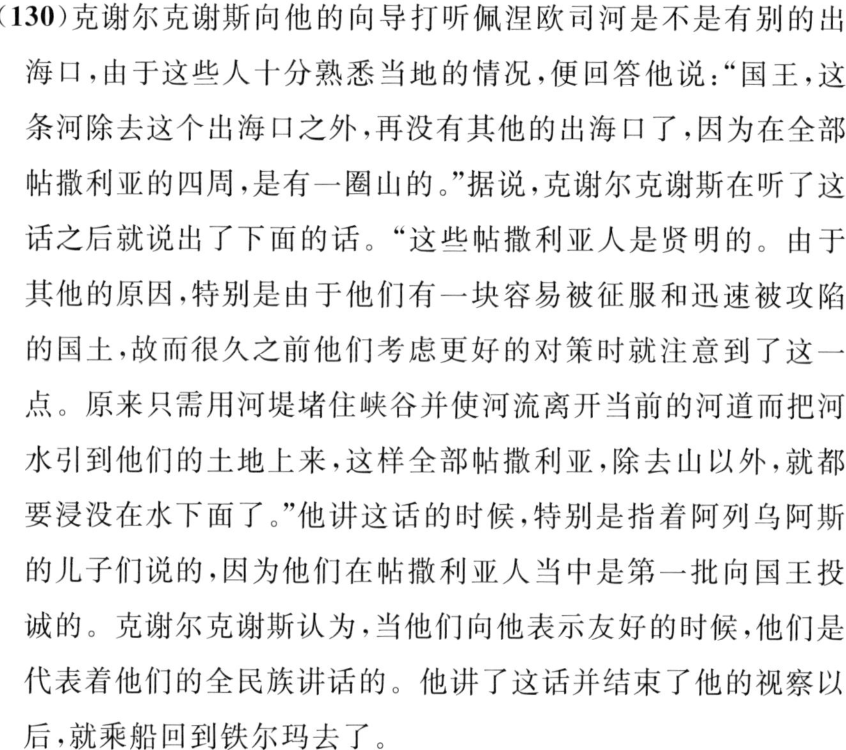

(130)克谢尔克谢斯向他的向导打听佩涅欧司河是不是有别的出海口，由于这些人十分熟悉当地的情况，便回答他说："国王，这条河除去这个出海口之外，再没有其他的出海口了，因为在全部帖撒利亚的四周，是有一圈山的。"据说，克谢尔克谢斯在听了这话之后就说出了下面的话。"这些帖撒利亚人是贤明的。由于其他的原因，特别是由于他们有一块容易被征服和迅速被攻陷的国土，故而很久之前他们考虑更好的对策时就注意到了这一点。原来只需用河堤堵住峡谷并使河流离开当前的河道而把河水引到他们的土地上来，这样全部帖撒利亚，除去山以外，就都要浸没在水下面了。"他讲这话的时候，特别是指着阿列乌阿斯的儿子们说的，因为他们在帖撒利亚人当中是第一批向国王投诚的。克谢尔克谢斯认为，当他们向他表示友好的时候，他们是代表着他们的全民族讲话的。他讲了这话并结束了他的视察以后，就乘船回到铁尔玛去了。

(131)他在披埃里亚一带停留了几天，因为他的三分之一的军队都在马其顿的山区地带开辟道路以便使他的军队能够从这条道到佩莱比亚人的地区去。这时，被派往希腊去要求土的使者们回来了，他们有的是空着手回来的，有的是带着土和水回来的。

(132)献出了土和水的人是：帖撒利亚人、多罗披亚人、埃尼耶涅斯人、佩莱比亚人、罗克里斯人、玛格涅希亚人、玛里司人、普提奥梯斯的阿凯亚人、底比斯人以及除铁司佩亚人和普拉塔伊阿人之外的所有其他的贝奥提亚人。为了对付这些人，和异邦人宣战的希腊人立下了一个严肃的誓言；誓言说，如果他们在战争中顺利的话，他们就把自愿向波斯人投诚的全部希腊人的财产的十分之一奉献给戴尔波伊的神。以上就是希腊人所立的誓言。

(133)但是克谢尔克谢斯却没有派使者到雅典和斯巴达去要求土,理由是这样。在当初大流士派人向他们提出同样要求的时候,一个城市把要求者投到巴拉特隆(地坑——译者)里去,另一个城市则把要求者投到井里去,他们命令要求者从这里取得土和水带给国王。就因为这个原因,克谢尔克谢斯才不派人去做这样的要求。雅典人这样对待来使,除去他们的土地和他们的城市遭到蹂躏以外,此外还遇到怎样的灾难我说不出了,但是我以为这不是由于上述的原因,而是还有另外的原因。

(134)不过,拉凯戴孟人确是遇到了阿伽美姆农的使者塔尔图比欧斯的神谴的。原来在斯巴达有一座塔尔图比欧斯的神殿,而塔尔图比欧斯的子孙则称为塔尔图比阿达伊家。他们享有担任自斯巴达派出的一切使者的特权。在发生了上述的事情之后,斯巴达人在奉献牺牲时不能取得吉兆,而且在一个很长的时期里都是这样。拉凯戴孟人为这件事十分发愁,认为这是一件很倒霉的事情。他们常常召集民众大会并发出布告征询是否有拉凯戴孟人愿意为斯巴达献出自己的生命,于是两名出身高贵而又十分富有的斯巴达人,阿涅利司托斯的儿子司佩尔提亚斯和尼柯拉欧斯的儿子布里斯自愿为了在斯巴达被处死的、大流士的使节而向克谢尔克谢斯偿命。于是斯巴达人便把他们派到美地亚人那里去送死了。

(135)这些人的勇敢行为是值得赞叹的,而我下面记述的、他们所讲的话也是这样。正在他们到苏撒去的时候,他们来到了一个名叫叙达尔涅斯的波斯人的地方，这是亚细亚沿海地带居民的一位统帅。他欢迎并且款待了他们，而正当他款待他们的时候，他就问他们说："拉凯戴孟人，为什么你们不愿和国王交朋友呢？只要看一看我和我的情况，你们就可以判断出来，国王是多么善于敬重有品德的人物。因此，你们（在他看来显然你们也是有品德的人物）如果为国王效劳的话，那你们便都可以被赐以一块希腊的土地而成为统治者。"但斯巴达人回答他说："叙达尔涅斯，你对我们的劝告是欠公平的，因为你的劝告在一方面来说虽然说明你是有经验的，可是在另一方面，却又说明你是没有经验的。对于做一名奴隶，那你是知道得十分清楚的，但是你却从来没有体验过自由，不知道它的味道是不是好的。如果你尝过自由的味道的话，那你就会劝我们不单单是用枪，而且是用斧头来为自由而战了。"

(**136**)他们就是这样回答了叙达尔涅斯的。从那里他们来到苏撒，见到了国王，可是当国王的卫兵命令并且想强制他们匍匐跪拜在国王面前的时候，他们说他们决不肯这样做，即使他们被头朝下地栽倒也决不肯这样做，因为他们说他们没有对凡人跪拜的习惯，而且这也不是他们此来的目的。在他们顽强地拒绝了这样做以后，他们又说："美地亚人的国王啊，拉凯戴孟人把我们派来是为了给你那在斯巴达被杀死的使者来偿命的"，此外还有其他诸如此类的话。克谢尔克谢斯听他们讲这话的时候，就十分豁达大度地说，他是不愿意学拉凯戴孟人的做法的，他认为他们杀死了来使从而破坏了全人类的法律，但是他却不愿做出他责备他们不应做的事情，也不想作为报复把他们杀死，从而使拉凯戴孟人免除了这一罪恶行为。

(**137**)这样，虽然司佩尔提亚斯和布里斯返回了斯巴达，斯巴达人还是用这样的行动一时地缓和了塔尔图比欧斯的愤怒。但是在那之后很久，根据拉凯戴孟人的说法，这种愤怒又在伯罗奔尼撒人与雅典人之间的战争中被引起来了。在我看来，这的的确确是表现了上天的意旨的。塔尔图比欧斯的怒气要发泄到使者的身上，在不得到满足时决不罢休，这乃是十分合乎正义的事情。但是这怒气却发泄到为了国王发怒的缘故而到国王那里去的人们的儿子，即布里斯的儿子尼柯拉欧斯和司佩尔提亚斯的儿子阿涅利司托斯身上，这一点就使我看得很清楚，这是上天因塔尔图比欧斯发怒之故而做出来的事情。这个阿涅利司托斯在满载兵员的商船上航行时，曾征服过提律恩司地方出身的哈里埃斯人。这两个人曾奉拉凯戴孟人的派遣出使亚细亚。他们给色雷斯国王铁列欧司的儿子西塔尔凯司和阿布戴拉人披铁阿斯的儿子尼姆波多洛斯所出卖，结果在海列斯彭特上的比桑铁被捕并给送到阿提卡去，就在那里给雅典人杀死了。和他们一同丧命的，还有一个科林斯人阿迪曼托司的儿子阿利司铁阿斯。

不过这是在国王远征以后多年发生的事情了，现在我仍要接着我前面的话讲下去。

(**138**)国王在这次出征中，是扬言打算进攻雅典的，但他进攻的目的实际上却是整个希腊。希腊人在很早以前便听说这一点，不过并不是他们所有的人都抱着同样的看法。那些曾向波斯人献出了土和水的人们在心里是有底的，因为他们相信异邦人不会加害于他们；但是那些拒绝献纳土和水的人们却是十分害怕，因为在希腊并无足够的船只可以抗击侵略军，而且他们当中大部分人都不想作战，而是急于想站到美地亚人的那一面去。

(**139**)在这里，我不得不发表自己的一个见解，虽然大多数的人是不会喜欢这个见解的。可是，如果在我看来是真实的见解，那我是决不能把它放在心里不讲出来的。如果雅典人因逼临到头上的危险而惊惶万状，从而离弃他们自己的国家，或者他们虽不离开，却留在那里向克谢尔克谢斯投降的话，那么就没有任何人想在海上和国王对抗了。因此，如果没有人在海上和他对抗的话，我以为在陆上就要发生这样的事情。虽然伯罗奔尼撒人在地峡上修筑了不是一层，而是好几层城壁作为他们的屏障，拉凯戴孟人的同盟者还是会离开他们，直到最后只剩下他们自己。他们的同盟者离开他们不是自愿如此，而是不得已的，因为这些同盟者的城市一座座地给异邦人的水师攻陷了。既然这样地被孤立起来，他们就势必得对敌人大战一场并光荣地战死。这便是他们会遭到的命运，否则在他们看到希腊的其他部分都站到敌人一面去的时候，他们也就会和克谢尔克谢斯缔结城下之盟了。上述两种情况不管是哪一种发生，希腊都是会给波斯人征服的。因为，当国王制霸海上之际，我看不出在地峡上修筑城壁会带来什么好处。但实际上，如果说雅典人乃是希腊的救主的话，这便是十分中肯的说法了。雅典人站到哪一方面，看来优势就会转到哪一方面。雅典人既然认为希腊应当继续保有它的自由，他们便激励剩下的没有向波斯人屈服的那一部分希腊人，而且正是他们这些人，继诸神之后(遵照诸神的意旨——译者)，击退了国王。来自戴尔波伊并使他们感到很大恐怖的可怕的神托也没

有打动他们离开希腊，他们坚守在自己的国土上面，鼓起勇气来等候侵略他们国土的人们。

(140)原来雅典人曾派遣使节到戴尔波伊去，请求给他们一个神托。当他们在神殿那里行礼如仪并坐到内部的圣堂里面去的时候，那个名叫阿利司托尼凯的佩提亚就向他们回答说：

不幸的人们啊，为什么你们还坐在这里？
逃离你们的家，你们那轮形城市的高耸入云的卫城，
跑到大地的尽头去吧。
身躯和头同样都不能安全无恙，
下面的脚，手，以及它们中间的一切也都无济于事，
它们都要毁灭掉。
因为火和凶猛的阿莱司神（战神——译者）飞快地驾着叙利亚的战车，要把这座城市毁掉。
他要把不仅仅是你们的，而是许许多多的城砦毁掉。
他还要把神的许多神殿交付火焰吞食；
它们立在那里吓得流汗，由于害怕而战栗。
从它们的屋顶有黑色的血流下来，预示着他们的无可避免的凶事。
因此我要你们离开神殿，拿出勇气来制服你们的不幸遭遇吧。

(141)当雅典的使者们听到这些话时，他们真是惊恐万状。由于这一十分不吉利的预言，他们已陷于绝望了。这时戴尔波伊人当中的最知名的一位人士、安多罗布洛斯的儿子提蒙就向他们建议，要他们带着表示请求庇护的橄榄枝，再一次到那里去，这样

就是以请求庇护的人的身份去请求神托了。雅典人按照他的话做了。他们说:“主啊,看在我们把这些请求庇护的橄榄枝带到你跟前这件事的面上,请赐给我们关于我们祖国的一个比较好的预言吧。不然的话,我们就不离开你的神殿,直到死都一直留在这里了。”于是,佩提亚便向他们宣布了第二个神托:

用许多话来请求,用高明的意见来劝说,
帕拉司都不能缓和宙斯的怒气。
然而我仍愿向你们讲一句像金刚石那样坚硬的话。
在开克洛普斯圣城和神圣的奇泰隆谷地里目前所保有的一切
都被夺去的时候,
远见的宙斯终会给特里托该涅阿一座难攻不落的木墙
用来保卫你们和你们的子孙。
且莫安静地居留在你们原来的地方,因为从大地方面
来了一支骑兵和步兵的大军;你们倒应当在他们来时撤退,
把背向着敌人;不过你们终有一天会和他们交战的。
神圣的撒拉米司啊!在播种或是收获谷物的时候,
你是会把妇女生的孩子们毁灭掉的。

(**142**)从表面上来看,并且实际上,这个神托都是比前一个神托要温和些的。于是他们把它记录下来,就返回雅典了。当使节们离开了戴尔波伊并把神托报告给人民的时候,大家对于这一神托的含义作了许多解释,而在人们发表的许多看法当中,特别有两种最相反的看法。有一些比较年老的人认为,神的启示的意

思是应当把卫城留下，因为在古昔，雅典卫城的四周是有一道栅栏的，而在他们看来木墙就是指着这道栅栏了。但是另外的一些人则以为神所说的木墙是指着他们的船只说的，而他们的意思是什么都不做，只把船只装备起来。不过在佩提亚的回答中，它的最后两行

神圣的撒拉米司啊！在播种或是收获谷物的时候，
你是会把妇女生的孩子们毁灭掉的。

却使主张木墙即是船只的那些人难于自圆其说了。这两行诗句使那些以为他们的船便是木墙的人们十分困惑了。原来那解释神托的人认为这两行诗的意思是：他们如果在撒拉米司附近的海上准备作战的话，他们是会在那里全军覆没的。

(143)这时有一个不久之前才显露头角而成为一流人物的雅典人，他的名字叫做铁米司托克列斯，人们称他为尼奥克列斯的儿子。他说解释神托的人并没有把神托的全部含义正确地阐述出来。他的看法是这样。如果这些诗句所谈的真是雅典人的话，那神托就不会用一个这样温和的词，它就要说残忍的撒拉米司，而不会说神圣的撒拉米司了，因为当地的居民实际上都是要死在那里的。因此他以为，如果要正确理解这个神托的话，则神的这番话的意思，毋宁说是指着敌军，而不是指着雅典人说的。他劝告说，他们应当相信木墙是指着他们的船只说的，因而要作海上作战的准备。铁米司托克列斯把自己的看法向雅典人宣布之后，雅典人便认为他对神托的解释是要比神托解释者的解释高明，因为后者不愿意雅典人作海战的准备，简言之，也就是干脆不进行抵抗，而是离开阿提卡，移居到别的什么地方去。

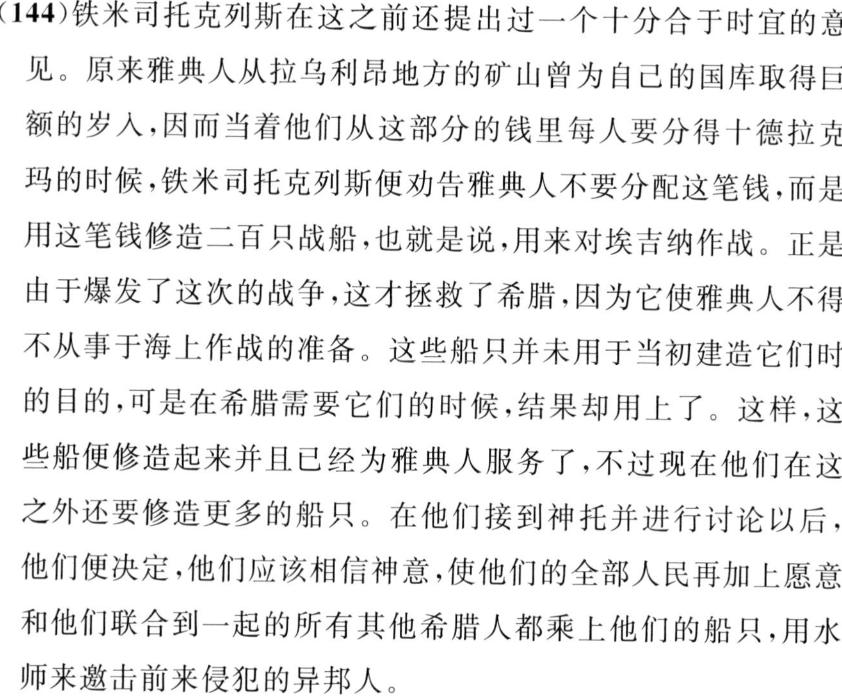

(**144**)铁米司托克列斯在这之前还提出过一个十分合于时宜的意见。原来雅典人从拉乌利昂地方的矿山曾为自己的国库取得巨额的岁入，因而当着他们从这部分的钱里每人要分得十德拉克玛的时候，铁米司托克列斯便劝告雅典人不要分配这笔钱，而是用这笔钱修造二百只战船，也就是说，用来对埃吉纳作战。正是由于爆发了这次的战争，这才拯救了希腊，因为它使雅典人不得不从事于海上作战的准备。这些船只并未用于当初建造它们时的目的，可是在希腊需要它们的时候，结果却用上了。这样，这些船便修造起来并且已经为雅典人服务了，不过现在他们在这之外还要修造更多的船只。在他们接到神托并进行讨论以后，他们便决定，他们应该相信神意，使他们的全部人民再加上愿意和他们联合到一起的所有其他希腊人都乘上他们的船只，用水师来邀击前来侵犯的异邦人。

(**145**)以上就是雅典人所得到的神托了。所有那些愿意希腊今后会好起来的希腊人于是集合到一起，相互商议并相互保证了信谊，在这以后他们就议决首先结束他们之间的一切不和和相互之间的战争，不管它们是由什么原因引起的。在其他的人们中间固然也有战争，不过其中最大的却是雅典人和埃吉纳人之间的战争。他们一听说克谢尔克谢斯和他的军队已经在撒尔迪斯，他们便计划把间谍派到亚细亚去，以便侦察国王的活动情况，同时又把使节派出去，有些人是到阿尔哥斯，这些人是想把阿尔哥斯人变成和他们共同抵抗波斯人的同盟者；另一些人是到西西里地方狄诺美涅斯的儿子盖隆那里去；再一些人是到柯尔库拉去为希腊去请求援助；还有一些人则是到克里地去。原来他们以为,既然全部希腊都同样地受到危险,因此他们希望全体希腊血统的民族结成一体并为了一个共同的目标同心奋斗。而且据说盖隆的势力是很大的,要远远地超过希腊的任何其他力量。

(**146**)在作了这样的决定并调解了他们之间的争端以后,他们首先把三个人作为间谍派到亚细亚去。这几个人来到撒尔迪斯,就对国王的军队进行了侦察,但是他们被发觉,因此经过陆军将领们的审讯之后,他们便要给拉出去处决了。这样他们就被宣布了死刑。可是在克谢尔克谢斯听见这事的时候,对于他的将领们的判决却大不以为然,于是他派了他的几名卫兵前去,命令他们把间谍带到他那里去,如果他们发现这些间谍还活着的话。这些间谍那时既然还未被处死,就被带去见国王了。于是克谢尔克谢斯便向这些间谍探问他们此来的目的,随后就命令他的卫兵引导他们到各处去,把他的包括骑兵和步兵在内的全部陆军指点给他们看;而在间谍们把这一切都看够了的时候,他们又毫不加伤害地被送到他们愿意去的任何地方去。

(**147**)克谢尔克谢斯所以发出这样的命令,他说乃是出于这样的考虑。如果把这些间谍处死的话,则希腊人就难于在事先很快地知道他那庞大到难以尽述的兵力,而且杀死三个敌人,波斯人也不能因此使敌人遭到巨大的损害;与此相反,如果把他们放回希腊的话,则当希腊人听到他的兵力情况时,就会在波斯人出征之前,自发地把自己那特有的自由呈献过来,这样波斯人就不需要再费事征讨他们了。克谢尔克谢斯在其他的场合,也发表过类似的见解。当克谢尔克谢斯在阿比多斯时,曾看到载运谷物的船只从彭托斯驶出通过海列斯彭特，航行到埃吉纳和伯罗奔尼撒去。侍坐在他身旁的人们看到这是敌人的船，便打算拿捕它们；他们望着国王，想得到他的命令。但是克谢尔克谢斯却问他们这些船是到哪里去的。他们回答说："主公，它们是载运着谷物到敌人那里去的。"于是克谢尔克谢斯回答说："我们不是和他们一样，也带着谷物以及其他物品到同样的地方去吗？既然他们是替我们把食粮运到那里去，这又有什么害处呢。"

（**148**）间谍看完了这里的一切以后，就被送回去，这样便回到了欧罗巴。希腊人当中那些缔结盟约以对抗波斯人的人们，在他们把间谍派出去以后，又把使节派到阿尔哥斯去。阿尔哥斯人从他们的一方面对于这件事是这样讲的。在开头的时候，他们就听说异邦人在准备征讨希腊人。他们知道了这件事并且打听到说希腊人想要取得他们的帮助以对抗波斯人的时候，他们说他们便派使者到戴尔波伊去，在那里请示神他们最好应当怎样做。原来在不久之前[①]，他们有六千人被拉凯戴孟的军队及其将领阿那克桑德里戴斯的儿子克列欧美涅斯杀死了。他们说，正是为了这个缘故，他们才把使者派了出去。对于他们的询问，佩提亚是这样回答的：

被周围的邻人所憎恨，却为不死的神所喜爱的人们啊，
怀里抱着长枪，像一个戒备着的战士那样地安安静静地坐在那里吧，
好好防备着你们的脑袋，这样，脑袋就可以保卫你们的身

① 四九四年提律恩司一役；参见第六卷第七七节。

体了。

佩提亚已经述出了这样的神托，随后使节才来到了阿尔哥斯，他们访问了长老院并按照所命令给他们的讲了话。于是据阿尔哥斯人的说法，阿尔哥斯是这样地回答了他们的讲话的；即，如果阿尔哥斯人能够和拉凯戴孟人缔结三十年的和约并取得联盟军的一半的统帅权，那他们是愿意答应对他们的请求的。他们说，尽管他们有正当的权利来要求统帅全部军队，但他们却愿意满足于一半的统帅权。

(**149**)他们说，虽然神托禁止他们和希腊人结成同盟，但他们的长老院却仍作了这样的回答。而且虽然他们害怕这个神托，但是他们仍然切望能缔结一项三十年的和约，以便他们的子弟在这一段岁月当中可以长大成人。如果没有这样的一个和约，则从他们本身的利害来推论，当他们在已经遭到的这个灾害之后，再受挫于波斯人，那他们便害怕将来他们要成为拉凯戴孟人的奴隶了。于是在使节当中从斯巴达来的人们对长老院所说的话回答说，关于缔约的事情将要提交他们的人民大会去裁决，至于统帅权，则他们本身曾受命回答。于是他们就说，斯巴达人有两个国王，但阿尔哥斯人只有一个国王，虽然不可能剥夺任何一个斯巴达国王的统帅权，可是却不会有任何东西能妨碍阿尔哥斯国王和两位斯巴达国王有同等的投票权。阿尔哥斯人说，这样一来，他们便认为斯巴达人的傲慢是难以忍耐的，因此与其他们向拉凯戴孟人屈服，却不如受制于异邦人了。于是他们便命令使者在日落之前，离开阿尔哥斯的国土，否则，他们便要把使者当做敌人论处。

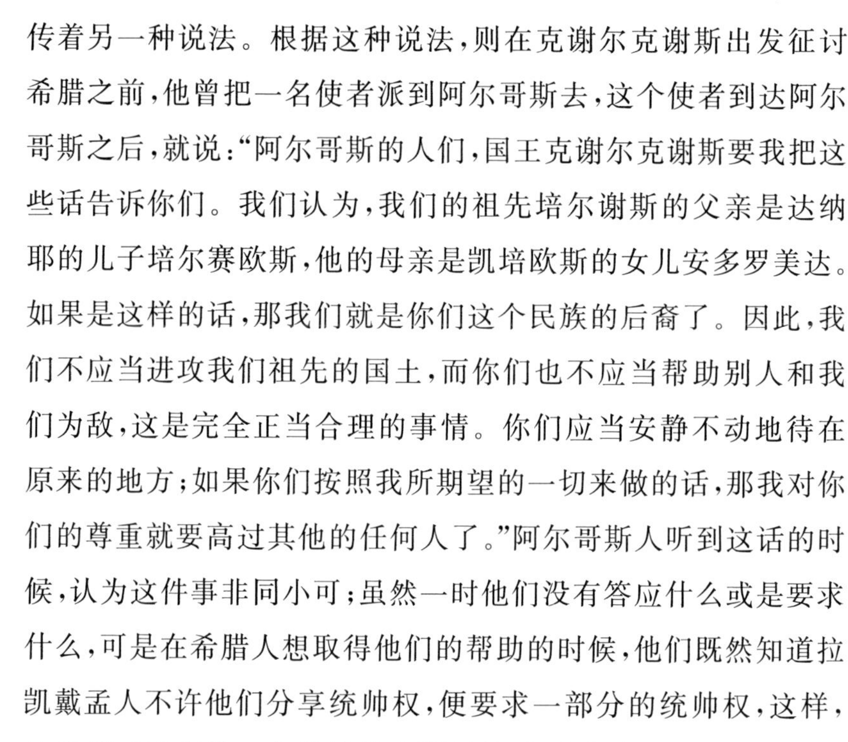

（**150**）以上便是阿尔哥斯人对于这件事的说法，但是在希腊却还流传着另一种说法。根据这种说法，则在克谢尔克谢斯出发征讨希腊之前，他曾把一名使者派到阿尔哥斯去，这个使者到达阿尔哥斯之后，就说："阿尔哥斯的人们，国王克谢尔克谢斯要我把这些话告诉你们。我们认为，我们的祖先培尔谢斯的父亲是达纳耶的儿子培尔赛欧斯，他的母亲是凯培欧斯的女儿安多罗美达。如果是这样的话，那我们就是你们这个民族的后裔了。因此，我们不应当进攻我们祖先的国土，而你们也不应当帮助别人和我们为敌，这是完全正当合理的事情。你们应当安静不动地待在原来的地方；如果你们按照我所期望的一切来做的话，那我对你们的尊重就要高过其他的任何人了。"阿尔哥斯人听到这话的时候，认为这件事非同小可；虽然一时他们没有答应什么或是要求什么，可是在希腊人想取得他们的帮助的时候，他们既然知道拉凯戴孟人不许他们分享统帅权，便要求一部分的统帅权，这样，他们就可以有借口安静地待在那里按兵不动了。

（**151**）有一些希腊人还说，有一件事虽是在多年之后发生的，可是它却和上述的事情相互印证。原来，希波尼柯斯的儿子卡里亚斯和与他同行的人们以雅典使节的身份因事来到美姆农的市邑苏撒的时候，阿尔哥斯人这时也派了使节到苏撒来，向克谢尔克谢斯的儿子阿尔托克谢尔克谢斯探询，过去阿尔哥斯人和克谢尔克谢斯之间缔结的友谊现在在他们之间是否继续有效，还是他把他们看成是自己的敌人？于是阿尔托克谢尔克谢斯回答说，他认为这友谊实际上是没有改变的，而且任何城邦对他来说都不能比阿尔哥斯更亲密。

（**152**）克谢尔克谢斯是不是真地派一个使者带着上述的话到阿尔哥斯去，而阿尔哥斯的使节是不是到苏撒来向阿尔托克谢尔克谢斯探询有关他们之间的友谊的事情，我说不确实了。而且除去阿尔哥斯人自己所说的话以外，现在我是不发表什么见解的。不过我所深知的只有这一点。如果所有的人都把他们自己的灾祸带到一个共同集会的地方去，想用来和邻人的灾祸交换的话，则只要他对于别人的灾祸加以仔细的观察以后，他一定会高高兴兴地把他自己带来的灾祸仍旧带回家去的。这样看来，阿尔哥斯人的行动便不能说是最卑劣的行动了。至于我本人，则我的职责是把我所听到的一切记录下来，虽然我并没有任何义务来相信每一件事情；对于我的全部历史来说，这个说法我以为都是适用的。原来的确还流行着另外的一种说法。根据这种说法，则好像是阿尔哥斯人把波斯人邀请到希腊来的。因为在阿尔哥斯人对拉凯戴孟人作战失败之后，和他们当前所陷入的痛苦处境比起来，没有一件事不是他们所期望的了。

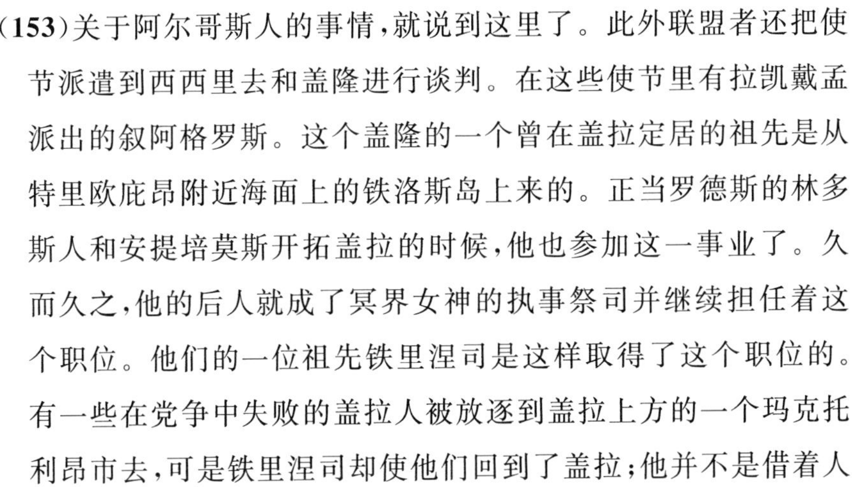

（**153**）关于阿尔哥斯人的事情，就说到这里了。此外联盟者还把使节派遣到西西里去和盖隆进行谈判。在这些使节里有拉凯戴孟派出的叙阿格罗斯。这个盖隆的一个曾在盖拉定居的祖先是从特里欧庇昂附近海面上的铁洛斯岛上来的。正当罗德斯的林多斯人和安提培莫斯开拓盖拉的时候，他也参加这一事业了。久而久之，他的后人就成了冥界女神的执事祭司并继续担任着这个职位。他们的一位祖先铁里涅司是这样取得了这个职位的。有一些在党争中失败的盖拉人被放逐到盖拉上方的一个玛克托利昂市去，可是铁里涅司却使他们回到了盖拉；他并不是借着人力的帮助,而只是借着敬神用的圣物,就做到了这一点的。他从什么地方取得这些东西,他是不是自己想办法找到了这些东西,我是说不出的。不管怎样,正是借了这些圣物的力量,他才使亡命者回到了盖拉,条件则是他的后人应担任女神的执事祭司。我所听到的这个故事使我十分惊讶铁里涅司竟会做出这样的事情来。因为我一直以为一般人是做不出这样的事情来的,而能做出这样事情来的只有那具有勇敢精神和堂堂男子汉的力量的人。可是据西西里的居民说,恰好相反,铁里涅司是一个柔弱并且有女人气质的人物。

(154)不管怎样,他就这样地取得了这个特权。另一方面,潘塔列斯的儿子克列昂德罗斯在作了盖拉的七年僭主之后,被该城的一个叫做撒必洛斯的人杀死了;在他死后,统治权就转到克列昂德罗斯的兄弟希波克拉铁斯的手里去了。当希波克拉铁斯担任僭主的时候,执事司祭铁里涅司的一个后人盖隆是希波克拉铁斯的一名近卫兵,就和其他许多人以及帕塔伊科斯的儿子埃涅西戴谟司一样。但不久之后,他便因勇武出众而被任命为全部骑兵的统帅。原来希波克拉铁斯在围攻卡利波里斯人、那克索斯人、臧克列人、列昂提诺伊人,还有西拉库赛人以及其他许多异邦人的时候,盖隆在那些次战争中表现了赫赫的武勋。结果在上述城市当中的人们,除去西拉库赛人之外,完全给希波克拉铁斯变成了奴隶。西拉库赛人在埃洛罗斯河畔被战败,但是得到了科林斯人和柯尔库拉人的援助,他们为西拉库赛人缔结了一项和约,条件是西拉库赛人把原来属于他们的卡玛里纳让给希波克拉铁斯。

(**155**)当希波克拉铁斯也统治了和他的哥哥克列昂德罗斯同样年数的时候,他出征西西里人,可是在叙布拉城的附近死掉了。因此盖隆装作辅佐市民们已不肯服从的、希波克拉铁斯的两个儿子埃乌克里戴斯和克列昂德罗斯的样子,但实际上,当他在战斗中制服了盖拉人的时候,他便废黜了希波克拉铁斯的两个儿子而自己掌握主权了。在碰上了这一完全意想不到的好运气以后,盖隆就把被庶民和他们自己的奴隶(所谓库吕里奥伊)所放逐的那些西拉库赛地主(所谓伽莫洛伊)从卡兹美涅城领回了西拉库赛。这样他便也取得了那个城市。原来西拉库赛人在盖隆刚刚到来的时候,就连人带城一齐向盖隆投降了。

(**156**)在他自己把西拉库赛拿到手之后,他就把盖拉的统治交给了他的兄弟希耶隆,不大管那里的事了。不过他却加强了西拉库赛,他把一切的注意力都放到西拉库赛上面了。很快地那座城就成长和兴盛起来了。盖隆不单单把所有的卡玛里纳人都迁到西拉库赛来,把公民权给他们而把卡玛里纳城铲平,他还用同样的办法来处理一半以上的盖拉人。而当西西里的美伽拉人在受到他的围攻而和他缔结城下之盟的时候,他便把他们当中对他作战,因而理当被杀的富裕的那一部分人带到西拉库赛来,使他们成为这里的市民;至于根本没有参与发起战争并且完全想不到会遭受伤害的美伽拉庶民,也给他带到西拉库赛来,并给卖到西西里以外做奴隶去了。对于西西里的埃乌波亚人也以同样的差别待遇,作了相同的处理。他对于这两个地方的人民所以采取这样的做法,是因为他认为庶民是最难于与之相处的人们。由于以上的种种,盖隆就变成了一位强大的僭主。

（**157**）而现在，当希腊的使节们来到西拉库赛的时候，他们便晋见了他并且说了下面的话。他们说："拉凯戴孟人和他们同盟者派我们前来取得你的帮助以抗击异邦人；我们以为你毫无问题已经知道一个波斯人正在向希腊进攻，知道他打算在海列斯彭特架桥并把东方的全部大军从亚细亚带过来对付我们。他表面上说是向雅典进攻，但实际上他却是想把整个希腊都收归他的治下。不过你是强大的，你既统治着西西里，那你就等于统治了希腊的不算小的一部分。因此我们请求你，帮助想使希腊得到自由的那些人并且和他们协力同心维护这一自由。如果把所有希腊人都团结在一起，那就是很大的一支军队，这支军队就可以抗击侵略我们的人。如果我们当中有人背叛公共的利益，再有人不肯来帮助我们，则希腊人当中可靠的部分便不过是少数，这样全部希腊土地就有同遭亡国之祸的危险了。不要以为如果波斯人打败了我们并把我们征服，他会不向你进攻的，这种情况希望你在事先很好地想一想。你帮助了我们，也就是帮助了你自己。一个周密的计划通常是会产生好的结果的。"

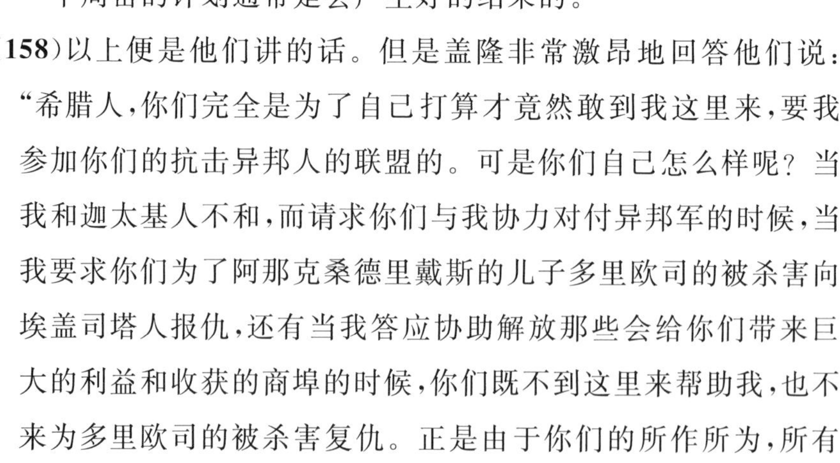

（**158**）以上便是他们讲的话。但是盖隆非常激昂地回答他们说："希腊人，你们完全是为了自己打算才竟然敢到我这里来，要我参加你们的抗击异邦人的联盟的。可是你们自己怎么样呢？当我和迦太基人不和，而请求你们与我协力对付异邦军的时候，当我要求你们为了阿那克桑德里戴斯的儿子多里欧司的被杀害向埃盖司塔人报仇，还有当我答应协助解放那些会给你们带来巨大的利益和收获的商埠的时候，你们既不到这里来帮助我，也不来为多里欧司的被杀害复仇。正是由于你们的所作所为，所有这些地方才都陷到异邦人的铁蹄之下。尽管如此，我的事业却仍旧得到好转，我的国家也比先前昌盛了。可是目前战争却临到你们的头上，是你们想到我盖隆的时候了。虽然你们这样蔑视我，不把我放在眼里，我却不学你们的样子；我还是准备送出二百只三段桡船、两万重武装兵、两千骑兵、两千弓手、两千弩兵和两千轻骑兵去帮助你们。此外我还担负希腊全军的食粮，直到战争结束的时候。不过我答应的这些话却有一个条件，即我要担任抗击异邦人的希腊军队的统帅和司令官。否则的话，我自己不去，也不派别的人去。”

（159）当叙阿格罗斯听到这话的时候，再也忍耐不住，就说：“诚然，如果佩洛普司的儿子阿伽美姆农知道，斯巴达人的统帅权被盖隆和他手下的西拉库赛人夺去的话，他是会大声悲叹的。这种要我们把统帅权交到你手里的建议，不要再提了。如果你愿意帮助希腊的话，你知道你就必得受拉凯戴孟人的领导。可是如果你放不下身份接受领导的话，我看就不必帮助我们了。”

（160）盖隆听到了叙阿格罗斯这一番很不礼貌的话以后，就向他提出了最后的建议：“斯巴达的朋友，对一个人讲的横傲不逊的言语常常会激起他的愤怒。虽然在你的话里，你表现得很傲慢无礼，可是这却还不至激使我对你说出很不得体的回答来。既然你们都这样计较统帅权的问题，那我比你们更加计较，这也是完全合理的，因为我的陆军比你们的多好多倍，而我的船只也比你们的多得多。不过，既然你们十分不喜欢我的建议，那么我愿意在前面的条件的某一点上对你们让步。我以为可以这样：你们统率陆军，我来统率水师；如果你们喜欢统率水师的话，那我也愿意统率陆军。你们必须同意这样做,否则你们就回去,不必跟我缔结这样的同盟了。"

(**161**)以上就是盖隆的建议。但是雅典人的使节却在拉凯戴孟人发言之前回答他说:"西拉库赛人的国王啊,希腊把我们派到你的地方来是要求一支军队,而不是要求一位统帅。可是你说除非你担任希腊的统帅,你是不愿派遣军队的,而且对于统帅权,你又是非常计较的。不过,在你想取得希腊全军的统帅权的时候,我们雅典人认为我们可以不必讲话了,因为我们知道,拉科尼亚人是足能够为我们两方面来回答你的。现在在你放弃统率全军而想统率海军的时候,那我们就想要你知道一下情况是怎样的了。即使拉科尼亚人同意你统率海军的话,那我们也不会同意的,因为这部分的统帅权是属于我们的,除非拉凯戴孟人愿意把这部分的统帅权也担当起来。如果他们愿意统率水师,我们并不反对他们,但我们决不容许其他任何人担任水师的统帅。如果我们雅典人竟把我们的统帅权让给西拉库赛人的话,那我们就枉为拥有最大海上力量的希腊人了。要知道,在希腊人当中我们是最古老的民族,又是仅有的一个从来没有改变过居住地的民族。诗人荷马就说,在所有到伊里翁来的人当中,最善于整顿和安排军队的人就是雅典人。因此,我们这样讲,是不能见怪的。"

(**162**)于是盖隆回答说:"雅典的朋友,担任统帅的人你们好像是不缺少的,不过却没有被统率的人。因此,既然你们不肯在你们的要求上让步而执意要统率全军,那么现在就一刻也不要耽误地快快赶回家去,告诉希腊人说他们一年的春天已经失掉了。"盖隆讲这番话的意思显然是，盖隆的军队是希腊军队的最精锐的部分，就好像一年当中的春天一样。他就这样把失去了跟他的联盟的希腊，比作失掉了春天的一年。

(**163**)希腊的使节们和盖隆进行了这样的谈判以后，就乘船回去了。但是，盖隆却害怕希腊人这样不能把异邦人制压下去，而作为西西里僭主的他，到伯罗奔尼撒去听候拉凯戴孟人的摆布，却又是他认为难堪的无法忍耐的事情。于是他就放弃在这个方针上打主意，而是采用了另一种办法。当他一听到波斯人渡过了海列斯彭特的时候，他立刻派一个科斯人、司枯铁斯的儿子卡得莫斯乘着三艘五十桡船，带着大量的金钱和友谊的讯问到戴尔波伊去。卡得莫斯到那里去是为了注视战争的进行情况的；如果异邦军得到胜利，那就把金钱给他，同时代表盖隆统治的国土把土和水呈献给他；如果是希腊人得到胜利，那么就把这一切都带回。

(**164**)在这之前，这个卡得莫斯曾从他父亲那里继承了科斯的僭主的地位；虽然这个地位是强大稳固的，可是他却自愿地，并非为危险所迫，而只是由于正义感，把主权交给了科斯的全体人民，自己则到西西里去。在那里，萨摩司人把一个叫做臧克列的城市赠给了他，他就定居在那里开拓了一个居民地。臧克列则改名为麦撒纳。卡得莫斯就这样地来了；盖隆这次所以派他前来，是因为他从别的事情上便已知道卡得莫斯是一贯公正的。而下面我要讲的事情，在卡得莫斯一生的许多公正行为当中还不是最差的。盖隆曾把大宗的金钱委托给他来管理，因此他本来是可以把这笔钱攫为己有的。但是他不愿这样做，而当希腊人在海战中取得胜利，而克谢尔克谢斯退兵回去的时候，卡得莫斯自己也就又带着全部的金钱回到西西里来了。

(**165**)不过，西西里的居民却有另一种说法。即甚至如果盖隆受拉凯戴孟人的统率的话，他仍然会帮助希腊人的。但是喜美拉的僭主、克里尼波斯的儿子铁里洛斯阻碍了他这样做。原来，铁里洛斯在被阿克拉刚提涅人的君主、埃涅西戴谟司的儿子铁隆赶出喜美拉之后，就在这个时候，他把一支三十万人的军队引来进攻盖隆，军队是由腓尼基人、利比亚人、伊伯利亚人、里巨埃斯人、埃里叙科伊人、萨地尼亚人、科西嘉人组成，统帅是迦太基人的国王安农的儿子阿米尔卡斯。铁里洛斯所以能说服他这样做部分是由于他们两个人之间的私谊，但主要的则是由于列吉昂的僭主克列提涅斯的儿子安那克西拉欧斯的热心帮忙。因为安那克西拉欧斯娶了铁里洛斯的名叫库狄佩的女儿，故而为了援助他的岳父，他把他自己的孩子作为人质交给阿米尔卡斯并把他引进了西西里。因此他们说，盖隆由于不能帮助希腊人，就把钱送到戴尔波伊去了。

(**166**)此外，他们又说，盖隆和铁隆在西西里战胜了迦太基人阿米尔卡斯的那一天，也正是希腊人在撒拉米司击破了波斯人的那一天。这个阿米尔卡斯从父亲的一方面来说是迦太基人，从母亲的方面来说是西拉库赛人，他是由于英勇有为才当选为国王的。在双方会战之际，他被打败了，而我听说他不知去向了。原来盖隆曾到处去搜寻他，可是在世上任何地方都没有看到他，无论是死的还是活的。

(**167**)但是迦太基人自己所述说的故事看来倒还是可信的。按照他们的说法，则异邦人和希腊人在西西里从早晨一直战斗到午后很晚的时候（据说混战就拖了这样长的时候），而在这全部时期里面，阿米尔卡斯都留在他的军营内奉献牺牲，他把整个的牺牲放到大木材堆上烧，想取得吉兆；但是当他看到他的军队溃败下来的时候，他便在向牺牲进行灌奠的时候投身到火堆里去，这样他就被烧掉而无从看到了。不过，不管阿米尔卡斯像腓尼基人所说那样地消失了，还是像迦太基人和西拉库赛人所说那样地以另一种方式消失了，迦太基的人们是向他奉献牺牲的，而在他们的殖民地的一切城市都为他竖立纪念碑。在这些城市里，最大的城市就是迦太基本城。西西里方面的事情，就说到这里了。

（**168**）柯尔库拉人对于使节的答复和此后他们所采取的行动是这样的。原来到西西里去的人们也曾经请求过他们的帮助，这些人所持的理由也就是曾经对盖隆讲过的那些理由。柯尔库拉人宣称他们不忍看着希腊遭受亡国之祸，因而当场就答应出兵协助，因为假若希腊倒下去，那么在第二天他们就一定也会被变为奴隶，因此他们必须尽最大的努力来进行援助。他们就这样地作了一个十分得体的答复。可是到他们应该派遣援军的时候，他们却改变了主意。他们装备了六十只船，经过不少的周折之后才出海，向伯罗奔尼撒一带的海岸驶去；继而他们在拉凯戴孟人领土上的披洛斯和塔伊那隆的海面上抛锚，和别的人一样地在那里观望战争的结果；因为他们对希腊战胜这件事并不抱着希望，而是以为波斯人方面会取得大捷并成为全希腊的统治者。因此他们这样做乃是有计划的行动，是为了在事后可以向波斯

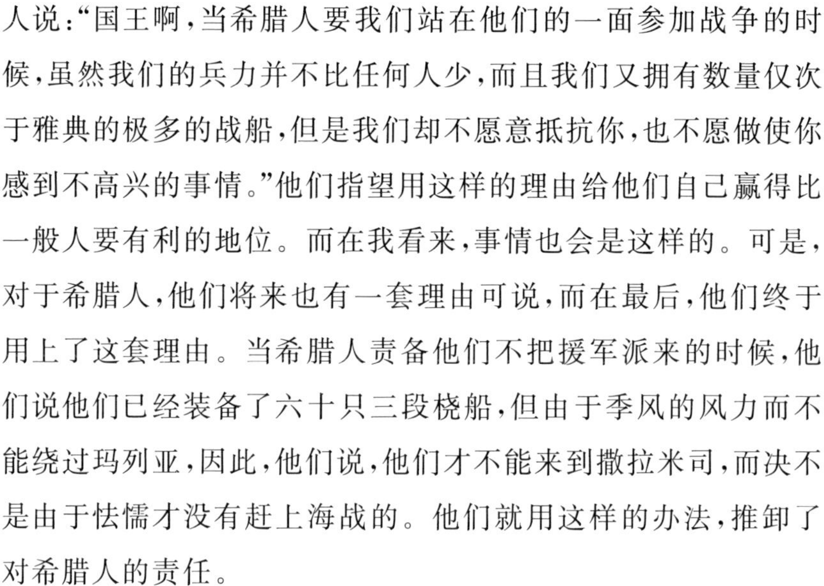

人说："国王啊，当希腊人要我们站在他们的一面参加战争的时候，虽然我们的兵力并不比任何人少，而且我们又拥有数量仅次于雅典的极多的战船，但是我们却不愿意抵抗你，也不愿做使你感到不高兴的事情。"他们指望用这样的理由给他们自己赢得比一般人要有利的地位。而在我看来，事情也会是这样的。可是，对于希腊人，他们将来也有一套理由可说，而在最后，他们终于用上了这套理由。当希腊人责备他们不把援军派来的时候，他们说他们已经装备了六十只三段桡船，但由于季风的风力而不能绕过玛列亚，因此，他们说，他们才不能来到撒拉米司，而决不是由于怯懦才没有赶上海战的。他们就用这样的办法，推卸了对希腊人的责任。

（**169**）当担负着使命的希腊人到克里地人那里去，想取得克里地人的帮助时，克里地人是这样做的。他们把使者派到戴尔波伊去，请示他们如果帮助希腊人，这是否对他们有利。佩提亚回答他们说："愚蠢的人们，过去因你们援助美涅拉欧司而由米诺斯加到你们人民身上的悲痛，难道你们还觉得不满足吗？想想看，他们不帮助你们为了死在卡米柯斯的米诺斯报仇，可是你们却帮助他们为了被异邦人从斯巴达劫去的一个妇女报仇，米诺斯要愤怒到什么程度！"克里地人听到了这个神托之后，就不再谈起帮助希腊人的事情了。

（**170**）原来，据传说，当日米诺斯曾为了寻求达伊达洛斯而到今日被称为西西里的西卡尼亚去，可是他却横死在那里了。紧跟着除波里克涅人和普拉伊索斯人以外的全部克里地人，便奉神之命偕同一支大军到西卡尼亚去，在那里他们把卡米柯斯市包围了五年，而在我的时代，在卡米柯斯市住的则是阿克拉刚提涅人。但是他们既然不能攻克这座城，也不能等待在那里挨到临他们头上的饥馑，于是他们就放弃这座城而离开了。但是当他们来到雅庇吉亚附近的海面上时，他们遇到了一阵猛烈的风暴而被卷到海岸上来了。由于他们的船只被粉碎了（而且他们看到他们已经没有办法回到克里地去），他们就在那里建立了一个叙里阿城，定居在里面，这样就从克里地人变成雅庇吉亚的麦撒披亚人，从岛民变成了大陆居民。他们又从叙里阿市向其他地方殖民而建立了另一些城市。在这之后很久的时候，塔兰提诺伊人曾试图摧毁这些城市，但是却因此吃了一次惨重的败仗；当时任何人还都没有听说过像对塔兰提诺伊和列吉昂人那样的一次对希腊人的大屠杀。列吉昂人被杀死的有三千人，他们是被科依洛斯的儿子米库托司逼着来帮助塔兰提诺伊人的；至于塔兰提诺伊人本身死了多少，那就没有记录可查了。米库托司是安那克西拉欧斯的一名家仆，他是受托留在那里治理列吉昂的。正是这个人从列吉昂被放逐并定居在阿尔卡地亚的铁该亚，并把许多像献给奥林匹亚。

(171)不过关于列吉昂人和塔兰提诺伊人的事情，在我的历史中是题外的话了。然而，根据普拉伊索斯人的说法，这样被弄得杳无人烟的克里地，还是有人移住到那里去，特别是希腊人。在米诺斯死后的第三代，特洛伊战争发生了；在这一战争中，克里地人在前来帮助美涅拉欧司的人们当中，就勇气而论决不是最差的。在这之后，当他们从特洛伊回来的时候，他们以及他们的家畜遇到了饥馑和疫病，结果克里地竟再一次荒废了。于是第三批的克里地人来了，现在住在那里的就正是他们和原来残存在那里的人们。佩提亚要他们记住的就是这件事，这样就阻止了他们去援助希腊人，尽管他们本来是想要这样做的。

(**172**)帖撒利亚人在开头的时候，不是出于自愿而是不得已才站在波斯人的一方面的，因为他们的做法显然表示出他们对于阿律阿达伊族的企图是不喜欢的。原来在他们一听说波斯人要渡过海峡进入欧罗巴的时候，他们立刻把使者派到科林斯地峡去。而从拥护希腊的各城市选派出来的希腊代表们正为这件事在那里集会商议。帖撒利亚的使节们来到他们这些人这里，就说："希腊人，为了使帖撒利亚和整个希腊免于战祸，奥林波斯通路是必须防守的。现在我们就准备和你们一道守卫这个地方，但是你们也必须派遣一支大军前来；如果你们不派大军前来的话，那你们要晓得，我们就要和波斯人缔结协定了。要我们单独来防守希腊的前哨地带并为了你们大家而亡国，这是不合理的事情。如果你们不派兵前来援助，那你们对我们是没有任何约束力的，因为任何强制是都不能克服无能为力的。至于我们，则我们是要为我们寻求某种安全之策的。"以上就是帖撒利亚人讲的话。

(**173**)于是希腊人就决定由海路派一支陆军到帖撒利亚去守卫这个通路。军队集合起来以后，他们便乘船通过埃乌里波斯，而在到达阿凯亚的阿罗司的时候，他们就在那里登陆并从那取道赴帖撒利亚，而把船留在原来登陆的地方了。于是他们就来到了铁姆佩通路，这条通路介于奥林波斯山和欧萨山之间，从下马其顿沿着佩涅欧司河一直通到帖撒利亚。总计大约有一万名重武装的希腊军队在那里扎营列阵，此外，帖撒利亚的骑兵也参加了他们的队伍。统率拉凯戴孟人的将领是卡列诺司的儿子埃乌艾涅托斯，这个人是从波列玛尔科斯当中选出来的，但他本身并不是一个王族。雅典人的将领是尼奥克列斯的儿子铁米司托克列斯。在那里他们只停留了几天；原来从马其顿人阿门塔斯的儿子亚历山大那里来了一些使者，劝他们离开而不要留在那里受到入寇大军的蹂躏。送来的信把水师和陆军的情况也向他们叙述了一番。希腊人听到了使者们这样的忠告之后(他们认为这个劝告是好的，而马其顿人对他们也是善意的)，就按照他们的意见做了。不过，在我看来，是恐惧的心情才驱使他们这样做的，因为他们听说，在这条通路之外，在上马其顿方面另有一条通路，通过戈恩诺斯城附近佩莱比亚人居住的地方而进入帖撒利亚；不过克谢尔克谢斯的军队实际上也从这条通路侵入了帖撒利亚。于是希腊人便登上了船，返回地峡了。

(174)当他们出兵帖撒利亚的时候，国王正在计划从亚细亚渡海到欧罗巴，并已经到了阿比多斯。为联盟者所放弃的帖撒利亚人于是就全心全意地和积极地投到波斯人的那一面去，以致在后来的行动当中，他们表明自己对于国王乃是最有用的人。

(175)另一方面，在希腊人回到地峡以后，就参照着亚历山大送来的信集会到一起商议，他们将如何并在什么地方进行战争。占上风的意见是，他们应当保卫铁尔摩披莱的通路。因为他们认为这条通路比通向帖撒利亚的那条通路要狭窄得多，同时离他们的本土也比较近。至于在铁尔摩披莱阵亡的希腊人被截击的那条通路，他们根本不知道，这是直到他们来到铁尔摩披莱之后才从特拉奇司人那里知道的。于是他们便决定保卫这条通路，从而阻止异邦人进入希腊，同时他们的水师则出航到希斯提阿伊领的阿尔铁米西昂去。这些地方是相互接近的，双方面都可以知道另一方面的情况。而它们的形势则是这样的。

(**176**)先说阿尔铁米西昂。广大的色雷斯海到斯奇亚托斯岛和玛格涅希亚本土中间的地方时，就变成了一条狭窄的水路；这条水路紧接着埃乌波亚地方的，名叫阿尔铁米西昂的海岸。在那里有一座阿尔铁米司神殿。经过特拉奇司进入希腊的那条水路，其最狭窄的地方只有半普列特隆宽。然而比起别的地点来，这里仍然不是最狭窄的地方。像铁尔摩披莱的前面和后面的情形就是这样；在它后面的阿尔培诺依，那里的宽度只够通一辆车，在它前面，安铁拉市附近培尼克司河的旁边，也只能通过一辆车。在铁尔摩披莱以西，有一座无法攀登的和十分陡峭的高山，这乃是属于欧伊铁山系的一座山峰。在路的东面，则是一片沼地与海洋了。在这个通路的地方，是当地的人们称为库特洛依(它的意义是锅——译者)的一个温泉，在那里还有海拉克列斯的一个祭坛。在这条通路上，曾修造了一道壁垒，而先前在这上面还有关门。这道壁垒是波奇司人由于害怕帖撒利亚人才修造起来的，原来那时帖撒利亚人曾从铁斯普洛托伊人的地方出来，移居到他们现在占有的爱奥里斯的土地。既然帖撒利亚人总想征服波奇司人，波奇司人便采取了这样的一个预防的措施。此外，他们又想一切对策来阻止帖撒利亚人入侵他们的国土，于是便把温泉的水引到这个通路上来，为的是使那条通路上的一些地方给水流所切断。原来的壁垒是很久以前建造起来的，而时

光现在已经使它的大半成为废墟了。现在它已经重建起来,以便截阻异邦人进入希腊的道路。在离道路极近的地方有一个叫做阿尔培诺依的村庄,希腊人便指望他们可以从那里取得粮食。

(177)这样,希腊人便认为以上的地方是符合于他们的需要的地方。因为在他们事先进行了全面考虑之后,他们认为异邦人既不能利用他们的人多势众,又不能利用他们的骑兵,于是他们便决定在这里邀击入寇希腊的敌军。而在他们听到波斯人进入披埃里亚的时候,他们就在科林斯地峡的地方分了手,一部分从陆路开向铁尔摩披莱,一部分从海路驶向阿尔铁米西昂去了。

(178)希腊人就这样地十万火急地分头迎击敌人去了。但正在这时,为了本身以及为了希腊而深为惊恐不安的戴尔波伊人去请示神托,而神对他们的宣托则是要他们向风祈求,因为风是希腊的极为有力的联盟者。戴尔波伊人得到了神托之后,便首先把信送到想得到自由的希腊人那里去。这些十分害怕异邦人的人们对于送来的这个讯,是一直都感激不尽的。随后,他们便在图依亚的地方建立了一个祭风坛,图依亚这地方是因凯佩索司的女儿图依亚而得名的,而且在那里还有她的一个圣域。他们继而向风奉献了牺牲。这样,戴尔波伊人为了顺从神的意旨,直到今天还是向风奉献牺牲以讨它的欢心的。

(179)在这方面,克谢尔克谢斯的水师离开了铁尔玛,十艘最快速的船一直开向斯奇亚托斯,而那里则有三只希腊船在放哨瞭望,这三只船一只是特罗伊真的,一只是埃吉纳的,一只是阿提卡的。它们看到异邦人的船来到的时候,就逃走了。

(180)普列克西诺斯指挥下的那只特罗伊真的船受到异邦军的追

击并很快地被捕获了。异邦人于是把船上最漂亮的士兵拉到船头的地方给杀死了，因为俘获来祭献的第一个希腊人最漂亮，这在他们看来乃是一种吉兆。这个被祭了刀的人，他的名字是列昂（在希腊语里意思是狮子——译者）。他遇到这样的事情，这恐怕跟他的名字是有关系的。

（**181**）但是，阿索尼戴斯所率领的那只埃吉纳的三段桡船，却着实给他们增加了一些麻烦。船上的一个战士，伊司凯诺斯的儿子披铁阿斯在那天是战斗得最英勇的人物。在他所乘的船已被拿捕的时候，他还是继续奋战，直到他遍体鳞伤的时候。当他倒下的时候，他还没有死，而还有活气；船上的波斯士兵佩服他的勇敢，因此用一切办法拯救他的性命，他们用没药的药膏医治他的伤口并用亚麻的绷带把他包扎起来。而当他们回到自己营地的时候，他们使全军都来看他，他们极口赞赏和厚待他。可是他们把那只船上俘获的其他人等，却全部当做奴隶使用了。

（**182**）这样，两只船就被拿获了。可是雅典人波尔莫司统率的第三只三段桡船却逃到佩涅欧司河河口的地方，在那里登陆跑掉了。异邦人得到了船身，却没有捉到上面的人。原来雅典人在他们把船只拖到陆上之后，立刻就跳了出来，穿过帖撒利亚一直向雅典奔去了。

（**183**）驻守在阿尔铁米西昂的希腊人从斯奇亚托斯的烽火而知道了发生的这些事。知道这些事之后他们惊慌起来，于是他们便把他们的投锚地从阿尔铁米西昂移转到卡尔启斯，打算保卫埃乌里波斯，同时又把哨兵派驻于埃乌波亚的高地。十只异邦船当中有三只一直到了斯奇亚托斯和玛格涅希亚之间的称为米尔美克司(意为蚂蚁——译者)的暗礁地带。于是异邦人便把一个石柱运到这里来,把它竖立在暗礁上面。而当他们把路途上的一切障碍都清除了之后,全部水师就出发离开了铁尔玛,这时去国王离开铁尔玛的时候已经有十一天了。给他们指出正好在他们的航路上面的暗礁的人,是司奇洛斯人帕姆蒙。整天都在海上行进着的异邦军的水师,到达了玛格涅希亚的赛披亚斯以及在卡司塔纳伊亚市和赛披亚斯岬之间的海岸地带。

(184) 直到这个地方和铁尔摩披莱,全军都没有受到损害。根据我个人的计算,军队的人数在当时还是这样的。从亚细亚来的船有一千二百零七只,原来在这些船上的各个民族的人数,假定每只船上有二百人[①],则是二十四万一千四百人。在所有这些船上,除去每只船上的各地的地方士兵之外,都有三十名波斯人、美地亚人和撒卡依人,这样就得再加上三万六千二百一十个人。在这两项人数之外,我还得再加上五十桡船上的士兵。我假定他们每只船上是八十人,当然这个数目也可能多些也可能少些。前面已经说过,这样的船一共集合了三千只,这样,上面的人员就得是二十四万了。这些人都是乘船从亚细亚来的,他们的总数是五十一万七千六百一十人。步兵的人数是一百七十万人,骑兵的人数是八万人。在这之外,我要加上阿拉伯的骆驼兵和利比亚的战车兵,估计他们有两万人。因此,如果把水师和陆军的人数加到一起的话,则他们的总数就是二百三十一万七千六百一十人了。我上面所说的,就是从亚细亚本部来的兵力,至于

① 一艘希腊的三段桡船的成员通常是二百人,桡手一七〇人,战士三〇人。

随军的勤杂人员和运粮船以及上面的人员，尚不计算在内。

(**185**)但是，除去我在前面所计算的大军人数之外，还得把从欧罗巴带来的大军加到这上面，但计算时必须只能以我个人的测度为限。色雷斯和色雷斯附近海上诸岛的希腊人提供了一百二十只船。这些船上的人员算起来应当是两万四千人。所有各个民族，即色雷斯人、派欧尼亚人、埃欧尔地亚人、波提阿人、卡尔奇底开人、布律戈依人、披埃里亚人、马其顿人、佩莱比亚人、埃尼耶涅斯人、多罗披亚人、玛格涅希亚人、阿凯亚人、色雷斯沿岸地带的居民等，我假定这些民族的全部人数是三十万人。把这些人和从亚细亚来的人加到一起，则士兵的总数就是二百六十四万一千六百一十人了。

(**186**)以上便是士兵的全部人数了。至于随军的杂务人员和运粮小船上的人员以及随军的其他船舶上的人员，则我以为他们不是比士兵少，而是比士兵还要多。但是假定他们和士兵的人数相等，不多也不少。这样，他们的人数等于士兵，因而也就同样是好几百万人了。这样看来，大流士的儿子克谢尔克谢斯一直率领到赛披亚斯岬和铁尔摩披莱的全军人数就是五百二十八万三千二百二十人了。

(**187**)这就是克谢尔克谢斯麾下的全部兵力。可是，谁也不能确实说出厨妇、侍妾、阉人到底有多少人；任何人也说不出到底还有多少拖畜、驮畜以及从军的印度狗，因为它们的数目太大了。因此，说有一些河流的水都给弄干了，这在我看来并不是值得惊讶的事情。使我感到惊讶的毋宁说是这样一件事实，怎样竟能够有足够的粮食来应付数百万人的食用。因为我计算了一下就发现，如果每个人每天吃一科伊尼库斯的麦子而不更多的话，则每天的消费量就是十一万又三百四十美狄姆诺斯。在这里我还没有把妇女、阉人、驮畜和狗所消耗的粮食计算在内。在这数百万的人们当中，就容貌和身材而论，没有一个人是比克谢尔克谢斯本人更有资格来统率全军的。

(**188**)解缆的水师在海上行进，这样便来到了玛格涅希亚领土的卡司塔纳伊亚市和赛披亚斯岬之间的海岸；先来的船停泊在岸旁，后面的船就在外面投锚了。原来这一带的海滨并不宽，这些船就船头朝着海，排成八列。在那一夜里，就是这个样子了。但是到天明的时候，明净而晴朗的天气变了，大海开始沸腾起来。他们遇到了夹着一阵猛烈的东风的大风暴，当地的人们称这样的东风为海列斯彭提亚斯。在他们当中，凡是那些预见到暴风的来势，以及所处的位置使他们能够这样做的人们，这些人便把船拖到岸上，因此没有给暴风赶上，这样就把自己和船舶都保全了。可是在海上遇上了暴风的船舶，有的被卷到佩里洪的被称为伊普诺伊(意为灶——译者)的山麓的地方，有的被卷到岸上去。有的就在赛披亚斯岬那里撞碎，有的被卷到梅里波伊亚市，有的被卷到卡司塔纳伊亚的岸上去了。老实讲，这场暴风实在是无法抗拒的。

(**189**)有一个传说说，雅典人曾遵照着神托的吩咐祈求波列阿斯帮助他们，因为另有一个神托送到他们那里去，要他们向他们的女婿求援。根据希腊人的说法，波列阿斯曾娶一个阿提卡的妇女为妻，这个妇女就是埃列克铁乌斯的女儿欧列图娅。如果相信这个传说的话，则正是由于这种婚姻的关系，雅典人才推断波列阿斯是他们的女婿,而当着他们停驻在埃乌波亚的卡尔启斯而看到暴风就要起来的时候,也许是在这之前,他们便奉献了牺牲,祷告波列阿斯和欧列图娅,就和先前在阿托斯山附近的情况一样,来帮助他们摧毁异邦军的船舶。不过我不能断定,这是否就是波列阿斯袭击停泊中的异邦军的原因。无论如何,雅典人说波列阿斯在先前帮过他们的忙,现在又显示出这样的威灵,因此在他们回国以后,就在伊利索司河河畔,为波列阿斯修造了一座神殿。

(**190**)在这次的惨祸里面,即使根据做最低估计的人的算法,也损失了不下四百只船,无数的人以及莫大数量的物资。以致在赛披亚斯一带拥有土地的一个玛格涅希亚人,克列提涅斯的儿子阿米诺克列斯竟由于这次的船祸而大发横财。因为在事后不久他便拾到了许多被冲到岸上来的金银杯盏,他找到了波斯人的宝器,此外他还取得了笔墨难以尽述的财富。尽管他幸运地发了大财,他并不是在一切方面都是幸福的,他遭到了可悲的灾难:他的儿子被人杀死了。

(**191**)被毁的运送食粮的船舶以及其他船舶,那就越发不可胜数了。因此,水师提督们由于害怕他们这些遇到这样灾难的人会受到帖撒利亚人的袭击,便把残破的船材筑成高高的壁垒把自己围绕起来了。暴风一共持续了三天。最后,玛哥斯僧行了牺牲之礼,对大风念了镇风的咒语,又向帖提司和涅列伊戴斯(涅列欧司的女儿们——译者)奉献了牺牲,这才算使它在第四天停了下来,或者这也许不是他们的力量,而是暴风自己停了下来的。他们向帖提司奉献牺牲是由于听伊奥尼亚人说,原来她就是从这个地方给佩列欧司带走的，而赛披亚斯岬一带便都是属于她以及其他涅列伊戴斯的。

（**192**）这样，到第四天，暴风就停下来了。在暴风刮起之后的第二天，瞭望者就从埃乌波亚山上跑了下来，把船舶遇难的全部经过报告给希腊人了。希腊人听到这件事之后，就向他们的救命恩人波赛东祈祷并行灌奠之礼，然后火速地赶回阿尔铁米西昂去，因为他们认为只会留下少数的船和他们对抗罢了。这样他们便再一次回到阿尔铁米西昂并碇泊在那里。从那时起直到今天，他们都把波赛东的名字上面加上救主的头衔。

（**193**）在另一方面，当暴风停了下来而波浪也不再翻腾的时候，异邦军就放船出海沿着本土的海岸驶行，他们在转过玛格涅希亚海岬之后，便一直驶入了连接到帕伽撒依方面的海湾。在玛格涅希亚的这个海湾之内有一块地方，相传海拉克列斯和雅孙以及他的同伴们乘船出海到科尔启斯的埃阿去取金羊毛的时候，他曾被他们从阿尔哥号船派了出来到这块地方取水并被他们抛弃在这里。原来他们是打算在这里取得水之后，再乘船出海的。因此那块地方就被称为阿佩泰。而克谢尔克谢斯的大军就正是在这个地方投锚的。

（**194**）在那些船当中有十五只，是在其余的船以后很久才出海的，他们适巧在阿尔铁米西昂看到了希腊的船。但异邦军把这些船认成是他们自己的船，于是就把自己的船驶到他们敌人中间去了。他们的统帅是爱奥里斯的库麦的太守，塔玛希欧斯的儿子桑多开斯；这个桑多开斯过去在他担任王室法官的时候，曾有一次因为犯了下述的罪行而被国王大流士所拿捕并判处以磔刑。

原来他曾因受贿而作出了不公正的判决。但是当桑多开斯被吊到十字架上去的时候，大流士忖量了一番，结果发现他对王室的功劳比他的过错要大。国王既然看到了这一点，因此觉得他的行动与其说是贤明却毋宁说是冒失，于是便把桑多开斯释放了。这样，他就从大流士所判处的死刑之下保全了自己的性命。但是现在他驶到希腊人当中来，他是不能第二次逃命了。原来当希腊人看到波斯人驶近他们的时候，他们看出来这是波斯人弄错了，于是他们就乘船出海，不费什么气力就把他们俘获了。

(195)在这些船的一只船上，卡里亚的阿拉班达的僭主阿利多里司被擒了；在另一只船上，帕波斯的提督，戴谟诺乌斯的儿子潘图洛斯被擒了。他从帕波斯带出来的船是十二只，在赛披亚斯岬附近海上的暴风中损失了十一只，而他就在乘着剩下的那一只船到阿尔铁米西昂去的时候被擒了。希腊人对这些人进行了讯问，从而知道了他们所愿意知道的、有关克谢尔克谢斯的军队的一切情况，然后就把他们捆绑起来，送到科林斯地峡去了。

(196)这样，异邦军的水师，除去我上面所说的由桑多开斯所率领的那十五只之外，就全部到达了阿佩泰。在这一方面，克谢尔克谢斯和他的陆师行过了帖撒利亚和阿凯亚。这从他们侵入玛里司人的土地以来，已经是第三天了。在帖撒利亚，他举行了一次本国骑兵的比赛会，他这样做也是为了利用这个机会试一试帖撒利亚骑兵的身手，因为他听说帖撒利亚的骑兵是希腊无敌的。比赛的结果发现，希腊的马要差得远。在帖撒利亚的河流当中，能有足够的水供给他的军队饮用的，只有一条欧诺柯挪斯河。但是在阿凯亚，即使是那里最大的河即阿披达诺斯河的河水也是几乎无法应付的。

(**197**)当克谢尔克谢斯到达阿凯亚的阿罗司的时候,他的向导们为了想把他们所知道的一切都告诉他,就把当地有关宙斯·拉披司提欧斯神殿的一个传说告诉给他:阿依欧洛司的儿子阿塔玛斯怎样和伊挪密谋想杀害普利克索斯,后来阿凯亚人又怎样依照神托的吩咐,强迫普利克索斯的子孙们遵守若干处罚性的规定。这就是,他们不许这一族中最年长的人进入市公所(阿凯亚人称市公所为勒伊通),而他们自己就在那里监视着。如果他进去的话,除非他被作为牺牲奉献,他是不能出来的。此外向导们又说,这些人当中有多少人就要被当作牺牲奉献了,却在恐惧中逃到外国去,但如果他们过了若干时候回国,而被发现曾进过市公所的话,向导告诉说,这样的人怎样全身给披上花彩,并在盛大行列的引导下给当作牺牲去奉献。普利克索斯的儿子库提索洛斯的后人们就受到了这样的待遇,原来当阿凯亚人遵照着一个神托的吩咐用阿依欧洛司的儿子阿塔玛斯来为他们的国家赎罪的时候,这个库提索洛斯却从科尔启斯的埃阿来把他释放,因此这就使神把自己的怒气发泄到他的后人的身上了。克谢尔克谢斯听了这一切之后,在他来到圣林的时候,他自己就不进去并且命令全军也这样做。他是尊敬阿塔玛斯的后人的住宅和圣域的。

(**198**)以上就是克谢尔克谢斯在帖撒利亚和在阿凯亚的所作所为。他从这些地方沿着一个海湾进入了玛里司,而在这个海湾的地方,每天是都有潮水涨落的。临着这个海湾有一块平原,这块平原地带有的地方宽阔,有的地方又非常狭窄;在它的四周是高不可攀的山，环绕着全部玛里司地方，称为特拉奇司岩。而从阿凯亚出发，在这个海湾上遇到的第一座市邑就是安提库拉；在它的近旁，司佩尔凯欧斯河从埃尼耶涅斯人的国土流出而注入大海。在离河大约二十斯塔迪昂的地方，有另一条叫做杜拉司的河流，这条河据说是在海拉克列斯被焚时，为了帮助他从地下冒出来的。从这里再有二十斯塔迪昂的地方又有一条河，称为美拉司（意为黑河——译者）。

(199) 特拉奇司市离这个美拉司河有五斯塔迪昂远。在大海和山之间特拉奇司所在的地方，是这一带最为宽阔的地方了；这块平原的面积是二万二千普列特隆。在环绕着特拉奇司的土地的山中，在特拉奇司的南部有一道峡谷。而阿索波司河就沿着山麓流过了这个峡谷。

(200) 在阿索波司河的南方又有一条名叫培尼克司的小河，这条小河就是从那些山里流入阿索波司河的。在这条河的附近有一个最狭窄的地方，那里只修了一条仅能通过一辆车的道路。从培尼克司河到铁尔摩披莱有十五斯塔迪昂远。在培尼克司河与铁尔摩披莱之间，有一个名叫安铁拉的村落，过去这个村落之后，阿索波司河便流入了大海。在那个村落附近，地方是广阔的；那里有阿姆披克图欧尼斯·戴美特尔的神殿，同时还有阿姆披克图欧涅斯[①]的坐席和阿姆披克图昂本人的神殿。

(201) 于是，国王克谢尔克谢斯便在特拉奇司的玛里司扎营，而希

① 直译是周边居民。相邻的部落结成联盟并派代表（披拉戈拉斯）参加一年举行两次的会议。参见第二卷第一八〇节。

腊人则在隘路中设营。大多数的希腊人称他们所占据的这个地方为铁尔摩披莱,但是当地人和他们的邻人则称之为披莱。于是两军就在这样的地方设营了,一方面(指克谢尔克谢斯——译者)控制了特拉奇司以北的全部地区,而另一方面(指希腊人——译者)则控制了本土在此以南一直到海岸方面的地区。

(**202**)在那里等候波斯人的希腊人是这样的一些人。斯巴达的重武装兵三百名;铁该亚人和曼提涅亚人一千名,双方各占一半;从阿尔卡地亚的欧尔科美诺斯来一百二十人,从阿尔卡地亚的其余的地方来一千人;除去这些阿尔卡地亚人之外,从科林斯来四百人,从普列欧斯来二百人,从迈锡尼来八十人。以上都是从伯罗奔尼撒来的人。从贝奥提亚来的则是铁司佩亚人七百名,底比斯人四百名。

(**203**)在这些人之外,又召来了欧普斯的罗克里斯人的全军和一千名波奇司人。希腊人是自动把这些人召来帮忙的,他们把使节派出去告诉这些人说,他们自己是作为其余人的先锋而来的,而其他联盟者的到来则是他们每天盼望着的事情;又说他们已经把海严密警戒起来了,担任守卫的是雅典人、埃吉纳人和被配置在水师中的所有其他的人们。他们认为他们没有可以害怕的,因为进攻希腊的不是神,却是一个凡人,决没有,也决不会有一个凡人在生下来的时候命中不注定要掺杂着一些不幸的事情,而越是大人物,他遭到的不幸也就越大。因此,向他们进攻的既然不过是一个凡人,则他不能实现他的期望,那便是确切不移的事情了。罗克里斯人和波奇司人听到这话之后,就到特拉奇司来帮助希腊人了。

(**204**)所有这些人每一个城邦都各有自己的将领。其中最受尊敬的全军统帅是拉凯戴孟人列欧尼达司。如果回溯他的系谱，则是阿那克桑德里戴斯、列昂、优利克拉提戴斯、阿那克桑德罗斯、优利克拉铁斯、波律多洛司、阿尔卡美涅斯、铁列克洛司、阿尔凯拉欧斯、海吉西拉欧斯、多律索斯、列欧波铁司、埃凯司特拉托司、阿吉斯、埃乌律司铁涅斯、阿里司托戴莫斯、阿里司托玛科斯、克列奥达伊欧斯、叙洛斯、海拉克列斯。他是斯巴达王，虽然这一点是出乎他意料之外的。

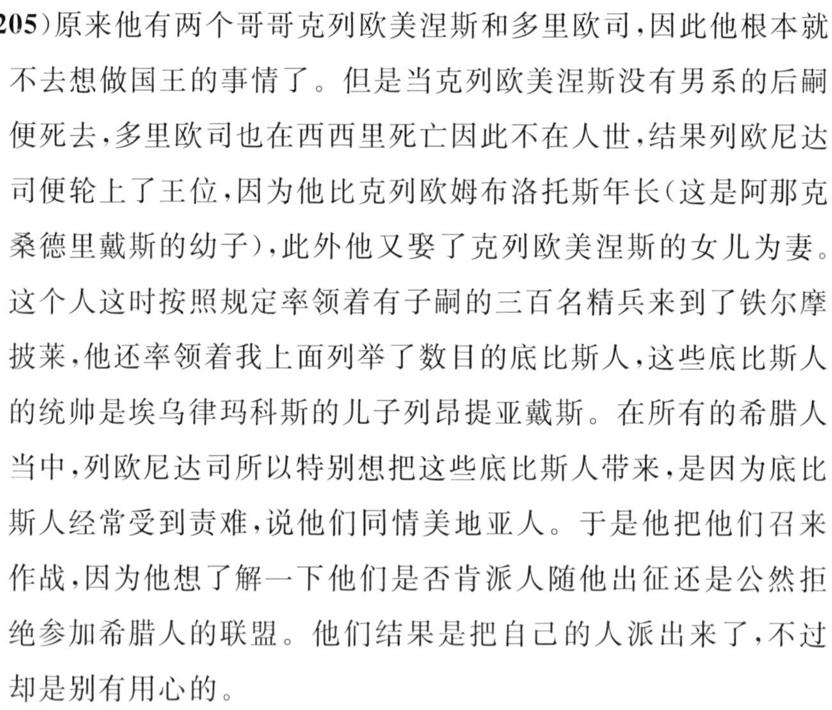

(**205**)原来他有两个哥哥克列欧美涅斯和多里欧司，因此他根本就不去想做国王的事情了。但是当克列欧美涅斯没有男系的后嗣便死去，多里欧司也在西西里死亡因此不在人世，结果列欧尼达司便轮上了王位，因为他比克列欧姆布洛托斯年长(这是阿那克桑德里戴斯的幼子)，此外他又娶了克列欧美涅斯的女儿为妻。这个人这时按照规定率领着有子嗣的三百名精兵来到了铁尔摩披莱，他还率领着我上面列举了数目的底比斯人，这些底比斯人的统帅是埃乌律玛科斯的儿子列昂提亚戴斯。在所有的希腊人当中，列欧尼达司所以特别想把这些底比斯人带来，是因为底比斯人经常受到责难，说他们同情美地亚人。于是他把他们召来作战，因为他想了解一下他们是否肯派人随他出征还是公然拒绝参加希腊人的联盟。他们结果是把自己的人派出来了，不过却是别有用心的。

(**206**)斯巴达人最初先派出了和列欧尼达司一道出发的这些士兵，这样做是为了使其他的联盟者也学他们的榜样去作战，同时也是为了使其他的联盟者不致投到美地亚人方面去，因为，假如

他们知道斯巴达人耽搁了的话，这些人是有可能这样做的。但是后来，由于卡尔涅亚祭一时成了他们的障碍，他们便打算在卡尔涅亚祭举行完毕之后，就把一支卫戍部队留在斯巴达，然后立刻全军火速开拔。其他联盟者也打算这样做。原来奥林匹亚祭也正是在进行这些事情时举行的。因此，他们既然不认为铁尔摩披莱之战很快地便可分出胜负，故此他们就派出了先锋的部队。

(207)以上就是他们想做的事情。可是铁尔摩披莱的希腊人，在波斯军迫近他们的隘路路口的时候却惊惶起来，于是就讨论起他们是否应当撤退的问题来了。其余的伯罗奔尼撒人主张退到伯罗奔尼撒去保卫科林斯地峡。但是波奇司人和罗克里斯人对这个意见感到非常气愤，而列欧尼达司则主张留在他们原来的地方并送信到各个城市去请求援助，因为他手下的人太少了，这是无法和美地亚的大军相抗衡的。

(208)正当他们这样讨论的时候，克谢尔克谢斯派了一名骑马的探卒前来看他们有多少人和他们正在做什么。原来当他还在帖撒利亚的时候，他便听说有一小支军队集结在这里，而统率它的是拉凯戴孟人，其中有海拉克列斯的后裔列欧尼达司。这个探卒策马驰近营地，侦察瞭望一番，然而他不能全部都看到，因为在他们重建并加以防守的壁垒内部的那些人，他是不可能看到的。不过，外面的那些人他是看清楚了，这些人的武器都堆积在壁垒的外面，而这时驻在外面的又恰巧是拉凯戴孟人。他看到有一些人在那里做体操，有一些人在梳头发。看了这种情况他是很惊讶的，他把他们的人数记下来之后，便平安无事地乘马返回了，不但没有人追他，根本没有人理会他。于是他便回来，把所见到的一切都告诉克谢尔克谢斯了。

（**209**）当克谢尔克谢斯听到这话的时候，他并不能了解到事情的真相，即他们（指拉凯戴孟人——译者）正在准备尽最大的努力去杀敌，否则即宁肯被杀死。在他看来，他们这样做是可笑的。于是他便派人把在他的军营中的阿里司通的儿子戴玛拉托斯召了来，而在戴玛拉托斯来到之后，他便就所有这些事情向戴玛拉托斯垂询，问他如何理解拉凯戴孟人这样做的用意。于是戴玛拉托斯说："在我们出发征讨希腊的时候，我已经向你谈起过这些人了；可是在你听了之后，你却嘲笑我，尽管我向你所说的，都是在我看来显然是会发生的事情。国王啊，在我来说，首先尽力要做到的，就是在你的面前讲老实话。因此，现在我就向你再来陈说一遍。这些人是为了这条通路前来和我们作战的，而他们现在就正在准备这一战争。原来每当他们将要冒生命危险的时候，他们习惯上总是要整理他们的头发的。此外，我还要告诉你，如果你把这些人和留在斯巴达的那些人征服，国王啊，那么人类当中就再也没有别的人敢于和你对抗了。现在要和你交战的是全希腊最杰出的王国和城邦和最英勇的人们。"可是，克谢尔克谢斯以为上面所说的这话是极不可信的，并进而问戴玛拉托斯他们这样少数一些人怎么能和他的军队相抗衡。戴玛拉托斯回答说："国王啊，如果事情的结果和我所说的不符，那就请把我当作一个撒谎的人来看待吧。"

（**210**）尽管这样讲了，戴玛拉托斯仍然不能把克谢尔克谢斯说服。国王在那里等候了四天，一直期望着他们会逃跑。可是到第五天,他看到他们并未退却并以为他们留在那里只不过是无耻和愚蠢,因此便震怒起来并把美地亚人和奇西亚人派了出去,命令他们生擒敌人并将敌人带到他的面前来。美地亚人冲到前面向希腊人挑战,结果死了许多人,另一些人接上去进攻,他们虽然遭受了惨重的损失,却还没有被击退。而且他们明显地向所有的人,特别是向国王本人表示,他们的人数虽多,可是其中顶事儿的人却是很少的。战斗整天都在进行着。

(**211**)既然美地亚人受到这样的痛击,于是他们就退出了战斗,国王称之为“不死队”、由叙达尔涅斯率领的波斯人代替他们上阵。人们认为至少他们是很容易把这场战斗解决了的。可是当他们交上手的时候,他们一点儿也不比美地亚军高明而是一模一样,原来他们在狭路里作战,又使用比希腊人要短的枪,因此他们无法利用他们在数量上的优势。可是拉凯戴孟人的作战方式却大有值得注意的地方。他们的战术要比对方的战术高明得多。在他们的许多战术当中有一种是他们转过身去装作逃跑的样子。异邦军看到这种情况就呼啸着并鸣动着武器追击他们,可是当他们眼看要给追上的时候,他们就回转身来向异邦军反攻,这样一反攻,就把无数的异邦军杀倒在地上了。这时斯巴达人当然也有被杀死的,不过人数很少。这样一来,波斯人发现他们不拘列成战斗队形或用任何其他办法进攻都丝毫无法攻占隘路,他们只得退回来了。

(**212**)在进行这些次攻击的时候,据说眺望到这一切的国王由于替自己的军队担忧,曾三次从王座上跳下来。当时他们的战斗结果就是这样了。第二天,异邦军的战果并不比第一天好些。他们接战的时候，满以为敌人的人数这样少，又是伤痕累累，再也无法和他们对抗了。可是希腊人却按着队伍和民族列阵，依次出战，只有波奇司人是例外，因为他们被配置在山上把守着通路。因此，当波斯人看到希腊人和前一天的情况毫无改变的时候，他们就撤退了。

(213)对于当前面临的事态，国王感到手足无措了。于是一个玛里司人，埃乌律戴谟斯的儿子埃披阿尔铁司便来见他，告诉他经过山而通向铁尔摩披莱的那条道路，打算从克谢尔克谢斯那里取得一笔重赏。这样一来，留在铁尔摩披莱的希腊人就毁在他的手里了。这个埃披阿尔铁司后来由于害怕拉凯戴孟人而逃到帖撒利亚去。当阿姆披克图欧涅斯在披莱集会的时候，披拉戈拉斯[①]曾悬赏逃亡中的埃披阿尔铁司的首级。在这之后若干时候，他回到安提库拉之后，却被一个名叫阿铁纳迭斯的特拉奇司人杀死了。这个阿铁纳迭斯杀死埃披阿尔铁司是另有原因的，这原因我将要在我的历史的后面提到。虽然如此，他仍然因这一行动而受到拉凯戴孟人的尊敬。后来埃披阿尔铁司丧命的经过就是这样。

(214)此外还有一个传说说，向国王报告了上面的话并且把波斯人引过了山的人是一个卡律司托斯人，帕纳戈拉司的儿子欧涅铁斯和安提库拉人科律达罗斯。但是在我看来，这是完全不可信的。因为，首先，我们必须从希腊人的披拉戈拉斯的所作所为来进行推论，他们所悬赏的不是欧涅铁斯和卡律司托斯的头颅，而

① 参见本卷第二百节注释。

是特拉奇司人埃披阿尔铁司的头颅。因而我们必须假定,他们是会用一切办法来取得确实情报的。其次,我们晓得,埃披阿尔铁司正是由于这个理由而亡命的。不过不能否认的是,纵然欧涅铁斯不是一个玛里司人,如果他经常到那里去,他也是会知道道路的。可是把他们由那条道路领过了山的人却是埃披阿尔铁司,而我认为犯了罪的正是这个人。

(**215**)克谢尔克谢斯对于埃披阿尔铁司所答应为他做的事情深感满意。他大喜过望,因而立刻把叙达尔涅斯和叙达尔涅斯麾下的士兵派了出去。大约在掌灯的时刻,他们便从营地出发了。这条道路原来是当地的玛里司人所发现的,他们发现了这条道路后,曾当波奇司人在路上修筑壁垒以防御进攻的时候,循着这条路引导着帖撒利亚人去征讨波奇司人。因此,早从那个时候起,玛里司人就觉得这条道路完全无用了。

(**216**)而这条通路的形势是这样的。它的起点是在峡谷中间流着的阿索波司河。那里的山和道路的名字都叫做阿诺佩亚,而这个阿诺佩亚便随着山脊蜿蜒而行,直到离玛里司人最近的一个罗克里斯人的城市阿尔培诺斯的地方。在那里有一块被称为美拉姆披哥斯(意为黑色的臀部——译者)的石头以及凯尔科佩司的遗迹,而这里是道路的最狭窄的地方。

(**217**)道路的情况就是这样。在波斯人渡过了阿索波司河之后,他们便沿着这条道路走了一整夜,右手是欧伊铁人的山,左手是特拉奇司人的山。到天明的时候,他们到达了山顶。我刚才已经说过,在山路的这一部分,有一千名波奇司的重武装兵保卫着他们自己的国土和守备着这条通路。下面的那一部分山路是由我已经说过的那些人看守着的，但是山上的路却由波奇司人看守着，因为他们曾自动向列欧尼达司保证担负这样一个任务。

(**218**)波斯人所攀登的山，上面长满着槲树，因此波奇司人丝毫也不知道波斯人的到来，直到在宁静的气氛当中，敌人脚下踏着叶子发出了很大的声音，他们才注意到这一点；于是他们便跳了起来，赶忙把武器拿了起来。可是，说时迟那时快，敌人已经来到跟前了。这些人在看到武装的人们时是感到惊讶的，因为他们满以为不会有人和他们相对抗，但现在却不意地遇到了一支军队。叙达尔涅斯害怕波奇司人是拉凯戴孟人，于是问埃披阿尔铁司这些人是哪个地方的人。等他知道了真实情况之后，他便把波斯人排列成阵准备战斗了。波奇司人受到像雨点那样的箭的射击，心中又以为波斯人首先要攻击的正是他们，于是他们就逃到山顶上去并准备战死在那里。这便是他们的想法。但是跟埃披阿尔铁司和叙达尔涅斯在一起的波斯人并不去理会波奇司人，却赶快地跑下山来。

(**219**)至于在铁尔摩披莱的希腊人，则他们首先受到了占卜师美吉司提亚斯的警告。美吉司提亚斯在检查了牺牲之后，曾预言天明时他们要遭到的死亡；随后，还在夜里的时候，又有对方的一些投诚者前来，报告了波斯人的迂回。而最后，正在破晓的时候，从山下跑下来的侦察兵也带来了同样的情报。于是希腊人便集会商议，但他们的意见是分歧的。有的人主张他们不应离开他们的驻地，另外一些人则反对这样做。在这之后不久，他们便分散了。一部分人离开他们的驻地，各自返回自己的城邦去了，再有一部分则决定和列欧尼达司一道留在他们原来的驻地。

(**220**)诚然,据说是列欧尼达司本人把他们遣送走的,为的是关心他们,不愿他们在那里丧命,但是他认为他本人和斯巴达人却不应当离开他们最初前来保卫的阵地。可是在我看来,则我的意见毋宁是这样,即当列欧尼达司看到联盟者的情绪消沉下去并不愿和他一同冒险的时候,他便打发他们各自回去了,但撤退对他本人来说却是不光荣的事情。另一方面,如果他留在那里的话,他便可以将大名传留于后世,而且斯巴达的繁荣幸福也便不致被抹杀了。原来在开头之际斯巴达人就这一战争向神托请示的时候,佩提亚曾向他们预言说,或者是拉凯戴孟被异邦人所摧毁,或者是他们的国王死掉。神托是用六步格的诗说出来的,内容是这样:

> 哦,土地辽阔的斯巴达的居民啊,对你们来说,
> 或者是你们那光荣、强大的城市
> 毁在波斯人的手里,或者是拉凯戴孟的土地
> 为出自海拉克列斯家的国王的死亡而哀悼。
> 因为牡牛和狮子的力量都不能制服你们的敌人,
> 他有宙斯那样的力量,而且他到来时你也无法制止,
> 直到他取得二者之一,并把它取得的东西撕成粉碎。

因此我以为,列欧尼达司考虑到这些事情并且想只为斯巴达人取得荣誉,他才把联盟者送走,而不愿意弄到那些走的人离开这里是由于闹了意见之后而产生的不愉快的结果。

(**221**)就这件事而言,下述的情况我认为是我的一个非常有力的证据,即曾根据牺牲向希腊人预言过他们要遭到怎样的命运的那个号称是美拉姆波司的后裔的阿卡尔那尼亚人美吉司提亚斯毫

无疑问曾给列欧尼达司送了回来，为的是不使他和其余的人同归于尽。虽然受到了这样处理，美吉司提亚斯却不愿意离开。他只把在军中的他的一个独生子送了回去代替他。

(**222**)这样，被送还的联盟军就遵照着列欧尼达司的意思离开了。和拉凯戴孟人一道留在那里的只有铁司佩亚人和底比斯人。诚然，底比斯人留在那里并非出于自愿，也不是出自他们的本心，因为列欧尼达司是把他们作为人质扣留在那里的。但铁司佩亚人却是自愿的，因为他们拒绝离开和把列欧尼达司以及他麾下的人们丢在那里，而是留在那里和他同死。铁司佩亚人的统帅是狄雅多罗美斯的儿子戴谟披罗斯。

(**223**)克谢尔克谢斯在日出之际行了灌奠之礼之后，等到市场上大约人最多的时候(大概在早上十点钟——译者)，便开始了他的进攻。他是接受了埃披阿尔铁司的意见才这样做的，因为从山上向下面出击比较便捷，而且道路比绕山和攀山要近得多。克谢尔克谢斯和他麾下的异邦军就是这样进击的，但是列欧尼达司麾下的希腊军是抱着必死的决心的，现在他们是比以前要远得多地来到峡谷的更加宽阔的地带来了。原来在这之前，他们一直在保卫着垒壁，而在所有过去的日子里，他们也都是退守在狭路里面在那里作战的。但现在他们是从峡谷里面出来和敌人作战了。异邦军在那里被杀死的很多。异邦军的官长们拿着鞭子走在部队的后面，抽打军队使之前进。异邦军当中许多人掉到海里去淹死了，但是相互践踏而死的人们却要多得多，而且对于死者，根本没有人注意。既然希腊人晓得他们反正是要死在从山后面迂回过来的人们的手里，因此他们便不顾一切地拼起命来，拿出最大的力量来对异邦军作战。

(**224**)这时，他们大多数人的枪已经折断了，于是他们便用刀来杀波斯人。在这次的苦战当中，英勇奋战的列欧尼达司倒下去了。和他一同倒下去的还有其他知名的斯巴达人。由于他们的杰出的德行功勋，我打听了他们的名字，此外我还打听到了所有他们三百人的名字。在这次战斗里，波斯人方面也死了不少知名之士，其中有大流士的两个儿子阿布罗科美斯和叙佩兰铁司，他们的母亲就是阿尔塔涅斯的女儿普拉塔古涅。这个阿尔塔涅斯是国王大流士的兄弟，又是阿尔撒美斯的儿子叙司塔司佩斯的儿子。当他把他的女儿许配给大流士的时候，他把他的全部家产都给她作陪嫁了，因为她是他的独生女儿。

(**225**)克谢尔克谢斯的两个兄弟就在那里倒下去了。而为了列欧尼达司的遗体，在波斯人和拉凯戴孟人之间发生了一场激烈的冲突，直到最后希腊人发挥了自己的勇气，四次击退了他们的敌人，这才把他的遗体拉走。而且直到埃披阿尔铁司率军到来的时候，这场混战才告结束。当希腊人知道他们到来的时候，从那个时刻起，战斗的形势便改变了。因为希腊人退到道路的狭窄的部分去，进入壁垒，而除底比斯人之外的全体在一个小山上列阵；小山就在通路的入口处，而在入口那里现在有一座为纪念列欧尼达司而建立的石狮子。在那个地方，凡是手里还有刀的就用刀来保卫自己，手里没有刀的就用拳打牙咬的办法，直到后来异邦军用大量投射武器向他们压来的时候。他们有的人从正面进攻捣毁了垒壁，有的人则迂回包抄，从四面八方进击。

(**226**)拉凯戴孟人和铁司佩亚人就是这样行动的。但在他们当中，据说最勇敢的是一个叫做狄耶涅凯斯的斯巴达人。关于这个人，有这样一个传说，即在他们和美地亚人交战以前，一个特拉奇司人告诉狄耶涅凯斯说，敌人是那样的多，以致在他们射箭的时候竟可以把天上的太阳遮盖起来。他听了这话之后毫不惊慌，却完全不把美地亚人的人数放在眼里。他说他们的特拉奇司朋友给他们带来了十分吉利的消息，因为假如美地亚人把天日都给遮住的话，那他们便可以在日荫之下，而不是在太阳之下和他们交战了。狄耶涅凯斯讲过这话以及其他同样性质的话，而拉凯戴孟人就因这些话而怀念狄耶涅凯斯。

(**227**)勇名仅次于狄耶涅凯斯的据说是拉凯戴孟的两兄弟，他们是欧尔喜庞托司的儿子阿尔佩欧斯和玛隆。在铁司佩亚人当中，声名最高的是哈尔玛提戴斯的儿子，一个名叫狄图拉姆波司的人。

(**228**)为了被埋葬在他们阵亡的地方的所有这些人以及在列欧尼达司把联盟者送还之前阵亡的人们，立了一块碑，碑上的铭文是这样的：

四千名伯罗奔尼撒人曾在这里
对三百万敌军奋战。

这是为全军所刻的铭文；对于斯巴达人则另外有这样一个铭文：

过客啊，去告诉拉凯戴孟人
我们是遵从着他们的命令长眠在这里的。

这就是为拉凯戴孟人的铭文。而下面的铭文则是给卜者的。

这里长眠着英勇战死的美吉司提亚斯，
他是给渡过了司佩尔凯欧斯河的美地亚人杀死的。

这位预言者分明知道即将到临的宿命
却不忍离开斯巴达的统帅。

除去卜者美吉司提亚斯的铭文之外，这些铭文和石柱都是阿姆披克图欧涅斯为了追念他们而建立起来的；给美吉司提亚斯的那个铭文则是列欧普列佩斯的儿子西蒙尼戴斯为了友情的关系刻立的。

(**229**)据说在这三百人当中有两个人埃乌律托司和阿里司托戴莫斯得到列欧尼达司的允许而离开了阵营，可是得了极严重的眼病而卧倒在阿尔培诺依地方。如果他们两个人商量妥的话，他们或是一同安全地返回斯巴达，而如果他们不愿回去，则可以和其余的人共同战死。虽然他们可以这样做也可以那样做，他们却不能取得一致的意见；意见分歧的结果，两个人各走各的路了。埃乌律托司听到波斯军迂回的消息时，便要求武器并把它佩戴上，然后命令他的希劳特引领他去参加战斗。希劳特把他引到那里去，然后自己就溜掉了。于是埃乌律托司便冲到战斗的人群中去，这样便战死了。可是阿里司托戴莫斯气馁了，因此他就留在后面。而如果只有阿里司托戴莫斯一个人生病而回到斯巴达去，或是如果他们一同回家，则我以为，斯巴达人是不会对他们生气的。可是现在既然事实上两个人当中有一个战死，而另一个人虽有和前者相同的借口却不愿死掉，因而他们对于阿里司托戴莫斯的行为自然就非常愤慨了。

(**230**)因此，根据一部分人的说法，阿里司托戴莫斯就是这样，并且在这样的一个口实之下，安全地回到了斯巴达。但是也有人说，他曾作为一名使者从营地被派了回来，他本来是可以及时赶回

来参加正在开始的战斗的，但是他不肯这样做，而是在道上拖延，因而保全了自己的性命，可是他的同伴的使者却回来参加了战斗并战死了。

(231)可是，在阿里司托戴莫斯回到拉凯戴孟之后，他却受到了非议和蔑视。他遭到这样程度的蔑视以致没有一个斯巴达人愿意把火给他，没有一个斯巴达人愿意和他讲话。为了使他难堪，斯巴达人称他为懦夫阿里司托戴莫斯。可是在普拉塔伊阿的战斗当中，他洗雪了他所蒙受的一切污名。

(232)此外，据说在三百人当中还有一个名叫潘提铁斯的人也没有死，他是作为使者给派到帖撒利亚去的。他也回到了斯巴达，但是在受辱之后便自缢身死了。

(233)至于在列昂提亚戴斯领导之下的底比斯人，在一个时期之内他们受到强制不得已站在希腊人的一方面来对国王的军队作战，可是他们一经看到波斯人取得了优势，他们于是便趁着列欧尼达司麾下的希腊人爬上小山的机会，和希腊人分开而投向异邦军，一面伸出他们的手并呼告说他们是波斯方面的人，是率先把土和水献给国王的。他们还说他们是迫不得已才来到铁尔摩披莱，而且对于他们使国王遭到的损害是无罪的。以上乃是他们最真心的话。他们便由于这样的说法而救了自己的性命，而那里又有帖撒利亚人为他们所说的一切作证。虽然如此，他们也不是万事亨通的，原来当他们跑过去向异邦军投诚时，他们当中的一些人在走近异邦军时甚至被杀死。而且由于克谢尔克谢斯的命令，他们的大部分，从统帅列昂提亚戴斯起，都给烙上了王室的印记。这个人的儿子埃乌律玛科斯后来[①]曾率领四百名底比斯人占取了普拉塔伊阿人的市邑，却给普拉塔伊阿人杀死了。

(234)希腊人在铁尔摩披莱就是这样地奋战的。于是克谢尔克谢斯便派人把戴玛拉托斯召了来，首先就问他这一点："戴玛拉托斯，你是一个诚实的人。凡是你说的话后来全能应验，这是我根据明显的事实才这样相信的。现在请告诉我，剩下的拉凯戴孟人还有多少，他们当中能够像这样作战的人有多少，还是全都像这个样子？"戴玛拉托斯说："国王啊，拉凯戴孟人若是算在一起的话，人数是很多的，而且他们的城市也是很多的。但是凡是你愿意知道的我都会告诉你。在拉凯戴孟有一个城市叫做斯巴达，那里大约有八千人，他们所有的人和在这里战斗的人都是一样的。但是其他的拉凯戴孟人却和这些人不同，不过他们也都是英勇的人物。"克谢尔克谢斯接着说："戴玛拉托斯，我们怎样能费最小的劳力来征服这些人呢？你来告诉我吧，因为你曾经是他们的国王，当然是熟悉他们经常是用怎样的办法的。"

(235)戴玛拉托斯回答说："国王啊，既然你是诚心诚意地来征求我的意见，那我当然要向你指出最好的办法来。我想你应该把你的水师中的三百只船派到拉科尼亚沿岸的地带去。在那里海岸附近的海上有一个名叫库铁拉的岛屿。关于这个岛，我国一位极有智慧的人物奇隆曾说，库铁拉沉在海面之下比在海面之上，

① 四三一年。

对于斯巴达是更有利的；因为他一直在害怕从那个岛会发生我向你所建议那样的事情，这当然不是说他曾预见你的水师的到来，而是他同样害怕任何人的军队。让他们以这个岛为出击的根据地，这样就会使拉凯戴孟人恐慌起来。如果他们在自己的边境上和邻人发生了战争的话，那你就完全没有理由害怕在你的陆师征服希腊其他地方时他们会赶来援助，而且在其余的希腊已被征服的时候，被剩下的孤孤单单的拉科尼亚也就一定给削弱了。可是如果你不这样做的话，你就一定会遇到我下面所说的情况。在通向伯罗奔尼撒的有一个狭窄的地峡，全体伯罗奔尼撒人都将要集合在那里和你对抗，在那里你就会遭遇到比你过去经历的更加顽强激烈的战斗。不过如果你按照我所说的去做，那你就可以不战而使这个地峡和他们的一切城邦站到你的一方面来。"

(**236**)在他之后发言的是克谢尔克谢斯的兄弟兼水师提督阿凯美涅斯，因为当他们交谈时，他恰巧在那里。他担心克谢尔克谢斯会被说服而按照戴玛拉托斯的办法去做。他说："国王啊，我看你是正在倾听这样的一个人的意见，这个人嫉妒你的好运，也许他甚至要出卖你的大事。所有的希腊人都喜欢保有这样的一些性癖：他们嫉妒别人的成功并憎恨比自己强大的力量。如果在最近一次使你丧失了四百只船的灾害之后，你再把你的水师中的三百只船派出去回航伯罗奔尼撒，则你的敌人就可以用与你对等的兵力来和你作战了。但如果你的水师不分开，那它就是无敌的，而你的敌人也就决不会是你的对手了。此外，你的全部水师可以掩护你的陆军，你的陆军也可协助你的水师，这样相辅而行。但如果把一部分力量从你这里分出去，则你对他们没有用处，他们对你也没有用处。我的意见毋宁是这样，这就是你仔细拟订你自己的计划，不要去管你的对手方面的事情，不要去管他们要选什么样的战场作战，他们如何行动以及他们的人数多少等等。他们是完全可以为他们自己考虑的，我们同样可以为我们自己考虑。至于拉凯戴孟人，如果他们和波斯人交战的话，他们是决不会治愈他们目前的创伤的。"

(**237**)克谢尔克谢斯回答说："阿凯美涅斯，我以为你的话有道理，我愿意按照你的意见做。然而，尽管你的意见比戴玛拉托斯的意见要好，可是戴玛拉托斯所说的却是他认为对我最有用的意见。因此我决不愿认为，戴玛拉托斯是敌视我的事业的。我是从他一向讲过的话来判断出他是这样一个人的。我又是由于这样的一个事实而判断到一点的，这就是：如果一个市民走旺运的话，另一个市民就会嫉妒他并且用沉默来表示他的敌意，而没有一个人会在他同市的市民向他征求意见时把他认为最好的办法告诉给对方，除非这个人具有很高的道德，不过这样的人却很少见。但是，如果一个异邦人走旺运的话，另一个异邦人就会为他极其高兴，因此他在被征询的时候，也就会把最好的意见提供出来。这样看来，既然戴玛拉托斯是我的异邦朋友，那么我命令你们所有的人都要注意，不可讲他的坏话。"

(**238**)这样说了之后，克谢尔克谢斯便巡视了一下尸体，他听说列欧尼达司是拉凯戴孟人的国王和统帅，就下令把列欧尼达司的头割下来，插到竿子上。在许多证据当中，特别是这个证据使我看得最清楚，在列欧尼达司还活着的时候，国王克谢尔克谢斯对

他的愤恨是过于任何人的。否则他是决不会这样残暴无礼地对待列欧尼达司的尸体的，因为在我所知道的一切人当中，波斯人在习惯上是最尊重勇武的战士的。受命这样做的就按照我刚才说的办法做了。

(**239**)[①]现在我要回到我的这部历史前面中断的地方来了。拉凯戴孟人是最先听到国王正在准备讨伐希腊的人，听到之后，他们便派人到戴尔波伊的神托所去，在那里得到我刚才提到的那个回答。他们得到这个回答的方式是很奇怪的。阿里司通的儿子戴玛拉托斯亡命到美地亚人那里去之后，对于拉凯戴孟人并无好感；这是我个人的看法，而事情的迹象也是对我的看法有利的。他做这样的事是出于好意，抑或是出于恶意的自得心情，我就无法评述了。克谢尔克谢斯既然下了征讨希腊的决心，则当时在苏撒并且知道了这件事的戴玛拉托斯就想把这个消息告诉给拉凯戴孟人了。但是他害怕事机被泄露，又没有别的办法把这个消息传给他们，于是他只得使用了这样一个方法。他用一个折叠的书牒，把上面的蜡刮下去，然后把国王的意图写在木板上；写好之后，他再把蜡熔化在木板上面。这样，携带空白书牒的人，在道路上就不会受到哨兵的留难了。当这个书牒送到拉凯戴孟的时候，拉凯戴孟人不明白这是什么意思；我听说，最后还是克列欧美涅斯的女儿，列欧尼达司的妻子戈尔哥在她自己考虑了这件事之后，才建议他们刮去蜡皮，这样他们也许可以看

① 有一些学者根据许多理由怀疑这一段是后来插入的，不过也有人根据文字，判断这不像是后人的伪作。——译者

到写在木板上面的字样。他们这样做了之后，发现并且读了上面所写的东西，继而立刻把它通告给其余的希腊人。以上的事情据说就是这样的了。

第　八　卷

(1)被指定在水师里服务的希腊人是这样的一些人：雅典人提供了一百二十七只船，普拉塔伊阿人和雅典人同样地乘上了这些船，这并不是因为他们有什么海上事务的经验，而只是因为他们有勇气和热诚。科林斯人提供了四十只船，美伽拉人提供了二十只船，卡尔启斯人提供了二十只船的船员，船是雅典人提供的；埃吉纳人十八只，希巨昂人十二只，拉凯戴孟人十只，埃披道洛斯人八只，埃列特里亚人七只，特洛伊人五只，司图拉人两只，凯欧斯人两只[①]和两只五十桡船；欧普斯的罗克里斯人也带了七只五十桡船前来助阵。

(2)到阿尔铁米西昂来作战的人们就是这样一些，我现在已经说明了他们在全部装备当中各自分担了多少。集合在阿尔铁米西昂的船只一共是二百七十一艘，那些五十桡船还不计算在内。但是统率全军的是斯巴达所提供的人物，这就是优利克里戴斯的儿子优利比亚戴斯。因为联盟者都说，如果他们的领袖不是一个拉科尼亚人的话，那他们便不想服从雅典人的指挥而是宁愿取消这个准备中的水师。

① 一般所说的船都指三段桡船而言。

(**3**)原来早在派人到西西里去要求联盟者之前的那几天里，就风传说把海上的领导权交给了雅典人。但是当联盟者反对这一点的时候，雅典人便放弃了他们的要求，他们认为希腊的安全是首要的事情并且看到，如果他们为领导权而争吵，希腊便一定要垮台了。在这一点上他们是看对了的，因为内争之不如团结一致对外作战，正如战争之不如和平。他们懂得了这样一点，故而他们便让步并放弃了自己的要求，然而，如上所述，只是在他们非常需要别人的时候，因为当他们把波斯国王赶了回去而战争不再是为了他们自己的领土，而是为了他的领土而进行的时候，他们便借口帕乌撒尼亚斯的横傲而撤销了拉凯戴孟人的领导权。但这一切都是后话了①。

(**4**)但是现在，那些终于来到了阿尔铁米西昂的希腊人看到许多船停泊在阿佩泰的海面上，到处又都是大军，而且和他们所料想的完全不同，异邦军在他们看来和他们所设想的也远不相同，于是他们感到十分恐慌，便开始商量要从阿尔铁米西昂逃回家乡希腊的内地去。埃乌波亚人既然看到他们做这样打算，便请求优利比亚戴斯稍稍等候，直到他们自己把他们的家人儿女送走的时候。但是当他们不能说服他的时候，他们便试了另一个办法，他们把一笔三十塔兰特的贿赂送给了雅典的水师统帅铁米司托克列斯，条件是当他们作战的时候，希腊水师应留在那里，为保卫埃乌波亚而战。

(**5**)这便是铁米司托克列斯使希腊人留在原地不动的办法：他把贿

① 大概是在四七七年。

赂的钱中间的五塔兰特分出来给优利比亚戴斯,好像这笔钱是他自己送给他的。优利比亚戴斯便这样地被收买过来了,至于其他的人,则没有一个人是性好反抗的,只有科林斯的水师统帅、欧库托司的儿子阿迪曼托司是个例外。他说他不愿留下,而是要从阿尔铁米西昂乘船离开,铁米司托克列斯起誓向他说:"你是决不会离开我们的,因为我送给你的礼物要比美地亚人的国王因你脱离联盟而送给你的礼物还要丰厚。"这样说着,他便把三塔兰特的白银送到阿迪曼托司的船上去。因此这两个人都给礼物收买了,埃乌波亚人达到了他们的愿望,铁米司托克列斯自己则发了一笔财。他把其余的钱私吞了起来,没有一个人知道,但是得到了其中的一部分的人则以为这笔钱是雅典人为了说服他们才作为礼金送来的。

(**6**)因此希腊人便在埃乌波亚的海面上留下来并在那里作战了。下面我要说一说经过的情况。在刚刚到下午到达阿佩泰以后,异邦军他们便看到他们早已听说停泊在阿尔铁米西昂海面上的少数希腊船只,于是他们便急于想进攻这些船只以便取得它们,但他们却还不想面对面地进攻,因为他们担心希腊人会看见他们前来而跑掉,而他们逃跑时又是会有夜幕掩护他们的。他们相信,希腊人会因逃跑而得救的。波斯人的目的则是不许甚至他们的一个持圣火的人①得到活命。

(**7**)于是他们就想出了下面的一个计划。他们从他们的全部水师

① 持圣火的人的任务是使圣火永远燃点着以供军中奉献牺牲时用。他被认为是神圣不可侵犯的。

当中选拔出二百只船来，派它们在斯奇亚托斯岛的外海上迂航，为了是使敌人看不到它们迂回埃乌波亚，取道卡佩列乌斯，绕过吉拉伊司脱斯而到达埃乌里波斯。他们这样做是指望可以从两面包抄希腊人，派出去的那部分前去遮断对方的退路，他们自己则从正面进攻。在做了这样的策划之后，他们便派出了他们授命的船只，他们自己那一天则不打算进攻希腊人，而在他们得到信号知道迂航的船只到达之前，他们也是不打算进攻的。这样他们就派出了迂回航行的船只，同时又在阿佩泰检点了其他的船只。

(**8**)而他们正在检点船只的时候(在舰队里有一个名叫司苦里亚斯的司奇欧涅人，他是当代最有本领的潜水人；在佩里洪发生船难之际，曾给波斯人捞救出了大量财宝，自己也因此弄到了一份不小的财产)。这个司苦里亚斯先前确是想开小差到希腊人那里去的，但是他从来没有像目前的这样一个好机会。后来他终于用什么样的办法逃到希腊人那里去，我说不确实了。如果一般的说法是真实的话，那却真是使人吃惊了。原来据说他是在阿佩泰潜到海里去的，而直到他来到阿尔铁米西昂的地方才游出水面来，这样算来，他就在水面下潜泳八十斯塔迪昂了。关于这个人的传说是很多的，其中有些是真实的，有些却未必可信了。至于这件事，这里我要说一说我自己的意见，我认为他是乘着船到阿尔铁米西昂的。到达之后，他立刻把难船的经过和有船派出来回航埃乌波亚的事情告诉了将领们。

(**9**)希腊人听到了这一番话之后，就集合起来进行商议。在会上发表的意见很多，然而占上风的意见却是：当天留在那里并在原来

的地方碇泊，而在过了午夜之后，他们就向海上进发去迎击回航的船只。可是后来并没有任何人向他们进攻，他们便一直等到当天午后很晚的时候，然后他们自己才向异邦军进击，打算试验一下他们的战术和突破异邦军防线的办法。

(**10**)当克谢尔克谢斯的士兵和他的将领们看到希腊人只乘着少数的船只向他们攻来的时候，他们以为希腊人一定是发了疯，因此他们自己便向海上进发，以为自己这样可以轻而易举地战胜希腊人。他们这样的想法是完全有根据的，因为他们看到希腊人的船只是如此之少，而他们自己的船只却比希腊人的船只多好多倍，而且比他们更精于航术。在打了这样的如意算盘之后，他们就列成圆阵从四面八方来包围了希腊人。不过有许多伊奥尼亚人对希腊人是抱着友好态度的，他们是被强迫着来参加战斗的，故而他们看到希腊人被包围而深感痛苦，因为他们认为希腊人没有一个能够幸免逃回本国了。他们眼里的希腊人就是这样软弱无能的。但是另一方面，看到这样的事情而感到高兴的人们，却争先恐后地想做一名拿捕阿提卡船只的先锋，以便从国王那里领取赐品。原来在水师当中，人们关于雅典人的谈论最多。

(**11**)但是在看到信号的时候，希腊人先把他们的船尾聚拢在一起，船头则向着异邦人列阵。在第二次信号的时候，尽管他们给压制在一块狭小的地区之内而和敌人的战船相对地密接到一处，他们仍然是努力奋战起来。他们当场拿捕了三十只异邦船，同时俘获了撒拉米司国王戈尔哥斯的兄弟、军中知名之士凯尔西司的儿子披拉昂。拿捕敌船的第一个希腊人是一个雅典人，埃司克莱欧斯的儿子吕科美戴斯，他后来取得了勇武的奖赏。双方在海战中未见肯定的胜负，到夜幕降临的时候，就此罢手了。希腊人驶回阿尔铁米西昂，异邦人则返回阿佩泰，他们这次的战果比他们原先期望的要差得多了。在进行这次的战斗时，在随国王前来的全体希腊人当中，只有一个人逃到希腊人那一方面去，这就是列姆诺斯地方的安提多洛斯，由于安提多洛斯的这一行动，雅典人曾把撒拉米司的采地给了他。

(**12**)到夜里的时候，由于当时正是仲夏的季节，整夜里都是豪雨，此外还伴随着从佩里洪山上来的激烈的雷鸣。死者的尸体和破碎的船只都给冲到阿佩泰那方面去，在那里它们和船头搅到一处并且妨碍了桡的活动。那里船上的士兵听到雷雨之声惊恐万状，他们认为他们目前所遭受的灾祸会使他们全部毁灭；原来在他们从难船和佩里洪山附近的雷雨得到恢复之前，他们还得进行一场顽强的海战，而在海战之后，又是倾盆大雨，是向大海奔注的巨流和震耳欲聋的雷声。

(**13**)这就是他们在这一夜里的遭遇。但是对于那一夜里受命回航埃乌波亚的人们来说，遭遇就要惨得多了。因为这些人是在大洋上遇到了这种情况的。他们的结果很惨。原来，他们是在埃乌波亚的科依列（意为洼地——译者）的外边航行的时候遇到了暴风雨的，结果他们被风吹到他们也不知道的地方去，碰在岩礁之上而遇难了。这一切都是出自天意。因为这样一来，波斯的军力就和希腊的军力约略相当，而不是处于绝对优势的地位了。

(**14**)这些人就这样地在埃乌波亚的科依列丧命了。但是，阿佩泰的异邦军，当他们非常高兴地看到天亮的时候，却把船留在那里不动，因为在这样的一番折磨之后，他们已很满足于暂时得到一些安静了。这时五十三只阿提卡的船前来援助希腊人，这些船只的到来和同时接到的回航埃乌波亚的异邦军在前次发生的暴风雨当中全军覆没的消息大大地鼓舞了希腊人。于是他们像先前一样地等到同样的时刻，然后出海向一些奇里启亚的船只进攻；他们歼灭了这些船，而到夜幕降临的时候，就返回了阿尔铁米西昂。

(**15**)可是到了第三天，异邦军的水师提督们激愤于这样少数的敌船竟使他们如此狼狈，又害怕克谢尔克谢斯会怪罪下来，便不再等待希腊人的挑战，而是在相互打过招呼之后就在中午左右的时刻出航了。进行这些次海战的日子，恰巧是在铁尔摩披莱进行陆战的日子；水师的全部意图是力守埃乌里波斯，而列欧尼达司麾下士兵的目的则在于全力保卫关口。希腊人用来相互激励的言语是不使异邦军进入希腊，波斯人方面则是要歼灭希腊的军队并攻占海峡。

(**16**)因此当克谢尔克谢斯的大军列好战阵向前进迫的时候，希腊人在阿尔铁米西昂的海上屹然按兵不动。异邦军把自己的船只排成半月形，尽力想把希腊人紧紧地包围在圆阵里面。希腊人于是迎上前去，战斗就此开始了。在这一场海战里，两军的实力差不多是相等的。克谢尔克谢斯方面由于军容庞大人数众多反而吃了苦头，原来他的船只陷于混乱，相互冲撞起来了。尽管如此，他们却依然不屈不挠地坚持战斗而不肯让步，因为想到他们竟会被少数船只所击破，那是不能忍受的。希腊人的船只和士兵损失的很多,然而异邦军方面的船只和士兵的损失那更要多得多了。他们在进行了这样的一场战斗之后,便各自收兵回去了。

(**17**)在这场战斗当中,克谢尔克谢斯的军队中表现得最好的要算是埃及人了。除去立了其他的巨大战勋之外,埃及人还拿捕了五只希腊战船和船上的兵员。在希腊人方面,战斗得最英勇的是雅典人,而在雅典人当中战功最大的是阿尔奇比亚代司的儿子克里尼亚司,他是自费出一只船和二百个人前来参加战斗的。

(**18**)双方分手之后,就都高高兴兴地急急忙忙地赶回自己的投锚地点去了。当希腊人收兵离开战场的时候,他们的手中掌握了死尸和残破的船只;然而他们自己也伤了很大的元气,特别是雅典人的损失最重,他们的船只损失了一半。他们商议的结果是逃避到希腊的内海地带去。

(**19**)铁米司托克列斯认为如果把伊奥尼亚族和卡里亚族从异邦军那里分裂出来,则希腊人就有足够的力量制服其他部分的军队了。埃乌波亚人通常是把畜群赶到海边上去吃草的,而铁米司托克列斯当时便在那里把将领们召集起来,告诉他们说,他想出一个办法,可以把国王的同盟军中最优秀的那一部分瓦解出来。当时他向他们透露的就是这样一些。但是鉴于当前的情况,他说他们应当这样做,那就是每个人尽可能多地屠杀埃乌波亚的牲畜(因为与其让敌人取得它们,不如自己先下手为好)。此外他还劝告他们每人下令自己的士兵点起火来。至于他们的撤退,他说他将要设法找这样一个时机,以便使他们回到希腊时毫无损失。将领们都同意这样做。他们立刻点起了火,然后又下手把牲畜杀了。

(**20**)原来埃乌波亚人并没有把巴奇司的神托放到心上,而是认为它毫无意义,他们既没有把任何东西搬出去,也没有把任何东西搬进来。如果他们事先对敌人的到来有所戒备的话,他们早就应当这样做了。结果他们竟使自己遭到了惨祸。巴奇司关于这件事的神托却是这样的:

当着一个讲异邦语的人在海上架设纸草桥的时候,

注意把那些喧叫的山羊从埃乌波亚的海岸赶跑。

埃乌波亚人没有注意这些诗句,可是在目前遭受的和即将到来的灾祸当中,他们却不得不体验他们那极其不幸的遭遇了。

(**21**)正当希腊人做着我上面所说的事情时,一个哨兵从特拉奇司到他们这里来了。原来在阿尔铁米西昂那里派驻了一个哨兵,这是一个名叫波里亚斯的安提库拉人。他的使命是在看到水师发生战斗时,立刻把这消息告诉铁尔摩披莱的人们(为了这个目的,他身旁总有一只桡船准备着)。同样如果陆上的军队发生变故的时候,雅典人吕西克列斯的儿子阿布罗尼科斯自己也要准备乘着三十桡船把这个消息带给阿尔铁米西昂的希腊人。因此,这个阿布罗尼科斯就前来向他们报告了列欧尼达司和他的军队的遭遇。而当希腊人知道了这个情况之后,他们就立刻决定离开,不过他们是按照他们规定的次序退却的,科林斯人在最前面,雅典人在最后面。

(**22**)但是铁米司托克列斯却把雅典人的最精锐的一些船只选拔出来,到有饮用水的那些地方去,在那些地方他在岩石上刻了一些文句,这些文句伊奥尼亚人次日来到阿尔铁米西昂的时候就读到了。文句的内容是这样的:“伊奥尼亚人啊,你们对你们父祖的国家作战并且把希腊人变成奴隶,这乃是不义的行为。如果做得到的话,你们最好是投到我们这一面来,但如果你们不可能做到这一点的话,那么就请你们不要参加战争,并且请卡里亚人也像你们一样地做。如果你们二者都不可能做到,而是被无法抗拒的力量紧紧地束缚住的时候,则我们仍请求你们在作战的那一天里不要把全力使用出来。请注意,你们是我们的子孙,而我们和异邦人的争端起初正是由于你们才引起来的。”在我来看,铁米司托克列斯这样写是有双重用意的,如果国王没有看到刻在岩石上的这些话,那它就可以使伊奥尼亚人倒戈投到希腊人的这一面来,如果这些话被恶意地报告给克谢尔克谢斯,则克谢尔克谢斯就会不相信伊奥尼亚人并不使他们参加海战。

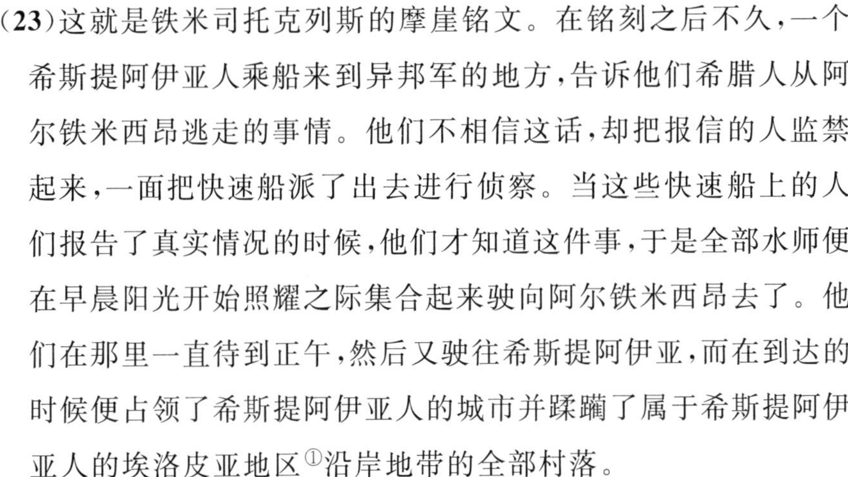

(**23**)这就是铁米司托克列斯的摩崖铭文。在铭刻之后不久,一个希斯提阿伊亚人乘船来到异邦军的地方,告诉他们希腊人从阿尔铁米西昂逃走的事情。他们不相信这话,却把报信的人监禁起来,一面把快速船派了出去进行侦察。当这些快速船上的人们报告了真实情况的时候,他们才知道这件事,于是全部水师便在早晨阳光开始照耀之际集合起来驶向阿尔铁米西昂去了。他们在那里一直待到正午,然后又驶往希斯提阿伊亚,而在到达的时候便占领了希斯提阿伊亚人的城市并蹂躏了属于希斯提阿伊亚人的埃洛皮亚地区[①]沿岸地带的全部村落。

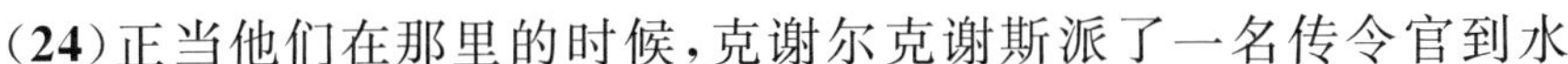

(**24**)正当他们在那里的时候,克谢尔克谢斯派了一名传令官到水

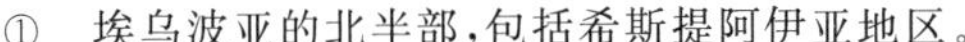

① 埃乌波亚的北半部,包括希斯提阿伊亚地区。

师那里去；在这之前，他曾对于阵亡者作了如下的处理。他自己的军队在铁尔摩披莱阵亡的（有两万人之多），他只留下一千人左右，其余的人他都挖沟埋掉了。为了不使水师看到他们，沟上覆盖了树叶并堆起了土。因此当传令官渡海到希斯提阿伊亚来的时候，他就把水师的全体士兵召集起来，对他们说："诸位同盟者，无论是谁，只要他愿意，国王克谢尔克谢斯都允许他离开自己的岗位前来看一看，他怎样对竟然想压制王师的那些蠢货们作战。"

（**25**）在这样地宣布之后，由于想来一开眼界的人是这样的多，弄到船却变成最困难的事情了。他们渡海，穿过尸体来进行观察；他们所有的人都认为阵亡的希腊人都是拉凯戴孟人和铁司佩亚人，虽然他们也看到了希劳特。尽管如此，渡海来参观的人仍然没有给克谢尔克谢斯在处理阵亡将士尸体时所做的事所瞒过，原来事情确实是非常可笑的。波斯人阵亡的，他们看到了一千名，但是希腊人的尸体却都给堆集到一个地方，数目多到四千。那一整天里，他们都化在视察上面了；第二天船上的人员返回他们驻在希斯提阿伊亚的水师，克谢尔克谢斯便率军出征了。

（**26**）从阿尔卡地亚有几个人逃到他们那里去，这几个人是由于无法维持生活而想找些事情做的。波斯人把这几个人带到国王跟前，问他们希腊人正在做些什么事情，问问题的那个人是代表大家来发问的。阿尔卡地亚人告诉他们说，希腊人正在举行奥林匹亚祭，正在举行运动比赛和赛马，于是那个波斯人就问希腊人比赛时所得的奖品是什么。那些阿尔卡地亚人告诉他说，优胜者的奖品是橄榄冠。于是阿尔塔巴诺斯的儿子特里坦塔伊克美斯就说出了极其崇高的一些话，不过他却被国王加上了懦夫的名号；原来当他听到奖赏并不是金钱而是一顶橄榄冠的时候，他再也沉默不下去了，他向所有在场的人们说：“哎呀，玛尔多纽斯啊，你率领我们前来对之作战的是怎样的一些人啊，他们相互竞赛是为了荣誉，不是为了金钱啊。”

(**27**)以上就是特里坦塔伊克美斯所说的话。这时在另一方面，就是在铁尔摩披莱惨败之后不久的时候，帖撒利亚人就派了一名使者到波奇司人那里去，因为帖撒利亚人对波奇司人是有旧怨的，而在帖撒利亚人遭到最近的惨祸之后，这旧怨就更形加深了。原来在国王出征之前不几年的时候，帖撒利亚人和他们的同盟军曾以他们全军的力量去进攻波奇司，但是却打了败仗并吃了波奇司人很大的苦头。被包围在帕尔那索斯山的波奇司人中间有埃里司地方的一个占卜师铁里阿斯，这个铁里阿斯给波奇司人想出了这样的一个战略。他把白垩土涂在六百名最精壮的波奇司士兵的身体和甲胄上面，率领他们在夜间去进攻帖撒利亚人，事先嘱咐他们看到身上不涂着白垩土的人就杀。帖撒利亚人中间首先是哨兵看到这些人，结果他们因害怕而逃跑了，他们误以为这些人是什么怪物；继哨兵之后，帖撒利亚的全军也同样地逃跑了。结果波奇司人竟斩杀了四千名敌军和夺取了他们的盾牌，其中的一半被他们奉献给阿巴伊，其余的则奉献给戴尔波伊。那次战斗中的战利品有十分之一用来制造了一些巨像，这些巨像就立在戴尔波伊神殿前面三脚架的四周。在阿巴伊神殿也有其他同样的巨像。

(**28**)被包围的波奇司人就是这样地对付帖撒利亚人的步兵的。而

当帖撒利亚的骑兵侵入他们的国土的时候，波奇司人也给了他们致命的打击。他们在叙安波里司附近的通路上掘了一个大坑把空瓮放到里面去，再把泥土盖在上面，一直弄到地上看不出任何痕迹来，他们就这样等待着帖撒利亚人的进攻。这些帖撒利亚骑兵向前推进，满指望把他们遇到的波奇司人一扫而光，结果却掉到陷坑里的土瓮中间去了。这样一来，乘骑的腿就给折断了。

（**29**）帖撒利亚人在这两件事上恨透了波奇司人，于是他们就派一名使者到波奇司人那里去，说："波奇司人，现在是你们自己承认，你们到底不是我们的对手的时候了。以前当我们站在希腊人那一方面的时候，在希腊人眼里我们就一直比你们有分量，如今在异邦人方面，我们也有这样大的力量，足以使你们丧失你们的土地而且使你们的人受到奴役。尽管如此，虽然生杀予夺之权都在我们手里，我们却对你们不念旧怨。为你们过去的所作所为赔偿我们五十塔兰特白银吧。我们是会保证不使你们的土地受到威胁的。"

（**30**）帖撒利亚人向他们的建议就是这样。在整个那一地区，只有波奇司人不站在美地亚人的那一方面，而按照我个人的推论，这理由不外是他们对帖撒利亚人的憎恨罢了。如果帖撒利亚人站在希腊人的一边的话，那我以为波奇司人是会站到美地亚一方面去的。波奇司人对帖撒利亚人的建议的回答是不给钱。他们还表示，若是有什么理由而他们愿意这样做的话，他们也可以和帖撒利亚人一样地站到美地亚人的一面，但是他们是不愿意背叛希腊的。

(**31**)帖撒利亚人接到这个回答之后,对波奇司人感到十分激愤的帖撒利亚人立刻便成了异邦军的引路者。他们从特拉奇尼亚侵入了多里斯。原来在那里有一块狭长的多里斯土地伸向那一方面,这块土地的宽度大约有三十斯塔迪昂,位于玛里司和波奇司的领土之间,这在往时则是德律欧披司的土地,这一地区是伯罗奔尼撒的多里斯人的故土。异邦人在进攻时对多里斯人的这块土地并未加以蹂躏,因为他们站到了美地亚人的那一方面,而帖撒利亚人也不希望异邦人加害于他们的。

(**32**)但是当他们从多里斯进入波奇司的时候,波奇司人却不能给他们捕捉到;因为有一些波奇司人跑到帕尔那索斯山上去了(帕尔那索斯山的山峰叫做提托列阿,它就屹立在尼昂市的近旁,它可以容纳大批的人,因此他们就带着自己的财物登上那里),不过他们的大部分却离开了自己的国土避难到欧佐拉伊·罗克里斯人的地方去,在那里克利撒平原的上方有一个叫做阿姆披撒的城市。异邦人蹂躏了波奇司的全部国土,帖撒利亚人就做了异邦军的向导。而凡是他们所征服的地方,他们就纵火和破坏,把城镇和神殿一概化为灰烬。

(**33**)他们沿着凯佩索司河一路推进,把沿途所遇到的一切搞得精光,他们放火烧掉的城市有德律莫司、卡拉德拉、埃洛科司、铁特洛尼昂、阿姆披凯亚、尼昂、佩迪埃司、特里提司、埃拉提亚、叙安波里司、帕拉波塔米欧伊和阿巴伊,而在阿巴伊地方有一座富有的阿波罗神殿,这座神殿拥有大量的财宝和奉献物。当时在那里和现在一样,也有一处神托所。他们把这个神殿也劫掠和焚烧了。他们追击波奇司人并把他们的一些人在山的附近拿获了。还有一些妇女在受到许多人的凌辱之后被弄死了。

(**34**)异邦军经过帕拉波塔米欧伊之后,就到了帕诺佩司;在那里他们的军队分成了两路。人数较多而力量也较强的那一部分军队随同克谢尔克谢斯本人向雅典进发并且突入贝奥提亚的欧尔科美诺斯人的土地。但是全部贝奥提亚人现在却站到了美地亚的一面,亚历山大派来分驻于各个指定地点的马其顿人保卫了他们城市使之免于战祸。所以能够免于战祸的理由则是他们要克谢尔克谢斯知道,贝奥提亚人是站在美地亚的一面的。

(**35**)异邦军的这一部分就像上面所说那样地出发了,其他部分的军队则和向导人一道向戴尔波伊的神殿方面行进,而帕尔那索斯山就在他们的右方。这一部分的军队也把他们所占领的那部分波奇司土地上的一切不分青红皂白地加以破坏,把帕诺佩司人、达乌里司人、爱奥里斯人的市邑都烧掉了。他们和其余的军队分开并且走这条路的目的,是他们可以劫掠戴尔波伊的神殿并且把它的财富拿来献给克谢尔克谢斯。而且我听说,克谢尔克谢斯对于神殿中那些值得提起的财富,比对于他留在自己的宫殿中的东西知道得还要清楚得多。原来很多人一直在提到这些财富,特别是阿律阿铁斯的儿子克洛伊索斯所奉献的那些东西。

(**36**)当戴尔波伊人得知这一切的时候,他们真是惊恐万状了。由于他们非常害怕,他们就请示神托,问他们是应当把圣财埋到地里去,还是把它们移送到别的安全的地方去。但是神却嘱告他们不要移动任何东西,说他是可以保护他自己的财物的。戴尔波伊人听到这话之后,便开始给他们自己打算了。他们把他们的妻子儿女遣送到海的对面阿凯亚地方去。大部分的男子则到帕尔那索斯山的山峰上去并且把他们的财物搬进了科律奇昂洞。还有一部分人则逃到罗克里斯人的阿姆披撒去了。这样一来，除去六十个人和那个预言者之外，全体戴尔波伊人就全部离开了那个城市。

(**37**)而当异邦军渐渐迫近并且可以望到神殿的时候，那个名叫阿凯拉托司的预言者曾看见一些任何人都不许用手触的神圣的武器给从内室里搬了出来，放在神祠的前面。于是他便去把这个奇迹告诉了那些留下来的戴尔波伊人；但是当异邦军兼程迫近雅典娜·普洛奈亚神殿的时候，他们遇到了比前面说的奇迹要大得多的奇迹。说来实在是不可思议：武器自己竟跑出来到神祠的前面；但是在这之后的一次神意的显示却是比先前任何的一次都更加奇异了。原来当异邦军逼近雅典娜·普洛奈亚神殿时，他们受到了自天而下的霹雳的打击，帕尔那索斯山的两个山峰给打了下来，它们带着巨大的轰音向着他们压了下来而把他们当中的许多人压死了。而且从雅典娜神殿也发出了胜利的喊叫和呼声。

(**38**)同时发生的所有这一切使异邦军产生了恐怖。戴尔波伊人看到他们逃跑了，便从山上向他们进攻并且杀死了他们许多人。其中得到活命的人一直逃到贝奥提亚去了。我听说，跑回去的那些异邦军说，除去上面所说的那些上天显示以外，他们还看到了其他不可思议的上天显示。他们说，比普通人要高大的两个武装大汉紧紧地追在他们后面，一面杀戮一面跟踪在他们的后面。

(**39**)戴尔波伊人说[1]，这两个人乃是当地的英雄，名字叫做披拉科斯和奥托诺斯，奉祀他们的圣域就在神殿的近旁；披拉科斯的圣域位于雅典娜·普洛奈亚神殿上方的道路近旁，奥托诺斯的圣域则位于叙安佩亚峰下卡司塔里亚泉的近旁。而且从帕尔那索斯山落下来的石块就是在我的时代还保存着的，它们就在雅典娜·普洛奈亚神殿的圣域里，而当石头向异邦军队伍当中落下来时就是落到那里的。那些人当时撤离神殿的情况就是这样了。

(**40**)在另一方面，希腊的水师在离开了阿尔铁米西昂之后，却由于雅典人的请求来到了撒拉米司。为什么雅典人请求他们碇泊在撒拉米司呢，原来他们要把他们的妻子儿女安全地迁出阿提卡，此外，并且想商量一下今后行动的方法。既然目前的情况使他们原来的愿望趋于幻灭，因此他们只能重新进行商议了。他们本来想使伯罗奔尼撒的全部兵力集合起来在贝奥提亚准备应付敌人的进攻，可是他们却发现事实和他们的想法完全相违，相反地他们得知伯罗奔尼撒人认为最重要的只是如何保卫伯罗奔尼撒从而在地峡上修筑工事，丝毫不把其他地方放到心上。因此，在他们知道了这个情况之后，便请求水师在撒拉米司停泊了。

(**41**)于是其他的人，就到撒拉米司去了，而雅典人也就返回了自己的国土。他们到了那里之后，就宣布说每一个雅典人都应该尽

① 这整个故事显而易见是祭司们告诉给希罗多德的一个神殿传说。

一切的可能来挽救他自己的子弟和眷族。于是他们中间的许多人便把他们的子弟眷族送往特罗伊真，也有送到埃吉纳和撒拉米司去的。他们赶忙把一切人迁移到安全的地带去，是因为他们想依照神意来行事。此外还有下面一个原因：据雅典人说，在他们的神殿里有一条巨蟒守护着卫城，他们不单是这样讲而已，他们还若有其事地每月把蜜饼奉献给巨蟒，这个蜜饼先前一直是给吃掉了的，但是如今却连动也不动地放在那里了。当女司祭把这个情况说出来的时候，雅典人便更加想离开他们的城市了，因为他们认为连他们的女神也都离开他们的卫城而去了。在他们把他们的一切迁移到安全的地带去之后，他们就回到水师的驻泊地去了。

(42)当着从阿尔铁米西昂来的希腊人抵达撒拉米司的时候，他们的其余部分的水师也听到了这件事并且从特罗伊真前来和他们会合，因为在这之前他们曾奉命在特罗伊真人的港口波贡集结。而在那里集合的船只比在阿尔铁米西昂作战的船只要多得多，并且是从更多的城市前来的。他们的统帅和在阿尔铁米西昂的统帅是同一个人，即斯巴达人优利克里戴斯的儿子优利比亚戴斯，不过这个人却不是王族出身。但是，断然提供了最多的和最好的船只的，是雅典人。

(43)参加希腊水师的人选是这样：伯罗奔尼撒地方首先是拉凯戴孟人提供了十六只船，科林斯人提供了和在阿尔铁米西昂相同数目的船只；希巨昂人提供了十五只船，埃披道洛斯人十只，特罗伊真人五只，赫尔米昂涅人三只。除去赫尔米昂涅人之外，这些人都属于多里斯族和马其顿族[1]，而且是最后从埃里涅乌司、品多斯和德律欧披司地区来的。赫尔米昂涅人就是德律欧披司人，他们是给海拉克列斯和玛里司人从现在称为多里斯的地方给赶了出来的。

(**44**)以上就是参加水师的伯罗奔尼撒人。至于从伯罗奔尼撒以外的本土来的人，则雅典人提供的船只比之其他任何人都要多，他们独力提供了一百八十只。原来普拉塔伊阿人在撒拉米司地方并没有帮助雅典人作战，这是因为当希腊人从阿尔铁米西昂撤退而到卡尔启斯这方面来的时候，普拉塔伊阿人已经在对岸贝奥提亚的领土登陆并且着手把他们的家眷迁走了。他们乃是被留在后面以便使这些人安全撤退的。当佩拉司吉人统治着如今称为希拉斯的地方时，雅典人就是称为克拉那欧伊[2]的佩拉司吉人。在国王开克洛普斯统治他们的时代，他们是叫做开克洛皮达伊，而当王权转到埃列克铁乌斯手中去的时候，他们又改换了自己的名字而成了雅典人，可是当克苏托斯的儿子伊昂成为雅典人的统帅的时候，他们又随着他的名字改称伊奥尼亚人了。

(**45**)此外美伽拉人也提供了和在阿尔铁米西昂同样数量的船只。阿姆普拉奇亚人为水师提供了七只船，列乌卡地亚人三只，列乌卡地亚人是科林斯地方出身的多里斯人。

(**46**)在岛民当中，埃吉纳人提供了三十只船。在这之外，他们把别

---

① 参见第一卷第五六节。

② 这大概是“高地居民”的意思。

的船只也配备了乘务人员，但是他们用这些船来保卫他们本土的海岸，而以航行得最好的三十只船来参加撒拉米司的战斗。埃吉纳人是来自埃披道洛斯的多里斯人，他们的岛以前是叫做欧伊诺涅。在埃吉纳人之后是在阿尔铁米西昂提供了二十只船的卡尔启斯人和提供了七只船的埃列特里亚人，他们都是伊奥尼亚人。再次是凯欧斯人，他们提供了和先前同样数目的船只；他们是来自雅典的伊奥尼亚人。那克索斯人提供了四只船，他们和其他的岛民一样，本来是给他们当地的人们派出来参加到美地亚人一方面战斗的，但是他们却不听从命令而投到希腊人的方面来了，他们是在他们城中的知名人士，当时三段桡船的船长德谟克利图的游说之下才转到希腊人方面来的。那克索斯人是雅典出身的伊奥尼亚人。司图拉人提供了和在阿尔铁米西昂相同数目的船而库特诺斯人则提供了一只三段桡船和一只五十桡船；这两种人都是德律欧披司人。水师中还有赛里婆斯人、昔普诺斯人和美洛斯人。岛民当中只有这些人没有把土和水献给异邦人。

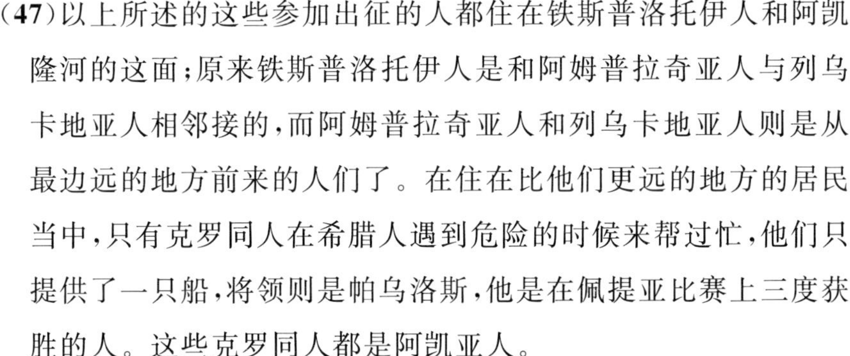

(**47**)以上所述的这些参加出征的人都住在铁斯普洛托伊人和阿凯隆河的这面；原来铁斯普洛托伊人是和阿姆普拉奇亚人与列乌卡地亚人相邻接的，而阿姆普拉奇亚人和列乌卡地亚人则是从最边远的地方前来的人们了。在住在比他们更远的地方的居民当中，只有克罗同人在希腊人遇到危险的时候来帮过忙，他们只提供了一只船，将领则是帕乌洛斯，他是在佩提亚比赛上三度获胜的人。这些克罗同人都是阿凯亚人。

(**48**)除去美洛斯人，昔普诺斯人和赛里婆斯人之外，这些人都是提供了三段桡船来参战的，但美洛斯人等等则提供了五十桡船。出身拉凯戴孟的美洛斯人提供了两只，属于雅典的伊奥尼亚人的昔普诺斯人和赛里婆斯人各提供了一只。因此除去五十桡船不算之外，船只的总数是三百七十八只①。

(49)当上述各个城邦的将领们在撒拉米司集会的时候，他们进行了商议；优利比亚戴斯向他们建议，要他们任何一个有意见的人都可以提出自己的看法，看在希腊人所掌握的一切领土当中，哪一块地方最适于进行海战。阿提卡已经被他们放弃了，因此他要他们就其他的地方进行考虑。但大部分发言者的意见都倾向于一个相同的结论，即他们应当到科林斯地峡去，在那里为保卫伯罗奔尼撒而进行海战，理由是这样：如果他们在撒拉米司的战斗中被打败，他们就会给包围在岛上，而没有任何得到救援的希望了。但如果在地峡附近进行海战，那他们在有必要的时候就可以逃到他们自己人的陆地上去。

(50)正当伯罗奔尼撒诸将做这样的打算时，来了一个雅典人，他带来消息说，异邦人已经到了阿提卡并正在那里的全部土地上放火打劫。原来随着克谢尔克谢斯穿过了贝奥提亚的军队烧掉了离开当地而到伯罗奔尼撒去的铁司佩亚人的城市以及普拉塔伊阿人的城市，然后到达雅典并把那里附近的一切都蹂躏了。他们烧掉了铁司佩亚和普拉塔伊阿，因为他们从底比斯人那里听到说，那些城市并不是站在美地亚一方面的。

(51)在异邦军渡过出征出发点的海列斯彭特并进入欧罗巴之后，

① 实际上全部加起来是三百六十六只，而不是三百七十八只。

他们到达了阿提卡；他们在渡海进入欧罗巴这件事上用了一个月的时间，到阿提卡又用了三个月；当时卡里亚戴斯正是雅典的执政官。他们在那里攻占了当时居民已经跑掉的城市；但是他们在神殿里发现了少数雅典人，一些神殿住持和贫苦居民，他们用门和木材作为壁垒来保卫卫城，防备进攻。他们并没有撤退到撒拉米司去，部分是由于贫困，也还由于他们自以为懂得了戴尔波伊神托的意思，即木墙是攻不破的①，而且他们相信这便是神托所指的避难所，而不是船只。

（**52**）波斯人驻扎在卫城对面，雅典人称之为“阿列斯之山”的丘陵上面，并且用向壁垒上射火箭的办法来围攻他们，火箭是把箭的四周包上麻屑再点上了火的。尽管雅典人处于绝望的地步而壁垒对他们又毫不济事，他们却仍旧对围攻者进行了抵抗。他们也不听佩西司特拉提达伊家向他们提出的投降条件，而是讲求各种对策来保卫自己，主要是用这样的办法，即当敌人攻到门那里的时候，他们就把大石块向异邦人的身上砸去。结果克谢尔克谢斯在长时期之内竟攻不下这个地方而致束手无策。

（**53**）然而进退两难的异邦军终于找到了一条进攻的道路。原来神托的话迟早一定会实现：阿提卡的全部土地终是要归波斯人来统治的。在卫城的前面、门和山道的后面有一块无人把守的地方，而谁也想不到会有人从那里登上去的。虽然这个地方非常陡峭，却还有一些人在开克洛普斯的女儿阿格劳洛斯的神殿附近的地点攀登上来了。当雅典人看到异邦人登上了卫城，他们

① 参见第七卷第一四一节。

就有几个人从城上跳下去摔死了。其他的一些人则逃到内部的圣堂去避难。攀登上来的波斯人首先到门那里去把它打开并且杀死那些请求庇护的人。当他们把所有的雅典人都杀死之后，他们便抢劫了神殿，然后又把整个卫城放火烧掉了。

(**54**)克谢尔克谢斯现在既然完全控制了雅典，他便派了一名骑手到苏撒去，把他当前的成功告诉阿尔塔巴诺斯。在派出使者之后的第二天，他把跟随着他的雅典亡命者召集起来，命令他们到卫城上去，按照他们本国的仪式奉献牺牲，他发出这样命令不知道是由于做了梦的缘故，还是因为他烧掉神殿而后悔起来。雅典的亡命者们按照他的吩咐做了。

(**55**)现在我要说一说我所以提到上述的事情的理由：在卫城上面有据说是大地所生的埃列克铁乌斯的一座神殿，神殿里有橄榄树和一池海水，依照雅典人的传说，它们是波赛东和雅典娜在争夺土地时放置在那里作证的。但是现在，橄榄树在异邦人焚烧神殿的时候一齐给烧掉了，但是在它被烧掉的第二天，当着奉国王之命去奉献牺牲的雅典人到神殿去的时候，他们看到从残留的树干上长出来了大约有一佩巨斯长的嫩枝。他们就把这件事情报告了。

(**56**)当撒拉米司的希腊人得悉雅典卫城所发生的事件时，他们是惊恐到这样的程度，以致他们的某些将领不等到他们所讨论的问题有个结果，就赶忙跑到他们的船上去扬帆远遁了。他们当中留在后面的人则决定为守卫科林斯地峡而进行海战。到夜里的时候，他们便散会上船去了。

(**57**)于是铁米司托克列斯便返回了自己的船，一个叫做姆涅西披洛斯的雅典人向他探听他们商量的结果。姆涅西披洛斯听到铁米司托克列斯说,他们的计划是到科林斯地峡去,为保卫伯罗奔尼撒而作战的时候,他就说:“这样看来,如果他们乘船离开撒拉米司的话,那你的水师就再没有可以保卫的国家了;因为每个人都要到他自己的城邦去,不管是优利比亚戴斯还是其他任何人都将不能留住他们而使大军不致从此分散。而希腊也就由于轻率鲁莽而灭亡了。想想看,如果还有什么办法的话,现在立刻就去想一切办法把这个计划收回吧,只要你好歹能够说服优利比亚戴斯要他改变主意并且留在这里就行了。”

(58)这个意见正中铁米司托克列斯的下怀。他没有回答姆涅西披洛斯什么话,就到优利比亚戴斯的船上去了,并说要和优利比亚戴斯商量一件有关他们共同利益的事情。优利比亚戴斯要他到船上来,说出他要说的任何话。于是铁米司托克列斯便坐到他的身旁,把自己从姆涅西披洛斯那里听来的话,正像是自己想出来那样地全都告诉了他,此外还加上了许多他自己的话,直到用恳求的办法说服了对方,使对方走出自己的船,召集各将领前来商量事情。

(59)将领们集合起来了,据说铁米司托克列斯没等到优利比亚戴斯向将领们说明这次把他们召集来的目的,就由于希望心切而迫不及待地向他们发表了长篇的演说。而当他还在发言的时候,科林斯的将领欧库托司的儿子阿迪曼托司就说:“铁米司托克列斯,比赛的时候在规定的时刻之前开跑的人是要挨棒子打的。”但铁米司托克列斯给自己辩解说:“不错,可是等得过久的人是得不到荣冠的。”

(**60**)在当时，他对科林斯人的回答是温和的，但是现在他对优利比亚戴斯却根本没有像先前那样地提到什么如果他们离开撒拉米司，他们就会散开和逃掉一类的话，因为他以为当着同盟者的面来诽谤他们，那是很不合适的；因此他想出了另外一个论据。

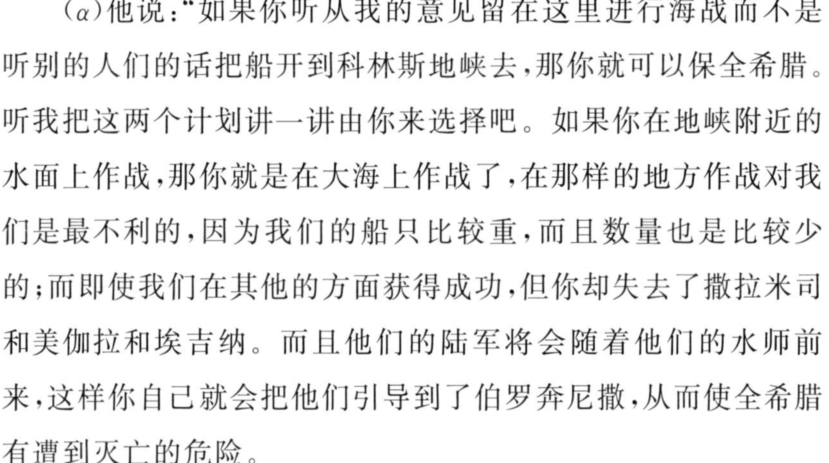

（α）他说："如果你听从我的意见留在这里进行海战而不是听别的人们的话把船开到科林斯地峡去，那你就可以保全希腊。听我把这两个计划讲一讲由你来选择吧。如果你在地峡附近的水面上作战，那你就是在大海上作战了，在那样的地方作战对我们是最不利的，因为我们的船只比较重，而且数量也是比较少的；而即使我们在其他的方面获得成功，但你却失去了撒拉米司和美伽拉和埃吉纳。而且他们的陆军将会随着他们的水师前来，这样你自己就会把他们引导到了伯罗奔尼撒，从而使全希腊有遭到灭亡的危险。

（β）相反地，如果你按照着我的意见去做的话，你就可以得到我下面所说的利益。首先，在狭窄的海面上以我们少数的船只和他们的大量船只交手，如果战争产生了它的当然结果的话，我们是会取得巨大胜利的；因为在狭窄的海面上作战对我们有利，而在广大的海面上作战则是对他们有利。其次，我们可以保全我们寄托了我们的妻子儿女的撒拉米司。再次，我的计划还有这样一个好处，而这个好处又是你最希望的，那就是，你留在这里和你在地峡附近的海面上作战一样，同样会保卫伯罗奔尼撒，而且如果你不失误的话，你还不会把我们的敌人引到伯罗奔尼撒来。

(γ)而如果我所期望的事情全部实现而我们在海战中取得胜利的话,那异邦军就不会迫临你们的地峡地带,他们也不会攻过阿提卡,而是会在混乱中撤退;我们将由于保全美伽拉、埃吉纳和据神托说我们要战胜我们敌人的地方撒拉米司而得到利益。当人们作出合乎道理的安排时,他们是最容易得到成功的,如果作出不合道理的决定,上天当然也决不会附和人类的办法的。”

(61)铁米司托克列斯的一番话就是这样。但是这时科林斯人阿迪曼托司又来攻击他了。阿迪曼托司说,一个没有祖国的人是不应当多话的,并且说优利比亚戴斯不要容许使一个没有自己城邦的人的意见付诸投票表决。他说要铁米司托克列斯先有一个城邦作为自己的后援再到这里来商量事情,而正是由于雅典被敌人攻克和占领,他才这样嘲骂铁米司托克列斯的。于是铁米司托克列斯就发表了长篇的演说,痛斥阿迪曼托司以及科林斯人,明白地给他们指出要他们懂得,只要雅典人拥有二百只满载乘员的船只,那雅典人就是有城邦和比他们的领土还要大的国土;因为在希腊人当中,是谁也没有力量击退他们的进攻的。

(62)他发表了这样的意见之后,就到优利比亚戴斯那里去,比方才更加激烈地说:“如果你留在这里的话,则你就会由于留在这里而表示出你是一个堂堂正正的男子汉大丈夫;但如果你不这样做的话,那你就会把希腊搞垮,因为我们的全部作战力量都在我们的船上。考虑考虑看,还是听我的话吧。但是你如果不这样做,我们便不费什么气力带着我们的家小人等到意大利的那从古来便是属于我们的昔利斯去，而且神托也说，我们是必须在那里建立一个居民地的。因此，你们失去了像我们这样的联盟者，将来总会有一天想起我讲的话来的。”

(**63**)铁米司托克列斯的这一番话使优利比亚戴斯改变了他的意图。他所以这样做在我看来主要是因为他害怕：如果他率领他的船到地峡去时，雅典人会离开他们；原来，如果雅典人离开水师的话，其他的部分就不是敌人的对手了。于是他选择了上面所提到的计划，即留下来并在他们原来所在地的海面上作战。

(**64**)在这样的一番论争之后，撒拉米司地方的希腊人便依照优利比亚戴斯的意思，决定着手在他们原来的地方作战斗的准备了。第二天早上太阳刚刚升起的时候，陆地上和海洋上都发生了地震。于是他们决定祈求诸神并且把埃伊阿奇达伊一族召来帮忙。他们这样决定，就这样做了；他们向上天所有的神做了祷告，而后立刻从撒拉米司把埃阿司和铁拉门召到他们那里去，又派一只船到埃吉纳去接埃伊阿科斯和埃伊阿奇达伊族的其他的人们。

(**65**)有一个叫做提欧库戴斯的儿子迪凯欧斯的人，他是当时在美地亚人当中博得名望的一个雅典亡命者。下面就是这个人所讲的一个故事。正当阿提卡的土地被克谢尔克谢斯的军队所蹂躏而那里又没有雅典人的时候，他正在特里亚平原上和拉凯戴孟人戴玛拉托斯在一块儿，他看到从埃列乌西斯起来了一片仿佛是三万左右的人所踏起的烟尘。而正当他们十分奇怪是哪里来的人们踏起了这样一片烟尘的时候，他们忽然听到一声叫喊，这声叫喊在他听起来好像是雅科斯密仪的赞歌[1]。戴玛拉托斯并不清楚埃列乌西斯的祭仪，便问他这是什么样子的声音；于是迪凯欧斯说："戴玛拉托斯，毫无疑问，国王的大军将会遭到某种大灾难的。阿提卡地方既然已经没有人居住，那事情便非常明显，我们听到的声音是从天上来的，是从埃列乌西斯那里发出来帮助雅典人和他们的同盟者的。而如果上天的垂像降临到伯罗奔尼撒的话，那国王本人和他的大陆上的军队就危险了。但是如果上天的垂像是向着撒拉米司的船只那边去的话，那国王就要有失掉他的水师的危险了。雅典人每年举行这一祭仪是为了崇祀母神和少女神[2]，而不管任何一个希腊人，雅典人也好其他人也好，只要他愿意，是都可以参加这一密仪的。而你听到的喊叫声就是他们在这一祭祀中所唱出的雅科斯密仪的赞歌。"戴玛拉托斯于是回答说："别说了，不要把这话再向其他任何人说了。因为，如果你的这些话报告到国王那里去，你是会掉脑袋的。这样不管是我，还是其他任何人就都无法救你了。少说话吧，诸神是会关心这支大军的。"这就是戴玛拉托斯的意见；而在尘土和喊叫声之后，又出现了云彩，云彩高高地升到空中并飘向撒拉米司希腊水师的那方面去了。这样一来他们就明白，克谢尔克谢斯的水师是注定要溃灭的了。以上便是提欧库戴斯的儿子迪凯

① 包埃德罗米昂月（约当九月下旬和十月上旬）二十日沿圣路从雅典到埃列乌西斯的盛大行列称为雅科斯，因为在行列中带着雅科斯幼时的像，还有他的摇篮和玩具。雅典青年护送着雅科斯像，后面则跟着打着火把和唱着赞歌的参加过密仪的人们。

② 指戴美特尔和佩尔赛彭涅。

欧斯所说的故事，而且他说戴玛拉托斯和其他人等都可以证明他的话是真的。

(66)被安置到克谢尔克谢斯的水师里服役的人们，在视察了拉科尼亚人所遭受的惨祸之后，就从特拉奇司渡海到希斯提阿伊亚，而在三天的等候之后，便驶过了埃乌里波斯，又经三天的时间，便到达了帕列隆[①]。在我看来，在他们侵入雅典的时候，他们的陆军和水师的数目比之他们来到赛披亚斯和铁尔摩披莱的时候并不少。因为，虽然在暴风雨里，在铁尔摩披莱和在阿尔铁米西昂的海战中他们有所损失，但是我却把当时还没有参加国王的军队的人们算了进来，他们是玛里司人、多里斯人、罗克里斯人和除铁司佩亚人与普拉塔伊阿人之外的贝奥提亚全军，还有卡律司托斯人、安多罗斯人、铁诺斯人和除去我在前面所说的五个市邑[②]之外的所有其他的岛民。原来，波斯人向希腊的腹地推进得越是深入，也就有更多的民族追随在他的后面。

(67)因此当除了帕洛司人之外的所有这些人来到雅典（帕洛司人留在库特诺斯，热心注视战斗的结果如何），而其他人等来到帕列隆的时候，克谢尔克谢斯于是就亲自到水师这里来，为的是和水兵们接触并听取他们的意见。他来到之后，就坐到王位上去，应他之召从各船前来的诸民族的僭主和提督也按照国王颁赐给他们每人的位阶入座，首先是西顿王，其次是推罗王，其他的人

① 雅典的一个海港。在希腊波斯战争之前，雅典人主要是使用这个海港。

② 在第四六节中所提到的是六个市邑，即凯奥司、那克索斯、库特诺斯、赛里婆斯、昔普诺斯、美洛斯。这里忘掉的一个城市有人说是凯奥司，有人说是美洛斯，又有人说是赛里婆斯。

依次入座。在他们依次入座之后，克谢尔克谢斯便派玛尔多纽斯向他们每个人进行征询，问波斯的水师是否应进行海战？

(68)玛尔多纽斯从西顿人起开始巡行询问，所有其他的人一致认为应当进行海战，但是只有阿尔铁米西亚讲了下面的话：

(*α*)“玛尔多纽斯，我请你转告国王，讲这话的人在埃乌波亚的海战当中决不是最卑怯的人，在战勋方面也决不是最差的人。主公，但我认为我应当坦白地把自己的意见说出来，也就是说，说出我认为对你最有益处的意见来。我要讲的话是这样。留着你的船，不要进行海战吧。因为敌人在海上的力量比你要强，就像男子的力量比女子要强一样。你何必一定要不惜一切牺牲而冒险进行海战呢？你不是已经占领了你出征的目的地雅典和希腊的其他地方了吗？没有一个人挡得住你。而那些敢于和你抗衡的人们都已经得到了他们应得的下场。

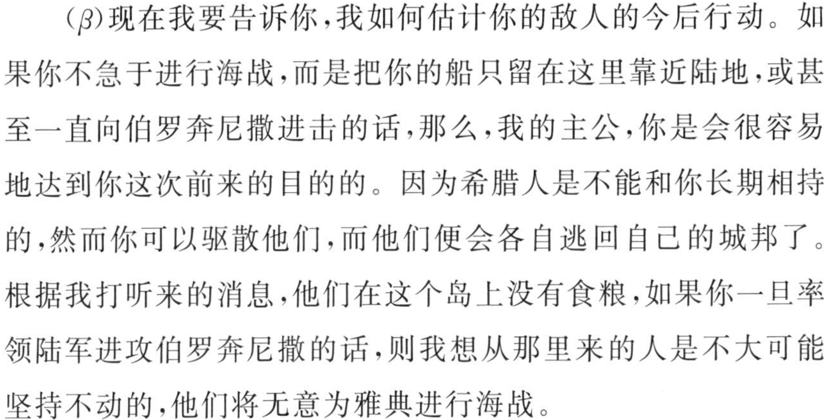

(*β*)现在我要告诉你，我如何估计你的敌人的今后行动。如果你不急于进行海战，而是把你的船只留在这里靠近陆地，或甚至一直向伯罗奔尼撒进击的话，那么，我的主公，你是会很容易地达到你这次前来的目的的。因为希腊人是不能和你长期相持的，然而你可以驱散他们，而他们便会各自逃回自己的城邦了。根据我打听来的消息，他们在这个岛上没有食粮，如果你一旦率领陆军进攻伯罗奔尼撒的话，则我想从那里来的人是不大可能坚持不动的，他们将无意为雅典进行海战。

(*γ*)相反地，如果你忙于立刻进行海战的话，我害怕你的水师会遭受到损失，而你的陆军也会连带遭殃的。再者，国王，请想一想，好人的奴隶常常是坏的，而坏人的奴隶又常常是好的；

而像你这样一位一切人中最优秀的人物却有埃及人、塞浦路斯人、奇里启亚人、帕姆庇利亚人这样一些被认为是你的同盟者的坏奴隶,但他们是一点用处也没有的。”

(**69**)当阿尔铁米西亚向玛尔多纽斯这样讲话的时候,她的一切朋友都为她的话而担忧,因为他们以为她不赞同进行海战会因此受到国王的怪罪。然而那些因她在全部同盟者当中受到最大尊荣而对她怀恨和嫉妒的人们却很欢喜她的回答,因为他们认为这是她自找倒霉了。可是当这些意见给报告到克谢尔克谢斯那里去的时候,他却非常喜欢阿尔铁米西亚的意见;他一直把她当作一位崇高的妇人,而现在对她也就更加尊重了。尽管如此,他还是下令接受大多数人的看法;原来在他看来,埃乌波亚一役是因为他本人不在场所以他的士兵才故意不努力作战,而现在他却打算亲自前来督战了。

(**70**)当起航的命令发出的时候,他们便向撒拉米司进发并且稳稳当当地按照各自指定的地位排成了战斗的行列。那一天里由于夜间到来,已经没有足够的时间来进行战斗了,于是他们便为第二天的战斗作准备。但希腊人却是恐惧不安的,特别是从伯罗奔尼撒来的人们。他们害怕的原因是这样:既然他们是停驻在撒拉米司,那他们本身就是为保卫雅典人的国土而战斗了;如果他们吃了败仗,他们就一定会给封锁在岛上而无法后退,可是自己的土地却完全无法保卫了。

(**71**)就在第二天晚上,异邦人的陆军开始向伯罗奔尼撒进攻了。虽然如此,希腊人还是使用了一切可能的方法来阻挡异邦人从陆地上向他们进攻。原来当伯罗奔尼撒人得知列欧尼达司的士兵们在铁尔摩披莱阵亡之际,他们立刻便从他们的各个城邦赶到一起,并在地峡上扎下了营寨。他们的将领则是列欧尼达司的兄弟,阿那克桑德里戴斯的儿子克列欧姆布洛托斯。他们在那里驻扎并切断了司凯隆路,此后又在大家商议决定之后横贯着地峡修筑了一道壁垒。由于那里有成千上万的人而又是大家一齐动手,这个工程顺利地完成了。因为他们把石头、砖、木材和满装着沙子的篮子都搬了来,而且集合到那里做工的人们不分日夜,是从来也不停止的。

(72)把所有自己的人都召到地峡来做工的希腊人是拉凯戴孟人和全体阿尔卡地亚人、埃里司人、科林斯人、希巨昂人、埃披道洛斯人、普里欧斯人、特罗伊真人、赫尔米昂涅人。这些是集合在那里参加修筑工事的人们,他们对希腊所遭到的危险是非常害怕的。但是其他的伯罗奔尼撒人却毫不关心。但无论如何,奥林匹亚祭和卡尔涅亚祭是都已经过去了[1]。

(73)伯罗奔尼撒住着七个民族,其中的两个民族阿尔卡地亚人和库努里亚人是土著并住在他们一向居住的地方。阿凯亚人这个民族从来没有离开过伯罗奔尼撒,但是他们离开了自己故土而住到别的地方去。七个民族当中的其他四个民族是从外面来的,他们是多里斯人、埃托利亚人、德律欧披司人、列姆诺斯人。多里斯人有许多有名的市邑。但埃托利亚人则只有一个埃里司。德律欧披司的市邑则有赫尔米昂涅和与拉科尼亚的卡尔达米列相对的阿西涅。全部帕洛列阿塔伊人都是属于列姆诺斯人

① 这就是说,他们再没有不来的借口了。参见第七卷第二〇五节。

的;库努里亚人被认为是伊奥尼亚人,是唯一的土著伊奥尼亚人。他们是奥尔涅阿塔伊人[①]及其邻近的居民,但是由于阿尔哥斯人的统治和时间的结果,他们却变成多里斯人了。在这七个民族当中,除去我上面所说的城市之外,所有的城市都是采取旁观的中立立场的。而如果我能够随便讲话的话,则那些城市这样一来,就是站到敌人的一面去了。

(**74**)这样,在地峡地带的那些人看到他们的水师并没有获胜的希望,便好像大难临头成败在此一举那样地拼命工作。但是在撒拉米司的人们,虽然他们听到了这个工程,却非常害怕。这与其说是为了他们自己,却毋宁说是为了伯罗奔尼撒而担心,一时他们只是站在那里相互喃喃交语,心里奇怪优利比亚戴斯何以如此不智,但终于一致爆发成为不满的议论。于是举行了一次会议,会上对于和先前同样的事情辩论了很久,有的说他们必须到伯罗奔尼撒去,不惜为了那个地方而冒险,而不应当留下为已为敌人武力占领的国土作战。但是雅典人、埃吉纳人和美伽拉人却主张留下,保卫他们当时所在的地方。

(**75**)当铁米司托克列斯看到他自己的意见为伯罗奔尼撒人的意见所压倒的时候,便悄悄地退出了会议的议席,派一个人乘船到美地亚水师的阵地去,命令他务必送达一个信息。这个人的名字是西琴诺斯,他是铁米司托克列斯的一名家丁,又是铁米司托克列斯的子女的保育师。在这之后,当铁司佩亚人接受移民为市

① 奥尔涅阿塔伊人是奥尔涅阿伊市的土著居民。他们后来被阿尔哥斯人征服而成为阿尔哥斯人的隶民。

民的时候，铁米司托克列斯便使他成为一名铁司佩亚的公民，同时又使他变成一个富有的人。现在他乘着船来到异邦军的将领的地方来，向他们说："雅典人的将领背着其他希腊人把我派来向你们报告（因为他是站在国王利益的一方面，故而他希望你们，而不是希腊人取得胜利），希腊人已经被吓得手足失措并正在准备逃跑了，而如果你们能防止他们逃窜的话，那你们就可以成就一项前无古人的功业。因为他们的意见既并不一致，又不想再对你们进行抵抗，这样你们将会看到在他们中间，你们的朋友对你们的敌人交起手来。"他说了这话之后就离开了。

(76)波斯人认为这个说法是可以相信的，于是他们首先使许多波斯人在撒拉米司和本土之间的一个普叙塔列阿小岛上登陆。而随后到夜半的时候，他们便把西翼向撒拉米司方面推进以便对它进行圆形的合围，而停泊在凯欧斯和库诺叙拉的人们也向海上出航，他们的船只控制了全部海峡地带直到穆尼奇亚的地方。他们这次出航海上的目的是无论如何也不叫希腊人逃跑，把希腊人封锁在撒拉米司并要希腊人为阿尔铁米西昂一役付出代价。至于波斯军队在叫做普叙塔列阿的小岛登陆的意图则是这样：一朝在这里发生海战的时候（原来这个小岛正当将要发生的海战的冲要之处），人和破船就会被海水冲到这里来，这样一来，他们就可以救援自己方面的人，同时还可以歼灭敌方的人。这一切都是他们偷偷摸摸地背着他们的敌人干的。因此他们在夜里一睡也未睡，而做了这样的一些准备工作。

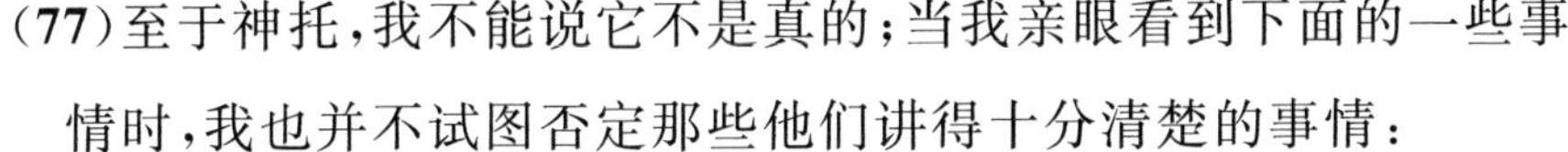

(77)至于神托，我不能说它不是真的；当我亲眼看到下面的一些事情时，我也并不试图否定那些他们讲得十分清楚的事情：

当他们用层层的船只,围住了
佩戴黄金宝剑的阿尔铁米司的神圣海岸
和那海浪拍击的库诺叙拉;
当他们满怀妄想,夺去了雅典的光荣,
以恣意的骄睢,贪求完全的饱足。
那疯狂的暴怒,那绝灭百族的野心,
终必烟消云散;因为这是天理不容。
青铜将和青铜撞击,那赫然震怒的战神,
命令用血染红四海。但是洞察一切的克洛诺斯之子(指宙斯——译者)和女王尼凯
将把自由的曙光赐给希腊。

看到这样的事情又听到巴奇司说得如此清楚明白,则我既不敢在神托的事情上反对他,又不能认可别人的反对论调了。

(78)但是在撒拉米司的将领们中间,发生了激烈的争论。他们那时还不知道异邦军的舰船已经把他们包围,而是以为敌人还在白天他们看到敌人时所在的地方。

(79)正当他们争论的时候,吕喜玛科斯的儿子阿里司提戴斯渡海到他们这里来了。他是一个雅典人,但是曾在市民中间受过贝壳流放的处分;根据我听到的关于他的立身处世的人品的说法,我自己就深信,他是雅典最优秀的和最正直的人物。这个人来到之后就站在会场门外的地方把铁米司托克列斯叫了出来,尽管铁米司托克列斯不仅不是他的朋友,而且是他的不共戴天的敌人。但是鉴于当前面临的重大危险,他才把旧怨放到脑后,而把铁米司托克列斯叫出来和他谈话。原来他已经听到说,伯罗

奔尼撒人一心想把船只开到地峡那里去。因此当铁米司托克列斯出来见他的时候，阿里司提戴斯就说："不管是在先前别的场合下，还是在目前，我们都应当比试一下，看我们两个人谁能为祖国做出最有用处的事情。我现在告诉你，关于伯罗奔尼撒人从这里撤离水师的事情，谈得多谈得少那总之是完全一样的。而我把我亲眼目睹的事情告诉你吧，现在即使是科林斯人和优利比亚戴斯想乘船逃脱，他们也做不到了；我们已四面八方陷入我们敌人的重围了。现在你进去把这件事告诉他们吧。"

(**80**)铁米司托克列斯这样回答说："你的劝告十分有用，而且你带来了很好的消息，因为你到这里来的时候，已经亲眼看到了我期望会发生的事情。你知道美地亚人所做的事情正是我自己引起来的。因为当希腊人自己不想准备战斗的时候，那就有必要强迫他们这样做了。但是，现在你既然带来了这个好消息，那就请你自己把这个消息报告给他们吧。如果我报告这个消息的话，他们会以为这是我捏造的消息，因此他们决不会相信我说的话，而以为异邦人是决不会做如你所说的这样的事情的。你自己去告诉他们，把经过的情况对他们说了吧。当你告诉他们的时候，如果他们相信你的话，那最好了；如果他们不相信你的话，那事情反正对我们是一样的。因为如果如你所说，我们已在四面八方被包围起来的话，那他们便再也不能逃跑了。"

(**81**)于是阿里司提戴斯就走到他们面前把这个消息告诉了他们。他说他是从埃吉纳来的，他是好不容易才躲过了敌人的视线偷渡了封锁线的，因为希腊的全部水师已经给克谢尔克谢斯的水师包围起来了，故此他说他们最好是做保卫自己的准备。他这样说了之后就离开了。于是他们又争论起来，因为大部分的将领是不相信这个报告的。

(82)可是在他们还不相信的时候，一只载着铁诺斯的逃脱者的三段桡船到他们这里来了，这只船的将领是索喜美涅斯的儿子，一个叫做帕那伊提乌斯的人，这个人把全部的真实情况报告给他们了。由于铁诺斯人的这一行动，他们的名字便和击败了异邦军的那些人的名字，一齐给刻在戴尔波伊的三脚架上。逃到撒拉米司来的这只船再加上过去在阿尔铁米西昂逃来的列姆诺斯人的那只船，使先前尚缺两只船便是三百八十只的希腊水师恰恰补足了这个数目。

(83)希腊人终于相信铁诺斯人所讲的话，于是便准备作战了。那正是刚刚破晓的时候，他们把士兵召集起来开会，铁米司托克列斯就在会上作了一次比其他任何人都精彩的演说。他的演说的要旨始终是把一个人的本质和天性当中好的东西和坏的东西加以对比，而劝告他们选择其中好的东西。演说结束之后，他便命令他们上船了。而正当他们上船的时候，那只被派出去接埃伊阿奇达伊族[①]的三段桡船也从埃吉纳回来了。于是希腊人的全部水师便乘船向海上出发了。而在他们刚刚解缆前进的时候，异邦军便立刻向他们攻过来了。

(84)于是其他的希腊人便开始把船回转过来，想使它们靠岸，但是这时一个雅典人、帕列涅区的阿美尼亚斯乘着船冲到前面去向敌人的一只船进攻。他的船和敌人的船舷相接纠缠到一处不能

① 参见本卷第六四节。

分开，于是其他人这时便来援助阿美尼亚斯而加入了战斗。这便是雅典人关于战斗的开始的说法。但是埃吉纳人却说，引起战端的船却是派到埃吉纳去接埃伊阿奇达伊族的那一只。他们的说法是这样：他们看到了一个妇人的幻影，这个妇人高声向希腊全部水师讲话激励他们，而在一开头，她是用这样的话谴责他们的："卑怯的人们啊，你们这是在干什么，你们要把船倒退到什么地步啊？"

(85)然而，配置在雅典人对面的是腓尼基人（因为他们是在向着埃列乌西斯的一面，即西面的一翼），而配置在拉凯戴孟人对面的是伊奥尼亚人，他们占着东面的一翼，离披莱乌斯极近。但他们中间有少数人，像铁米司托克列斯指令他们那样，在战斗中表现出敷衍的样子，不过他们大多数却不是如此。我可以列举出许多歼灭了希腊船只的三段桡船的统帅的名字，可是在这些名字中间我只愿意提出两个人的名字来，那就是安多罗达玛司的儿子提奥美司托尔和希司提埃伊欧斯的儿子披拉科斯，他们两个人都是萨摩司人。我所以只提到他们两个人是因为提奥美司托尔曾因这次的战勋被波斯人任命为萨摩司的僭主，披拉科斯则被列名为国王的恩人并被赠给大量的土地。国王的这些恩人在波斯语中是叫做欧洛桑伽伊。

(86)以上就是关于这些人的情况了。但是大量的船却在撒拉米司沉没了，其中有的是给雅典人击毁的，有的是给埃吉纳人击毁的。原来希腊人是秩序井然地列队作战的，但异邦军这时却陷于混乱，行动时也毫无任何确定的计划，因而他们遭遇到实际发生的这样一个结果那是很自然的事情。虽然如此，在那一天里，比起埃乌波亚之役来，他们已完全不同，而且证明自己确实是勇敢得多了，每个人都拼命作战，他们都很怕克谢尔克谢斯，而且每个人都以为国王的眼是正在看着他的。

(**87**)至于其他的一些人，我不能确实地说出异邦人或是希腊人他们每个人是如何作战的。但是在阿尔铁米西亚身上却发生了这样一件事情，这件事情使她受到国王的、比先前更大的尊敬。当国王的水师陷于一团混乱的时候，阿尔铁米西亚的船正在给一只阿提卡的船所追击，（原来在她的前面有自己一方面的其他船只，但她的那只船却恰好是离敌人最近的），故而她无法逃脱。于是她便决定做一件将来会对她有利的事情。当她在雅典人的追击之下逃跑之际，她却向友军的一只船进行突击，而在那只船上有卡林达人和卡林达国王本人达玛西提摩斯。可能当他们还在海列斯彭特的时候，她和他有过一些争吵，但是我不能说她这次的行动是有预定的目标，还是由于偶然经过她的进路，卡林达人才遇到了她的。现在既然她向这只船进攻并把它击沉，她便很幸运地给自己求得了双重的利益。因为，当阿提卡的三段桡船的统帅看到她进攻异邦军的船，他便以为阿尔铁米西亚的船或者是一只希腊船，或是一只倒戈为希腊人作战的异邦船，这样他便转到别的方面对付其他的船去了。

(**88**)由于这样的一个幸运的机会，结果她竟逃出虎口而免除了杀身之祸。更有进者，这件事的结局是：她做了伤天害理的事情，却反而在克谢尔克谢斯的面前赢得了莫大的荣宠。据说国王在督战时看到她向一只船进攻，当时侍立在他身旁的一个人就说：“主公，请看阿尔铁米西亚战斗得多么卖气力，看她怎样把一只敌船击沉了啊!"于是克谢尔克谢斯就问是否真是阿尔铁米西亚做出了这样的事情,他们证实了这件事情,因为他们说,她的船的标志他们是知道得很清楚的;而且他们认为她击沉的那只船是敌人的船。对她来说,正如我在前面说的,当然有其他种种幸运的机缘,然而最幸运的却是,卡林达人船上的人没有一个生还来控诉她的。克谢尔克谢斯听到他们告诉他的一切之后,据说他说,"我手下的男子变成了妇女,而妇女变成男子了"。人们说,克谢尔克谢斯就是这样讲的。

(**89**)在这次的苦战当中,克谢尔克谢斯的兄弟、大流士的儿子、水师提督阿里阿比格涅斯阵亡了。与他同时阵亡还有其他许多知名的波斯人、美地亚人和其余的同盟者,但希腊人方面阵亡的却不多。原来希腊人会游泳,因此他们中间失掉了船,却没有在肉搏战中丧命的人们,都游泳渡海到撒拉米司去了;但是异邦军的大多数却由于不会游泳而淹死在海里。而当最前面的船逃跑的时候,他们损失的人最多;原来列阵在最后面的人们想乘着船挤到前面去,以便使国王看到他们也是在勇猛地战斗,这样就跟自己前面逃跑的那些船只冲撞到一起了。

(**90**)而且,在这一混乱当中还发生了这样的事情。有一些船只被摧毁的腓尼基人到国王这里来,控告伊奥尼亚人的背叛行为。他们说正是由于伊奥尼亚人的背叛行为,他们才失掉了自己的船只的。至于这件事的结果,则伊奥尼亚人的统帅们并没有被处死刑,但是向他们进行控诉的腓尼基人却得了下面我要讲到的回报。如前所述,原来正当他们还在讲着话的时候,一只萨摩特拉开的船向一只阿提卡的船进攻,而当阿提卡的船正在沉没的时候，一只埃吉纳的船又攻上来把这只萨摩特拉开的船击沉了。但是擅长于投枪的萨摩特拉开人却用一阵投枪把击沉了他们的船只的那只船上的人一扫而空，然后跳上对方的船而自己占有了它。这样一来，伊奥尼亚人便得了救，原来当克谢尔克谢斯看到他们这样赫赫的战勋时，他感到极度的愤慨并想把所发生的这一切归罪于腓尼基人，于是他便转向腓尼基人，命令人们把这些腓尼基人枭首，因为他认为本身是懦夫的人是不配控告比他要勇敢的人的。原来，当克谢尔克谢斯坐在称为埃伽列欧斯的、对着撒拉米司的一座山下的座位上，看到自己一方面的人在战斗中表现任何战功的时候，他总是要问立功的人是谁，而他的史官就把三段桡船的统帅，他的父亲和他所属的城邦的名字记录下来。此外，伊奥尼亚人的朋友、波斯人阿里阿拉姆涅斯当时也在国王的身旁，在搞垮腓尼基人的这件事上他多多少少也是出了一份力的。

(**91**)克谢尔克谢斯的人们就是这样对待腓尼基人的。异邦军既然被击溃并想逃到帕列隆去，埃吉纳人便在海峡地带埋伏下来伏击他们并且立下了赫赫的战功。原来，雅典人在混乱中间击沉了所有那些想抵抗或是想逃窜的船只，而埃吉纳人对付的目标则是离开海峡想逃出战场的那些船只。所有那些逃出了雅典人之手的船只，结果很快地就窜到埃吉纳人的伏击范围里面去了。

(**92**)这时有两只船在那里遭遇到一起了，一只是铁米司托克列斯的追击的船，另一只是埃吉纳人克利欧斯的儿子彼律克利托斯所乘坐的船。而这只船又在袭击一只西顿人的船，西顿人的这只船正是捕获了在司奇亚托斯那里担任放哨任务的埃吉纳船的那只船，在这只埃吉纳船上的是伊司凯诺斯的儿子披铁阿斯，波斯人对这个人的英勇十分钦佩，而使这个满身带伤的人仍然留在船上。当这只西顿的船被拿捕的时候，船上的波斯人当中就有披铁阿斯，因此披铁阿斯便安全地回到埃吉纳了。当波律克利托斯看到阿提卡的船的时候，他由于提督船的标志而认识到它，于是他便向铁米司托克列斯号叫痛骂，他责怪铁米司托克列斯说，铁米司托克列斯曾说埃吉纳人是和波斯人站在一边的。然而波律克利托斯是在对一只敌船进行攻击之后，才向铁米司托克列斯发出了这样的责难的。至于那些船只保全下来的异邦军，则他们逃到帕列隆去并且投到陆军的庇护之下了。

(93)在这一次海战里，在希腊人当中得到最大荣誉的是埃吉纳人，其次是雅典人。个人当中得到最大荣誉的是埃吉纳的波律克利托斯和两个雅典人，阿那几洛斯区的埃乌美涅斯和追击阿尔铁米西亚的那个帕列涅区的阿美尼亚斯。如果他知道是她在那只船里的话，则除非他拿捕了她的船或是自己的船被拿捕，他是决不肯干休的。雅典的统帅曾经得到过这样的指令，凡是生擒阿尔铁米西亚的人可以得到一万德拉克玛的奖赏。因为一个妇女竟前来向雅典进攻，这实在是使人十分愤慨的事情。然而，正如我方才所说的，她竟逃掉了，而船只得以保全的其他人等也都在帕列隆了。

(94)根据雅典人的说法，科林斯的水师提督阿迪曼托司正当双方的水师开始交手的时候，他竟被吓住而惶恐万状，进而扬帆逃遁了。而当科林斯人看到他们水师提督的船逃脱的时候，他们也都和他一样地溜走了。可是据说当他们逃到撒拉米司地方雅典娜·司奇拉斯神殿所在地的附近时，他们承蒙上天的嘉佑，遇到一只不知是谁派遣来的船，而在这只小船靠近科林斯人之前，他们对于水师的情况是一点也不知道的。下面的情况使他们推知这件事是出自天意的：当这只小船驶近他们的船只时，小船里的人们喊道："阿迪曼托司，你把你的船只掉过头来逃跑这样你便背叛了希腊人；可是现在他们已完全实现了他们所祈求的、能够战胜敌人的想法，他们今天已取得胜利了。"他们这样讲，但阿迪曼托司不肯相信他们的话，于是他们又说，如果人们发现希腊人没有取得胜利的话，则他们甘愿去做人质并被杀死。于是阿迪曼托司和其余人等便真地掉转过船头，返回水师的阵地，但这时这里的胜负之局早已确定了。雅典人关于科林斯人的报道就是这样的，但科林斯人却否认这样的说法。他们说他们是处在战斗的最前列，所有其他的希腊人都可以为他们作证的。

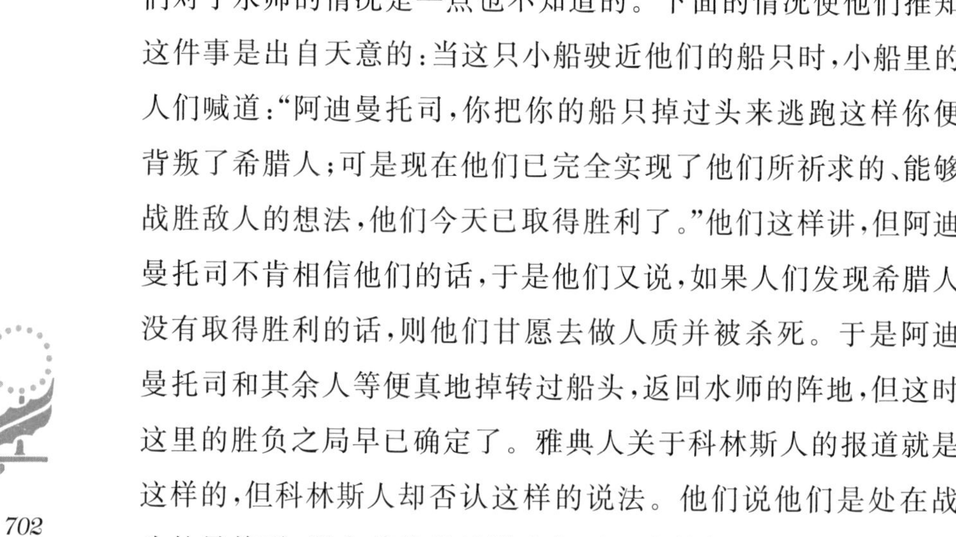

(**95**)但是吕喜玛科斯的儿子阿里司提戴斯在撒拉米司的这一骚乱中做出了下列的事情，我在刚才曾提到说这是一个十分出众的雅典人：他率领着配列在撒拉米司沿海地带的许多雅典重武装兵，使他们渡海在普叙塔列阿岛上登陆，结果他们把那个小岛上的全部波斯人都给杀死了。

(**96**)海战告一段落之后，希腊人便把还漂浮在那一带水域上的所有残破的船拉到撒拉米司去并且为下一次的战斗作准备，因为他们以为国王会驱使他那残存的船只卷土重来的。但是许多残破的船只却被卷到西风里去，而给带到阿提卡的称为科里亚斯的海滨地带来了。这样一来，不仅仅是巴奇司和穆赛欧斯所说的关于海战的其他预言得以应验，就是在许多年前一个雅典的神托解释者吕西司特拉托斯所预言的关于被冲到这里岸上的破船的话，也是希腊人当时完全没有注意到它的含义的话，也应验了：

就是科里亚斯的妇女们也将要以桡为薪来烧饭的。

不过这事是在国王离开之后才发生的了。

(**97**)当克谢尔克谢斯知道了他所遭受的惨败的时候，他就害怕希腊人会由于伊奥伊亚人的建议或基于自己的考虑而到海列斯彭特去把他的桥梁毁掉，这样他就会被切断退路而留在欧罗巴，并有遭到杀身之祸的危险，因此他就打算逃走了。但是为了不使希腊人和他自己的人发现他的这样一个打算，他便打算修筑一条大堤通过撒拉米司，并把腓尼基的商船连成一列用来代替浮桥和壁垒，就仿佛他还要进行一次海战而作战斗准备似的。所有其他的人看到他这样做，都深信他是一心一意地打算留在那里并把战斗继续下去，然而这一切都瞒不过玛尔多纽斯，他根据过去自己的经验，对于克谢尔克谢斯的意图是知道的最清楚的。

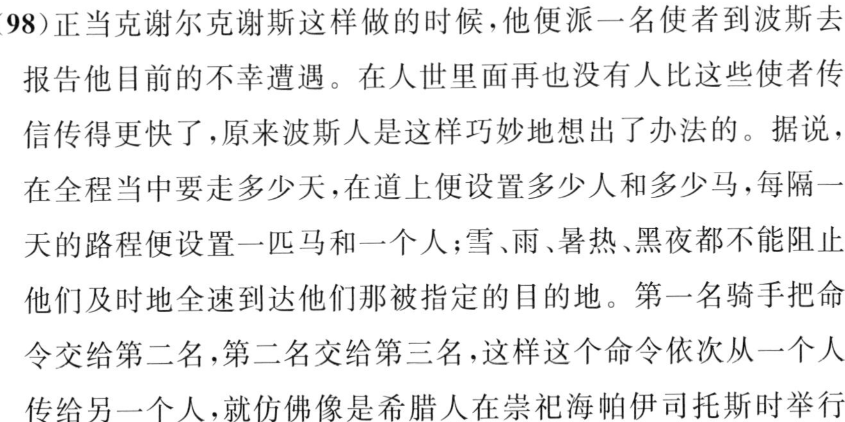

(**98**)正当克谢尔克谢斯这样做的时候，他便派一名使者到波斯去报告他目前的不幸遭遇。在人世里面再也没有人比这些使者传信传得更快了，原来波斯人是这样巧妙地想出了办法的。据说，在全程当中要走多少天，在道上便设置多少人和多少马，每隔一天的路程便设置一匹马和一个人；雪、雨、暑热、黑夜都不能阻止他们及时地全速到达他们那被指定的目的地。第一名骑手把命令交给第二名，第二名交给第三名，这样这个命令依次从一个人传给另一个人，就仿佛像是希腊人在崇祀海帕伊司托斯时举行的火炬接力赛跑一样。波斯人把这样的驿站称之为安伽列昂。

(**99**)当第一个信息来到苏撒,报道克谢尔克谢斯已攻下了雅典的时候,它使留在国内的波斯人欢欣鼓舞非常,以致他们把桃金娘的树枝撒到所有的道路上,他们焚香,而且他们自己还沉醉在牺牲奉献式和各种欢乐的事情上。但是随着第一个信息而到来的第二个信息,却使他们大为沮丧,他们竟把他们的衣服撕碎,继续不断地哭叫哀号,而把一切过错推到玛尔多纽斯身上。波斯人这样做,与其说是痛惜船只方面的损失,毋宁说是担心克谢尔克谢斯本人的安全。

(**100**)因此,一直到克谢尔克谢斯本人回来加以制止的时候,波斯人才停止了这样做。另一方面,玛尔多纽斯看到克谢尔克谢斯由于海战之故精神大为消沉并疑心到克谢尔克谢斯会计划从雅典撤退,因此他自己私下里便以为他会由于曾说服国王出征希腊而受到惩罚,并以为他最好还是不惜冒险或者是把希腊征服,或者是在成就了崇高的功业之后光荣地一死。当然,他还是希望能把希腊征服的。在他作了这一切的考虑之后,他便这样建议说:"主公,请不要悲痛,也不要由于我们所遭到的事情而垂头丧气,认为是受到了什么巨大的不幸。对于我们来说,一切的结局不是决定于木材,而是决定于人马。那些自以为是取得了辉煌胜利的人们,没有一个人会从他的船上下来试图和你对抗,在本土这里也没有任何这样的一个人;那些反抗过我们的人已经得到了他们应有的惩罚。因此,如果你愿意的话,让我们立刻去进攻伯罗奔尼撒吧,或者如果你觉得等一等好,那这样做也可以的。不要沮丧吧,希腊人无论如何也不能逃脱他们对现在和先前所做的事情的责任，无论如何也不能逃避使他们不成为你的奴隶的。因此你最好是按照我的话去做。但是，如果你已决定把你的军队引开，那我仍然有一个计划向你陈说。国王，不要叫波斯人受到希腊人的嘲笑吧。因为，如果你的事业受到损害，那也决不是波斯人的过错，而且你也不能说，我们在任何地方做得像是懦夫。而如果腓尼基人、埃及人、塞浦路斯人和奇里启亚人表现出自己是卑怯的人的话，那这个灾难也决不会牵涉到波斯人的。因此，波斯人既然没有可以归咎的地方，那么还是听我的劝告吧。如果你已决定你不再留在这里，那么就率领着你的军队的主力回到家乡去吧。但是我愿意在你的大军中挑选三十万人，以便在奴役希腊之后把它献给你。”

(101)克谢尔克谢斯听了这一番话之后，他就好像苦尽甘来那样地欣然喜悦了。于是他告诉玛尔多纽斯说，在他先考虑采取这两个计划中的哪一个之后就会给他回答的；当他和他召集来的那些波斯顾问商议的时候，他觉得也应该把阿尔铁米西亚找来参加会议，因为他认为在前次的会议上，只有她一个人是懂得最好应当如何做的。当阿尔铁米西亚到来的时候，克谢尔克谢斯便下令所有其他人等即波斯顾问和他的近卫士兵一概退去，然后对她说：“玛尔多纽斯认为我应当留在这里并向伯罗奔尼撒进攻，因为他说波斯人和陆军对于我们这次的灾难毫无责任，而且他们很愿意向我证明这一点。因此他的意见是要我这样做，否则的话，他自愿从我的大军中选拔三十万人并想在将来把奴役的希腊交给我。而依照他的劝告，则我应当率领着其余的军队回国（正如关于前次的海战，你曾对我作了要我不去进行海战的正当劝告），因此现在我向你请教，请你告我，你认为在这两件事当中我应当做哪一件。”

（102）听到对她所作的这样的垂询之后，她就回答说：“国王，要回答你的垂询，说出哪一个办法最好，这是困难的事情。但是在目前的情况下，我以为最好是你自己回国，让玛尔多纽斯偕同他希望得到的人们留下，如果他愿意并保证做到他所讲的一切的话。如果他平定了他自谓可以平定的一切地方并且在他所谈到的目的上面得到成功，那么，主公，这成就是你的，因为这是你的仆人们所做的事情。但如果事情的结果与玛尔多纽斯的看法相反的话，既然你本人和你的全家安全无事，那这对你也不是十分不幸的事情。因为在你和你的全家安全无事的时候，希腊人就必须常常为保全他们自己的性命而进行战斗。至于玛尔多纽斯，则如果他遭到什么灾难的话，根本可以不把这件事放在心上，而如果希腊人所杀死的只不过是你的仆人的话，那他们的任何胜利都不会是一次真正的胜利。至于你呢，你在把雅典烧掉之后，可以回国去，因为这样做，你已经达到你这次远征的全部目的了。”

（103）阿尔铁米西亚的意见使克谢尔克谢斯深感满意，因为她所说的恰巧是他自己的想法。实际上，在我看来，纵令所有的男女人等一致劝他留下，他也是不会这样做的。他实在是给吓坏了。他对阿尔铁米西亚表示了感谢之意以后，就派她带领跟着他从军的几个庶子到以弗所去了。

（104）他派了一个叫做海尔摩提莫斯的人担任他的庶子的保护人；海尔摩提莫斯是佩达撒人，他在宦官当中，是最受克谢尔克谢斯尊重的。〔佩达撒人是居住在哈利卡尔那索斯人的上方的。在这些人当中有这样的事情发生，当有什么凶事不久将在他们城市周边居住的所有人们身上发生的时候，雅典娜的女祭司就会长出一大把胡须来。这样的事在他们那里已经发生两次了。

(**105**)海尔摩提莫斯就是从这个佩达撒出身的〕[①]他为了加到他身上的不正行为，而进行了人类当中我所知道的最残酷的报复。他曾为敌人所俘和出卖，买他的是岐奥斯人帕尼欧纽斯，这是一个立身处世极其卑鄙龌龊的人物。他总是取得容貌秀丽的男童，把他们阉割然后把他们带到撒尔迪斯和以弗所去，就在那里把他们以高价出手；因为在异邦人眼里，宦官比正常的人要值钱，因为他们对宦官是完全信任的。而海尔摩提莫斯就是帕尼欧纽斯为了做生意而阉割的许多人中间的一个，不过海尔摩提莫斯还不算是在一切事情上都不幸的。原来，他随同其他的呈献品从撒尔迪斯被带到国王那里去，久而久之，他在克谢尔克谢斯的宦官中间获得了最大的荣宠。

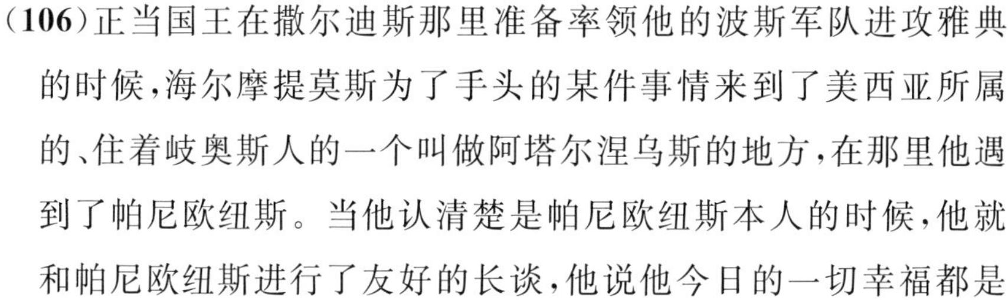

(**106**)正当国王在撒尔迪斯那里准备率领他的波斯军队进攻雅典的时候，海尔摩提莫斯为了手头的某件事情来到了美西亚所属的、住着岐奥斯人的一个叫做阿塔尔涅乌斯的地方，在那里他遇到了帕尼欧纽斯。当他认清楚是帕尼欧纽斯本人的时候，他就和帕尼欧纽斯进行了友好的长谈，他说他今日的一切幸福都是

① 方括弧内这段文字和第一卷第一七五节的内容重复。根据许多注释家的意见，这是后来的某一个人把第一卷第一七五节的内容记在正文的外面，而混到正文里面去的。

由于帕尼欧纽斯的缘故，并告帕尼欧纽斯说，如果帕尼欧纽斯把妻子儿子带到这里来住的话，那他会报答而使帕尼欧纽斯也得到幸福的，此外并答应帕尼欧纽斯这样那样的事情；帕尼欧纽斯高兴地接受了他的请求，因而把他的妻子儿子带了来。但是海尔摩提莫斯在控制了帕尼欧纽斯和他的全家之后，就对他说："你这个用世界上最卑鄙肮脏的买卖来谋生的东西，告诉我，我或是我家里的先人对你或是你家里的人做了什么缺德的事，使你把我弄得不成个男人而变成什么也不是的一个东西？你以为诸神丝毫不知道过去你干的那些勾当吗。但是诸神的天理昭彰，结果由于你所做的恶事，你仍然要落到我的手里，而现在你将要心悦诚服地接受我加到你身上的全部惩罚了吧。"对帕尼欧纽斯这样地谴责了之后，他便把帕尼欧纽斯的儿子们带到他跟前来，强迫他阉割他自己的四个儿子。帕尼欧纽斯迫不得已这样做了。这样做了之后，他的儿子们又被迫阉割了他的父亲。天罚和海尔摩提莫斯对帕尼欧纽斯便是这样进行了报复的。

（**107**）克谢尔克谢斯把他的孩子们托给阿尔铁米西亚带到以弗所去之后，他便召见玛尔多纽斯，嘱告他从军队中选拔出他所需要的那部分并要他试着做到他自己所保证的事情。这就是那天白天里的事情。到了夜间，国王下令各将领从帕列隆起航，以全速再返回海列斯彭特以便守护桥梁使国王通过去。当异邦军在途中走近佐斯泰尔的时候，他们把从陆地向海中伸出的一些细长的海角认成是船只，因此逃了很远的一段路；但是随后不久知道了那不是船而是海角，他们才集合起来继续他们的航行。

（**108**）在天亮的时候，希腊人看到陆军还停驻在原来的地方，便以为水师也还在帕列隆;他们以为还会发生一场海战,于是便准备进行防卫。但是在他们知道水师已经离开的时候,他们立刻决定跟踪追击;因此他们就一直跟踪克谢尔克谢斯的水师直到安多罗斯的地方,但是仍看不到敌人的影子。而当他们来到安多罗斯的时候,他们就在那里进行了商议。铁米司托克列斯宣布他的意见,认为他们应在岛屿中间推进,而在追击敌船之后,便应一直航行到海列斯彭特那里去把桥梁毁掉。但是优利比亚戴斯的意见恰恰相反,他认为把桥毁掉等于是对希腊做了有最大损害的事情。他说如果波斯人的退路被切断而不得不留在欧罗巴的话,他们是不会试图保持平静无事的状态的,因为,他如果无所动静的话,这对他本人的事情既无好处,他又不能找到任何回家的道路,但他的军队却会饥饿而死。但如果他振作起来一直不停地继续活动,那就很可能欧罗巴的每一个市邑和民族或是被他征服,或是在这之前和他结城下之盟而分别地归附于他;而今后他们便会取得希腊土地每年生产的谷物作为他们的粮食。可是他以为波斯人在海战中吃了败仗之后不会留在欧洲,因此可以放他一直逃回他自己的国土。这样今后大家所争夺的就是他的土地,而不是希腊的土地了。其他的伯罗奔尼撒的将领们也同意这个意见。

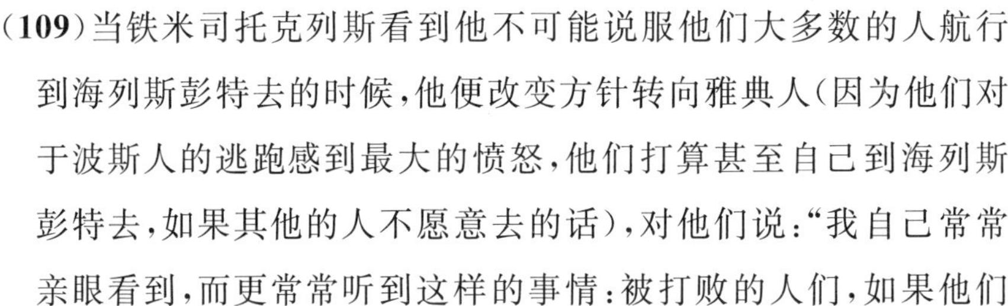

(109)当铁米司托克列斯看到他不可能说服他们大多数的人航行到海列斯彭特去的时候,他便改变方针转向雅典人(因为他们对于波斯人的逃跑感到最大的愤怒,他们打算甚至自己到海列斯彭特去,如果其他的人不愿意去的话),对他们说:“我自己常常亲眼看到,而更常常听到这样的事情:被打败的人们,如果他们

被追击到穷地的时候,他们会反身再战并且会补偿了他们以前的损失的。因此我要告诉你们(我们击退了像云霞一样的这一大群敌人,乃是我们自己和希腊所遇到的一大幸事),我们还是不要追击那些逃跑的人们了吧。要知道,取得了这场胜利的并不是我们,而是诸神和天上的英雄们,因为他们认为像亚细亚和欧罗巴这样大的地方由一个人来统治那是太大了,何况这个人又是一个邪恶的和不敬神的人呢。这个人怎样呢,他把圣物和人间的东西一体看待,他烧毁和抛弃神像,他还鞭打海洋并把枷锁投到里面去。但是目前我们的事业很顺利,那现在就让我们留在希腊,注意我们自己和我们的家族吧。在我们把异邦人完全赶跑的时候,让我们把我们的家园重新建立起来勤勉地耕种吧;而当明年春天到来的时候,让我们再航行到海列斯彭特和伊奥尼亚去吧。"他讲这一番话的意图,是要取得波斯人的某种信任,以便将来如果他可能在雅典人手中遭到什么灾难的话,他可以有个避难的地方。这样的事情,后来果然就发生了。

(**110**)铁米司托克列斯讲这番话是以欺骗为目的的,可是雅典人却听从了他的话;原来在过去他一直有智慧之士的令名,而如今又表现出他不但有智慧而且小心谨慎,故此他们不拘他讲什么都是愿意听从的。铁米司托克列斯使他们听从了自己的命令之后,他立刻派遣几名他相信不拘如何拷问也不会把他命令他们告诉国王的消息加以泄露的心腹乘船去向国王报信,而在这里面又有他的仆人西琴诺斯。当这些人来到阿提卡的时候,其他人等留在船里面,西琴诺斯则到克谢尔克谢斯那里去,向他说了这样的话:"雅典军的将军和全联盟军中最勇武和有智慧的人物，尼奥克列斯的儿子铁米司托克列斯派我来告诉你下面的事情：雅典人铁米司托克列斯愿意为你服务，因此在希腊人想追击你的船只并毁掉海列斯彭特的桥梁的时候阻住了他们。现在他要你径自回去，不会有任何东西阻碍你的。”在他们说了这番话之后，便回到自己的船里去了。

(**111**)但是希腊人现在他们既然不再打算进一步追击异邦人的水师，又不打算航行到海列斯彭特去把可以通行的桥梁破坏，他们于是便包围了安多罗斯以便把它拿下来，因为那里的人，也就是铁米司托克列斯向之要求金钱的最初的岛民，是不愿意给钱的。但是当铁米司托克列斯要他们知道，雅典人这次有说服和强制两位强大的神前来帮助他们，而安多罗斯人无论如何也要把钱交出来的时候，他们便回答说，雅典既然受惠于善意助人的诸神，那它的强大和繁荣完全是理所当然的事情；然而安多罗斯人的土地却甚为狭小而且贫困和无力这两位恶意的神从不离他们的岛，而是永远喜欢纠缠在他们的岛上；既然受制于这样的神，则他们安多罗斯人是不会拿出钱来的。因为纵然雅典有权势，但它也决不能胜过他们的无能为力的。他们既然作了这样的回答和拒绝给钱，因此他们便被包围了。

(**112**)铁米司托克列斯的营私肥己的事件是层出不穷的。他利用他曾派到国王那里去的同样的那些使者，把威胁性的文书送到其他各岛去勒索金钱，并说如果他们不拿出他所要求的金钱时，他将率领希腊的大军到他们的地方来围攻他们并攻取他们的岛屿。这样他就从卡律司托斯人和帕洛司人那里聚敛了大量的资财，因为这些人听说安多罗斯由于站在美地亚的一边而受到围攻，而铁米司托克列斯是在所有的将领当中最受尊重的，对这些事情他们十分害怕，于是就把钱拿出来了。而我以为不止这些岛民，还有其他的岛民也给了钱，但是我却不能说得确实了。尽管如此，卡律司托斯人仍未能因此从灾难中获得喘息的机会，但是帕洛司人却用金钱买得了铁米司托克列斯的欢心，从而免除了战祸。这样，铁米司托克列斯便以安多罗斯为开端，背着其他将领从岛民那里勒索了金钱。

(**113**)克谢尔克谢斯麾下的人等在海战之后又等待了几天，然后就循着他们来时的原路返回贝奥提亚去了。原来玛尔多纽斯认为应当护送一下国王并且以为当时的季节是不适于作战的；他以为最好是在帖撒利亚过冬，到阳春到来的时候再向伯罗奔尼撒进攻。当他们到达帖撒利亚的时候，玛尔多纽斯首先在那里把被称为不死队的全体波斯人选拔出来，例外的只有他们的将领叙达尔涅斯(因为他自己说他是不能离开国王本人的)，其次是波斯的胴甲兵和一千名骑兵，还有美地亚人、撒卡依人、巴克妥利亚人和印度人的步兵和骑兵。这些民族他是全部选拔的。至于他的其他同盟者，他只从每一个民族选拔一些人，这些人都是外表好和他知道有过一些好的事迹的人物。不过他所选拔的戴着颈甲和手甲的波斯人，作为一个民族来说，是比其他任何一个民族的人都要多的，次于他们的则是美地亚人；美地亚人在数目上诚然不逊于波斯人，可是在作战的实力上却不如了。这样全军的人数，加上骑兵，就达到三十万人。

(**114**)正当玛尔多纽斯选拔他的军队而克谢尔克谢斯在帖撒利亚的时候，从戴尔波伊有一个神托送到拉凯戴孟人的地方来，要拉

凯戴孟人向克谢尔克谢斯要求对列欧尼达司的死亡加以赔偿并且接受他给予他们的任何答复。于是斯巴达人立即火速地派出了一名使者;他发现剩下的波斯全军还留在帖撒利亚,于是他便到克谢尔克谢斯那里去,对他说:“美地亚人的国王,拉凯戴孟人和斯巴达的海拉克列达伊族要求你为他们的国王的死亡付出赔偿,因为在他保卫希腊的时候你杀死了他。”克谢尔克谢斯听到这话之后笑了起来;过了很久的时候,他才指着恰好站在他身旁的玛尔多纽斯说:“那么,这里的这位玛尔多纽斯将会把他们应得的赔偿完全付与他们的。”

(**115**)使者把这句话记下之后就离开了;但是克谢尔克谢斯却把玛尔多纽斯留在帖撒利亚,他自己则火速地向海列斯彭特方面赶路,而在四十五天里来到了渡口,但是带回来的军队可以说是几乎等于零了。在行军途中,不管到什么地方,不管遇到什么民族,他们对这些人的谷物都一概加以掠夺而作为食粮。而在他们找不到任何谷物的时候,他们便吞食地上生长的草,剥树皮,摘树叶,不管它们是人们栽培的还是野生的,一概不留。他们就饿得干这样的事情。此外,在行军途中,他们中间又发生了瘟疫和赤痢,结果使他们丧失了性命。克谢尔克谢斯把一些病人留在后面,命令他在进军途中经过的那些市邑照顾他们,调理他们;他们有的给留在帖撒利亚,有的给留在派欧尼亚的昔利斯,有的给留在马其顿。在他向希腊进军时,他曾把宙斯的圣车留在昔利斯,但是在归途中他再也拿不回它了,因为派欧尼亚人把它送给了色雷斯人;而当克谢尔克谢斯向他们要求返还的时候,他们就说,住在司妥律蒙河河源地带附近的上色雷斯人把正在

牧放中的马匹劫走了。

(**116**)当时在那里，一个身为比撒尔提亚人和克列司托尼亚国的国王的色雷斯人干出了一件超人的事业来。他自行拒绝承认自己是克谢尔克谢斯的奴隶，而逃跑到洛多佩山里面去。他还禁止他的儿子们随军到希腊去，但是他的儿子们不听他的话，因为他们一直希望看一看战争的场面，故而他们就随着波斯人出征了；正是为了这个原因，当他们六个人全部安全无伤地回到家中时，他们的父亲便挖掉了他们的眼睛。

(**117**)这就是他们所得到的报酬。但是经过色雷斯进军到渡口的波斯人却赶忙地乘着他们的船只渡海到了阿比多斯，原来他们发现桥梁并没有搭在那里，而是已经给一场暴风雨摧毁掉了。这样，他们的进军便被阻止在那里，不过他们在那里得到的食物却比他们一路上得到的食物要多。由于他们过度的贪食和他们改换了饮用的水，这就使剩下的军队中又死掉了许多人。其余的人等就和克谢尔克谢斯一同来到了撒尔迪斯。

(**118**)但是还有下面的另一个传说。根据这个传说，则当克谢尔克谢斯从雅典进军到司妥律蒙河河上的埃翁的时候，他就不再从陆上进军，而是把他的军队委托叙达尔涅斯带到海列斯彭特去，他自己则乘上一只腓尼基船出发到亚细亚去了。在这次航行中，他遇到了从司妥律蒙河那方面来的、吹得海浪滔天的一场暴风。由于船上的人太多，以致克谢尔克谢斯的随行人员有许多都在甲板上面，再加上暴风雨对他也越来越猛烈，因此国王害起怕来，就向舵手呼叫，问他是不是有什么解救的办法。于是那个人便说："主公，除非船上的这些人当中去掉一部分，那是没有任何办法的。"据说克谢尔克谢斯在听到这话之后,便向波斯人说:"波斯人,现在看来,我的安危既然系在你们的身上,因此这也就是考验你们是否关心我的时候了。"结果他们就在向他行礼以后,跳到海里去了。这样,船载变轻的船就安全地到达了亚细亚。在克谢尔克谢斯刚刚上陆的时候,他便因舵手的救命之恩而赐给他一顶黄金冠,但另一方面,又割下了这个舵手的头,因为他使许多波斯人丧了性命。

(**119**)以上便是关于克谢尔克谢斯的归还的另一种说法。但是从自己的方面来说,关于波斯人的遭遇的说法,以及这一说法的其他任何部分,我都不相信。因为,那舵手果真若向克谢尔克谢斯说了上面那样的话,那么我想,在一万个人当中也不会有一个人怀疑国王会采取下述的办法,即他会命令甲板上的那些波斯人,而且是第一流的波斯人下到船舱里面去,并把和波斯人人数相等的腓尼基桡手投到海里去。不,实际的情况乃是:克谢尔克谢斯是像我刚才所说的那样做的,他是率领着他的军队从陆路返回亚细亚的。

(**120**)这里还有一个明显有力的证据来证实这一点。大家都知道,当克谢尔克谢斯在归途中来到阿布戴拉的时候,曾和那里的人结成朋友①,并且把一把黄金的波斯刀和镂金的提阿拉斯②送给他们。而依照阿布戴拉人的说法,不过这种说法我是完全不相信的,则当克谢尔克谢斯从雅典逃回的时候,正是在这里才第一

① 参见第七卷第二九节。
② 参见第七卷第六一节。

次解开了他的腰带的，因为他认为到这里已经安全了。而阿布戴拉比起据说他们乘船的地方司妥律蒙和埃翁来，是更接近海列斯彭特的。

(**121**)至于希腊人这一方面，则他们既不能攻下安多罗斯，他们就到卡律司托斯去，而把那个地方蹂躏之后，便返回了撒拉米司。首先，在他们的最初虏获物当中，他们特别留出了三只腓尼基的三段桡船给诸神，一只在地峡奉献，这一只到我的时代还在那里；另一只在索尼昂奉献，再有一只则是在他们的当地撒拉米司奉献给埃阿司。在这之后，他们又分配了战利品并把其中最初的一批虏获物送到戴尔波伊去，用它们造了一座十二佩巨斯高的人像，人像的手里握着船嘴。这个像和马其顿人亚历山大的黄金像立在同一个地方。

(**122**)而希腊人在把最初的虏获物送到戴尔波伊去以后，便以全体希腊人的名义去请示神，问神对他们奉献给他的最初虏获物是否感到满足，是否感到满意；神说，他从其他希腊人那里得到的奉献物都可以这样说，但只有埃吉纳人却没有奉献什么东西，因此他向他们要求撒拉米司海战战勋的奖赏。埃吉纳人听到这话，他们立刻奉献了放在青铜桅杆上的三个黄金星，它在离克洛伊索斯的混酒钵最近的一个角落里。

(**123**)希腊人在分配了战利品以后，就乘船航行到地峡去，在那里授勋给在整个战争当中战功最大的希腊人。可是当将领们到来并在波赛东的祭坛地方各自投票以便确定他们的功勋谁是第一，谁是第二的时候，他们每个人都投自己的票，原来他们每个人都认为自己是功劳最大的，不过他们大多却一致把第二位让给铁米司托克列斯。因此他们每一个人只得到一票，但铁米司托克列斯却由于被放到第二位的关系，而得到了远比他们为多的票数。

(124)由于嫉妒的关系，希腊人不愿作出授奖的这样一个决定，他们未把这件事加以解决，便各自乘船返回自己的国家了。虽然如此，铁米司托克列斯的名声却宣扬开来了，整个希腊都推崇他，把他看成是远比其他希腊人有智慧的人物。他虽胜利了，可是由于他没有从参加撒拉米司战役的人们那里得到和他的战勋相适应的荣誉，于是他随后立刻就到拉凯戴孟去，想在那里得到荣誉。拉凯戴孟人隆重地欢迎了他并且给他以崇高的荣誉。他们赠给优利比亚戴斯一顶橄榄冠，褒奖他的战勋，另一顶橄榄冠他们赠给了铁米司托克列斯，褒奖他的智慧和机智；他们还送他斯巴达的一辆最好的战车。他们对他大加颂扬，在这之后，他们就派了斯巴达的三百名精锐，即被称为骑士[①]的人们，护送他回去直到和铁该亚人相邻的地方。据我们所知道的，斯巴达人派人护送的人物，铁米司托克列斯要算是绝无仅有的了。

(125)但是当铁米司托克列斯从拉凯戴孟回到雅典的时候，铁米司托克列斯的一个敌人阿披德纳伊区的悌摩戴谟斯由于疯狂的嫉妒，就铁米司托克列斯的访问拉凯戴孟一事痛斥铁米司托克列斯，说他从拉凯戴孟人那里得到的荣誉，乃是托雅典之福，并不是由于他本人的关系。这个悌摩戴谟斯也决不是什么有名的人物。这个人一直不断地这样讲，直到铁米司托克列斯回答说：

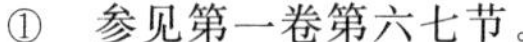

①　参见第一卷第六七节。

“事情的真相是这样：如果我是一个倍尔比那[①]人的话，我就不会受到斯巴达人的这样的尊敬了，但尽管你是一个雅典人，唉，你却仍得不到这样的尊敬。”

(**126**)以上的事情就到这里了。另一方面，在波斯人中间已经是一位知名之士，而由于普拉塔伊阿事件变得越发有名的人物，帕尔那凯斯的儿子阿尔塔巴佐斯率领着玛尔多纽斯为自己选拔的军队中的六万名士兵把国王一直护送到渡口的地方。现在克谢尔克谢斯已到达亚细亚，而当阿尔塔巴佐斯在返回的途中行近帕列涅地方的时候，由于玛尔多纽斯在帖撒利亚和马其顿过冬而且他自己也毫不急于去和他其余的军队会合，因此他觉得，如果他不把他发现已经叛变的波提戴阿人变成奴隶，那是不对的。原来在国王经过了这个市邑，而波斯水师又从撒拉米司逃跑以后，波提戴阿人便公开地背叛了异邦人；帕列涅地方的其余的人民也这样做了。

(**127**)于是阿尔塔巴佐斯便围攻了波提戴阿人。他怀疑欧伦托斯的人们也背叛了国王，因此便把欧伦托斯也给包围了，领有这个市邑的是曾被马其顿人从铁尔玛湾赶走的波提戴阿人。在他包围并攻陷了欧伦托斯之后，他就把这些人带到一个湖的旁边，在那里把他们杀死，然后把他们的城市委托给卡尔奇底开人和托罗涅人克利托布罗斯来治理。这样，卡尔奇底开人就得到了欧伦托斯。

(**128**)阿尔塔巴佐斯在攻克欧伦托斯之后，就专心致志地来对付波

① 这是索尼昂以南的一个小岛。这里是借以指一个很不重要的地方。

提戴阿人了。除了他锐意进行这件事之外，司奇欧涅军的将领悌摩克塞诺斯又帮了他的忙，因为悌摩克塞诺斯曾答应用里应外合的办法把这个地方出卖给他；我不知道他们起初是怎样勾结起来的（实际上，人们根本没有谈过这件事情），但是事情的结果如何，下面我却要说一说。每当悌摩克塞诺斯写信送给阿尔塔巴佐斯，或是阿尔塔巴佐斯写信送给悌摩克塞诺斯的时候，他们总是把信卷在一支箭的尾部，再用羽毛把这地方包起来，然后把它射到他们约定的地方。但是悌摩克塞诺斯想背叛波提戴阿人的阴谋被发现了；原来当阿尔塔巴佐斯把箭射到约定地点去的时候，他失手把它射到一个波提戴阿人的肩上。正像战时在战场上常常发生的情形那样，当这个人被射中的时候，很快地一大群人把这个人围了起来。他们立刻拔出了箭，从而发现了这封信，于是他们便把它带到他们的将领们那里去，当时他们联邦的其他帕列涅人也在那里。将领们展读了这封信，因此知道谁是叛徒，然而为了司奇欧涅人的缘故，他们决定不用背叛的罪名使悌摩克塞诺斯的声名扫地，因为他们害怕司奇欧涅人今后会永远洗不掉叛徒的污名。

(**129**)这样一来，人们就看破了悌摩克塞诺斯的背叛行为。而当阿尔塔巴佐司把波提戴阿人围攻了三个月的时候，在海上发生了一次为时颇久的大退潮，而当异邦人看到大海竟变成了一片沼泽地带的时候，他们便决定涉海到帕列涅去，可是当他们在这途中前进了五分之二，而在到达帕列涅之前还要走五分之三的路程的时候，一阵巨大的高潮袭来了。据当地的人说，高潮虽决不是罕见的事情，但那次的高潮却是比他们先前所看到的任何一次都要高。他们当中不会游泳的都给淹死了,而那些会游泳的则给乘船赶到他们这里来的波提戴阿人杀死了。依照波提戴阿人的说法,海水高涨和来潮以及波斯人遭此大难的原因乃是由于,正是这时死在海里的那些波斯人曾经亵渎过波赛东的神殿和城郊的波赛东神像。而我以为他们以这一点为原因是正确的。那些保全性命的人则给阿尔塔巴佐斯率领到帖撒利亚玛尔多纽斯的地方去了。

(**130**)以上便是护送国王的队伍的遭遇了。克谢尔克谢斯的全部残余的水师,在它逃离撒拉米司而到达亚细亚沿岸地带,并把国王和他的军队从凯尔索涅索斯渡到阿比多斯去以后,就在库麦过冬了。而在第二年春天刚刚到来的时候,他们便很快地在萨摩司集合,因为他们有一些船就是在那里过冬的。他们的兵员大都是波斯人和美地亚人。他们的将领是巴该欧司的儿子玛尔东铁司和阿尔塔凯耶斯的儿子阿尔塔翁铁斯。阿尔塔翁铁斯又选拔他自己的外甥伊塔米特列斯和他们一起共同执行军事领导工作。但是由于他们遭受了沉重的打击,他们便不再继续向西方航行,也没有任何人极力主张他们一定这样做;但他们却驻留在萨摩司,监视着伊奥尼亚人,怕他们发动叛变。当时他们的全部船只,包括伊奥尼亚人所提供的船只以及其他船只一共是三百只;实际上他们根本没有料想到希腊人会来到伊奥尼亚,而是以为希腊人保住自己的国家便已经满足了。他们所以这样推想,是因为当他们从撒拉米司逃跑的时候,希腊人并没有追击,而是看他们逃掉便心满意足了。就海上而论,波斯人已经是从心里不敢有任何指望了,但是他们认为玛尔多纽斯在陆上是一

定会取得胜利的。因此他们就在萨摩司计议，看可以给敌人以什么样子的伤害，并且听取从玛尔多纽斯那里来的有关他的活动的消息。

（131）可是在希腊人的这一方面，他们却由于春天的到来和玛尔多纽斯之驻留在帖撒利亚而行动起来。他们还没有开始集结他们的陆军，但他们那拥有一百一十只战船的水师却来到了埃吉纳。他们的陆军统帅和水师提督是美那列斯的儿子列乌杜奇戴斯，如果从子到父这样地追溯他的家系，则是美那列斯、海吉西拉欧斯、希波克拉提戴斯、列乌杜奇戴斯、安那克西拉欧斯、阿尔奇戴莫斯、阿那克桑德里戴斯、铁欧彭波斯、尼坎多罗斯、卡里拉欧斯、埃乌诺莫斯、波律戴克铁斯、普律塔尼斯、埃乌律彭、普罗克列斯、阿里司托戴莫斯、阿里司托玛科斯、克列奥达伊欧斯、叙洛斯、海拉克列斯。他出身王家的次支。上面所提到的人，除去列乌杜奇戴斯以次最初列举的七人以外，都是斯巴达的国王。雅典人的将领则是阿里普隆的儿子克桑提波司。

（132）当所有的船只来到埃吉纳的时候，从伊奥尼亚人那里有一些使者来到了希腊人的阵地，这些使者就在不久之前曾到斯巴达去，请求拉凯戴孟人给伊奥尼亚以自由。使者之中有一个人就是巴昔列伊戴斯的儿子希罗多德。他们起初的七个人结成了一个党派，阴谋把岐奥斯的僭主司妥拉提斯杀死，但是当他们同谋者中间有一个人把他们的计划说了出来而他们的阴谋因此泄露的时候，其余的六个人便偷偷地离开了岐奥斯，从那里他们到斯巴达去，而现在又来到了埃吉纳，请求希腊人乘船到伊奥尼亚去。希腊人好容易才被他们一直引导到狄罗斯那样远的地方去。但希腊人害怕到再远的地方去了,因为他们对那些地方一点都不晓得。他们还害怕在那边到处会遇到敌人的军队,而且他们以为,萨摩司对他们来说和海拉克列斯柱[1]是同样远的。结果是:异邦人这方面不敢驶过萨摩司以西的地方,同时希腊人即使在岐奥斯人的请求之下,也不敢驶到狄罗斯以东的地方去。这样恐怖就在他们之间保持了一个缓冲地带。

(**133**)于是希腊人便乘船到了狄罗斯,而玛尔多纽斯就在帖撒利亚过冬了。他把他的大本营安设在这里之后,便从这里派出了一个名叫米司的埃乌洛波司人到各地的神托所去,命令他到他可以一试的一切神托所去请示神托。他发出这个命令时他想从神托知道些什么东西我是不知道的,因为没有人谈过这件事。但是,我以为他所问的不外是关于目前的事情,而不是其他。

(**134**)大家都知道这个米司到了列巴狄亚,在那里用钱运动了一个当地人下到特洛波尼欧斯洞去,他还到波奇司人的在阿巴伊地方的神托所去。他首先还到底比斯去,向伊司美诺斯的阿波罗请示(在那里,正和在奥林匹亚一样,是要用牺牲来请示神托的[2]);此外他还用钱运动了一个不是底比斯人的异邦人到阿姆披阿拉欧斯神殿去睡在那里。底比斯人是禁止在那里请示神托的;原来阿姆披阿拉欧斯曾通过神托命令他们在下面的两件事当中任选其中之一而放弃另一件事情,即或是把他当做他们的预言者,或是把他当做他们的联盟者;他们选择他作为自己的联

① 即今直布罗陀海峡。

② 焚烧牺牲看它的火焰和灰来占卜。

盟者，于是任何底比斯人就都不许睡在他的神殿里面了。

(**135**)然而，根据底比斯人的说法，在这时却发生了一件我觉得是不可思议的事情。这就是：这个埃乌洛波司人米司在巡历了各个神托所之后，也来到了普托司·阿波罗的圣域。这个被称为普托昂的神殿是属于底比斯人的，它位于科帕伊司湖上方一座山的山下，离阿克莱披亚极近。当这个叫做米司的人在三个当地人的陪同下进入神殿的时候，祭司立刻便用异邦话向他说出了宣托词。同来的三个人则是当局选派出来，记录神托的言辞的。但这三个同来的底比斯人由于听到的不是希腊话而是异邦话因而感到惊讶，不知道如何应付当前的事态。可是埃乌洛波司人米司却从他们手中夺过他们带来的书牒，把预言的祭司所说的话记录下来了，他说神托所用的语言是卡里亚语。把这一切记录下来以后，他便回到帖撒利亚去了。

(**136**)玛尔多纽斯把各个神托所说的一切话读完以后，随后就派一名使者到雅典去。这个使者是马其顿人阿门塔斯的儿子亚历山大。他所以派遣这个人，一方面是由于这个人和波斯人有亲属的关系(原来波斯人布巴列斯娶了阿门塔斯的女儿，即亚历山大的姊妹巨该娅；布巴列斯的妻子给他生下了亚细亚的那个阿门塔斯，这个阿门塔斯起了他的外祖父的名字，而国王还把普里吉亚的一个大城市阿拉班达[①]送给他作为采邑)，同时也还由于他知道亚历山大是雅典人的恩人和异邦人的保护官[②]。玛尔多纽

① 阿拉班达不在普里吉亚，而是在卡里亚。参见第七卷第一九五节。

② 参见第六卷第五七节。

斯以为这样一来,他便很有可能把雅典人争取到自己的一方面来,因为他听说,雅典人是一个人数众多而又勇敢的民族,他并且知道,主要是他们曾在海战当中使波斯人遭到了很大的灾难。他确信如果他把他们的友谊争取到手,他就很有可能容易地在海上制霸;至于在陆上,则他觉得他自己要比对方强得多了。因此他便认为这样一来他就会压倒了希腊人。也许神托所预言的,就是劝告他和雅典人结成联盟,而他就是遵从着神托的话派遣了这个使者的。

(**137**)这个亚历山大的七世祖培尔狄卡斯是用我下面所说的办法取了马其顿僭主的地位的。铁美诺斯的后裔、三兄弟高阿涅斯、阿埃洛波司和培尔狄卡斯从阿尔哥斯逃跑到伊里利亚;他们又穿过伊里利亚进入上马其顿,最后他们一直到达列拜亚城。在那里,他们为赚取工资而受雇于王家,担任仆从。他们一个人看管马匹,另一个人看管牛,而培尔狄卡斯年纪最轻,因此他看管小牲畜。王后亲自给他们烹调食物。原来在古昔的时候,不仅仅是平民,就是统治人们的僭主也都不是富有的。而每在王后烤面包的时候,仆从培尔狄卡斯的那一块总是比别人的胀大一倍。她看到这样的事情经常发生,就把它告诉给她的丈夫。当国王听到这事的时候,他觉得这是一件奇怪的预兆,意味着什么大的事情将要发生。于是他便把他的仆从召来,命令他们离开自己的土地。他们说在他们离开之先,国王应把他们的工资算给他们才是正理。但是当他们谈到工资的时候,国王却发起混来,于是他指着从屋顶上的通烟口射进来的太阳光说:"这就是应当付给你们的工资,我把它送给你们吧。"年纪较长的高阿涅

斯和阿埃洛波司听到这话时站在那里瞠目不知所云，但是那个少年说："国王，我们接受你赏赐给我们的东西。"他说了这话，就掏出了他身上带着的匕首，用这把匕首在屋内地上日光所照的地方画了一个轮廓；这样做了之后，便把太阳光三次用外衣兜到自己的胸前[①]，然后便和他的伙伴们离开了。

(**138**)他们就这样地离开了。但是在国王近旁的人们当中，有一个人告诉国王少年所做的是什么事情，而三人当中最年少的人接受他所赏赐的礼物又是抱着怎样的目的；国王听到这话以后感到愤怒，于是便差遣骑士追赶他们，想把他们杀死。但是，在那个地方有一条河，而这些从阿尔哥斯来的人们的子孙向它奉献牺牲，把它看成是救命的恩人。当铁美诺斯的儿子们渡过了这条河的时候，河水大大地涨了起来，以致骑士们渡不过去了。因此兄弟们就到了马其顿的另一个地方，在被称为戈尔地亚斯的儿子米达斯之园的一个地方的附近定居下来，在这个地方有许多野生的玫瑰花，每朵花各有多到六十个花瓣和异乎寻常的芳香。根据马其顿人的说法，昔列诺斯就是在戈尔地亚斯的儿子米达斯之园这个地方被捕的[②]。在这个地方的上方，有一座叫做倍尔米欧斯的山，而由于寒气逼人，没有人能够攀登到上面去。他们征服了那个地方之后，就以那里作为出发点，结果把马其顿的其他地方也都征服了。

(**139**)亚历山大就是这个培尔狄卡斯的后人：亚历山大是阿门塔斯

① 这个动作据说是表示自己取得了家宅和土地，并要求太阳来为此作证。

② 参见第七卷第二六节。

的儿子,而阿门塔斯又是阿尔凯铁斯的儿子;阿尔凯铁斯的父亲是阿埃洛波司,阿埃洛波司的父亲是披力波司,披力波司的父亲是阿尔该欧斯,阿尔该欧斯的父亲就是取得了国王之位的培尔狄卡斯了。

(140)(α)阿门塔斯的儿子亚历山大的家系就是这样。当他奉玛尔多纽斯之派来到雅典的时候,他是这样讲的:“雅典人,下面就是玛尔多纽斯要向你们讲的话:国王有一个通告送到我这里来,说‘我赦免雅典人过去对我所犯下的一切罪行:现在,玛尔多纽斯,我命令你做这样的事情。把他们的领土还给他们,此外还让他们给他们自己选择更多的土地,随便他们选择什么地方的土地,并且使他们按照他们自己的法律去生活。把我烧掉的他们的全部神殿重新修建起来,如果他们愿意和我缔结盟约的话’。这样的通告既然送来,我是势必执行的,除非你们从你们的那一方面反对我这样做。而我要向你们说:你们为什么疯狂到要向国王作战?你们不能战胜他,你们也不能永久抵抗他。你们已经看到了克谢尔克谢斯的浩浩荡荡的大军和他们所做的一切,你们已经听到目前我手中拥有的兵力。因此,即使你们战胜和征服我们(当然,如果你们头脑清醒的话,你们是绝对不能作此妄想的),那将会有一支比我们大许多倍的军队前来的。因此不要打算和国王较量,从而失去你们的土地并永远使自己置身于危险之中,还是讲和吧。而且,国王既然有意这样做,那么你们也便可以十分荣耀地跟他讲和了;还是忠诚老实地和我们结成盟友,从而享受自由吧。

(β)雅典人啊,上面就是玛尔多纽斯命令我向你们传达的通

告。而从我这方面来说，我不必提我对你们所抱的善意了（因为你们并不是第一次知道这一点的）。但是我请求你们接受玛尔多纽斯的忠告。我看出来，你们是永远也没有力量来向克谢尔克谢斯作战的（如果我看到你们有这样的力量，我就决不会到你们这里来向你们讲这样的一番话了）。要知道国王的威力是超人的，而他的手臂又是极长的[1]。因此，既然他们向你们提出，而他们又同意缔结的条件是如此宽大，如果你们不立即同意和他们缔约的话，我真的为你们未来的命运害怕。因为你们的土地既然孤立在两军之间而形成一个战场，则在所有的联盟者当中，你们便是住在最容易遭到战争危险的道路上了，而且只有你们是决难逃脱毁灭的命运的。我看，还是听从他的劝告吧，你们可不要小看了这样的事情，在希腊人当中，伟大的国王只想赦免你们的罪过，只想和你们做朋友哩。”

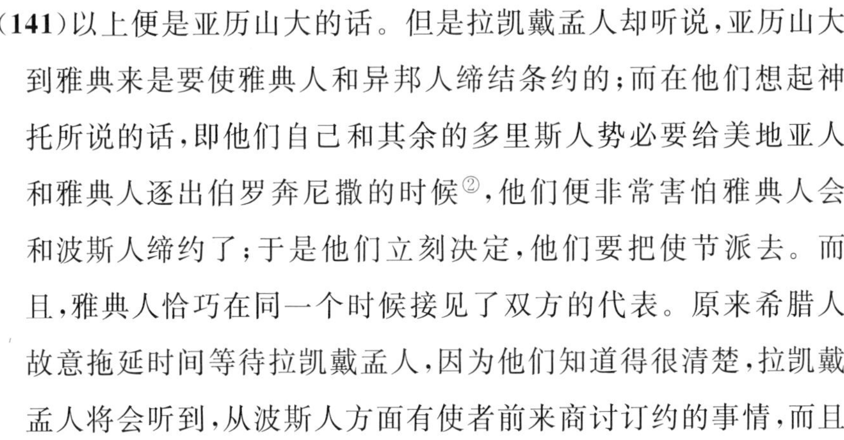

(141)以上便是亚历山大的话。但是拉凯戴孟人却听说，亚历山大到雅典来是要使雅典人和异邦人缔结条约的；而在他们想起神托所说的话，即他们自己和其余的多里斯人势必要给美地亚人和雅典人逐出伯罗奔尼撒的时候[2]，他们便非常害怕雅典人会和波斯人缔约了；于是他们立刻决定，他们要把使节派去。而且，雅典人恰巧在同一个时候接见了双方的代表。原来希腊人故意拖延时间等待拉凯戴孟人，因为他们知道得很清楚，拉凯戴孟人将会听到，从波斯人方面有使者前来商讨订约的事情，而且

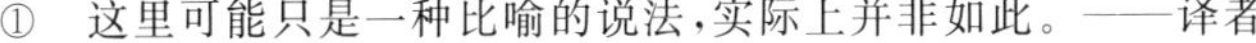

① 这里可能只是一种比喻的说法，实际上并非如此。——译者

② 参见第五卷第九〇节。

在拉凯戴孟人听到之后他们是会火速地派来使节的。因此他们这样做，是有用意的，因为这样他们可以使自己的意思叫拉凯戴孟人知道。

(**142**)而当亚历山大的发言结束的时候，斯巴达来的使者紧接着就说："从我们的这一方面来说，拉凯戴孟人把我们派来请求你们不要在希腊引起任何的变革，也不要接受异邦人方面提出的建议。对任何一个希腊人来说，这都是一件不正当和不体面的事情，特别对于你们更是这样，理由有许多：引起这次战争的是你们，根本不是我们的意思，你们的领土又是战争最初的焦点，但这次战争却把整个希腊都卷到里面去了。即使把这些放到一边不谈，则想到自古以来一直以把自由给予许多人而知名的你们雅典人，不只是做了这一切事情，竟而又带头使希腊人受到奴役，那是无论如何不能容忍的。尽管如此，我们仍是同情你们的困难处境的，因为你们现在已经失去了两次的收获，而且你们的财产又受到长时期的蹂躏；为了补偿这一点，拉凯戴孟人和他们的同盟者宣布，只要这场战争继续下去，他们愿意扶养你们的妇女和你们那不能参加战争的全部家族。因此，不要叫马其顿人亚历山大用他那甘言蜜语来粉饰的玛尔多纽斯的建议把你们说服吧。听从那样的建议，对他来说乃是当然的事情，因为他本身既然是一个僭主，那他必然是会为僭主助一臂之力的。但如果你们还清醒的话，你们当然是不会相信他们的，因为你们知道，异邦人是既无信义，又不诚实的。"以上便是使者们所说的话。

(**143**)但是雅典人对亚历山大的回答却是这样："我们自己也知道，美地亚军的人数是比我们多好多倍的。因此没有必要用这一点

来使我们觉得难堪。尽管如此，由于我们是渴望自由的，因此我们将尽我们能力之所及来保卫我们自己。但至于和异邦人缔结协定的事情，不要试图说服我们这样做，而且我们也不会答应的。现在把雅典人的这个答复带回给玛尔多纽斯吧：只要太阳还按着与它目前的轨道相同的轨道运行，我们是不会和克谢尔克谢斯缔结协定的。但是我们将要继续不停地对他作战，我们相信诸神和天上的英雄会帮助我们，因为他曾蔑视和焚毁了他们的神殿与神像。我们对你所要说的话是，不要到雅典人的地方来做这样的请求了。也不要自以为仿佛是为我们做好事，实际上却是劝我们做坏事了，因为我们是不愿意看到你这样一位客人和朋友会在雅典人的手里吃到任何苦头的。”

(144)以上便是他们对亚历山大的回答。但是他们却对从斯巴达来的使节说：“拉凯戴孟人害怕我们会和异邦人缔结协定，那是非常合乎情理的事情。但是我们认为，你们既然知道雅典的性格如何，却害起怕来，这样的表示是不光彩的。要知道，世界上没有任何地方有那样多的黄金，有那样美好肥沃的土地足以买动我们的欢心来站到波斯人的一方面来奴役希腊。甚至如果我们愿意这样做的时候，那也有许多许多的有力的理由使我们不能这样做。首先和最主要的，是我们诸神的神像和神殿被烧掉和摧毁，因此我们必须尽力为他们复仇，哪里还能够和干出了这样一些勾当的人们缔结协定；其次是，全体希腊人在血缘和语言方面是有亲属关系的，我们诸神的神殿和奉献牺牲的仪式是共通的，而我们的生活习惯也是相同的，雅典人如果对上述的一切情况表现出不诚实的态度，那是很不妥当的。如果你们以前不知道的话，那么现在你们要知道，只要是有一个雅典人活着，我们就决不会和克谢尔克谢斯缔结协定。尽管如此，我们仍然感谢你们对我们的关注，因为对于我们这样一个备受蹂躏的国家，你们竟加以照顾，乃至建议扶养我们的家族。从你们的方面来说，你们已经向我们充分地表现了好意。至于我们自己，我们将设法尽我们力量之所及来忍耐着，不给你们添麻烦。但目前，事情既已如此，请尽快把你们的军队派来吧，因为据我们的猜想，只要异邦人一得到我们不愿按他所要求于我们的任何一件事情去做的通知，他在不久的时期之内，就会向我们这里来进攻我们的国家的。因此，在他们来到阿提卡之前，我们正应该利用这个时机先进军到贝奥提亚去。”使者们得到雅典人这样的回答以后，就返回斯巴达去了。

第　九　卷

(**1**)当亚历山大回来，并把他从雅典人那里听到的话报告给玛尔多纽斯的时候，玛尔多纽斯立刻便从帖撒利亚出发，率领着他的大军锐意向雅典赶去了[①]。他不拘到什么地方，都把当地的人加到他的军队里来。帖撒利亚的首领们一点也不后悔他们以前采取的行动，而是比先前更甚地来激励波斯人的进军行动；拉里撒的托拉克司过去在克谢尔克谢斯逃跑的时候，曾卫护过他，现在托拉克司则是公然地为玛尔多纽斯向希腊进军开路了。

(**2**)但是当大军在行进途中来到贝奥提亚的时候，底比斯人却试图阻留玛尔多纽斯，他们劝告他说，如果扎营布阵的话，则他再也不能找到比他们的地方更适宜的地方了；他们解释说，他不应当再向前推进，而是驻屯在那里，这样就可以不经战斗而使整个希腊降服。原来，只要是以前同心协力的希腊人在目前仍然一致行动的话，则甚至举全世界的兵力来征服他们，那都会是一件很困难的事情。底比斯人又说："但如果你按照我们的忠告来做，你就可以很容易地掌握他们的全部作战计划。把钱送到他们城邦的当权人物那里去，这样你就可以把希腊分裂为两派；在这之

① 四七九年夏七月。玛尔多纽斯占领雅典。

后，仗着跟你站在一面的那一派的帮助，你就可以不费力地把反对你的一派制服了。”

(3)以上就是底比斯人所提供的意见，但是他并不愿听从这样的意见；他自己则是梦寐以求地想再一次攻占雅典。他的这种想法部分地固然是由于他的刚愎自用，部分地也是由于他想用在各个岛屿上点起的一列烽火来通告在撒尔迪斯的国王说，他已经占领了雅典。当他来到阿提卡的时候，他却发现雅典人已经不在那里了，但是他却听说，他们大部分都在撒拉米司海面的船上了。于是他攻占了空无一人的雅典城。在国王第一次攻占该城和玛尔多纽斯后一次进攻该城之间，相隔是十个月。

(4)当玛尔多纽斯来到雅典的时候，他就把一个名叫穆里奇戴斯的海列斯彭特人派到撒拉米司去，这个人带去的建议和马其顿人亚历山大送到雅典人去的那个建议一样。他再一次送去这个建议是因为，尽管他已经知道雅典人对他抱着不友好的态度，但是既然他已用武力席卷阿提卡而将之收归自己的统治之下，则雅典人的顽固态度是会缓和一些的。

(5)因此之故，他才把穆里奇戴斯派到撒拉米司来；穆里奇戴斯于是来到五百人会议的地方，向他们传达了玛尔多纽斯的通告。于是一位名叫吕奇达斯的议员发表了自己的意见，他说他认为最好是接受穆里奇戴斯带给他们的建议并把这个建议向民会提出。他提出这样的意见或者是由于接受了玛尔多纽斯的贿赂，或者是由于他自己赞同这种做法，但是会场上的雅典人，以及听到这个说法的会场外的雅典人却大为激怒，他们把吕奇达斯包围起来，用石头把他砸死了。不过他们却没有伤害海列斯彭特人穆里奇戴斯，而仍容许他离去。环绕着吕奇达斯的事件，在撒拉米司发生了不小的喧骚，而当雅典的妇女知道所发生的事件的时候，她们就相互激励地联合在一起，自动地到吕奇达斯的家里去，把他的妻子儿女也都用石头砸死了。

(**6**)雅典人到撒拉米司这个地方来的经过是这样。只要是他们指望着伯罗奔尼撒的军队会来帮助他们，他们就留在阿提卡。但是，在看到伯罗奔尼撒人行动得迟缓松懈而侵略者据说已经到达贝奥提亚的时候，他们于是就把他们的全部财物移转到安全地带，他们自己则渡海到撒拉米司去。另一方面他们又派遣使者到拉凯戴孟去，谴责拉凯戴孟人容许异邦人进攻阿提卡而不和雅典人协力在贝奥提亚邀击异邦人；同时雅典人要拉凯戴孟人记住，如果雅典倒戈的话，波斯人许给它的诺言是什么，此外又预先警告拉凯戴孟人说，如果拉凯戴孟人不派援军前来的话，他们是会想出自己的避难对策来的。

(**7**)原来拉凯戴孟人这时正在过祭日，他们正在举行叙阿琴提亚祭①，而这时他们认为把奉祀这位神的事情做好，就是他们当前最主要的事情了。同时，他们正在地峡上修筑的壁垒，现在甚至已经修建到胸墙了。当雅典的使节偕同从美伽拉和普拉塔伊阿人那里来的使节来到拉凯戴孟的时候，他们就到五长官那里，这样说：

(α)“雅典人把我们派来告诉你们说，美地亚人的国王说他

① 据说是起源于前多里斯的一个祭日。每年六、七月在阿米克拉伊举行，它是纪念阿波罗和误中阿波罗所投的铁饼而死的美青年叙阿琴托司的。

愿意把我们的土地归还我们并和我们缔结公正平等、忠诚无欺的盟约，同时还把在我们的土地以外我们所选择的任何土地送给我们。但是我们，由于我们不愿意对希腊的宙斯神犯下不敬之罪，而我们又认为背叛希腊乃是可耻的行为，因此我们不曾同意，而是拒绝了他的建议。尽管希腊人对我们做出了不义之行，尽管希腊人把我们出卖而使我们蒙受损害，尽管我们知道，和波斯人缔和远比对波斯人作战要有利于自己，尽管如此，我们仍然不甘愿和他们缔结任何和约。因此从我们的方面来说，我们忠实地履行了对希腊人的义务。

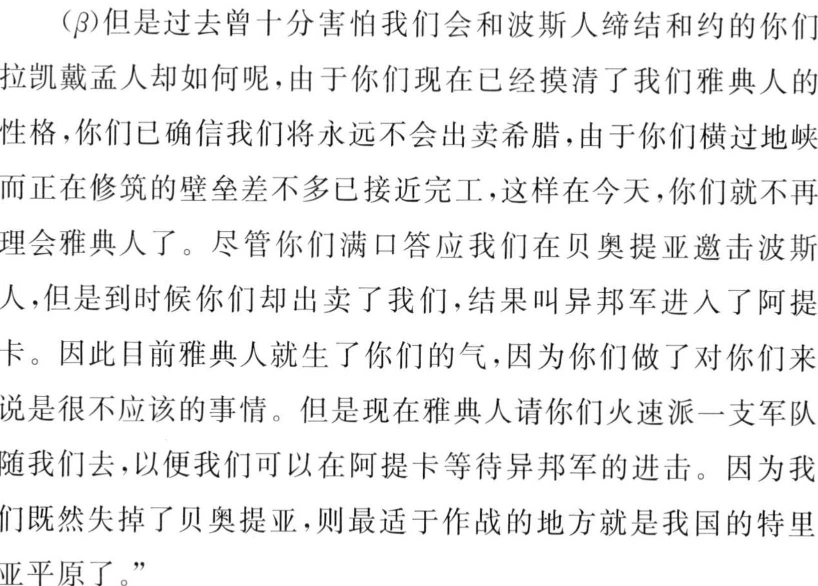

（β）但是过去曾十分害怕我们会和波斯人缔结和约的你们拉凯戴孟人却如何呢，由于你们现在已经摸清了我们雅典人的性格，你们已确信我们将永远不会出卖希腊，由于你们横过地峡而正在修筑的壁垒差不多已接近完工，这样在今天，你们就不再理会雅典人了。尽管你们满口答应我们在贝奥提亚邀击波斯人，但是到时候你们却出卖了我们，结果叫异邦军进入了阿提卡。因此目前雅典人就生了你们的气，因为你们做了对你们来说是很不应该的事情。但是现在雅典人请你们火速派一支军队随我们去，以便我们可以在阿提卡等待异邦军的进击。因为我们既然失掉了贝奥提亚，则最适于作战的地方就是我国的特里亚平原了。”

(**8**)当五长官听到这话的时候，他们却把答复推到第二天，到第二天的时候，又向下面的一天推，这样他们一天又一天地推了十天。在这期间，全体伯罗奔尼撒人尽一切的努力来修筑地峡上的工事，而他们几乎把它完工了。我不能说明为什么当马其顿人亚历山大来到雅典的时候[①]，拉凯戴孟人非常担心雅典人会站到美地亚一方面去，而现在却又根本不把这件事放在心上。这理由只不外是他们现在已在地峡上修筑了工事并认为他们不再需要雅典人了，但是在亚历山大来到阿提卡的时候，他们正在修筑他们的壁垒而还没有完工，因此他们是在特别害怕波斯人的心情下进行修筑工作的。

(**9**)但是，最后斯巴达人的回答和斯巴达军出师的方式是这样的。在规定最后一次接见的那天的前一天，一个叫做奇列欧斯的铁该亚人从五长官那里听到了雅典人所说的一切，这个奇列欧斯在斯巴达人当中是势力最大的一个异邦人；他在听到雅典人所说的话之后，据说他就向五长官说："五长官，目前的情况是这样的。如果雅典人成了我们的敌人和异邦人的同盟者，那么，虽然你们在地峡上面修筑了一道坚强的壁垒，却仍然有一个大敞四开的门可以把波斯人引入伯罗奔尼撒。我看，在雅典人作出什么会使希腊吃亏的新的决定以前，还是听从他们的意见吧。"

(**10**)以上就是他对五长官所作的劝告，五长官立刻考虑了他的劝告。他们没有向从这些城市来的使节讲任何话，而在天还未亮的时候，便派出了五千名斯巴达军队，又给每个斯巴达人指定了七个侍从的希劳特。他们派克列欧姆布洛托斯的儿子帕乌撒尼亚斯担任斯巴达军的统帅，统帅的职位本应属于列欧尼达司的儿子普列司塔尔科斯，但他那时还是一个男孩子，而帕乌撒尼亚斯却是他的从兄和监护人。原来帕乌撒尼亚斯的父亲和阿那克

① 参见第八卷第一三五节。

桑德里戴斯的儿子克列欧姆布洛托斯已不在人世了。在他把修筑壁垒的军队从地峡率领回去以后不久，他便死去了。克列欧姆布洛托斯把军队引离地峡的理由是这样。正当他为了战胜波斯人而奉献牺牲的时候，天上的太阳却暗了起来①。帕乌撒尼亚斯选了一个同族出身的人做他的同僚，这个人是多里欧司的儿子埃乌律阿那克斯②。这些军队就随着帕乌撒尼亚斯离开了斯巴达。

(11)但是在天刚亮的时候，使节们就到五长官这里来了，他们并不知道斯巴达军队业已开拔的事情，而且他们自己也想各自返回自己的城市去了；于是在他们来的时候，他们就说："拉凯戴孟人啊，你们还留在这个地方举行叙阿琴提亚祭，还在自己寻欢作乐，却完全不顾你们那陷于困境的同盟者。雅典人由于你们对他们干了不正当的事情，再加上没有同盟者，他们将要尽他们力之所及来和波斯人讲和，自此之后，既然我们很明显地变成了国王的同盟者，那我们就要随着他去进攻他的军队领我们所去的任何地方了。那时你们就会知道这件事情对你们将要有怎样的后果了。"这就是使者们讲的话。于是五长官便发誓向他们说，他们相信他们那征讨外国人的军队现在已经到欧列斯提欧姆了；他们是把异邦人称为外国人的。由于使节并不知道这件事，便进而询问这些话是什么意思，而在晓得了全部的真实情况之后，他们感到吃惊，于是火速地起程去追赶大军去了。和他们一

① 四八〇年十月二日的部分日食。

② 埃乌律阿那克斯是帕乌撒尼亚斯的叔伯兄弟，因为多里欧司和帕乌撒尼亚斯的父亲克列欧姆布洛托斯是兄弟。

同去追赶的，还有五千名拉凯戴孟的佩里欧伊科司[①]的精锐重武装兵。

(**12**)这样，他们便赶忙地来到了地峡。但是阿尔哥斯人却已经答应玛尔多纽斯说，他们要阻止斯巴达出兵作战；因此当他们一听到说帕乌撒尼亚斯和他的大军已经离开斯巴达的时候，他们就把他们所能物色到的最快的远途信使作为他们的使者派到阿提卡去，而当这个人来到雅典的时候，他就向玛尔多纽斯这样说："阿尔哥斯人派我到这里来告诉你，拉凯戴孟的壮丁已经出发作战了，而阿尔哥斯人并未能阻止他们这样做。因此，想个什么好办法来应付局面吧。"

(**13**)使者这样说了之后，就又回去了。而在玛尔多纽斯听了这话的时候，他便不再想留在阿提卡了。但是，在他听到这事之前，他没有任何举动，而是想知道雅典人作何打算，想知道他们预备如何做，因此他既未伤害，又未蹂躏阿提卡的土地，因为他还是一直在认为雅典人会和他缔结和约的。但是当他不能说服他们并知道了事情在全部真实情况的时候，在帕乌撒尼亚斯率部进入地峡之前，他便撤退了；但是在撤退之前，他首先把雅典用火点着，并且把还留在那里的任何城壁或家宅或神殿完全摧毁破坏。至于他把军队撤走的原因则是，阿提卡不适于骑兵的活动，而如果他在一次战斗中被战败的话，那么除了一条少数人便可截击的狭窄通路之外，没有任何可以撤退的道路。因此他的计划是退到底比斯去，想在一个接近友方的城市并适于骑兵作战

① 参见第六卷第五八节。

的地点展开战斗。

(**14**)于是玛尔多纽斯就把他的军队撤去了,而当他还在路上的时候,他得到消息说,另有一支由一千名拉凯戴孟人组成的先锋队已经到达美伽拉。他听到这一情况时,便寻思用什么办法他可以首先解决这一批人,于是他便转过来率军向美伽拉进兵了。在先头的是他的骑兵,骑兵蹂躏了美伽拉的领土。这是这一支波斯军在欧罗巴日没方向的那一方面所到达的最远的地方。

(**15**)但是在这之后,玛尔多纽斯又接到一个消息,说希腊人都集合在地峡地带。于是他便通过戴凯列阿退却了。原来贝奥提亚的首领们[①]曾把和他们相邻的一些阿索披亚人召请来,而这些人就把他引导到司潘达莱斯,从那里又把他引导到塔那格拉;在塔那格拉他驻屯了一夜,第二天早上他从那里又到司科洛斯,这样就进入了底比斯的领土。虽然底比斯人是站在波斯的一方面,他仍然削平了底比斯土地之上的树木;他这样做并不是因为他对底比斯人怀有敌意,异乎寻常的必要使他不得不为他的军队修造坚强的工事,为的是在战争的结果与他的本愿相违背的时候,他可以用它作为避难的地方。他的军队的驻屯地区以埃律特莱伊为起点,通过叙喜阿伊而进入普拉塔伊阿人的领土;在这一带,他们是沿着阿索波司河驻屯的。不过,他的壁垒却修造得没有这样长,它每一面的长度大概是十斯塔迪昂。

正当异邦军从事于这项工作的时候,一个底比斯人普律农的儿子阿塔吉诺斯在做了重大的准备之后,邀请玛尔多纽斯和

① 由十一人组成的贝奥提亚联盟的执行委员。

五十位最显赫的波斯人前来参加宴会。他们应邀前来了，宴会是在底比斯举行的。

(**16**)在这件事之后的一切情况，是我从欧尔科美诺斯人、欧尔科美诺斯地方最著名人士之一铁尔桑德洛斯那里听来的。根据铁尔桑德洛斯的说法，他自己也曾应邀赴宴，此外还有五十名底比斯人。阿塔吉诺斯给他们安排的坐法，并不是每人分坐，而是每一个波斯人和每一个底比斯人共坐在一个长椅子上面。在吃完饭之后他们正在相互交杯饮酒的时候，和他坐在一起的波斯人便用希腊语问铁尔桑德洛斯他是什么地方的人，铁尔桑德洛斯便回答说他是欧尔科美诺斯地方的人。于是那个波斯人就说："既然你和我同桌共食，随后又和我一同饮酒，我很愿意要你知道一下我自己的想法，这样则在你自己知道了这样的事情以后，你就可以为你自己的安全想个最妥善的办法了。你看见赴宴的这些波斯人和驻屯在河边的我们那些军队么？过一会儿以后，你就会看到，在所有这些人当中，能留活命的只不过是寥寥可数的几个人罢了。"波斯人说了这话，就痛哭起来。铁尔桑德洛斯听到这话感到惊讶，便对他说："那么，你不是必须得把这件事告诉玛尔多纽斯和跟他在一起的、仅次于他的那些尊贵的波斯人吗？"但波斯人回答说："朋友，凡是上天注定要发生的事情，任何人是都不可能扭转的；甚至对那些讲真话的人，都没有人肯相信他们。我方才所说的话，我们许多波斯人已经知道了，可是由于受制于必然，我们还得非得遵命而行不可。在人类的一切悲哀当中，最可厌的莫过于一个人知道的多，却又无能为力了。"以上的事是我从欧尔科美诺科人铁尔桑德洛斯那里听来的。铁尔桑德

洛斯此外还告诉我说，在普拉塔伊阿战役之前，他立刻把这事告诉了别的人们。

(**17**)玛尔多纽斯在贝奥提亚布阵的时候，所有当地站在波斯人一方面的希腊人就提供兵员并且和他一同进攻雅典，例外的只有波奇司人。他们实际上是站到了波斯人的一面，不过他们这样做是不得已的，不是出于本意的。但是当波斯人来到底比斯以后不几天的时候，却有一千名波奇司的重武装兵到达那里，率领这支军队的是他们市民当中最知名的人士哈尔摩库戴斯。在这些人来到了底比斯的时候，玛尔多纽斯就把骑兵派出去，并且命令波奇司人自己驻屯在平原上面。在他们这样做了之后，波斯的全部骑兵忽然都来了；随后在跟美地亚人在一起的希腊军队，以及在波奇司人本身当中就都风传，说这些骑兵要把他们射死。于是，他们的将领哈尔摩库戴斯便激励他们，向他们说："波奇司人啊，既然非常明显，我猜想由于我们受到帖撒利亚人的谗诬，我们不久一定会死在这些人的手里，因此你们每一个人都应该行动得像个男子汉大丈夫。因为与其由于一次极不名誉的死亡而俯首甘使自身灭亡，那反而是做些什么事情并战斗而后死亡好些了。不，我们要叫他们懂得，他们这些异邦人所打算要杀死的人们是希腊人。"

(**18**)他就是这样地激励他们的。当骑兵把波奇司人包围在一个圆圈里面的时候，他们拍马向波奇司人奔来好像是要杀死他们的样子，他们还举起了投枪，仿佛是要投出来的样子。于是波奇司人便聚拢起来，尽力密集他们的队伍而从各方面来迎击他们。于是骑兵便回马退走了。我不能确说，他们是不是应帖撒利亚人之请,前来杀戮波奇司人的;可是当他们看到波奇司人在准备自卫的时候,便害怕自己也会受到某些伤害,于是就骑着马回去了(因为玛尔多纽斯是这样命令他们的)。也许是玛尔多纽斯想试一试他们的勇气。但是当骑兵离开之后,玛尔多纽斯便派来了一名使者,向他们传达说:“波奇司人,你们放心吧,因为跟人们报告给我的情况不同,你们已证明你们是勇敢的人。请努力地进行这一场战争吧;因为在报答好意这一点上面你们是不会超过我和国王的。”关于波奇司人的事情就是以上这些了。

(**19**)另一方面,当拉凯戴孟人来到地峡地带的时候,他们就在那里扎营了。而在相机行事的其余的伯罗奔尼撒人听到,或是看到斯巴达人出发作战的时候,他们便以为在这件事上落到拉凯戴孟人的后面是不好的。由于牺牲的占卜表现了吉兆,于是他们便全军开出了地峡,来到了埃列乌西斯;而当他们又在那里奉献牺牲,而也得吉兆的时候,他们便继续向前推进,这时雅典人已和他们在一起了,雅典人是从撒拉米司渡海前来并在埃列乌西司和他们会合在一起的。据说当他们来到贝奥提亚的埃律特莱伊的时候,他们听说异邦军驻扎在阿索波司河沿岸,而他们在考虑了这一点之后,便在奇泰隆山的山麓地带对着敌人列阵了。

(**20**)玛尔多纽斯看到希腊人不下来到平原上面,便把自己的全部骑兵派出去对付他们,骑兵的统帅是在波斯人当中很受尊敬的一个名叫玛西司提欧斯的人,而希腊人则称他为玛奇司提欧斯。他骑着一匹涅赛伊阿马,这匹马有着黄金的辔而且在它所有其他的地方也都装饰得很华丽。于是骑兵就在那里向希腊人发动进攻,他们是列成方阵进攻的,进攻的结果是使希腊人受到很大的损害，因此他们把希腊人说成是妇女。

(**21**)但恰巧美伽拉人所在的地方正是最容易受攻击的地方，而骑兵主要地也正是把他们的进攻集中在这里。因此，当美伽拉人受到骑兵的进攻而感到对方重压的时候，便派遣一位传令官到希腊的将领们那里去。他到他们那里向他们这样说："美伽拉人向联盟军传言：尽管在敌人的重压之下我们直到目前还以忍耐和勇敢保持着自己的阵地，但是在我们起初被指定的这个阵地上面，我们是不能独力对抗波斯骑兵的；现在你们要知道清楚，如果你们不把其他人等派来接管我们的阵地，我们就要把它放弃了。"传令者就是这样报告的，于是帕乌撒尼亚斯便征询希腊人的意见，问谁愿意到那里去接防，把美伽拉人给换下来。没有其他的人愿意去，但是雅典人自愿去换防；雅典人中担起了这项任务的是兰彭的儿子欧林匹奥多洛斯统率之下的三百名精锐。

(**22**)这些人便是接受了这项任务的人们，他们在所有其他希腊军队的先头，带着弓兵驻扎在埃律特莱伊。他们战斗了一个时候，战斗的结果是这样的。正在骑兵列成方阵进攻的时候，领在其余军队前面的玛西司提欧斯的乘骑，在肋部中了一支箭，马痛得用后腿站了起来，这样就把玛西司提欧斯给摔了下来；而在他摔下马来的时候，希腊人立刻向他进攻。他的马当场给雅典人捉住了，他本人则在抵抗的时候被杀死，虽然，在开头的时候，他们还不能把他杀死；原来他是这样武装起来的：在他穿的紫袍下面，是一件鳞状的黄金铠甲，雅典人向胴甲上刺是毫无用处的。直到后来，才有人看到他们无济于事而刺他的眼，这样他才倒地死掉了。不知怎的,其他的骑兵竟完全不知道这样的事情;因为他们没有看见他从马上掉下来,也没有看见他被杀死。在他们回旋和退却的时候,他们并没有注意到所发生的事情。可是等他们一停下的当儿,由于没有人向他们发号施令,他们群龙无首了;而等他们知道了发生的是什么事情时,他们便相互激励,把全部骑兵会合在一起想把尸首夺回。

(**23**)当雅典人看到骑兵不是像先前那样列为方阵,而是集合整个部队向他们攻来的时候,他们便向其他的军队呼号求救。而当他们的全部步兵聚拢来增援之际,在那里为了死尸爆发了一场非常激烈的战斗。当三百个人孤军奋战之际,他们处于远逊于敌方的劣势地位,并且眼看就要把尸首放弃了。但是当主力前来增援以后,则骑兵的一方面却再也支持不住了;他们不仅是夺不回死尸,此外他们还损失了他们的一部分骑兵。因此他们退却了,他们停驻在离那里两斯塔迪昂左右的地方,在那儿他们商量今后的办法,结果由于失去了统帅,他们便决定收兵回到玛尔多纽斯那里去了。

(**24**)当骑兵返回营地的时候,玛尔多纽斯和全军对玛西司提欧斯的死表示了极大的哀悼,他们剃掉了自己的头发,剃掉了他们的马匹和驮畜的毛发,并且长时间不停地痛哭。他们的哀号之声,在整个贝奥提亚都可以听得到,因为这次阵亡的人,在全体波斯人中间以及对于国王来说,是受到仅次于玛尔多纽斯的最大尊重的人物。

异邦人就这样地依照他们自己的风俗习惯,对死去的玛西司提欧斯表示了敬意。

(**25**)但希腊人这次邀击骑兵，并在邀击后打退了骑兵，因此勇气大大地增长起来了。首先他们就把尸体安放在马车上，顺着他们的队伍走了一遍；因为这具尸体不但魁梧，而且姿容美好，是值得一看的。正因如此，他们竟而情不自禁地离开了他们的队伍来看玛西司提欧斯的尸体。随后他们便决定他们下行开到普拉塔伊阿去，因为他们认为那个地方在一切方面都远比埃律特莱伊更适于布阵，特别是那里水源的情况比较好。他们决定他们必须到这个地方以及这个地方的伽尔伽披亚泉这里来，并把他们的军队分列成战斗的队形布置在这里；于是他们就拿起他们的武器，沿着奇泰隆山的山麓，通过叙喜阿伊，来到了普拉塔伊阿的土地。他们到那里之后，就在伽尔伽披亚泉以及英雄安多罗克拉铁斯的圣域附近的一些不高的小丘间和一块平原上依照不同的民族而列下了阵营。

(**26**)在战斗的配置上面，铁该亚人和雅典人之间发生了很大的争论，因为他们每一方面都宣称他们应当占军队的另一翼的阵地[①]，为此而列举出他们的新的和旧的许多功业作为论据。铁该亚人这一方面的主张是这样："自从海拉克列达伊族在埃乌律司铁乌斯死后试图返回伯罗奔尼撒以来，在伯罗奔尼撒联军过去和挽近的一切战役当中，全联盟军一直公认我们是有权利占据这个地位的。当时我们是由于做了下述的事情，才得到了这个权利的。当我们和当时住在伯罗奔尼撒的阿凯亚人与伊奥尼亚人一道向地峡地带集结准备战斗并和返还的人们对峙列阵的

① 就是拉凯戴孟人所不占有的那一翼阵地。

时候，据说叙洛斯[①]曾提出他的意见，认为最好是不要冒险使两军交锋，而是要他们自己从伯罗奔尼撒军队中选出他们认为是最优秀的人物来和他在相互约定的条件之下单独战斗。伯罗奔尼撒人也决定同意这样做，于是他们便缔结了一项誓约说，如果叙洛斯战胜了伯罗奔尼撒的选手的话，海拉克列达伊族便应返回他们父祖的土地，但如果他本人被对方战胜的话，则相反地海拉克列达伊族便应离开并领走他们的军队，而且他们在一百年以内也不要再想返回伯罗奔尼撒了。那时我们的统帅和国王，埃洛波司的儿子佩该乌斯的儿子埃凯穆斯便自己推荐自己并被联军全军选了出来；于是他在那场决斗当中把叙洛斯杀死了。由于这次的战勋，那时的伯罗奔尼撒人便不单是给予我们一直不断地享受着的其他种种巨大特权，而且在联军的一切战役中间，我们是永远有权占有另一翼的阵地的。但是对于你们拉凯戴孟人，我们是没有反对意见的，我们甘愿任凭你们自由选择你们所要统率的一翼；可是我们要声明，我们要和先前那样地统率另一翼。而且抛开我们所说的功业不论，我们也比雅典人更有资格占有这样的地位的，因为对你们拉凯戴孟人以及对其他人等，我们曾打过多次漂亮的仗。因此，另一翼应当是由我们，而不是由雅典人来统率的。因为不拘是过去还是近来，他们从来不曾成就过像我们这样的勋业。”

(27)上面是铁该亚人的说法；但雅典人却是这样回答的：“我们认为，我们现在集合在这里是为了对异邦军作战，而不是为了争

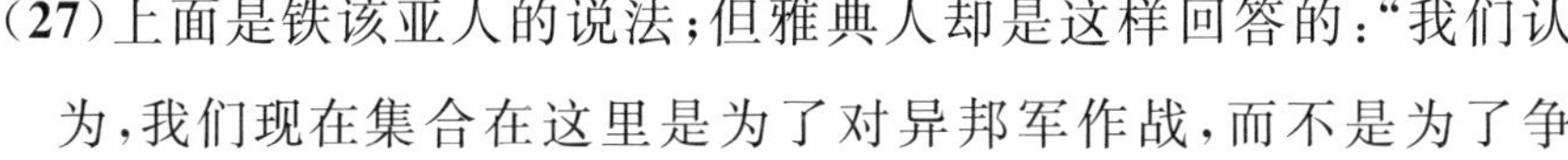

① 海拉克列斯的儿子。

论。但是既然铁该亚人有意谈一谈我们任何一个民族在任何时候成就的一切新旧勋业，那我们也就不得不告诉你们，为什么是我们，不是阿尔卡地亚人，由于我们世代的武勋，而取得了世袭的权利来占有这一优势的地位。这些铁该亚人说，是他们在地峡杀死了海拉克列达伊族的首领；可是当着海拉克列达伊这一族为了逃避迈锡尼人的奴役，向全体希腊人求援而遭受拒绝的时候，只有我们收容了他们[①]，并偕同他们一道打败了当时居住伯罗奔尼撒的人们，这样我们就打垮了埃乌律司铁乌斯的横傲。再者，当随同波律涅凯斯[②]征讨底比斯的阿尔哥斯人在战场上阵亡而尸体无人葬埋的时候，要知道，是我们派出了自己的军队去讨伐卡德美亚人，收回了他们的尸体并将他们埋葬在我们国内的埃列乌西斯地方的。对于一度从铁尔莫东河方面突入阿提卡的阿马松们，我们过去曾取得巨大的胜利；而在特洛伊战役的艰苦日子里，我们也丝毫不落后于任何人。可是再提起这些事情已经没有什么意思了，因为当时的勇士现在也许会成为懦夫，而当时的懦夫今天又许会成为勇士，还是不必再提旧日的那些勋业了吧。老实讲，我们实际有着决不次于任何希腊人的许多丰功伟绩，但纵令我们没有成就任何一件业绩，单就我们在马拉松一地的战勋，我们便有资格享受这个，或是更多的荣誉了，因为在全体希腊人当中，只有我们单独和波斯人交锋，在那样的巨大事业当中我们没有辱命，我们打败了四十六个民族。单单是

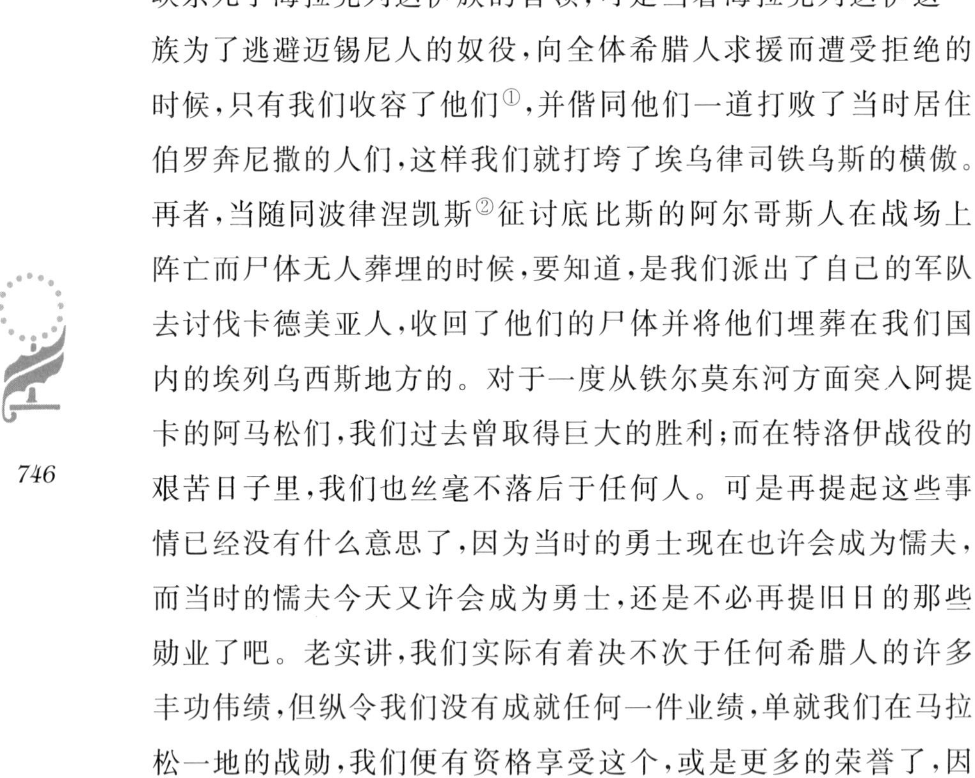

① 叙洛斯为他的敌人埃乌律司铁乌斯所追击曾逃到雅典人那里去避难，并借着雅典人的帮助打败并杀死了埃乌律司铁乌斯和他的儿子们。

② 指波律涅凯斯想从他兄弟埃提欧克列司手中收复底比斯的事情。

这一桩功业,难道我们还不应当占有这个地位吗?可是由于目前不宜于为我们在战争中的地位而争论,因此拉凯戴孟人,我们愿意听你们的话。随你们的斟酌,看我们最适于占据什么地方和对什么敌人作战吧;随你们把我们安置在什么地方,我们都将尽力奋勇作战。我们既准备从命,那么便请下命令吧。”

(28)以上便是雅典人的回答了。拉凯戴孟人的全军于是高声呼喊说,雅典人比阿尔卡地亚人更有资格占据一翼。雅典人既然比铁该亚人更受欢迎,于是他们便取得了那个地位。

随后,最初来的和随后陆续到来的希腊全军就作了如下的布置。右翼是一万名拉凯戴孟人,其中斯巴达人五千名,他们每一个人有七名轻武装的希劳特,这样他们就有了一支三万五千名的护卫军。斯巴达人把铁该亚人在战斗中部署在自己的身旁,这一方面是表示对他们的尊重,又是由于他们的勇敢。铁该亚人中间有一千五百名是重武装兵。在这道战线上接在他们后面的是五千名科林斯人,由于他们之请,帕乌撒尼亚斯同意当时从帕列涅来的三百名波提戴阿人配置在他们的身旁;再下面是从欧尔科美诺斯来的六百名阿尔卡地亚人,接在他们后面的是三千名希巨昂人。接在希巨昂人后面的是一千名特罗伊真人,特罗伊真人后面是二百名列普勒昂人,后面是四百名迈锡尼人和提律恩司人,再后面是一千名普里欧斯人。接在普里欧斯人后面的是三百名赫尔米昂涅人。赫尔米昂涅人的后面是六百名埃列特里亚人和司图拉人;在他们后面是四百名卡尔启斯人,再后面是五百名阿姆普拉奇亚人。阿姆普拉奇亚人的后面是八百名列乌卡地亚人和阿那克托利亚人。在他们后面是凯帕列尼亚

的帕列人二百名，在这些人后面是五百名埃吉纳人，埃吉纳人后面是三千名美伽拉人，接着美伽拉人的是六百名普拉塔伊阿人。在末尾的地方，也可以说是在最前面的地方，八千名雅典人配置在左翼的地方。雅典人的将领是吕喜玛科斯的儿子阿里司提戴斯。

(**29**)除去分配给每一个斯巴达人的七个人之外，所有这些人都是重武装兵，他们全体的人数是三万八千七百人。集合起来对付异邦军的重武装兵的人数便是这些；至于轻武装兵的人数，则属于斯巴达部队的是每一重武装兵配备七人，即三万五千人；他们都给武装起来了。其他拉凯戴孟人和希腊人的轻武装兵则是每一重武装兵配备一人，他们的人数是三万四千五百人。这样，准备参加战斗的轻武装兵的总数，就是六万九千五百人了。

(**30**)而集结在普拉塔伊阿的重武装兵和轻武装兵，加到一起就是差一千八百整整十一万人了。但是在那里的铁斯佩亚人却把他们补足为十一万人。原来残存的铁斯佩亚人[①]也在军中，他们是一千八百人，但并不是重武装兵。

(**31**)于是这些人列了阵并配列在阿索波司河的沿岸地带。当玛尔多纽斯麾下的异邦军停止了他们对玛西司提欧斯的哀悼并听到说希腊人到了普拉塔伊阿的时候，他们也便来到了流经那里的阿索波司河的沿岸地带。当他们到达那里的时候，他们便给玛尔多纽斯像下面这样地列成了战阵。玛尔多纽斯使波斯人和拉

① 指那些未在铁尔摩披莱战死的人们。

凯戴孟人对峙；而鉴于波斯军的人数大大地超过了拉凯戴孟人，因此波斯人便列成了较厚的队形，其队列长得还和铁该亚人相对峙了。在列阵的时候，他把波斯军当中最精锐的部分选拔出来和拉凯戴孟人相对峙，而把较弱的部分用来和铁该亚人相对；他是根据底比斯人的意见和指导这样做的。他在波斯人的后面配置了美地亚人，用来和科林斯人、波提戴阿人、欧尔科美诺斯人、希巨昂人相对峙。接着美地亚人的是巴克妥利亚人，与巴克妥利亚人相对峙的是埃披道洛斯人、特罗伊真人、列普勒昂人、提律恩司人、迈锡尼人和普里欧斯人。接着巴克妥利亚人的是印度人，用来和赫尔米昂涅人、埃列特里亚人、司图拉人和卡尔启斯人相对峙。印度人以次，他配置了撒卡依人，用来和阿姆普拉奇亚人、阿那克托利亚人、列乌卡地亚人、帕列人和埃吉纳人相对峙。接在撒卡依人之后，和雅典人、普拉塔伊阿人、美伽拉人相对峙的是贝奥提亚人、罗克里斯人、玛里司人、帖撒利亚人和一千名波奇司人；原来并非是全体波奇司人都站在波斯人的一方面，他们的一部分是帮助希腊人的。这些人曾被包围在帕尔那索斯，他们从那里突围，蹂躏了玛尔多纽斯的军队和与玛尔多纽斯在一起的希腊军队。此外，他还部署了马其顿人和帖撒利亚一带的居民来和雅典人相对峙。

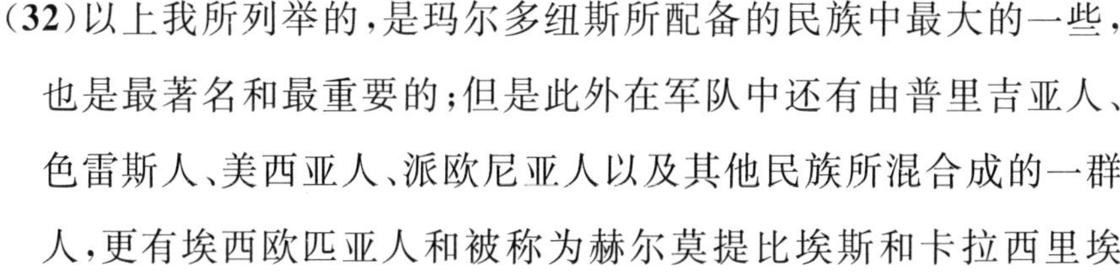

(**32**)以上我所列举的，是玛尔多纽斯所配备的民族中最大的一些，也是最著名和最重要的；但是此外在军队中还有由普里吉亚人、色雷斯人、美西亚人、派欧尼亚人以及其他民族所混合成的一群人，更有埃西欧匹亚人和被称为赫尔莫提比埃斯和卡拉西里埃

斯的、佩剑的埃及人[①];这种埃及人是埃及唯一的武人。这种人过去一直是在船上作战的,直到玛尔多纽斯还在帕列隆时,这才把他们从船上转移到陆地上来:原来埃及人并没有给编到随克谢尔克谢斯来到雅典的陆军里面。因此,正像我上面所说的,异邦军共有三十万人;至于和玛尔多纽斯联盟的希腊人的人数,却没有人知道(实际上他们没有给人计算过)。如果可以推测一下的话,则我以为他们纠合了大概有五万人。以上所配列的都是步兵,骑兵则是分别配列的。

(**33**)当他们全军都分别按照民族和军团配置好的时候,第二天两军就奉献了牺牲。为希腊人方面奉献牺牲的是安提奥科斯的儿子提撒美诺斯,因为他是随军的占卜师。他是一个埃里司人,是雅米达伊族[②]的〔克吕提亚达伊族人〕,拉凯戴孟人曾使他归化为自己的市民。原来当提撒美诺斯为了子嗣的事情向戴尔波伊请示神托的时候,佩提亚向他预言,说他将要在五次重大的角逐中取得胜利。他误解了神托的含义,而开始进行体育锻炼,打算在这样的运动比赛中取得胜利。他自己进行了五项运动[③]的练习,不过在奥林匹亚运动会上和安多罗斯人谢洛尼莫斯比赛时,却由于角力这一项失败而没有取得奥林匹亚的胜利荣冠。可是拉凯戴孟人却看出,给予提撒美诺斯的神托,并不是意味着运动比赛,而是意味着战争方面的角逐。于是拉凯戴孟人便试图用

---

① 参见第二卷第一六四节。

② 雅米达伊族是埃里司的有名的预言者家族。克吕提亚达伊族也是埃里司的预言者,但和雅米达伊族没有关系,因此有人主张把这个字用括弧括起来或干脆删掉。

③ 五项运动是跑、跳、角力、标枪和铁饼。

金钱贿买提撒美诺斯，要他和他们的海拉克列达伊族的国王一道来领导他们的战争。可是当他看到斯巴达人十分想跟他拉拢交情的时候，他就抓住这一点自己抬高身价，并且要斯巴达人知道，除非把正式公民身份和一个公民的全部权利给他，他是任何报酬都不答应的。斯巴达人听到这话的时候，起初感到愤慨，并且完全放弃了他们的请求。可是当波斯大军的可怕的威胁逼临到他们头上的时候，他们便只得向他表示同意并答应了他的要求。可是当他看到他们的意思改变了的时候，他又说甚至只是这样的条件，他也不能满足了。他说他的兄弟海吉亚斯也必须以和他同样的条件成为斯巴达人。

(**34**)在他这样说的时候，把要求王权和要求市民权看作一回事，就此而论，他是模仿美拉姆波司的。原来当阿尔哥斯的妇女发起狂来，而阿尔哥斯人想用钱把他从披洛斯请来医治她们的疯病的时候[①]，美拉姆波司要求他们的王权的一半作为自己的报酬。阿尔哥斯人不能容忍这一点，便离去了。可是当疯病在他们的妇女当中蔓延开来的时候，他们立刻便同意了美拉姆波司的要求并且愿意把王权给他。可是，美拉姆波司看到他们改变了自己的主意时，却抬高了他的要求，他说除非他们再把三分之一的王权给他的兄弟比亚斯，他是不会答应他们的要求的。已经陷于穷境的阿尔哥斯人，不得已连这一点也同意了。

(**35**)同样地，斯巴达人也是这样地迫切需要提撒美诺斯，因此他们

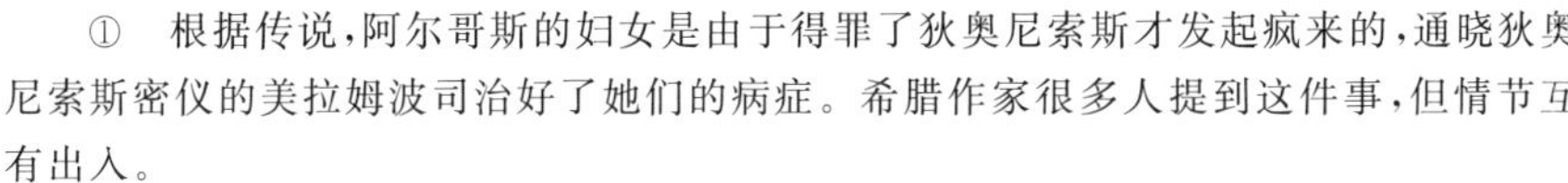

① 根据传说，阿尔哥斯的妇女是由于得罪了狄奥尼索斯才发起疯来的，通晓狄奥尼索斯密仪的美拉姆波司治好了她们的病症。希腊作家很多人提到这件事，但情节互有出入。

同意了他的一切要求。当他们在这一点上也同意了他的请求时，于是这时变成了斯巴达人的埃里司人提撒美诺斯便为他们掌理卜筮之事，从而帮助他们获得了五次极大的胜利。除去提撒美诺斯和他的兄弟以外，世界上再没有任何人变成斯巴达的公民了。以下便是他们取得的五次的胜利。其中的一次，即第一次，是普拉塔伊阿的胜利；再下面的一次是在铁该亚战胜了铁该亚人和阿尔哥斯人；在这之后是在迪帕伊耶斯战胜了曼提涅亚人以外的全体阿尔卡地亚人；再下一次是在伊托美战胜了美塞尼亚人；最后是在塔那格拉战胜了雅典人和阿尔哥斯人，这是五次胜利中最后得到的一次胜利。

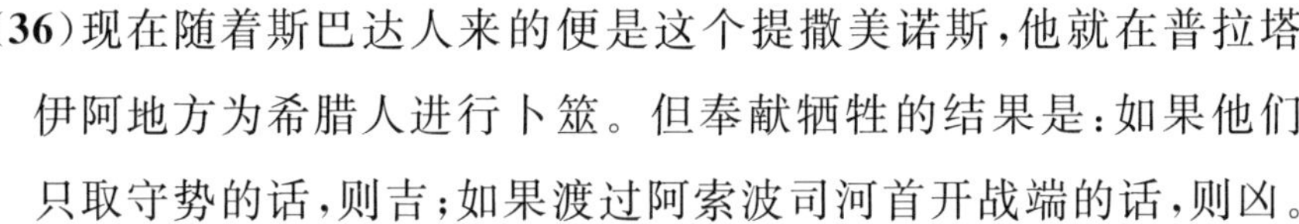

(**36**)现在随着斯巴达人来的便是这个提撒美诺斯，他就在普拉塔伊阿地方为希腊人进行卜筮。但奉献牺牲的结果是：如果他们只取守势的话，则吉；如果渡过阿索波司河首开战端的话，则凶。

(**37**)然而一心想首启战端的玛尔多纽斯，在奉献牺牲卜筮之后，是不遂心的，因为它的结果也是取守势则吉利。他也是使用希腊式的牺牲奉献法的；他的占卜师是埃里司人海该西斯特拉托司，这是铁里亚达伊族当中最有声名的人物。在这之前，斯巴达人曾把他擒拿入狱并想把他处死，因为他曾做了许多伤害斯巴达人的事情。陷入了这样的苦境的这个人，既然有生命的危险，而在死亡之前又很可能要遭受许多酷刑，于是他做出了一件使人几乎难以置信的事情。他是被系在上了铁锁的木枷之内的；他弄到了一件不知怎的带到了他的狱中的铁制武器，而立刻想出了一个我们从来没有听说过的极其大胆的计划。他计算他的脚的残留部分怎样能尽可能多地得到解脱，这样便从脚背上割掉了自己的脚。这样做了之后，由于有守卫监视着他，他便在墙壁掘了窟窿逃出去，这样便逃到了铁该亚；他在夜里赶路，白天则藏到树林里去潜伏在那里，而到第三个夜里，他便到了铁该亚。就在这时，拉凯戴孟人举国对他进行了搜索；当他们看到他的半只脚被切断在那里而找不到他本人的时候，他们是非常惊讶的。他就这样地从拉凯戴孟人那里逃开，到铁该亚去避难了，因为铁该亚人当时和拉凯戴孟人并不是友好的；而在他的伤口治愈，并给自己安上一只木脚之后，他便公然宣布自己是拉凯戴孟人的敌人。不过，他对拉凯戴孟人的敌意终于没有给他带来什么好处，因为拉凯戴孟人当他在札昆托斯进行卜筮的时候还是把他捉住并把他杀死了。

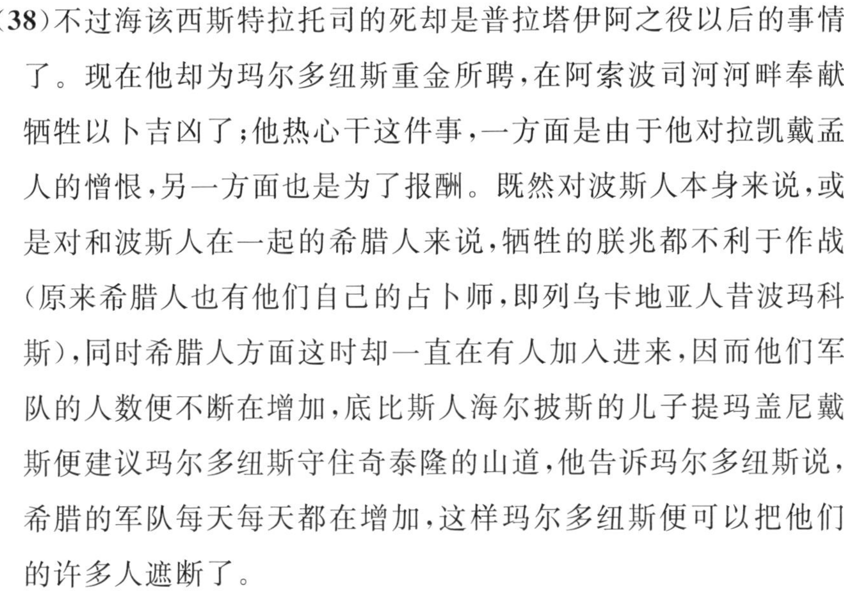

(**38**)不过海该西斯特拉托司的死却是普拉塔伊阿之役以后的事情了。现在他却为玛尔多纽斯重金所聘，在阿索波司河河畔奉献牺牲以卜吉凶了；他热心干这件事，一方面是由于他对拉凯戴孟人的憎恨，另一方面也是为了报酬。既然对波斯人本身来说，或是对和波斯人在一起的希腊人来说，牺牲的朕兆都不利于作战（原来希腊人也有他们自己的占卜师，即列乌卡地亚人昔波玛科斯），同时希腊人方面这时却一直在有人加入进来，因而他们军队的人数便不断在增加，底比斯人海尔披斯的儿子提玛盖尼戴斯便建议玛尔多纽斯守住奇泰隆的山道，他告诉玛尔多纽斯说，希腊的军队每天每天都在增加，这样玛尔多纽斯便可以把他们的许多人遮断了。

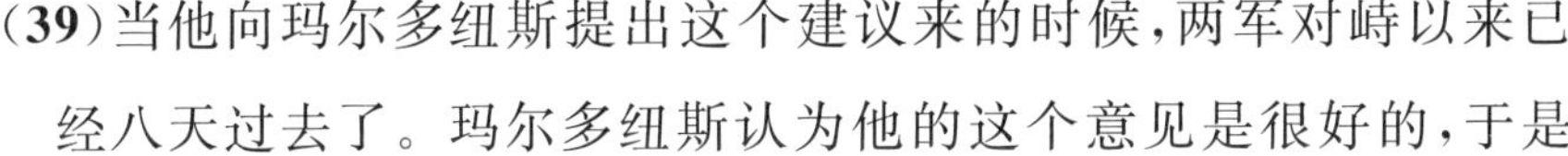

(**39**)当他向玛尔多纽斯提出这个建议来的时候，两军对峙以来已经八天过去了。玛尔多纽斯认为他的这个意见是很好的，于是

在天一黑的时候，便派遣骑兵往通向普拉塔伊阿的奇泰隆山路去；贝奥提亚人则称这条山路为“三头”，而雅典人则称它为“栎树头”。派去的这一批骑兵不是没有效果的。在进入平原的时候，他们拿捕了从伯罗奔尼撒运送粮食给军队的五百头驮畜，还有跟搬运车在一起的人员。在得到这些虏获品之后，他们就毫不留情地连人带牲畜都加以残杀。而在他们杀够了的时候，便把剩下的人畜包围起来，把他们驱赶到玛尔多纽斯和他的营地那里去了。

(40)在这一事件之后，他们又等了两天；在这两天里，双方都不愿启战端。虽然异邦军开到阿索波司河的河岸想来试探一下希腊军的动静，但双方却都不渡河。不过玛尔多纽斯的骑兵却一直在追击和困扰希腊人；而十分热心地站到美地亚人一方面去的底比斯人则是拼命地想接战，他们不断地把战争推进到真正动手的程度。在这之后便轮到了波斯人和美地亚人，现在正是他们来显示勇武的时候了。

(41)十天过去了，但发生的事情不过是上面的这些而已。但是从双方在普拉塔伊阿最初对峙列阵以来的第十一天，希腊人的人数大大地增加了，但玛尔多纽斯却由于这种因循无所事事而极感苦恼；于是戈布里亚斯的儿子玛尔多纽斯和克谢尔克谢斯所信任的其他少数波斯人之一的帕尔那凯斯的儿子阿尔塔巴佐斯便进行了讨论。在讨论时他们的意见有如下述。阿尔塔巴佐斯认为最好是尽快地移转他们的全军，把全军引到底比斯的城里去，在那里给他们自己储备大批的军粮，并给他们的驮畜准备秣草，然后他们便可以在那里安安静静地坐候自己完成自己的事业了。方法是这样:他们既然拥有大量铸造成货币的和未经铸造成货币的黄金,既然拥有大量白银和杯盏,他们便可以毫不吝惜地把这些东西分送给希腊所有各地的人们,特别是希腊各个城市的那些显贵知名之士。这样一来,希腊人很快地就会交出他们的自由,而他们也便不会冒险交战了。他的这个意见是和底比斯人的意见相同的,因为他比起别的一些人来是具有先见之明的人物。但是玛尔多纽斯的意见却是更为强烈和顽固,丝毫没有让步的意思;他说他认为他们的军队比希腊的军队要强得多,因此他们应当尽快地挑起战争而不能再忍耐下去看着希腊人集合越来越多的兵力。至于海该西斯特拉托司的牺牲,他们不必去管它,也不必对之加以强求,但他们却应当按照波斯的风俗习惯开始作战。

(42)没有人反对这样的说法,因此他的意见被通过了,因为受国王之托,担任全军最高统帅的正是他,而不是阿尔塔巴佐斯。于是他把各军团的首长和与他在一起的希腊人的将领们召集了来,问他们是否知道有过什么神托,曾预言波斯人会死在希腊。被召来的人们默不作声,他们有的人不知道神托,有的人知道这神托,却认为说了对自己有危险,于是玛尔多纽斯自己就说:“既然你们或是不知道,或是知道而不敢说,那么,我就来把我所知道的全部情况讲给你们听吧。有一个神托说,波斯人命中注定要来到希腊,而他们在把戴尔波伊的神殿劫掠之后,就要全部死在那里。我们也知道了这个神托,因此我们就既不走近这个神殿,也不想劫掠它。而既然我们的毁灭要决定于那一点,这样我们就不会遇到什么祸事了。你们中间所有对波斯人抱着好意的人们,既然知道我们因此将要战胜希腊人,则你们可以安心了。”这样说了之后,他便下令准备一切,为第二天拂晓就要开始的战斗作妥善的安排。

(**43**)玛尔多纽斯所提到的,说是关系到波斯人的这个神托;我知道它原来不是关系到波斯人,而是关系到伊里利亚人和恩凯列司的军队的。但是关于这次战斗,巴奇司却有下面的一个神托:

在铁尔莫东河和岸上长着草的阿索波司河的河岸上,
是希腊军队的集结和异邦人的呼唤。
当宿命的一日到来之际,不待拉凯西司[1]注定的寿数,
许多带弓的美地亚人就要在这里丧命。

穆赛欧斯所宣出的诸如此类的神托,我知道都是关于波斯人的。至于铁尔莫东河,则它是流在塔那格拉和格里撒斯[2]之间的河流。

(**44**)在玛尔多纽斯探求了神托的意义并发表了激励的言辞之后,夜来了,而军队便布置了他们的哨兵。而当夜色已深,看来营地里面万籁俱寂而人们也深深入睡的时候,阿门塔斯的儿子亚历山大,即马其顿人的将领和国王这时便乘马到雅典人的哨兵那里去,要和他们的将领讲话。大部分的哨兵都留在原地未动,其余的哨兵则跑到他们的将领那里去,告诉他们的将领说,从美地亚军的营地,来了一个骑马的人,这个人别的话一句也没有说,只是叫着各位将领的名字,说是要和这些将领谈话。

---

① 命运之神。
② 格里撒斯在底比斯西北不远的地方。

(**45**)诸将听到这话之后,立刻便和来人一同到哨兵的地点去;而当他们来到那里的时候,亚历山大便对他们说:“雅典人,我把这些话托付给你们,请你们为它保守秘密,除去帕乌撒尼亚斯之外不要泄露给任何人,否则你们就连我也给毁了。如果不是我非常关心整个希腊的命运的话,实际上我就不会把这话告诉你们了。因为我本人的远祖是希腊人而我也决不愿意看见自由的希腊会受到奴役。故此,我告诉你们,玛尔多纽斯和他的军队并不能从牺牲得到对他有利的朕兆,否则在这之前很久你们就得作战了。但是现在他们却不打算把牺牲放到心上,而想在明天一破晓的时候发动战斗;据我的推测,他们是害怕你们军队的人数会越来越多。因此我请你们做准备。如果他拖延作战而不展开战斗的话,那就请耐心地在原来的地方等待着不要动,因为他身边的兵粮只够几天用的了。但是,如果这次战争是按照你们的意思结束的话,那你们就一定要记着设法把我也从奴役下解救出来;由于自己的热心,我为希腊做了这样一件不顾性命的事情,而想把玛尔多纽斯的意图向你们传达,为的是使异邦军不致在你们完全没有想到的时候猝不及防地向你们攻来。我是马其顿人亚历山大。”讲了这话以后,他就乘马返回营宿他自己的驻地上去了。

(**46**)雅典军的将领们就到右翼的地方去,把他们从亚历山大那里听到的话告诉了帕乌撒尼亚斯。帕乌撒尼亚斯听到这话,却害怕波斯人,于是他说:“这样看来,天破晓的时候仗是要打的了。最好你们雅典人和波斯人对阵,而我们则来对付贝奥提亚人和现在跟你们相对峙的希腊人,因为你们在马拉松和美地亚人交过锋，熟悉他们和他们的作战方式，但我们对于那些人却是既无经验，又不熟悉的。不过我们斯巴达人对贝奥提亚人和帖撒利亚人却是有经验的，但是我们之中没有一个人和美地亚人较量过。因此，让我们拿起武器来调换一下，你们到这一翼来，我们到左翼去。”雅典人回答说：“正是从我们看到波斯人布置在你们对面的那个时候起，我们便也有意提出你们这次首先提出的意见，但是我们害怕这样做会使你们不高兴。但既然你们自己说出了你们的愿望，我们也非常高兴听从你们的意见并准备按着你们所说的去做。”

(47)双方都满意这样的做法，因此在天刚破晓的时候，双方便对调了他们的防地。贝奥提亚人注意到了这一点并把这个情况通知了玛尔多纽斯。玛尔多纽斯听到这个消息之后，立刻就试图在自己这方面也作一次调动，把波斯人调到和拉凯戴孟军对峙的地点去。但是当帕乌撒尼亚斯看到对方正在做的是什么事情时，他就知道他的行动已被对方晓得，便把斯巴达人调回了右翼。而玛尔多纽斯则同样地也移到了左翼。

(48)当双方都又回到他们原来的地位时，玛尔多纽斯便派遣一名使者到斯巴达人那里去，告诉他们说：“拉凯戴孟人啊，这里的人们都说你们是十分勇敢的人物。你们既不临阵脱逃，又不离开你们队伍的部署，而是坚守在原来的阵地上或是杀死你们的敌人或是自己战死，因此他们对你们是极为佩服的。但是看来，这一切都是谎话了，因为在我们能以接战并展开格斗之前，我们就亲眼看到你们现在竟然逃跑起来并离开了你们原来的部署，而想用雅典人来试探你们敌人的力量，你们却把自己布置在不过是我们的奴隶的对面。这决不是好汉应当做的事情；对于你们，我们真是大大地估计错误了。因为倘若根据我们听到的关于你们的说法，则我们想你们会派一名使者前来向波斯人，而不是向别的人们挑战。当然，我们是准备应战的。可是我们却发现你们并未提出这样的建议，而是在我们的面前畏缩。这样看来，你们既不出来挑战，那只好轮到我们来向你们挑战了。我们为什么不能双方各出同样数目的军队来交战呢？你们既然素称是最勇敢的，则可以代表希腊人，而我们代表异邦军①。如果其他的人也应当一战的话，则他们可以在我们之后作战；相反地，如果只是我们双方作战就够了的话，那我们就把这个仗打个水落石出，哪一方面得胜，那他们也就算代表全军获胜了。”

(49)使者说了上面的一番话之后就等了一会儿，但是没有任何人回答他，于是他就回来，把事情的经过告诉了玛尔多纽斯。玛尔多纽斯听了大喜过望，竟因这似是而非有名无实的胜利得意起来，于是便派出他的骑兵去进攻希腊人了。骑兵向希腊人攻去，而由于他们是骑着马的弓手并使对方不易迫近自己，因此他们在射箭和投枪时使希腊全军遭到了不小的损害。他们还捣毁和堵塞作为希腊全军的水源的伽尔伽披亚泉。然而，也只有拉凯戴孟人实际上是驻扎在这个泉附近的，其他希腊人则是因个别驻地的不同而离泉较远，不过他们却和阿索波司河不远的。但是由于他们从阿索波司河被切断，他们就不得不到伽尔伽披亚泉去取水；他们是因骑兵和弓矢的缘故，而无法从河中汲水的。

① 波斯人这里自称异邦军是有些不合理的。

(**50**)当这样的事情发生时,希腊军队的将领看到他们的军队被切断了水源又受到骑兵的困扰,便到右翼的帕乌撒尼亚斯那里去,讨论这些以及其他的事情。原来除去上面我提到的事情之外,还有其他的原因使他们烦恼不安。他们的军粮吃完了,他们派到伯罗奔尼撒去从那里运回粮食的仆从被骑兵切断,不能回到自己的阵地了。

(**51**)因此,在商讨后他们决定,如果波斯人在那一天还拖延发起进攻,他们就到岛上去。这个岛离他们当时布阵的阿索波司河与伽尔伽披亚泉有十斯塔迪昂的路程,就在普拉塔伊阿市的前面。陆地上所以出来一个岛,这是因为这河从奇泰隆流入平原的时候分成了两支,而在这两支随后重新合流之前,它们中间是三斯塔迪昂的距离。这条河的名称是欧埃洛耶,而当地人则称它为阿索波司的女儿。他们就是打算到那个地方去的,他们到那里去为的是可以得到充分的水使用,并且不像现在他们相对峙的时候这样,受到骑兵的扰害。因此他们决定在夜间二更①的时候移动,为的是不使波斯人看到他们的移动以及不使骑兵追击他们和扰乱他们的队伍。此外他们还决定,当他们到达发源于奇泰隆的、阿索波司河的女儿欧埃洛耶河的两股河道所环抱的地方时,他们要在当夜里把自己的一半军队派到奇泰隆去,救还他们派出去运军粮的仆从;因为这些仆从被切断在奇泰隆而不能回到他们这里来了。

(**52**)在拟订了这样的一个方策之后,他们那一整天都在忍受着不

① 根据贝尔的说法,大概是在九、十点钟的时候。

断向他们进攻的骑兵加到他们身上的无穷无尽的苦头。但是当到天色黑下来而骑兵停止向他们侵扰的时候,在夜里他们约定离开的那个时刻,他们的大部分人便起来开始撤退了,不过他们并不打算到他们约定的地方去;而在他们一开始移动的时候,他们就十分庆幸他们摆脱了对方的骑兵,逃往普拉塔伊阿市,躲到希拉的神殿去,这个神殿位于普拉塔伊阿市的前郊,离伽尔伽披亚泉二十斯塔迪昂。

(**53**)他们到达那里以后,便在神殿前面列阵了。这样,他们就驻扎在希拉神殿的四周了。但是帕乌撒尼亚斯看到他们离开营地,就下令拉凯戴孟人同样也拿起他们的武器,跟在先行的其他人等的后面,以为这些人正是向他们约定的地点去的。于是所有其他的队长都准备服从帕乌撒尼亚斯的命令,而这时只有庇塔涅军团的将领,波里亚戴斯的儿子阿莫姆帕列托斯却拒绝从异邦军的面前逃开,也不愿给斯巴达带来耻辱;他看到这一切是感到奇怪的,因为他并没有参加不久之前所举行的会议。帕乌撒尼亚斯和埃乌律阿那克斯看到阿莫姆帕列托斯不听从他们的命令已经很不高兴,而使他们越发不高兴的事情却是,他的拒绝服从命令使他们不得不放弃庇塔涅军团;因为他们害怕,一旦他们履行和其他希腊人的约定并把他放弃的话,阿莫姆帕列托斯和他麾下的人们是会留在后面送死的。由于考虑到这些情况,他们便使拉科尼亚的军队按兵不动并尽力说服阿莫姆帕列托斯,要他知道他这样做是不对的。

(**54**)于是,他们就向全体拉凯戴孟人与铁该亚中间唯一留在后面的阿莫姆帕列托斯进行劝告。至于雅典人,则他们留在他们的

原驻地不动，因为他们知道得很清楚拉凯戴孟人的作风，即心里打算做的和嘴里说的是不一致的。但是当军队从他们的驻地移开的时候，他们派他们自己的一名骑兵去看一下斯巴达人是想开拔，还是他们根本不打算撤退，同时并向帕乌撒尼亚斯打听，雅典人应当怎样做。

(55)当这个使者来到拉凯戴孟人的地方的时候，他看到他们还是在他们原来的地方列阵，而他们的首领们则正在进行激烈的争辩。原来，虽然埃乌律阿那克斯和帕乌撒尼亚斯劝说阿莫姆帕列托斯，要他知道拉凯戴孟人不应当冒着危险单独留下来，但是他们却一点也不能说服他。而最后，当雅典的使者到他们这里来的时候，他们竟公开争吵起来了。而阿莫姆帕列托斯一面争吵着，就用双手搬起一块石头来放到帕乌撒尼亚斯的脚下，说他就用这块石头来投票反对从外国人，这里也就是异邦人的面前逃开。帕乌撒尼亚斯骂他是个疯子，骂他的神经错乱。而在雅典的使者提出了他受命提出的问题之后，帕乌撒尼亚斯便命令他把目前的情况告诉雅典人，并请雅典人和拉凯戴孟人一致行动，和他们同样地撤退。

(56)这样，使者就回到雅典人那里去了。但是这里直到天亮，争论仍在继续着；帕乌撒尼亚斯在这期间一直留在原地按兵不动，但这时却发出撤退的信号，把残留下的军队全部顺着小丘中间率领去了，铁该亚人则跟在他们的后面。因为他认为，在其余的拉凯戴孟人离开阿莫姆帕列托斯的时候，这个人是不会自己留在后面的。而事实也正是这样。列成战阵的雅典人循着与拉凯戴孟人不同的道路开拔了，拉凯戴孟人为了躲避波斯骑兵，他们紧紧地靠着丘陵地带和奇泰隆山的山麓，但相反地，雅典人却下行向着平原上行进了。

(**57**)原来阿莫姆帕列托斯在起初以为帕乌撒尼亚斯决不会想到要把他和他的军队留在后面，因此他坚持他们留在原来的地方而不离开他们的驻地。但是当帕乌撒尼亚斯的军队自己先开走的时候，他就看到他们是真个想把他抛下了，于是他也便下令他的军团拿起武器来，而他便率领着这些人一步一步地跟在其余军队的后面。前面的军队在走了十斯塔迪昂远之后，就在莫罗埃司河河畔一个叫做阿尔吉奥披昂的地方停了下来等待阿莫姆帕列托斯的部队，在那里立有一座埃列乌西斯的戴美特尔的神殿。他们等待他的理由是这样：如果阿莫姆帕列托斯和他的军团不离开他们原来的驻地而仍然留在那里的话，他们可以回来支援这些人。而在阿莫姆帕列托斯的军队刚刚赶上他们的时候，异邦军的骑兵便全军向他们进攻了。骑兵的行动和他们一向习惯的行动一样，他们看到希腊军队前些天列阵的地点空了下来，便一直拍马前进，而在他们一赶上的时候，便对希腊人展开了进攻。

(**58**)另一方面，当玛尔多纽斯听到希腊人乘着黑夜撤退并且在那里看不到一个人的时候，他便把拉里撒的托拉克司和他的兄弟埃乌律披洛斯和特拉叙狄欧斯召了来，向他们说："阿列乌阿斯的儿子们啊！你们看这个地方已经空了，现在你们还讲什么呢？你们是他们的邻居，你们常说拉凯戴孟人决不回避战争，他们又是最优秀的战士，可是刚才你们就已经看到，正是他们改变了他们的部署，而现在你们和所有我们大家又都看到，他们在前一个夜里逃跑了。在他们自己刚刚要和世界上确实是最英勇的人们较量一番的时候，他们便显然地表明，他们这些一钱不值的人物，却在同样是一钱不值的希腊人当中获得了声名。既然你们对波斯人并不熟悉，因此你们虽然称赞了你们多少还知道一些的拉凯戴孟人，我却是愿意宽恕你们的。不过更加使我感到奇怪的是阿尔塔巴佐斯的做法，他害怕拉凯戴孟人害怕到这样的程度，结果他竟提供我一个卑怯的意见，要我们撤退到底比斯去受包围。这个意见我还没有向国王报告，关于这件事，也不准备在这里讨论。不过目前，我们不能容忍我们的敌人愿意怎样做就怎样做；我们必须追击，直到赶上他们并且要他们对他们在波斯人身上做出的一切伤害付出赔偿。"

(59)这样说了之后，他便尽快地率领着波斯军队渡过阿索波司河去追击希腊人，他们以为希腊人逃跑了。他追击的目标只是拉凯戴孟人和铁该亚人的军队。因为雅典人从另一条路经过丘陵地带开向平原，波斯人已经看不到他们了。异邦军其他部队将领看到波斯人出发追击希腊人，他们便立刻同样地举起了各自的军旗尽快地开始追击，但这些部队在出发追击之际，既不曾整顿队伍的秩序，也不曾按照原来的部署。这样，他们就乱成一团地并高声呼啸着开始了攻击，好像他们追上之后，就可以把希腊人一网打尽似的。

(60)但是帕乌撒尼亚斯看到异邦军的骑兵向他进攻的时候，便派遣一名骑兵到雅典人那里去，向他们说："雅典人啊，在希腊必须决定是得到自由，还是被奴役这样一个重大关头的面前，我们拉凯戴孟人和你们雅典人因联盟者昨夜的逃脱而被出卖了。因此现在我决定了下面我们必须立刻做的事情。我们必须尽最大的努力奋战以相互保护。如果骑兵首先攻击你们，则我们和跟我们在一起的、忠于希腊的铁该亚人便要支援你们，但是按目前的情况，既然敌军进攻的全部力量是针对着我们，那么你们就应当来帮助我们受最大压力的那一部分军队。可是，如果可能发生了什么事情而你们不可能前来支援我们，那么就请为我们做一件好事，把弓手派来吧。我们深信你们会答应我们的请求，因为我们知道，在当前的战争中你们是远比所有其他的人们要热心的。"

(**61**)当雅典人听到这话的时候，他们就准备去支援拉凯戴孟人并尽全力来保卫他们。但是当他们已经开拔的时候，他们却碰到了布置在他们对面的、站到国王那一面去的希腊人；现在他们受到逼临到他们跟前的敌人的攻击，这样他们就不能支援别人去了。结果拉凯戴孟人和铁该亚人便孤立无援了。拉凯戴孟人的重武装兵和轻武装兵加到一起是五千人，（而和拉凯戴孟人一次也没有分开过的）铁该亚人的重武装兵和轻武装兵加到一起是三千人；他们奉献牺牲以卜吉凶，因为他们就要和玛尔多纽斯以及他麾下的军队交锋了。但是他们用牺牲占卜的结果并没有吉兆，而这时他们又有许多人阵亡，受伤的更多得多，因为波斯人用他们的藤盾连成了一道壁垒，并且射出了像雨点一样多的箭。帕乌撒尼亚斯看到自己受到极大的压力而牺牲的占卜又对自己不利，他便仰望普拉塔伊阿的希拉神殿，呼叫女神的名字，请求无论如何也不要使他们对自己的希望失去信心。

(**62**)当他还在祈求的时候，铁该亚人却一马当先地冲了出来，向异

邦军进行反击了；而在帕乌撒尼亚斯的祈祷之后，牺牲的占卜立刻对拉凯戴孟人显示了吉兆。既然终于得到了这样的吉兆，他们便也向波斯人发起了进攻。而波斯人也便抛掉自己的弓前来迎战了。起初，他们是在藤盾的壁垒的附近作战，而这一道壁垒被冲倒以后，战斗现在戴美特尔神殿本身的附近变得激烈起来并持续了长久的时候，直到最后，这场战斗竟形成了肉搏战；原来异邦军抓住了对方的长枪，并把它们折断了。波斯人论勇气和力量都是不差的，但是他们没有防护的武装，此外他们的训练不够，论战斗的技术到底也比不上他们的对手；他们总是单身地，十个一群或者是更多或更少的人一群地冲出来，杀到斯巴达人中间去，结果就都死在那里了。

(63)玛尔多纽斯本人骑着一匹白马，在身边率领着最精锐的一千名波斯军士兵作战的地方，也正是他们对敌人施加最大压力的地方。只要是玛尔多纽斯活着，波斯军便守住了自己的阵地并保卫着自己，而把许多拉凯戴孟人杀死。但是当玛尔多纽斯阵亡，而他的卫队，也就是军队中最强的那一部分也都战死的时候，其他的士兵便也逃退并在拉凯戴孟人的面前屈服了。原来使他们受到损害的主要原因是他们身上缺乏卫护的武装，而他们这样的轻武装兵（几乎等于毫无护身之具），却要和重武装兵作战。

(64)在这一天里，斯巴达人正像神托所预言的，在玛尔多纽斯身上充分地湔雪了他当日杀死列欧尼达司的仇恨，而我们所知道的最辉煌的一次胜利，就是阿那克桑德里戴斯的儿子克列欧姆布洛托斯的儿子帕乌撒尼亚斯所赢得的。帕乌撒尼亚斯的其他的祖先,我在列欧尼达司的世系中已经说过了,因为他们两人的祖先是共同的。至于玛尔多纽斯本人,则他是给斯巴达的一位知名之士阿埃姆涅司托斯杀死的;这个人在波斯战役之后一些时候,曾率领着三百名战士在司铁尼克列洛斯对美塞尼亚的全军作战,结果他和那三百个人都战死在那里了。

(65)在普拉塔伊阿这里,被拉凯戴孟人击败的波斯人在混乱中逃往自己的营地,躲入他们在底比斯领土上修筑的木造壁垒。这里有一件使我觉得奇怪的事情,即虽然在戴美特尔圣林附近展开了激战,可是没有一个波斯人战死在圣域里面,或者曾进入圣域;他们大部分都是在神殿附近的圣域外面战死的。而依照我个人的判断,如果对上天的意旨加以判断不算是罪过的话,则这不外是女神不许他们走进去,因为他们曾经烧掉埃列乌西斯地方的奉祀女神的神殿。

(66)因此,这一战争就到上述的地方告一段落了。但是帕尔那凯斯的儿子阿尔塔巴佐斯是从一开头就不喜欢国王把玛尔多纽斯留下,不过那时尽管他力主不发动战争,却又不能有任何效果。因此,他既不赞同玛尔多纽斯的所作所为,他自己便做了下面我所说的事情。(他身边有不小的一支军队,这支军队多达四万人)在希腊人和波斯人的战争一开始的时候,他便知道得很清楚这一战争会有怎样的结果,于是他向他们发出命令要他们全体随他率领到任何地方去,而不拘怎样快,他们也都得以一致的步伐跟随着他。而在他发出了这个命令之后,他便装成是率领着他们去作战的样子。可是他走着走着的时候,他看到波斯人已经在逃跑了,于是他便不再按着原来的队形率兵前进,却抬起腿来尽快地逃跑，不过不是向着木造的壁垒，也不是向着底比斯的城壁，而是向着波奇司跑去，他这样做为的是他可以最快地从那里逃到海列斯彭特。

(67)这样，阿尔塔巴佐斯和他的士兵就循着这个方向前进了。另一方面，站到国王一方面的所有其他的希腊人却是故意不好好作战的。例外的只有贝奥提亚人；他们和雅典人战斗了很长的一个时候。原来站到波斯人一方面的那些底比斯人在战斗中是相当卖气力的，而且也无意于在战斗中故作松懈，结果他们当中有三百名最优秀的一流人士在那里死在雅典人的手里了。然而贝奥提亚人也终于溃退下来了，不过他们不是循着波斯人逃跑的道路，而是逃到底比斯去的。至于同盟军的其他全体人等，他们根本没有坚持顽强地作战，也不曾立下任何勋功，就此逃掉了。

(68)在我看来，显而易见的是：异邦军的全部命运是完全视波斯人为转移的，因为其他的人们看见波斯人逃跑了，故而在他们甚至还没有和敌人交锋，便立刻也逃跑了。因此，除去贝奥提亚的以及另外的一部分波斯骑兵，他们都逃跑了；这些骑兵是这样地帮助了逃跑的人们，原来他们为保护自己一方面的人而一直在迫近敌军，这样他们就截断了希腊人，而使希腊人不能追击逃跑中的友军。胜利者就这样跟在克谢尔克谢斯的士兵的后面进行了追击和杀戮。

(69)正当人们逃跑得正欢的时候，在希拉神殿四周列阵并且没有参加战斗的其他希腊人接到消息说，战斗已经发生，而帕乌撒尼亚斯和他麾下的士兵取得了胜利。他们听到这个消息以后，便乱着队形出发了;科林斯人及其一派沿着山麓和丘陵地带,循着上行路一直到戴美特尔神殿去,美伽拉人、普里欧斯人及其一派则循着平原上最平坦的道路前进。但是当美伽拉人和普里欧斯人走近敌人的时候,提曼多洛斯的儿子阿索波多洛斯率领下的底比斯骑兵部队看到他们匆忙和混乱地走过来,便向他们发起攻击。这次进攻的结果是,骑兵把他们中间的六百人杀死,追击其余的人们并把他们一直赶到奇泰隆山里去。

(70)这些人便这样非常不光彩地死掉了。但是当波斯人和剩下的大群人们逃到木造壁垒里面去的时候,他们就趁着拉凯戴孟人还未到来,设法攀登到塔楼上去;到上面之后,他们便尽一切的努力来使这个壁垒加固,而在拉凯戴孟人来到这里的时候,便展开了一场争夺城壁的顽强激烈的战斗。原来只要是雅典人还没有到那里,异邦军就可以保卫他们自己并且对拉凯戴孟人占着很大的优势,因为拉凯戴孟人是不善于攻城战的。但是当雅典人到来的时候,争夺城壁的战争就激烈起来并持续了很长的一个时候。但终于由于雅典人的勇敢和坚持不屈,他们攀登了城壁并在上面打开了一个缺口,而希腊军队就从这个缺口涌进去了。首先冲进去的是铁该亚人,劫掠了玛尔多纽斯的帐篷的就是他们;他们除了从帐篷中取得其他的物品以外,还得到了玛尔多纽斯的马匹的一个秣槽,这个秣槽完全是青铜制成,而且是很值得一看的。铁该亚人就把玛尔多纽斯的这个秣槽奉献给阿列亚·雅典娜的神殿,而他们虏获的所有其他的物品,他们便和其他希腊人那样地,交到全军公有的虏获物中去了。至于异邦军这一方面,城壁刚一陷落,他们的阵势就乱了,他们中间没有一

个人想进行抵抗;成万已经给吓得半死的人们给压迫到一个狭小的地方去任人宰割,这结果给希腊人造成了这样一个尽情杀戮的机会,三十万人的一支大军,除去和阿尔塔巴佐斯一起逃跑的四万人之外,只不过有三千人活下来罢了。在这一方面,则斯巴达出身的拉凯戴孟人在战斗中死亡的一共是九十一个人,铁该亚人是十六个人,雅典人是五十二个人。

(**71**)在异邦军当中,最善战的是波斯人的步兵和撒卡依人的骑兵,而就人而论,据说最勇敢的就要算是玛尔多纽斯了。在希腊人当中,铁该亚人和雅典人都是十分能征善战的好汉,但是就勇武而论,拉凯戴孟人在他们所有的人当中却是最突出的人(由于他们所有的人都曾打败他们所面临的敌人)。因此我只能从这样的一点来证明我的看法,即拉凯戴孟人所对付的是敌人最精锐的部分并且战胜了他们。依据我个人的判断,断乎超乎众人之上的勇士是那在三百人当中唯一从铁尔摩披莱安全返回并因此受到责难和侮辱的阿里司托戴莫斯,次于他的、最勇敢的勇士则是波西多纽斯、披洛库昂和斯巴达人阿莫姆帕列托斯。不过,如果大家谈论时问起他们当中谁最勇敢的话,则在座的斯巴达人就会认为,阿里司托戴莫斯由于自己受到责难,显然他宁愿一死,因此他离开了他在队伍中的岗位而拼命向前厮杀,这样他在实际上就成就了伟大的功业,可是不想去死的波西多纽斯却表现出自己是一个勇敢的人物,因此就这一点来说,他就比阿里司托戴莫斯还要勇敢了。他们可能只是出于嫉妒才这样讲的。但是上面所列举的、在这次战斗中阵亡的人们,除去阿里司托戴莫斯以外,全都受到了光荣的表扬。阿里司托戴莫斯由于在受到

上述的责难时竟想寻死，所以他没有得到任何光荣的表扬。

(72)以上就是参加普拉塔伊阿战役的人们当中，得到最大声名的人。但是在参加军队的时候，不单在拉凯戴孟人当中，而且在其他希腊人中间，都是当时全希腊最漂亮的人物卡利克拉铁斯并没有算在这些人中间，因为他是在战场之外死去的。原来正当帕乌撒尼亚斯奉献牺牲的时候，卡利克拉铁斯在他自己坐的地方，在身体的肋部中箭负了伤；而当他的同伴们作战的时候，他被带出了战场，但是他在死的时候却是不能瞑目的，他向普拉塔伊阿人阿里姆涅司托斯说，为希腊而死，这件事对他来说是没有什么遗憾的，但使他痛苦的却毋宁是，尽管他满心想这样做，他却丝毫没有施展出自己的本领，也没有成就任何和自己相称的功业。

(73)在雅典人当中，取得了令誉的是戴凯列阿市区出身的一个人物，埃乌图奇戴斯的儿子梭帕涅斯。正如雅典人自己所说的，戴凯列阿人曾做过一件在任何时候都有益处的事情。原来在往昔，当着图恩达里达伊族为了夺回海伦率领着一支大军攻入阿提卡，并由于他们不晓得海伦被藏在何处而把各个市区蹂躏得一塌糊涂的时候，于是据说戴凯列阿人，而有些人则说戴凯洛斯本人，因为对铁谢欧斯的傲慢感到恼怒并且又为全部阿提卡的领土担心害怕，因而便把全部情况告诉图恩达里达伊族，并且把他们引到阿披德纳伊去，而当地的土著提塔科斯就把这个地方卖给图恩达里达伊一族了。由于他们做了这样一件事情，戴凯列阿人从过去到现在在斯巴达都免缴一切花销并在祭典中保有头等的座位，而且甚至在这件事发生之后许多年，雅典人和伯罗奔尼撒人之间有了战事的时候，拉凯戴孟人虽然蹂躏了阿提卡的其他地方，对戴凯列阿却一动也没有动。

(74)梭帕涅斯便是这一市邑出身的人物，现在他是雅典人在战斗中表现得最英勇的人物。关于这个人，有两个传说。根据第一个传说，则他把一只铁锚用一条青铜的锁链紧系在他的铠甲的带子上；而每在他向前进攻逼近敌人的时候，他便把这个铁锚抛出去，为的是使敌人在离开他们的队伍进攻时无法使他离开他的位置；而当敌人被击溃的时候，他的办法就是拉起铁锚来追击他们。这就是第一个传说。但是第二个传说和第一个传说的说法不同，第二个传说说他并没有铁锚系在他的铠甲上，系在他的铠甲上面的是他那一直旋转着而从不停止的盾牌，只是在盾牌上有一个锚形的纹章罢了。

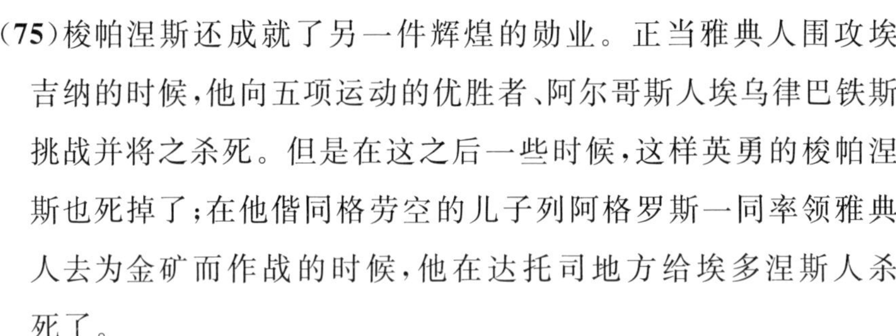

(75)梭帕涅斯还成就了另一件辉煌的勋业。正当雅典人围攻埃吉纳的时候，他向五项运动的优胜者、阿尔哥斯人埃乌律巴铁斯挑战并将之杀死。但是在这之后一些时候，这样英勇的梭帕涅斯也死掉了；在他偕同格劳空的儿子列阿格罗斯一同率领雅典人去为金矿而作战的时候，他在达托司地方给埃多涅斯人杀死了。

(76)希腊人在普拉塔伊阿地方杀死了异邦军之后，立刻就有一个妇女从敌人那边自愿地投到他们这里来；这个妇女是波斯人铁阿司披斯的儿子帕兰达铁斯的妾。听说波斯人被击溃而希腊人获得了胜利，她便和她的侍女们戴上许多黄金的装饰，又把她所有的最漂亮的衣服穿上，这样下了她的马车就向还在进行杀戮的拉凯戴孟人的地方走来了。她看到帕乌撒尼亚斯正在那里指挥一切，又由于她先前常常听到而熟悉他的名字和籍贯，因此她知道这个人就是帕乌撒尼亚斯，于是她抱住了他的膝头，这样地恳求他说：“斯巴达国王啊！把我作为请求庇护的人从俘虏的奴役中拯救出来吧。因为你既然杀死了那里的不崇敬神或英雄的人们，因而到目前为止你便已经做出使我感恩不尽的事情了。我是科斯人，是安塔戈拉斯的儿子海该托里戴斯的女儿，波斯人在科斯对我强行无理并把我夺去囚禁在自己的身边。”帕乌撒尼亚斯回答她说：“放心吧，这位妇人，一则因为你是向我请求庇护的人，再说，如果按你所说，你真是科斯人海该托里戴斯的女儿的话，那他又是那里的人们中间，我最亲密的友人了。”他说了这话之后，他暂时便把她交付给正在场的五长官来照顾，随后就依照她本人的愿望，把她送到埃吉纳去了。

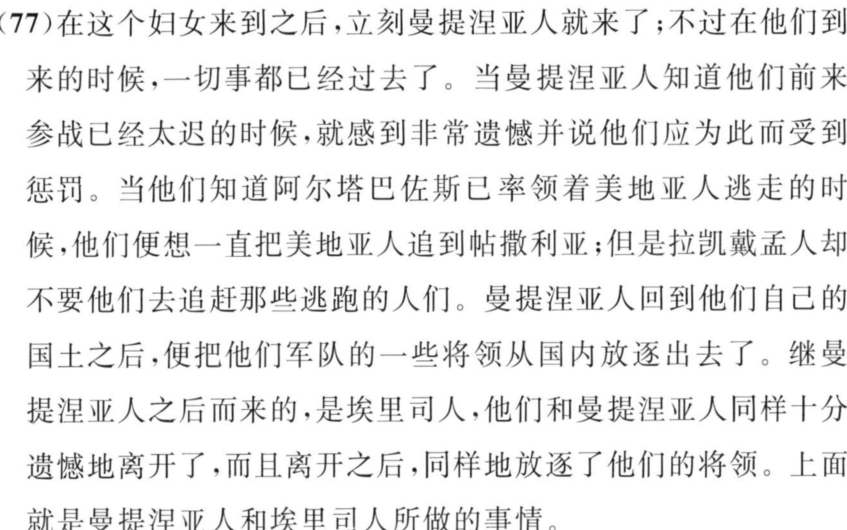

(77)在这个妇女来到之后，立刻曼提涅亚人就来了；不过在他们到来的时候，一切事都已经过去了。当曼提涅亚人知道他们前来参战已经太迟的时候，就感到非常遗憾并说他们应为此而受到惩罚。当他们知道阿尔塔巴佐斯已率领着美地亚人逃走的时候，他们便想一直把美地亚人追到帖撒利亚；但是拉凯戴孟人却不要他们去追赶那些逃跑的人们。曼提涅亚人回到他们自己的国土之后，便把他们军队的一些将领从国内放逐出去了。继曼提涅亚人之后而来的，是埃里司人，他们和曼提涅亚人同样十分遗憾地离开了，而且离开之后，同样地放逐了他们的将领。上面就是曼提涅亚人和埃里司人所做的事情。

(78)在普拉塔伊阿地方埃吉纳人的军队里面，有一个埃吉纳的首要人物，披铁阿斯的儿子兰彭；为了向帕乌撒尼亚斯提出一个最不公正的建议，他赶到帕乌撒尼亚斯那里去，对他说："克列欧姆布洛托斯的儿子啊！你成就了一件极其伟大和光荣的事业；托上天之福，你挽救了希腊，因此在全希腊人当中，你获得了比我们所知道的任何人的声名都要大的声名。但是你必须把你没有做完的事情做完，这样你就不仅要获得更大的声名而且今后就再也不会有一个异邦人胆敢无故地把暴行加到希腊人的头上了。当列欧尼达司在铁尔摩披莱被杀死的时候，玛尔多纽斯和克谢尔克谢斯曾把他的头给割下来，插到一根竿子上；这样如果你给他们以同样的回报，你就会获得全体斯巴达人和此外的其他希腊人的赞赏。因为如果你照样处置玛尔多纽斯，你也就是给你父亲的兄弟列欧尼达司报仇了。"他讲这番话，原是打算讨帕乌撒尼亚斯的欢心的。

(**79**)但是帕乌撒尼亚斯却回答他说："埃吉纳的朋友啊，我感谢你的好意和事前的考虑，不过你的这种意见却是不正当的；因为在开头的时候，你大大地赞扬我，赞扬我的祖国和我的功业，可是随后你却劝告我要我凌辱死者并说我如果这样做，便可得到更多的赞扬，这样一来你就是把我搞倒在地上，变得一钱不值了。这样的事情，与其说适合于希腊人，毋宁说是更适合于异邦人。而且这样的事甚至在异邦人做出来时，在我们来看都是应当受到责难的。从我个人来说，在这件事情上，我是宁可不讨埃吉纳人的欢喜，宁可不讨其他喜欢这种做法的人们的欢喜的。如果斯巴达人因我的正当行动和正当言语而感到欢喜，那对我来说已经满足了。至于你劝我为之报仇的列欧尼达司，则我以为我已充分地为他报仇了；你看到的这些无数死去的人已经足以安慰他和死在铁尔摩披莱的那些人的在天之灵了。但是我却要警告你,今后不要再来向我提起这样的话,也不要向我提起这样的建议;我不惩办你而把你放走,你是应当感谢我的。”

(**80**)听了这一番答话之后,兰彭就离开了。于是帕乌撒尼亚斯就布告说,谁也不能触动虏获品,并且命令希劳特把所有的东西集中到一起。于是他们便分散到营地的四面八方去,在那里找到了饰以金银的帐篷,镀金镂银的床榻,黄金的混酒钵、杯盏以及其他饮具;在车上他们找到了一些袋子,他们在袋子里又找到了金银的锅釜。他们从那里的死人身上剥下了黄金的腕甲、颈甲和短剑,却丝毫不去理会死人身上的五颜六色的衣裳。希劳特们偷了许多东西,把它们卖给埃吉纳人;但是也有许多东西他们自己藏不下,所以便献了出来。这样,埃吉纳人竟给自己奠定了大批财富的基础,因为他们从希劳特那里,像购买青铜一样地,购买了黄金。

(**81**)把这些财宝收集到一起之后,他们便把其中的十分之一分出来,献给戴尔波伊的神;他们用这些东西做了一座三脚架来奉献,它放置在祭坛近旁的那个青铜的三头蛇上面;他们又把十分之一分出来献给奥林匹亚的神,他们用这部分的财富制作了一个十佩巨斯高的青铜宙斯神像来奉献;另外的十分之一他们献给科林斯地峡的神,他们用这些东西制作一个七佩巨斯高的波赛东青铜像。把以上的东西抽出去之后,他们便把剩下来的东西分配了,每个人按其所应得分得了波斯人的妾、金银以及其他物品,还有驮畜。然而,对于在普拉塔伊阿作战最出力的人们,留出了多少东西分给他们,没有人说得出了;但是我认为他们也是得到了奖赏的。说到帕乌撒尼亚斯，则每种东西，妇女、马匹、塔兰特（指金块——译者）、骆驼以及同样所有其他的物品，都各留出十种来送给他。

(**82**)这件事还有另外的一种说法。克谢尔克谢斯在他从希腊逃走的时候曾把随身的一切都留给了玛尔多纽斯，而帕乌撒尼亚斯看到玛尔多纽斯的那备有金银器皿和饰以多彩的花毡的帐篷，便命令烤面包的人和厨师按照通常侍候玛尔多纽斯那样地准备晚筵。他们按照帕乌撒尼亚斯的吩咐做了；而当帕乌撒尼亚斯看到上面铺着豪华织物的金银床榻和金银的桌子以及上面所陈列的极其豪奢的筵席的时候，对于他眼前的这些豪华的陈设他大为吃惊，于是他便开玩笑地命令他的从仆准备了一顿拉科尼亚式的晚饭。当这顿饭准备好，而且和前面的一种有天渊之别时，帕乌撒尼亚斯竟笑了起来，于是吩咐人们把希腊的将领们召集了来。在他们集合起来之后，帕乌撒尼亚斯便指着每一种方式的晚饭，向他们说："希腊人啊，我把你们召集到这里来，为的是想要你们看一看美地亚人的领袖的愚蠢；一个每天吃着你们看到的这样的饭食的人，却跑到我们这里来想夺取我们这样可怜的饭食。"据说这就是帕乌撒尼亚斯对希腊将领们所讲的话。

(**83**)但是在这之后相当长的一个时期，许多普拉塔伊阿人也找到了满装着金银和其他物品的箱子。更在这之后，在这些死者中间又发现了这样的事情；原来他们的尸体只有骨头没有肉了（普拉塔伊阿人把他们的骨头集中到一个地方去了）。有一块头盖骨是一块整的骨头，上面没有任何裂缝；在那里还发现了一块颚骨,它的上颚骨的包括门齿和臼齿在内的牙齿都是由一块骨头长成的;还有一个身量有五佩巨斯高的人的骨骼。

(**84**)至于玛尔多纽斯的尸体,则在战后的第二天就被运走了;我不能确说这是谁干的事情。但是过去我实际听到过各个国家的许多人都埋葬过玛尔多纽斯,又听说有许多人因为这样做而受到玛尔多纽斯的儿子阿尔通铁斯的丰富酬谢。但是这些人里是谁偷偷地运走了玛尔多纽斯的尸体并把他埋葬起来,我却不能确说了。虽然,有的人说,是以弗所人狄欧尼梭帕涅斯把玛尔多纽斯埋葬了的。

(**85**)关于玛尔多纽斯的埋葬的情况就是这样。在希腊人这一方面,当他们在普拉塔伊阿把虏获品分配完了之后,就各自按国家的不同把自己的人分别埋葬了。拉凯戴孟人修造了三座坟茔;在这里他们埋葬了他们的伊伦①,其中有波西多纽斯、阿莫姆帕列托斯、披洛库昂、卡利克拉铁斯。因此,这些伊伦葬在一个坟茔里,其他斯巴达人葬在第二个坟茔里,希劳特则葬在第三个坟茔里。拉凯戴孟人就是这样地埋葬了他们的死者的。铁该亚人把他们自己的人都埋葬在另外的一个地方,雅典人也同样把他们自己的人埋葬在一处。美伽拉人和普里欧斯人同样地处置了那些被骑兵杀死的人们。在这些民族的一切坟茔里满满的都是尸体。至于在普拉塔伊阿地方也有坟茔的其他城邦的人们,则我听说他们的坟茔不过是空坟罢了,他们修起这样的空坟原是为了给后代的人们看的,因为他们对于不曾参加战斗这件事,是

① 二十岁到三十岁的斯巴达青年。

引以为耻的。例如，在那里有一座号称是埃吉纳人的坟墓，不过我听说，这乃是在这事十年以后，埃吉纳人的异邦人保护官、普拉塔伊阿人奥托迪科斯的儿子克列阿戴斯依照埃吉纳人的希望修造起来的。

(86)当希腊人在普拉塔伊阿把他们的死者收葬完毕的时候，他们便会商议决，他们要向底比斯进军，要求站到美地亚一方面去的人们投降，特别是对于出身名门，又是名门中的魁首人物的提玛盖尼戴斯和阿塔吉诺斯二人。他们并且决定，如果底比斯人不向他们投降的话，则他们除非是把城市攻下来，否则决不撤退。在这样决定了以后，他们便在战后的第十一天，抱着这个目的来到底比斯并把底比斯人给包围起来，要求把这些人给交出来；底比斯人拒绝引渡他们所要求的人，于是希腊人就蹂躏了底比斯人的国土并进攻他们的城壁。

(87)看到希腊人不肯停止蹂躏底比斯人的行动，提玛盖尼戴斯就在到了第二十天的时候向底比斯人这样说："底比斯人啊，既然你们看到，希腊人下了决心在不攻克底比斯或我们不给引渡过去的时候不停止围攻，那么就不要使具奥提亚的土地为了我们的缘故而遭受更多的痛苦了。因此，如果他们所希望的只是金钱，而他们要求引渡我们只是一个借口（因为我们站到美地亚的一方面乃是举国一致的意思，而不只是我们独自决定的），那我们可以从国库拿出钱来送给他们；如果他们这次来围城不为了别的，而只是为了要引渡我们，那我们甘愿挺身出来对他们进行抗辩"。他的这番话是说得非常得体并且是合乎时宜的，于是底比斯人便立刻派一名使者到帕乌撒尼亚斯那里去，表示愿意把他们要的人交出来。

(**88**)他们便以这样的一些条件达成了协议。但是阿塔吉诺斯从城中逃走了;他的儿子被捉住,不过帕乌撒尼亚斯说他的儿子和投靠美地亚方面的这种罪行毫无关系,而把他们赦免了。至于底比斯人所交出的其他人等,他们都以为他们会得到抗辩的机会,还相信他们可以用金钱来买脱自己;可是帕乌撒尼亚斯也正是担心他们会做出这样的事情来,因此在他把这些人弄到手以后,他便把全部同盟军遣散,又把这些人带到哥林斯,在那里把他们处死了。

以上就是在普拉塔伊阿和底比斯所发生的事情。

(**89**)再说帕尔那凯斯的儿子阿尔塔巴佐斯现在已经从普拉塔伊阿逃出了很远的一段路程。当他逃到帖撒利亚人那里去的时候,帖撒利亚人给他殷勤的招待,他们向他问起其余军队的事情,因为他们丝毫也不知道在普拉塔伊阿所发生的事情。但是阿尔塔巴佐斯晓得,如果他谈出了战斗的全部真实情况,他和他手下的人们便会有生命的危险(因为他相信,如果他们知道了事情的全部经过,每个人都会向他进攻的)。考虑到这样的情况,因此他对波奇司人什么也没有讲,但是却对帖撒利亚人说了这样的话:“帖撒利亚人啊,你们可以看到,由于一件公务,我和这些人从我们的军队给派了出来,现在我自己正在十万火急地和拼命地率领着军队向色雷斯赶路。你们不久就可以看到玛尔多纽斯和他的大军,他们就紧跟在我的后面。你们应当厚待他并且应当对他表示一切的善意;因为如果你们这样做,你们以后才不致为这件事后悔。”这样说了之后,他便火急地率领着他的军队通过帖撒里亚和马其顿一直到色雷斯去了，他实际上是一点也不敢耽搁的，而他所走的道路也是通过内地的最短的一条路。这样他就来到了拜占庭，不过他的军队中的许多士兵却给留在后面了，这些士兵或是由于在途中给色雷斯人杀死，或是由于无法克服饥饿与疲劳。到了拜占庭之后，他就乘船渡过去了。

（**90**）阿尔塔巴佐斯便这样地回到了亚细亚。在这方面，恰巧在波斯人在普拉塔伊阿遭到惨败的那一天，他们在伊奥尼亚的米卡列地方遭到了同样的命运。原来，和拉凯戴孟人列乌杜奇戴斯一同乘船前来的那些希腊人当时正驻屯在狄罗斯，而从萨摩司有一些使者到他们这里来，他们就是特拉叙克列斯的儿子兰彭、阿尔凯司特拉提戴斯的儿子阿铁那哥拉斯和阿里司塔哥拉斯的儿子海该西斯特拉托司。萨摩司人是背着波斯人和波斯人所立的萨摩司僭主、僭主安多罗达玛司的儿子提奥美司托尔把这些人派到希腊人这里来的。当他们来到将领们这里的时候，海该西斯特拉托司便热情地向他们陈述了许许多多的理由，他说伊奥尼亚人单是看到他们就会背叛了波斯人的；而异邦人是不能和他们对抗的。或者，纵然异邦人抵抗他们，这却正是希腊人取得虏获物的千载难逢的好机会。他以他们共同崇奉的诸神的名义请求他们把希腊人从奴役之下解放出来并把异邦人驱逐出去。他说这对他们来说，乃是一件轻而易举的事情，因为波斯的船只的航行技术很差，因而是不能和希腊人的船只相抗衡的，而如果希腊人对于他们三人之来有任何怀疑，以为他们会出什么坏主意来引诱希腊人，则他们说他们愿意交出一些人质送到希

腊人的船上来。

(**91**)既然从萨摩司来的这位外国人请求得这样恳切,于是列乌杜奇戴斯,或是由于他想取得一个朕兆,或是上天偶然有意要他这样做,便问他说:“萨摩司的外国人,你叫什么名字?”对方回答他说:“海该西斯特拉托司[①]。”于是列乌杜奇戴斯便打断了对方海该西斯特拉托司本来要开始说的其他的话,喊道:“萨摩司的外国人啊,海该西斯特拉托司的这个名字是个好朕兆,我答应这事;现在只希望你注意到这样一点,即在你乘船离开这里之前,你和与你在一起的这些人要发誓保证萨摩司人将要是我们的热诚的同盟者。”

(**92**)以上便是他所说的话,跟着就做出了实际的行动。原来萨摩司人立刻便立下了忠诚的誓约和希腊人缔结联盟了。这样做了之后,其余的人都乘船走了,但是列乌杜奇戴斯却命令海该西斯特拉托司和希腊人一同乘船,为的是取他的名字的吉利。希腊人在那里等候了一整天,而在第二天占卜时又取得了吉兆;为他们占卜的人是埃维尼欧斯的儿子戴伊波诺斯,他是伊奥尼亚湾的阿波罗尼亚的人。这个人的父亲埃维尼欧斯曾做出了下面我所说的事情。

(**93**)在上述的阿波罗尼亚地方,有一群羊被视为太阳神的圣物。在白天的时候,这群羊就牧放在一条河的河畔,这条河发源于拉克蒙山,流过阿波罗尼亚的土地而在欧里科司港的地方入海。在夜里,则当地最富有、最贵显的人们被选拔出来看守它们,每

① 原文的意思是将军。

个人担任一年。原来阿波罗尼亚的人们由于一次神托的指示，他们是十分重视这群圣羊的。这群羊是豢养在离开都市相当远的一个洞窟里。而在我所提到的那个时候，是埃维尼欧斯被选拔出来担任看羊的人。可是在一个夜里他睡着了，狼跑过了他的防哨而进入了洞窟，弄死了大约六十只羊。当埃维尼欧斯知道了这一情况的时候，他并不慌张，也不把这事告诉任何人，他是想买另一些羊来补偿这一损失。然而这件事终是瞒不过阿波罗尼亚人的。而当他们知道了这件事的时候，他们便把他召到法庭上来进行审讯，并由于他在看守时睡眠而判了使他失明的处分。这样，他们便把埃维尼欧斯的眼弄瞎了。可是从他们这样做了以后，他们的羊群不产羔了，土地也不像先前那样生产谷物了。而当他们向宣托者请示他们目前所遭受的灾难的原因可能是什么的时候，在多铎那和戴尔波伊都有神的训示给他们：宣托者传达诸神的意旨说，他们不公道地弄瞎了圣羊的看守人埃维尼欧斯的眼睛；诸神说，是诸神自己把那些狼派了来的，而在他们为了他们对埃维尼欧斯的所作所为而对他作出他自己选择和同意的补偿之前，诸神是不会停止为他报仇的。而在他们做出充分的补偿的时候，诸神就会赐给埃维尼欧斯一种使许多人都会认为他是幸福的礼物。

(**94**)以上便是传达给阿波罗尼亚的人们的神托。但他们却将这一神托隐秘起来并委托他们的一些市民来处理这件事；他们对这件事是这样处理的。他们来到埃维尼欧斯坐的地方和他坐在一处，和他谈论各种各样题外的话，直到最后他们才表示了对他的不幸遭遇的同情；而在巧妙地把话头引到这上面以后，他们就问他，如果阿波罗尼亚人答应为他们所做的事而补偿他的话，他要选择怎样的补偿。对神托一无所知的埃维尼欧斯说，他愿意得到他认为在阿波罗尼亚是最好的两块采地，他列举了拥有它们的市民的名字，此外他还愿意得到市内最美好的一所住宅；他说他得到这些东西之后，他就会消除了他的怨恨并且满足于这种方式的补偿。而坐在他身旁的人们，不等他再讲话便立刻接过来说："埃维尼欧斯，阿波罗尼亚人遵照着神托的指示，就给你这样的一些东西来弥补你的失明吧。"他听了这话时十分恼怒，因为他这时明白了全部真相并且看到他们已欺骗了他，但是阿波罗尼亚人把他所选定的东西从所有主那里买了下来送给了他，而从那一天起，他便有了天赐的预言能力，从而赢得了声名。

(95)这个埃维尼欧斯的儿子戴伊波诺斯是随着哥林斯人并且是为哥林斯的军队进行占卜的。但是在这之前我就听说，戴伊波诺斯并不是埃维尼欧斯的儿子，他只是冒充这个名义，在希腊的各个地方靠占卜混饭吃而已。

(96)在占卜时得到吉兆之后，希腊人便从狄罗斯乘船出海到萨摩司去了。当他们来到萨摩司领土上的卡拉米撒附近时，他们就在那里的希拉神殿近旁投锚，准备进行海战。波斯人知道他们过来了，便也乘着所有余下的船出海向大陆进发，只有腓尼基的船给他们打发回去了。他们商议决定，他们不在海上作战，因为他们认为自己敌不过对方；而他们向大陆进发的理由则是他们可以得到他们那驻在米卡列的陆军的掩护。这部分的陆军是克谢尔克谢斯下令留在其他军队的后面守卫伊奥尼亚的；这支军队一共有六万人，他们的将领是波斯人当中最美，也是身材最高的人物提格拉涅斯。波斯水师的将领们是计划逃到这支军队的庇护之下去，在那里把他们的船只拖到岸上并在船只的四周构筑一道防壁，用来保卫船只兼作为他们自己的避难所。

(97)他们商定了这样的一个计划之后就出海了。而当他们经过米卡列的女神（这里专指戴美特尔和佩尔赛波涅——译者）神殿而来到有埃列乌西斯·戴美特尔神殿的伽埃松和斯科洛波伊斯的时候，他们就把船只拖上了岸，用石块和他们从果木园采伐来的木材筑成壁垒把它们围起来；在壁垒的外面，他们又打上了一道木桩。至于那座埃列乌西斯·戴美特尔神殿，则这是帕西克列斯的儿子披利斯图斯当他随着科德洛斯的儿子涅列欧斯去建立米利都城时修建的。他们这样准备是要应付围攻，而看情况的不同，甚至也是要取得胜利；对于这两种情况，他们事先都做了周密的准备。

(98)当希腊人得知异邦人引军退回到大陆上的本土上去的时候，他们对于他们的敌人竟然逃出他们的手掌感到很不高兴，并且不知道还是回师好，还是乘船向海列斯彭特出发好。但最后他们决定不采取任何一种办法，而是把船驶向本土。因此他们就在自己的船上安设了桥板以及海战时的所有其他必需之物，然后就向米卡列进发了。当他们驶近营地，发现并没有任何人乘船来迎战，并看到船被拉到岸上给壁垒围起来而且有一支大军沿着海滨列阵的时候，列乌杜奇戴斯于是先乘船沿着海滨行进，行进时尽可能地靠近海岸并且通过一名使者向伊奥尼亚人宣布说："伊奥尼亚人，凡是你们听到我讲话的人，请注意我所说的话吧，因为波斯人是决不会懂得我给你们的命令的。当我们交战的时候，让你们每一个人首先都记着他的自由，然后则是交战的口令‘希拉’，而让没有听到我讲话的人从听到我讲话的人那里知道这件事吧。”他这样做的目的和铁米司托克列斯在阿尔铁米西昂的做法的目的是一样的[①]。或者是异邦人不知道他的这番话而这番话便对伊奥尼亚人起了说服的作用，或者是他的话报告给异邦人知道，这就会使他们不信任他们的希腊同盟者。

(99)在列乌杜奇戴斯进行了这样的劝告之后，希腊人随后就把自己的船靠了陆而自己也上了岸，然后便在岸上整顿了队列。可是波斯人看到希腊人在准备战斗并且劝告了伊奥尼亚人，于是他们首先把萨摩司人的全部武器给收了过来，因为他们怀疑萨摩司人会帮助希腊人；确实原来当异邦人的船只带来了克谢尔克谢斯军队所俘留在阿提卡的雅典俘虏时，萨摩司人曾把这些人释放回雅典并且还给他们道上的旅费、用品等遣送他们回去。特别是由于这样的一点，他们便受到了怀疑，因为他们释放了克谢尔克谢斯的五百名敌人。此外，他们还指定米利都人来守卫通向米卡列山地的通路，借口说他们对当地最为熟悉。但是他们这样做的真正目的却是为了使米利都人离开他们的其余的军队。波斯人就用这样的办法对于那些他们以为一有机会就会对他们倒戈的伊奥尼亚人进行了自卫；至于他们自己，则他们是把藤盾密接起来作成一道防壁的。

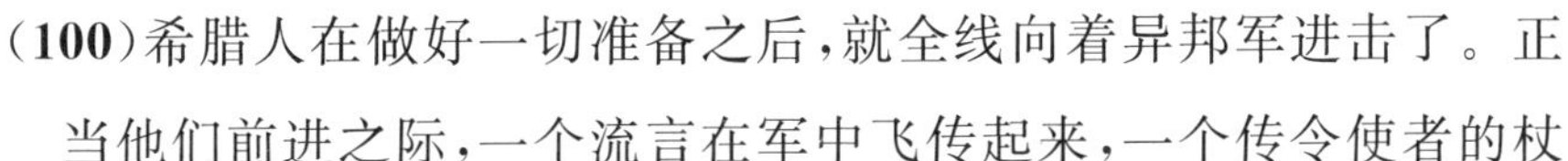

(100)希腊人在做好一切准备之后，就全线向着异邦军进击了。正当他们前进之际，一个流言在军中飞传起来，一个传令使者的杖

① 参见第八卷第二十二节。

被发现横在水边岸上的地方；传开来的那个流言是说，希腊军在贝奥提亚一役当中战败了玛尔多纽斯。现在我们可以看到许多清楚的证据，可以说明在事物上有神的意旨存在。既然这时，波斯人在普拉塔伊阿所遭到的惨败和他们即将在米卡列所遭到的另一次惨败正好是在同一天，而流言又传到那个地方的希腊人的地方去，这样他们的军队便得到了巨大的鼓舞，也就更不惜去面临危险了。

（**101**）而且还有另一个偶合的地方，那就是在两处战场那里都有埃列乌西斯·戴美特尔的圣域。因为，像我已经提过的，在普拉塔伊阿，战斗就是在戴美特尔神殿的近旁进行的；而在米卡列，情况也是这样。结果帕乌撒尼亚斯统率下的希腊人取得了胜利这个流言竟成了事实。原来普拉塔伊阿一役是在那一天还早的时候进行的，但米卡列一役却已经是傍晚的事情了。在这之后不久的时候，希腊人对这事进行了调查，才知道这两个战役是在同一月的同一天里发生的。而在他们听到这一流言之前，他们是十分担心的，这与其说是为了他们自己，毋宁说是为了帕乌撒尼亚斯麾下的希腊人，因为他们害怕希腊人会在和玛尔多纽斯发生冲突时栽在他的手里。但是当他们得到这个消息的时候，他们就进攻得更加勇猛和迅速了。鉴于海岛和海列斯彭特都成了胜利奖赏，因此希腊军和异邦军都是急于想进行战斗的。

（**102**）至于大约占全线兵力一半的雅典人和配置在雅典人近旁的人们，他们是必须沿着海岸上的平地前进的，因为拉凯戴孟人和配置在拉凯戴孟人近旁的人们是通过峡谷和在一些小丘中间前进的。而当拉凯戴孟人正在迂回的时候，另一翼的人们已经展

开战斗了。当波斯人的藤盾直立在那里的时候,他们还能够保卫自己并且守住自己的阵地,但是当雅典人和配置在他们近旁的人们相互激励并且更加拼命地奋力作战,为的是表明他们雅典人,而不是拉凯戴孟人才可以打胜仗的时候,战斗的形势立刻改变了。他们冲倒了盾壁之后,就全军杀到波斯人中间去,波斯人迎战,和对方相持了很久一段时间,但波斯人终于逃到垒壁里面去了。(在战线上依次排列起来的)雅典人、科林斯人、希巨昂人、特罗伊真人紧紧地追在后面并同样一齐冲了进去。但是当垒壁也被攻克的时候,异邦军中除去波斯人之外,所有的人们便不再抵抗而逃窜了;但波斯人则各结成少数人的队伍,仍然对像潮水一样冲进城壁来的希腊人作战。波斯人的将领有两个人逃跑了,两个人被杀死了;逃跑的是两个海军的将领阿尔塔翁铁斯和伊塔米特列斯,陆军的将领玛尔东铁司和提格拉涅斯则在战斗中阵亡了。

(**103**)当波斯人还在战斗的时候,拉凯戴孟人和跟着他们来的人们赶来了,帮着结束了未完的战斗。希腊人方面这次也损失了许多人,特别是希巨昂人和他们的将领培利拉欧斯。至于在美地亚军中服务、并且给解除了武装的萨摩司人,从一开头他们看到双方不分胜负的时候,便一心想帮助希腊人而尽自己的力量去做;而当其他的伊奥尼亚人看到萨摩司人作出了榜样的时候,他们于是也就对波斯人倒戈并向异邦军进攻了。

(**104**)波斯人为了他们本身的安全曾指令米利都人看守通路,以便在万一发生他们真正遇到了的事件时,他们可以有人把他们引导到米卡列山地去。就是为了上述的理由,米利都人被分配以上述的任务，同时也是为了使他们不在军队里从而使他们不会发生哗变的事情。可是，他们所做的事情和交付给他们的任务完全相反，他们不单是把逃跑的波斯人引到通向敌人的道路上去，而最后他们自己竟而也变成了波斯人的最凶恶的敌人并把波斯人杀死了。这样，伊奥尼亚就再一次背叛了波斯人。

(**105**)在这次战斗里，希腊人方面作战最英勇的是雅典人，而在雅典人当中作战最英勇的是庞克拉提昂[①]的名手埃乌托伊诺斯的儿子海尔摩律科斯。这个海尔摩律科斯后来在雅典人和卡律司托斯人作战时，在卡律司托斯领的库尔诺斯阵亡了，他的葬地就在吉拉伊司脱斯那里。在雅典人之后，战斗得最突出的则是科林斯人、特罗伊真人和希巨昂人。

(**106**)当希腊人在对敌作战或是在追逐逃敌而把敌人的大多数解决了的时候，他们便把他们的虏获物搬出来到海岸的地方，在这些虏获物当中，他们发现了一些装着钱币的柜子。然后他们就把船只和整个垒壁放火烧掉了，烧完之后，他们便乘船离开了。他们到了萨摩司之后，就讨论他们是否把伊奥尼亚人迁移开并把伊奥尼亚人移居到他们治下的希腊哪个地方去的问题，而打算把伊奥尼亚这个地方交给异邦人来处置。因为他们认为，他们不可能永远地保护伊奥尼亚人使不受敌人的侵犯，而且如果他们不这样做的话，他们也不敢料想波斯人不会对伊奥尼亚人进行报复。在这件事上，那些当权的伯罗奔尼撒人主张把站到波斯人方面去的那些希腊民族从他们的商埠地移开，而把这些

① 庞克拉提昂是一种极其剧烈的拳击与角力的混合比赛。

地方交给伊奥尼亚人住;但是雅典人不赞同把伊奥尼亚人移开的全部计划,他们也不同意伯罗奔尼撒人干预雅典殖民地的事务。既然他们激烈反对,伯罗奔尼撒人也就让步了。结果是他们使萨摩司人、岐奥斯人、列斯波司人和参加他们的军队出征的所有其他的岛民都加入了他们的联盟,并要他们发信谊之誓,永远忠于他们的联盟者,决不叛离。希腊人使他们对自己宣了誓之后,便想乘船去把桥摧毁,因为他们以为桥还架在那里。

(**107**)这样他们便向海列斯彭特出发了。另一方面,那少数幸得活命并给赶到米卡列高地去的波斯人,则从那里逃到撒尔迪斯去了。当他们正在赶路的时候,波斯人惨败之际正好在场的、大流士的儿子玛西司铁斯十分痛烈地咒骂水师将领阿尔塔翁铁斯;在许多咒骂的言语之外,他特别对阿尔塔翁铁斯说像他这样的指挥能力证明他尚且不如一个妇女,而且由于他给王室带来的损害,他简直是罪该万死。原来在波斯人,被人骂成不如一个妇女,那是最大的耻辱了。阿尔塔翁铁斯听了这样多的侮辱言语之后勃然大怒,于是他抽出刀向玛西司铁斯奔来,想把他杀死。但是哈利卡尔那索斯人普拉克西拉欧斯的儿子克谢纳戈拉斯那时正站在阿尔塔翁铁斯本人身后,他看到阿尔塔翁铁斯向玛西司铁斯奔来,就抓住他的腰部,把他举起来掼倒在地下了。正在这时,玛西司铁斯的卫兵们也赶来保护他了。这样一来,由于救了国王的兄弟的命,这也就是施恩于玛西司铁斯本人和国王克谢尔克谢斯了;国王为了报答他的这一功业,把整个奇里启亚赐给了他,任命他为该地的太守。此后在路上便再没有发生任何其他的事情而到了撒尔迪斯。而国王当时恰巧也在撒尔迪斯,

因为在他海战失败后，他便从雅典逃到撒尔迪斯来了。

(**108**)当他在撒尔迪斯的时候，他爱上了也在那里的玛西司铁斯的妻子。他无论向她怎样表示也不能使她顺从他的意思，但是他顾及自己的兄弟玛西司铁斯，而没有对她施行强暴的手段（她不会遇到强暴手段，这一点她知道得很清楚，因而同样的想法也就使她有了不从命的胆量）。克谢尔克谢斯既没有别的办法来达到自己的目的，只好使自己的儿子大流士娶这个妇女和玛西司铁斯之间所生的女儿为妻；因为他以为这样，他就很有可能把她弄到手了。因此他就按照一切应当遵行的仪式使他们缔结了婚约，然后便离开这里到苏撒去了。但是当他到了那里并把大流士的新婚妻子领入自己的家里之后，他就把玛西司铁斯的妻子忘到九霄之外，而是改变了爱好，他向大流士的妻子、玛西司铁斯的女儿，这个叫做阿尔塔翁铁的女孩子求婚并且娶了她。

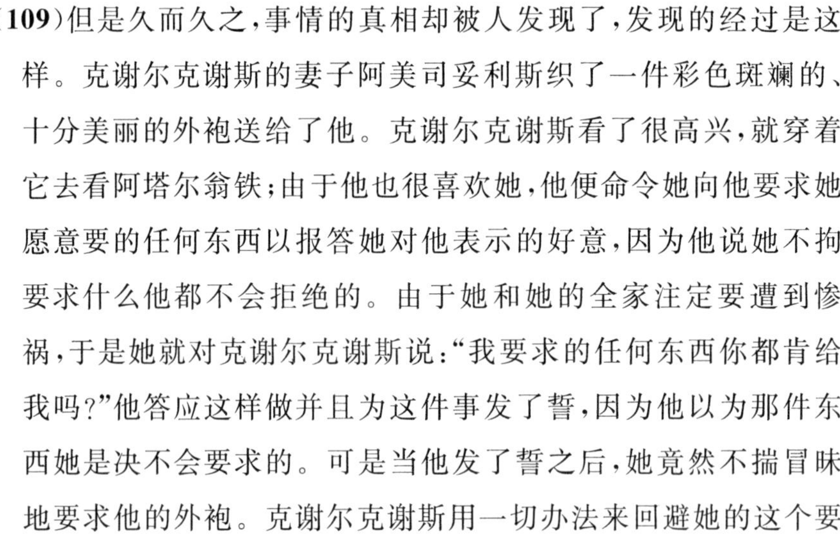

(**109**)但是久而久之，事情的真相却被人发现了，发现的经过是这样。克谢尔克谢斯的妻子阿美司妥利斯织了一件彩色斑斓的、十分美丽的外袍送给了他。克谢尔克谢斯看了很高兴，就穿着它去看阿塔尔翁铁；由于他也很喜欢她，他便命令她向他要求她愿意要的任何东西以报答她对他表示的好意，因为他说她不拘要求什么他都不会拒绝的。由于她和她的全家注定要遭到惨祸，于是她就对克谢尔克谢斯说：“我要求的任何东西你都肯给我吗？”他答应这样做并且为这件事发了誓，因为他以为那件东西她是决不会要求的。可是当他发了誓之后，她竟然不揣冒昧地要求他的外袍。克谢尔克谢斯用一切办法来回避她的这个要求，原因不外是他害怕阿美司妥利斯会得到明显的凭据，来证实她已经怀疑他会做的事情。为了代替这件东西，他想把城池给她，把大量的黄金给她，还想把只有她一个人才能统率的一支军队给她。军队是最道地的波斯式的礼物了。但是他不能说服她，只好把袍子给她了；她得到袍子之后大喜过望，穿着它到各处去向人炫耀。

(**110**)阿美司妥利斯听到了阿塔尔翁铁得到了袍子的事情。可是当她知道这一实际情况之际，她并不生气这个女孩子。她认为负主要责任的是这个女孩子的母亲，她认为这是女孩子的母亲干的事情，因此她打算毁掉的正是玛西司铁斯的妻子。于是她就等待着，直到克谢尔克谢斯设御宴的时候（这种御宴每年在国王诞辰时举行一次；用波斯语来说，这一御宴的名称是“图克塔”，这用希腊语来说就是“铁列伊翁”①；而正是在那一天，国王在头上涂膏并且遍赐波斯的群臣）。阿美司妥利斯等那一天来到之后，就向克谢尔克谢斯要求把玛西司铁斯的妻子交给她。克谢尔克谢斯知道自己兄弟的妻子对于她所怀疑的事件是无辜的，又知道她这一要求的目的是为了什么，因此他认为如果把玛西司铁斯的妻子交给她，那将是一件可怕的和残暴不仁的做法。

(**111**)尽管如此，由于阿美司妥利斯的执拗请求，而且法律又使他不得不允许，他万般无奈地答应了。因为在波斯举行御宴时，国王是不能拒绝任何请求的。他把这个妇女交给了阿美司妥利斯之后，是这样做的。他一面命令她愿意怎样做便怎样做，另一方

① 就是“完全的”意思。

面又派人把他的兄弟召了来，这样对他说："玛西司铁斯，你是大流士的儿子和我的兄弟，而且你还是一个很不错的人物。我告诉你，不要再和你现在的妻子同居了，我把女儿许配给你来代替她。和她同居在一起吧。可是你得放弃你现在的妻子，因为我的意思是不许你和她在一起。"玛西司铁斯听了这话大为震惊。他说："主公，你要我这样来对待我自己的妻子，这是一个多么不近人情的命令啊。我和她已经生了成年的儿女而我的女儿又已经嫁给了你的儿子，而且我又是十分喜欢她的。可是你却命令我放弃她并且和你的女儿结婚。国王啊，你认为我配得上娶你的女儿为妻，这对我来说实在是一个莫大的光荣，可是这两件事情，哪一件我都不愿做。请不要强迫我同意这样的一个愿望吧。你可以给你的女儿找到另一位丝毫不比我差的丈夫，还是请你容许我和自己的妻子在一起吧。"玛西司铁斯的回答就是这样。可是克谢尔克谢斯听了之后勃然大怒，他说："玛西司铁斯，这样一来，你便给自己召来了这样的后果。我既不把自己的女儿许配给你，也不许你和你现在的妻子一同过活下去，你就会知道我要给你的是什么东西了。"玛西司铁斯听了这话之后，只说了这样的一句话就离开了。他说："主公，可是你还没有要了我的命呢。"

(**112**)正当克谢尔克谢斯和他的兄弟讲话的时候，阿美司妥利斯派人把克谢尔克谢斯的卫兵召了来，对玛西司铁斯的妻子加以极其残酷的蹂躏。她割掉了这个妇女的乳房，把它抛给狗吃，同样地割掉了这个妇女的鼻子、耳朵和嘴唇，又把舌头也割掉。这个妇女就在这样残酷地被蹂躏之后，给送回家里去了。

(**113**)玛西司铁斯还不知道所发生的这一切，但是由于害怕会遭到惨祸，他赶忙地跑回自己家里去了。玛西司铁斯看到自己的妻子受到这样惨不忍睹的蹂躏，立刻就和自己的孩子们商量并和他的孩子们，确乎还有其他人等一同出发到巴克妥利亚去，打算使巴克妥利亚省叛变，从而使国王遭到最大的损害。在我看来，如果他能够逃入巴克妥利亚人和撒卡依人的地区的话，他实际上是能够做到这件事的，因为当地的人都很爱戴他，而且他又是巴克妥利亚人的太守。然而这已经无济于事了；原来克谢尔克谢斯已经知道了他的意图，于是就派了一支军队去追击他，在道路上把他、他的儿子们以及他的亲兵全都杀死了。关于克谢尔克谢斯的爱情事件以及玛西司铁斯的死亡的经过情况就是这样。

(**114**)另一方面，从米卡列向海列斯彭特出发的希腊人为了躲避风浪首先便在莱克顿投锚，从那里又来到阿比多斯，而就在那里他们发现了那他们以为是完好无恙的桥已经被摧毁了，而他们实际上主要都是为了这些桥才来到了海列斯彭特的。于是列乌杜奇戴斯麾下的伯罗奔尼撒人便决定乘船返回希腊，但是在将领克桑提波司麾下的雅典人却决定留在那里并向凯尔索涅索斯进攻。于是其他人等便乘船他去，但是雅典人却渡海到凯尔索涅索斯去，把赛司托斯给包围了。

(**115**)可是当波斯人听说希腊人来到海列斯彭特的时候，他们就从邻近的各个市邑来到并且也集中在赛司托斯这个地方来，因为他们认为赛司托斯是那一地区里防卫得最坚固的地方。在这些波斯人中间，有一个出身卡尔狄亚的、名叫欧约巴佐斯的波斯人，他曾把桥梁的索具带到那里去。占据这个赛司托斯的是土著的爱奥里斯人，但是在他们中间也有波斯人和大群的他们的其他同盟者。

(116)治理这一省的是克谢尔克谢斯所任命的太守阿尔塔乌克铁斯，这是一个狡诈而又邪恶的人物；在国王向雅典进军的途中，他竟欺骗国王，从埃莱欧斯那地方贪污了伊披克洛斯的儿子普洛铁西拉欧斯[①]的财宝。经过的情况是这样：在凯尔索涅索斯的埃莱欧斯地方有普洛铁西拉欧斯的坟墓，坟墓的周边则是圣域。在那里有金银杯盏、青铜器具、衣服和其他奉献品等等大量的财宝，阿尔塔乌克铁斯由于国王的特许，把这里面的东西全都劫走了，但是他却用下面的话，欺骗了克谢尔克谢斯："主公，在这里有一个希腊人的家宅，这个希腊人由于率军进攻你的国土而在受到公正的惩罚后死掉了。请把这个人的家宅赐给我吧，这样所有的人就得到教训，不敢进攻你的国土了。"他以为他用这样的借口，就可以轻而易举地说服克谢尔克谢斯把这个人的家宅赐给他，他相信克谢尔克谢斯是不会怀疑他是别有用心的。他所以说普洛铁西拉欧斯率军进攻国王的领土，其理由是波斯人认为全部亚细亚都是属于他们自己和统治他们的不拘哪一个国王的。因此，当这笔财富赠给了他的时候，他便把它从埃莱欧斯带到了赛司托斯，却把圣域变成田地和牧场。而当他到埃莱欧斯来的时候，总是在圣堂里和妇人交配的。而现在当雅典人包围了他的时候，他根本没有准备，也丝毫没有想到希腊人会

① 他是在特洛伊战争中第一个阵亡的希腊人。参见荷马：伊利亚特，Ⅱ，701。

来，因此当他们向他进攻的时候，他便走投无路了。

(**117**)但是围攻一直继续到深秋的时候，希腊人由于离乡背土和在攻取城塞时的失利而不耐烦起来，于是他们请求他们的将领再把他们率领回去；但是将领们拒绝这样做，他们一定要坚持到攻克这个地方或是为雅典政府当局所召回。因此，他们就耐心地忍受他们当时的处境了。

(**118**)可是城塞内部的人们这时却达到山穷水尽的地步了，他们竟煮食了他们的床上的革纽，但终于甚至连这些东西他们也吃光了，于是阿尔塔乌克铁斯和欧约巴佐斯以及所有波斯人便从要塞的后面，也就是敌军兵力最少的地方逃了下来并在夜里逃跑了。到天明的时候，凯尔索涅索斯的人们就从塔楼上把所发生的事情报告给雅典人并把城门打开了。雅典人的大部分跟踪追击下去，而其余的人就占领了这个城市。

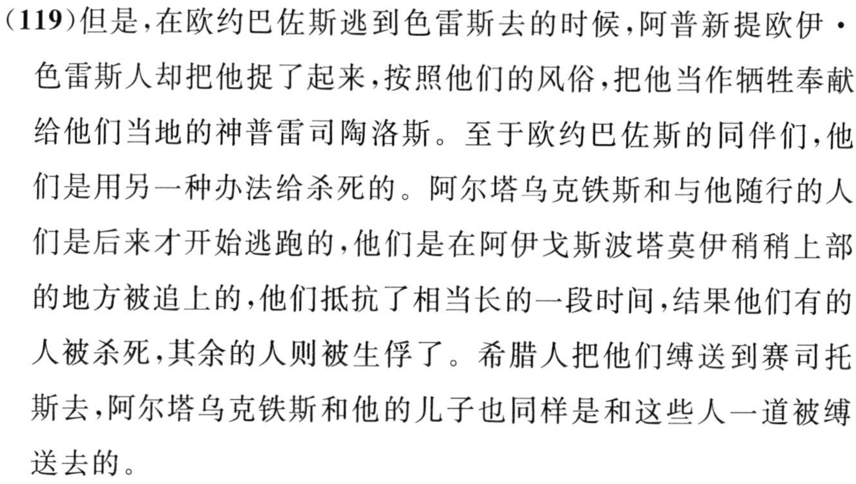

(**119**)但是，在欧约巴佐斯逃到色雷斯去的时候，阿普新提欧伊·色雷斯人却把他捉了起来，按照他们的风俗，把他当作牺牲奉献给他们当地的神普雷司陶洛斯。至于欧约巴佐斯的同伴们，他们是用另一种办法给杀死的。阿尔塔乌克铁斯和与他随行的人们是后来才开始逃跑的，他们是在阿伊戈斯波塔莫伊稍稍上部的地方被追上的，他们抵抗了相当长的一段时间，结果他们有的人被杀死，其余的人则被生俘了。希腊人把他们缚送到赛司托斯去，阿尔塔乌克铁斯和他的儿子也同样是和这些人一道被缚送去的。

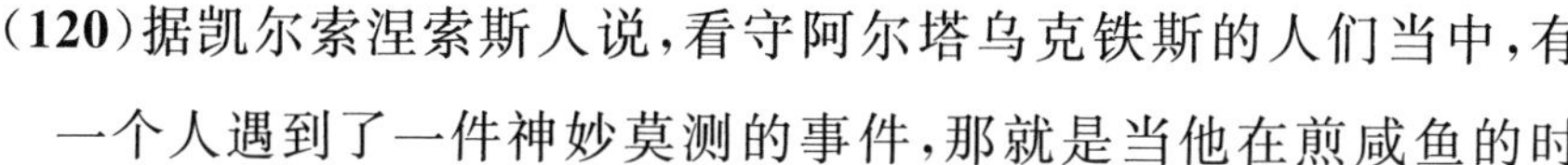

(**120**)据凯尔索涅索斯人说，看守阿尔塔乌克铁斯的人们当中，有一个人遇到了一件神妙莫测的事件，那就是当他在煎咸鱼的时

候，这些鱼在火上却开始跳了起来并抽动着，就仿佛是新捉到的鱼一样。其余的人们都聚拢来，惊讶地望着这种现象。可是当阿尔塔乌克铁斯看到这种奇怪的事情时，便向这个煎咸鱼人说："雅典的外国人啊，不要害怕这个奇迹吧。这个奇迹不是显示给你的，这是埃莱欧斯的普洛铁西拉欧斯显示给我的，他的意思是说，他虽然已不在人世并且已经像咸鱼那样的干枯了，但是上天诸神仍然给他力量来向对他做了不义之行的人进行报复。因此，现在我想赔偿他，那就是，为了补偿我从他的神殿里取走的财富，我愿意献给这位神一百塔兰特。而且如果雅典人饶过了我们的活命的话，我愿意再为我本人和我自己的儿子向雅典人献出二百塔兰特的赎金。"但是希腊的将领克桑提波司却不为这样的诺言所动。因为埃莱欧斯人请求把阿尔塔乌克铁斯处死而为普洛铁西拉欧斯申冤，而且将军本人也打算这样做。因此，他们就把他带到克谢尔克谢斯在海峡地带架桥的地岬那里去，有的人则说是把他带到玛杜托司市上方的一座山那里去；而他们就在那里把他钉在板子上，高高地吊了起来；至于他的儿子，则他们是把他的儿子当着他的面用石头砸死的。

(121)他们把这一切事做完之后，便乘船回希腊去了，他们带着桥梁的索具以及其他物品，预备献给他们的神殿。在那一年里，就再没有发生别的事情。

(122)这个被处以磔刑的阿尔塔乌克铁斯，他的祖父是阿尔铁姆巴列司；这个阿尔铁姆巴列司[①]曾向波斯人献策，波斯人接受了它

① 这个人和第一卷第一一四节的阿尔铁姆巴列司看来所指的不是一个人。

并把它献给居鲁士，他那次献策的大旨是这样："既然宙斯削平了阿司杜阿该斯而把霸权赋予波斯人，特别是波斯人当中的你，居鲁士，既然我们所有的土地既狭小，又不平坦，因此让我们迁出这块地方，去找一块更好的地方吧。我们边界上这样的地方是很多的，在更远的地方，这样的地方也是很多的。这样的地方我们只要弄到一块，我们就可以做出使人们更加惊叹的事情。一个统治的民族这样做，是理所当然的事情。在我们目前统治了这样多的人以及整个亚细亚的时候，难道我们还有一个比现在更好的机会吗？"居鲁士听到了这些话，不过他对这计划并不是特别赞赏，而是命令他们说可以这样做。但是当他这样命令的时候，他警告说他们这样做，必须准备不再做统治者，而要做被统治的臣民。温和的土地产生温和的人物；极其优良的作物和勇武的战士不是从同一块土地上产生出来的。因此，波斯人看到居鲁士的见识比他们的见识高，于是承认自己看法的错误而离开了；他们宁可住在硗瘠的山区做统治者，而不愿住在平坦的耕地上做奴隶。

年　　表

（全部在纪元前）

585	泰利士预言日食。
604(一说 605)—562	巴比伦尼布甲尼撒统治时期。
560	克洛伊索斯继承吕底亚王位。
561—560	佩西司特拉托斯成为雅典僭主。
559—556	米尔提亚戴斯成为色雷斯·凯尔索涅索斯的僭主。
550	居鲁士征服美地亚。
548—547	戴尔波伊的阿波罗神殿被焚。
546	居鲁士征服吕底亚，推翻克洛伊索斯。
546—545	波斯征服亚细亚的希腊人。
538	居鲁士陷巴比伦。
527	佩西司特拉托斯死。
526	萨摩司僭主波律克拉铁斯放弃与埃及的同盟而投到波斯方面。
525	波斯出征埃及。
521	大流士继承波斯王位。
514	哈尔莫狄欧斯与阿里斯托盖通的谋叛。

512	大流士第一次远征欧罗巴。
	征服色雷斯。
510	佩西司特拉托斯族僭主政治的崩溃。
	雅典加入伯罗奔尼撒同盟。
	叙巴里斯与克罗同之战。
508—507	伊撒哥拉司取得雅典的政权。
	斯巴达人进攻雅典卫城。
	克莱司铁涅斯执掌大权。
499	伊奥尼亚爆发起义。
498	雅典与埃吉纳作战。
497	雅典军烧毁撒尔迪斯。
494	伊奥尼亚军在拉戴战败。
492	波斯人征服色雷斯和马其顿。
490	波斯水师出征希腊。
	埃列特里亚被毁。
	马拉松之役。
489	米尔提亚戴斯出征帕洛司。
487	雅典对埃吉纳之战。
485	大流士死，克谢尔克谢斯即位。
482	雅典水师的加强。
480(八月)	克谢尔克谢斯侵入希腊。
	阿尔铁米西昂和铁尔摩披莱之役。
480(九月)	撒拉米司海战。
480(十月)	日食。

479(春天)	波斯军驻守阿提卡。
479(八月)	普拉塔伊阿之役。
	米卡列之役。
479—478(冬天)	雅典军攻陷赛司托斯。

本书中主要度量衡币制单位折算表

（一）长度单位

达克杜洛斯	1.93 公分
尺（音译普司）	30 公分
佩巨斯	46.2 公分
帕拉司铁	7.7 公分
欧尔巨阿	1.85 公尺
普列特隆	约 30 公尺
斯塔迪昂	约 185 公尺
帕拉桑该斯（波斯）	5.7 公里
斯塔特莫斯	28 公里强

（二）容量单位

甲液体

库阿托斯	½公升
科杜列	¼公升
美特列铁司	39 公升

乙粉状物体

科伊尼库斯	约一公升
美狄姆诺斯	52 公升

（三）重量单位

塔兰特	26 公斤
米那	436 克
德拉克玛	4.4 克
欧博洛斯	0.7 克

（四）币制单位

塔兰特	＝60 米那
米那	＝5 斯塔铁尔
斯塔铁尔	＝20 德拉克玛
德拉克玛	＝6 欧博洛斯

重要译名对照表

A

Abae	阿巴伊
Abdera	阿布戴拉
Abrocomes	阿布罗科美斯
Abronichus	阿布罗尼科斯
Abydos	阿比多斯
Acanthus	阿坎托司
Acarnania	阿卡尔那尼亚
Aceratus	阿凯拉托司
Aces	阿开司
Achaemenes	阿凯美涅斯
Achaemenidae	阿凯美尼达伊
Achaia	阿凯亚
Achelous	阿凯洛司
Acheron	阿凯隆河
Achilles	阿齐里斯
Achilleum	阿奇列昂
Acraephia	阿克莱披亚
Acrisius	阿克里西欧斯
Acrothoum	阿克罗托昂
Adicran	阿地克兰
Adimantus	阿迪曼托司
Adrastus	阿德拉斯托司
Adriatic sea	亚得里亚海
Adyrmachidae	阿杜尔玛奇达伊人
Aea	埃阿
Aeaces	阿伊阿凯司
Aeacus	埃伊阿科斯
Aegae	埃伊伽埃
Aegaeae	埃伊盖伊埃
Aegaleos	埃伽列欧斯
Aege	埃给
Aegeus	埃盖乌斯
Aegialeus	埃吉阿列斯
Aegicores	埃依吉科列乌司
Aegilea	埃吉列阿
Aegina	埃吉纳
Aegion	埃吉翁
Aegira	埃伊盖拉
Aegiroessa	埃吉洛埃撒
Aeglea	埃格列亚
Aegli	埃格洛伊人
Aegospotami	阿伊戈斯波塔莫伊
Aeimnestus	阿埃姆涅司托斯
Aenea	埃涅亚
Aenesidemus	埃涅西戴谟司
Aenus	阿伊诺斯
Aenyra	阿伊努拉
Aeolians	爱奥里斯人
Aeolus	阿依欧洛司
Aeropus	阿埃洛波司
Aesanius	埃撒尼欧司

Aeschines	埃司奇涅斯	Alcon	阿尔孔
Aeschylus	埃司库洛斯	Alea	阿列亚
Aesopus	伊索	Aleïan plain	阿列昂平原
Aetolia	埃托利亚	Aleuadae	阿律阿达伊
Agaeus	阿伽依欧斯	Alexander	亚历山大
Agamemnon	阿伽美姆农	Alilat	阿利拉特
Agariste	阿伽莉司铁	Alopecae	阿罗佩卡伊
Agasicles	阿伽西克列斯	Alpeni	阿尔培诺依
Agathyrsi	阿伽杜尔索伊人	Alpenus	阿尔培诺斯
Agathyrsus	阿伽杜尔索斯	Alpheus	阿尔佩欧斯
Agbalus	阿格巴罗斯	Alpis	阿尔披司
Agbatana	阿格巴塔拿	Alus	阿罗司
Agenor	阿该诺尔	Alyattes	阿律阿铁斯
Agetus	阿盖托斯	Amasis	阿玛西斯
Agis	阿吉斯	Amathus	阿玛图司
Aglaurus	阿格劳洛斯	Amazon	阿马松
Aglomachus	阿格罗玛科司	Amestris	阿美司妥利斯
Agora	阿哥拉	Amiantus	阿米安托斯
Agrianes	阿格里阿涅斯	Amilcas	阿米尔卡斯
Agron	阿格隆	Aminocles	阿米诺克列斯
Aiaces	埃雅凯司	Ammon	阿蒙
Aias	埃阿司	Amompharetus	阿莫姆帕列托斯
Alabanda	阿拉班达	Amorges	阿摩尔盖司
Alalia	阿拉里亚	Ampe	阿姆培
Alarodii	阿拉罗狄欧伊人	Ampelus	阿姆培洛斯
Alazir	阿拉吉尔	Amphiaraus	阿姆披亚拉欧斯
Alazones	阿拉佐涅斯	Amphicaea	阿姆披凯亚
Alcaeus	阿尔凯峨斯	Amphicrates	阿姆披克拉铁斯
Alcamenes	阿尔卡美涅斯	Amphictyon	阿姆披克图昂
Alcenor	阿尔凯诺尔	Amphictyones	阿姆披克图欧涅斯
Alcetes	阿尔凯铁斯	Amphilochus	阿姆披罗科司
Alcibiades	阿尔奇比亚代司	Amphilytus	阿姆庇律托斯
Alcidas	阿尔开达司	Amphimnestus	阿姆庇姆涅司托斯
Alcimachus	阿尔启玛科司	Amphion	阿姆庇昂
Alcmene	阿尔克美涅	Amphissa	阿姆披撒
Alcmeon	阿尔克美昂	Amphitryon	阿姆披特利昂

Ampracia 阿姆普拉奇亚
Amyntas 阿门塔斯
Amyris 阿米利斯
Amyrtaeus 阿米尔塔伊俄斯
Amytheon 阿米铁昂
Anacharsis 阿那卡尔西司
Anacreon 阿那克列昂
Anactoria 阿那克托利亚
Anagyrus 阿那几洛斯
Anaphes 阿纳培司
Anaphlystus 阿那普律司托司
Anaua 阿恼阿
Anaxandrides 阿那克桑德里戴斯
Anaxandrus 阿那克桑德罗斯
Anaxilaus 安那克西拉欧斯
Anchimolius 安启莫里欧司
Andreas 安德烈阿斯
Androbulus 安多罗布洛斯
Androcrates 安多罗克拉铁斯
Androdamas 安多罗达玛司
Andromeda 安多罗美达
Androphagi 昂多罗帕哥伊人
Andros 安多罗斯
Aneristus 阿涅利司托斯
Angites 安吉铁斯
Angrus 安格罗斯
Annon 安农
Anopaea 阿诺佩亚
Antagoras 安塔戈拉斯
Antandrus 安唐德罗斯
Anthele 安铁拉
Anthemus 安铁莫斯
Anthylla 安提拉
Anticares 安提卡列司
Anticyra 安提库拉
Antidorus 安提多洛斯
Antiochus 安提奥科斯
Antipatrus 安提帕特洛斯
Antiphemus 安提培莫斯
Anysis 阿努西司
Aparytae 阿帕里塔伊人
Apaturia 阿帕图利亚
Aphetae 阿佩泰
Aphidnae 阿披德纳伊
Aphrodisias 阿普罗狄西阿司
Aphrodite 阿普洛狄铁
Aphthite 阿普提铁
Apidanus 阿披达诺斯
Apis 阿庇斯
Apollo 阿波罗
Apollonia 阿波罗尼亚
Apollophanes 阿波罗旁涅司
Apries 阿普里埃司
Apsinthii 阿普新提欧伊人
Arabia 阿拉伯
Ararus 阿拉洛司
Araxes 阿拉克塞斯
Arcadia 阿尔卡地亚
Arcesilaus 阿尔凯西拉欧司
Archandrus 阿尔康德洛斯
Archelaus 阿尔凯拉欧斯
Archestratides 阿尔凯司特拉提戴斯
Archias 阿尔启亚斯
Archidemus 阿尔奇戴莫斯
Archidice 阿尔启迪凯
Archilochus 阿尔齐洛科斯
Ardericca 阿尔代利卡
Ardys 阿尔杜斯
Ares 阿列斯
Argades 阿尔伽戴司
Argaeus 阿尔该欧斯
Arganthonius 阿尔甘托尼欧斯

Arge	阿尔该
Argeia	阿尔该娅
Argilus	阿尔吉洛斯
Argiopium	阿尔吉奥披昂
Argippaei	阿尔吉派欧伊人
Argo	阿尔哥
Argos	阿尔哥斯
Argus	阿尔古司
Ariabignes	阿里阿比格涅斯
Ariantas	阿里安塔司
Ariapithes	阿里亚佩铁司
Ariaramnes	阿里阿拉姆涅斯
Ariazus	阿里亚佐司
Aridolis	阿利多里司
Arii	阿列欧伊人
Arimaspi	阿里玛斯波伊人
Arimnestus	阿里姆涅司托斯
Ariomardus	阿里奥玛尔多斯
Arion	阿利昂
Ariphron	阿里普隆
Arisba	阿里斯巴
Arismaspeia	阿里斯玛斯佩阿
Aristagoras	阿里司塔哥拉斯
Aristeas	阿利司铁阿斯
Aristides	阿里司提戴斯
Aristocrates	阿里司托克拉铁斯
Aristocyprus	阿里司托库普洛司
Aristodemus	阿里司托戴莫斯
Aristodicus	阿里司托狄科斯
Aristogiton	阿里斯托盖通
Aristolaides	阿里斯托拉伊戴斯
Aristomachus	阿里司托玛科斯
Ariston	阿里司通
Aristonice	阿利司托尼凯
Aristonymus	阿利司托尼莫斯
Aristophantus	阿里司托庞托斯
Aristophilides	阿里司托披里戴斯
Arizanti	阿里桑托伊人
Armenia	阿尔美尼亚
Arpoxais	阿尔波克赛司
Arsamenes	阿尔撒美涅斯
Arsames	阿尔撒美斯
Artabanus	阿尔塔巴诺斯
Artabates	阿尔塔巴铁斯
Artabazus	阿尔塔巴佐斯
Artace	阿尔塔开
Artachees	阿尔塔凯耶斯
Artaei	阿尔泰伊欧伊人
Artaeus	阿尔泰欧斯
Artanes	阿尔塔涅斯
Artaphrenes	阿尔塔普列涅斯
Artayctes	阿尔塔乌克铁斯
Artaynte	阿尔塔翁铁
Artayntes	阿尔塔翁铁斯
Artembares	阿尔铁姆巴列司
Artemis	阿尔铁米司
Artemisia	阿尔铁米西亚
Artemisium	阿尔铁米西昂
Artescus	阿尔铁斯科斯
Artobazanes	阿尔托巴札涅司
Artochmes	阿尔托克美斯
Artontes	阿尔通铁斯
Artoxerxes	阿尔托克谢尔克谢斯
Artozostre	阿尔桃索司特拉
Artybius	阿尔图比欧司
Artyphius	阿尔杜庇欧斯
Artystone	阿尔杜司托涅
Aryandes	阿律安戴司
Aryenis	阿里埃尼司
Asbystae	阿司布司塔依人
Ascalon	阿斯卡隆
Asia	亚细亚

Asies	亚细阿司
Asine	阿西涅
Asmach	阿斯玛克
Asonides	阿索尼戴斯
Asopii	阿索披亚人
Asopodorus	阿索波多洛斯
Asopus	阿索波司
Aspathines	阿司帕提涅斯
Assa	阿萨
Assesus	阿赛索斯
Assyria	亚述
Astacus	阿斯塔科斯
Aster	阿司特尔
Astrobacus	阿司特罗巴科斯
Astyages	阿司杜阿该斯
Asuchis	阿苏启司
Atarantes	阿塔兰铁司人
Atarbechis	阿塔尔倍奇斯
Atarneus	阿塔尔涅乌斯
Athamas	阿塔玛斯
Athenades	阿铁纳迭斯
Athenagoras	阿铁那哥拉斯
Athene	雅典娜
Athens	雅典
Athos	阿托斯
Athrisbis	阿特里比司
Athrys	阿特律斯
Atlantes	阿特兰铁司人
Atlantis	阿特兰提斯
Atlas	阿特拉斯
Atossa	阿托撒
Atramyttium	阿特拉米提昂
Attaginus	阿塔吉诺斯
Attica	阿提卡
Atys	阿杜斯
Auchatae	奥卡泰伊
Augila	奥吉拉
Auras	奥拉斯
Auschisae	阿乌司奇撒伊人
Ausees	欧赛埃司人
Autesion	欧铁希昂
Autodicus	奥托迪科斯
Autonous	奥托诺斯
Auxesia	奥克塞西亚
Axius	阿克西奥司
Azanes	阿扎涅斯
Aziris	阿吉利司
Azotus	阿佐托司

B

Babylon	巴比伦
Bacales	巴卡列司
Bacchiadae	巴齐亚达伊
Bacchus	巴科司
Bacis	巴奇司
Bactra	巴克妥拉
Badres	巴德列斯
Bagaeus	巴该欧司
Barca	巴尔卡
Basileïdes	巴昔列伊戴斯
Bassaces	巴撒凯斯
Battus	巴托司
Belbina	倍尔比那
Belus	倍洛斯
Bermius	倍尔米欧斯
Bessi	倍索伊
Bias	比亚斯
Bisaltes	比撒尔铁司
Bisaltia	比撒尔提亚
Bisanthe	比桑铁
Bistonia	比司托尼亚

Bithynians	比提尼亚人
Biton	比顿
Boebean lake	波依贝司湖
Boeotia	贝奥提亚
Boges	波该司
Bolbitine	博尔比提涅
Boreas	波列阿斯
Borysthenes	包律斯铁涅司
Bosphorus	博斯波鲁斯
Bottiaea	波提埃阿
Branchidae	布朗奇达伊
Brauron	布劳隆
Brentesium	布伦特西昂
Briantic country	布里昂提凯
Briges	布利该斯
Brongus	布隆戈斯
Brygi	布律戈依人
Bubares	布巴列斯
Bubassus	布巴索斯
Bubastis	布巴斯提斯
Budii	布底奥伊人
Budini	布迪诺伊人
Bulis	布里斯
Bura	布拉
Busae	布撒伊人
Busiris	布希里斯
Butacides	布塔启戴司
Buto	布头
Byzantium	拜占庭

C

Cabalians	卡巴里欧伊人
Cabelees	卡贝列斯人
Cabeiri	卡贝洛伊
Cadmeans	卡德美亚人
Cadmus	卡得莫斯人
Cadytis	卡杜提司
Caeneus	凯涅乌司
Caïcus	凯科斯
Calamisa	卡拉米撒
Calasiries	卡拉西里埃斯
Calchas	卡尔卡司
Calchedon	卡尔凯多尼亚
Callantiae	卡朗提埃伊人
Callatebus	卡拉铁波司
Callatiae	卡拉提亚人
Calliades	卡里亚戴斯
Callias	卡里亚斯
Callicrates	卡利克拉铁斯
Callimachus	卡里玛柯斯
Calliphon	卡利彭
Callipidae	卡里披达伊
Callipolis	卡利波里斯
Calliste	卡利斯塔
Calydnos	卡律德诺斯
Calynda	卡林达
Camarina	卡玛里纳
Cambyses	刚比西斯
Camicus	卡米柯斯
Camirus	卡米洛斯
Campsa	坎普撒
Canastron	卡纳司特隆
Candaules	坎道列斯
Canobus	卡诺包斯
Caphereus	卡佩列乌斯
Cappadocia	卡帕多启亚
Carcinitis	卡尔奇尼提斯
Cardamyle	卡尔达米列
Cardia	卡尔狄亚
Carene	卡列涅
Carenus	卡列诺司

Caria	卡里亚
Carnea	卡尔涅亚
Carpathus	卡尔帕托司
Carpis	卡尔披司
Carystus	卡律司托斯
Casambus	卡撒姆包斯
Casian mountain	卡西欧斯山
Casmena	卡兹美涅
Caspatyrus	卡司帕杜罗斯
Cassandane	卡桑达涅
Castalia	卡司塔里亚
Casthanaea	卡司塔纳伊亚
Cataractes	卡塔拉克铁斯
Catiari	卡提亚洛伊人
Caucasa	卡乌卡撒
Caucasus	高加索
Caucones	考寇涅斯人
Caunus	卡乌诺斯
Caystrobius	卡乌斯特洛比欧斯
Ceans	凯欧斯人
Cecropidae	开克洛皮达伊
Cecrops	开克洛普斯
Celaenae	凯莱奈
Celeas	凯列厄司
Celti	凯尔特人
Ceos	凯欧斯
Cephallenia	凯帕列尼亚
Cephenes	凯培涅斯
Cepheus	凯培欧斯
Cephisus	凯佩索司
Ceramicus	凯拉摩斯(湾)
Cercasorus	凯尔卡索洛斯
Cercopes	凯尔科佩司
Chalcidians	卡尔奇底开人
Chalcis	卡尔启斯
Chaldeans	迦勒底人
Chalestra	卡列司特拉
Chalybes	卡律倍司
Charadra	卡拉德拉
Charaxus	卡拉克索斯
Charilaus	卡里拉欧斯
Charites	卡里铁司
Charopinus	卡罗披诺司
Chemmis	凯姆米司
Cheops	岐欧普斯
Chephren	凯普伦
Cherasmis	凯拉司米斯
Chersis	凯尔西司
Chersonese	凯尔索涅索斯
Chileus	奇列欧斯
Chilon	奇隆
Chios	岐奥斯
Choaspes	科阿斯佩斯
Choereae	柯伊列阿伊
Choerus	科依洛斯
Chon	科恩
Chorasmii	花拉子米欧伊人
Chromios	克罗米欧斯
Cicones	奇科涅司人
Cilicia	奇里启亚
Cilix	奇里科斯
Cilla	启拉
Cimmerians	奇姆美利亚人
Cimon	奇蒙
Cindya	金杜埃司
Cineas	奇涅阿司
Cinyps	奇努普司
Cissia	奇西亚
Cithaeron	奇泰隆
Cius	奇欧司
Clazomenae	克拉佐美纳伊
Cleades	克列阿戴斯

Cleandrus	克列昂德罗斯	Corys	科律司
Cleisthenes	克莱司铁涅斯	Cos	科斯
Cleobis	克列欧毕斯	Cotyle	科杜列
Cleodaeus	克列奥达伊欧斯	Cotys	科杜斯
Cleombrotus	克列欧姆布洛托斯	Cranai	克拉那欧伊人
Cleomenes	克列欧美涅斯	Cranaspes	克拉纳斯佩司
Cleonae	克列欧奈	Crannon	克兰农
Clinias	克里尼亚司	Crathia	克拉提亚
Clytiadae	克吕提亚达伊	Crathis	克拉提斯
Cnidus	克尼多斯	Cremni	克列姆诺伊
Cnoethus	克诺伊托斯	Creston	克列斯顿
Cnossus	克诺索斯	Crestonia	克列司托尼亚
Cobon	科邦	Crete	克里地
Codrus	科德洛斯	Cretines	克列提涅斯
Coele	科依列	Crinippus	克里尼波斯
Coenyra	科伊努拉	Crisa	克利撒
Coes	科埃斯	Critalla	克利塔拉
Colaeus	柯莱欧司	Critobulus	克利托布罗斯
Colaxais	克拉科赛司	Crius	克利欧斯
Colchis	科尔启斯	Crobyzi	克罗比佐伊人
Colias	科里亚斯	Croesus	克洛伊索斯
Colophon	科洛彭	Cronos	克洛诺斯
Colossae	科罗赛	Crophi	克罗披
Combrea	科姆布列阿	Crossaea	克罗赛阿
Compsantus	孔普桑托斯	Croton	克罗同
Conium	科尼昂	Cuphagoras	枯帕戈拉斯
Contadesdus	康塔戴斯多斯	Curium	库里昂
Copaïs	科帕伊司	Cyanean rocks	库阿涅埃岩
Corcyra	柯尔库拉	Cyaxares	库阿克撒列斯
Coresus	科列索司	Cybebe	库贝倍
Corinth	科林斯	Cyberniscus	库贝尔尼司科斯
Corobius	科洛比欧司	Cyclades	库克拉戴斯
Coronea	科洛那亚	Cydippe	库狄佩
Coros	科洛斯	Cydonia	库多尼亚
Corycian cave	科律奇昂洞	Cydrara	库德辣拉
Corydallus	科律达罗斯	Cyllyrii	库吕里奥伊

Cylon	库隆
Cyme	库麦
Cynegirus	库涅该罗斯
Cynesii	库涅西欧伊人
Cynetes	库涅铁斯
Cyniscus	库尼司科斯
Cynosura	库诺叙拉
Cynosarges	库诺撒尔该斯
Cynurian	库努里亚人
Cyprus	塞浦路斯
Cypselus	库普赛洛斯
Cyrauis	库劳伊司
Cyrene	库列涅
Cyrmianae	库尔米亚纳伊
Cyrnus	库尔诺斯
Cyrus	居鲁士
Cythera	库铁拉
Cythnians	库特诺斯人
Cytissorus	库提索洛斯
Cyzicus	库吉科司

D

Dadicae	达迪卡伊人
Daedalus	达伊达洛斯
Daï	达欧伊人
Damasithymus	达玛西提摩斯
Damasus	达玛索斯
Damia	达米亚
Danaë	达纳耶
Danaus	达纳乌司
Daphnae	达普纳伊
Daphnis	达普尼司
Dardania	达尔达尼亚
Dardanus	达尔达诺斯
Daritae	达列依泰伊人
Darius	大流士
Dascyleum	达司库列昂
Dascylus	达斯库洛斯
Datis	达提斯
Datus	达托司
Daulis	达乌里司
Daurises	达乌里塞司
Decelea	戴凯列阿
Decelus	戴凯洛斯
Deïoces	戴奥凯斯
Deïphonus	戴伊波诺斯
Delium	代立昂
Delos	狄罗斯
Delphi	戴尔波伊
Demaratus	戴玛拉托斯
Demarmenus	戴玛尔美诺斯
Demeter	戴美特尔
Democedes	戴谟凯代司
Democritus	德谟克利图
Demonax	戴谟纳克司
Demonous	戴谟诺乌斯
Demophilus	戴谟披罗斯
Dersaei	戴尔赛欧伊人
Derusiaei	戴鲁希埃欧伊人
Deucalion	戴乌卡里翁
Diactorides	狄雅克托里戴斯
Diadromes	狄雅多罗美斯
Dicaea	狄凯亚
Dicaeus	迪凯欧斯
Dictyna	狄克杜那
Didacae	迪达卡伊人
Didyma	狄杜玛
Dieneces	狄耶涅凯斯
Dindymene	狄恩杜美奈
Dinomenes	狄诺美涅斯
Diomedes	狄欧美戴司

Dion	狄昂
Dionysius	狄奥尼修斯
Dionysophanes	狄欧尼梭帕涅斯
Dionysus	狄奥尼索斯
Dioscuri	狄奥司科洛伊
Dipaea	迪帕伊耶斯
Dithyrambus	狄图拉姆波司
Doberes	多贝列斯人
Dodona	多铎那
Dolonci	多隆科伊人
Dolopes	多罗披亚人
Dorians	多里斯人
Dorieus	多里欧司
Doriscus	多里司科斯
Dorus	多洛斯
Doryssus	多律索斯
Dotus	多托司
Dropici	多罗庇科伊人
Drymus	德律莫司
Dryopis	德律欧披司
Dryoscephalae	三头(意译)
Dymanatae	杜玛那塔伊人
Dyme	杜美
Dyras	杜拉司
Dysorum	杜索隆

E

Echecrates	埃凯克拉铁司
Echemus	埃凯穆斯
Echestratus	埃凯司特拉托司
Echidorus	埃凯多洛斯
Echinades	埃奇那戴斯
Edoni	埃多诺伊人
Eëropus	埃洛波司
Eëtion	埃爱提昂
Egesta	埃盖司塔
Egypt	埃及
Eion	埃翁
Elaeus	埃莱欧斯
Elatea	埃拉提亚
Elbo	埃尔波
Elean	埃里司人
Eleon	埃列昂
Elephantine	埃烈旁提涅
Eleusis	埃列乌西斯
Elis	埃里司
Elisyci	埃里叙科伊人
Elorus	埃洛罗斯
Enareis	埃那列埃斯
Enchelees	恩凯列司人
Eneti	埃涅托伊人
Enienes	埃尼耶涅斯
Enipeus	埃尼培乌司
Eordi	埃欧尔地亚人
Epaphus	埃帕波司
Ephesus	以弗所
Epialtes	埃披阿尔铁司
Epicydes	埃披库代斯
Epidamnian	埃披达姆诺斯人
Epidaurus	埃披道洛斯
Epigoni	埃披戈诺伊
Epistrophus	埃披司特洛波斯
Epium	埃披昂
Epizelus	埃披吉罗斯
Epizephyrian	埃披捷庇里欧伊
Erasinus	埃拉西诺斯
Erechtheus	埃列克铁乌斯
Eretria	埃列特里亚
Eridanus	埃利达诺司
Erineus	埃里涅乌司
Erochus	埃洛科司

Erxandrus	埃尔克桑德罗司
Erythea	埃律提亚
Erythrae	埃律特莱伊
Eryx	埃律克斯
Eryxo	埃律克索
Etearchus	埃铁阿尔科斯
Eteocles	埃提欧克列司
Etesian	季风
Ethiopia	埃西欧匹亚
Ethiopians	埃西欧匹亚人
Euaenetus	埃乌艾涅托斯
Euboea	埃乌波亚
Euclides	埃乌克里戴斯
Euhesperides	埃乌埃司佩里戴司
Euhesperitae	埃乌埃司佩里塔伊
Eumenes	埃乌美涅斯
Eunomus	埃乌诺莫斯
Eupalinus	埃乌帕里诺司
Euphemus	埃乌培莫司
Euphorbus	埃乌波尔勃司
Euphorion	埃乌波利昂
Euphrates	幼发拉底
Euripus	埃乌里波斯
Europe	欧罗巴
Europos	埃乌洛波司
Euryanax	埃乌律阿那克斯
Eurybates	埃乌律巴铁斯
Eurybiades	优利比亚戴斯
Euryclides	优利克里戴斯
Eurycrates	优利克拉铁斯
Eurycratides	优利克拉提戴斯
Eurydame	埃乌律达美
Eurydemus	埃乌律戴谟斯
Euryleon	埃乌律列昂
Eurymachus	埃乌律玛科斯
Eurypon	埃乌律彭
Eurypylus	埃乌律披洛斯
Eurysthenes	埃乌律斯铁涅斯
Eurystheus	埃乌律司铁乌斯
Eurytus	埃乌律托司
Euthoenus	埃乌托伊诺斯
Eutychides	埃乌奇戴斯
Euxinus	埃乌克谢诺斯
Evagoras	埃瓦哥拉斯
Evalcides	埃瓦尔启戴司
Evelthon	埃维尔顿
Exampaeus	埃克撒姆派欧斯

G

Gadira	伽地拉
Gaeson	伽埃松
Galepsus	伽列普索斯
Gallaïc	伽拉伊凯
Gamori	伽莫洛伊
Gandarii	健达里欧伊人
Garamantes	伽拉曼铁司人
Gargaphian spring	伽尔伽披亚泉
Gauanes	高阿涅斯
Ge	该埃
Gebeleïzis	盖倍列吉司
Gela	盖拉
Geleon	该列昂
Gelon	盖隆
Gelonus	盖洛诺斯
Gephyraei	盖披拉人
Gerastus	吉拉伊司脱斯
Gergis	盖尔吉司
Gergithes	盖尔吉司人
Germanii	盖尔玛尼欧伊人
Gerrhus	盖罗司
Geryones	该律欧涅斯

Getae	盖塔伊人
Gigonus	吉戈诺司
Giligamae	吉里伽玛伊人
Gillus	吉洛司
Gindanes	金达涅司人
Glaucon	格劳空
Glaucus	格劳柯斯
Glisas	格里撒斯
Gnurus	格努罗司
Gobryas	戈布里亚斯
Goetosyrus	戈伊托叙洛司
Gonnus	戈恩诺斯
Gordias	戈尔地亚斯
Gorgo	戈尔哥
Gorgon	戈尔冈
Gorgus	戈尔哥斯
Grinnus	格林诺司
Grynea	古里涅阿
Gygaea	巨该娅
Gyges	巨吉斯
Gyndes	金德斯
Gyzantes	顾藏铁司人

H

Hades	哈戴司
Haemus	哈伊莫司
Halia	哈里埃斯
Haliacmon	哈里亚克蒙
Haliarchus	哈里阿尔科司
Halicarnassus	哈利卡尔那索斯
Halys	哈律司
Harmamithres	哈尔玛米特雷斯
Harmatides	哈尔玛提戴斯
Harmocydes	哈尔摩库戴斯
Harmodius	哈尔莫狄欧斯
Harpagus	哈尔帕哥斯
Hebrus	海布罗斯
Hecataeus	海卡泰欧斯
Hector	海克托尔
Hegesandrus	海该桑德罗斯
Hegesicles	海该西克列斯
Hegesilaus	海吉西拉欧斯
Hegesipyle	海该西佩列
Hegesistratus	海该西斯特拉托斯
Hegetorides	海该托里戴斯
Hegias	海吉亚斯
Helen	海伦
Helice	赫利凯
Heliopolis	黑里欧波里斯
Hellas	希拉斯
Helle	海列
Hellenion	海列尼昂
Hellenodicae	海列诺迪卡伊
Hellespont	海列斯彭特
Helots	希劳特
Hephaestia	海帕依司提亚
Hephaestopolis	海帕伊斯托波里斯
Hephaestus	海帕伊司托斯
Heraclea	海拉克列亚
Heracles	海拉克列斯
Heraclidae	海拉克列达伊
Heraclides	海拉克利戴斯
Heraeum	赫莱昂
Here	希拉
Hermes	海尔美士
Hermion	赫尔米昂涅
Hermippus	赫尔米波司
Hermolycus	海尔摩律科斯
Hermophantus	海尔摩庞托司
Hermopolis	海尔摩波里斯
Hermotimus	海尔摩提莫斯

Hermotybies	海尔摩吐比埃司
Hermus	海尔谟斯
Herodotus	希罗多德
Herophantus	海罗庞托司
Herpys	海尔披斯
Hesiod	赫西奥德
Hesipaea	海西佩阿
Hestia	希司提亚
Hieron	希耶隆
Hieronymus	谢洛尼莫斯
Himera	喜美拉
Hipparchus	希帕尔科斯
Hippias	希庇亚斯
Hippoclides	希波克里代斯
Hippoclus	希波克洛司
Hippocoon	希波库昂
Hippocrates	希波克拉铁斯
Hippocratides	希波克拉提戴斯
Hippolaus	希波列欧(岬)
Hippolochus	希波洛科斯
Hippomachus	昔波玛科斯
Hipponicus	希波尼柯斯
Histiaea	希斯提阿伊亚
Histiaeotis	希斯提阿伊欧提斯
Histiaeus	希司提埃伊欧斯
Homer	荷马
Hoples	荷普列司
Hyacinthia	叙阿琴提亚
Hyampea	叙安佩亚
Hyampolis	叙安波里司
Hyatae	叙阿塔伊
Hybla	叙布拉
Hydarnes	叙达尔涅斯
Hydrea	叙德列亚
Hyele	叙埃雷
Hylaea	叙莱亚
Hylleis	叙列依斯
Hyllus	叙洛斯
Hymaees	叙玛伊埃司
Hymettus	叙美托斯
Hypachaei	叙帕凯奥伊
Hypacyris	叙帕库里司
Hypanis	叙帕尼司
Hyperanthes	叙佩兰铁司
Hyperoche	叙佩罗凯
Hyrcanians	叙尔卡尼亚人
Hyrgis	叙尔吉司
Hyria	叙里阿
Hyroeades	叙洛伊阿戴斯
Hysiae	叙喜阿伊
Hysseldomus	叙塞尔多莫司
Hystanes	叙司塔涅斯
Hystaspes	叙司塔司佩斯

I

Iacchus	雅科斯
Iadmon	雅德蒙
Ialysus	雅律索斯
Iamidae	雅米达伊
Iapygia	雅庇吉亚
Iardanus	雅尔达诺斯
Iason	雅孙
Iatragoras	雅特拉哥拉司
Ibanollis	伊巴诺里司
Iberia	伊伯利亚
Icarian sea	伊卡洛司海
Ichnae	伊克奈
Ichthyophagi	伊克杜欧帕哥斯人
Ida	伊达
Idanthyrsus	伊丹图尔索司
Idrias	伊德里亚司

Ienysus	耶努索司
Iliad	伊利亚特
Ilion	伊里翁
Ilissus	伊利索司
Ilithyia	埃烈杜亚
Illyria	伊里利亚
Imbros	伊姆布罗斯
Inacchus	伊那柯斯
Inaros	伊纳罗司
Indians	印度人
Indus	印度河
Ino	伊挪
Intaphrenes	音塔普列涅司
Inyx	伊努克斯
Io	伊奥
Iolcus	约尔科司
Ion	伊昂
Ionians	伊奥尼亚人
Iphiclus	伊披克洛斯
Iphigenia	伊披盖涅娅
Ipni	伊普诺伊
Irasa	伊拉撒
Is	伊斯
Isagoras	伊撒哥拉司
Ischenous	伊司凯诺斯
Isis	伊西司
Ismarid lake	伊兹玛里司湖
Ismenia	伊兹美尼亚
Issedones	伊赛多涅斯人
Isthmus of Corinth	科林斯地峡
Ister	伊斯特
Istria	伊司脱里亚
Italia	意大利
Itanus	伊塔诺司
Ithamitres	伊塔米特列斯
Ithome	伊托美
Iyrcae	玉尔卡依人

L

Labda	拉布达
Labdacus	拉布达科司
Labraunda	拉布劳昂达
Labynetus	拉比奈托斯
Lacedaemon	拉凯戴孟
Lacmon	拉克蒙
Laconia	拉科尼亚
Lacrines	拉克利涅斯
Lade	拉戴
Ladice	拉狄凯
Laïus	拉伊欧司
Lampito	拉姆披多
Lampon	兰彭
Lamponium	拉姆披尼昂
Lampsacus	拉姆普撒科斯
Laodamas	拉欧达玛司
Laodice	拉奥迪凯
Laphanes	拉帕涅斯
Lapithae	拉披塔依
Larissa	拉里撒
Lasonii	拉索尼欧伊人
Lasus	拉索司
Laurium	拉乌利昂
Laus	拉欧斯
Leagrus	列阿格罗斯
Lebadea	列巴狄亚
Lebaea	列拜亚
Lebedos	列别多斯
Lectum	莱克顿
Leleges	列列该斯
Lemnos	列姆诺斯
Leobotes	列欧波铁司

Leocedes 列奥凯代斯
Leon 列昂
Leonidas 列欧尼达司
Leontiades 列昂提亚戴斯
Leontini 列昂提诺伊
Leoprepes 列欧普列佩斯
Lepreum 列普勒昂
Lerisae 雷里撒伊
Leros 列罗司
Lesbos 列斯波司
Leto 列托
Leucadia 列乌卡地亚
Leuce Acte 列乌凯—阿克铁
Leucon 列乌康
Leutychides 列乌杜奇戴斯
Libya 利比亚
Lichas 里卡司
Licurgus 里库尔哥斯
Lide 里戴
Ligyes 里巨埃斯人
Limeneïum 里美奈昂
Lindus 林多斯
Lipaxus 里帕克索斯
Lipoxais 里波克赛司
Lipsydrium 里普叙德里昂
Lisae 里赛
Lisus 利索司
Locrians 罗克里斯人
Lotophagi 洛托帕哥伊人
Loxias 洛克西亚司
Lycaretus 律卡列托司
Lycians 吕奇亚人
Lycidas 吕奇达斯
Lycomedes 吕科美戴斯
Lycopas 吕科帕司
Lycophron 吕柯普隆
Lycurgus 吕库尔戈斯
Lycus 吕科斯
Lydians 吕底亚人
Lydias 吕第亚斯
Lydus 吕多斯
Lygdamis 吕戈达米斯
Lynceus 律恩凯乌斯
Lysagoras 吕撒哥拉斯
Lysanias 吕撒尼亚斯
Lysicles 吕西克列斯
Lysimachus 吕喜玛科斯
Lysistratus 吕西司特拉托斯

M

Macae 玛卡伊人
Macedonians 马其顿人
Macedonia 马其顿
Machlyes 玛科律埃司人
Macistius 玛奇司提欧斯
Macistus 玛启司托司
Macrones 玛克罗涅斯
Mactorium 玛克托利昂
Madyes 玛杜阿斯
Madytus 玛杜托斯
Mœetians 麦奥塔伊人
Mœander 迈安德罗司
Mœandrius 迈安多里欧司
Mœotis 麦奥提斯
Magdolus 玛格多洛斯
Magi 玛哥斯僧(即玛果伊人)
Magnesia 玛格涅希亚
Malea 玛列亚
Malene 玛列涅
Males 玛列士

Malis	玛里司	Megabates	美伽巴铁斯
Mandane	芒达妮	Megabazns	美伽巴佐斯
Mandrocles	芒德罗克列斯	Megacles	美伽克列斯
Manes	玛涅斯	Megacreon	美伽克列昂
Mantinea	曼提涅亚	Megadostes	美伽多司铁斯
Mantyes	曼图埃司	Megapanus	美伽帕诺斯
Maraphias	玛拉披司人	Megara	美伽拉
Maraphii	玛拉普伊欧伊人	Megasidrus	美伽西多罗斯
Marathon	马拉松	Megistias	美吉司提亚斯
Mardi	玛尔多伊人	Meionians	美伊昂人
Mardonius	玛尔多纽斯	Melampus	美拉姆波司
Mardontes	玛尔东铁司	Melampygus	美拉姆披哥斯
Mardos	玛尔多斯	Melanchlaini	美兰克拉伊诺伊人
Marea	玛列阿	Melanippus	美兰尼波司
Mares	玛列斯	Melanthius	美兰提欧斯
Mariandyni	玛利安杜尼亚人	Melanthus	美兰托斯
Maris	玛里斯	Meles	美雷斯
Maron	玛隆	Melians	玛里司人
Maronea	玛罗涅亚	Meliboea	梅里波伊亚
Marsyas	玛尔叙亚斯	Melissa	梅里莎
Mascames	玛司卡美斯	Membliarus	美姆布里阿洛司
Masistes	玛西司铁斯	Memnon	美姆农
Masistius	玛西司提欧斯	Memphis	孟斐斯
Maspii	玛斯庇欧伊人	Menares	美那列斯
Massages	玛撒该斯	Mende	门戴
Massagetae	玛撒该塔伊人	Mendes	孟迭司
Massalia	玛撒里亚	Menelaus	美涅拉欧司
Matieni	玛提耶涅人	Menius	美尼欧斯
Matten	玛顿	Merbalus	美尔巴罗斯
Mausolus	玛乌索洛司	Mermnadae	美尔姆纳达伊
Maxyes	玛克叙埃司人	Meroë	美洛埃
Mazares	玛扎列斯	Mesambria	美撒姆布里亚
Mecisteus	美奇司铁乌司	Messapians	麦撒披亚人
Mecyberna	美库倍尔纳	Messene	麦撒纳
Medea	美地亚	Messenia	美塞尼亚
Medians	美地亚人	Metapontium	美塔彭提昂

Methymna	美图姆那
Metiochus	美提欧科司
Metrodorus	美特洛多罗司
Micythus	米库托司
Midas	米达斯
Miletus	米利都
Milon	米隆
Miltiades	米尔提亚戴斯
Milyae	米吕阿伊人
Milyas	米律阿斯
Min	米恩
Minoa	米诺阿
Minos	米诺斯
Minyae	米尼埃伊
Mitra	米特拉
Mitradates	米特拉达铁斯
Mitrobates	米特洛巴铁司
Moeris	莫伊利斯
Moloïs	莫罗埃司
Molossians	莫洛西亚人
Molphagoras	莫尔帕戈拉司
Momemphis	莫美姆披司
Mophi	摩披
Moschi	莫司科伊人
Mossynoeci	莫叙诺依科伊人
Munychia	穆尼奇亚
Murychides	穆里奇戴斯
Musaeus	穆赛欧斯
Mycale	米卡列
Mycenaeans	迈锡尼人
Mycerinus	美凯里诺斯
Myci	米科伊人
Myconus	米科诺斯
Myecphorite	米埃克波里司
Mygdonia	米哥多尼亚
Mylasa	美拉撒
Mylitta	米利塔
Myndus	孟多司
Myrcinus	米尔启诺司
Myriandric gulf	米利安多罗斯湾
Myrina	米利纳
Myrmex	米尔美克司
Myron	米隆
Myrsilus	密尔昔洛斯
Myrsus	密尔索斯
Mys	米司
Mysia	美西亚
Mysus	缪索斯
Mytilene	米提列奈
Myus	米欧司

N

Naparis	纳帕里司
Nasamones	纳撒摩涅司人
Natho	那托
Naucratis	纳乌克拉提斯
Nauplia	纳乌普利亚
Naustrophus	纳乌斯特洛波司
Naxos	纳克索斯
Neapolis	涅阿波里司
Necos	涅科斯
Nelidae	涅列达伊
Neocles	尼奥克列斯
Neon	尼昂
Neon Teichos	涅翁·提科斯
Nereids	涅列伊戴斯
Nereus	涅列欧司
Nesaean horse	涅赛伊阿马
Nesaeon	涅赛昂
Nestor	涅司托尔
Nestus	涅司托斯

Neuris	涅乌里司人
Nicandra	尼坎德拉
Nieandrus	尼坎多罗斯
Nicodromus	尼科德罗莫斯
Nicolaus	尼柯拉欧斯
Nile	尼罗河
Nileus	涅列欧斯
Ninus	尼诺斯
Nipsaei	尼普赛欧伊
Nisaea	尼赛亚
Nisyrus	尼叙洛斯
Nitetis	尼太提司
Nitocris	尼托克里司
Noës	诺埃斯
Nonacris	挪纳克利斯
Nothon	诺同
Notium	诺提昂
Nudium	努迪昂
Nymphodorus	尼姆波多洛斯
Nysa	尼撒

O

Oarizus	欧阿里佐斯
Oarus	欧阿洛司
Oasis	欧阿西司
Oaxus	欧阿克索司
Oceanus	欧凯阿诺斯
Octamasades	欧克塔玛撒戴司
Ocytus	欧库托司
Odomanti	欧多曼托伊人
Odrysae	欧德律赛
Odyssey	奥德赛
Oea	欧伊亚
Oebares	欧伊巴雷司
Oedipus	欧伊狄波司
Oenoe	欧伊诺耶
Oenone	欧伊诺涅
Oenotria	欧伊诺特里亚
Oenussae	欧伊努赛
Oeobazus	欧约巴佐斯
Oeolycus	欧约律科司
Oëroë	欧埃洛耶
Oeta	欧伊铁
Oiorpata	欧约尔帕塔
Olbiopolitae	欧尔比亚市民
Olen	奥伦
Olenus	欧列诺斯
Oliatus	欧里亚托司
Olophyxus	欧洛披克索斯
Olorus	欧罗洛司
Olympia	奥林匹亚
Olympiodorus	欧林匹奥多洛斯
Olympus	奥林波斯
Olynthus	欧伦托斯
Ombria	翁布里亚
Ombrici	翁布里柯伊人
Oneatae	欧涅阿塔伊
Onesilus	欧涅西洛司
Onetes	欧涅铁斯
Onochonus	欧诺柯挪斯
Onomacritus	奥诺玛克利托斯
Onomastus	奥诺玛司托斯
Onuphite	欧努披司
Ophryneum	欧普里涅昂
Opis	欧匹斯
Opoea	欧波伊亚
Orbelus	欧尔倍洛司
Orchomenus	欧尔科美诺斯
Ordessus	欧尔戴索司
Orestes	欧列斯铁斯
Orestheum	欧列斯提欧姆

Orethyia	欧列图娅
Orgeus	奥尔盖乌司
Oricum	欧里科姆
Oricus	欧里科司
Orithyia	欧列图娅
Orneatae	奥尔涅阿塔伊人
Oroestes	欧洛伊铁司
Oromedon	欧洛美东
Oropus	奥洛波斯
Orotalt	欧洛塔尔特
Orsiphantus	欧尔喜庞托司
Orthocorybantians	欧尔托科律般提欧伊
Orthosia	欧尔托西亚
Osiris	奥西里斯
Ossa	欧萨
Otanes	欧塔涅斯
Otaspes	欧塔司佩斯
Othryades	欧特律阿戴斯
Othrys	欧特律司
Ozolae	欧佐拉伊

P

Pactolus	帕克托罗司
Pactya	帕克杜耶
Pactyes	帕克杜耶斯
Padaei	帕达依欧伊
Paeania	派阿尼亚
Paeonia	派欧尼亚
Paeoplae	帕伊欧普拉伊人
Paesus	帕依索司
Paeti	帕依托伊人
Paeus	帕伊欧斯
Pagasae	帕伽撒依
Paleës	帕列人
Palestine	巴勒斯坦
Pallas	帕拉司
Pallene	帕列涅
Pamisus	帕米索斯
Pammon	帕姆蒙
Pamphyli	帕姆庇洛伊人
Pamphylia	帕姆庇利亚
Pan	潘恩
Panaetius	帕那伊提乌斯
Pancratium	庞克拉提昂
Pandion	潘迪昂
Pangaeum	庞伽伊昂
Panionia	帕尼欧尼亚
Panionium	帕尼欧尼翁
Panionius	帕尼欧纽斯
Panites	帕尼铁司
Panopeus	帕诺佩司
Panormus	帕诺尔摩斯
Pantagnotus	庞塔格诺托司
Pantaleon	庞塔莱昂
Pantares	潘塔列斯
Panthialaei	潘提亚莱欧伊人
Panticapes	庞提卡佩司
Pantimathi	潘提玛托伊人
Pantites	潘提铁斯
Papaeus	帕帕伊欧斯
Paphlagonians	帕普拉哥尼亚人
Paphos	帕波斯
Papremis	帕普雷米斯
Paraebates	帕拉依巴铁司
Paralatae	帕辣拉泰伊
Parapotamii	帕拉波塔米欧伊人
Paretaceni	帕列塔凯奈人
Paricanii	帕利卡尼欧伊人
Paris	帕理司
Parium	帕里昂
Parmys	帕尔米司

Parnassus	帕尔那索斯
Paroreatae	帕洛列阿塔伊人
Parthenium	帕尔铁尼昂
Parthenius	帕尔特尼欧斯
Parthians	帕尔提亚人
Parus	帕洛司
Pasargadae	帕撒尔伽达伊人
Pataecus	帕塔伊科斯
Pataïci	帕塔依科伊人
Patara	帕塔拉
Patarbemis	帕塔尔贝米司
Patiramphes	帕提拉姆培司
Patizeithes	帕提载铁司
Patraes	帕特列斯
Patumus	帕托莫司
Pausanias	帕乌撒尼亚斯
Pausicae	帕乌西卡伊人
Pausiris	帕乌西里司
Pedasa	佩达撒
Pedasus	佩达索斯
Pedieis	佩迪埃司
Pelasgi	佩拉司吉人
Pelasgia	佩拉司吉亚
Peleus	佩列欧司
Pelion	佩里洪
Pella	培拉
Pellene	佩列涅
Peloponnesus	伯罗奔尼撒
Pelops	佩洛普司
Pelusium	佩鲁希昂
Penelope	佩奈洛佩
Peneus	佩涅欧司
Penthylus	潘图洛斯
Percalus	培尔卡洛斯
Percote	佩尔柯铁
Perdiccas	培尔狄卡斯
Pergamos	培尔伽莫斯
Perialla	培莉亚拉
Periander	培利安多洛斯
Pericles	伯里克利斯
Perilaus	培利拉欧斯
Perinthus	佩林托斯
Perioeci	佩里欧伊科司
Perpherees	佩尔佩列埃斯
Perrhaebi	佩莱比亚人
Perses	培尔谢斯
Perseus	培尔赛欧斯
Persians	波斯人
Petra	佩特拉
Phaedyme	帕伊杜美
Phaenippus	帕埃尼波斯
Phagres	帕格列斯
Phalerum	帕列隆
Phanagoras	帕纳戈拉司
Phanes	帕涅司
Pharandates	帕兰达铁斯
Pharbaïthite	帕尔巴伊托司
Pharnaces	帕尔那凯斯
Pharnaspes	帕尔那斯佩斯
Pharnazathres	帕尔纳扎特列斯
Pharnuches	帕尔努凯斯
Phaselis	帕赛利斯
Phasis	帕希斯
Phaÿllus	帕乌洛斯
Phegeus	佩该乌斯
Pheneus	培涅俄斯
Pherendates	培伦达铁斯
Pheretime	培列提美
Pheros	培罗斯
Phidippides	披迪披戴斯
Phidon	庇东
Phigalea	披伽列亚

Philaeus	披莱欧司	Pindar	品达洛司
Philagrus	披拉格罗斯	Pindus	品多斯
Philaon	披拉昂	Piraeus	披莱乌斯
Philes	披列司	Pirene	佩列涅
Philippus	披力波司	Piromis	披罗米司
Philistus	披利斯图斯	Pirus	佩洛斯
Philitis	皮里提斯	Pisa	披萨
Philocyon	披洛库昂	Pisidian	披西达伊人
Philocyprus	披罗库普洛司	Pisistratidae	佩西司特拉提达伊
Phla	普拉	Pisistratus	佩西司特拉托斯
Phlegra	普列格拉	Pistyrus	披司图洛斯
Phlius	普里欧斯	Pitana	庇塔涅
Phocaea	波凯亚	Pithagoras	毕达哥拉斯
Phocis	波奇司	Pittacus	披塔柯斯
Phoebus	波伊勃司	Pixodarus	披克索达洛司
Phoenicinas	腓尼基人	Placia	普拉启亚
Phoenix	培尼克司	Plataeae	普拉塔伊阿
Phormus	波尔莫司	Platea	普拉铁阿
Phraortes	普拉欧尔铁斯	Pleistarchus	普列司塔尔科斯
Phratagune	普拉塔古涅	Pleistorus	普雷司陶洛斯
Phriconian	普里科尼斯	Plinthinete bay	普林提涅湾
Phrixae	普利克撒伊	Plynus	普律诺司
Phrixus	普利克索斯	Poeciles	波依启列司
Phronime	普洛尼玛	Pogon	波贡
Phrygia	普里吉亚	Poliades	波里亚戴斯
Phrynichus	普律尼科司	Polias	波里阿司
Phrynon	普律农	Polichne	波里克涅
Phthiotis	普提奥梯斯	Polyas	波里亚斯
Phthius	普提奥斯	Polybus	波律包司
Phya	佩阿	Polycrates	波律克拉铁斯
Phylacus	披拉科斯	Polycritus	波律克利托斯
Phyllis	披利斯	Polydamna	波律达姆娜
Phytho	佩脱	Polydectes	波律戴克铁斯
Pieria	披埃里亚	Polydorus	波律多洛司
Pigres	披格列斯	Polymnestus	波律姆涅司托司
Pilorus	披罗洛斯	Polynices	波律涅凯斯

Pontus 彭托斯
Porata 波拉塔
Posideion 波西迪昂
Poseidon 波赛东
Posidonia 波西多尼亚
Posidonius 波西多纽斯
Potidaea 波提戴阿
Praesus 普拉伊索斯
Prasiad lake 普拉西阿司湖
Praxilaus 普拉克西拉欧斯
Prexaspes 普列克撒司佩斯
Prexinus 普列克西诺斯
Priam 普利亚莫斯
Priene 普里耶涅
Prinetades 普里涅塔达司
Procles 普罗克列斯
Proconnesus 普洛孔涅索斯
Promeneia 普洛美涅亚
Prometheus 普洛美修斯
Pronaea 普洛奈亚
Propontis 普洛彭提斯
Prosopitis 普洛索披提斯
Protisilaus 普洛铁西拉欧斯
Proteus 普洛铁乌斯
Protothyes 普洛托杜阿斯
Prytanis 普律塔尼斯
Psammenitus 普撒美尼托斯
Psammetichus 普撒美提科斯
Psammis 普撒米司
Psylli 普叙洛伊人
Psyttalea 普叙塔列阿
Pteria 普铁里亚
Ptoan Apollo 普托司·阿波罗
Ptoüm 普托昂
Pylae 披莱
Pylagori 披拉戈拉斯
Pylos 披洛斯
Pyrene 披列涅
Pyretus 披列托司
Pyrgos 披尔哥斯
Pythagoras 毕达哥拉斯
Pytheas 披铁阿斯
Pythermos 佩铁尔谟斯
Pythia 佩提亚
Pythius 披提欧斯
Pythogenes 披托盖涅斯

R

Rhampsinitus 拉姆普西尼托司
Rhegium 列吉昂
Rhenaea 列那伊亚
Rhodes 罗德斯
Rhodope 洛多佩
Rhodopis 罗德庇司
Rhoecus 罗伊科司
Rhoetium 洛伊提昂
Rhypes 律佩斯

S

Sabacos 撒巴科斯
Sabyllus 撒必洛斯
Sacae 撒卡依人
Sadyattes 萨杜阿铁斯
Sagartii 撒伽尔提欧伊人
Saïs 撒伊司
Salamis 撒拉米司
Sale 撒列
Salmoxis 撒尔莫克西司
Salmydessus 撒尔米戴索司
Samius 萨米欧司

Samos 萨摩司
Samothrace 萨摩特拉开
Sanacharibus 撒那卡里波司
Sandanis 桑达尼斯
Sandoces 桑多开斯
Sane 撒涅
Sapaei 撒帕依欧伊人
Sappho 莎波
Sarangae 萨朗伽伊
Sardanapallus 撒尔丹那帕洛司
Sardinia 萨地尼亚
Sardis 撒尔迪斯
Sardo 萨尔多
Sarpedon 撒尔佩东
Sarte 撒尔铁
Saspires 撒司配列斯
Sataspes 撒塔司佩斯
Satrae 撒妥拉伊人
Sattagydae 撒塔巨达伊人
Saulius 撒乌里欧斯
Sauromatae 撒乌洛玛泰伊人
Scaeus 斯卡伊欧斯
Scamander 司卡曼德罗斯
Scamandronymus 司卡芒德洛尼莫司
Scapte Hyle 斯卡普铁·叙列
Sciathos 斯奇亚托斯
Scidrus 司奇多洛斯
Scione 司奇欧涅
Sciton 斯奇同
Scolopois 斯科洛波伊斯
Scolus 司科洛斯
Scopadae 司科帕达伊
Scopasis 斯科帕西司
Scylace 斯奇拉凯
Scylax 司库拉克斯
Scyles 司库列斯
Scyllias 司苦里亚斯
Scyros 司奇洛斯
Scythes 司枯铁斯
Scythia 斯奇提亚
Sebennyte 赛本努铁斯
Selinus 赛里努司
Selymbria 塞律姆布里亚
Semele 赛美列
Semiramis 谢米拉米司
Sepias 赛披亚斯
Serbonian marsh 谢尔包尼斯湖
Seriphus 赛里婆斯
Sermyle 谢尔米列
Serrheum 塞列昂
Sesostris 塞索斯特里斯
Sestos 赛司托斯
Sethos 赛托司
Sicania 西卡尼亚
Sicas 西卡司
Sicily 西西里
Sicinnus 西琴诺斯
Sicyon 希巨昂
Sidon 西顿
Sigeum 细该伊昂
Sigynnae 昔恭纳伊人
Silenus 昔列诺斯
Simonides 西蒙尼戴斯
Sindi 信多伊人
Sindus 辛多斯
Singus 辛哥斯
Sinope 西诺佩
Siphnus 昔普诺斯
Siriopaeones 西里欧派欧尼亚人
Siris 昔利斯
Siromitres 西洛米特列斯
Siromus 西罗莫斯

Sisamnes	西撒姆涅斯
Sisimaces	昔西玛凯司
Sitalces	西塔尔凯司
Sithonia	西托尼亚
Siuph	西乌铺
Smerdis	司美尔迪斯
Smerdomenes	司美尔多美涅斯
Smila	司米拉
Smindyrides	司敏杜里代斯
Smyrna	士麦拿
Socles	索克列斯
Sogdi	粟格多伊人
Soli	索罗伊
Soloïs	索洛埃司
Solon	梭伦
Solymi	索律摩伊人
Sophanes	梭帕涅斯
Sosimenes	索喜美涅斯
Sostratus	索司特拉托司
Spargapises	斯帕尔伽披赛斯
Spargapithes	斯帕尔伽佩铁司
Sparta	斯巴达
Spercheus	司佩尔凯欧斯
Sperthias	司佩尔提亚斯
Sphendalae	司潘达莱斯
Stagirus	司塔吉洛斯
Stentoris	司顿托里司
Stenyclerus	司铁尼克列洛斯
Stesagoras	司铁撒哥拉斯
Stesenor	斯铁塞诺尔
Stesilaus	司铁西拉欧斯
Strattis	司妥拉提斯
Struchates	斯特路卡铁斯人
Stryme	司妥律美
Strymon	司妥律蒙
Stymphalian lake	司图姆帕洛斯湖
Styreans	司图拉人
Styx	司图克斯
Sunium	索尼昂
Susa	苏撒
Syagrus	叙阿格罗斯
Sybaris	叙巴里斯
Syene	叙埃涅
Syennesis	叙恩涅喜斯
Syleus	叙列乌斯
Syloson	叙罗松
Syme	叙美
Syracuse	西拉库赛
Syrgis	叙尔吉司
Syria	叙利亚
Syrtis	叙尔提斯

T

Tabalus	塔巴罗斯
Tabiti	塔比提
Tachompso	塔孔普索
Taenarum	塔伊那隆
Talaus	塔拉欧司
Taltybius	塔尔图比欧斯
Tanagra	塔那格拉
Tanais	塔纳伊司
Tanite	塔尼司
Taras	塔拉斯
Tarentines	塔兰提诺伊人
Targitaus	塔尔吉塔欧斯
Tartessus	塔尔提索斯
Tauchira	塔乌奇拉
Tauri	陶利卡人
Taxacis	塔克撒启司
Taygetum	塔乌该托斯
Tearus	铁阿罗斯

Teaspis 铁阿司披斯
Tegea 铁该亚
Teïspes 铁伊司佩斯
Telamon 铁拉门
Teleboae 铁列波阿伊
Telecles 铁列克莱司
Teleclus 铁列克洛司
Telemachus 铁列玛科斯
Telesarchus 铁列撒尔科司
Telines 铁里涅司
Telliadae 铁里亚达伊
Tellias 铁里阿斯
Tellus 泰洛斯
Telmessos 铁尔美索斯
Telos 铁洛斯
Telys 铁律司
Temenos 铁美诺斯
Temnos 铁姆诺斯
Tempe 铁姆佩
Tenedos 提涅多斯
Tenos 铁诺斯
Teos 提奥斯
Teres 铁列斯
Tereus 铁列欧司
Terillus 铁里洛斯
Termera 铁尔美拉
Termilae 铁尔米莱
Tethronium 铁特洛尼昂
Tetramnestus 铁特拉姆涅司托斯
Teucrians 铁乌克洛伊人
Teucros 铁乌克罗斯
Teuthrania 铁乌特拉尼亚
Thagimasadas 塔吉玛萨达斯
Thales 泰利士
Thamanaei 塔玛奈欧伊人
Thamasius 塔玛希欧斯
Thannyras 坦努拉司
Thasos 塔索斯
Theasides 铁阿西代斯
Thebe 铁贝
Thebes 底比斯
Themis 铁米斯
Themiscyra 铁米司库拉
Themison 铁米松
Themistocles 铁米司托克列斯
Theocydes 提欧库戴斯
Theodorus 铁奥多洛斯
Theomestor 提奥美司托尔
Theophania 铁奥帕尼亚
Theopompus 铁欧彭波斯
Thera 铁拉
Therambos 铁拉姆波司
Therapne 铁拉普涅
Theras 铁拉司
Therma 铁尔玛
Thermodon 铁尔莫东
Thermopylae 铁尔摩披莱
Theron 铁隆
Thersandrus 铁尔桑德洛斯
Theseus 铁谢欧斯
Thesmophoria 铁斯莫波里亚
Thespia 铁司佩亚
Thesprotians 铁斯普洛托伊人
Thessalus 帖撒洛司
Thessaly 帖撒利亚
Thestes 铁司特斯
Thetis 帖提司
Thmuite 特姆易斯
Thoas 托阿斯
Thon 托恩
Thonis 托尼司
Thorax 托拉克司

Thoricus	托利科司
Thornax	托尔那克司
Thrace	色雷斯
Thrasybulus	特拉叙布洛斯
Thrasycles	特拉叙克列斯
Thrasydeïus	特拉叙狄欧斯
Thrasylaus	特拉叙拉欧斯
Thriasian plain	特里亚平原
Thyia	图依亚
Thyni	杜尼亚人
Thyreae	杜列亚
Thyssagetae	杜撒该塔伊人
Thyssus	杜索司
Tiarantus	提阿兰托司
Tibareni	提巴列诺伊人
Tibisis	提比西斯
Tigranes	提格拉涅斯
Tigris	底格里斯
Timagenides	提玛盖尼戴斯
Timagoras	提玛戈拉斯
Timandrus	提曼多洛斯
Timarete	提玛列捷
Timasitheus	提美西铁乌司
Timesius	提美西奥斯
Timo	悌摩
Timodemus	悌摩戴谟斯
Timon	提蒙
Timonax	提莫纳克斯
Timoxenus	悌摩克塞诺斯
Tiryns	提律恩司
Tisamenus	提撒美诺斯
Tisandrus	提桑德洛斯
Tisias	提细亚斯
Titacus	提塔科斯
Tithaeus	提泰欧斯
Tithorea	提托列阿
Titormus	提托尔莫斯
Tmolus	特莫洛斯
Tomyris	托米丽司
Torone	托罗涅
Trachinia	特拉奇尼亚
Trachis	特拉奇司
Trapezus	特拉佩佐斯
Traspies	特拉司披耶司人
Trausi	妥劳索伊人
Travus	特拉沃斯
Triballic plain	特利巴里空原野
Triopium	特里欧庇昂
Tritaea	特里泰埃斯
Tritantaechmes	特里坦塔伊克美斯
Triteae	特里提司
Triton	妥里通
Troad	特洛阿司
Troezen	特罗伊真
Trophonius	特洛波尼欧斯
Troy	特洛伊
Tydeus	杜德乌斯
Tymnes	图姆涅斯
Tyndareus	图恩达列乌斯
Tyndaridae	图恩达里达伊
Typhon	杜彭
Tyras	杜拉斯
Tyre	推罗
Tyrodiza	图洛迪札
Tyrrhenians	第勒塞尼亚人
Tyrsenus	第勒赛诺斯

U

Urania	乌拉尼阿
Uranius	乌拉尼欧斯
Utii	乌提欧伊人

X

Xanthippus	克桑提波司
Xanthus	克桑托斯
Xenagoras	克谢纳戈拉斯
Xerxes	克谢尔克谢斯
Xuthus	克苏托斯

Z

Zacynthus	札昆托斯
Zancle	臧克列
Zaueces	撒乌埃凯司人
Zeus	宙斯
Zeuxidemus	杰乌克西戴莫斯
Zone	佐涅
Zopyrus	佐披洛司
Zoster	佐斯泰尔

要目索引

（罗马数字表示卷数，阿拉伯数字表示节数）

五　画

六　画

七 画

八　画

九 画

十　画

十一画

十二画

十三画

十四画

十五画

十七画

海拉克列斯柱
库劳伊司岛
妥里托尼司湖
洛帕托哥伊人
库列涅
普拉铁阿岛
普律诺司湾
卡诺包斯
纳乌克拉提斯
佩鲁西昂
巴尔卡
吉里伽玛伊人
玛列阿
撒伊司
黑里欧波里斯
叙尔提斯
阿司布司塔依人
阿杜尔玛奇达伊人
孟斐斯
阿乌司奇撒伊人
莫伊利斯湖
索洛埃司角
野兽出没地区
阿特拉斯山
普叙洛伊人
纳撒摩涅司人
大绿洲
尼罗河
凯姆米司
底比斯
沙漠的边缘
伽拉曼铁司人
埃烈旁提涅
叙埃涅
侏儒地区
逃走者
（阿斯玛克）
美洛埃
埃西欧匹亚人
长寿的
埃西欧匹亚人
西西里
加太基
马耳他
凯尔肯那岛
绍铁尔－杰里德
法伦湖
小叙尔提斯
巴尔卡
的黎波里
大叙尔提斯

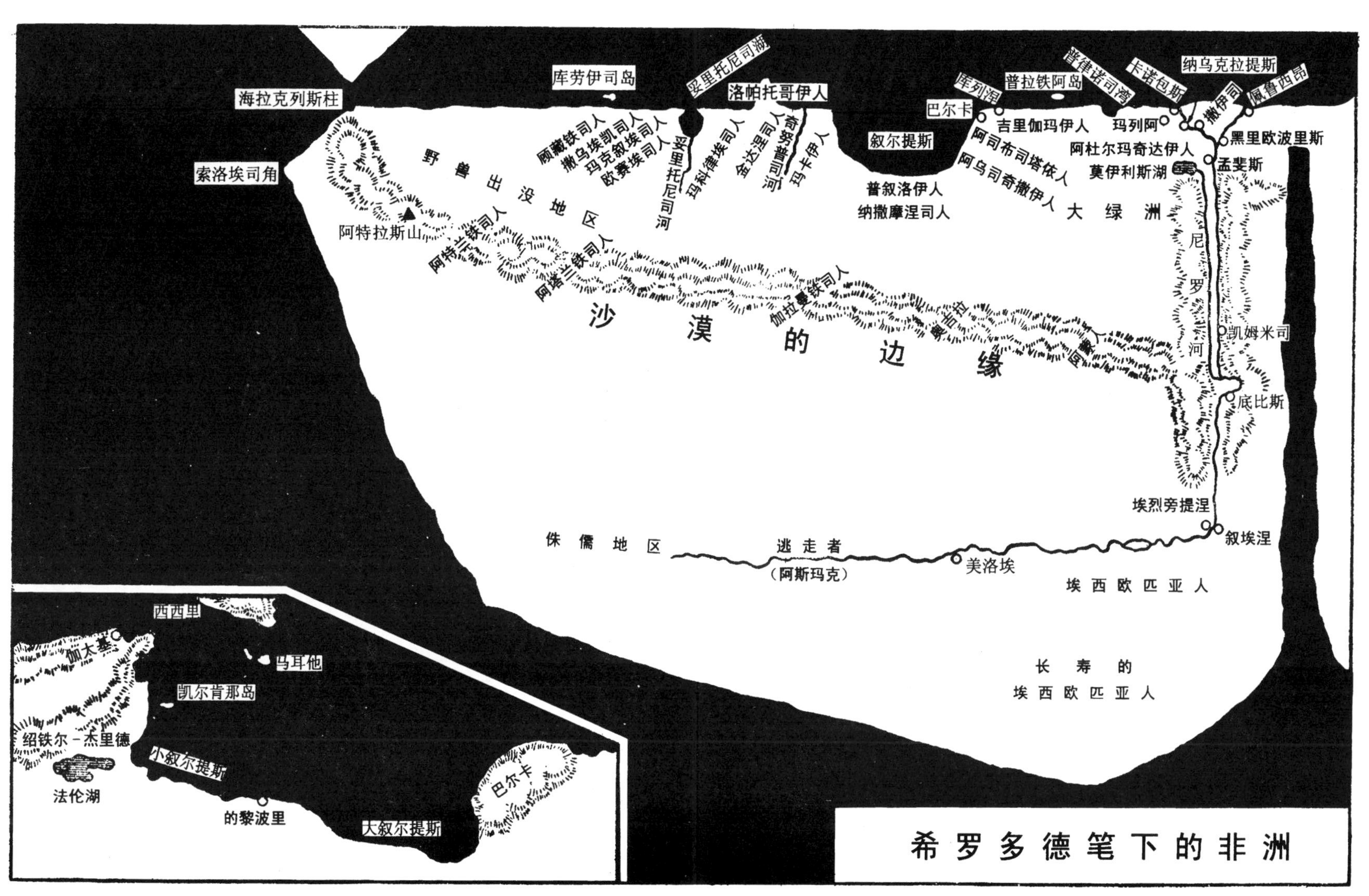

希罗多德笔下的非洲

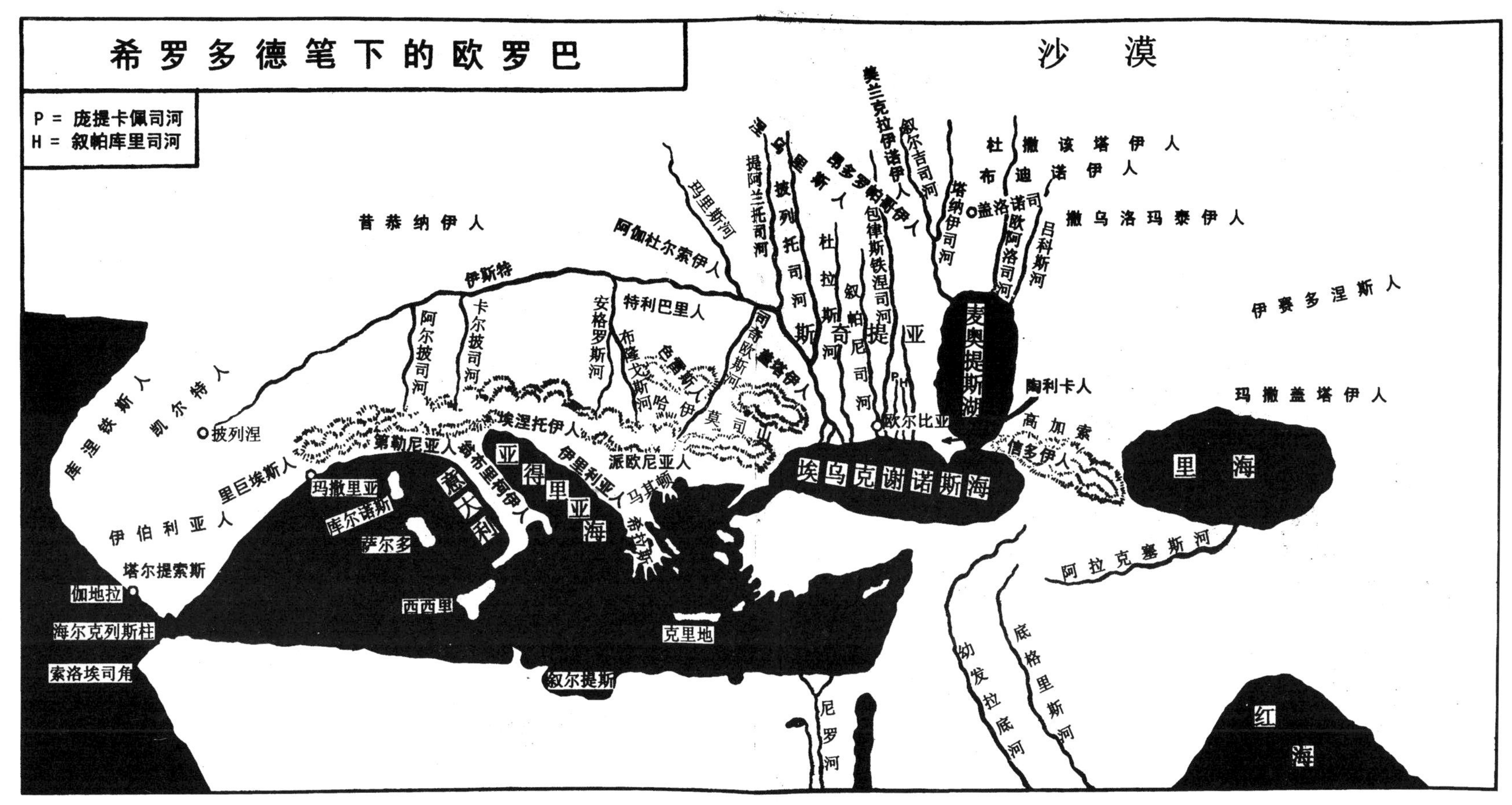

希罗多德笔下的欧罗巴
P = 庞提卡佩司河
H = 叙帕库里司河
沙漠
昔恭纳伊人
伊斯特
阿伽杜尔索伊人
玛里斯河
提阿兰托司河
涅乌里斯人
披列托司河
昂多罗帕哥伊人
美兰克拉伊诺伊人
叙尔吉司河
杜拉斯河
叙帕尼司河
包律斯铁涅司河
塔纳伊司河
盖洛诺斯
杜撒该塔伊人
布迪诺伊人
撒乌洛玛泰伊人
欧阿洛司河
吕科斯河
伊赛多涅斯人
斯奇提亚
麦奥提斯湖
陶利卡人
玛撒盖塔伊人
高加索
信多伊人
里海
欧尔比亚
埃乌克谢诺斯海
阿拉克塞斯河
幼发拉底河
底格里斯河
红海
尼罗河
阿尔披司河
卡尔披司河
安格罗斯河
特利巴里人
布隆戈斯河
阿吉欧斯河
盖塔伊人
色雷斯人
哈伊莫司山
埃涅托伊人
翁布里柯伊人
第勒尼亚人
派欧尼亚人
伊里利亚人
马其顿
希拉斯
亚得里亚海
意大利
凯尔特人
披列涅
库涅铁斯人
里巨埃斯人
伊伯利亚人
玛撒里亚
库尔诺斯
萨尔多
西西里
克里地
叙尔提斯
塔尔提索斯
伽地拉
海尔克列斯柱
索洛埃司角

图书在版编目(CIP)数据

希罗多德历史:全2册/(古希腊)希罗多德著;王以铸译.—北京:商务印书馆,2017
(汉译世界学术名著丛书:120年纪念版:珍藏本)
ISBN 978-7-100-14216-8

Ⅰ.①希… Ⅱ.①希… ②王… Ⅲ.①希波战争—战争史 Ⅳ.①K125

中国版本图书馆CIP数据核字(2017)第137912号

汉译世界学术名著丛书
(120年纪念版·珍藏本)
希罗多德历史
(全二册)
王以铸 译

商务印书馆出版
(北京王府井大街36号 邮政编码100710)
商务印书馆发行
北京中科印刷有限公司印刷
ISBN 978-7-100-14216-8

2017年12月第1版 开本710×1000 1/16
2017年12月北京第1次印刷 印张53¾ 插页2
定价:258.00元